JN227133

倒産と担保・保証

「倒産と担保・保証」実務研究会【編】

商事法務

本書刊行にあたって

松下　淳一（東京大学大学院法学政治学研究科教授）

　倒産とは、債務者財産の欠乏とその財産を狙う複数の債権者の競合とからなる現象である。倒産処理とは、第1次的には、債権者平等の原則に従ってその欠乏した財産をもとに複数の債権者に対して割合的に弁済をすることを意味する。債権の額面額と実際の回収額との差は、回収不能リスクが顕在化したものである。この回収不能リスクを事前に回避しようとするのであれば、債務者の財産の一部（又は全部）の価値を他の債権者よりも優先して把握するか、債務者財産以外の財産をも引き当てるか、いずれかをしておく必要がある。これらが、担保や保証の意義であり、本来的な効用を発揮するのは債務者の倒産の場面である。

　本書は、倒産の場面における担保・保証をめぐる問題点を包括的に扱うものである。本書の特徴は、以下のような様々な意味での幅の広さにある。

　まず、倒産手続を広く横断的に取り上げ、破産、民事再生、会社更生にとどまらず、特別清算や特定調停、さらに私的整理をも視野に入れている。また、しばしば複数の倒産手続を串刺しにした検討がされているため、倒産手続間での異同がくっきりと描き出されている。

　次に、担保・保証を非常に幅広く捉えており、法定の物的担保はもちろん、難問の多い非典型担保にもたっぷりとスペースが割かれている他に、担保としての機能を果たす相殺や、さらにはその関連で一括清算法にも検討が及んでいる。保証についても、主債務者倒産の場面のみならず保証人倒産の場面も視野に入れ、また求償権の処遇についても十分な考察をしており、問題の設定が幅広い。

　さらに、担保や保証を倒産手続の場面においてのみ考察するのではなく、倒産前の平常時の規律から説き起こしているのも、幅広さの1つである。伝統的な論点をしっかり押さえている一方で、例えば経営者保証に関するガイドラインのように最新のトピックにも言及をしており、時代的にも幅が広い。

各論稿の執筆者は、大半が弁護士である一方で、公認会計士や新進気鋭の研究者、さらに金融実務家も執筆者となっており、様々な視点が盛り込まれているという意味において、執筆者も幅広いということができる。

　以上のように多次元的に幅広い本書であるが、個々の論稿の書きぶりは総じて穏健であり、反面で思い切った記述はやや少ないように見受けられる。これは、本書を標準的な内容の書物にしようとする意図によるものと推察され、問題に直面して本書をひもとく読者は安心して本書に依拠することができよう。

　本書が、倒産弁護士、金融実務家その他の倒産と担保・保証に関心を有するすべての者に縦横に活用されることを期待し、また信じている。

はしがき

1 本書は、倒産時における担保・保証の取扱いを各種担保・保証ごと、また各種倒産手続ごと、縦横に分析・整理した体系的解説書です。

　担保・保証は与信の回収確保を目的とするものですが、それが機能を発揮できるか否かは与信先が倒産した場合にどのように取り扱われるかに大きく関わっています。すなわち、倒産時における担保・保証の取扱いは倒産実務においてはもちろん、金融実務においても極めて重要です。そこで本書では、倒産実務家はもちろん、金融実務家にも参考にしていただけるように、各種倒産手続ごとの横断的切り口からのみならず、各種担保・保証ごとの言わば縦断的切り口からも分析・整理を行うことで、様々な場面で参照できるように工夫されています。

2 倒産分野において担保等をテーマにした書籍は他にもありますが、編集・発刊時からやや時間が経過しているものが多いと思われることから、本書では最近の判例動向や議論状況も参照し、アップデートされた情報をできるだけ取り入れようとつとめました。また、初学者が利用できるように基本的な論点や重要論点を網羅して取り上げているのが本書の特色の1つですが、その一方、最先端の論点や実務上の留意点を経験豊富な弁護士や第一線で活躍している研究者・金融実務家に紹介していただくことで、理論面・実務面双方から参考にしていただけるように工夫されています。

3 この場を借りて本書の成り立ちについてご紹介させていただきますと、本書は、東京三弁護士会倒産法関連研究部会による活動の一環として企画されました。

　すなわち、東京弁護士会倒産法部、第一東京弁護士会総合法律研究所倒産法研究部会及び第二東京弁護士会倒産法研究会により組成された東京三弁護士会倒産法関連研究部会は、企画運営を担当する幹事会を順次交代しながら、倒産法に関する重要論点・最新論点に光を当てたシンポジウムを定期的に開催し、また、シンポジウムに関連したテーマにて単行本を発刊して参り

ました。近年のシンポジウムのテーマを振り返りますと、平成23年度は「倒産と労働」（幹事会：第一東京弁護士会）、平成24年度は「倒産と金融」（幹事会：東京弁護士会）であり、大変重要でありながら未開拓の分野あるいは倒産法改正を視野に入れながら関心の高まる金融関連論点を取り上げるものであり、高い視点からの時宜を得たテーマでありました。

　本年度は第二東京弁護士会倒産法研究会が幹事会となり、「倒産と担保・保証」のテーマでシンポジウム（平成26年4月23日（水）予定）を開催するべく、東京弁護士会倒産法部（進士肇部会長）および第一東京弁護士会総合法律研究所倒産法研究部会（岡伸浩部会長）の協力を得て準備を進めております。本書はかかる活動の一環として企画立案されました。発刊に至る作業は、まず第二東京弁護士会倒産法研究会が幹事会となり、平成25年4月に研究会内での企画検討を開始し、その後、東京三弁護士会倒産法関連研究部会による検討を経て執筆企画を練り上げました。執筆陣には、倒産実務・金融実務に精通した弁護士、倒産法分野を専門とする研究者、金融実務に詳しい実務家の方々にお願いし、また、執筆原稿についても、5班体制（班長：髙木裕康弁護士、上野保弁護士、髙井章光弁護士、古里健治弁護士、三森）で検討した上、東京三弁護士会倒産法関連研究部会による編集会議を2回にわたり行うなど、ブラッシュアップを行いました。

4　本書は以上の編集経過を経て発刊にたどり着けたものであり、倒産・金融の専門家・実務家の皆様において本書を有効に活用していただけるよう願ってやみません。ここに、本書の刊行に向けて多大なご協力をいただいた、東京三弁護士会倒産法関連研究部会の各執行部・幹事団の先生方、約1年もの期間において本書の編集にご尽力いただいた班長の先生方（特に、編集座長を務めていただいた髙井章光弁護士）、及び的確なご助言とお力添えをいただいた商事法務の浅沼亨氏、吉野祥子氏に、深く感謝申し上げます。

平成26年4月

　　　　　　　　　　　　　　　　第二東京弁護士会　倒産法研究会
　　　　　　　　　　　　　　　　平成25年度代表幹事　三　森　仁

目　次

本書刊行にあたって　　　　松下淳一・(1)
はしがき　　　　　　　　　三森　仁・(3)

第1章　倒産手続における担保権

第1節　倒産手続と担保権

Ⅰ−1　各倒産手続における担保権の処遇……………高井章光・2
  1 総論
  2 各倒産手続における担保権の処遇
  3 各倒産手続における担保権の処遇比較表

Ⅰ−2　破産手続における担保権の処遇………………松村昌人・14
  1 破産手続における担保権の取扱い
  2 別除権者の破産債権としての権利行使方法

Ⅰ−3　破産管財人の担保価値維持義務………………野中英匡・23
  1 はじめに
  2 本件判例（最判平18・12・21）について
  3 判決の射程

Ⅰ−4　破産手続における担保権に対する制約………岡　伸浩・31
  1 破産手続の下での担保権実行中止の可否
  2 担保権消滅許可制度
  3 商事留置権消滅請求制度

Ⅰ−5　破産手続における担保権消滅許可制度………清水　豊・39
  1 制度目的
  2 手続の概要

Ⅰ−6　再生手続における担保権の処遇………………上床竜司・44
  1 再生手続における担保権の処遇

倒産と担保・保証

 2 別除権協定

Ⅰ-7 再生手続における担保権に
   対する制約 …………………………三枝知央／清水靖博・52
 1 再生手続における担保権実行中止命令制度
 2 担保権消滅許可制度

Ⅰ-8 更生手続における担保権の処遇 ………………… 内藤　滋・62
 1 更生手続における担保権の処遇（更生担保権）
 2 更生担保権の届出・調査・確定手続、価額決定手続および更生担保権の評価方法

Ⅰ-9 更生手続における担保権に対する制約 ……… 小畑英一・77
 1 更生手続における担保権実行中止手続の概要
 2 更生手続開始に伴う担保権実行禁止およびその解除の概要
 3 更生手続における担保権抹消許可制度の概要
 4 商事留置権消滅制度の概要

Ⅰ-10 更生計画における更生担保権の処遇 ………… 髙井章光・86
 1 総　論
 2 更生担保権の権利変更の内容
 3 処分連動方式
 4 担保権の取扱い
 5 リースの取扱い
 6 損害保険契約の保険金請求権に対する質権
 7 その他の事項

Ⅰ-11 特別清算手続における担保権の処遇 ………… 山本　正・99
 1 はじめに
 2 特別清算手続における担保権の取扱い
 3 特別清算への担保権者等の参加と協定の拘束力
 4 特別清算における担保権の実行中止

Ⅰ-12 特定調停手続における担保権の処遇 ………… 小笹勝章・106
 1 特定調停手続における担保権の処遇
 2 担保権実行手続を制限する措置

Ⅰ-13 私的整理手続における担保権の処遇 ……… 山宮慎一郎・111
 1 私的整理手続における担保権の処遇

第2節　倒産手続と相殺権

Ⅰ－14　各倒産手続における相殺権の処遇 ……………柴田義人・122
1. はじめに
2. 倒産各法における相殺権の取扱いの異同
3. 倒産手続中の相殺が禁止される場合およびその例外

Ⅰ－15　破産・特別清算手続における相殺権の処遇 …大場寿人・132
1. 相殺の担保的機能と破産手続における相殺
2. 破産手続における相殺の拡張
3. 破産管財人の催告権
4. 特別清算手続の相殺権

Ⅰ－16　再生手続・更生手続・私的整理手続における
　　　　相殺権の処遇 ……………………………………服部明人・139
1. 再生手続・更生手続における相殺権
2. 私的整理手続における相殺権

Ⅰ－17　倒産手続におけるデリバティブ取引の
　　　　一括清算条項の処遇……………………池永朝昭／濱本浩平・148
1. はじめに
2. マスター契約の構造
3. 当事者の一方が破産した場合のマスター契約における処理
4. 破産手続での特別な取扱いの必要性
5. 一括清算法
6. 破産法58条
7. まとめ

第3節　担保権実行手続中止命令

Ⅰ－18　各倒産手続における担保権実行手続
　　　　中止命令 ………………………………………………柴田義人・162
1. はじめに
2. 担保権実行手続中止命令の必要性・相当性

（冒頭）
2. 私的整理手続中に法的整理に移行した場合の担保権の取扱い
3. 私的整理成立後に法的整理に移行した場合の担保権に関する協定の取扱い

- 3 　各倒産手続における担保権実行手続中止命令の異同

Ⅰ－19　非典型担保に対する担保権実行手続中止命令に関する諸問題
　　　　――集合債権譲渡担保を中心として ………… 杉本和士・171
- 1 　はじめに―問題状況と総論的な立場
- 2 　集合債権譲渡担保の実行に対する中止命令発令時における問題点
- 3 　集合債権譲渡担保の実行に対する中止命令発令後に生じる問題点
- 4 　おわりに

Ⅰ－20　物上代位権の行使に対する担保権実行
　　　　中止命令 ……………………………………… 大澤康泰・188
- 1 　総　論
- 2 　物上代位に係る中止命令の要件

Ⅰ－21　第三者所有目的物にかかる担保権に対する
　　　　担保権実行中止命令 ………………………… 小田切豪・194
- 1 　物上保証人等、第三者の所有に係る担保権に対する中止命令の可否
- 2 　再生手続において争いのある所有権を認定することの可否
- 3 　担保対象財産が再生債務者の所有に属さなくなった場合の中止命令の可否

Ⅰ－22　留置権に対する担保権実行中止命令 ………… 石原康人・199
- 1 　中止命令の種類
- 2 　留置権の種類・効力と民再法上の取扱い
- 3 　中止命令と留置権

第4節　担保権消滅許可制度

Ⅰ－23　各倒産手続における担保権消滅許可制度 …… 平出晋一・203
- 1 　はじめに
- 2 　破産手続における担保権抹消制度
- 3 　再生手続における担保権抹消制度
- 4 　更生手続における担保権抹消制度
- 5 　各手続における担保権消滅制度の比較

Ⅰ－24　破産手続における担保権消滅許可制度の
　　　　実務運用 ……………………………………… 清水　豊・220
- 1 　破産手続における担保権消滅許可の申立手続
- 2 　担保権消滅請求と任意売却（任意売却に関わる融資に関わる留意点）

Ⅰ-25　再生手続における担保権消滅許可制度の実務運用 ………………………………… 八束美樹・231
1. 担保権消滅請求手続
2. 価額決定請求手続
3. 金銭納付

Ⅰ-26　再生手続における事業継続不可欠性要件 …… 村田典子・245
1. はじめに
2. 民事再生法立法前後の議論の状況
3. 担保目的財産の種類と担保権消滅許可制度
4. 新たな展開——担保権消滅許可制度の更なる活用を主張する見解
5. 事業継続不可欠性要件の意義
6. おわりに

Ⅰ-27　再生手続における担保権消滅許可制度の対象担保権 ………………………………… 辺見紀男・262
1. 担保権消滅請求の対象となる担保権
2. 典型担保
3. 非典型担保、その他

Ⅰ-28　更生手続における担保権消滅許可制度の実務運用 ………………………………… 縣　俊介・273
1. 会更法上の担保権消滅許可制度
2. 制度の目的
3. 要　件
4. 手　続
5. 課　題

第2章　抵当権・根抵当権・質権・留置権・先取特権

第1節　抵当権

Ⅱ-1　抵当権（総論） ………………………………… 片上誠之・282
1. 定　義
2. 設　定

3 目的物
4 対抗要件
5 被担保債権
6 効力の及ぶ範囲
7 物上代位
8 優先弁済権の範囲
9 各倒産手続における抵当権の取扱いの概要

Ⅱ-2 抵当権に基づく物上代位と倒産手続 ………… 片上誠之・288
1 物上代位の目的物について
2 差押えの時期について
3 賃料債権に対する物上代位に係る各倒産手続における取扱い
4 賃料債権に差押えがなされている場合に、抵当権目的物の賃借人が相殺等を主張する際の、物上代位権者および破産管財人等の関係

Ⅱ-3 倒産手続と工場抵当、工場財団抵当 ………… 上野 保・298
1 工場抵当と工場財団抵当
2 工場抵当とは
3 工場財団抵当とは
4 倒産手続と工場抵当・工場財団抵当
5 破産手続・民事再生手続と工場抵当・工場財団抵当
6 会社更生手続と工場財団抵当

Ⅱ-4 再生法88条ただし書の適用と登記の要否 …… 深山雅也・307
1 問題の所在
2 従前の議論の状況
3 登記の要否に関する考察

Ⅱ-5 更生担保権における後順位担保権者との
割付けの問題 ……………………………………… 野中英匡・314
1 問題の所在
2 具体的事例
3 3つの考え方
4 検 討
5 立法的解決
6 今後の課題

第2節　根抵当権

Ⅱ-6　根抵当権（総論） …………………………… 野中英匡・320
1. 根抵当権の性質
2. 倒産手続における根抵当権の効力
3. 倒産手続における根抵当権の実行方法
4. 各種倒産手続における根抵当権特有の問題

Ⅱ-7　倒産と根抵当権
　　　　神原千郷／佐々木英人／上田　慎／桁田由貴／高木洋平／江尻琴美・334
1. 根抵当権の余裕枠の利用
2. 会社更生手続における転根抵当権の処遇

第3節　質　権

Ⅱ-8　質権（総論） ……………………………… 新保勇一・344
1. 質権に関する基本的事項
2. 各種倒産手続における質権の取扱い

Ⅱ-9　更生手続における火災保険請求権に対する質権の取扱い ……………………………… 江木　晋・356
1. はじめに
2. 付保建物に抵当権のみが設定されている場合
3. 付保建物に抵当権が設定され、火災保険金請求権に質権が設定されている場合
4. 火災保険金請求権にのみ質権が設定されている場合
5. 保険期間満了後の更新義務

第4節　民事留置権・商事留置権

Ⅱ-10　民事留置権・商事留置権（総論） …… 篠田憲明／依田渓一・362
1. はじめに
2. 民事留置権の定義・効力・要件
3. 商事留置権の定義・効力・要件
4. 民事留置権の各倒産手続における取扱い
5. 商事留置権の各倒産手続における取扱い

Ⅱ－11　不動産に対する商事留置権の成否 ……………… 小野塚格・383
1. 問題の所在および本稿の対象とする議論の範囲
2. 裁判例の検討
3. 学説および論点の検討

Ⅱ－12　手形・小切手に対する商事留置権の効力 …… 金井　暁・394
1. はじめに
2. 破産手続の場合
3. 再生手続の場合

Ⅱ－13　振替証券に対する商事留置権の成否 ………… 高山崇彦・410
1. 有価証券の電子化（ペーパーレス化）と商事留置権
2. 電子化後の投資信託に対する商事留置権の成否
3. その他の振替証券・電子記録債権に対する商事留置権の成否

Ⅱ－14　民事留置権と商事留置権の倒産法制上の
　　　　　取扱いの異同 ……………………………………… 小島伸夫・429
1. 問題の所在
2. 現行法体系上の民事留置権と商事留置権の処遇について
3. 民事留置権と商事留置権の取扱いの差異が生じた理由
4. 倒産法制における統一的解決を志向する動き

第5節　先取特権

Ⅱ－15　先取特権（総論） ………………………………… 鎌倉一輝・444
1. 先取特権
2. 倒産と先取特権

Ⅱ－16　動産売買先取特権の物上代位 ………………… 古里健治・455
1. はじめに
2. 倒産手続開始後の物上代位権の行使
3. 売買代金債権の譲渡と物上代位権の行使
4. 更生手続における動産売買先取特権の物上代位権
　　——開始決定時における目的債権の差押えの要否

Ⅱ－17　動産売買先取特権の目的物を転売先から
　　　　　取り戻してする代物弁済と否認 ……………… 上床竜司・464
1. 問題の所在

② 担保物による代物弁済と否認
③ 動産売買先取特権の目的物による代物弁済と否認
④ 動産売買先取特権の目的物を転売先から取り戻してする代物弁済と否認

Ⅱ-18 更生手続における動産売買先取特権の取扱い ……………………………… 髙井章光・469
① 動産売買先取特権の更生手続における取扱い
② 動産売買先取特権の更生手続における権利行使上の問題点

第3章　譲渡担保・所有権留保・ファイナンス・リース・その他の非典型担保

第1節　譲渡担保

Ⅲ-1　譲渡担保（概説） ……………………… 三森　仁／野本　彰・478
① はじめに（定義等）
② 法的構成
③ 要　件
④ 効　果
⑤ その他

Ⅲ-2　譲渡担保の実務（動産譲渡担保） ……………… 松木　大・496
① 動産譲渡担保融資
② 対抗要件の具備方法
③ 対象動産の特定
④ 動産の評価
⑤ 動産のモニタリング
⑥ 動産の担保権実行
⑦ 集合動産担保の事例

Ⅲ-3　譲渡担保の実務（債権譲渡担保） ……………… 内田敏春・512
① 対象債権の特定、評価、管理
② 金融機関における担保取扱基準

Ⅲ-4　倒産と譲渡担保

　　　　　　　　志甫治宣／大石健太郎／福原竜一／南　勇成・521

- 1　所有権か担保権か
- 2　譲渡担保目的物の第三者への譲渡
- 3　担保権実行手続の中止命令・担保権消滅請求の類推適用の可否
- 4　処分期間の指定
- 5　民執法による換価の類推適用
- 6　目的債権の第三債務者による供託の類推適用
- 7　清算義務と相殺制限
- 8　特別清算における処遇
- 9　譲渡担保権者の倒産
- 10　譲渡担保権の実行手続とその終了時期
- 11　手形の譲渡担保
- 12　資産流動化取引と真正譲渡性
- 13　倒産解除特約（集合債権譲渡の債権回収権限）
- 14　個別権利行使を禁止する保全処分（会更28条1項）の可否
- 15　譲渡担保権実行前の清算金請求
- 16　集合動産譲渡担保

Ⅲ-5　集合債権譲渡担保をめぐる民法および倒産法上の議論　……………………　杉本純子・546

- 1　はじめに
- 2　集合債権譲渡担保の意義
- 3　集合債権譲渡担保における民法上の議論
- 4　集合債権譲渡担保における倒産法上の議論
- 5　おわりに

第2節　所有権留保

Ⅲ-6　所有権留保（概説および倒産法上の論点）………　岩崎通也／権田修一・562

- 1　はじめに
- 2　所有権留保の概要
- 3　所有権留保の目的物をめぐる第三者との競合
- 4　法的倒産手続における所有権留保の取扱い
- 5　倒産解除特約の有効性

6　双方未履行双務契約の規定の適用の有無
　7　倒産手続における所有権留保の権利行使の方法
　8　対抗要件の要否
　9　留保所有権者に対する明渡請求・損害賠償請求の可否
　10　動産売買先取特権との関係

Ⅲ-7　所有権留保に関する最新論点 ················· 遠藤元一・578
　1　はじめに
　2　最判平22・6・4の事案・判旨
　3　本判決の意義・射程等
　4　法定代位する旨の約定の有効性
　5　別除権行使が認められない場合の留保買主の地位
　6　東京地判平22・9・8、東京高判平23・6・7の事案・判旨
　7　本判決の意義、射程等
　8　転得者その他の権利者との競合・優劣関係
　9　実務対応

第3節　ファイナンス・リース

Ⅲ-8　ファイナンス・リース（総論） ······ 俣野紘平／桑田寛史・597
　1　ファイナンスリースとは何か
　2　ファイナンスリースに係るリース料債権の倒産手続における取扱い
　3　ファイナンスリースと倒産解除特約

Ⅲ-9　ファイナンス・リースの目的物の評価 ········ 大西倫雄・612
　1　ファイナンス・リースの企業会計上の取扱い
　2　ファイナンス・リースの目的物の評価

Ⅲ-10　倒産手続におけるファイナンス・リース以外の
　　　リースの取扱い ···················· 森　倫洋／桜田雄紀・625
　1　総論
　2　オペレーティング・リースの倒産手続における取扱い
　3　各種リースの倒産手続における取扱い

Ⅲ-11　ファイナンス・リースおよびその類似契約と
　　　倒産法的再構成 ································· 上野　保・637
　1　はじめに
　2　ノンフルペイアウト方式のファイナンス・リース契約と倒産法的再構成

(15)

③ ファイナンス・リース契約に類似する契約と倒産法的再構成
④ まとめ

第4節　その他の非典型担保

Ⅲ－12　その他の非典型担保 ………………… 永井和明／石井　渉・655
① はじめに
② 倒産手続における各種の非典型担保の取扱い

第4章　倒産と保証

第1節　主債務者の倒産手続における保証・物上保証の取扱い

Ⅳ－1　主債務者の倒産手続における権利変更の
###　　　保証債務への効力 ……………………………………… 廣瀬正剛・670
① 民法の原則
② 主債務者に法的倒産手続が開始された場合
③ 主債務者に私的整理手続が開始された場合

Ⅳ－2　近時の実務の現状と経営者保証に関する
###　　　ガイドライン ……………………………………… 鈴木　学・677
① 近時の私的整理（事業再生ADR手続等）における主債務者の債務免除の際の保証人・物上保証人（経営者）への履行請求のあり方・実情
② 経営者保証に関するガイドラインについて
③ 民法改正における議論について

第2節　主債務者の法的整理における保証人の手続参加

Ⅳ－3　倒産手続開始後に代位弁済した場合における
###　　　保証人・物上保証人の手続参加 ……………… 長沢美智子・695
① 保証人の主債務者に対する求償権（民法の原則）
② 倒産手続における保証人の手続参加
③ 複数の債権が存在する場合の破産法104条4項の「全額」の意義
④ 限度保証の場合
⑤ 破産法104条が準用されていない特別清算の場合または私的整理の場合

Ⅳ-4　倒産手続開始前に一部代位弁済した場合における
　　　　保証人の手続参加……………………………………吉田　勉・709
　1　倒産手続の開始前に保証人が一部代位弁済した場合の債権届出方法
　2　原債権と求償権の優劣関係
　3　代位権不行使特約の効力

Ⅳ-5　開始時現存額主義の結果、本来の債権額を超える
　　　　配当等がされた場合の当該超過部分の取扱い……廣瀬正剛・715
　1　問題の所在
　2　超過部分の帰趨
　3　具体的処理方法

第3節　保証人・物上保証人の倒産手続

Ⅳ-6　保証人間の求償……………………………………吉田和雅・720
　1　保証人による求償権の取得
　2　倒産手続開始決定前に保証人が代位弁済した場合
　3　倒産手続開始決定後に保証人が代位弁済した場合

Ⅳ-7　保証人の倒産手続（総論）………………………吉田和雅・727
　1　保証人
　2　保証人が倒産した場合における倒産法上の規律
　3　債権者による保証人の倒産手続への参加
　4　求償権者（他の保証人）による保証人の倒産手続への参加

Ⅳ-8　保証人兼物上保証人………………………………富岡武彦・736
　1　はじめに
　2　破産手続の場合
　3　再生手続の場合
　4　更生手続の場合

Ⅳ-9　保証の無償否認……………………………………福岡真之介・745
　1　総　論
　2　判例および学説
　3　検　討
　4　無償否認の効果
　5　結　び

(17)

第4節　求償権行使の方法・範囲

Ⅳ-10　倒産手続における求償権者の立場　……………　髙木裕康・755
1. 本稿の目的
2. 求償権の発生原因
3. 弁済による代位
4. 求償権と原債権の関係
5. 倒産手続における求償権と原債権との関係について
6. 倒産手続における求償権者による原債権の行使について、その他の場面の取扱い
7. 手続開始後に代位弁済が行われた場合、求償権は破産債権等か
8. 求償権を自働債権とする相殺の可否

第5節　主債務者倒産の場合における保証人の時効援用

Ⅳ-11　主債務者が破産した場合における保証人の時効援用　……………………………………　佐長　功・769
1. 問題の所在
2. 破産者が個人の場合の保証人・物上保証人による時効の援用の可否
3. 破産者が法人の場合の保証人・物上保証人による時効の援用の可否

Ⅳ-12　再生・更生計画により主債務が一部免除された場合における保証人の時効援用　……………………………　吉田和雅・777
1. はじめに
2. 再生計画認可決定による主債務の一部免除後の保証人・物上保証人による時効の援用の可否
3. 更生計画認可決定による主債務の一部免除後の保証人・物上保証人による時効の援用の可否
4. 再生計画の取消し、再生手続廃止の場合の処理
5. 更生計画認可決定の取消し、更生手続廃止の場合の処理

事項索引・783

判例索引・789

執筆者紹介・795

凡　例

1　法令名の略語（括弧の中で用いる場合）

会　社	会社法
会　更	会社更生法
会更規	会社更生規則
会　施	会社法施行規則
仮登記担保	仮登記担保契約に関する法律
機構法	株式会社地域経済活性化支援機構法
企業担保	企業担保法
強　化	産業競争力強化法
強化省令	産業競争力強化法施行規則
金　商	金融商品取引法
金商令	金融商品取引法施行令
刑	刑法
工　抵	工場抵当法
裁	裁判所法
借地借家	借地借家法
商	商法
商　登	商業登記法
商登規	商業登記規則
所　法	所得税法
所　令	所得税法施行令
人　訴	人事訴訟法
人訴規	人事訴訟規則
信　託	信託法
措　法	租税特別措置法
地　法	地方税法
仲　裁	仲裁法
動産・債権譲渡特例	動産及び債権の譲渡の対抗要件に関する民法の特例等に関する法律
破	破産法
破　規	破産規則
非　訟	非訟事件手続法
不　登	不動産登記法
不登則	不動産登記規則
不登令	不動産登記令
法　法	法人税法

法　令	法人税法施行令
民	民法
民　再	民事再生法
民再規	民事再生規則
民　執	民事執行法
民執規	民事執行規則
民執令	民事執行法施行令
民　訴	民事訴訟法
民訴規	民事訴訟規則
民　保	民事保全法

2　判例引用の略語

大　判（決）	大審院判決（決定）
最（大）判（決）	最高裁判所（大法廷）判決（決定）
高　判（決）	高等裁判所判決（決定）
地　判（決）	地方裁判所判決（決定）
支　判（決）	支部判決（決定）
簡　判	簡易裁判所判決

3　判例集の略語

民　録	大審院民事判決録
民　集	大審院民事判例集・最高裁判所民事判例集
刑　集	最高裁判所刑事判例集
集　民	最高裁判所裁判集民事
新　聞	法律新聞
高民集	高等裁判所民事判例集
東高時報	東京高等裁判所判決時報
下民集	下級裁判所民事裁判例集
労民集	労働関係民事裁判例集
家　月	家庭裁判月報
訟　月	訟務月報
判　時	判例時報
判　タ	判例タイムズ
金　法	金融法務事情
金　判	金融・商事判例
労　判	労働判例
労経速	労働経済判例速報

4 文献引用の略語

〈雑誌〉

銀法	銀行法務21
事業再生と債権管理	事業再生と債権管理
ジュリ	ジュリスト
重判	重要判例解説（ジュリスト臨時増刊）
主判解	主要民事判例解説（判例タイムズ臨時増刊・別冊）
商事	商事法務
曹時	法曹時報
判評	判例評論（判例時報掲載の判例評釈）
法協	法学協会雑誌
法教	法学教室
法時	法律時報
民商	民商法雑誌
民訴	民事訴訟雑誌
リマークス	私法判例リマークス（法律時報別冊）
NBL	NBL

〈書籍〉

青山古稀	伊藤眞＝高橋宏志＝高田裕成＝山本弘＝松下淳一編『青山善充先生古稀祝賀論文集　民事手続法学の新たな地平』（有斐閣、2006年）
新しい特別清算	萩本修編・菅家忠行＝世森亮次『逐条解説新しい特別清算』（商事法務、2006年）
一問一答新会社更生法	深山卓也編著『一問一答新会社更生法』（商事法務、2003年）
一問一答新破産法	小川秀樹編著『一問一答新しい破産法』（商事法務、2004年）
一問一答民事再生法	深山卓也ほか『一問一答民事再生法』（商事法務研究会、2000年）
石川古稀(上)(下)	青山善充ほか編『石川明先生古稀祝賀　現代社会における民事手続法の展開(上)(下)』（商事法務、2002年）
伊藤・会社更生法	伊藤眞『会社更生法』（有斐閣、2012年）
伊藤・破産法民事再生法2版	伊藤眞『破産法・民事再生法〔第2版〕』（有斐閣、2009年）
伊藤・民事訴訟法4版	伊藤眞『民事訴訟法〔第4版〕』（有斐閣、2011年）
内田Ⅲ3版	内田貴『民法Ⅲ　債権総論・担保物権〔第3版〕』（東京大学出版会、2005年）
小河原	小河原寧『民事再生法 通常再生編』（商事法務、2009年）
会社更生の実務(上)(下)	西岡清一郎ほか編・東京地裁会社更生実務研究会著『会社更生の実務(上)(下)』（金融財政事情研究会、2005年）
会社更生の実務Q&A120問	全国倒産処理弁護士ネットワーク編『会社更生の実務Q&A120問』（金融財政事情研究会、2013年）

監督委員	民事再生実務合同研究会編『民事再生手続と監督委員』(商事法務、2008年)
経理実務ハンドブック	日本公認会計士協会東京会編著『民事再生法経理実務ハンドブック』(商事法務、2003年)
更生計画の実務と理論	事業再生研究機構編『更生計画の実務と理論』(商事法務、2004年)
個人再生の実務Q&A100問	全国倒産処理弁護士ネットワーク編『個人再生の実務Q&A100問』(金融財政事情研究会、2008年)
個人の破産・再生手続	日本弁護士連合会倒産法制等検討委員会編『個人の破産・再生手続——実務の到達点と課題』(金融財政事情研究会、2011年)
債権法改正と事業再生	山本和彦=事業再生研究機構編『債権法改正と事業再生』(商事法務、2011年)
最新実務会社更生	東京地裁会社更生実務研究会編『最新実務会社更生』(金融財政事情研究会、2011年)
最新実務解説一問一答民事再生法	園尾隆司=山本和彦=中島肇=池田靖編『最新実務解説一問一答民事再生法』(青林書院、2011年)
最新論点ソリューション	岡正晶=林道晴=松下淳一監修『倒産法の最新論点ソリューション』(弘文堂、2013年)
裁判外事業再生の実務	「裁判外事業再生」実務研究会編『裁判外事業再生の実務』(商事法務、2009年)
最判解民事篇	『最高裁判所判例解説〔民事篇〕』(法曹会)
潮見4版	潮見佳男『プラクティス民法 債権総論〔第4版〕』(信山社、2012年)
時価マニュアル	事業再生研究機構財産評定委員会編『新しい会社更生手続の「時価」マニュアル』(商事法務、2003年)
事業再生ADRの実践	事業再生実務家協会事業再生ADR委員会編『事業再生ADRの実践』(商事法務、2009年)
事業再生の実践ⅠⅡⅢ	産業再生機構編著『事業再生の実践ⅠⅡⅢ』(商事法務、2006年)
実務解説一問一答民事再生法	三宅省三=池田靖編『実務解説一問一答民事再生法』(青林書院、2000年)
私的整理ガイドラインの実務	田中亀雄ほか編『私的整理ガイドラインの実務』(金融財政事情研究会、2007年)
私的整理計画策定の実務	西村あさひ法律事務所・㈱フロンティア・マネジメント編『私的整理計画策定の実務』(商事法務、2011年)
私的整理の実務Q&A100問	全国倒産処理ネットワーク編『私的整理の実務Q&A100問』(金融財政事情研究会、2011年)
詳解民事再生法2版	福永有利監修・四宮章夫ほか編『詳解民事再生法〔第2版〕』(民事法研究会、2009年)
条解会社更生規則	最高裁判所事務総局民事局監修『条解会社更生規則』(法曹会、2003年)
条解会社更生法(上)(中)(下)	兼子一監修・三ヶ月章ほか著『条解会社更生法(上)(中)(下)』(弘文堂、1973年(上・中)、1974年(下)、2001年第4次補訂)

条解破産法	伊藤眞＝岡正晶＝田原睦夫＝林道晴＝松下淳一＝森宏司『条解破産法』（弘文堂、2010年）
条解民事再生法3版	園尾隆司＝小林秀之編『条解民事再生法〔第3版〕』（弘文堂、2013年）
新会社更生法の基本構造と平成16年改正	伊藤眞＝松下淳一＝山本和彦編『新会社更生法の基本構造と平成16年改正（ジュリ増刊）』（有斐閣、2005年）
新会社更生法の理論と実務	山本克己＝山本和彦＝瀬戸英雄編『新会社更生法の理論と実務〔判タ1132号〕』（判例タイムズ社、2003）
新裁判実務大系(10)	園尾隆司＝中島肇編『新・裁判実務大系10 破産法』（青林書院、2000年）
新裁判実務大系(21)	門口正人ほか編『新・裁判実務大系21 会社更生法・民事再生法』（青林書院、2004年）
新裁判実務大系(28)	園尾隆司ほか編『新・裁判実務大系28 新版破産法』（青林書院、2007年）
新実務民事訴訟法講座(13)	鈴木忠一＝三ケ月章監修『新・裁判実務大系13 倒産手続』（日本評論社、1981年）
新注釈民事再生法（上）（下）2版	才口千晴＝伊藤眞監修・全国倒産処理弁護士ネットワーク編『新注釈民事再生法（上）（下）〔第2版〕』（金融財政事情研究会、2010年）
新注民(9)	柚木馨＝高木多喜男編『新版注釈民法(9) 物権(4)』（有斐閣、1998年）
新堂古稀（上）（下）	青山善充ほか編『新堂幸司先生古稀祝賀 民事訴訟法理論の新たな構築（上）（下）』（有斐閣、2001年）
新堂5版	新堂幸司『民事訴訟法〔第5版〕』（弘文堂、2011年）
新倒産法制10年	伊藤眞ほか編『新倒産法制の10年を検証する』（金融財政事情研究会、2011年）
新破産法の基本構造と実務	伊藤眞＝松下淳一＝山本和彦編『新破産法の理論と実務〔ジュリ増刊〕』（有斐閣、2007年）
新破産法の理論と実務	山本克己＝山本和彦＝瀬戸英雄編『新破産法の理論と実務』（判例タイムズ社、2008年）
新版再生計画事例集	事業再生研究機構編『新版 再生計画事例集』（商事法務、2006年）
争点倒産実務の諸問題	倒産実務交流会編『争点倒産実務の諸問題』（青林書院、2012年）
大コンメ	竹下守夫編集代表・上原敏夫ほか編『大コンメンタール破産法』（青林書院、2007年）
高木4版	高木多喜男『担保物権法〔第4版〕』（有斐閣、2005年）
谷口古稀	徳田和幸ほか編『谷口安平先生古稀祝賀 現代民事司法の諸相』（成文堂、2005年）
田原古稀（上）（下）	『田原睦夫先生古稀・最高裁判事退官記念論文集 現代民事法の実務と理論（上）（下）』（金融財政事情研究会、2013年）
注解会社更生法	宮脇幸彦ほか編『注解会社更生法』（青林書院、1986年）
注民(8)	林良平編『注釈民法(8) 物権(3)』（有斐閣、1965年）

通常再生の実務Q&A 120問	全国倒産処理弁護士ネットワーク編『通常再生の実務Q&A120問』（金融財政事情研究会、2010年）
提言倒産法改正	倒産法改正研究会編『提言 倒産法改正』（金融財政事情研究会、2012年）
道垣内3版	道垣内弘人『担保物権法〔第3版〕』（有斐閣、2008年）
倒産手続と担保権	全国倒産処理弁護士ネットワーク編『倒産手続と担保権』（金融財政事情研究会、2006年）
倒産の法システム(2)	伊藤眞＝高木新二郎編代『講座 倒産の法システム2 清算型倒産処理手続・個人再生手続』（日本評論社、2010年）
倒産の法システム(3)	伊藤眞＝高木新二郎編代『講座 倒産の法システム3 再建型倒産処理手続』（日本評論社、2010年）
倒産の法システム(4)	伊藤眞＝高木新二郎編代『講座倒産の法システム4 倒産手続における新たな問題・特殊倒産手続』（日本評論社、2010年）
倒産法改正展望	東京弁護士会倒産法部編『倒産法改正展望』（商事法務、2012年）
倒産法概説2版	山本和彦＝中西正＝笠井正俊＝沖野眞已＝水元宏典『倒産法概説〔第2版〕』（弘文堂、2010年）
倒産法制に関する改正検討課題	『倒産法制に関する改正検討課題〔別冊NBL46号〕』（商事法務、1998年）
倒産法の実務	東京弁護士会弁護士研修センター運営委員会編『倒産法の実務 破産手続から管財業務の破産手続を中心に』（ぎょうせい、2009年）
倒産法の実務(2)	東京弁護士会弁護士研修センター運営委員会編『倒産法の実務2 民事再生申立代理人の実務』（ぎょうせい、2011年）
特別清算手続の実務	才口千晴＝多比羅誠『特別清算手続の実務』（商事法務研究会、1988年）
特別清算の理論と裁判実務	山口和男編『特別清算の理論と裁判実務〔新会社法対応〕』（新日本法規、2008年）
取引先破綻における契約の諸問題	加々美博久編著『取引先破綻における契約の諸問題』（新日本法規、2006年）
破産管財の手引増補版	鹿子木康＝島岡大雄編・東京地裁破産実務研究会著『破産管財の手引〔増補版〕』（金融財政事情研究会、2012年）
破産法等の見直しに関する中間試案と解説	『破産法等の見直しに関する中間試案と解説〔別冊NBL74号〕』（商事法務、2002年）
破産・民事再生の実務3版（再生編）	東京地裁破産再生実務研究会編著『破産・民事再生の実務〔第3版〕民事再生・個人再生編』（金融財政事情研究会、2014年）
破産・民事再生の実務3版（破産編）	東京地裁破産再生実務研究会編著『破産・民事再生の実務〔第3版〕破産編』（金融財政事情研究会、2014年）
破産申立マニュアル	東京弁護士会倒産法部編『破産申立マニュアル』（商事法務、2009年）
花村	花村良一『民事再生要説』（商事法務、2000年）
百選5版	伊藤眞＝松下淳一編『倒産判例百選〔第5版〕』（有斐閣、2013年）
百選4版	青山善充＝伊藤眞＝松下淳一編『倒産判例百選〔第4版〕』（有斐閣、2006年）

福永古稀	高田裕成ほか編『福永有利先生古稀記念　企業紛争と民事手続法理論』（商事法務、2005年）
松　下	松下淳一『民事再生法入門』（有斐閣、2009年）
松嶋古稀	伊藤眞＝門口正人＝園尾隆司＝山本和彦編『松嶋英機弁護士古稀記念論文集　時代をリードする再生論』（商事法務、2013年）
松嶋編著	松嶋英機編著『民事再生法入門〔改訂第3版〕』（商事法務、2009年）
民事再生の実務	須藤英章編著『民事再生の実務』（新日本法規、2005年）
民事再生の実務と理論	事業再生研究機構編『民事再生の実務と理論』（商事法務、2010年）
民事再生の手引	鹿子木康編・東京地裁民事再生実務研究会著『裁判実務シリーズ4　民事再生の手引』（商事法務、2012年）
民事再生法逐条研究	伊藤眞ほか編『民事再生法逐条研究──解釈と運用〔ジュリ増刊〕』（有斐閣、2002年）
門口退官	松嶋英機＝伊藤眞＝福田剛久編『門口正人判事退官記念　新しい時代の民事司法』（商事法務、2011年）
山本4版	山本和彦『倒産処理法入門〔第4版〕』（有斐閣、2012年）
論点解説新破産法（上）（下）	全国倒産処理弁護士ネットワーク編『論点解説新破産法（上）（下）』（金融財政事情研究会、2005年）
我妻Ⅱ	我妻榮著・有泉亨補訂『新訂物権法〔民法講義Ⅱ〕』（岩波書店、1983年）
我妻Ⅲ	我妻榮『新訂担保物権法〔民法講義Ⅲ〕』（岩波書店、1968年）
我妻Ⅳ	我妻榮『新訂債権総論〔民法講義Ⅳ〕』（岩波書店、1964年）

第1章
倒産手続における担保権

Ⅰ-1　各倒産手続における担保権の処遇

弁護士　髙井　章光

1　総論

　担保権は、債務者の一般財産からでは満足を受けることが困難な場合を想定して、債務者の特定の資産を換価して優先的に回収を図るために設定される(注1)。したがって、担保権は、債務者が倒産した場合にもっとも機能することが期待され、破産手続や再生手続では別除権として手続外において権利行使することが認められ、特別清算手続や私的整理手続においても担保権の実行が認められている。更生手続においては、担保権の実行が禁じられ、担保権者を更生担保権者として手続内に取り込んでいるが、他の更生債権者よりは優先的な地位が与えられている。

　他方、倒産手続は、債務者の一般財産をもって債権者に平等に弁済を行うための制度であり、その手続を合理的かつ円滑に進めようとすればするほど、また、再建型倒産手続においては債務者の再建を図ろうとするほど、担保権を制約する必要性が高くなる傾向にある。そのため、担保権の実行手続を中止させることができる制度（中止命令制度）や、担保権の目的物価値相当額を納付することで担保権を抹消することができる制度（担保権抹消許可制度）などが用意されている(注2)。

　なお、担保権の種類には、民法が定める留置権、先取特権、質権、抵当権や、会社法・商法が定める商事留置権、特別法が定める先取特権などの担保物

――――――――――

(注1) 担保権は、担保的効力（優先弁済的効力、留置的効力、収益的効力）を有し、目的物の価値を支配し（価値権性）、被担保債権の存在を要件としており（付従性）、債権の全額の弁済を受けるまで目的物全部について権利行使することができ（不可分性）、目的物の上に設定された対価についても権利行使することができる（物上代位性。高木4版7頁）。

(注2) 民法上は、抵当不動産の第三取得者による抵当権消滅請求の制度がある（民379条）。

権（典型担保）のほか、権利取得型担保権として譲渡担保権や所有権留保などの非典型担保が存在し、各倒産手続において取扱いが異なっている。

2 各倒産手続における担保権の処遇

(1) 総　論

倒産手続によって担保権の取扱いは異なっている。破産手続、再生手続では別除権として、特別清算手続においても別除権と同様に手続外における担保権の行使が認められているが、更生手続においては、担保権の行使は制限され、被担保債権については更生担保権としての性格を有することとなり、更生手続内において権利行使を行うことになる。なお、私的整理手続や特定調停手続では、担保権の権利行使について、基本的には制約していない。

(2) 破産手続における担保権の処遇

ア　別除権

破産手続において、担保権は基本的に別除権として破産手続外での権利行使が認められている（破65条1項）。しかしながら、すべての担保権が別除権とされているわけではなく、破産開始決定時において、破産財団に属する特定の財産に対する担保権であって、破産管財人に対して対抗できる担保権に限られている（破2条9項）。破産法2条9項は、別除権の基礎となる担保権について、特別の先取特権、質権、抵当権を明示しているが、そのほかにおいても、特別の先取特権とみなされる商事留置権（破66条1項。よって優先弁済的効力を有する）や、仮登記担保（仮登記担保19条1項、破2条9号）が明文にて規定されている。このほか、非典型担保権たる譲渡担保権や所有権留保（ただし、債権者が有する権利が取戻権か別除権か争いがある[注3]）なども別除権として取り扱われる。別除権として権利行使ができない担保権のうち、一般の先取特権は優先的破産債権として権利行使することになり（破98条1項）、民事留置権は破産財団に対してはその効力を失う（破66条3項）。

（注3）伊藤・破産法民事再生法2版346頁。

破産管財人に対抗できない担保権は別除権として権利行使することができないが、これは破産管財人が総債権者のための差押債権者と類似の性格を有する第三者であることから、担保権者との関係では対抗関係に立つことが理由である。他方、破産管財人は、第三者の立場のほか、破産者の地位を承継する立場でもあり、破産者が担保権者に対して負っている担保価値維持義務を負っている（最判平18・12・21民集60巻10号3964頁[注4]）。

　イ　管財人による担保目的物の処分

　別除権の対象となっている財産についても、破産財団に属している限りにおいては破産管財人が管理処分権限を有していることから、破産管財人は任意処分を行うことができるほか（通常、破産管財実務においては、別除権の評価相当額について別除権者へ弁済することを条件として、別除権目的物の受戻し〔破78条2項14号〕が行われる）、強制換価権（破184条2項）を有している。さらに、破産管財人が別除権の目的財産を任意売却して、売却代金の一部の財団組入れを予定している場合に、別除権者と協議が整わなければ、裁判所に対して担保権消滅許可の申立てを行い、目的物の売却代金から財団組入額を控除した残金を裁判所に納付することで、担保権を消滅させることができる（担保消滅許可制度。破186条以下）。また、例えば、事業継続の場合において、商事留置権の対象となっている目的財産を使用することによって破産財団の増殖を図ることができる場合には、前述の担保権消滅許可制度は利用できないが、その代わりに、破産管財人は裁判所の許可を得て、価額相当額の弁済を行うことで商事留置権を消滅させる旨を請求することができる（商事留置権消滅請求制度。破192条1項）。

　ウ　被担保債権の取扱い

　別除権者は、別除権によって担保されている債権については破産債権として権利行使することはできないが、別除権によって担保されない部分については、破産者が物上保証人である場合を除き、破産債権として権利行使すること

（注4）破産管財人が、破産財団の減少を防ぐために、別除権の目的物の価値を減少させる行為を行った場合には、別除権者は破産財団に対して、不当利得返還請求権を行使できるとした。

ができる（不足額責任主義。破108条1項本文）。別除権者は、破産債権として権利行使する場合、債権の届出を行う際に予定不足額を記載しなければならず（破111条2項2号）、さらに、最後配当除斥期間内において被担保債権が別除権にかかる担保権に担保されないこととなったことを証明し、または当該担保権の行使によって弁済を受けることができない債権の額を証明しなければ最後配当から除斥される（破198条3項）。

(3) 再生手続における担保権の処遇
ア 別除権

再生手続においても、破産手続と同様に、担保権は基本的に別除権として手続外での権利行使が認められている（民再53条2項）。別除権は、再生手続開始時に再生債務者が有する特定の財産に対する担保権であって、再生債務者もしくは管財人（以下、まとめて「再生債務者等」という）に対抗できる担保権に限られ、特別の先取特権、質権、抵当権、商事留置権が明文で規定されている（民再53条1項・45条1項）。そのほか、仮登記担保（仮登記担保19条3項、民再53条1項）、所有権留保、譲渡担保についても別除権として取り扱われている。また、一般の先取特権については、一般優先債権として再生手続によらないで随時弁済を受けることができる（民再122条1項）。民事留置権は破産手続の場合と同様に別除権とはならないが、破産手続のときのように失効もしないので、留置的効力は残ることになる（東京地判平17・6・10判タ1212号127頁）。

再生債務者についても、再生手続開始後においては、管財人と同様に差押債権者類似の地位に立つ第三者たる性格を有することになるため、別除権者は再生債務者との関係で権利主張するためには対抗要件を具備していなければならない。再生債務者等が第三者性のほか、従前の再生債務者の地位を承継している立場であることは破産管財人と同様であり、破産管財人と同様に、担保権者に対して担保価値維持義務を負っているものと考える。

イ 再生債務者等による担保目的物の処分

再生債務者等は、別除権の対象となっている財産の管理処分権限を有していることから、再生債務者においては監督委員の同意を得て（民再54条2項・41条1項1号）、管財人においては裁判所の許可を得て（民再41条1項1号）、対象

財産を任意処分することができる。その場合、通常は、担保権が設定されたまま目的物を処分することは困難であるから、別除権評価相当額について別除権者へ弁済することを条件として、別除権目的物の受戻しを行うことになる（民再41条1項9号・54条2項参照）。再生債務者等が事業継続のために担保目的物を使用継続する場合には、別除権目的物の受戻しの一態様として、別除権者と合意をもって、別除権評価相当額を弁済（分割弁済条件のことも多い）することを条件として、別除権の実行を猶予し、もしくは弁済が完了した場合には担保権の解除を行う旨を取り決めることになる（別除権協定の締結）。

また、別除権者が担保権実行手続を開始している場合には、当該担保目的物が事業継続のために不可欠である場合など、当該担保権実行手続を中止することが、再生債務者の一般の利益に適合し、かつ当該担保権者に不当な損害を及ぼすおそれがない場合には、利害関係人の申立てまたは職権にて、裁判所は相当期間について担保権の実行手続の中止を命ずることができる（担保権実行手続中止命令。民再31条1項）。この中止命令については、民再法31条1項において「競売申立人」という文言があることから、競売手続を想定していない非典型担保等に対しても利用できるか議論があるが、類推適用を認めた判例がある(注5)。東京地裁民事第20部の実務においては、債権譲渡担保の場合には債権者の意見を聴く手続を事前に実施した場合に、債権者が譲渡担保実行通知を発してしまうことで担保権実行手続が終了してしまい、中止することができなくなってしまう問題を解決するために、まず短期間の中止命令を発令し、その後に債権者審尋を行った上で、中止命令の期間延長を検討するという運用を実施している(注6)。

さらに、担保権の目的財産が再生債務者の事業の継続に欠くことができないものであるときは、裁判所の許可を得て、当該目的財産の価額相当額を裁判所に納付することによって、当該財産の上に存在するすべての担保権を抹消させ

（注5）大阪高決平21・6・3金法1886号59頁、福岡高那覇支決平21・9・7判タ1321号278頁など。
（注6）民事再生の手引88頁〔片山健〕。

ることができる（担保権消滅許可制度。民再148条以下）。担保権者は、本来は担保権実行時期を選べる自由を有しているが、担保権消滅許可制度はその自由を制約し、また、担保権の不可分性を制約する制度であるため、「事業の継続に欠くことができないもの」（事業継続不可欠性要件）である場合に限られているが、この要件をめぐって議論が生じている(注7)。なお、破産手続においては、商事留置権消滅請求制度があるが、再生手続においては、商事留置権であったとしてもこの担保権消滅許可制度で対応が可能であるから、特別に商事留置権のみを抹消する制度は存在しない(注8)。

ウ 被担保債権の取扱い

別除権者は、破産手続と同様に、別除権によって担保されない部分について再生債権として権利行使することができる（不足額責任主義。民再88条本文・182条本文）。しかしながら、民再法88条ただし書は、再生手続開始後に被担保債権の全部または一部が担保されないこととなった場合には、再生債権としての権利を行うことができるとしていることから、破産手続の場合より別除権不足額の確定手続は厳格ではなく、別除権協定による再生債務者との合意などによって別除権不足額を確定している(注9)。届出については、被担保債権に加えて予定不足額を届け出なければならない（民再94条2項）。予定不足額についてのみ議決権が付与されることになる。再生計画案策定時までに不足額が確定していない別除権がある場合には、再生債務者等は、不足額がその後に確定した場合における権利行使に関する適確な措置を再生計画において定めなければならないとされている（民再160条1項）。この確定した別除権不足額に対する再生計画における規定は、弁済時期については他の債権者の弁済時期に後れることになる場合が多いが、再生債権の権利変更の内容は再生債権者間において平

(注7) 目的財産が、遊休資産の場合（名古屋高決平16・8・10判時1884号49頁は肯定）、販売用不動産の場合（東京高決平21・7・7判時2054号3頁は肯定）など。

(注8) 倒産法概説2版143頁〔沖野眞已〕参照。

(注9) この場合に、担保権が抵当権である場合に被担保債権減額の登記を行わねばならないかについては議論があり、実務では緩やかに解しているが、学説においては必要説と不要説に分かれている（倒産法概説2版146頁〔沖野〕・135頁〔沖野〕、伊藤・破産法民事再生法2版701頁など）。

等でなければならないことから（民再155条1項）、通常、弁済時期以外の弁済条件については他の再生債権と同じ内容となる。

(4) **更生手続における担保権の処遇**
　ア　**更生手続における担保権**

　更生手続は、破産手続や再生手続のように担保権の行使を手続外にて認める扱いとはしておらず、担保権者の担保権実行を禁じ（会更50条1項）、また、更生計画認可決定によって担保権は消滅する（会更204条1項）。したがって、担保権者の更生手続内での権利行使方法は、担保権の実行ではなく、被担保債権について更生担保権（担保目的財産の価額相当額部分）もしくは更生債権（担保不足額部分）として手続内においてのみ権利行使が認められる。なお、更生会社が物上保証人である場合には、更生会社に対して債権を有してはいないため、担保不足部分について更生債権として権利行使することはできない。

　更生担保権は、更生計画により権利変更を受ける権利の中で、最優先に満足されるべき権利とされている（公正・衡平の原則。会更168条1項）。

　イ　**被担保債権が更生担保権とされる担保権**

　更生手続においては、すべての担保権について実行手続が禁じられているが、すべての担保権の被担保債権が更生担保権となる訳ではない。更生担保権とは、更生手続開始時において、更生会社が所有する特定の財産に対する担保権であって、管財人に対して対抗できる担保権の開始決定時の時価によって評価される範囲の被担保債権である（会更2条10号本文）。会更法2条10号本文は、特別の先取特権、質権、抵当権、商事留置権の被担保債権について、上記の範囲内のものが更生担保権であるとする。そのほか、仮登記担保（仮登記担保19条4項、会更2条10号）、所有権留保、譲渡担保などについても被担保債権が更生担保権となるとされている。民事留置権は更生担保権の基礎とならないが、その留置的効力は残る。

　これらの担保権は、担保権者と管財人は対抗関係に立つことから、対抗力を有する担保権である必要があり、破産管財人と同様に更生手続における管財人も更生前会社の地位を承継する立場でもあるため、担保価値維持義務を担保権者に対して負っていると考えられるが[注10]、破産手続や再生手続と異なり、更

生手続は担保権者の権利も更生手続に取り込んでしまっているため、管財人が担保価値維持義務に違反するケースは破産手続や再生手続より実際には少ないものと考えられる。

　ウ　管財人による担保目的物の処分

　担保権の実行が更生手続上は禁止されているとしても、更生計画によって担保権が消滅しない限り、更生会社の財産上に担保権が設定されたままであることから、例えば、更生会社が更生計画外にて事業譲渡を実施しようとしても、重要な資産に担保権が設定されたままでは事業譲受先に当該資産を移転することができない。そのため、更生手続開始後において、管財人は裁判所に対して更生会社の事業の更生のために必要であることを理由として、更生会社の財産の上に存在する特別の先取特権、質権、抵当権、商事留置権、仮登記担保につき、その財産価額相当額の金銭を納付して担保権を消滅させることができる（担保権消滅許可制度。会更104条以下）。再生手続における担保消滅許可制度の要件が、事業不可欠性要件であるのに対し、「事業の更生のために必要であると認めるとき」という緩やかな要件で担保権消滅を認めている。なお、明文にはないが、譲渡担保や所有権留保も対象となると解されている[注11]。

　更生手続では、更生手続開始前においてのみ、商事留置権の消滅請求が認められている（商事留置権消滅請求制度。会更29条１項）。更生手続開始の申立てがなされたが、いまだ開始決定が発令されていない段階において、商事留置権を担保権者が行使することによって、事業に支障が生ずる場合（事業の継続に欠くことのできない財産の場合）に、裁判所の許可によって、開始決定までの間、当該財産の価額相当を弁済することによって留置権を消滅させることができる。更生手続開始決定が出れば、担保権消滅許可制度で対応できることから、商事留置権消滅請求制度は不要となる。再生手続において同様の制度がない理由としては、再生手続の場合には申立てから開始決定まで期間が短いこと

（注10）伊藤・会社更生法114頁は、担保権が別除権となる破産手続と異なり、更生管財人は善管注意義務（会更80条１項）の内容として、更生担保権者の利益が正当な理由なしに損なわれないように配慮することが含まれることから、担保価値維持義務ではなく、善管注意義務に根拠が求められるべきとする。

（注11）伊藤・会社更生法528頁。

が挙げられている（注12）。

　また、裁判所は、更生手続開始申立後において、利害関係人の申立てまたは職権にて、担保権者に不当な損害を及ぼすおそれがない場合に限り、開始決定までの間、担保権の実行または留置権による競売、企業担保権の実行などの中止を命ずることができ（会更24条1項2号・3号）、事業の継続のために特に必要があると認めるときは中止した担保権実行等を取り消すことができる（同条5項）。会更法24条1項2号が非典型担保権に（類推）適用されるかについては議論がある（注13）。さらに、個別の権利行使を中止命令にて対応するのでは更生手続の目的を十分に達成することができないおそれがあると認められるべき特別の事情があるときは、利害関係人の申立てまたは職権で、開始決定までの間、すべての更生債権者・更生担保権者に対して担保権の実行等の禁止を命ずる包括禁止命令の制度がある（会更25条1項）。

エ　被担保債権の取扱い

　被担保債権は、前述のとおり、更生手続開始時において、更生会社が所有する特定の財産に対する担保権であって、管財人に対して対抗できる担保権の開始決定時の時価によって評価される範囲の被担保債権については更生担保権となり（会更2条10号本文）、時価による評価の範囲外部分については更生債権となる。更生担保権も更生債権もいずれも更生計画による権利変更の対象となるが、公正・衡平の原則から、更生担保権の権利変更の内容は、更生債権よりも優先的に取り扱われなければならない（会更168条1項）。したがって、更生計画案の決議においては、更生担保権の組と更生債権の組は別個に決議が行われる（会更196条1項）。更生債権の組の決議要件は議決権の総額の2分の1を超える者の同意となっているが（同条5項1号）、更生担保権の組では、期限の猶予の定めがある場合には議決権の総額の3分の2以上の者の同意、減免等を定める場合には総額の4分の3以上の者の同意、事業の全部の廃止を内容とする場合には、総額の10分の9以上の者の同意が可決においては必要とされており、決議要件が厳しく定められている（同項2号）。

（注12）伊藤・会社更生法75頁・76頁。
（注13）伊藤・会社更生法58頁。

更生担保権として権利行使するためには、その届出を行わねばならない（会更135条1項）。その際には、更生担保権の内容および原因、担保権の目的である財産およびその価額、議決権の額等を記載しなければならない（会更138条）。

(5) 特別清算手続における担保権の処遇
ア 「清算株式会社の財産につき存する担保権」[注14]

特別清算手続における担保権は手続外にて担保権を実行することができる。債権者は特別清算手続においては、按分にて弁済を受けることができるのみであるが、担保権の被担保債権については裁判所の許可を得て債権額の割合を超えて支払を受けることができる（会社537条2項）。なお、特別清算手続における清算人は破産管財人等と異なり第三者性はないとされていることから、対抗要件を具備していない担保権者は清算株式会社に対して対抗要件の具備を請求できると解されている[注15]。担保権によって担保されない債権額については、協定債権者として議決権行使が可能である（会社548条4項）。この場合の担保権とは、清算株式会社の財産に対する特別の先取特権、質権、抵当権、商事留置権であり（会社522条2項）、仮登記担保や譲渡担保、所有権留保なども該当すると解されている[注16]。民事留置権はこの場合の担保権に該当せず協定債権として議決権が認められるが、留置的効力は失わない[注17]。一般の先取特権のある債権は協定債権ではない（会社515条3項）。

イ 権利行使の制約

清算のため、清算株式会社は、民事執行法その他強制執行の手続によって担保権の目的である財産を換価することができる。この換価手続を担保権者は拒むことができない（会社538条2項）。また、担保権者が法律に定められた方法

(注14) 会社法制定前の平成17年改正前商法においては、特別清算手続における担保権は「別除権」と称されていた。
(注15) 江頭憲治郎＝中村直人編『論点体系会社法(4)』（第一法規、2012年）330頁。
(注16) 特別清算の理論と裁判実務226頁、江頭＝中村編・前掲（注15）書271頁・301頁。
(注17) 江頭＝中村編・前掲（注15）書330頁。なお、留置権の被担保債権についての弁済条件を他の債権より有利に扱っても平等原則に違反しないと解されている（特別清算の理論と裁判実務247頁）。

によらないで目的財産を換価する権利を有する場合には、裁判所は清算株式会社の申立てによって処分期間を定めることができ、担保権者がその期間内に処分をしない場合には担保権者は処分権限を失うこととされている（会社539条）。

さらに、開始決定後、担保権者に不当な損害を及ぼすおそれがない場合に、裁判所の許可を得て、相当の期間について担保権の手続の実行を中止することができる（会社516条）。これは協定案の作成に当たって、担保物権の余剰価値やその処分方法等をめぐり担保権者と一般債権者との利害関係を調整する必要がある場合があるためとされている[注18]。

(6) 私的整理手続における担保権の処遇

ア 私的整理手続一般における担保権の処遇

私的整理手続においては、担保権は原則としてその実行を禁じられていない。ただし、特定調停手続においては、後述のとおり、一時的に担保権の実行を禁じ、停止することが可能な制度がある。

イ 特定調停手続における担保権の処遇

担保権は特定調停手続においても、他の私的整理手続と同様に、手続外にて担保権実行が可能である。しかしながら、調停のために特に必要があると裁判所が認めた場合には、現状の変更または物の処分の禁止その他調停の内容たる事項の実現を不能にし、または著しく困難ならしめる行為の排除を命ずることができることから、担保権の実行についても禁止の対象となる場合がある（民調12条）。また、調停の成立を不能にし、または著しく困難にするおそれがあるときは、担保を立てさせた上で、民事執行手続について停止することができ（民調規5条）、さらに、特定債務等の調整の促進のための特定調停に関する法律7条は執行手続を停止できる場合に「特定調停の円滑な進行を妨げるおそれがあるとき」を加えた上で、担保の提供なく停止することを認めている。

（注18）特別清算の理論と裁判実務84頁。

3 各倒産手続における担保権の処遇比較表

各倒産手続における担保権の処遇をまとめると次のようになる。

	典型担保権・非典型担保権の取扱い	民事留置権の取扱い	商事留置権の優先弁済的効力	強制換価権	中止命令制度	消滅許可制度	商事留置権消滅許可制度
破産	別除権	失効	あり	あり	あり	あり	あり
再生	別除権	留置的効力	なし	—	あり	あり	なし
更生	更生担保権	留置的効力	なし	—	あり（包括的禁止命令制度もある）	あり	開始決定前に限りあり
特別清算	権利行使可	留置的効力	なし	あり	あり	なし	なし

Ⅰ-2　破産手続における担保権の処遇

弁護士　松村　昌人

１　破産手続における担保権の取扱い

(1) 別除権の基礎となる担保権

ア　特別の先取特権、質権、抵当権

　破産手続開始の時において破産財団に属する財産につき特別の先取特権、質権または抵当権といった担保権を有する者は、これらの権利の目的である財産に対して、別除権を有する（破2条9項・10号）。商事留置権も特別の先取特権とみなされる（破66条1項）。これら担保権の目的である財産が破産管財人による任意売却等により破産財団から外れた場合も担保権が残る限り別除権として扱われる（破65条2項）。担保権者が破産債権を有しない場合、すなわち、破産者が物上保証人や担保目的物の第三取得者にすぎない場合でも、債権者は別除権を有するが[注1]、逆に、破産債権を被担保債権とする物上保証が第三者によりなされている場合には、当該物上保証にかかる担保権は、別除権ではない[注2]。ただし、自由財産上に担保権を有するときは、準別除権者となる（破108条2項・111条3項）。

イ　一般の先取特権、民事留置権、企業担保権

　一般の先取特権は、別除権ではなく、その被担保債権が優先的破産債権とされるにとどまる（破98条）。民事留置権は失効する（破66条3項）。企業担保権（企業担保2条）は、別除権ではなく、その被担保債権が一般の優先権がある債権として[注3]、優先的破産債権となる（破98条）。これらの権利に基づく実行

（注1）伊藤・破産法民事再生法2版333頁、条解破産法469頁。
（注2）大コンメ275頁〔野村秀敏〕、条解破産法469頁。
（注3）大コンメ408頁〔堂薗幹一郎〕、条解破産法324頁。

手続は、中止命令（破24条1項1号・2号）や失効等（破42条）の対象とされている。

ウ　非典型担保

譲渡担保、所有権留保、ファイナンス・リース等の非典型担保も別除権者であると解されている[注4]。

(2)　対抗要件

担保権者がその権利を破産管財人に主張するためには、第三者対抗要件を具備する必要がある[注5]。例えば、不動産の抵当権であれば抵当権設定登記が必要である。破産手続開始後に抵当権設定登記を経由しても、破産手続上、効力を有しない（破49条1項）。もっとも、破産手続開始前に仮登記を経ていた場合には、その善意悪意を問わずに破産管財人に対して本登記を請求することができ、破産手続上も抵当権の効力を肯認できるとされている[注6]。

(3)　権利行使方法

ア　破産債権の満足のための担保権の権利行使

(ｱ)　破産財団に属する財産につき別除権を行使する場合

別除権は、破産手続によらないで、行使することができる（破65条1項）。担保権実行手続は中止命令や失効の対象とはならない[注7]。民事執行法や民法による別除権の行使方法としては、不動産であれば担保権の実行としての競売等（民執180条1項）、動産であれば動産競売（民執190条）や簡易

（注4）大コンメ279〜284頁〔野村〕、条解破産法482〜492頁。

（注5）最判昭46・7・16民集25巻5号779頁、伊藤・破産法民事再生法2版332頁、条解破産法470〜471頁・543〜545頁。

（注6）不登法105条1号の仮登記について大判大15・6・29民集5巻602頁。2号仮登記について最判昭42・8・25判時503号33頁。

　　　2号仮登記について保護を薄くするべきとする見解を紹介するものとして、伊藤・破産法民事再生法2版261〜263頁、条解破産法374〜376頁。

（注7）伊藤・破産法民事再生法2版107頁・318頁。ただし、担保権自体が消滅対象とされる場合がある（破190条4項）。

充当（民354条）、債権であれば担保権実行（民執193条）や直接取立権の行使（民366条1項）[注8]、動産が転売された債権であれば物上代位権の行使（民304条、民執195条）がある[注9]。

　当事者間の契約により、民事執行法等の法律に定められた方法によらないで、別除権者が別除権目的財産の処分をする権利を確保している場合には、同契約上の権利を行使することによる別除権の行使も可能である。例えば、任意売却処理、目的物の評価額での充当等の特約に基づき権利実行をすることもできる[注10]。ただし、裁判所は、破産管財人の申立てにより、別除権者がその任意処分をすべき期間を定めることができ（破185条1項）、別除権者がその期間内に処分をしないときは、上記任意処分権を喪失する（同条2項）。

　非典型担保の実行方法については、各設定契約において約定された私的実行方法によるのが原則である[注11]。

　(ｲ)　破産財団外の財産につき担保権を行使する場合

　破産債権を担保するため物上保証人となっている第三者がいるときは、担保権者は、同権利を実行することができる（破104条5項参照）。自然人たる破産者について、免責許可の決定があった場合でも、担保権は影響を受けない（破253条2項）。かかる担保は、もともと、債務者の無資力に備えて、その弁済の確保のために設定されているからである。

　イ　財団債権の満足のための担保権の権利行使

財団債権を被担保債権とする担保権の行使も可能であり、財団不足の場合で

（注8）敷金返還請求権が質権の目的とされた事案において、破産手続開始後の賃料の支払余力がある破産財団がその支払をせずに賃貸人に対し未払債務を生じさせて敷金返還請求権の発生を阻害したという事案において、質権者の破産財団に対する不当利得返還請求を認めた裁判例として最判平18・12・21民集60巻10号3964頁がある。

（注9）条解破産法471～482頁。

（注10）大コンメ285頁〔野村〕、伊藤・破産法民事再生法2版334～335頁。

（注11）大コンメ279～285頁〔野村〕、条解破産法482～492頁。もっとも、非典型担保については、所有権構成を前提とした権利実行方法が契約書に定められていることもあり、担保実行に適合的な内容とは言えない。判例実務は、所有権構成をとる契約書の文言を、担保的構成へとすでに変容解釈していることからすると、その権利実行方法についても、契約文言どおりではなく、担保的構成に即した形で変容解釈を加えるべき余地があると思われる。

も変わらない（破152条1項ただし書）。

(4) 別除権の承認、受戻し（任意売却）

別除権目的財産を破産管財人が受け戻し（破78条2項14号）、任意売却をすることがある（破184条1項、78条2項1号・2号・7号）。この場合、担保権者は、担保抹消に応ずるかわりに、売価から売却手数料、財団組入額、先順位担保権者回収額、下位順位担保権者の承諾料（いわゆる判子代）を控除した残額について、弁済を受けることになる。同弁済額は劣後的破産債権の部分から充当するが（民491条・375条）、破産管財人の充当合意により元本から充当することもある[注12]。

なお、破産管財人が担保権目的物たる不動産の任意売却をするときは、任意売却の2週間前までに、担保権者に対し、任意売却をする旨および任意売却の相手方の氏名または名称を通知する（破規56条1項）。破産管財人が、別除権の承認をするには裁判所の許可が必要である（破78条2項13号）。別除権の目的である財産の受戻しについても同様である（同項14号）。

任意売却の前提として、破産管財人から、別除権者に対し、別除権目的財産を提示するよう要求がある場合がある（破154条1項）。破産管財人による別除権目的財産の評価のためである（同条2項）。

(5) 担保権消滅許可

破産管財人は担保権消滅の許可の申立てをすることができ（破186条）、同申立てが許可されて納付金の納付があると担保権は消滅し、別除権者は、同納付金から配当を受けることになる（破189～191条、破規62条1項）。担保権者が売価（根拠資料につき破規57条3項）や財団組入額に反対するときは、担保権の実行の申立て（破187条）をすることが可能である。この場合、当該担保権実行により回収が図られることになる。担保権実行に代えて、売得金5パーセント増での買受申出（破188条）をして代物にて債権回収をすることも可能である。その際、買受額の2割相当の金員を保証として破産管財人に提供する必要

(注12) 破産管財の手引増補版153頁。

がある（同条5項、破規60条1項）。

(6) 強制競売

破産管財人は、民事執行法等により、別除権目的財産の換価をすることができる（破184条1項）。別除権者は、これを拒むことができない（同条2項）[注13]。同換価は形式的競売とされ、無剰余取消の対象とならず、一般債権者への配当実施はされない（同条3項）。別除権者は、弁済を受けるべき金額が確定しているときは回収をすることになるが、同金額が確定していないときは、破産管財人が代金を寄託するので、別除権は寄託された代金に移行する（同条4項）。

(7) 否認権

否認権との関係では、担保供与行為は、詐害行為否認の対象（破160条1項・2項）からは除外されている。租税等・罰金等の請求権に対する担保供与行為も、特定の債権者に対する担保の供与等の否認から除外されている（破163条3項）。

これに対して、既存の債務についてされた支払不能後（非義務行為の場合は支払不能30日以内）・破産手続開始申立後の担保供与行為は否認対象とされている（破162条）。受遺者に対する担保の供与（破235条）も否認対象である。融資を受けてそれと引換えにされる担保設定行為は、既存の債務についてされた担保設定行為ではないので、破産法162条の適用はないが、同法161条の相当対価処分行為（破161条）として否認対象となり得る[注14]。無償行為（破160条3項）に該当する担保供与行為については、詐害行為と偏頗行為とを峻別する法の趣旨なるものを強調して、適用に消極的な見解[注15]、条文の文言上規制がないとして適用を肯定する裁判例が存在している[注16]。

(注13) 大コンメ743頁〔菅家忠行〕は、破産法184条2項は、別除権者が担保権の実行手続の申立てをすることを禁止する趣旨ではないとする。
(注14) 大コンメ637頁〔山本和彦〕。
(注15) 大コンメ633頁〔山本〕、条解破産法1024頁。
(注16) 偏頗行為たる根抵当権設定行為についても無償行為として否認することができるとしたものとして、東京地判平18・12・22判タ1238号331頁。

なお、以上の原因行為が否認されないときでも、担保権の設定日から15日を経過した後に、支払停止または破産手続開始の申立てがあったことを知って、担保登記・仮登記をした場合、当該登記・仮登記が否認される（破164条・160条1項2号）。

担保設定行為や担保設定登記等の否認が認められた場合、破産手続との関係では、担保権実行等による回収をすることはできなくなる（破162条・169条）。

(8) 放　棄

売却が困難であったり、不動産価額よりも被担保債権額が上回っている担保割れ状態の不動産[注17]について担保権者と条件が折り合わなかったりする時に、破産管財人が破産財団から放棄をする場合がある。破産者が法人である場合において、破産管財人が担保目的物たる不動産の権利放棄をしようとするときは、その2週間前までに、担保権者に対し通知される（破規56条2項）。法人破産事件において、破産財団から放棄された不動産については、代表者が欠けた清算法人に管理処分権限が復帰する状態となるため、最後配当に加入するには別除権放棄の意思表示の相手方として新たに清算人の選任を求める必要があり[注18]、目的物を任意売却して債権回収を図るには新たに清算人を選任する必要があるし（会社478条2項）、担保権実行するにも特別代理人を選任する必要がある（民執20条、民訴35条・37条）[注19]。

(9) 免責・破産犯罪

図利加害目的で偏頗な非義務的担保供与行為があったときは、債務者にとっては免責不許可事由を構成し（破252条1項3号）、他の債権者を害する目的の場合には担保供与罪が成立する（破266条）。

(注17) 担保割れ状態を、オーバーローンと表現する例もあるが、同用語は、本来は、銀行の貸出額が預金受入高を超過している状態を指す経済用語である。
(注18) 最判昭43・3・15民集22巻3号625頁、最決平12・4・28集民198号193頁、最決平16・10・1判時1877号70頁・集民215号199頁。
(注19) 破産管財の手引増補版156～157頁。

2 別除権者の破産債権としての権利行使方法

(1) 不足額責任主義

　担保権によって担保される債権については、別除権の行使によって弁済を受けることができない債権の額についてのみ、破産債権者としてその権利を行使することができるとされており（破108条1項本文）、後述のとおり、債権認否・議決権・配当の各局面において不足額責任主義が貫徹されている。例えば、担保目的物が破産開始決定時に破産財団に属していた担保権者が、破産手続において配当を受けることができるのは、破産債権を有しており、最後配当にかかる除斥期間内に担保権行使による不足額を証明した場合に限られる（破198条3項・210条）。すなわち、破産者が物上保証人にすぎない場合には、担保権者は破産債権を有しないことになるから、破産財団から配当がされることはない[注20]。担保権者が破産債権を有する場合には、担保目的物が破産手続開始後に任意売却・放棄により破産財団から除外されたときでも、別除権者であることに変わりないから（破65条2項）、配当を受けるには不足額証明が必要である。自由財産に対する担保権者・第2次破産の場合における先行破産の破産債権者も不足額証明が必要である（破210条2項・198条5項・111条3項・108条2項）。これに対して、担保目的物がもともと破産財団に属しない場合（第三者による物上保証）には、別除権ではないから、不足額責任主義の適用はなく、原則として、破産債権全額での配当加入が可能であり、物上保証の実行により全額を回収した場合にのみ加入ができなくなる（破104条5項・2項）[注21]。結局、不足額責任主義により、別除権付破産債権者に対する配当が可能となるのは、以下の場合となる[注22]。

① 別除権を放棄した場合（破108条1項ただし書）
② 不動産の任意売却に伴う受戻しがされた場合（破78条2項14号、破規56条2項）

(注20) 伊藤・破産法民事再生法2版336頁。
(注21) 条解破産法469頁。
(注22) 破産管財の手引増補版253〜254頁。

③ 別除権の実行による不足額疎明（破210条1項）または証明（破198条3項・205条）
④ 担保権消滅許可に基づき金銭納付（破190条4項）
⑤ 不動産に根抵当権が設定されており、極度額を超える債権部分が存在するとき（破196条3項・198条4項）
⑥ 破産管財人と別除権付破産債権者との間で、合意により破産債権の全部または一部が担保されなくなった場合（破108条1項ただし書）

(2) **届出・認否・議決権**

別除権者は、破産債権の一般の届出事項に加えて、別除権の目的である財産、別除権の行使によって弁済を受けることができないと見込まれる債権の額について届け出る必要がある（破111条2項）。準別除権者（破108条2項・111条3項）、財団債権者でない租税等・罰金等の請求権を有する者も同様である（破114条・111条2項）。これを受けて、破産管財人は、一般調査期間又は一般調査期日において、届出破産債権について、別除権及び準別除権の行使によって弁済を受けることができないと見込まれる債権の額についての認否をする（破117条1項4号・121条1項）。

なお、別除権者および準別除権者の破産債権に係る議決権については、別除権の行使によって弁済を受けることができないと見込まれる債権の額とされる（破140条1項2号・2項・111条2項2号・141条1項2号）。

(3) **中間配当・最後配当**

別除権者が中間配当の手続に参加するには、中間配当に関する除斥期間内に、破産管財人に対し、当該別除権の目的である財産の処分に着手したことを証明し、かつ、当該処分によって弁済を受けることができない債権の額を疎明しなければならない（破210条1項）。証明および疎明があったときは、配当表が更正されて配当対象とされる（同条3項）。準別除権者についても同様である（同条2項）。もっとも、同配当額は寄託されるにすぎず（破214条1項3号）、現実に配当金を受領するためには、最後配当までに担保権の行使によって弁済を受けることができない債権の額を証明して最後配当の手続に参加しなければ

ならない（破198条3項・214条3項）。この証明があったときは、配当表が更正されて配当対象とされる（破199条1項3号・2項）。準別除権者についても同様である（破198条5項・199条2項）。同証明ができなかったときは、破産管財人は、その寄託した配当額について、他の破産債権者に対して最後配当してしまう（破214条3項）。

　なお、証明または疎明不奏功により中間配当の手続に参加することができなかった別除権者や準別除権者であっても、その中間配当後に再度実施される中間配当に関する除斥期間内に当該事項につき証明および疎明をしたときは、先の中間配当において受けることができた額について、後の中間配当において、他の同順位の破産債権者に先立って配当を受けることができるとの調整がなされる（破213条後段）。

(4) 根抵当権の極度額を超える債権の取扱い

　上記(1)⑤のとおり、別除権が根抵当権である場合には、当該根抵当権の行使によって弁済を受けることができない債権の額を証明しない場合においても、最後配当許可日における破産債権のうち極度額を超える部分の額について、最後配当の対象とされる（破196条3項・198条4項）。準別除権者たる根抵当権についても同様である（破196条4項）。

(5) 合意による被担保債権額の範囲の変更

　上記(1)⑥のとおり、破産法108条1項ただし書は、別除権者と破産管財人との間の合意により被担保債権の範囲を縮減変更することにより、債権の一部について、破産債権者としてその権利を行使することを許容している。もっとも、破産手続では、目的物の事業利用の必要性がないので、破産管財人にて同合意をする実益に乏しいとされる[注23]。

（注23）　大コンメ457頁〔菅家〕。なお、破産管財の手引増補版254頁は、不足額合意をすることが考えられる場合として、届出債権者がすべて別除権付破産債権者であり、いずれも不足額を証明できずに、残余金を破産者に返還せざるを得ないような場面を挙げている。

Ⅰ-3　破産管財人の担保価値維持義務

弁護士　野中　英匡

1　はじめに

　担保価値維持義務とは、破産財団等所属の財産に対する別除権者の利益が正当な理由なしに損なわれないように配慮することであるとされる^(注1)。

　民法上も、債権質権の質権者の不利益にならないよう、設定者・第三債務者は目的債権の行使等について一定の制限を受けるとされているほか、設定者は質権者のために目的債権を健全に維持する義務を負うと解されている^(注2)。また、抵当権についても、債務者・設定者・担保目的物の第三取得者は、通常の使用・収益の範囲を超えて担保目的物の価値を減少ないし減失させてはならない義務を負っていると解されている（民137条2号参照）^(注3)。

　担保価値維持義務の明文規定は存在しないが、後述する最判平成18・12・21（民集60巻10号3964頁。以下、「本件判例」という）は、破産管財人の担保価値維持義務について、はじめて最高裁の判断を示したものであり注目される。

　本稿では、本件判例を紹介した上で、破産手続における担保価値維持義務について判決の射程について論じながら現在の議論の状況について概観する。

2　本件判例（最判平18・12・21）について

(1)　事案の概要

　本件判例では、A社の破産管財人であるYが、A社の締結していた建物賃貸

（注1）伊藤・破産法民事再生法2版140頁。
（注2）道垣内3版110頁。
（注3）道垣内3版181頁・182頁。

借契約を合意解約した際に、賃貸人との間で、差し入れていた敷金を破産宣告（現行法では、破産手続開始決定）後の未払賃料等に充当する旨の合意をして質権の設定された敷金返還請求権の発生を阻害したことが、質権者に対する担保価値維持義務違反や破産管財人としての善管注意義務違反に該当するかどうか、また、不当利得返還義務が成立するかどうかが争われた[注4・5]。

(2) 判決の要旨
ア 担保価値維持義務違反の有無について

質権設定者は、質権者に対し、担保価値維持義務を負っており、敷金返還請求権が質権の目的とされた場合にも、質権設定者である賃借人が、正当な理由なく賃貸人に対して未払債務を生じさせて敷金返還請求権の発生を阻害することは、質権者に対する上記義務の違反となる。

そして、質権設定者が破産した場合、質権は、別除権として破産手続の影響を受けないこととされているから（破2条9号・65条1項）、破産管財人は、質権設定者の担保価値維持義務を承継する。

本件でも、破産管財人Yは、質権者に対し、敷金返還請求権の発生を阻害しないよう担保価値維持義務を負っていたところ、破産財団に賃料等を支払うのに十分な預金が存在しており、現実にこれを支払うことに支障はなかったにもかかわらず、あえて賃貸人との間で敷金をもって充当する旨の合意をして、敷

（注4）なお、本件判例では、質権者から債権回収の委託を受けた債権管理回収会社 X_2 を原告とする①事件（最判平18・12・21平成17年（受）第276号）および質権者 X_1 を原告とする②事件（最判平18・12・21平成16年（オ）第184号、（受）第210号）の2つの事件について、同日付けで最高裁の判断が示された。もっとも、①事件と②事件は、原告が異なるだけで、いずれも被告は破産管財人Yであるから、事実関係や請求内容はほぼ同じである。そのため、本稿では、基本的に両事件を区別しないで論じることとしている。

（注5）善管注意義務違反による損害賠償義務（破85条2項）は、破産管財人個人が負うべき義務であるが、管財人の行為が破産財団に関して行われたものであるときは、相手方の損害賠償請求権は財団債権となる（破148条1項4号）。そのため、①事件および②事件ともに、破産財団に対する請求であって、破産管財人Y個人を対象とするものではなく、Yは、職務上の当事者として被告とされていたものである。なお、不当利得返還請求は、当然破産財団を対象とする請求である。

金返還請求権の発生を阻害したのであるから、特段の事情がない限り、正当な理由に基づくものではない。かかるYの行為は、質権者に対する担保価値維持義務違反となる。

　　イ　善管注意義務違反の有無について
　破産財団の減少を防ぐという破産管財人の行為に正当な理由があるか否かは、破産債権者全体のために破産財団の減少を防ぐという破産管財人の職務上の義務と設定者が質権者に対して負う担保価値維持義務との関係をどのように解するかによって結論の異なり得る問題であって、この点について論ずる学説や判例も乏しかったことや、Yが賃料等の敷金充当について破産裁判所の許可を得ていたことなどを考慮すると、Yに善管注意義務違反の責任を負わせることはできない[注6]。

　　ウ　不当利得の成否
　本件では、質権の被担保債権の額が敷金の額を大幅に上回ることが明らかであるから、敷金返還請求権は質権によってその価値の全部を把握されていた。したがって、破産財団が充当合意によって賃料等の支出を免れる一方で、同額の敷金返還請求権が消滅して質権者が優先弁済を受けることができなくなったのであるから、破産財団は、質権者に対して不当利得返還義務を負う。

3　判決の射程

(1)　担保価値維持義務の承継

　前述したとおり、本件判例の論理は、別除権として質権が破産手続の影響を

（注6）担保価値維持義務と善管注意義務との関係については、本件判例を契機としてさまざまな議論がなされているが、本稿では紙幅の関係から割愛する。本件判例が担保価値維持義務と善管注意義務について結論的に2段階構成をとった点について精緻な考察を加えた論考として、中井康之「破産管財人の善管注意義務」金法1811号（2007年）40頁以下、本件判例において問題となった破産管財人の善管注意義務について議論を発展させ、破産法における利害関係人概念の相対性にまで論及した論考として、伊藤眞ほか「破産管財人の善管注意義務──「利害関係人」概念のパラダイム・シフト──」金法1930号（2011年）64頁以下などが挙げられる。

受けないことから(破2条9号・65条1項)、設定者の負っていた担保価値維持義務が、原則として破産管財人に承継されるというものである。

そうすると、破産手続において別除権として扱われない一般の先取特権や民事留置権等の担保権についても、本件判例の射程が及び、破産管財人は設定者の担保価値維持義務を承継するか否かが問題となる。

この点、破産手続は総債権者のための包括執行であって、破産管財人も、破産債権者を代表して差押債権者と同等の地位に立つものと解されており(注7)、破産管財人の法的地位としては、破産者の一般承継人としての地位と破産債権者の利益代表者としての地位(第三者性)の二面性があるとされる(注8)。そうすると、別除権に該当しない担保権は、破産手続によらなければその権利を行使することができず(破産法65条1項の反対解釈)、破産手続による影響を受けざるを得ないから、破産管財人の法的地位の二面性のうち、第三者性についても考慮する必要が生じてくる。

したがって、別除権以外の担保権については、設定者の破産により、設定者の担保価値維持義務は当然には破産管財人に承継されず、破産管財人の第三者性との関係で問題がないかどうかを吟味した上で担保価値維持義務の承継について判断されるべきものと解される(注9)。

(2) 法定担保物権への適用

本件判例の射程は、法定担保物権についても及ぶであろうか。

法定担保物権と約定担保物権との違いは、担保権が成立するために設定者と担保権者との合意が必要とされるかどうかであるから、かかる設定契約当事者間の合意が担保価値維持義務の発生原因といえるかどうかという点が問題となる。

担保価値維持義務が発生するためには、担保権設定契約の締結が必要と考える見解も有力であるが(注10)、法定担保物権であっても、担保権者が担保目的物

(注7) 倒産法概説2版365頁〔山本和彦〕。
(注8) 中井・前掲(注6)論文36頁・37頁。
(注9) 三森仁「最高裁判決の射程如何」NBL851号(2007年)55頁。

の価値を把握して優先弁済権を有していることに変わりはないから、債務者（法定担保物権の場合は担保権設定行為がなく、設定者を観念し得ないから、設定者ではなく債務者が担保価値維持義務を負うものと解される）は、担保目的物の価値を害するような行為をしてはならず、抽象的・潜在的にせよ担保価値維持義務を負っているものと解される。

もっとも、法定担保物権のうち、倒産手続の場面で問題となることの多い動産売買の先取特権は、公示手段がないことから、目的物に対する追及効がないなど（民333条）、担保権としては脆弱であり、当該動産について競売開始の許可決定や執行官による差押えがなされない限り、破産管財人は何らの制約も受けずに当該動産を処分することができるため、担保価値維持義務が問題となる局面は限定されるであろう。また、留置権の場合も、そもそも目的物の占有が留置権者にあるから、債務者が目的物の価値を害するような行為をすることが観念しにくく、担保価値維持義務が問題となる場面は限られるものと思われる。

(3) 賃料等を敷金充当することが許容される限界

以下、本件判例とは事案が異なるため、直接判断されていない各場面を想定し、本件判例の射程が及ぶか否かについて個別に検討する。

ア 手続開始時点において未払賃料等が発生していた場合

破産手続開始前にすでに発生している未払の賃料や共益費は、破産債権とされ（破2条5号）、手続開始とともに個別の権利行使が禁止され（破42条・44条等）、破産手続によらなければ権利行使することはできなくなる（破100条1項）。

したがって、開始前に生じていた未払賃料等については、たとえ敷金返還請求権に質権が設定されていても、これを敷金から充当することは特段問題ないものと思われる[注11]。

(注10) 園尾隆司「動産売買先取特権と動産競売開始許可の裁判（下）」判タ1324号（2010年）14頁、三森・前掲（注9）論文56頁。なお、本件判例の原審は、設定契約の締結によって設定者の担保価値維持義務が発生するとしているが、本件判例は質権の事案であったために、設定契約時に担保価値維持義務が発生すると述べたにすぎないとも考えられ、設定契約の概念がない法定担保物権について、担保価値維持義務が発生しないという判断まで含意しているかは疑問である。

イ　破産財団に開始後賃料等を支払うだけの資金がない、あるいは不明な場合

　本件判例は、破産財団に賃料等を支払うのに十分な預金が存在しており、現実にこれを支払うことに支障はなかったにもかかわらず、あえて賃貸人との間で敷金をもって充当する旨の合意をした破産管財人の行為は、正当な理由に基づくものではなく、担保価値維持義務に違反すると判示した。

　仮に、破産財団に開始後賃料等を支払うだけの資金がないような場合には、破産管財人としては、開始後賃料等を敷金に充当するほかなく、基本的に他に選択肢がない以上やむを得ないものとして許容されるであろう(注12)。もっとも、破産管財人が、漫然と管財業務に不必要な物件を長期間賃借し、本来支払う必要のない賃料等を発生させて敷金に充当した結果、質権者の把握していた敷金返還請求権の担保価値が損なわれたといった場合には、やはり担保価値維持義務に違反することになると思われる(注13)。

　次に、破産手続開始決定の直後で、破産管財人において、破産者にどれだけの預貯金があり、他の財団債権者との関係で、開始後賃料等を支払うだけの十分な余裕があるかどうか判別しかねるような場合はどうであろうか。

　管財業務においてまったく不必要な物件であれば別だが、しばらくは賃借しておく必要があるような場合には、すぐに契約を解除することはできない。開始後賃料等を支払うだけの資金があるかどうか不明な場合には、敷金との充当を前提に賃借し続けることもあり得よう。この点についての倒産実務家の見解は、おおむね破産管財人の行為に正当な理由ありとする論調のようである(注14)。

　それでは、破産財団や財団債権の調査が進み、後になって振り返ってみれば、他の財団債権への弁済にも支障がないだけの賃料等を支払う余力があったこと

(注11)　中井・前掲（注6）論文39頁。

(注12)　中井・前掲（注6）論文39頁・40頁。

(注13)　もっとも、この場合も、破産管財人が破産手続外の債権者である別除権者に対して直接善管注意義務を負うかどうかは議論があるところであり（前掲伊藤論文等では否定）、破産管財人個人が損害賠償義務まで負うかは別途検討が必要である。

(注14)　中井・前掲（注6）論文40頁、小林信明「破産管財人の職責を考える契機となる判決」NBL851号（2007年）32頁。

が判明した場合には、敷金返還請求権の減少分を不当利得として質権者に返還する必要があるだろうか。

不当利得が成立するとの見解もあるが^(注15)、開始後賃料等の弁済期がそのつど到来する時点では、破産財団にこれを支払うだけの十分な財源があるかどうか不明な状況（換言すれば、ほかに財産があるかもしれないが、その時点で把握できている資産では賃料等を支払うことは不可能という状況）であったのであるから、結果的に後に財源があることが判明しても、そのつどそのつどの破産管財人の判断には、担保価値維持義務や善管注意義務に違反するような点はないと解すべきである。そして、本件判例は、不当利得の成立要件である「法律上の原因の不存在」を判断する際に、担保価値維持義務違反に該当するかどうかを判断した「正当な理由」の有無を基準として判断していることから、破産管財人に正当な理由があって担保価値維持義務違反が認められない以上、法律上の原因は存在したのであり、不当利得も成立しないと解すべきことになる^(注16)。

ウ　賃貸借契約を解除して明け渡すために必要な合理的期間内に発生する賃料等について

破産管財人が早期に賃貸借契約を解除して物件を明け渡す判断をしたが、実際に物件を明け渡すまでに原状回復等をしなければならず、そのために必要な合理的期間内に発生した賃料等についても、これを敷金から充当することは許されないか^(注17)。

この問題に関する倒産実務家の見解は、総じて破産管財人による敷金充当について正当な理由があるとの結論で一致している^(注18)。

このような必要最低限の開始後賃料等まで破産財団の負担にしてしまうこと

(注15)　上野保「破産管財人の義務についての考察」NBL851号（2007年）23頁、須藤英章「財団増殖のみに偏することへの警鐘」NBL851号（2007年）36頁。

(注16)　中井・前掲（注6）43頁も結論的には同じだが、破産手続開始決定時を基準とすれば、もともと質権者が把握していた敷金の担保価値はなかったのであるから、質権者に損失はなく不当利得は成立しないとしている。

(注17)　本件判例では、数個の賃貸借契約が問題となっているが、その中には破産開始後2か月ほど後に解除（解約）されたものも含まれており、解除までの期間に関係なく、一律に判断されている。

は、質権者を過度に保護することとなってしまい問題がある。したがって、賃貸借契約を解除して物件を明け渡すまでに必要な合理的期間内（1～2か月程度か）の賃料等については、これを敷金から充当しても正当な理由があると解すべきである。

(4) 被担保債権と担保価値との関係

　本件判例は、敷金の額（担保価値）よりも、質権の被担保債権の額が大幅に上回っている事案であったが、これとは逆に、担保価値が被担保債権の額を大幅に上回っており、設定者（債務者）による侵害行為によって担保価値が減少してもなお被担保債権を満足させるに余りある担保価値が残存しているような場合であっても、担保価値維持義務違反は成立するであろうか。

　この問題は、担保目的物への侵害行為一般について問題となるものであるが、判例[注19]は、抵当権が山林の立木に設定され、競売の開始による差押えの効力も生じていたという状況下で、設定者が当該山林の立木を伐採して売却してしまった場合でも、抵当目的物への侵害行為による価値減損の結果、被担保債権の満足が得られなくなったときに限り損害があるとしている。

　したがって、設定者（債務者）が、担保目的物の価値を減損させるような行為をしても、いまだ被担保債権を満足させるに足る担保価値が残存しているような場合には、担保価値維持義務違反とはならないものと解される。

（注18）中井・前掲（注6）論文40頁、小林・前掲（注14）論文32頁、多比羅誠「破産管財人の善管注意義務と担保価値維持義務」NBL851号（2007年）40頁、宮川勝之「敷金の充当が認められる例外はあるか」NBL851号（2007年）60頁ほか。

（注19）大判昭3・8・1民集7巻671頁。

Ⅰ-4 破産手続における担保権に対する制約

弁護士　岡　　伸浩

1 破産手続の下での担保権実行中止の可否

(1) 担保権実行中止命令制度の意義・趣旨

ア　担保権実行中止命令の意義

　破産法、民再法は、特別の先取特権、質権、抵当権および商事留置権[注1]を別除権とし、破産手続や再生手続によらずに権利行使することを認めている（破65条1項、民再53条2項）。もっとも、再生債務者の事業の再生を目的とする再生手続（民再1条）の下では、再生債務者の有する資産を維持、利用する機会を確保し、再生債務者の事業の再生を図る必要が高い。そこで、民再法は、裁判所が一定の期間を区切って暫定的に担保権の実行を中止することを命じる担保権実行中止命令制度（民再31条）を用意した。

　これに対して、破産手続では、事業の清算解体を目的とするため（破1条）、再生手続のように別除権者による担保権実行をあえて中止して事業の再生を図ることは予定していない[注2]。そのため、破産法は担保権の実行中止命令を認めていない。

（注1）破産法2条9項は、別除権とは、破産手続開始の時において破産財団に属する財産につき特別の先取特権、質権または抵当権を有する者がこれらの権利の目的である財産について破産手続によらずに行使することができる権利をいうと定義する。ただし、実務上同項に規定のない商事留置権や譲渡担保権等も破産手続上別除権として取り扱われるのが一般的である（最判平10・7・14民集52巻5号1261頁、最判平23・12・15民集65巻9号3511頁、最判平18・7・20民集60巻6号2499頁、大阪高決平21・6・3金法1886号59頁、伊藤・破産法民事再生法2版351頁）。本稿では、特別の先取特権、質権、抵当権のほか、商事留置権、譲渡担保権を含めて別除権であることを前提に担保権と表記する。

（注2）新破産法の基本構造と実務75頁〔小川秀樹発言〕。

イ　破産手続における担保権実行中止命令の必要性

　破産法は、破産財団の維持増殖を図ることが見込まれる場合、破産管財人が裁判所の許可を得て破産者の事業を継続すること（破36条）や破産管財人が双方未履行双務契約につき履行を選択することを認めている（破53条1項）。例えば、破産者の仕掛中の工事を完成させ利害関係人の保護を図る必要がある場合等一定の期間、破産者の事業を継続する場合や完成途中の請負工事の未履行部分につき破産管財人が履行を選択することにより破産財団の維持増殖が見込まれる場合がある。このような場面で、別除権である担保権の実行を自由に認めると事業の継続や債務を履行する上で必要となる重要な財産を失い、破産財団の維持増殖を図ることが困難となる。そこで、事案によっては破産手続においても例外的に一定の期間、担保権の実行を中止させる必要性が認められる場合があるということができる。

(2)　破産法24条に基づき担保権実行を中止することの可否

　以上の必要性に照らして、担保権実行中止命令制度が認められていない破産法の下で、破産管財人が裁判所の許可を得て破産者の事業を継続する場合、破産手続開始決定前の中止命令（破24条）を利用して担保権実行を中止させることができるかが問題となる。

ア　破産手続開始決定前の中止命令の意義

　破産手続開始決定前の中止命令とは、破産手続開始の申立てから破産手続開始決定があるまでの間、債権者の個別の権利行使を禁ずるため債権者に不当な損害を及ぼすおそれがない場合に、債権者の権利行使に係る他の法的手続を中止する裁判所による命令をいう（破24条）[注3]。破産手続開始決定前の中止命令は、破産手続開始申立てから破産手続開始決定までの間に、強制執行等が進行することにより債務者の財産が散逸し、その結果、強制執行により債権回収を図った債権者とそうでない債権者との間の公平が保てなくなる事態を回避するための制度である[注4]。ここにいう債権者に「不当な損害を及ぼすおそれが

（注3）条解破産法166頁。
（注4）条解破産法166頁。

ない場合」（同条）とは、債権者が当該強制執行等による満足を受けなければ倒産するおそれが高い場合等、債権者の被る不利益の程度がきわめて大きく、強制執行等の中止命令を受忍させることが社会的にみて不相当であると評価される場合に当たらないことをいう(注5)。

　イ　破産手続開始決定前の中止命令（破24条）を利用して担保権の実行を中止させることの可否

　別除権者は、破産手続によらずに権利を実行することができることから破産手続開始決定前の中止命令は、その対象を「債務者の財産に対して既になされている強制執行、仮差押え、仮処分又は一般の先取特権の実行若しくは留置権（商法……又は会社法の規定によるものを除く。）による競売」に限定し、抵当権、特別の先取特権、質権等の別除権を含めていない（破24条）。

　また、先に述べたように、破産法は、破産手続開始後の担保権実行中止命令に関する規定を設けていない。この趣旨は、別除権に配慮してその行使（破65条1項）を保護した点にあり(注6)、破産手続開始前後を通じて妥当する。したがって、現行破産法は、破産手続開始の申立てから破産手続開始決定までの間の担保権の実行を破産法24条に基づく中止命令によって中止することを認めておらず、破産手続開始決定前の中止命令（同条）によって別除権たる担保権の実行の中止を命じることは困難であると考える(注7)。

(3)　立法の必要性について

　もっとも、破産手続においても破産管財人は、裁判所の許可（破36条）を得て、破産者の事業を継続し、事業譲渡を行う等して破産財団の維持増殖を図る必要性が高い場合がある(注8)。このような場面では、担保権の実行を一定期間中止して破産財団の維持増殖を図る必要性は高いといえ、破産手続においても担保権の実行の中止命令を認める余地を検討すべきであるといえよう。ここで問題となるのは、いかなる要件を定立すべきかという点であるが、破産手続で

（注5）　条解破産法174頁。
（注6）　新破産法の基本構造と実務75頁〔小川発言〕。
（注7）　伊藤眞「清算型倒産手続開始と担保権実行の中止」金判1060号（1999年）20頁以下。

は、再生手続と異なり事業の再生を図ることは要請されておらず、さらに別除権たる担保権の実行を自由に認めている以上、担保権の実行の中止を認める必要性と別除権者の保護の要請を慎重に考量して検討する必要があると考える。

このような視点から、さしあたり①破産者の事業価値や財産を維持する必要性が特に高い場合であること、②担保権の実行を中止することが債権者一般の利益に適合していること、③客観的に担保権者に不当な損害を及ぼすおそれがないと認められること、④事業継続中の一定の期間に限ることを要件に破産手続における担保権の実行の中止を命じる担保権の実行中止命令制度を認める立法を検討すべきであるといえよう(注9)。

2 担保権消滅許可制度

(1) 意 義

破産法上の担保権消滅許可制度(注10)とは、破産財団に帰属する担保目的物を任意売却することが債権者一般の利益に適う場合(注11)に裁判所の許可を得て、担保権を消滅させるとともに任意売却により取得できる金銭の一部を破産

(注8) 例えば、公益性の高い病院事業を運営する医療法人が破産手続開始決定前に診療報酬債権に集合譲渡担保権を設定し、破産手続開始決定後、譲渡担保権者により譲渡担保権の実行を受けた場合、事業の運営に必要な資金繰りに支障が生じるおそれがある。このような場合、破産手続においても一定期間担保権の実行を中止すべき場合があると解される。他方、上記のような事例で破産者の事業を廃止すると債権譲渡担保権者は事業廃止後の診療報酬債権を回収できず不利益を被るおそれが生じる。そこで、担保権の実行の中止命令は、短期間に限定して発令されるべきである。また、中止命令により担保権者に損害が生じた場合、当該債権を破産法148条1項1号・2号と同順位の財団債権とする等の立法的な手当を併せて検討する必要があると解する。

(注9) 伊藤・前掲（注7）論文20頁以下、新破産法の基本構造と実務74頁〔伊藤眞発言〕。なお、清水靖博「担保権実行の中止命令」倒産法改正展望237頁参照。また、民再法31条の担保権実行中止命令の意見聴取の要件につき「裁判所は、当該命令を発する前に意見を聴くことにより当該命令の実効性を確保することが困難となることが見込まれるときは、その命令を発した後に担保権者の意見を聴くことで足りる」との提言をする見解として、新保勇一「担保権実行手続の中止命令」倒産法改正への30講70頁以下。

財団に組み入れ、破産債権者への配当原資とすることを可能とする制度である（破186条1項柱書本文）。担保権消滅許可制度は、破産財団に帰属する不動産等に担保権が設定されている場合に、破産管財人の当該不動産等の任意売却による受戻し・担保権の抹消を前提とする点に特徴がある。

　破産法上の担保権消滅許可制度の趣旨は、破産管財人と担保権者との間の合意形成を促進し、担保権者に対して一定の譲歩を求めることを通じて、破産管財人による任意売却を実現することを可能とした点にある[注12]。

(2)　担保権消滅許可申立てに対する別除権者による対抗手段

　すでに述べたとおり破産法は、別除権を破産手続外で自由に実行することを認めている（破65条1項）。そこで、破産手続上、別除権者（同項）を保護するため、破産管財人から担保権消滅許可の申立てを受けた別除権者である担保権者には、以下の対抗手段が認められている[注13]。

ア　担保権実行の申立て（破187条1項）

　担保権者が、破産法187条1項所定の期間に担保権を実行した場合、破産管財人による担保権消滅許可は認められなくなる（同項）。

　この趣旨は、担保権者に競売手続を通じて破産管財人によって提示された金額の適正さを市場に問う機会を保障した点にある[注14]。

(注10)　担保権消滅許可の申立ての対象は「特別の先取特権、質権、抵当権又は商法若しくは会社法の規定による留置権」（破186条1項）であり、いずれも別除権として破産法上の保護を受ける担保権である（破65条1項）。そこで、以下、担保権消滅請求の対象となる担保権は別除権であることを前提に論じる。

(注11)　債権者一般の利益に適合する場合とは、例えば任意売却による組入金によって破産財団の増殖が図られる場合等をいう。

(注12)　一問一答新破産法250頁以下。

(注13)　これに対して、民再法は、再生債務者による担保権消滅許可申立てに対し、担保権者による①担保権実行の申立てや②5パーセント以上上回る価額での買受申出による対抗手段を認めていない。これは、再生債務者の事業の再生を図ることを目的とする再生手続では、再生債務者の事業にとって不可欠な財産を再生債務者の手元に残すことにより事業の再生を図る必要性が高いため、担保権者に破産手続のような対抗措置を認めないこととしたものである。

イ　買受申出（破188条・189条1項2号・2項）

　破産管財人による担保権消滅許可に関する申立書が全担保権者に送達された日から1か月以内に被申立担保権者または他の買受人が担保権消滅許可の申立てに係る売得金を5パーセント以上上回る価額で買い受ける旨を破産管財人に対して申し出ることにより、破産管財人の担保権消滅許可は認められなくなる（破188条・189条1項2号・2項）。

　この趣旨は、担保権者と破産管財人との間の公平を図る観点から破産管財人の提示する金額よりもより高い金額で担保目的物を売却できると考える担保権者に担保権消滅請求を阻止するための対抗手段を認めた点にある。

3　商事留置権消滅請求制度(注15)

(1)　意　義

　商事留置権消滅請求制度とは、破産手続開始時に破産財団に属する財産に商事留置権が成立する場合に、当該財産が破産者の事業に必要なものであり、その他当該財産の回復が破産財団の価値の維持または増加に資するときに、破産管財人が裁判所の許可を得て商事留置権者に対し、当該財産の価額に相当する金銭を弁済して商事留置権の消滅を請求する制度である（破192条）。この制度の趣旨は、別除権たる商事留置権が成立している破産財団に属する財産が破産者の事業の継続に必要なものである場合に、商事留置権を消滅させることにより当該財産の換価処分を可能なものとし、破産財団の維持増殖を図る点にある。例えば、半製品を完成させるために必要な原材料等につき、取引先が商事留置権を理由に当該原材料等の引渡しを拒むと、破産管財人は破産者の事業を継続し、破産財団の維持増殖を図ることが困難となる。このような場合に、破産管財人が商事留置権消滅請求により当該商事留置権を消滅させて、当該財産の引渡しを受けられるようにしたものである(注16)。これにより、破産管財人は

（注14）大コンメ792頁〔沖野眞已〕。
（注15）論点解説新破産法(上)72頁以下。
（注16）笠井正俊「担保権を巡る訴訟」倒産と訴訟555頁。

破産財団に属する原材料等の商事留置権を消滅させた上で、当該原材料等の占有を回復、使用して製品を完成させて売却することを通じて破産財団の維持増殖を図ることが可能となる。

(2) 商事留置権消滅請求制度と担保権消滅許可制度の異同

商事留置権消滅請求制度と担保権消滅許可制度は、ともに別除権たる商事留置権を消滅させる制度である点で共通する[注17]。

しかし、両制度は、以下の点で異なる。

ア 制度目的

商事留置権消滅請求制度は、破産管財人が事業を継続する場合等に必要となる商事留置権の目的物の占有を破産財団の下に回復して目的物を使用することを目的とする制度である。これに対し、担保権消滅許可制度は、別除権の対象となる個別の財産の任意売却を実現するための制度である。

イ 適用場面

破産手続上、担保権消滅許可制度は、担保目的物を「任意に売却」（破186条1項）する場合に適用場面が限定されており、担保権消滅許可制度は、破産管財人が当該目的物を任意売却せずに目的物を保有し続けることは想定していない[注18]。よって、破産管財人が商事留置権の対象となる目的物を任意売却せず事業の継続のために継続的に利用する場合、破産管財人としては、担保権消滅許可の申立てではなく商事留置権消滅請求により商事留置権を消滅させた上で、目的物を利用する必要がある[注19]。

[注17] 商事留置権消滅請求制度と担保権消滅許可制度は、目的を異にする別個の制度であり、併存し得る関係にあると解されている（新破産法の基本構造と実務236頁〔小川発言〕）。

[注18] 小林信明「留置権」倒産手続と担保権111頁。

(注19) なお、破産管財の手引増補版173頁は、「実際には、破産財団に属する財産について商事留置権を主張する場合であっても、留置目的物の価値が被担保債権額を下回る場合は、破産管財人は換価することなく破産財団から放棄しており、目的物の価値が被担保債権額を上回る場合は、動産の任意売却と併せて別除権（商事留置権）の受戻しをするのが通例」であるため、「商事留置権の消滅請求がされる例は極めてまれである」と指摘する。このように実務上商事留置権の消滅請求がなされる例は稀である。ただし、破産法186条に基づく担保権消滅許可の申立ての場合、担保権者は5パーセント以上の価額で買い受ける旨等の買受申出をすることにより、担保権の消滅が認められなくなる（破188条）。これに対して、商事留置権消滅請求では、商事留置権者による買受申出は認められていない。したがって、破産管財人が裁判所の許可を得て破産者の事業の継続をし、当該財産を破産者の事業と一体的に換価処分する必要がある事案で商事留置権者との合意形成ができないような場合には、事案によっては担保権消滅許可制度ではなく、商事留置権消滅請求制度によるべき場合もあると解する。

I−5　破産手続における担保権消滅許可制度

弁護士　清水　豊

1　制度目的

　担保権の設定された資産（以下、本項において「担保目的財産」という）の処分は、担保権者の同意を得て換価する方法（任意売却）と、担保権者または破産管財人により、強制執行手続により処分する方法がある。
　実務上は、任意売却によるほうが、簡易迅速かつ高額での換価を期待でき、破産債権者の一般の利益に適合し、かつ担保権者の利益にもなることから、多くの場合、担保目的財産は、任意売却により処分されている。
　もっとも、任意売却と同時に求められる担保権の抹消は、担保権者との合意に依拠するものである。そのため、担保権者が不合理に任意売却に応じない場合には実現することができない。例えば、後順位担保権者が、担保目的財産の換価代金からの回収を期待できないにもかかわらず、いわゆる判子代について不当に高額な額を求める場合がある。また、先順位担保権者が、いわゆる組入金についてその額が合理的であるにもかかわらず承諾しない場合もある。
　このような場合を念頭に置き、任意売却を法律により強制的に実現する手段として設けられたのが、担保権消滅許可制度（破186条以下）である。
　すなわち、本制度は、破産管財人の提示する売却価額、組入金および担保権者への弁済額等が合理的であることを前提に、裁判所の許可を得て、申立ての対象となるすべての担保権を消滅させ、任意売却を実現することを可能とするものである。
　実務的にいえば、本制度の存在意義は、実際に利用されることにもあるが、この制度が存在することにより任意売却における合意形成が合理的になされることを促進することにもあるといえる。

2 手続の概要

(1) 申立ての要件等

ア 本制度の対象となる財産

　本制度は、破産手続において想定されている任意売却の合意形成を促進する趣旨であるから、本制度の対象となる財産は、破産手続開始時に破産財団に属する財産である必要があり、対抗要件を備えることまでは要しない。例えば、破産手続ではなく再生手続の例であるが、当該資産の登記名義が代表者個人あっても、実態として再生会社の所有に属す場合に、担保権消滅許可制度の対象と認められた例がある[注1]。

イ 本制度の対象となる担保権

　上記のような本制度の位置付けからすると、本制度の対象となる担保権は、破産手続開始時に存する担保権に限られ、破産手続開始後に設定されまたは成立した担保権は対象とはならない。また、被担保債権が破産者に対するものでなくてもよい。

　他方で、破産法186条1項の法文上記載のない担保権について、本制度の類推適用が否定されるべきものではない。もっとも、実際に類推適用をするに当たっては問題もあり、例えば、所有権留保、譲渡担保などを想定しても、①破産管財人の処分権の有無、②担保権の実行の手段の保障、③登記・登録抹消の嘱託の可否、④配当の方法の4点でそれぞれ問題があるとされる[注2]。

　本制度は、消除主義をとる強制執行手続とは異なるから、用益権は、消滅する担保権に後れるものである場合でも消滅しない。ただし、本制度の位置付けからすれば、いわゆる詐害的賃借権については、賃借権としての実態を有さず、抵当権と一体といえる場合には本制度の対象となると考える余地があるとされる[注3]。

（注1）福岡高決平18・3・28判タ1222号310頁。
（注2）新破産法の基本構造と実務78〜84頁、大コンメ770頁〔沖野眞已〕。
（注3）民事再生法逐条研究139頁〔伊藤眞発言〕、新注釈民事再生法(上)2版855頁〔中西正〕。

(2) **実質要件**

　申立ての実質的な要件は、破産債権者の一般の利益に適合することおよび担保権者の利益を不当に侵害しないことであり（破186条1項）、本制度は、上記のとおり、合理的な任意売却を促進しようとするものであるため、これらの要件が必要とされる。

　ア　破産債権者の一般の利益に適合すること（破186条1項）

　破産債権者の一般の利益に適合するといえる場合には、例えば、任意売却により財団が増殖する場合、固定資産税等の負担を免れる場合がある[注4]。逆に、任意売却が不当に廉価である場合は、これを充たさないということになる[注5]。

　もっとも、不当に廉価であるかどうかは、一義的に明らかであるとはいえず、担保権者との間での任意売却に関する交渉の経過を考慮して判断される必要がある[注6]。申立書にこれらの事実を記載することを要するのもこのためである（破186条3項7号、破規57条1項）。

　また、多額の財団債権があり、破産債権者への配当が困難である場合にこの要件を充たすかどうかは問題で、事案ごとに慎重な判断が求められる[注7]。

　イ　担保権者の利益を不当に侵害しないこと（破186条1項ただし書）

　担保権者の利益を不当に侵害しないとの要件については、例えば、任意売却が不当に廉価である場合や、組入金が不当に過大である場合はこれを充たさない[注8]。

　組入金の合理性についても、一義的に明らかであるとはいえず、担保権者との協議の内容およびその経過を考慮して判断される必要があり[注9]、申立書にこれらの事実を記載することを要するのもこのためである（破186条3項7号）。

　さらに、組入金については、とくに担保権者の関心が高いことから、財団組

（注4）大コンメ773頁〔沖野〕。
（注5）大コンメ775頁〔沖野〕。
（注6）大コンメ786頁〔沖野〕。
（注7）石田憲一＝松山ゆかり「企業倒産（破産・民事再生）をめぐる諸問題——司法研修所における特別研究会の概要」NBL939号（2010年）19頁。
（注8）大コンメ775頁〔沖野〕。
（注9）大コンメ809頁〔沖野〕。

入を求める場合は、申立てに先立って、担保権者と協議を行わなければならない（破186条2項）。

(3) 担保権者の対抗手段

被申立担保権者は、破産管財人の申立てに異議があるときは、申立書等の送達を受けてから1か月以内に限り、担保権の実行の申立て（破187条1項）またはより高額での買受けの申出（破188条1項）をすることができる。買受けの申出に際しては、所定の額および方法による保証を破産管財人に提供しなければならない（同条5項）。

被申立担保権者にこれらの対抗手段が認められるのは、被申立担保権者に担保目的財産の市場での価額を問うための手続保障を設けたものである[注10]。

また、これらの対抗手段は、破産管財人とあらかじめ売得金および組入金について合意をした場合にはとることができず、このような面にも、本制度が任意売却の合意を促進する趣旨であることが現れている。

他方で、被申立担保権者から見れば、本来自由にできるはずの担保権の実行の申立ての期間が限定されることにもなっている。

(4) 決　定

ア　担保権消滅の許可の決定

被申立担保権者から上記のいずれの対抗手段もとられないときは、申立書記載の相手方を売却の相手方とする担保権消滅の許可の決定がされる（破189条1項1号）。

許可決定が確定し、所定の期限内に相手方から所定の金銭（売得金の額から組入金の額を控除した残額）が裁判所に納付されることにより（破190条1項）、申立ての対象となっている担保権は消滅し（同条4項）、登記・登録があるときはその抹消が裁判所書記官から嘱託される（同条5項）。

組入金および費用等相当額は所定の期限内に相手方から破産管財人に支払われ、通常はこの支払と引換えに所有権移転登記手続をすることになる。

（注10）　大コンメ789頁〔沖野〕。

相手方から裁判所に納付された金銭は、裁判所により民事執行法上の配当等の手続に準じて、被申立担保権者に対し、配当として交付され、余剰がある場合は、破産管財人に交付される（破191条）。

イ　担保権消滅の不許可の決定

被申立担保権者の対抗手段のうち、担保権の実行の申立てがあるときは、破産管財人の申立てに対して不許可の決定がされる（破189条1項柱書）。

ウ　買受けの申出がある場合の担保権消滅の許可の決定

被申立担保権者の対抗手段のうち、より高額での買受けの申出があるときは、その申出に係る買受希望者を売却の相手方とする担保権消滅の許可の決定がされる（破189条1項2号）。許可決定が確定すると、当該買受希望者と破産管財人との間で、申立書記載の売買契約（破186条4項）と同一内容の売買契約が締結されたものとみなされ、買受けの申出の額が売得金の額とみなされる（破189条2項）。

買受人は、買受申出の額からあらかじめ破産管財人に保証として提供した額を控除した残額の金銭を裁判所に納付する（破190条1項2号）。この納付があると、破産管財人に保証として提供された額は、売得金の一部に充当され、破産管財人はただちにこれを裁判所に納付する（同条2項・3項）。これらの納付により、申立ての対象となっている担保権は消滅する（同条4項）。費用相当額は所定の期間内に買受人から破産管財人に支払われるが、財団組入は実現できないことになる。担保権の登記・登録の抹消および裁判所に納付された金銭の交付等は、上記アの場合と同様である。

エ　即時抗告（破189条4項）

裁判所の決定に対しては、即時抗告が認められ、即時抗告の理由として主として想定されるのは、担保権者の利益を不当に害するかどうかという点である。この点、売得金額や組入金額の適正、協議義務の履行状況等任意売却に関する交渉経過を総合的に考慮して判断される[注11]。

(注11)　大コンメ809頁〔沖野〕。

Ⅰ-6　再生手続における担保権の処遇

弁護士　上床　竜司

1　再生手続における担保権の処遇

(1)　概　説

　再生手続開始の時に再生債務者の財産上に一定の担保権（後記(2)の担保権）を有する者は、その目的財産について別除権を有するものとして、再生手続によらないで権利を行使することができる（民再53条1項・2項）。

　担保権を再生手続内に取り込むと、担保権の目的物の評価やそれを前提とした決議の際の組分けなどが必要となり手続の煩雑化が避けられない。そこで、民再法は、手続を簡素化して迅速に手続を進めるため、会更法上の更生担保権とは異なり、担保権付債権には原則として手続の制約を及ぼさないものとしている[注1]。

(2)　別除権の基礎となる担保権

　民再法上、明文で別除権とされるのは、再生債務者の財産上に存する特別の先取特権、質権、抵当権または商事留置権である（民再53条1項）。商事留置権は、破産法上は特別の先取特権とみなされた上で別除権とされ（破66条1項・65条2項）、他の特別の先取特権に後れるものとされている（破66条2項）が、民再法上は、直接的に別除権とされており、他の特別の先取特権に後れるとする取扱いはなされていない。

　仮登記担保も別除権とされる（仮登記担保19条3項）。

　譲渡担保や所有権留保等の非典型担保も、明文の規定はないが実務上は別除権として扱われる。フルペイアウト方式のファイナンス・リース契約における

（注1）　一問一答民事再生法14頁、伊藤・破産法民事再生法2版698頁。

リース業者の権利については、更生手続上は更生担保権として取り扱うのが通説・実務であり(注2)、再生手続上は別除権と解する説(注3)が多いが共益債権説(注4)も有力である。

民事留置権は別除権とはならないが、再生手続開始によって留置的効力は失われないとするのが通説である(注5)。

再生手続において別除権として扱われるためには、その基礎となる担保権が他の再生債権者に対抗できるものでなければならない。再生債務者は民法177条の第三者に当たるため、再生手続開始前に登記・登録等を具備していなかった担保権者は、再生債務者に対して登記・登録等の手続を請求することができない(注6)。また、再生手続開始前の原因に基づいて手続開始後にされた登記・登録または不登法105条1項の規定による仮登記は、再生手続との関係では原則としてその効力を主張することができない。ただし、登記権利者が再生手続開始の事実を知らないでした登記または仮登記についてはこの限りでない（民再45条1項・2項）。したがって、再生手続開始前に登記・登録または不登法105条1項の規定による仮登記を具備していなかった担保権は、原則として、再生手続上別除権としては扱われない。

(3) 別除権の行使

ア　担保権の実行

別除権は、再生手続によらないで、その基礎となる担保権本来の実行方法に

(注2) 最判平7・4・14民集49巻4号1063頁。

(注3) オロ千晴ほか編『民事再生法の理論と実務(下)』（ぎょうせい、2000年）37頁、片山英二＝中村閑「倒産手続における非典型担保(1)ファイナンス・リース」金法1765号（2006年）30頁等。

(注4) 土屋信輝「会社更生・民事再生手続におけるリース料債権の処遇」金法1597号（2000年）13頁・15頁以下。

(注5) 条解民事再生法3版290頁〔山本浩美〕、新注釈民事再生法(上)2版296頁〔長沢美智子〕等。東京地判平17・6・10判タ1212号127頁も同旨。

(注6) 再生手続開始前に登記をしなかった根抵当権者が、再生債務者に根抵当権設定登記手続を求め、監督委員にその登記手続への同意を求めた請求が、いずれも棄却された事例として大阪地判平20・10・31判時2039号51頁がある。

より権利を行使することができる（民再53条2項）。抵当権・不動産質権・不動産先取特権であれば担保不動産競売（民執180条1号）や担保不動産収益執行（同条2号）の方法により、動産質権・動産先取特権であれば動産競売（民執190条）の方法により、商事留置権であれば目的物の留置や競売（民執195条）の方法により、債権を目的とする担保権（質権・特別の先取特権）であれば債権執行（民執193条）等の方法により行使することができる。動産質権の場合には簡易な弁済充当（民354条）、債権質権の場合には直接取立て（民366条）など、民執法以外の法律に定められた実行方法によることも認められる。

　　イ　別除権の目的物の受戻し（任意売却）

　再生債務者は、別除権の目的物を任意売却して、売却代金から別除権の被担保債権を弁済することができる。別除権の目的物の被担保債権を弁済して当該担保権を消滅させることを別除権の目的物の受戻しという。別除権の目的物の受戻しには、裁判所の許可（民再41条1項9号）または監督委員の同意（民再54条2項）が必要である。

　　ウ　別除権協定

　実務上、別除権の目的物が事業継続に不可欠である場合には、再生債務者が別除権者との間で、別除権の目的物の評価および別除権実行に代わる弁済方法について合意することが多い。これを別除権協定という[注7]。

　別除権協定については、**2**で詳述する。

(4) 別除権の行使に対する制限

　別除権者は、原則として再生手続によらないで権利を行使することができるが、例外的にこれを制限するものとして、担保権の実行手続の中止命令（民再31条）および担保権消滅許可制度（民再148条以下）が設けられている。これらの制度の詳細については、別項（Ⅰ-7）で論じる。

(5) 別除権者の再生手続参加

　別除権者は、その別除権の行使によって弁済を受けることができない債権の

（注7）最新実務解説一問一答民事再生法518頁。

部分（不足額）についてのみ、再生債権者として、その権利を行使することができる（民再88条）。いわゆる不足額責任主義をとったものである。

再生債権を有する別除権者は、再生債権に関する事項のほか、別除権の目的である財産および別除権の行使によって弁済を受けることができないと見込まれる債権の額（予定不足額）を届けなければならない（民再94条1項・2項）。予定不足額を再生債務者が認め、かつ、他の届出再生債権者から異議が述べられなければその金額が議決権額として確定するが、債権として確定するものではない。異議があった場合には、裁判所が議決権額を確定する（民再101－103条・104条1項・170条2項3号・171条1項2号）。

(6) 再生計画における定め

ア 不足額確定時の適確な措置

不足額が確定していない債権については、再生計画において、不足額が確定した後の権利行使に関する適確な措置を定めなければならない（民再160条1項）。「適確な措置」とは、不足額の確定がどのような結果になっても、他の再生債権と比べて平等かつ衡平な取扱いがなされており、かつ、再生計画全体の履行が確実な措置をいう[注8]。「適確な措置」としては、例えば、「不足額が確定したときは、前記○の定め（権利の変更に関する一般的基準）を適用する。なお、再生債権者から不足額が確定した旨の通知を受けた日にすでに弁済期が到来している分割金については、当該通知を受けた日から○か月以内に支払う」などと定める例が多い[注9]。

イ 根抵当権の極度額超過部分の仮払の定め

根抵当権の元本が確定している場合には、被担保債権のうち極度額を超える部分について権利変更の一般的基準に従い仮払に関する定めをすることができる。この場合、不足額が確定した場合における精算の措置をも定めなければな

（注8） 新注釈民事再生法(下)2版33頁〔加々美博久〕等。
（注9） 記載例については、才口千晴＝田原睦夫＝林道晴『民事再生手続の運用モデル〔補訂版〕』（法曹会、2002年）129頁、新版再生計画事例集所収の各再生計画事例等を参照されたい。

らない（民再160条2項）。

(7) 再生手続における担保価値維持義務

担保権設定者は担保権者に対して担保価値維持義務を負う[注10]。再生債務者が再生手続開始前から担保権者に対して負っている担保価値維持義務は、再生手続後も、再生手続の機関としての再生債務者（民再38条1項・2項）が引き継ぐことになる。したがって、再生債務者が再生手続開始後に担保価値を毀損する行為をしたときは、別除権者は、担保価値維持義務違反に基づく損害賠償請求権を共益債権（民再119条5号）として行使することができる[注11]。

2 別除権協定

(1) 別除権協定の意義

別除権は、再生手続によらないで行使することができる（民再53条2項）。しかし、別除権の目的物が事業継続に不可欠な場合、別除権を行使されると事業の再生を図ることができない。再生手続上、このような場合のために担保権の実行手続の中止命令（民再31条）や担保権消滅許可制度（民再148条以下）があるが、前者は担保権の実行を一時的に中止するものにすぎず、後者は別除権の目的物の価額相当の金銭を一括して納付する必要があるためスポンサーがついた場合や事業譲渡の場合などに利用が限られる。そこで、実務上は、再生債務者と別除権者との間で、別除権の目的物の評価額（受戻額）、その評価額の弁済方法、弁済を履行している間の別除権行使の禁止等を合意することが多い。かかる合意を「別除権協定」という。

別除権協定は、別除権の被担保債務のうち目的物の評価額相当額（受戻額）を弁済すれば担保権を消滅させるという合意を含んでいるため別除権の目的物の受戻しに該当し、また、一種の和解契約でもある。したがって、別除権協定を締結するには裁判所の許可または監督委員の同意を要する（民再41条1項6

(注10) 最大判平11・11・24民集53巻8号1899頁。
(注11) 伊藤眞「破産管財人等の職務と地位」事業再生と債権管理119号（2008年）9頁。

号・9号・54条2項)。

別除権協定には、別除権の目的物の評価額を超える部分について、被担保債権から除外する旨の合意を含む場合が多い(注12)。この場合、別除権協定によって不足額が確定し、別除権者は被担保債権から除外された部分について再生債権者として権利を行使することができる(民再88条ただし書)。

(2) 別除権協定の具体的な内容

別除権協定の具体的な内容は、①担保権の不行使、②被担保債権の一部放棄、③受戻額、④受戻額の弁済方法・弁済期間、⑤受戻額弁済後の担保権抹消、⑥不足額の確定などを含むものが多い。これらのほかに、⑦債務不履行等、協定の終了事由とその効果、⑧後順位担保権者への対応、⑨破産手続等に移行した場合の取扱いなどについても合意されることがある(注13)。

⑦に関して、再生債務者が別除権協定に基づく履行を怠った場合に協定を解除して被担保債権の復活を認めることができるか否かが問題となる(この点については、Ⅱ－6で論じる)。⑧に関して、後順位担保権者など他の担保権者との間で別除権協定を締結できないことを別除権協定の解除事由とする例などがある(注14)。⑨に関して、例えばリース物件の使用継続のために別除権協定を締結した場合、別除権協定は再生債務者がリース業者に対して別除権の目的物の受戻しに要する金員を再生手続によらないで支払うことを約する契約であること、別除権協定の内容となった債務を支払うことによってリース物件の利用権を確保することができるので、その支払は再生債務者の事業の再生を図るために一般的に必要な支払と考えられることなどから、別除権協定に基づく受戻額

(注12) 別除権協定において不足額を確定させて再生計画に基づく弁済を受けるか、あえて不足額を確定させずに債務不履行時の担保権実行による回収拡大の可能性をとるかは、別除権者の判断次第である(三上徹「別除権協定の諸問題――民事再生法の影の主役」商事法務編『再生・再編事例集(4)事業再生の思想――主題と変奏』〔商事法務、2005年〕45頁)。

(注13) 三上・前掲(注12)論文38頁以下、最新実務解説一問一答民事再生法518頁、倉部真由美「別除権協定について」民事再生の実務と理論342頁。

(注14) 第二東京弁護士会倒産法研究会編『民事再生法書式集〔第4版〕』(信山社、2013年)371頁。

の支払請求権は共益債権（民再119条5号）と解される（注15）。しかし、このような帰結は、リース料債権がもともとは再生債権にすぎなかったことを考えれば妥当なものではないという指摘もある（注16）。そこで、牽連破産にいたった場合にこの債権が財団債権となることを避けるために、破産手続に移行したときは将来に向かって別除権協定の効力は失われる（共益債権としての法的性質を有しない）旨を合意する場合がある（注17）。

(3) 別除権協定の締結時期

　別除権協定は、再生計画認可決定前に締結するのが望ましい。なぜなら、再生計画認可決定前に締結しないと、事業継続上不可欠な財産が再生債務者において引き続き利用できるか、受戻しにどの程度の資金が必要であるか等が不明であり、再生計画の遂行可能性を判断できないからである。もっとも、実務においては再生計画認可決定後に別除権協定を締結する場合もしばしばある（注18）。

　再生計画認可決定前であれば、別除権協定の締結は別除権の目的物の受戻しとして裁判所の許可または監督委員の同意事項となるが、東京地裁等の運用においては監督委員の同意権限は再生計画認可決定までとされているため、再生計画認可決定後に別除権協定が締結される場合には監督委員の同意権限が及ばないことになる。

(注15) 井田宏「民事再生手続におけるリース料債権の取扱い——大阪地裁倒産部における取扱い及び関連する問題点の検討」判タ1102号（2002年）7頁、条解民事再生法3版290頁〔山本〕、片山＝中村・前掲（注3）論文36頁等。

(注16) 山本和彦「リース取引を巡る最近の問題——倒産手続におけるリース契約の処遇」金法1680号（2003年）11頁。

(注17) 新注釈民事再生法(上)2版475頁〔中井康之〕、通常再生の実務Q&A120問212頁。

(注18) 監督委員111頁、山本和彦ほか「新法化における破産・再生手続の実務上の諸問題——全国倒産処理弁護士ネットワーク第4回全国大会シンポジウム報告」事業再生と債権管理111号（2006年）28頁以下、倉部真由美「民事再生法の実証的研究⒀再生手続における別除権の処遇」NBL1005号（2013年）43頁。

(4) **別除権協定における目的物の評価**

別除権の目的物の評価額（受戻額）については、①競売による価額とする立場、②早期処分価額とする立場、③事業継続を前提とした評価額とする立場などがある[注19]。再生手続上、財産評定や担保権消滅請求における財産評価は処分価額による（民再規56条1項・79条）が、別除権は再生手続によらずに行使できるため、受戻額が財産評定額（処分価額）と一致しないからといってただちに不当とはいえない。もっとも、あまりに受戻額が高額になると、再生債務者の再生債権者に対する公平誠実義務違反の問題が生じ得る[注20]。実務上は、早期処分価額と事業継続を前提とした評価額あるいは正常価額との間で、再生債務者と別除権者との交渉協議によって合意しているのが実情である[注21]。

(注19) 新注釈民事再生法(上)2版472頁〔中井康之〕。
(注20) 監督委員113頁、倉部・前掲（注13）論文347頁。
(注21) 新注釈民事再生法(上)2版472頁〔中井〕、通常再生の実務Q&A120問216頁以下。

Ⅰ－7　再生手続における担保権に対する制約

弁護士　三枝　知央
弁護士　清水　靖博

1　再生手続における担保権実行中止命令制度

(1)　意　義

　再生手続は、再建型手続であるが（民再1条）、手続の簡素化と使いやすさの観点から、担保権は別除権とされ、再生手続によらず権利行使をすることができるとされている（民再53条2項）。担保権の実行は、開始前の保全処分（民再26条1項・2項・27条）の対象とされず、再生手続開始決定の影響を受けない（民再39条1項・2項参照）。しかしながら、担保権の実行により、再生債務者の事業の継続に不可欠な財産まで換価されると、事業の維持・再生を図ることが困難になる。そこで、再生債務者の別除権協定締結の機会や担保権消滅請求の機会を確保するため、担保権実行中止命令の制度が設けられている（民再31条）[注1・2]。

(2)　対　象

　中止命令の対象は、再生債務者の財産につき存する担保権の実行手続である（民再31条1項）。

ア　対象となる財産

　対象となる財産は、担保権が設定された再生債務者の財産でなければならな

（注1）　一問一答民事再生法62頁。
（注2）　再生手続では、住宅資金貸付債権を担保するための抵当権の実行手続の中止命令の制度も設けられているが（民再197条）、再生債権者の一般の利益に適合することは要件ではなく、民再法31条とは要件・守備範囲が異なる。

い。代表者が再生債務者である会社の債務を担保するため、自己の所有する財産の上に担保権を設定しても対象にはならない(注3)。

　イ　対象となる担保権

　対象となる担保権は、別除権となる担保権であり、特別の先取特権、質権、抵当権または商法もしくは会社法の規定による留置権である（民再53条1項）(注4)。仮登記担保権も含む（仮登記担保19条3項）。

　譲渡担保やファイナンス・リースなどの非典型担保が中止命令の対象となるか否か問題となるが、中止命令の趣旨は非典型担保の場合も妥当するとして、中止命令の類推適用を認めるのが一般である(注5)。ABLの普及から動産債権担保取引が急速に発達しており、動産・債権を包括担保とした非典型担保に対し、中止命令で対処すべき事例も多い。近時の裁判例（いずれも債権譲渡担保）も、いずれも中止命令の対象となることを認める（ただし、発令要件の該当性について判断が分かれる(注6)）。東京地裁では、債権譲渡担保権に対する中止命令を発令した事例として、金融機関、貸金業者、半導体製造機器メーカーの

(注3) 福岡高決平18・2・13判タ1220号260頁は、所有関係は登記上の名義によって形式的に判断すべきであることを指摘する。これに対し、担保消滅請求に関する福岡高決平18・3・28判タ1222号310頁は実体的に所有権を有していれば足り、登記の具備は必ずしも要件ではないとするが、再生手続において実体判断を行うのは難しく、中止命令の発令が困難になるとの指摘がある（破産・民事再生の実務3版（再生編）78頁、民事再生の手引90頁〔片山健〕参照）。

(注4) 物上代位にも適用されるものの、差押えにより取立権限がなくなることから、厳格に適用される傾向にある（大阪高決平16・12・10金法1220号35頁）。

(注5) 伊藤・破産法民事再生法2版600頁以下、倒産法概説2版406頁〔笠井正俊〕等多数。

(注6) 東京高判平18・8・30金判1277号21頁、大阪高決平21・6・3金法1886号59頁、福岡高那覇支決平21・9・7判タ1321号278頁。前掲東京高判平18・8・39は、事業継続の見込みがなく、目的債権が費消されるのみであるとして、民再法31条1項の要件を欠くと判断し、さらに意見聴取をしていない点を捉えて同条2項の要件を欠くと判断する。これに対し、前掲大阪高決平21・6・3は、「集合債権譲渡担保では、新たに発生して譲渡担保権の対象に組み込まれる債権が存在するから、担保権者に損害が生じるかどうかは全体の状況を勘案して判断すべきである」と判示し、事業継続の見込みがあり、将来の目的債権の発生の蓋然性があるとして、中止命令の発令を認めた。前掲福岡高那覇支決平21・9・7も同方向の判断をしている。

3つの事例が公表されている(注7)。

もっとも、動産・債権の非典型担保は私的実行として簡易迅速に実行され、担保権の実行自体が即時に終了するという特性があるため、発令に先立ち、裁判所が審尋（意見聴取）の呼出をすると、それを端緒として担保権の実行を招くおそれがあり、中止命令の実効性が失われるおそれがある。実務運用では、まず無審尋で発令をし、発令から短期間で審尋を行う2段階発令方式が行われているが、無審尋で発令する点や実行禁止の内容を決定する点は、現行法の文言と齟齬が生じている。かかる点から、2段階発令方式を前提として、審尋（意見聴取）手続の除外規定と担保権実行禁止命令を創設する立法提言がなされている(注8)。

(3) 中止命令の要件

中止命令の要件は、①再生手続開始の申立てがあった場合において、②再生債権者の一般の利益に適合し、かつ、③競売申立人に不当な損害を及ぼすおそれがないと認められること(注9)、である（民再31条1項）。

(4) 中止命令の手続

中止命令は、利害関係人の申立てによりまたは職権により発令をする（民再31条1項本文）。裁判所は、中止命令を発令する場合、競売申立人の意見を聴かなければならない（同条2項）。裁判所は発令した中止命令を変更し、または取り消すこともできる（同条3項）。中止命令に不服がある場合、競売申立

（注7）民事再生の手引88頁〔片山建〕。

（注8）園尾隆司「再生手続における担保権の処遇」松嶋古稀142頁、新保勇一「担保権実行手続の中止命令」倒産法改正への30講70頁以下等。

（注9）③の判断に際しては、事業の再生にとっての競売の目的物の必要性、再生手続の経緯・進捗度、中止期間の長さ、目的物の担保余力、担保権者がほかに担保をとっているか、ほかの担保権者の動向、中止期間中の目的物の滅失・減価の有無・程度、競売申立人に対する再生債務者の債務弁済の方針と見込み等を総合的に勘案する必要がある。配当金の受領の遅延等をもってただちに「不当な損害」ということはできない（民事再生の手引84頁〔片山健〕）。

人に限り、即時抗告をすることができる（同条4項）。即時抗告に執行停止効はない（同条5項）。中止命令および変更決定ならびに即時抗告についての裁判書は、当事者に送達しなければならず、公告で代用はできない（同条6項）。

(5) 効　力

担保権の実行手続は現状のまま固定し、それ以上は進行しない。中止した手続の取消しを求めることはできない。再生債務者は、執行裁判所に対し、中止命令の正本を添付し、担保権の実行手続の中止を上申し（民執183条1項6号参照）、担保権の実行手続を停止させる(注10)。中止期間が経過すると、当然にその効力が失われるので、伸長が必要な場合は、中止期間の伸長の申立てをする必要がある。

2　担保権消滅許可制度

(1) 意　義

再生手続では、担保権は別除権とされるが（民再53条1項）、再生債務者の事業の継続に欠くことのできない財産について担保権が実行され、当該財産が換価されると、事業の継続が不可能になるおそれがある。そこで、担保権に対して目的財産の処分価額に相当する満足を与えることにより、再生手続開始当時当該財産上に存するすべての担保権を消滅させ、再生債務者の事業の継続に欠くことができない財産の確保を図る目的で、担保権消滅許可制度が設けられている（民再148条以下）(注11)。

(2) 対象・要件

再生債務者等は、再生手続開始時に再生債務者の財産の上に担保権が設定されている場合において、当該財産が再生債務者の「事業の継続に欠くことがで

(注10)　不動産競売の場合、遅くとも買受申出までに中止命令の正本を提出する必要がある（民事再生の手引90頁〔片山建〕）。

(注11)　一問一答民事再生法190頁。

きないもの」であるときは、裁判所に対して当該財産の価額に相当する金銭を納付して当該財産の上に存するすべての担保権を消滅させることの許可の申立てができる（民再148条1項）[注12]。

　ア　対象となる財産

　対象となる財産は、再生手続開始時において、担保権が設定された再生債務者の財産でなければならない[注13]。代表者が物上保証する財産は対象にはならない。

　イ　対象となる担保権

　対象となる担保権は、別除権となる担保権（民再53条1項）である。

　譲渡担保やファイナンス・リースなどの非典型担保が担保権消滅許可の対象となるか否か問題となるが、担保権消滅許可制度の趣旨は非典型担保の場合も妥当することから、担保権消滅許可制度の対象になると考えられる[注14]。もっとも、民再法153条3項が配当手続を準用し、担保権消滅許可制度が典型担保を前提としているため、非典型担保につき、他の担保権等との間における配当のルールが民事執行法に定められない限りは、その類推適用も困難であって、対象にできるのは、目的財産に対象となる非典型担保のみが設定されているなど、配当の問題が生じない場合に相当限定されるとの指摘もなされている[注15・16]。

　ウ　事業継続の不可欠性

　「事業の継続に欠くことができない」財産とは、担保権が実行されて当該財産を利用することができない状態になったときには、再生債務者の事業の継続が不可能となるような代替性のない財産であることが必要である[注17]。再生債務者が事業を継続する場合のみならず、事業譲渡の対象とする場合も含むと解

（注12）ただし、共同担保の一部の担保権消滅請求が担保権者に著しい不利益を与える場合、権利の濫用となり得る（札幌高決平16・9・28金法1757号42頁参照）。

（注13）再生債務者名義の登記の要否につき、前掲（注3）参照。

（注14）伊藤・破産法民事再生法2版764頁以下、倒産法概説2版140頁〔沖野眞已〕、詳解民事再生法2版409頁〔山本和彦〕等。

（注15）最新実務解説一問一答民事再生法525頁〔髙山崇彦〕。

（注16）東京地裁では、動産の譲渡担保権につき担保権消滅の許可の対象とした2つの事例を公表している（民事再生の手引246頁〔中村悟〕）。

されている。これに対し、財産を売却して事業資金を捻出することが必要な場合については議論があるも、学説の大勢は否定的である(注18)。なお、土地付戸建分譲事業を営む再生債務者の販売用不動産については、事業の仕組みとの関係で代替性がないと認められるとして、事業継続不可欠性の要件を認めた裁判例がある(注19)。

　もっとも、実務上は、再生手続においても、遊休資産を処分して資金繰りに活用する場合等において担保権消滅請求の対象とする必要がある場合が指摘されている。そこで、事業継続不可欠性の要件を緩和すべきとの立法提言や再生手続にも破産型の担保権消滅許可制度を導入すべきとの立法提言がなされている(注20)。

(3) 担保権消滅許可の手続
　ア　担保権消滅許可の申立て
　担保権消滅の許可の申立ては、再生債務者または管財人によりなされる（民再148条1項）。申立ては書面でしなければならない（同条2項）(注21)。
　イ　担保権消滅許可の決定
　担保権消滅許可の決定があった場合には、裁判所は、許可決定書を、担保権消滅許可の申立書とともに、消滅すべき担保権の担保権者に送達しなければならず(注22)、公告で代用はできない（民再148条3項）。消滅すべき担保権が根抵当権である場合は、根抵当権者が送達を受けた日から2週間が経過したときは、根抵当権の元本は確定する（同条6項）。

(注17)　東京高決平21・7・7判時2054号3頁参照。東京地裁では、事業継続のための不可欠性の要件が争われた4つの事例を公表している（民事再生の手引248頁〔中村悟〕）。
(注18)　条解民事再生法3版699頁〔小林秀之〕、名古屋高決平16・8・10判時1884号49頁は肯定。これに対し、伊藤・破産法民事再生法2版766頁、詳解民事再生法2版412頁〔山本和彦〕、破産・民事再生の実務(下)新版169頁〔松井洋〕、新注釈民事再生法(上)2版851頁〔木内道祥〕等は否定。
(注19)　前掲東京高決平21・7・7。
(注20)　園尾・前掲（注8）論文143頁。
(注21)　担保権消滅許可の申立てについて提出すべき書面等については、民再規則71条参照。

ウ 不服申立て

担保権者は、事業継続不可欠性の要件該当性等について不服があるときは、担保権消滅許可の決定に対して即時抗告をすることができる（民再148条4項）[注23]。価額に不服がある場合は価額決定請求を行う。即時抗告についての裁判書は、担保権者に送達しなければならず、公告で代用はできない（民再148条5項）。

(4) 価額決定手続
ア 価額決定の請求

担保権者は、担保権消滅許可の申立書に記載された財産の価額（申出額）に異議があるときは、申立書の送達を受けた日から1か月以内に、財産の価額決定を請求することができる（民再149条1項）[注24]。やむを得ない事由がある場合は、担保権者の申立てにより、請求期間が伸長され得る（同条2項）。価額決定の請求に係る事件は、再生裁判所が管轄する（同条3項）。価額決定の請求をする担保権者は、裁判所が定める手続費用を予納しなければならず（同条4項）、予納がない場合は価額決定の請求は却下される（同条5項）[注25]。

イ 評価人の評価

価額決定の請求があった場合には、裁判所は、当該請求を却下する場合を除き、評価人を選任し、財産の評価を命じなければならない（民再150条1項）[注26]。評価人には、経験豊富な不動産鑑定士が選任される運用が行われている[注27]。

財産の評価は、財産を処分するものとしてしなければならない（民再規79条

(注22) 条文上規定されていないが、東京地裁では、事業継続の不可欠性や価額決定請求の意向の有無を確認するため、申立てがあると、ただちに申立書を担保権者および監督委員に送付した上、速やかに意見聴取期日を指定する運用を行っている（民事再生の手引253頁〔中村悟〕）。

(注23) 即時抗告期間は、許可決定書の送達を受けた日から1週間である（民再148条3項・18条、民訴332条）。

(注24) 価額決定の請求の方式等の詳細については、民再規則75～77条参照。

(注25) 価額決定の請求に係る手続費用の負担については、民再法151条参照。

(注26) 評価人に対する協力については、民再規則78条参照。

1項）(注28)。評価人は、財産が不動産である場合には、その評価をする際し、当該不動産の所在する場所の環境、その種類、規模、構造等に応じ、取引事例比較法、収益還元法、原価法その他の評価の方法を適切に用いなければならない（同条2項）。評価人が評価をしたときは、裁判所に評価書を提出する（同条3項、民執規30条1項）。財産の評価を適切に選択すべきことは、不動産以外の財産も同様とされる（民再規79条4項）。

　　ウ　価額決定

　裁判所は、評価人の評価に基づき、財産の価額を決定する（民再150条2項）。担保権者が数人いる場合には、価額決定は、担保権者の全員につき価額決定の請求期間が経過した後にしなければならず、数個の価額決定の請求事件が同時に係属するときは、事件を併合して決定しなければならない（同条3項）。価額決定は、価額決定の請求をしなかった担保権者に対しても、その効力を有する（同条4項）。

　　エ　不服申立て

　再生債務者等および担保権者は、価額決定に対して即時抗告をすることができる（民再150条5項）。価額決定または即時抗告についての裁判書は、再生債務者等および担保権者に送達しなければならず、公告で代用はできない（民再150条6項）(注29)。

(注27) 東京地裁では、価額決定の請求から評価命令の発令までには2週間程度を要し、評価命令の発令から1か月半から2か月程度で評価書の提出を受けるのが通常であるため、再生債務者等は、価額決定の請求から決定まで少なくとも2か月程度は要することを考慮する必要がある（民事再生の手引258頁以下〔中村悟〕）。

(注28) 目的財産の評価基準は、担保権を実行した場合と同様なもの、すなわち担保権実行による競売手続において実現される価値である処分価額となるが、この価額は競売によって換価される見込額になるものと考えられる（民再規則79条2項には、民執法58条2項後段に相当する規律がない。詳解民事再生法2版417頁〔山本和彦〕）。

(注29) 即時抗告期間は、価額決定の送達を受けた日から1週間である（民再150条6項・18条、民訴332条）。

(5) 価額に相当する金銭の納付等

ア　価額に相当する金銭の納付

再生債務者等は、①請求期間内に価額決定の請求がなかったとき、または価額決定の請求がすべて取り下げられ、もしくは却下されたときは申出額に相当する金銭を、②価額決定が確定したときは当該決定により定められた価額に相当する金銭を、裁判所の定める期限までに裁判所に納付しなければならない（民再152条1項）。

納付方法は、一括納付が必要であり、分割納付は認められていない[注30]。そのため、現状、スポンサー型の再生計画においてスポンサーがニューマネーを拠出する場合に利用が限られ、自主再建型の再生計画での利用は困難であるとの指摘もなされ、分割納付制度の検討を促す立法提言もなされている[注31]。

納付期限は、財産の価額が確定した区分に応じて、それぞれ1か月以内の日として定められており（民再規81条1項）、裁判所書記官は、再生債務者等に納付期限を通知する（同条2項）。再生債務者等が納付期限内に価額に相当する金銭を納付しないときは、担保権消滅許可の決定は取り消される（民再152条4項）。

イ　担保権の消滅と登記抹消

再生債務者等が納付期限内に価額に相当する金銭を納付したときは、担保権者の有する担保権は消滅する（民再152条2項）。この場合、裁判所書記官は、消滅した担保権に係る登記または登録の抹消を嘱託しなければならない（同条3項）[注32]。

このように、担保権は確定した価額相当の金銭を納付したときに消滅することになるが、価額の確定までには相当程度の時間を要し、それが迅速な事

（注30）民事再生の手引262頁〔中村悟〕、伊藤・破産法民事再生法2版772頁、詳解民事再生法2版420頁〔山本和彦〕。

（注31）提言倒産法改正178頁〔中森亘〕、倒産法改正展望473頁〔三枝知央〕。もっとも、園尾・前掲（注8）148頁は、濫用の危険性を指摘し、民再規則81条1項の改正の問題として1か月以内の規定を弊害なく若干緩めることができるのかどうかの検討にとどめるべきとする。

（注32）抹消嘱託の際は、担保権消滅許可の謄本を添付する（民再規81条3項）。

業譲渡に支障を来す場合があるなどの不都合が指摘されている。かかる観点から、価額決定額の仮納付による担保抹消等、各種の立法提言がなされている(注33・34・35)。

(6) 配当等の実施

裁判所は、価額に相当する金銭の納付があった場合には、配当表に基づいて、担保権者に対する配当を実施しなければならない（民再153条1項）。担保権者が1名のみの場合、または、納付された金銭で各担保権者の債権総額および価額決定の請求費用のうち再生債務者等が負担すべき費用の全額を弁済することができる場合には、裁判所は、当該金銭の交付計算書を作成し、担保権者に弁済金を交付し、剰余金を再生債務者等に交付する（同条2項）。配当手続および弁済金交付手続は、民執法の規定が準用される（同条3項、民再規82条）。

(注33) 東京弁護士会倒産法部「倒産法改正の展望と提言」NBL978号（2012年）35頁〔小林信明発言〕。
(注34) 事業再生迅速化研究会第2PT「事業再生迅速化研究会（第2期）報告2　会社更生手続における手続迅速化に関する運用上・立法上の提言(下)」NBL988号（2012年）79頁。
(注35) 高木裕康「民事再生法における評価命令（124条）と担保権消滅請求の連動」倒産法改正への30講167頁。

Ⅰ-8　更生手続における担保権の処遇

弁護士　内藤　滋

1　更生手続における担保権の処遇（更生担保権）

(1)　更生手続申立後、手続開始決定までの間における担保権の処遇

　更生手続開始の申立てがなされても、それだけでは、開始前会社に対する担保権者の個別権利行使が制限されるわけではなく、係属している担保手続も影響を受けない。保全管理命令が発令されると、開始前会社の財産処分は制限されるものの、担保権者の担保権行使が制限されるわけではない。もっとも、後に述べるように更生手続開始決定がなされると更生担保権の個別権利行使は禁止されるが、開始決定前はおよそ担保権の個別権利行使を制限できないとすると、事案によっては、当該権利行使によって事業の継続に支障を来すことになりかねない。そこで、会更法は次のとおり担保権の個別権利行使を制限することを可能とする、いくつかの保全措置の制度を設けている。

　　ア　中止命令

　裁判所は、必要があると認めるときは、担保権に基づく強制執行、仮差押え、仮処分もしくは担保権の実行または留置権による競売等の手続で、開始前会社の財産に対してすでにされているものの中止を命ずることができる（会更24条1項本文）。当該命令が発令されると対象となる手続は中止となる。譲渡担保や所有権留保などの非典型担保についても同条の適用があるかについては賛否両論あるが、事業の継続性を維持するという法の趣旨に照らせば、同条の適用または類推適用が認められるべきである。中止命令を行うためにはその必要性が要件となるが、当該中止によって開始前会社の事業の維持が可能となり、将来開始される更生手続の目的実現が可能であれば当該要件を充足するとされている[注1]。当該命令は当該手続を進めていた担保権者に不当な損害を及ぼすおそれがない場合に限り発令することができるとされている（会更24条1

項ただし書)。担保権者に不当な損害を及ぼすおそれとしては、緊急に強制執行等をしなければ担保権者自らが倒産するおそれや更生手続開始決定までの間に目的物の減価などによって優先弁済権が実質的に侵害されるおそれなどが例として挙げられている[注2]。

イ　取消命令

　裁判所は、開始前会社の事業の継続のために特に必要があると認めるときは、担保を立てさせて、上記アの中止命令により中止した強制執行等の手続の取消しを命ずることができる(会更24条5項)。事業継続のために更生手続開始決定を待たずに担保目的物を任意売却する特別の必要性がある場合などが考えられる。

ウ　包括的禁止命令

　上記アの中止命令によっては更生手続の目的を十分に達することができないおそれがあると認めるべき特別の事情があるときは、裁判所は、新たに強制執行等を行うことを禁止し、すでになされている強制執行等を中止させる包括的禁止命令を発令することができる(会更25条)。例えば、広い地域にわたって開始前会社に対して多数の強制執行等が行われ、または行われることが予測され、個別の中止命令では適時の対応が困難であり、または膨大な事務量を必要とするなどのため、個別対応では事業継続に支障が生じる場合などが考えられる[注3]。

エ　商事留置権の消滅請求

　開始前会社の財産について商法または会社法に基づく留置権がある場合で、当該財産が開始前会社の事業の継続に欠くことができないものであるときは、開始前会社または保全管理人は、更生手続開始決定までの間、留置権者に対して留置権の消滅を請求することができる(会更29条)。当該請求をするためには、当該財産の価額に相当する金銭を留置権者に支払う必要があり(同条2項)、裁判所の許可を得なければならない(同条3項)。倉庫業者や運送業者の

(注1)　伊藤・会社更生法57頁。
(注2)　伊藤・会社更生法57頁以下。
(注3)　伊藤・会社更生法64頁以下参照。

商事留置権によって留置されている商品や半製品等を事業継続のために用いる場合などが典型例とされている[注4]。民再法にはない権利である。

(2) 更生担保権の意義

更生手続が開始されると、特別の先取特権、質権、抵当権、商法による留置権（以上について会更2条10項）、譲渡担保、仮登記担保、所有権留保等の非典型担保、ファイナンス・リース等の被担保債権等は更生担保権と位置付けられる。ここで更生担保権とは、更生債権または更生手続開始前の原因に基づいて生じた会社以外の者に対する財産上の請求権であって、更生手続開始当時、会社財産の上に存する特別の先取特権、質権、抵当権または商法による留置権等で担保された範囲のものである（会更2条10項）[注5]。

更生担保権は個別の権利行使が禁止され（会更50条1項）、原則として更生計画によらなければ弁済を受けることができない（会更47条1項）。この点で、個別の権利行使を認める民再法や破産法における別除権と大きく異なる。これは、担保権の自由な権利行使を認めると、更生会社の重要な工場、機械等の諸設備が失われるという事態が生じ、事業の再建が不可能となるおそれがあるからである[注6]（なお、例外的に更生担保権実行禁止が解除されたり、担保権消滅の許可がなされることがあり得る）。この点については、Ⅰ－9参照。

一方で管財人は更生会社所属財産についての更生担保権者の利益が正当な理由なしに損なわれないように配慮する義務を負う[注7]。

（注4）伊藤・会社更生法75頁。
（注5）会社更生の実務(下)99頁〔鹿子木康〕参照。
（注6）最新実務会社更生169頁。
（注7）破産手続においては担保権が別除権として手続外での権利行使が認められていることとの関係で、当該別除権者は破産管財人が破産法85条2項により善管注意義務を負う利害関係人に該当せず、担保価値維持義務は破産者が負っていた担保権設定契約等に基づく担保価値維持義務を破産管財人が承継したことから導かれるものであるとの議論がある（伊藤眞ほか「破産管財人の善管注意義務──「利害関係人」概念のパラダイム・シフト」金法1930号〔2011年〕72頁参照）。これに対して、更生手続では、更生担保権は手続外での権利行使が禁止され、更生計画による満足を受忍せざるを得ないことから、担保価値維持義務の根拠は管財人の善管注意義務に求められるとされている（伊藤・会社更生法114頁）。

また、更生担保権者は、更生手続の中でさまざまな形で他の利害関係人とは異なる特別な処遇が予定されている。すなわち、①更生計画においては優先的更生債権や一般の更生債権とは異なる種類の権利として扱われ、各種類の債権のうちで第1順位として位置付けられ、下位の権利との間には更生計画の内容に公正かつ衡平な差を設けなければならないとされており（会更168条1項・3項）、これに反する更生計画は認可されない（会更199条2項2号）。②更生計画案の可決要件について、期限の猶予の定めをする場合は更生担保権の議決権総額の3分の2以上、減免を求める場合は4分の3以上、更生会社の事業の全部の廃止を内容とする場合は更生担保権者の議決権総額の10分の9以上に当たる議決権を有する者の同意がなければならないとされている（会更196条5項。なお、更生債権は議決権総額の2分の1を超える議決権を有する者の同意で足りる）。③更生債権者の組については法定数の同意が得られたにもかかわらず、更生担保権者の組について法定数の同意が得られず更生計画案が可決されなかった場合、裁判所は更生計画案を変更し、同意が得られなかった更生担保権者の組に属する権利者を保護するための条項（権利保護条項）を定めて更生計画案認可の決定をすることができるが、この場合でも、更生担保権者については更生担保権の全部をその担保権の被担保債権として存続させ、または目的財産を裁判所が定める公正な取引価額以上の価額[注8]で売却し、その売得金から売却費用を控除した残額で弁済し、または供託するという形で保護されることになる（会更200条1項1号）。④更生計画認可の決定があると、更生計画の定めに従って変更され、更生会社の財産を目的とする担保権はすべて消滅することになる（会更204条1項）。

(3) 更生担保権者の具体的な手続参加権能

　更生担保権者には更生手続において具体的には次のような手続参加のための権能を有している。すなわち、①更生計画案に対する議決権行使、②債権調査における異議申述、②関係人集会への出席・意見申述、③更生債権者等の議決

(注8) この価額は時価ではなく清算価値以上の価額であればよいとされている（伊藤・会社更生法638頁）。

権について異議申述、④更生計画案の提出、⑤関係人集会の招集等、⑥即時抗告、⑦閲覧謄写、⑧更生担保権者委員会の組成、⑨代理委員の選任、⑩裁判所からの意見聴取、等がある。

以下、個別に説明する。

ア　更生計画案に対する議決権行使

更生担保権者は、その有する更生担保権の額をもって更生担保権について議決権を有する（会更136条1項4号）。具体的には、更生担保権の調査の結果として債権額が確定すれば［→下記**2**］、その額が議決権となる。更生担保権の届出調査確定手続の中で債権額が確定する前に関係人集会で決議が行われるときは、当該期日において管財人、届出債権者等または株主が議決権について異議を述べることができ（会更191条1項）、異議が出れば裁判所が議決権額または数を定める（同条4項）。関係人集会を開かずに更生計画案の決議を行う場合は、裁判所が議決権額を定める（会更192条1項2号）。

イ　債権調査における異議申述

債権届出をした更生担保権者は、更生債権等の調査において、他の更生債権等について異議を述べることができる（会更147項1項・148条4項）。これについては、下記**2**(3)参照。

ウ　各種意見陳述・裁判所からの意見聴取

届出をした更生担保権者は、①更生計画認可を裁判所が認可すべきかどうかについて（会更199条5項）、②財産状況報告集会を開催しない場合、管財人の選任について（会更85条4項）、意見を述べることができる。また、裁判所は①財産状況報告集会における管財人の選任ならびに更生会社の業務および財産の管理に関する事項（同条2項）、②更生計画によらない事業譲渡の許可をする場合（会更46条3項2号）、③更生担保権についてあらかじめ権利保護条項を定めた更生計画案を管財人に作成することを許可する場合で更生担保権について必要な同意を得られないことが明らかな場合（会更200条3項）、更生担保権者の意見を聴取しなければならないとされている。

エ　更生計画案の提出

届出をした更生担保権者は、裁判所の定める期間内に、更生計画案を作成して裁判所に提出することができる（会更184条2項）。

オ　関係人集会の招集等

　全届出債権者等の10分の1以上に当たる更生債権等を有する更生担保権者は、裁判所に対し、関係人集会の招集を申し立てることができる（会更114条1項）。当該申立てがなされる前に裁判所が議決権行使の方法として書面等投票の方法を定めた場合でも、当該申立てがなされた場合には、裁判所は書面等投票の方法によるとの決定を取り消して、関係人集会の期日において議決権を行使する方法またはそれと書面等投票の併用の方法とすることを定めなければならない（会更189条5項）。

カ　即時抗告

　更生担保権者は、①更生手続開始申立てについての裁判（会更44条1項）、②更生計画案の認可または不認可の決定（会更202条1項）、③閲覧等に関する裁判（会更12条4項）、④担保権消滅許可の決定（会更104条5項）、⑤担保権の目的である財産について価額の決定（会更106条5項・154条3項）等について、即時抗告を行うことができる。

キ　閲覧謄写

　更生担保権者は、管財人が会社更生法および会社更生規則に基づき裁判所に提出する貸借対照表、報告書、債権認否書等の文書その他の物件や裁判所が作成する文書等について、閲覧・謄写を請求することができる（会更11条1項・2項、会更規8条・23条）。

ク　更生担保権者委員会の組成

　更生担保権者は、更生担保権者委員会を組成し、更生手続に関与することを裁判所に承認するよう申し立てることができる（会更117条）。承認されるための要件は①委員の数が3人以上10人以内であること（会更117条1項1号、会更規30条1項）、②更生担保権者の過半数が、当該委員会が更生手続に関与することについて同意していると認められること（会更117条1項2号・6項）、③当該委員会が更生担保権者全体の利益を適切に代表すると認められること、の3点である[注9]。裁判所に当該委員会が承認されると、次のような権限・地位が与えられる。すなわち、①管財人は更生会社の業務および財産の管理に関する事項について委員会の意見を聴かなければならない（会更118条2項・121条）、②更生手続において裁判所または管財人に対して意見を述べることができる

（会更117条3項・121条)、③管財人は裁判所に提出した貸借対照表・財産目録（会更83条3項・4項)、報告書（会更84条1項）を委員会に提出しなければならない、また、裁判所に対して、管財人に更生会社の業務および財産の管理状況等について報告することを命ずるよう申し出ることができる（会更120条・121条)、④更生計画外事業譲渡を裁判所が許可する場合、裁判所は更生担保権者への意見聴取に代えて委員会からの意見聴取をすることができる（会更46条3項2号)、⑤関係人集会の招集（会更114条1項3号)、⑥更生会社の事業の更生に貢献する活動があったと認められるときは、費用の償還許可を求めることができる（会更117条4項・121条)。

ケ 代理委員の選任

裁判所の許可を得て、共同してまたは各別に、1人または数名の代理委員を選任することができる。選任された代理委員は、これを選任した更生担保権者のために、更生手続に属する一切の行為をすることができる（会更122条1項・3項)。

このように更生担保権者は更生手続にさまざまな方法で関与した上で更生計画案について議決し、更生計画が認可された後は更生計画に従って弁済を受けることになるが、そのためには原則として会社更生法等で定められる債権届出等の手続を踏むことが必要となる。そこで以下では、更生担保権が更生手続に参加するための要件となる債権届出、および届出後の調査・確定手続、目的の価額決定手続について述べるとともに併せて更生担保権の評価方法について述べる。

（注9）このうち②、③の要件については、要件が厳格であり実際には要件充足が難しいことから、委員会をより活発に利用できるようにするため、要件の充足を柔軟に認めるべきであるとの運用論や要件をより緩和すべきであるとの立法論もある。更生担保権者委員会の実例については、坂井秀行＝粟田口太郎「史上初の更生担保権者委員会とその意義──Spansion JapanのDIP型更生手続」金法1918号〔2010年〕24頁以下に詳しい。なお、会社更生の実務QA120問Q99〔粟田口太郎〕では、「更生債権者等の全体の利益を反映できるよう、バランスよく委員を選任して、委員会を選定する必要」があること、「委員会の意思決定の方法を含む諸事項について規約を作成する必要」があること等、実務上の留意点が詳述されている。

2 更生担保権の届出・調査・確定手続、価額決定手続および更生担保権の評価方法

(1) 総論

　更生担保権者が更生手続に参加し、更生計画に従って弁済を受けるためには、裁判所にその有する更生担保権の届出を行い、債権調査手続を経て、更生債権等が確定されなければならない。再生手続と異なり更生手続では、自認債権の制度がないから（民再101条3項参照）、更生計画認可決定までに届出のない更生担保権は消滅する（会更204条1項）。そこで更生担保権者が更生手続に参加するための手続である、届出・調査・確定手続がきわめて重要となる。また、更生担保権は更生手続開始の時における時価の範囲で認められるから（会更2条10項）、かかる更生担保権における評価基準である「時価」の意味について整理する必要がある。以下、これらについて順に述べる。

(2) 更生担保権の届出

ア 届出内容・方法

　更生担保権者が手続に参加するには、債権届出期間内に届出をしなければならない（会更138条2項）。届出書（会更規1条1項）には、①各更生担保権の内容および原因、②担保権の目的である財産およびその価額、③議決権の額、④会社更生規則で定める事項（会更規36条2項・3項・4項）を記載する必要がある（会更138条2項）。

　上記①の更生担保権の内容および原因に関連しては、更生会社が債務者の場合の目的物の価額を超える部分は更生債権になるので、その旨別途届け出る必要があるが（会更2条10号・138条1項）、東京地裁の実務では、「被担保債権額のうち、『財産の価額』欄記載の金額の範囲内で、更生担保権の届出をし、同金額を超える部分については、更生債権（法138条1項）として届け出る」との提携文言を更生担保権届出書に付記し、同一の書面で更生担保権と更生債権の届出とすることを認めている。また、更生担保権として認められなかった場合においても、認められなかった部分以外の被担保債権部分については、予備的に更生債権としての届出意思があったものとして扱っている[注10]。

上記②の財産の価額は、届出時点ではなく更生手続開始決定時におけるその財産の時価評価額を更生担保権者が自ら評価して記載する必要がある。

　　イ　届出事項の変更

更生担保権者は、債権届出期間内であれば、自由に届出の内容を変更できる。他方、届出期間経過後は、他の債権者等の利益を害しない変更（例えば、債権譲渡に伴う名義変更、更生担保権の一部免除等）は自由にできるが、他の債権者等の利益を害する場合には、当該変更が更生担保権者の責めに帰することができない事由によりできなかった場合で、当該事由が消滅した後1か月の不変期間に限って変更が可能である（会更139条5項・1項・2項）。

　　ウ　債権届出期間

更生担保権は、原則として、裁判所が更生手続開始決定時に定めた期間内に債権届出をすることが必要である（会更138条1項・42条1項）。具体的には更生手続開始決定日から原則として2週間位以上4か月以下の範囲内で裁判所が定める（会更規19条1号）。

　　エ　債権届出期間経過後の届出

債権届出期間後の債権届出は原則として許されず、失権することになる（会更204条1項）。遅延した届出を認めたのでは、更生計画の立案が遅れるという重大な結果を生じるおそれがあるからである。もっとも更生担保権者の責めに帰すべき事由がない場合にまで常に期限後届出を禁止したのでは当該更生担保権者に酷にすぎる。そこで、当該更生担保権者の責めに帰することができない事由があった場合に限り、その事由が消滅した後1か月以内に限って届出の追完を認めている（会更139条1項）。

　　オ　更生担保権者表の作成

届出を受けた裁判所の裁判所書記官は、届出があった更生担保権について更生担保権者表を作成しなければならない（会更144条1項）。当該表の作成目的は、債権調査結果を記載すること（会更150条2項）、議決権行使や更生計画案の資料とすること、確定更生担保権について確定判決と同一の効力を付与すること（同条3項・206条2項）、執行力を付与すること（会更240条）などである。

（注10）最新実務会社更生177頁。

当該表は一般調査期間の開始に遅れない時期までに作成される必要がある。

(3) 更生担保権の調査手続
ア 調査手続の概要

更生担保権の調査は、更生担保権者表に記載された事項（会更144条3項）について、管財人が更生担保権の内容、担保権の目的である財産の価額および議決権の額についての認否を記載して作成した認否書（会更146条1項2号）、更生債権者等および株主ならびに更生会社の書面による異議に基づいて行われる（会更145条）。管財人の認否書提出期限は裁判所が定めるが（会更146条3項）、東京地裁では標準的なスケジュールとして、認否書提出期限を、通常事件については開始決定から5か月後、短縮型の事件については開始決定から3か月半後、DIP型更生手続では開始決定から8週間後として運用している[注11]。

更生債権者等および株主は、調査期間（後記イ）内は、裁判所や更生会社の主たる事務所で認否書を閲覧できる（会更11条1項、会更規45条1項）。会更法上、管財人には認否結果を更生担保権に通知する義務はない。更生担保権者は上記の閲覧により自己の更生担保権に対する認否状況を確認し、後述の査定申立等に備える必要がある。

そして、債権調査期間での調査（会更147条・148条）において、管財人が認め、届出をした更生債権者等および株主が異議を述べなかったときは、認否書に記載された更生担保権の内容等は確定する（会更150条1項）。確定した更生担保権に関する事項は更生担保権者表に記載され、更生債権者等および株主の全員に対して確定判決と同一の効力を有することになる（同条3項）。また、更生計画認可の決定が確定すると、更生計画によって認められた更生担保権については、更生担保権表の記載が更生会社、更生債権者等、更生会社の株主等に対して、確定判決と同一の効力を有することになる（会更206条2項）。

更生債権者等や株主から異議が述べられた場合、更生担保権者に不服があれば、そのままでは確定しない。なお、更生会社による異議は、更生債権等の確定を阻止できず（会更150条1項参照）、更生計画不認可決定が確定した場合に

(注11) 最新実務会社更生183頁。

確定判決と同一の効力が生ずることを阻止するのみである（会更235条2項）。

　イ　更生担保権の調査期間

調査期間には一般調査期間と特別調査期間がある。

　㋐　一般調査期間における調査

　一般調査期間とは、債権届出期間内に届出があった更生担保権および届出期間後に法によって届出を許された更生担保権を調査するための期間である。東京地裁では、標準的スケジュールとして、一般調査期間を、通常事件については認否書提出後2週間、短縮型の事件およびDIP型更生手続についてはいずれも認否書提出後1週間として運用している[注12]。届出をした更生債権者等および株主は、調査期間内に、届け出られた更生担保権の内容、担保権の目的である財産の価額および議決権額について異議を述べることができる（会更147条1項）。この場合、異議の内容および異議の理由を記載した書面により異議を述べる必要がある（会更規46条1項）。異議が述べられると裁判所書記官は、その旨を当該異議に係る更生担保権者に通知する（同条2項）。

　㋑　特別調査期間における調査

　会社更生法の定める要件を充足する形で債権届出期間経過後に届出がなされまたは届出事項の変更がなされた更生担保権のうち、一般調査期間における調査が行われなかったものについては、裁判所が特別調査期間を定め、当該期間に調査が行われる（会更148条）。調査方法等は一般調査期間における調査と同様である。

　㋒　異議等の撤回

　管財人は認否書に行った認めない旨の認否をその後に認める認否に変更することは当該権利が確定するまでは自由である。他方、いったん認めた認否を後に認めない認否に変更することは更生担保権者の査定の申立等の機会を奪うことになるので許されない。

（注12）最新実務会社更生184頁。

(4) 管財人が認めなかった場合等の確定手続

ア 確定手続の概要

　その内容に関し管財人が認めない場合や届出のあった更生債権者等や株主が異議を述べた場合、当該異議の対象となる更生担保権が執行力ある債務名義または終局判決がないもの（無名義債権）であれば、不服のある更生担保権者は、更生債権等査定決定または訴訟手続の受継をし、執行力ある債務名義または終局判決があるもの（有名義債権）であれば、異議者等が訴訟の提起または訴訟手続の受継をし、これらの手続を通じて確定してくことになる。

イ 更生担保権の査定手続

　債権調査において、その内容について、管財人が認めず、または他の届出更生債権者等若しくは株主から異議を述べられた更生担保権者は、異議者等の全員を相手方として、更生事件を取り扱う裁判体にその内容についての査定の申立てをすることができる（会更151条1項）。申立期間は調査期間の末日から1か月の不変期間内である（同条2項）。

　当該申立てがなされると、裁判所は、不適法却下とするべき場合を除き、管財人ならびに異議申述者を審尋した上で（会更151条4項）、異議等のある更生担保権の存否および内容を査定する裁判をしなければならない（同条3項）。更生担保権が存在しない旨の認定に至った場合には、棄却ではなく、更生担保権が0円である旨の査定決定をする。

　当該査定決定に不服のある者は、その送達日から1か月の不変期間内に、異議の訴えを提起することができる（会更152条1項）。これにより更生担保権の内容が確定されることになる。

ウ 担保目的物の価額決定手続

　更生担保権者が更生債権等査定申立てをした場合において、異議者等のうちに担保目的物の価額について認めず、または異議を述べた者があるときは、当該更生担保権者は、当該異議者全員を相手方として、更生事件を取り扱う裁判体に、当該担保目的物の価額決定の申立てをすることができる（会更153条1項）。申立期間は査定申立日から2週間以内であるが、やむを得ない事由がある場合、裁判所は申立期間を伸長することができる（同条2項）。当該申立てがなされると、裁判所は不適法却下とすべき場合を除き、評価人を選任し、担保

目的物の評価を命じる（会更154条1項）。評価人が担保目的物を評価する基準は、担保目的物の更生手続開始時における時価である（会更2条10項。この「時価」については、後記(5)で詳述する）。裁判所は評価人の評価に基づき、決定で担保目的物の価額を定める（会更154条2項）。当該決定については即時抗告が可能であるが（同条3項）、訴訟で争うことはできない。このような手続を経て、当該価額が確定する。

確定した価額決定がある場合、当該価額は、更生債権等査定申立てまたは当該申立てについての決定に係る査定異議の訴えが係属する裁判所を拘束する（会更155条2項1号）。

もっとも拘束されるのはあくまで価額についてであり、更生担保権の被担保債権の存否については拘束されない。

　　エ　査定異議の訴え

更生債権等申立てについての決定に不服がある者は、当該決定の送達日から1か月の不変期間に限り、更生裁判所に、更生債権等査定異議の訴えを提起することができる（会更152条1項）。訴えを不適法却下する場合を除き、更生債権等査定申立てについての決定を認可し、または変更するとの判決となる（同条7項）。当該判決は、更生債権者等および株主の全員について、その効力を有する（会更161条1項）。

　　オ　訴訟手続の受継

無名義更生担保権について、更生手続開始当時に訴訟が係属している場合に、更生担保権者がその内容の確定を求めようとするときは、更生債権等査定手続によるのではなく、異議者等全員を相手方として、訴訟手続の受継申立てをしなければならない（会更156条1項）。

　　カ　有名義債権の場合

異議等のある更生担保権のうち、執行力ある債務名義または終局判決があるもの（有名義債権）については、異議者等は、これらの債務名義や終局判決に対して更生会社がすることのできる訴訟手続（請求異議、上訴、再審等）によってのみ異議を主張できる（会更158条1項）。更生手続開始当時にすでに訴訟が係属していれば、異議者等は、当該更生担保権を有する更生担保権者を相手方とする訴訟手続を受継しなければならない（同条2項）。有名義債権の優越的

地位を尊重する趣旨である。

(5) 「時価」について

　更生担保権は、更生会社の特定財産に対する「担保権」そのものではなく、当該担保権の被担保債権のうち、その目的財産の時価の範囲内の債権を意味する（会更2条10項）。

　この時価は、管財人が行う財産評定（会更83条）における評価基準でもある。

　平成14年改正前の会社更生法においては、担保評価および財産評定における評価基準は、継続事業価値とされていたが、改正によって時価にあらためられた。

　これは改正前は更生担保権も財産評定も継続事業価値という概念が用いられたことにより、更生担保権は更生会社財産の継続事業価値の一部であると理解され、更生会社財産全体の継続事業価値の一部を担保目的物に割り付けるとの考え方が一般的であったところ、かかる割付けは実務上容易ではなく、管財人と更生担保権者との間の紛争を誘発し、更生手続の円滑な進行を妨げる一因となったことから、時価基準を導入することで、価値の割付けは必要なく、目的物それ自体の時価を基準とすれば足りることにされたと説明されている[注13]。もっとも、財産評定でも担保目的物の評価においても同じ「時価」概念が用いられており、これが同じ意味か異なる意味かについては両論あり得るものの、時価が会計上の市場価格であるという前提をとる限り、財産評定と更生担保権の目的物評価とで相異なる内容を想定すべき理由はなく、同一の意味であるとするのが多数説と考えられる[注14]。

　具体的には、「時価」とは、会計上複数存在している一般に公正妥当と認められる評価指針や評価方法として許容される幅のあるものの中から、最も公正妥当と認められ、かつ、更生担保権の範囲を画する基準としても正当化できるものを選択すべきものと解されている[注15]。

（注13）伊藤・会社更生法198頁。
（注14）伊藤・会社更生法513頁。
（注15）時価マニュアル84頁以下、会社更生の実務（下）6頁参照。

具体的には、更生担保権の価額決定手続に関して、会更規則48条は、民再規則79条2項を準用しており、担保目的財産が不動産の場合、評価人の評価は、「当該不動産の所在する場所の環境、その種類、規模、構造等に応じ、取引事例比較法、収益還元法、原価法その他の評価の方法を適切に用いなければならない」と定めており、動産の場合も当該規定が準用されるとされている（民再規79条4項）。

I-9　更生手続における担保権に対する制約

弁護士　小畑　英一

1　更生手続における担保権実行中止手続の概要

(1) 中止命令制度

　更生手続においては、担保権の実行は禁止され（会更50条）、更生手続開始当時更生会社の財産につき存する担保権の被担保債権は更生担保権として処遇される（会更2条10項・135条等）。しかし、これは、更生手続開始決定の効力として認められるものであり、更生手続開始申立てが行われただけでは、担保権者による開始前会社に対する個別的な権利行使は制限されていない。開始前会社に対する個別的権利行使が行われた場合には、利害関係人の利害の適切な調整と株式会社の事業の維持更生を図る更生手続の目的（会更1条）の実現は期待すべくもない。

　そのため、法は、他の手続の中止命令の制度を設け、以下に述べる要件を充足した場合には、担保権の実行等が中止される（会更24条1項）。

　別除権として手続外での担保権実行が許容されていることから、担保権の実行について独立の中止命令制度が定められている再生手続とは異なり（民再31条参照）、更生手続においては、他の手続の中止命令制度において他の強制執行等とともに担保権実行の中止が規律されている（会更24条1項2号）。

(2) 中止命令の要件

　担保権の実行等の中止命令の要件は次のとおりである（会更24条1項2号）。
① 中止命令の必要性
② 更生担保権者等に不当な損害を及ぼすおそれがないこと
③ 被担保債権が更生債権等となるべきものであること

　①は、担保権の実行等が行われることによる更生手続の支障が具体的に認め

られることが必要とされている。

　②は、中止命令によって受ける開始前会社の利益よりも、当該手続の申立人である担保権者の受ける損害が著しく大きい場合には「不当な損害」に当たると解されている。

　この「不当な損害を及ぼすおそれ」の要件については、文言上、「おそれがない」ことが中止命令発令の積極的要件であるかのように読めるが、更生手続開始後は担保権の実行が一律に禁止されることを勘案すると、担保権者側が、不当な損害を主張立証しない限り、中止命令を発令すべきであろう(注1)。

　③は、被担保債権が共益債権の場合には、更生手続開始による強制執行等の中止の対象とされていないことから（会更50条1項）、手続開始前の段階において中止することは不相当と解されるからである。この点は、取戻権に基づく強制執行等の場合も同様である(注2)。

(3) 中止命令の効果

　中止命令により、すでになされている担保権の実行が中止される。

　中止の期間は、更生手続開始の申立てについての決定があるまでまたは中止命令があった日から2か月を経過するまでである（会更24条3項）。

　新たな申立てを禁止する効力はなく、これを禁ずるためには後述の包括的禁止命令の発令等を要し（会更25条）、また、すでに係属している手続を無効とする効力もないため、これを無効とするためには、取消命令の発令を要する(注3)。

　取消命令は、会社更生法の改正に伴い導入された制度である（会更24条5項）。

　中止命令が発令されている場合において、開始前会社の事業継続に特に必要があると認められるときは、担保を立てさせた上で、担保権の実行等の取消しができることとなる。中止命令を飛び越えての取消命令の発令は認められておらず、また、取消命令発令に当たっては事業の継続のために「特に」必要があると認めるときという実体要件とともに、手続上、立担保が要求される等、中

（注1）伊藤・会社更生法56頁。
（注2）伊藤・会社更生法58頁。
（注3）会社更生の実務(上)112頁〔池下朗〕。

止命令よりも要件は厳格である。

事業継続に不可欠な在庫商品や原材料等に譲渡担保権が設定されている場合などが典型例であるが、実例はきわめて少ない。

(4) 非典型担保と実行中止命令

担保権実行中止命令の対象は、「更生債権等に基づく強制執行、仮差押え、仮処分若しくは担保権の実行又は更生債権等を被担保債権とする留置権による競売」の手続（会更24条1項2号）であり、中止すべき実行手続を観念し難い非典型担保が中止命令の対象となるかについては、議論が分かれている。民事再生手続における議論と同様である[注4]。

非典型担保権も更生担保権として手続開始後の実行は禁止されることになるから、非典型担保権を中止命令の対象とすることは、事業の継続性の維持という法の趣旨に合致する。再生手続との比較においても、担保権の実行が原則として禁止されている更生手続においては、中止命令の対象とすることがより強く求められる。

実務上も、集合債権に係る譲渡担保権等の非典型担保権に対する中止命令は発令されており、中止命令の内容および手続の問題に議論の焦点が移行しているのが現状である。

(5) 包括的禁止命令

強制執行等（会更24条1項2号）が続発する場合に備え、包括的禁止命令の制度が設けられた（会更25条）。

再生手続においても同様の制度があるが、更生手続では、担保権・租税債権等の一般優先債権をも対象とする点で、はるかに強力な手続である。

包括的禁止命令の要件は次のとおりである。

① 中止命令によって更生手続の目的を十分に達成することができないおそれがあると認めるべき特別の事情があるとき

② 主要な財産に対する弁済禁止等の保全処分、保全管理命令または会更法

(注4) 伊藤・会社更生法59頁。

35条2項の監督命令が発令されている場合

　包括的禁止命令が発令された場合には、すべての更生債権者等は、更生手続開始の申立てにつき決定があるまでの間、強制執行等または国税滞納処分は新たに着手することが禁止されることとなる。これにより、すでに着手した担保権の実行等は中止し、新たな担保権の実行等は禁止されることとなる。すでに係属している手続を無効とするためには、取消命令の発令を要する点は中止命令と同様である（会更25条5項）。

2 更生手続開始に伴う担保権実行禁止およびその解除の概要

(1) 担保権実行の解除

　更生手続においては、更生担保権は、更生計画によらずに弁済を受けることは原則として禁止される（会更47条1項）。更生手続開始後に担保権を実行することはできず、すでになされている担保権の実行手続は更生手続開始決定により中止されることとなる（会更50条1項）。担保権が別除権として手続外での行使が認められる再生手続とは手続構造が大きく異なる点である。

　更生手続において担保権の実行が禁止される趣旨は、担保権の実行を原則として認めることとなると事業の継続に不可欠な工場および機械設備あるいは主力店舗等の施設の維持が困難となる事態が生じることとなり、事業の再建に重大な支障が生じる点にある。

　だとすれば、事業の継続に必要とはいえない遊休資産や不採算施設等に担保権が設定されている場合に、担保権の実行を認めたとしても更生手続の目的である事業の維持更生（会更1条）への支障はない。むしろ、早期に処分等を行うことにより、手続負担の軽減、固定資産税等コストの削減等により更生手続の円滑かつ迅速な進行が図られることになる。

　そのため、更生担保権に係る財産が事業の更生のために必要でないことが明らかな場合には、決定により担保権実行禁止を解除できる（会更50条7項）。

(2) 担保権実行禁止の解除の要件

ア　決定時期

更生手続開始決定後、更生計画案の付議決定（会更189条）があるまでの期間に解除決定を行うことができる。

イ　申立権者

担保権実行禁止の解除は、管財人の申立てまたは職権により裁判所が行うこととなる。

更生会社の資産が事業の維持更生に必要であるかどうかは、管財人が判断すべき事項であることから、申立権者は管財人に限られ、更生担保権者には申立権は認められていない。ただし、管財人は、更生担保権者から担保権実行禁止の解除の申立てを求められたときは、ただちに、その旨を裁判所に報告しなければならず、申立てをしないこととした場合には、その事情を裁判所に報告しなければならない（会更50条8項）。これにより、裁判所が担保権実行禁止の解除が相当と判断した場合には、職権により解除決定がなされる場合もあり得ることとなる[注5]。

ウ　対象財産

担保権実行禁止の解除の対象は、次の要件を充たす財産に限られる。
① 更生担保権に係る担保権の目的である財産
② 更生会社の事業の更生のために必要でないことが明らかなもの

(3) 解除決定の効果

解除決定がなされると、当該担保権の実行禁止の効力が失われ、更生担保権者による担保権の実行が可能となる。会更法は、管財人に特別の換価権を認めていないため（破184条参照）、管財人が競売等を申し立てることはできない。

解除決定により可能となった担保権の実行手続は、更生計画認可決定によっても失効することはない（会更208条）。

（注5）会社更生の実務(上)197頁〔渡邊千恵子〕。

(4) 換価後の配当等の手続

更生担保権者は更生計画によらずに弁済を受けることはできない（会更47条1項）。

したがって、解除決定により担保権を実行した場合であっても、当該実行手続において配当を受けることはできず（会更51条1項）、換価代金は更生計画による弁済等にあてられることとなる（会更167条1項6号イ）。

3 更生手続における担保権抹消許可制度の概要

(1) 担保権消滅請求制度

更生担保権は、更生手続開始決定により弁済が禁止されるが、担保権そのものは開始後も消滅するわけではない。更生計画認可決定によって消滅するのが原則である（会更204条1項）。

しかし、更生計画認可前の早期の段階で事業譲渡を行うことが更生会社の事業の更生のために必要であると認められる場合に（会更46条）、事業譲渡の対象財産に担保権が設定されていると事業譲渡の実行に支障が生じることとなる[注6]。

また、事業の更生に不可欠とはいえない資産に担保権が設定されているような場合には、早期売却等を行い、租税負担の軽減や運転資金を確保することが事業の更生に貢献する場合もある。更生会社がデベロッパーである場合には、不動産の売却そのものが事業の根幹であり、早期に担保権の消滅が必要となる業態もある。

そのため、更生計画認可前に担保権を消滅させる制度が設けられた。かかる担保権消滅請求制度の趣旨からは、それが非典型担保であるからといって一律にその対象外となると解すべきではないが、担保目的物の価額相当額が納付された場合の配当手続をどのように行うか等の問題がある[注7]。

裁判所は付議決定（会更189条）までの間、更生会社の事業の更生のために

[注6] 会社更生の実務(下)52頁〔村松忠司〕。
[注7] 伊藤・会社更生法529頁。

必要であると認めるときは、管財人の申立てにより、当該財産の価額に相当する金銭を裁判所に納付して、当該財産を目的とするすべての担保権を消滅させる決定を行うことができる（会更104条1項・2項）。

更生手続において、このように担保権消滅請求制度は早期事業再生の実現と事業の継続に資することとなるが、担保権消滅までに時間がかかる点が実務上問題となっている。

破産手続、再生手続においても、担保権消滅に関する制度が定められているが、担保権が更生担保権として実行が禁止される更生手続とは、その目的、要件、効果は大きく異なる[注8]。

(2) 担保権消滅制度の手続

担保権消滅制度の手続の概要は次のとおりである（詳細はⅠ−28参照）。

① 担保権消滅許可の申立て（会更104条1項）：申立権者は管財人に限られる。

② 担保権消滅許可の決定と送達（会更104条1項・4項）：計画案の許可決定の実体的要件としては、更生会社の事業の更生のための必要性である。なお、手続的要件としては、被申立人への決定書送達が必須であり、公告をもって代えることはできない。

③−1 即時抗告（会更104条5項）：担保権消滅請求が要件を欠くと判断される場合にのみ認められ、申出額の不服はこの即時抗告の理由とはならないと解される[注9]。

③−2 価額決定の請求手続：管財人の提示した目的物の価額（申出額）が不相当であると判断される場合に、被申立担保権者がこれを争うための手続であり、主に以下ⅰないしⅲ記載の手続により構成される。

ⅰ 価額決定の請求と予納（会更105条）

ⅱ 評価人による評価（会更106条・167条1項6号ロ）：裁判所は、評価人

(注8) 再生手続における担保権消滅請求制度との差異について、伊藤眞ほか編『新しい会社更生法』（有斐閣、2004）187頁〔松下淳一〕、会社更生の実務Q&A120問114頁〔岩崎晃〕。

(注9) 伊藤ほか編・前掲（注8）書190頁〔松下〕。

を選任し、財産の評価を命じなければならない。評価人が行う財産の評価は、価額決定時の処分価額に基づき行われる（会更106条2項、会更規27条、民再規79条1項）。

 ⅲ　費用の負担（会更107条1項）
④　金銭の納付と担保権の消滅（会更108条1項）：申出額に相当する金額または価額を定める決定が確定した場合にはこれにより定められた金額を管財人が期限内に納付し、これにより、対象とされた担保権は消滅する。
⑤　納付された金銭の取扱い
 ⅰ　更生計画認可前の剰余金等の管財人への交付（会更111条1項）：裁判所は、管財人の申立てにより、債権調査期間経過後に申出額または価額決定が確定したときは、価額相当金が納付されていなくとも、剰余金等を管財人に交付する旨の決定をなし得る[注10]。
 ⅱ　更生計画認可の決定があった場合（会更109条）：納付金額相当額が管財人に交付され、更生計画に定められた内容に従い弁済が行われる。
 ⅲ　更生計画認可前に更生手続が終了した場合（会更110条1項）：更生計画認可決定前に更生手続が終了した場合、原則として、裁判所が配当表を作成して配当を実施することになる。

4　商事留置権消滅制度の概要

(1)　商事留置権の取扱い

更生手続において、商事留置権（商521条）の被担保債権は更生担保権として扱われるため、更生手続開始前であれば、先に述べた中止命令（会更24条1項）や包括的禁止命令（会更25条1項）の対象となり、開始後であれば更生手続開始決定の効力として、その実行は中止ないし禁止される（会更50条）。

もっとも、商事留置権の実行が中止ないし禁止されたとしても、それは「留置権による競売」が中止・禁止されるにすぎず（「強制執行等」）、担保権者による目的物の留置を中止・禁止するものではない。

(注10)　会社更生の実務(下)59頁〔村松忠司〕。

(2) 商事留置権消滅制度の手続

そこで、かかる留置的効力を覆滅せしめ留置権者から目的物を取り戻そうという場合には、開始決定後は、担保権消滅請求制度を利用することになる。

しかし、倉庫業者や運送業者が商事留置権を主張する製品等について、これを取り戻す必要性については開始決定前の段階でも異ならない。そのため、開始決定前においても、商事留置権の消滅請求制度が定められている[注11]（会更29条）。

ア 要件

開始前会社または保全管理人のみが商事留置権消滅請求をなし得る。実体的な要件として「当該財産が開始前会社の事業の継続に欠くことのできないものであること」が必要となり（会更29条1項）、これは、単に開始前会社が当該目的物を保持して事業活動のために用いるという意味の不可欠性だけではなく、当該目的物を売却するなどの行為が事業の継続に不可欠である場合を含むと解されている[注12]。

イ 手続および効果

開始前会社または保全管理人は、裁判所の許可を得て、担保対象財産の価額に相当する金銭を留置権者に弁済する（会更29条2項・3項）。裁判所の許可を得て、消滅請求および価額相当額の弁済がなされたときは、消滅請求または弁済の各時点のいずれか遅い時に、商事留置権消滅の効果が生じる（会更29条4項）。

会更法29条2項の許可に関して、更生裁判所は弁済予定額の相当性については判断をせず、弁済額が不相当であるとして留置権者が争い引渡しを拒む場合には、開始前会社は、所有権に基づく当該目的物の返還請求訴訟を提起することになり、かかる訴訟において価額の相当性が審理されることになる[注13]。当該訴訟において弁済額が相当性を欠くと判断される場合であっても、当該受訴裁判所は相当期間内に不足額が弁済されることを条件として、留置権者に対して当該財産の返還を命ずることができる（会更29条5項）。

(注11) 民法の規定に基づく留置権の取扱いについて、伊藤・会社更生法74頁注100参照。
(注12) 伊藤・会社更生法76頁。
(注13) 最新実務会社更生63頁。

Ⅰ-10　更生計画における更生担保権の処遇

弁護士　髙井　章光

1　総　論

(1)　更生担保権者の更生計画案に対する議決権行使方法

　更生担保権は、更生手続開始当時、更生会社の財産につき存する担保権の被担保債権であって更生手続開始前の原因に基づいて生じたもの等のうち、当該担保権の目的である財産の価額が更生手続開始の時における時価であるとした場合における当該担保権によって担保された範囲のものをいう（会更2条10号）。更生計画によって権利変更の対象となる（会更167条1項）。更生担保権者は、決議に付された更生計画案に対して議決権を行使することができ、更生計画案が可決され認可決定がなされると、更生担保権者の権利は更生計画によって変更される（会更205条1項）。なお、更生手続は、破産手続や再生手続のように担保権の行使を手続外にて認める扱いとはしておらず、担保権者の担保権実行を禁じ（会更50条1項）、また、更生計画認可決定によって担保権は消滅する（会更204条1項）。

　更生計画案の決議においては、更生担保権者は更生債権者とは別の独立の組で決議が行われ（会更196条5項2号）、①更生担保権の期限の猶予の定めをする更生計画案の決議要件は更生担保権者の議決権総額の3分の2以上の同意が必要とされ（同号イ）、更生担保権の減免その他期限の猶予以外の方法により更生担保権の権利に影響を及ぼす定めをする更生計画案では、更生担保権者の議決権総額の4分の3以上の同意が（同号ロ）、更生会社の事業の全部の廃止を内容とする更生計画案については、更生担保権者の議決権総額の10分の9以上の同意が、それぞれ必要となる（同号ハ）。

(2) 更生計画における平等原則、公正・衡平の原則、清算価値保障原則

更生計画による権利変更の内容は、同一の種類の権利を有する者の間では、それぞれ平等でなければならない（会更168条1項）。すなわち、更生担保権者間においては平等な内容でなければならない。更生担保権の基礎となる担保権についてはさまざまであっても、更生担保権は前述のとおり、担保権の種類にかかわらず、更生手続開始決定時における目的物の時価によって担保された範囲の被担保債権であることからすれば、特定の更生会社財産からの優先弁済を保障されているという法的利益の点では同質性が認められる[注1]。

また、会更法168条3項は、異なる種類の権利を有する者の間においては、各権利の種類の順位を考慮して、更生計画の内容に公正かつ衡平な差を設けなければならないとされている。この権利の順位は、同条1項に掲げられた順位であり、更生担保権、一般の先取特権その他一般の優先権がある更生債権、それ以外の更生債権等となっている。この「公正かつ衡平」の意味については、①先順位の権利が完全に満足させられない限り、後順位の権利に満足を与えることを禁止するという考え方（絶対的優先説）と、②先順位の権利者に与えられる満足が後順位の権利者に与える満足よりも相対的に大きくなければならないとする考え方（相対的優先説）とが対立しているが[注2]、相対的優先説[注3]が通説であり、実務上確立された運用となっている[注4]。

さらに、清算・破産の場合よりも債権者がより多くの弁済を受けることを必要とする清算価値保障原則は、更生担保権に対する弁済条件においても妥当する[注5]。

(注1) 伊藤・会社更生法550頁。
(注2) 絶対的優先説と相対的優先説の各理論的根拠については、条解会社更生法(下)534頁に詳しい。
(注3) 伊藤・会社更生法556頁。
(注4) 最新実務会社更生236頁。
(注5) 民事再生法174条2項4号は、再生計画不認可事由として「再生計画の決議が再生債権者の一般の利益に反するとき」を規定し、明文にて清算価値保障原則を規定しているが、会社更生法においては同様の規定はない。しかしながら、事業再生型手続として、清算価値保障原則は当然とされている（伊藤・会社更生法632頁ほか）。

2 更生担保権の権利変更の内容

(1) 期限の猶予を行う場合
ア 弁済期間の制約

　更生担保権につき分割して弁済を行うなど期限の猶予が更生計画において規定されている場合の弁済期間は、当該更生担保権の担保物がある場合においては、当該耐用期間または15年（更生計画の内容が更生債権者等に特に有利なものになる場合その他の特別の事情がある場合は、20年）のいずれか短い期間を超えてはならないとされている（会更168条5項1号）。更生担保権は、前述のとおり平等であり、担保権の種類にかかわらず同質性が認められているはずであるが、会更法168条5項1号は、担保権の目的物（担保物）の耐用期間によって弁済期間の制約を課しており、この同質性（均質性）の例外的取扱いを規定している[注6]。この弁済期間の制約の理由について、担保物の経済的価値が認められる期間を超えることを認めるのは不合理であると説明されている[注7]。

イ 金利支払が規定されていない場合

　更生担保権の弁済期限の猶予が更生計画に規定されている場合に、金利の支払の条件が付されていないことから、決議可決要件において「減免」（会更196条5項2号ロ）に該当するのか、それとも「期限の猶予」（同号イ）として取り扱われるべきであるのか、が問題となる。通説および実務においては金利支払がなくても「期限の猶予」として取り扱われている[注8]。

　なお、「期限の猶予」とされ、「減免」に該当しないとしても、現在価値に評価した場合に、清算価値よりも少ない結果となってしまう場合には、清算価値保障原則違反として違法な更生計画となる危険があることに留意する必要がある[注9]。

（注6）更生計画の実務と理論114頁参照。
（注7）伊藤・会社更生法560頁。
（注8）最新実務会社更生261頁。

3 処分連動方式

(1) 処分時期連動方式

弁済額は確定更生担保権額であるが、弁済時期について担保権の目的物の処分時期と連動する方法をとっている場合である。例えば、販売用資産に担保権を有する更生担保権者について、当該販売用資産を売却しその処分代金を原資としているため、確定更生担保権額の弁済時期を販売用資産売却時期に連動させているというような内容の規定である。更生担保権者にとっては弁済期限を猶予しているだけであり、あまり利益はないが、更生会社としては、弁済原資を目的物の処分代金から大半を賄うことができるため、事業活動を維持するために必要な事業資金を確保することが容易となるという利点がある。

遊休資産を売却して弁済原資を得る場合のほか、例えば、マンションデベロッパーにおいて分譲マンションの販売事業を営んでいる場合に、当該販売用マンションに担保権を有する更生担保権者に対する弁済方法として、各マンション販売を実施するつどに売却代金から一定額を弁済していくことで事業継続を図るなど、販売用資産を販売する場合においても活用する利点がある。

(2) 処分価額連動方式

ア 処分価額連動方式

弁済時期のみならず、弁済額についても、実際の担保物処分価額に連動する場合であり、処分連動方式と単に称する場合はこの方式であることが多い[注10]。

この処分価額連動方式がとられている理由は、「担保不動産の時価評価（会更

(注9) 再生手続について、分割弁済条件につき、現在価値に引き直した場合に清算配当率を上回る必要があるとされている（民事再生の手引277頁〔鹿子木康〕。また、山本和彦「清算価値保障原則について」青山古稀926頁も、中間利息を控除して現在価値に引き直して清算価値と比較すべきとする。）。

(注10) なお、共同担保関係にある複数の不動産が処分連動方式の対象となっている場合の処理方法として、共同担保関係を解消する方法と、解消させずすべての不動産が処分できた時点で弁済額が確定する方法がある。この場合の処理方法については、更生計画の理論と実務219頁、会社更生の実務Q&A120問188頁参照。

2条10号本文)について争いが生じ、それを解決するための手続(会更151条以下)に時間を要することを避けるためである。この方式の下では、いったん更生担保権額が定められても、売得金額がそれを上回れば、当該更生担保権者の有する更生債権部分の弁済に充て、売得金額が更生担保権額を下回れば、その差額については、一般更生債権と同様の取扱いにするというものである」[注11]というもののほか、①遊休資産が担保目的物である場合、その処分価格が低くなってしまうと、更生会社が更生担保権額との差額を補てんしなければならないリスクが生ずるがこのようなリスクを回避し、さらに、その維持・処分にかかる費用が処分価格から補てんされることによって、遊休資産を保有し換価するコストを本業である「事業」から隔離することができること、②販売用資産に担保権が設定している場合には、販売用資産の売却価格に応じて更生担保権者への弁済額が決定されることにより、当該資産の処分価格が低くなってしまって、更生担保権額との差額を更生会社が補てんするリスクから隔離することができるため、更生会社として大きな利点があり、更生担保権者としても適正な手続にて担保物が売却された場合の回収額をもって弁済がなされるのであれば、そもそも有していた担保権による回収と同様の結果となることになり、更生担保権額に拘束されない回収を得ることができる点において利点があることに認められる。

　　イ　平等原則との関係

　この処分連動方式は実務においては広く運用されているところであるが、更生担保権額は更生手続開始時に決まるものであり、更生担保権は確定した額をもって扱われるべきであるから、処分連動方式は違法であるという意見もある。現実的には、後述のとおり、担保物を高額で売却したことによって、更生担保権者に対して更生担保権額を超えた被担保債権に対して弁済を行うことができるような場合、この更生担保権額を超えた被担保債権は更生債権にすぎないが、この担保物の処分価格の範囲内においては、更生債権は他の更生債権と異なり100パーセント弁済を受けることができることとなり、平等原則違反と考えられる結果を惹起することになる。さらに、更生担保権額を下回った弁済

(注11)　伊藤・会社更生法551頁。

にとどまる場合には、当該更生担保権者の個別の同意なくして、差額については更生債権と同様の弁済条件となる点においても平等原則違反の問題が生じ得る(注12)。

　この平等原則違反の見解に対しては、「更生担保権額を後で変更するのではなく、更生計画における当該更生担保権に対する弁済の内容を、後日の事由（現実の売却額）で調整しようというものであり、しかもそれを更生計画案で明示して債権者（更生担保権者）の賛否を問うていること、更生担保権者の感覚にも合致して評価に関する争いが少なくなって手続がスムーズに進むこと、更生債権者の利益も害しないこと等から、違法というには当たらないというべきである」という見解を含め適法であるとの見解が多い(注13)。

　ウ　決議要件について

　処分連動方式が規定されている更生計画については、その可決要件については、「期限の猶予」（会更196条5項2号イ）に該当するのか、「減免」（同号ロ）に該当するのかどちらとすべきかという問題があった。しかしながら、処分価額が更生担保権額を下回ることも考えられることからすれば、「減免の定めその他期限の猶予以外の方法により更生担保権者の権利に影響を及ぼす定め」に該当し、可決要件は議決権額の4分の3以上の同意が必要とする運用がとられている(注14)。

(注12)　松下淳一「更生計画におけるいわゆる処分連動方式について」福永古稀728頁、新会社更生法の基本構造と平成16年改正168頁など。

(注13)　出水順「財産評定のあり方、更生担保権の評価をめぐる諸問題」倒産の法システム(3)248頁。そのほか、権利保護条項に準じるものとして位置付けることができるとする見解（針塚遵「更生担保権の取扱い」金法1610号〔2001年〕32頁）、弁済条件についての差が生じるのは、「同一の種類の権利を有する者の間に差を設けても衡平を害しない場合」に該当し、更生担保権額を上回る場合もあれば下回る結果もある可能性があることも衡平を損なうものではないとする見解（伊藤・会社更生法551頁）がある。また、多比羅誠「会社更生法の運用事例からみた諸問題」債権管理91号（2001年）125号は、担保権が本来有する物の交換価値によって優先的弁済を受けるという機能から、交換価値の実現に差が生じることが一般的であるから、担保権の種類、順位、目的物等によって差等を設けても衡平を害しないと解する。

(注14)　最新実務会社更生262頁。

(3) 費用・組入金等の控除

　処分連動方式の更生計画における条項案は以下のとおりである。このように、処分にかかる費用を処分価格から控除した残額をもって更生担保権者へ弁済するという内容の規定が一般的である。更生担保権が担保目的物の「時価」とされていることからすれば、担保目的物の維持費用、換価費用についても「時価」算定の際の控除費用とされるべきである[注15]。また、会更法200条1項1号は権利保護条項において売得金から「売却の費用」を控除した残金で弁済することを前提としており、このことからも許容されている[注16]。

　処分価格からの控除項目としては、処分・維持にかかる費用のほか、一定額を更生会社へ組み入れる旨を規定している場合も少なくない。この組入金は、担保物の管理処分に関する更生会社の費用（販売管理費等）の清算金の性格を有し、もしくは不動産関連事業者である更生会社のノウ・ハウ等をもって早期・高額で処分できたような場合にはその販売活動の対価としての性格を有するものと考えられる。実務においては、組入金を控除項目としていないケースも多くあるが、事情に応じて処分価格の3〜10パーセント程度を組入金として規定しているケースも少なくない[注17]。この組入金は、その性質を更生会社の販売管理費等の清算金等としていることから、更生会社が事業の更生のための資金として使用することを前提としている場合が多いと考えられるが、破産手続における管財人による任意売却の場合や、担保権消滅許可制度（破186条以下）の破産財団組入金のように、更生債権への弁済原資に追加することも考え得る。

(注15) 事業再生迅速化研究会第3PT「会社更生手続における不動産処分連動方式(下)」NBL 990号（2012年）108頁も同趣旨。
(注16) 時価マニュアル202頁。
(注17) 事業再生迅速化研究会・前掲（注15）論文109頁。

《処分連動方式の場合の条項案》
① 管財人は、裁判所の許可を得て、担保不動産を売却する。
② 管財人は、裁判所の許可を得る前に、当該担保不動産のすべての更生担保権者に対し、売却予定価格、売却条件等を通知する。
③ いずれかの更生担保権者が、通知を受けた後１か月以内に、管財人に対し、より高い価格での購入希望者で支払が確実な者を書面で紹介した場合、管財人は、裁判所の許可を得てその者に当該担保不動産を売却する。
④ すべての更生担保権者が、１か月以内に上記紹介をしなかった場合、またはその期限前でもすべての更生担保権者が同意した場合、管財人は通知をしたところに従って、裁判所の許可を得て、当該担保不動産を売却する。
⑤ 管財人は、前記に従って担保不動産を売却したときは、売却代金の全額を受領した日から１か月以内に、当該売却代金から下記の控除項目を控除した残金を弁済する。
　　ⓐ 売却代金の10パーセント相当額
　　ⓑ 仲介手数料、契約書・領収書の印紙代
　　ⓒ 登記手続費用
　　ⓓ 原状回復費用、土壌汚染等有害物質の除去費用、保全費用、賃借人の立退料その他不動産の引渡しに必要な費用
　　ⓔ 当該不動産に対する更生手続開始決定日以降引渡完了日までの固定資産税、利計画税、特別土地保有税等の公租公課、宅建業者である売主に課税される不動産取得税
　　ⓕ 当該不動産に対する更生手続開始決定日以降引渡完了日までの共益費・管理費・火災保険料等の当該担保不動産の維持費用
　　ⓖ 賃借人付不動産の売却に伴い買主が承継する敷金
　　ⓗ 売主負担の借地権譲渡の承諾料、名義変更料
　　ⓘ その他当該不動産売却に必要な費用
　　ⓙ 上記各経費等に賦課される消費税および地方消費税

(4) 弁済額と更生担保権額との差額の取扱い
ア 弁済額が更生担保権額を上回った場合

　弁済額が更生担保権額を上回った場合には、確定更生担保権額のほか、更生担保権者が有する被担保債権としての更生債権に対する弁済が行われることになる。この場合、更生債権に対する弁済は100パーセント弁済を行うこととなるが、担保物処分による弁済よりも前に、当該更生債権に対して権利変更に従った弁済が行われていた場合には、その後に100パーセント弁済が行われると弁済金が重複する部分が生ずることになるから、その重複部分について調整を行う条項を設定することが一般的である。

イ 弁済額が更生担保権額を下回った場合

　弁済額が更生担保権額を下回った場合には、確定更生担保権の全額の弁済ができないため、弁済できなかった部分は一般更生債権と同率での弁済を行う旨の規定により処理されることになる。この弁済できなかった部分について、一般更生債権に変更するとして取り扱う場合と、更生担保権ではあるが、更生債権と同じ弁済条件で条件を受けるものとして取り扱う場合がある。更生会社は、この部分に対する一般更生債権と同率での弁済は当初に予定していなかったものであるが、確定更生担保権額を比較的保守的に設定しておけばこのような予定外の事態はあまり起こることはない。なお、確定更生担保権額と弁済額の差額について免除を受ける旨の規定を更生計画に定めるケースも稀にある[注18]。

(5) 処分できなかった場合の規定

　一定期間売却活動を行っても担保権者が満足する売却先が見つからないような場合には、一定の期間内に更生計画を終了させる必要があり、また弁済条件が長期間実施されない不安定な状態に置かれることは望ましくないことから、一定の終了事由を設定していることが多い。その終了事由としては、①一定期間経過後においては、管財人が更生担保権者の同意を得ずに担保物を処分することができる、②更生担保権者が同意する場合には担保物を評価額にて代物弁済することができる、③確定更生担保権額にて管財人が弁済するなどが考えら

(注18) 更生計画の実務と理論216頁。

れる[注19]。

4 担保権の取扱い

　更生手続は、破産手続や再生手続のように担保権の行使を手続外にて認める扱いとはしておらず、担保権者の担保権実行を禁じ（会更50条1項）、また、更生計画認可決定によって担保権は消滅する（会更204条1項）。また、更生会社が担保権を設定する場合には、その規定を更生計画において定めなければならない（会更171条1項）。

　よって、通常は、「①担保権は、更生計画認可後も別表記載の限度で存続する。②管財人は、裁判所の許可を得て、別表記載の不動産を売却することができる。③裁判所の許可を得て、別表記載の不動産を売却するときは、当該不動産の上に存続する担保権は売買契約が締結された時点で消滅する。④前記消滅する担保権の権利者は、管財人から書面による要請があった場合には、当該担保権の抹消登記手続に必要な一切の書類を管財人に交付する。」というような条項を更生計画において定めている[注20]。

5 リースの取扱い

　リース会社が投下資本全額をリース料によって回収するフルペイアウト方式のファイナンス・リースについては、リース料債権とリース会社の義務は対価関係にはなく（最判平7・4・14民集49巻4号1063頁）、リース料債権は更生担保権であるとする運用が一般的である[注21]。なお、更生担保権の取扱い以外について、①リース物件の使用期間、②リース物件の所有権の所在、③リース物件の返還条件について更生計画において規定していることが一般的である[注22]。

（注19）更生計画の実務と理論203頁。
（注20）更生計画の実務と理論216頁・390頁。
（注21）しかしながら、リース契約が双方未履行双務契約であるか否かの議論がある（伊藤・会社更生法288頁。なお伊藤説は双方未履行双務契約を肯定する）。
（注22）具体的内容については、更生計画の実務と理論162頁以下参照。

会更法168条5項1号は、担保権の目的物（担保物）の耐用期間によって弁済期間の制約を課しており、リース債権者に対する更生担保権の弁済期間についてしばしば争いが生ずる。リース契約の担保目的物をリース物件としても、その使用権としても、耐用期間についてはリース物件の耐用期間を超えることはできないと考えられている(注23)。その耐用期間については、税法上の法定耐用期間やリース期間が参考となるが必ずしもこれに拘束されない。更生会社の使用の仕方によっても耐用期間は違ってくる(注24)。なお、リースの担保権の目的物を「利用権」とした場合には、利用権の行使期間はリース契約期間と考えることになるため、リース期間に拘束されるとの考え方もあるが、「耐用期間」という文言からリース物件の耐用期間とする解釈の余地もあると思われる。

6 損害保険契約の保険金請求権に対する質権

担保権を設定している建物に対して火災保険をかけてその保険金請求権に対して担保権者が質権の設定を受けている場合の処理方法が問題となり、更生計画において特別の定めを置く場合がある。この場合、損害保険契約は通常は1年間など短期間で更新を繰り返す契約が多いことから、管財人として更新を行う義務があるのか否か、また、保険事故が発生した場合の取扱いなどが問題となる。

契約更新について、実務では双方の取扱いがあるようであるが(注25)、更新によって新たな保険料負担が生ずる場合には、管財人として保険料負担までして更新を行うべき義務は負っていないと考える。なお、保険料を更生担保権者が負担することを前提としている場合については、例えば、保険契約が短期間で終了するため、更新を繰り返さないと担保権者の意図が達成できないような事情があり、その趣旨が契約内容からも読み取れるような場合には、保険料を更生担保権者が負担することを条件として、管財人が保険契約を更新し、保険金

(注23) 更生計画の実務と理論178頁。
(注24) 須藤英章「更生計画による権利変更の基準」新会社更生法の理論と実務222頁。
(注25) 更生計画の実務と理論144頁。

に質権を再度設定することが許容されるなど、保険契約の内容や趣旨に鑑みて、管財人が更新契約を行って再度質権を設定する必要があるか否かを判断すべきと考える[注26]。また、事故が発生した場合、その損害補てんを保険金をもって行うことができるか否かについて明確にならないため、更生計画にて明確な規定を置く場合もある[注27]。

7 その他の事項

(1) 担保権消滅に関する価格決定がなされた場合に管財人から納付された金銭の取扱い

担保権抹消請求制度によって、管財人から価額相当の金銭の納付がなされた場合には、担保権は消滅する（会更108条3項）。それ以降は、担保権者は納付金から弁済を受けることになるが、管財人は、この納付金の使途を更生計画において定めなければならない（会更167条1項6号ロ）。具体的には、納付金について、裁判所から管財人は交付を受け（会更109条）、更生計画認可決定確定後の遅くない時期に一括して更生担保権者に支払う旨の条項を策定することになる[注28]。

(2) 未確定更生担保権の取扱い

異議等のある更生担保権で更生計画作成時に未確定なものについては、その後に確定した場合の取扱いを更生計画において定めておく必要がある（会更

[注26] 条解会社更生法(中)536頁は、「担保を必要とする期間が火災保険契約期間より長いときは、債権者・債務者間においては当然、さらに保険金請求権上の担保権の設定をする旨の合意があると解されるから、その合意の効力は更生手続開始後の管財人をも拘束すると考えられる。したがって、管財人としては、手続中に保険期間が満了したときは、当然に保険契約を継続し、保険金請求権上に担保権を設定し、必要ならばその対応要件を充足させる義務を負うと解する」とし、長谷部由起子「更生手続と質権」会社更生・会社整理・特別清算の実務と理論268頁も同様に解している。

[注27] 更生計画の実務と理論145頁。

[注28] 更生計画の実務と理論403頁。

172条)。

通常は、①更生債権としては確定している場合には、更生担保権として確定するまでの間、更生債権として権利変更を行い、弁済を実施し、更生担保権として確定した場合には、その時点で必要な精算手続を実施する旨の規定を設定し、②更生債権としても確定していない場合には、弁済を留保し、更生担保権として確定した時点で弁済を実施する旨の規定を設定することが多い[注29]。

(3) 権利保護条項

管財人は、関係人集会にて一部の組の同意を得られないことが明らかな場合、裁判所許可を得て、同意を得られないことが明らかな種類の権利を有する者のためにその権利を保護する条項を定めた更生計画案を作成することができる（会更200条2項）。その場合、更生担保権者については、更生担保権の全部をその担保権の被担保債権として存続させ、またはその担保権の目的である財産を裁判所が定める公正な取引価額（担保権による負担がないものとして評価するものとする）以上の価額で売却し、その売得金から売却費用を控除した残金で弁済し、または供託する内容の条項でなければならない（同条1項1号）。この公正な取引価額とは、清算価値を意味することに異論はない[注30]。

(注29) 具体的規定内容については、更生計画の実務と理論407頁参照。
(注30) 最新実務会社更生269頁。

Ⅰ-11　特別清算手続における担保権の処遇

弁護士　山本　正

1　はじめに

　特別清算手続は、清算型の倒産手続であり、担保権者は、原則として手続外でその権利を実現することが予定され、担保権の行使によって満足を受けられない部分について、協定債権として議決権を有するといった立場にある。

　しかし、清算型の倒産手続であっても、担保権者による権利の行使が手続の遂行を阻害し、または他の利害関係人の利益を害することがあり得る。

　そのようなこともあって、特別清算手続においては、担保権者の権利実行を制限し、あるいは担保権者が協定に参加するなど、担保権に関する規律が存在しているが、実務上の問題も少なくない。

　以下、特別清算手続における担保権の取扱い、担保権者の地位、担保権実行に対する制約などを概観する。

2　特別清算手続における担保権の取扱い

(1)　担保権

　特別清算開始の決定があっても原則として担保権には何らの影響もなく、手続外でその権利を実現することができる。なお、破産手続、再生手続および更生手続において、管財人・再生債務者は、第三者性を有し、対抗要件を具備していない担保権は、管財人等に対してその効力を対抗できないが、特別清算手続における清算人は、あくまで清算株式会社の代表者であって、管財人等と異なり第三者性は認められず、担保権者の対抗要件具備を要しないとする見解が有力である[注1]。

　特別清算手続において、担保権者は、担保権を有する債権について、担保権

の行使によって弁済を受けることができる協定債権の額について議決権を有しない（会社548条4項）。

担保権としては、①特別の先取特権（民311条・325条、商704条・810条・842条以下など）、②質権、③抵当権、④会社法または商法の規定による留置権（会社21条、商521条・557条・562条・589条・753条2項）が規定されているが（会社522条2項）、譲渡担保権、仮登記担保権も担保権に当たると解されている^(注2)。

(2) 一般の先取特権他

一般の先取特権は、旧商法においては別除権（担保権）とされていなかったが、会社法においては、特別清算開始の効力を受けないものとされた（会社515条1項ただし書）。

また、旧商法においては、企業担保権の行使も否定されていたが（平17改正前商433条・383条2項）、会社法においては、一般の先取特権と同様、中止および失効の対象となっていない（会社515条1項ただし書、企業担保1条1項・2条1項）^(注3)。

(3) 換価方法との関係

清算株式会社は、民事執行法その他強制執行の手続に関する法令の規定により、担保権（特別の先取特権、質権、抵当権または会社法もしくは商法の規定による留置権に限る）の目的である財産の換価をすることができ、この場合は、当該担保権を有する者は、その換価を拒むことができない（会社538条2項）。

また、担保権者が法律に定められた方法によらないで担保権の目的である財産の処分をする権利を有するときは、裁判所は、清算株式会社の申立てにより、担保権者がその処分をすべき期間を定めることができる（会社539条1

（注1）江頭憲治郎＝中村直人編『論点体系会社法(4)』（第一法規、2012年）330頁〔松村正哲〕、なお、四宮章夫＝相沢光江＝綾克己編『特別清算の理論・実務と書式』（民事法研究会、2010年）101頁、東京弁護士会編『新特別清算手続〔再版〕』（ぎょうせい、2008年）193頁〔相澤光江〕、松嶋英機「特別清算実務の現状と問題点」金法1475号（1997年）99頁など。
（注2）特別清算の理論と裁判実務226頁。
（注3）なお、東京弁護士会編・前掲（注1）書189頁。

項)。また、担保権者が当該期間内に担保権の目的である財産の処分をしないときは、法律に定められた方法によらないで当該財産の処分をする権利を失う(同条2項)。

3 特別清算への担保権者等の参加と協定の拘束力

(1) 担保権者等の参加

協定債権の減免の手続は、協定の申出によって行われるが(会社463条)、清算株式会社は、協定案の作成に当たって、担保権を有する債権者(特別の先取特権、質権、抵当権または会社法もしくは商法の規定による留置権を有する債権者)および一般の先取特権その他一般の優先権がある債権を有する債権者の参加を求めることができる(会社566条・522条2項)。なお、企業担保権を有する者もこれに含まれると解されている[注4]。

基本的には、担保権者は、担保権によって回収できる債権額について、議決権を有しないが(会社522条2項)、特別清算手続を円滑に進めるため担保権者を協定に参加させて、担保権者を取り込んだ内容の協定案が可決され認可される場合が報告されている[注5]。実際、担保権者(別除権者)がすべての債権を担保できている例は少なく、一般債権部分があると思われるから、一般債権者の利益のために、清算人が協定案作成に当たり破産への移行との比較をするなどして、協定案について担保権者の同意を得る努力をすることが期待される。

なお、参加を求められた担保権者が、協定に参加するかどうかは自由であるところ、協定に参加するためにはその有する担保権を放棄しなければならないため[注6]、実務上担保権者に協定への参加を求めることは困難との指摘もある[注7]。

(注4) 新しい特別清算228頁。
(注5) 阪口彰洋「特別清算手続への別除権者の参加と協定の拘束力」金判1060号(1990年)84頁。なお、旧商法においては、「別除権者」とされていた。
(注6) 阪口・前掲(注5)書85頁、新しい特別清算227頁。
(注7) 四宮ほか編・前掲(注1)書215頁。

(2) 協定の拘束力

協定は、清算株式会社およびすべての協定債権者のために、かつ、それらの者に対して効力を有するが、担保権には影響を及ぼさない（会社571条1項・2項）。

なお、ノンバンクの特別清算手続においては、担保権者を協定に参加させて特別清算手続を円滑に進める必要性が高く、債権譲渡通知を留保された債権譲渡担保を有する債権者を取り込んだ内容(注8)の協定案が可決され認可されていることが報告されているが、それを契機として担保権者に対する拘束力が問題となっている。

この点、協定に不同意であった担保権者は、認可された協定に拘束されず、担保権を行使できるとするのが判例であるが（東京地判平9・1・28金判1038号11頁）、少なくとも担保権の行使によって回収されない部分がある担保権者が協定に同意した場合は、担保権者に対しても協定の拘束力を認める見解もある(注9)。

4 特別清算における担保権の実行中止

(1) 保全命令

特別清算において、特別清算開始決定前に担保権実行の中止命令を発令できるか。この点、従来、発令できる見解が有力ではあったが、会社法制定時に、担保権の実行の手続等の中止命令が規定され、特別清算開始後のみに認められることになった（会社516条参照）(注10)。

担保権との関係では、対抗要件具備行為禁止の仮処分の可否について議論が

(注8) 例えば、開始決定時において対抗要件を具備しない担保権者については、一般債権よりも有利な配当率を定めつつ、協定に取り込む実務の運用がある。阪口・前掲（注5）書86頁。

(注9) このような場合に協定の拘束力を認めず、協定に同意した担保権者とは協定外の個別和解が成立したと構成すると、保証人の関係や破産に移行した場合の法律関係が問題となることが指摘されている。阪口・前掲（注5）書86頁。

(注10) 東京弁護士会編・前掲（注1）書160頁、特別清算の理論と裁判実務85頁。

ある。

　清算人は、譲渡債権を他へ二重譲渡して財産を増殖し得る地位にあるからその地位を保全し得るという考え方を根拠とし、あるいは対抗要件具備またはその後担保権の実行として弁済が行われると、破産手続に移行した場合に管財人の否認権行使の問題となるだけで譲渡担保権者が一段優位に立つことになるから、そのような事態を防止するために保全処分発令の可否が問題とされ、会社法制定前の東京地裁の会社整理事件において、その趣旨の保全処分命令が出されたことも報告されている[注11]。また、申立日または保全命令日等を基準日として、対抗要件不具備担保権者は、対抗要件具備担保権者と同一の扱いとせず、協定上一般債権者より若干有利な取扱いをする前提をとって、基準日以降の対抗要件具備禁止の保全処分を認めることも指摘されている[注12]。

　他方で、特別清算手続においては、開始決定前の事業と後の清算事務に連続性があり、清算人は清算会社の代表者であって、破産管財人と異なり第三者性が認められないことから、開始決定後の登記具備の要求を清算人は拒絶できず、保全処分を認める理論的根拠がないとする指摘もある[注13]。

　この点は、対抗要件を具備していない債権譲渡担保権者を別除権者として認めるべきか否かといった議論ともからむが、特別清算は、会社清算事務の枠内に収まる非管理型の清算人による簡易・迅速な手続である以上、敢えて理論的に整理しがたい対応要件具備行為禁止の保全処分まで認める必要性はないように思われる。

―――――――――

(注11) 特別清算の理論と裁判実務91頁以下、松嶋・前掲（注１）論文98頁以下。大阪地裁の特別清算手続において債務者に対し対抗要件具備手続をしてはならない旨の保全処分がなされ（なお、この場合、債権者は清算会社に対して対抗要件具備を訴求し、対抗要件を具備することが可能とされている）、また、東京地裁におけるノンバンクの会社整理事件において、債権者に対し①申立日までに譲渡された債権を取り立ててはならない、②譲受債権の支払金を債務者に対する弁済に充ててはならない、③債権者は、第三債務者に対し、債権譲渡について、譲渡の通知を発し、または譲渡の承諾を求めてはならない、といった保全命令が発令されたことが報告されている。

(注12) 松嶋・前掲（注１）論文98頁以下、江頭・中村編・前掲（注１）書330頁〔松村〕。

(注13) 特別清算の理論と裁判実務91頁以下、四宮ほか編・前掲（注１）書101頁など。

なお、破産法において規定されている包括的禁止命令または保全管理命令は、特別清算において合理的に機能する場面が想定されがたいことから、会社法制定過程において採用されないこととなった(注14)。

(2) 担保権の実行の手続等の中止命令

裁判所は、特別清算開始決定があった場合、債権者の一般の利益に適合し、かつ、担保権の実行の手続等の申立人に不当な損害を及ぼすおそれがないものと認めるときは、清算人、監査役、債権者もしくは株主の申立てによりまたは職権で相当の期間を定めて担保権の実行の手続等の中止を命じることができる（会社516条）。

担保権を失わせたり、行使を禁止するのではなく、一定期間担保権の実行を停止することによって、担保権者と一般債権者の利害を調整し、担保権者も含んだ話合いによる解決の手段を与え、これに助力するために設けられた制度である(注15)。

担保権の実行等には、清算株式会社の財産につき存する担保権の実行の手続、企業担保権の実行の手続または清算株式会社の財産に対してすでにされている一般の先取特権その他一般の優先権がある債権に基づく強制執行の手続が含まれる（会社516条1項）。

「担保権の実行の手続等の申立人に不当な損害を及ぼすおそれがないものと認めるとき」とは、具体的には、担保権者が自己の債権の回収のみに汲々としてすごぶる不適当な時期に競売を強行して担保物の価値を減少させるような場合や担保権の実行が協定の立案もしくは実行を不可能または著しく困難にし、しかも他の担保権者は協定に協力しているなど、当該担保権者に一定期間の競売手続の中止という制約を加えても社会通念上不当とは認められない場合(注16)、あるいは清算株式会社の規模、利害関係人の数、競売目的物の性質等のほか、特別清算手続の進捗状況と担保権の実行の手続等の申立人側の事情を総合的に

(注14) 新しい特別清算71頁。
(注15) 山口和男編『裁判実務体系(21)』（青林書院、1992年）440頁。
(注16) 上柳克郎ほか編『新版注釈会社法(13)』（有斐閣、1990年）402頁〔青山善充〕。

考慮して、当該申立人に一定程度の犠牲を強いても著しく社会通念に反するものではない場合とされる[注17]。

　旧商法の規定する中止命令においては、裁判所による職権のみ認められていたが、会社法では、上述のとおり清算人、監査役、債権者もしくは株主にも申立権を認めている。

　また、裁判所は、職権により中止命令の変更および取消しができる（会社889条1項）。発令後の事情変更があった場合はもとより、当初から不当であった場合も含む。

　なお、中止命令および中止命令の変更・取消しに対しては、即時抗告することができる（会社889条）。

(注17) 特別清算の理論と裁判実務85頁。

Ⅰ－12　特定調停手続における担保権の処遇

弁護士　小笹　勝章

1 特定調停手続における担保権の処遇

(1) 特定調停手続

　特定調停手続とは、民事調停法の特例として定められた「特定債務等の調整の促進のための特定調停に関する法律」（以下、「特定調停法」という）に基づく調停手続で、支払不能に陥るおそれのある債務者等の経済的再生に資するため、このような債務者が負っている金銭債務に係る利害関係の調整を促進することを目的として定められた手続である（特定調停1条）。

(2) 倒産手続としての位置付け

　特定調停手続は、法的整理である破産法に基づく破産手続、民事再生法に基づく再生手続、会社更生法に基づく更生手続とは異なり、私的整理手続の1つとして扱われている。

　私的整理手続における再建手続としては、事業再生ADRや中小企業再生支援協議会による手続などもあり、そのメリットおよびデメリットはそれぞれあるが、特定調停手続を利用できる債務者については制限がないことや、調停に代わる決定が行えるなど、特定調停手続を利用するメリットもある。

(3) 特定調停手続における担保権

　特定調停手続は、前述のとおり民事調停手続の特例として定められた手続であるので、その本質は調停手続、すなわち話し合いによる解決を基本としている。そのため、担保権者との間においても話し合いによる解決が基本となり、更生手続のように担保権の実行が当然に止められるものではない。

　再生手続において債務者が別除権者との間で別途個別に協議を行い、別除権

協定を締結するように、特定調停手続においても、担保権者との間で別除権協定と同様の合意を目指す点で同じといえる。

具体的には、一定の返済を続けていくことで担保権の実行を猶予してもらうという内容が考えられるが、担保権の実行による配当よりも有利な内容でない限り合意にいたることは難しいと思われる。

なお、特定調停手続では調停調書という形で合意される。

2 担保権実行手続を制限する措置

(1) 調停前の措置

前述のとおり特定調停手続を申し立てても担保権の権利行使が当然に制約されることはないため、話し合いの途中であっても担保権者は担保権の実行をすることが可能である。しかし、担保権の対象物件が事業の継続に必要不可欠な場合、これに対する担保権が実行されてしまっては他の債権者との話し合いも破綻を来すことになる。

そこで、当事者の申立てにより、調停委員会は調停前の措置として、相手方その他事件の関係人に対して、現状の変更または物の処分の禁止その他調停の内容である事項の実現を不能にしまたは著しく困難ならしめる行為の排除を命ずることができる（特定調停22条、民調12条1項）。

この規定は、特定調停手続においては弁済禁止等の保全処分を発令することができず、相殺の制限もないことから、申立債務者に弁済禁止保全処分と同趣旨の誓約書および申立日現在の預金を調停成立ないし不成立時に当該預金を預入れしている債権者に弁済する旨を裁判所宛に提出させ、当該債権者に債権残高維持と申立翌日以降の預金に対する総債権の不行使を要請する措置を発令するという用い方をされているようである[注1]が、端的に担保権の実行を行わないとする措置を発令することも可能と思われる。

この措置命令は、調停申立後に行わなければならず、担保を立てることを要

(注1) 多比羅誠「事業再生手続としての特定調停」新堂幸司＝山本和彦編『民事手続法と商事法務』（商事法務、2006年）54頁。

件としておらず、不服を申し立てることができない[注2]が、措置命令に従わない場合には10万円以下の過料が定められているだけであり（民調35条）、執行力はない（民調12条2項）。

(2) 民事執行手続の停止

ア 総論

特定調停手続は、申立てがあっただけでは民事執行手続に何ら影響を与えない。しかし、特定調停手続は、債務者の経済的再生のために話し合いが進められることを予定しており、債権者の民事執行手続において債務者の経済的基盤が損なわれてしまうと経済的再生は不可能となり、特定調停手続を行う意味がなくなってしまう。

そこで、特定調停手続法7条において「特定調停に係る事件の継続する裁判所は、事件を特定調停によって解決することが相当であると認める場合において、特定調停の成立を不能にし若しくは著しく困難にするおそれがあるとき、又は特定調停の円滑な進行を妨げるおそれがあるときは、申立により、特定調停が終了するまでの間、担保を立てさせて、又は立てさせないで、特定調停の目的となった権利に関する民事執行の手続の停止を命ずることができる」と定めている。

通常の民事調停手続においても民事執行の手続の停止は認められている（民調規5条1項）が、特定調停手続においては、担保の提供なく執行停止する余地を認め、執行停止の対象も「裁判及び調書その他裁判所において作成する書面の記載に基づく民事執行の手続」に限定していないなど、要件を緩和し、適用範囲を広げている。

民事執行手続には担保権の実行による競売等も含まれるので、この申立てにより担保権の実行も停止させることができる。

イ 民事執行停止手続の要件

まず、「特定調停によって解決することが相当であること」が必要である。

特定調停によって解決することが相当であるというのは、少なくとも債務者

（注2） 裁判所職員総合研修所監修『民事実務講義案Ⅲ〔3訂版〕』（司法協会、2005年）173頁。

に調停を成立させ、その内容を履行していく意思と能力があることが必要であると思われる。他方で、債権者においても調停によって解決するメリットがある（多くの場合は経済的合理性を指すと思われる）と考えられる場合であると思われる。

次に、当該民事執行手続が行われることによって、「特定調停の成立を不能にし若しくは困難にするおそれがあるとき、又は特定調停の円滑な進行を妨げるおそれがあるとき」である必要がある。

具体的には、民事執行手続が行われることによって失ってしまう対象物が、債務者の弁済原資を生み出すために必要不可欠な場合である。不動産賃貸事業を営んでいる債務者の賃貸不動産、トラックを持ち込んで運送業を営むドライバーのトラック、特許権を有する商品製造を行っている場合の特許権などがこれに当たると思われる。

　ウ　民事執行手続停止の手続

民事執行手続停止の申立ては、次の事項を明らかにし、かつ、その証拠書類を提出しなければならないと定められている（特定調停規3条1項）。

① 当該民事執行の手続の基礎となっている債権または担保権の内容
② ①の担保権によって担保される債権の内容
③ 当該民事執行の手続の進行状況
④ 特定債務等の調整に関する関係権利者の意向
⑤ 調停が成立する見込み

また、特定調停に係る事件の係属する裁判所は、前項の申立てがあった場合において、必要があると認めるときは、当該民事執行の申立てをしている関係権利者を審尋することができるとされている（特定調停規3条2項）。

　エ　民事執行停止命令の効力

民事執行停止の命令は、特定調停事件終了までの間、一時的に手続が停止するにすぎず、すでになされた民事執行手続を取り消すまでの効力はない。

したがって、調停を成立させる際に、すでに開始している民事執行手続の処理についても定める必要がある場合もあると思われる。

　オ　民事執行手続の続行

民事執行停止の命令がなされた場合であっても、裁判所は、債権者の申立て

により、執行手続の続行を命じることができる（特定調停7条2項）。

　民事執行停止の命令がなされた後に生じた事情により、民事執行手続を停止するのが妥当ではなくなった場合ということになると思われるが、特定調停の成立の見込みがなくなったような場合や、執行対象物が経済的再生に必要ではなくなった場合などに認められることになると思われる。

Ⅰ-13　私的整理手続における担保権の処遇

弁護士　山宮慎一郎

1　私的整理手続における担保権の処遇

(1)　総　論

　債務者が私的整理手続に入った場合においても、それまでに設定されていた担保権の効力に影響を及ぼすものではないのが原則である。しかしながら私的整理の下での事業再生計画案が策定される中で、担保権をどのように取り扱うかについては、私的自治に基づいて、債務者・債権者および専門家アドバイザーの協議の中で、一定のコンセンサスを得ながら、確定していくこととなる。大きく分けて、そもそも担保権として認めるかどうかという問題と、担保権として認めた場合に、それをどのように評価して、事業再生計画案の中に反映させていくかという問題が存在する。

(2)　保全債権・非保全債権の区別

　一般的に担保権に該当するものは、私的整理手続の下では、保全債権として表現され、一方で無担保の債権は、非保全債権として表現されている。そして、保全債権と非保全債権においては、自ずとその取扱いに差異を設けることが容認されており、それぞれについて計画案の中で、異なる取扱いが定められることとなる。具体的には、保全債権として評価されれば、その評価額については少なくとも100パーセント資産保全が図られ、その回収時期はともかくとして全額弁済対象とされるのに対して、非保全債権においては、債権放棄のような金融支援要請の対象となり、その債権額に応じた債権カットが計画案上盛り込まれることが一般的である。以下では、その取扱いの相違の基準に着目し、私的整理手続上、保全債権として扱われるか否かという観点から、担保権の取扱を考察することとする。

(3) 登記（対抗要件具備）留保担保権の取扱い

　金融債権者においては、債務者の信用保全の観点から、担保権設定契約を締結しながらも、不動産登記等の対抗要件の具備を留保されることが多く、私的整理手続に入った場合に、この登記（対抗要件具備）留保担保権の取扱いが問題となる。私的整理においては、手続に参加する債権者が金融債権者のみとなるが一般的であること、金融機関としては登記（対抗要件具備）留保としているのは信用状態の維持という債務者側の事情にすぎず、対債務者との関係においては担保権によって保全されているという認識を有していることから、保全債権として扱われるのが一般的である[注1]。

(4) 既存債務と新規債務に対する担保権の相違

　担保権の被担保債務が、私的整理手続前から発生していた既存債務であるか、私的整理手続の中で行われた新たな借入れ（DIPファイナンス）に基づくものかにより、担保権の取扱いも異なってくる。既存債務の担保権については保全債権として、再生計画案の中で評価額の100パーセントが保全されるものの、その弁済方法については分割弁済が一般的であるのに対して、新規債務の担保権は、新規債務自体が、債務者事業の存続のために不可欠なものとして共益的な機能を有することから、すべての債権に対して優先的に取り扱われることが容認されるべきであり、弁済金額のみならず、弁済方法についても、他の既存債務に比して優先されるのが一般的である。

　また、既存債務について登記（対抗要件具備）留保がされるものについては、抜け駆け的な担保設定を阻止する趣旨で、手続後の新たな対抗要件具備が差し控えられるのに対して、新規融資を行うためには、その保全を確実なものとするため、融資者側による新たな担保権取得を許容する必要があり、手続に参加する債権者の同意の下、担保権を設定し、対抗要件を具備することも認められるのが一般的である。

（注1）私的整理ガイドラインの実務248〜249頁。

(5) 担保権評価

担保権が保全債権として認められるとして、その範囲（金額）については、別途担保権の評価をどのように行うのかという点が問題となる。各私的整理手続では、実態貸借対照表を作成し、その結果に基づいて、債権放棄型の金融支援を求める必要があるか、リスケジュールのみで対応が可能であるかが判断されることになるが、このとき担保物件の評価方法によって評価額に大きな隔たりが生ずるため、債務者と金融債権者の間では、その評価額が最も先鋭的な対立点となることが往々にしてみられる。担保権の評価方法については、各私的整理手続ごとに、実態貸借対照表を策定するための資産評価基準が存在しており、担保権の評価もその基準に応じた処理が求められるのが通例である。

ア 不動産

不動産については、一般的には、事業継続を前提とした正常価格を前提に担保権評価がなされるが、販売用不動産や遊休不動産など早期の売却が予定されているような不動産については、早期売却額、あるいは正常市場価格からその価格での売却に要するコスト（営業費用）控除した額が担保権評価額とされるのが通常である。

イ 売上債権

近時集合債権譲渡担保の設定が一般的にみられるが、その場合、担保対象となる売掛債権の評価額については、法的整理の場合のみならず私的整理の段階でも議論となり得る。

(6) 一時停止の通知の効力と担保権の関係

また私的整理手続では、手続開始段階で一定期間、債権の回収、担保権の設定、法的倒産手続の申立てその他債権者としての権利行使を停止する要請（機構法27条1項、強化省令20条、私的整理ガイドライン6・Q25参照。以下、まとめて「一時停止の通知」という）がなされることとなる。一時停止の通知は、あくまで債権者への要請行為であり、裁判所による保全命令や中止命令とは異なり債権者を拘束する効力までは有さないが、債権者により遵守されないと手続自体が成立しなくなるため、手続が進行している期間中は、債権者により自律的に遵守されているのが一般的である。また一時停止の通知は、後述 **2**(1)のとお

り、対象（金融）債権者に対してのみ行われ、他の商取引債権者に対しては行われないため、倒産法上の「支払停止」には該当しないと考えられており、また銀行取引約定書等の期限の利益喪失事由として扱わないものとされている。したがって、一時停止の通知があったからといって担保権の実行が認められるわけではない。一方で、一時停止期間中に資金調達のため追加融資を受けることまでは否定されておらず、対象債権者の同意のもと、追加融資を受けることは制度的にも容認されており（私的整理ガイドラインQ30、強化58条、強化省令33条、機構法35条参照）、そのための追加担保の提供を受けることも否定されていない。また、私的整理手続は、金融機関等の債権者のみが参加するため、商取引債権者については、一時停止の通知の拘束を受けない。そのため、手続期間中に商取引債権者のために新たな担保権の設定を行うことも可能である。

(7) 計画案における保全債権の取扱い

担保権付債権は、保全債権として評価額相当にて全額保護されるとしても、その範囲で計画案の経済合理性が検証されるのであり、その弁済方法については、各手続・事業計画の内容によりさまざまな取扱いが容認されている。事業用不動産として継続使用が予定されている場合には、早期売却による一括弁済ができないため、自主再建型計画案では、将来収益から長期にわたり分割弁済する内容となる一方、第2会社方式あるいはスポンサー型計画案では、新会社或いはスポンサーから支払われる事業譲渡対価を、各担保対象資産に割り付け、その評価額に基づいて早期一括弁済がされることとなる。もっとも長期分割弁済になる場合には、その間残元金に対する金利の支払は継続されるのが一般的である。

(8) 手続別にみた担保権の処遇[注2]

ア　私的整理ガイドラインの場合

私的整理ガイドラインでは、平成17年度税制改正において、債権放棄型の私的整理に資産評価損益の計上や期限切れ欠損金の優先利用を認める税制措置が講じられたことを受け、事業再建計画の策定の基礎となる実態貸借対照表を作成するための資産評価基準（私的整理ガイドラインQ&AQ10-2）が策定され

ており、これに基づき、保全対象となる担保対象資産の評価額が決定されることとなるのが一般的である。固定資産については、継続使用予定の物件は時価（法定鑑定評価額またはそれに準じた評価額）に調整され、売却予定物件は早期売却を前提とした価格等に調整が図られることとなる。更生手続の更生計画内で定められる処分連動方式も採用されることもあるが、これは事例に応じて、時価確定の困難性の程度、時価変動要因の内容、処分連動方式の採否による影響その他一切の事情を考慮して検討されることとなる(注3)。売上債権は、原則相手先別に信用力の程度を評価し、回収可能性に応じた減額が認められているほか、棚卸資産も、不良在庫や評価損のある在庫等は適切な評価額への調整が予定されている（私的整理ガイドラインQ&AQ10－2参照）。また、対抗要件具備留保の担保でも、当事者間で担保設定の合意がなされ、対抗要件具備のための書類の授受がなされていれば、保全債権扱いとする運用がなされている(注4)。保証付債権の場合、金融機関としては、保証人に対して保証債務の履行を求める一方、保証人は主債務者に対して求償権を取得することとなるが、金融機関以外の債権について全額保護の取扱いをする私的整理ガイドラインの原則に従うと、保証付債権も全額保護する取扱いがなされることとなる。もっとも保証人に履行能力がない事案では、保証付債権を全額保全扱いする必要がないほか、経営者責任の観点から保証人の求償権を保護する必要がないという事案では、保証付債権は全額保全としながら、保証人の求償権を放棄させるという再建計画案とするなど、事案ごとの特殊性を考慮した個別判断がなされることとな

(注2) 私的整理手続の各制度の概要を理解する上では、①私的整理ガイドラインについては「私的整理ガイドラインの実務」、②事業再生ADRについては「事業再生ADRの実践」、「裁判外事業再生の実務」、③中小企業再生支援協議会スキームについては、中小企業庁HP記載「経営改善計画策定支援事業に関する手引き（認定支援機関等向け）」及び「経営改善計画策定支援事業に関する認定支援機関等向けマニュアル・FAQ」、④地域経済活性化支援機構スキームについては、地域経済活性化支援機構HP掲載「地域経済活性化支援機構の実務運用標準」が参考となるほか、⑤各私的整理手続を比較・俯瞰するものとして「私的整理計画策定の実務」第2章「私的整理手続の概要」、「私的整理の実務Q&A　100問」第1部第2章「私的整理の手法」などがある。
(注3) 私的整理ガイドラインの実務247〜248頁。
(注4) 私的整理ガイドラインの実務248頁。

る(注5)。

イ　事業再生ADRの場合

　事業再生ADRは、平成18年4月に私的整理ガイドラインを法令上の根拠に基づいて制度化した手続であるため、担保権の取扱い（保全・非保全の分類、資産評定基準に基づく担保権評価、対抗要件具備留保担保権の取扱い）についても、私的整理ガイドラインにおける運用が踏襲されている。ただし、事業再生ADRでは債権放棄型の事業再生計画案に含める事項の1つである実態貸借対照表を策定するための基準として、「経済産業省関係産業競争力強化法施行規則第29条第1項第1号の資産評定に関する基準」（平成25年経産省告示第9号）が定められており、そこでは特に有形固定資産（不動産）について、「販売用不動産等」「事業用不動産」および「投資不動産」に分類されるなど、私的整理ガイドラインに比べて、より緻密な資産評定基準となっている。特にデベロッパーの事業再生ADR手続においては、販売用不動産の評価に当たり、債務者の営業利益を確保する趣旨で、販売価格の一定割合をもって評価額と定めたり、正常価格と早期売却価格の中間あるいは早期売却価格の数割増しの金額を評価額と定めたりするなど、事業再生計画案策定過程での債務者と担保権者との交渉の中で、一定の基準に基づく評価額が定まるのが一般的であり、手続実施者はその評価方法について公正・妥当性および経済的合理性を検証することとなる。また事業再生ADRでは、手続期間中の資金繰りのために合理的に必要なものであるとADR事業者が確認する資金を、優先弁済の取扱について対象債権者全員が同意のもと借り入れる（プレDIPファイナンス）ことが認められている（強化58条、強化省令33条）。このプレDIPファイナンスの債権は、対象債権者全員がその優先的取扱いを同意していれば、民事再生や会社更生に移行した場合でも計画案上有利に取り扱われることが容認されている（強化59条・60条参照）が、融資者は弁済をより確実なものとするため、債務者から別途担保提供を受けるのが一般的であり、これについても対象債権者の同意を得ることとしている。そして、事業再生計画案では、保全債権の中でもプレDIPファイナンスに対するものは、申立前の既存債権に対するものに比べて、早期

（注5）私的整理ガイドラインの実務258〜259頁。

優先弁済の定めがなされるのが通常である。

　　ウ　中小企業再生支援協議会スキームの場合
　中小企業再生支援協議会スキームの担保権の取扱いにおいても、保全債権としての全額保護、対抗要件具備留保担保権の容認、評価基準の点で、他の私的整理手続（特に私的整理ガイドライン）と大きく異なることはない。「中小企業再生支援協議会の支援による再生計画の策定手順（再生計画検討委員会が再生計画案の調査報告を行う場合）」においても、再生計画案の内容として、所定の評価基準（別紙「実態貸借対照表作成に当たっての評価基準」）に基づいた実態貸借対照表が盛り込まれ、これをアドバイザーである検討委員会委員が調査して、その結果を対象債権者に報告することも同様である（同策定手順6⑴・7⑶参照）。

　　エ　地域経済活性化支援機構スキームの場合
　地域経済活性化支援機構スキームにおいては、その実務運用の細則として「地域経済活性化支援機構の実務運用標準」が定められており（最終改訂平成25年5月28日）、その中で別紙1「再生計画における資産評定基準」に従った資産・負債の評定に基づいて実態貸借対照表を作成すること、ならびに債務免除または債務の株式化が必要なときは、実態貸借対照表における資産および負債の価額、事業再生計画における見込み等に基づき債務免除等の金額を定めて債権者への金融支援依頼事項を事業再生計画に盛り込むことが求められている（同実務運用基準5⑤）。上記資産評定基準は、他の私的整理手続のもの（特に事業再生ADR）とほぼ共通するものであり、担保付債権が、上記基準に従った担保物評価に基づく範囲で、事業再生計画上あるいは機構の買取決定上、保全債権として全額弁済の対象とされることは、他の手続と同様である。
　また債務免除等を要する事業再生計画においては、非保全プロラタを原則として、金融支援条件が定められることとなる。

2　私的整理手続中に法的整理に移行した場合の担保権の取扱い

　私的整理手続途中で成立の見込みがなくなり、債務者において法的整理手続に移行した場合には、あらためて各倒産法の規律に従った処理が進められるのが原則であり、担保権の取扱いも自ずと差異が生ずることとなる。その一方

で、私的整理手続における行為が法的整理移行時にすべて覆されることとなれば、法的安定性が失われ、私的整理手続自体に対する関係当事者の信頼を喪失することとなる。そのためこの両手続の連続性を図るための制度設計が必要となる。

(1) 既存債務のための担保供与行為の否認の可否

一時停止の通知が出される私的整理手続（事業再生ADR等）の下においては、手続期間中の既存の金融債権のために担保権の設定がなされることは差し控えられるため、対象（金融）債権者が抜け駆け的に担保供与を受けるのでない限り、新たな担保権設定は考えにくい。一方、既存の商取引債権については、一時停止の通知の対象外であるため、もともと担保権の設定が否定されていない。そこで、その後法的整理手続に移行した場合に、これらの担保権設定行為が否認の対象とならないかが問題となる。

法的倒産手続では、既存債務についてされた担保の供与は、それが支払不能後になされた場合には、債務者の支払不能または支払停止について債権者が悪意であると、否認の対象となる（破162条1項イ、民再127条の3第1項イ、会更86条の3第1項イ）。ここで、「支払不能」とは、債務者が支払能力を欠くために、その債務のうち弁済期にあるものにつき、一般的かつ継続的に弁済することができない状態をいい（破2条11項）、支払停止は支払不能を推定させる（破15条2項）ことから、支払停止とは、債務を一般的かつ継続的に弁済することができない旨を外部に表示する行為をいう。一時停止の通知は、対象（金融）債権に対してのみ行われるものであり、商取引債権については引き続き弁済等が行われることからすると、一般的かつ継続的な弁済不能の表明、すなわち支払停止には該当しないと考えられる（私的整理ガイドラインQ26参照）。実質的にも、私的整理での事業再建の前提として、専門家が策定した合理的な再建方針や再建計画案が対象債権者に示されるようなときには、債権者に受け入れられる蓋然性があると認められ、支払猶予の要請が一般的かつ継続的な弁済不能の表明とならないと考えられる（東京地決平23・8・15判タ1382号349頁・357頁、東京地決平23・11・22金法1940号148頁参照）[注6]。そして一時停止の通知および債権者会議の決議による追認を経て、弁済期限の猶予が認められれば、弁済不

能にもならなくなる。したがって、一時停止通知が発せられた後といえども、既存商取引債権のための担保供与行為は、支払不能前の行為として、否認の対象から外れるものと考えるのが相当である。

　しかし、一時停止の通知が出される私的整理手続であっても、対象（金融）債権者からの同意を得ることが困難となったり、手続期間中に財務状況・信用力・収益状況等が著しく悪化したりして、手続成立の見通しが立たなくなり、法的手続に移行せざるを得ない状況に陥ることがあり得る。そのような場合には、債務者が債務一般を継続して弁済することができない支払不能状態となったと判断され、債権者がかかる債務者の状況および手続動向について認識があれば、債務者から担保供与を受ける行為が否認される可能性がある（大阪地判平22・3・15判時2090号60頁参照）。

(2) 新規債務に対する担保権の処遇

　債務者が私的整理手続中にプレDIPファイナンス等を受けるに当たっては、融資者に対して新たな担保供与が行われるのが一般的である（前述 **1**(8)イ）（私的整理ガイドラインQ&A-Q31参照）が、これは新規融資に対する同時交換的取引によるものとして、法的整理手続移行後も否認権の対象となることはない（破162条1項柱書括弧書、民再127条の3第1項柱書括弧書、会更86条の3第1項柱書括弧書参照）。

(3) 登記（対抗要件具備）留保担保権・担保仮登記の取扱い

　私的整理手続の下では、保全債権としての取扱いが容認されている登記（対抗要件具備）留保担保権であるが、法的整理手続に移行した以上は、第三者性を有する再生債務者や管財人に対して、その権利を対抗できず、別除権・更生担保権としての取扱いは認められない(注7)。不登法105条2号に定める仮登記

(注6) 事業再生ADRの実践21頁、伊藤眞「第3極としての事業再生ADR―事業価値の再構築と利害関係人の権利保全の調和を求めて」（2009年）では、事業再生ADRにおいて一時停止通知が、事業再生実務家協会との連名で発出される点を捉えて、事業再生の見込みがあり、それが債権者全員の利益保全に資するものであるとの協会の判断を表明した性質を有するとして、支払停止の該当性を否定する一理由としている。

（2号仮登記）のみを具備していた場合には、本登記請求の可否をめぐって議論があったが、同条1号仮登記との差異を設ける合理的根拠が乏しいとの理由から積極説[注8]が近時有力となっており、実務上も原則更生担保権としての取扱いが容認されている[注9]。

3 私的整理成立後に法的整理に移行した場合の担保権に関する協定の取扱い

　私的整理手続が成立すると、計画案に基づいて変更された弁済条件等を具体的に確認するため、債務者と各対象債権者の間にて別途包括協定書が締結され、債務者と各対象債権者間では個別変更合意書や担保権協定が締結されることが多い。担保権に関しては、担保権評価額、財務制限条項や担保制限条項（ネガティブ・プレッジ条項）を含むコベナンツ規定、および計画案に基づく弁済が継続中の担保権不実行等、民事再生の別除権協定と同様の定めがなされることとなる。また担保権協定の中には、債務不履行、支払停止、法的整理手続申立て等の事由が発生した場合の期限の利益喪失および解除に関する規定が設けられているものがあり、債務者が法的整理手続に移行したときは、当該協定は効力を失い、各担保権者による個別の担保権実行が認められることとなる（その場合でも法的整理手続による制約はある）。このような規定が存在しなくとも、法的整理手続が申し立てられれば、商取引債権者も手続に加わることとなり、債務者の事業価値も毀損が予想されるため、担保権協定を締結したときの前提が失われたものとして、当事者はその内容に拘束されなくなると考えられる[注10]。むしろ担保権は、各法的整理手続の規律に従って取り扱われ、その手続を通じて、担保権者と再生債務者／管財人間にて新たな協議・合意がなされることとなる。なお、かかるなかでも法的整理に移行するまでに私的整理手続の担保権協定に基づいて行われた弁済等については、対象債権者の総意に基づ

（注7）　私的整理ガイドラインの実務367頁。
（注8）　同旨のものとして、最判昭42・8・25判時503号33頁、伊藤・破産法民事再生法2版262頁。
（注9）　裁判外事業再生の実務231～232頁。

いて策定された計画案の内容に沿うものである限り、否認されることなく有効なものとして取り扱われることは多いと考えられる。

(注10) 法的手続における法の定め等により一定の変容を受けるとともに、私的整理時と弁済額や事業価値の毀損状況が大きく異なるなどの事情変更がある場合には、私的整理手続中の担保権協定の解除が認められるとするものとして、私的整理の実務Q&A100問291〜292頁〔三村藤明〕。
(注11) 私的整理ガイドラインQA Q27では、「成立した再建計画の定めにより、債務者が資産処分や債務の弁済を行った場合には、……私的整理が途中で挫折し法的整理が始まっても、その管財人等によって否認されることはありません。」と解説されているが、これは当該計画案が公正・妥当かつ経済的合理性のあるものとして、対象債権者全員から是認されていることが前提となっていると考えられる。一方で、頭数で半数に満たない債権者から選任された債権者委員会の同意に基づく弁済について、他の債権者より有利な取扱いであったことも考慮に入れて、後日否認された事例もあり（最判昭47・5・1金法651号24頁）、担保権協定の内容・策定過程をもとにした個別判断が求められる。

Ⅰ－14 各倒産手続における相殺権の処遇

弁護士　柴田　義人

1　はじめに

　相殺とは、債務者がその債権者に対して自分もまた同種の債権を有する場合に、その債権と債務を対当額において消滅させる意思表示である（民505条1項本文）[注1]。

　民法が定める債権の消滅原因のうち相殺の最大の特徴は「簡便な決済手段」[注2]である点に求めることができよう。すなわち、債権者は、要件さえ充たせば、相殺の意思表示のみにより、相手方の自発的な行為も司法的な救済も要さずに自らの債権を回収することができる。このように、担保権実行の手続さえ要しないという意味において、相殺は、ある意味で、もっとも強力な担保として機能する。相殺は民法典上「債権総論」に位置付けられ、担保権法とは別の扱いがなされているにもかかわらず、しばしばその「担保的機能」が強調され、民法505条以下の解釈においても理由付けの中心となってきたのは、相殺が強力な担保として実質的に機能するからにほかならない[注3]。かかる担保的機能の議論は、相殺が実質的な担保として機能することを前提として当事者が法的な利害関係を形成していることに鑑み、かかる当事者の期待を保護することを基礎としている。

　ところで、倒産は、「担保的機能」を有する「簡便な決済手段」として相殺の特徴が最もよく表れる場面である。なぜなら、債権者からみた場合、倒産は、総債権者に対して弁済が拒否されている状態であり、かかる状態で最も効

（注1）我妻Ⅳ315頁。
（注2）内田Ⅲ3版247頁。
（注3）潮見佳男『債権総論Ⅱ〔第2版〕』（信山社出版、2001年）298頁以下等参照。

率のよい回収方法は、債務者の協力を要さず、かつ公的な手続を経ずに自らの意思表示のみで決済が可能な相殺だからである。そこで、倒産実体法も、相殺の担保的機能を基本的には尊重し、倒産債権を自働債権とし、債権者が倒産手続開始の当時債務者に対して負担する債務を受働債権とする相殺を原則的に許容する(注4)。

　もっとも、相殺が強力な担保として実質的に機能するということは、他の債権者に先んじて債権の満足を図ることが可能であることを意味するため、担保的機能に対する期待の保護が行きすぎれば、倒産法上の重要な理念である債権者平等を損なうことになりかねない。逆に、担保的機能の実効性を確保し、かつ相殺を認めても債権者間の公平を損なわないと法が許容する一定の場合には実体法上の要件を緩和することもあり得る。そこで、倒産実体法は、各倒産手続の性格に合わせて相殺を制限する一方（破71条1項等）、一定の場合には実体法上の相殺適状が生じていない場合にも相殺を認める（破67条2項前段等）。

　また、相殺の担保的機能がとくに意味を有するのは、自働債権の回収が困難になっている一方で受働債権についてはいずれ弁済を強制されてしまう場合であるから、倒産手続中に相殺するのは管財人や債務者ではなく債権者であるのが通常である。管財人や債務者は、原則として、受働債権が倒産債権であれば倒産手続により処理し、自働債権について回収すればよいこととなる。しかし、場合によっては管財人や債務者が相殺することが適切な場面もないわけではない。そこで、倒産実体法は、裁判所の許可を要するとして管財人や債務者により相殺権を適切に行使させようとしている（破102条等）。

　本稿では、まず、倒産各法における相殺権の取扱いについて異同を概観した上で（**2**）、倒産手続中の相殺権行使が禁止される場面およびその例外について条文と裁判例を検討した後（**3**）、最後に管財人や債務者が相殺すべき例外的な場合について検討する（**4**）。

　なお、私的整理手続における相殺については、Ⅰ－16を参照されたい。

（注4）伊藤・破産法民事再生法2版359頁等。

2　倒産各法における相殺権の取扱いの異同

　相殺権の取扱いについて、破産法、会社法（特別清算手続）、民事再生法、および会社更生法に共通するのは、まず、倒産債権を自働債権とし、倒産債権者に対する債務者[注5]の債権を受働債権とする相殺を基本的には認めていることである。一方、倒産手続の特性による差異もある。各倒産手続における相殺権の全体像は、【表1】のとおりである。

　各手続における規定の具体的な立法趣旨や意義については、Ⅰ－15およびⅠ－16を参照されたい。概していえば、再生手続や更生手続においては、債務者の経済的再建という目的のため、債権者による相殺権の自由な行使には一定の制約が課されている。これに対して、代表的な清算手続である破産手続においては再建を考慮する必要性がない（低い）一方、早期清算を実現する要請が強いため、相殺の要件は緩和されているといえる。

【表1】各倒産手続における相殺権の取扱い（債権者から見た場合）

	破産手続	特別清算手続	再生手続	更生手続
相殺権行使の可否	原則として倒産手続によらずに相殺が可能			
	（破67条1項）	（民505条1項本文）	（民再92条1項）	（会更48条1項）
相殺の時期的制限	なし （ただし管財人の催告権（破73条））		債権届出期間内のみ相殺が可能 （民再92条1項）	（会更48条1項）
受働債権が賃料債権である場合の相殺の制限	制限なし		賃料6か月分まで相殺が可能 （民再92条2項）	（民再48条2項）

（注5）以下、本項では破産者、再生債務者、特別清算清算手続中の株式会社、および更生会社を「債務者」と総称する。

自働債権が停止条件付債権、将来の請求権または敷金返還請求権	後の相殺（充当）のため、受働債権を弁済する場合は寄託請求が可能 （破70条）		一定の場合には敷金の共益債権化により保護 （民再92条3項）（会更48条3項）
自働債権が期限付債権	相殺できる （破67条2項）		相殺できない （民505条1項本文）
自働債権が非金銭債権			
自働債権の額が不確定			
自働債権が外国通貨建債権			
自働債権が、金額または存続期間が不確定である定期金債権			
自働債権が解除条件付	相殺できる（条件成就したら清算義務） *(担保提供または寄託が必要。破67条2項・69条)*		
相殺禁止	債権者間の公平を欠くこととなる一定の場合は相殺を禁止		
	（破71条・72条）	（会社517条・518条）　（民再93条・93条の2）	（会更49条・49条の2）

* 網掛け部分は相殺の担保的機能が強化されていることを、斜体部分は相殺権の行使が制限されていることを示す。
* 各項目の具体的な内容については、Ⅰ-15・Ⅰ-16を参照。

③ 倒産手続中の相殺が禁止される場合およびその例外

前項【表1】のとおり、相殺の要件緩和や相殺可能な範囲の規定については倒産各法それぞれの特性から手続ごとに違いがみられる。しかし、債権者間の衡平な取扱いが重要であることは手続によらず同様であることから、債権者間

の衡平を害する場合の相殺禁止については、手続の違いによらずほぼ同じ規律がなされている。

相殺禁止の規定は、債務（受働債権）負担の態様による規律（破71条1項、会社517条1項、民再93条1項、会更49条1項）と、自働債権取得の態様による規律（破72条1項、会社518条1項、民再93条の2第1項、会更49条の2第1項）とに分けることができる。

(1) 債務（受働債権）負担の態様による規律

債権者からみた債務（受働債権）負担の態様による規律については、次の場合に相殺が禁止される点において倒産手続による違いはみられない（破71条1項、会社517条1項、民再93条1項、会更49条1項）。

① 倒産手続開始後に債務を負担した場合
② 債務者が支払不能になった後に債務を負担した場合であって、支払不能であったことを知っていたとき
③ 債務者が支払停止になった後に債務を負担した場合であって、支払停止を知っていたとき（支払不能でなかった場合を除く）
④ 倒産手続開始の申立てがあった後に債務を負担した場合で、負担時に申立てがあったことを知っていたとき

ただし、債務負担が次の原因に基づく場合には、詐害性が否定され、また債権者平等原則にも抵触しないとされ[注6]、相殺禁止の例外となる（破71条2項、会社517条2項、民再93条2項、会更49条2項）。

① 法定の原因（相続・事務管理・合併等）
② 支払不能であったことまたは支払の停止もしくは倒産手続開始の申立てがあったことを破産債権者が知った時より前に生じた原因
③ 倒産手続開始の申立てがあった時より1年以上前に生じた原因

(2) 債権取得の態様による規律

債権者からみた自働債権取得の態様による規律については、次の場合に相殺

（注6）伊藤・破産法民事再生法2版374頁。

が禁止される点において倒産手続による違いはみられない(破72条1項、会社518条1項、民再93条の2第1項、会更49条の2第1項)。

①　倒産手続開始後に他人の倒産債権を取得したとき
②　支払不能になった後に倒産債権を取得した場合であって、取得時に支払不能であったことを知っていたとき
③　支払の停止があった後に倒産債権を取得した場合であって、取得時に支払の停止があったことを知っていたとき(支払不能でなかった場合を除く)
④　倒産手続開始の申立てがあった後に債権を取得した場合であって、取得時に倒産手続開始の申立てがあったことを知っていたとき

ただし、倒産債権取得が次の原因に基づく場合には例外として相殺禁止の例外となる(破72条2項、会社518条2項、民再93条の2第2項、会更49条の2第2項)。倒産債権の取得に関して作為が介在し得ないこと、あるいは倒産債権の取得が合理的期待に基づいていることなどが理由とされる[注7]。

①　法定の原因(相続・事務管理・合併等)
②　支払不能であったことまたは支払の停止もしくは倒産手続開始の申立てがあったことを債務者に対して債務を負担する者が知った時より前に生じた原因
③　倒産手続開始の申立てがあった時より1年以上前に生じた原因
④　債務者に対して債務を負担する者と債務者との間の契約

④の例としては、倒産した下請会社の孫請会社に対する債務を、元請会社が下請会社との立替払約款に基づいて孫請会社に立替払した結果、元請会社が下請会社に対して求償権を取得した場合が挙げられる[注8]。

(3)　相殺禁止とその例外に関する裁判例

相殺禁止に該当するか否かによって倒産債権者が回収し得る債権額は大きく異なるのが通常であるため、相殺禁止の要件に該当するかは当事者間で争われることも多く、相当数の裁判例が蓄積されている。ここではその主要なものを

(注7)　伊藤・破産法民事再生法2版379頁。
(注8)　新裁判実務大系⑱258頁〔加々美博久〕。

紹介する。

　　ア　受働債権の停止条件が会社整理手続開始後に成就した場合（平成17年改正前破産法を商法準用の事件）

　債権者が会社整理手続開始前に停止条件付債務を負担し、会社整理手続開始後に条件が成就した場合、条件成就時（会社整理手続開始後）に債務を負担したものであり相殺は禁止される（最判昭47・7・13民集26巻6号1151頁）。

　　イ　受働債権の停止条件が破産手続開始後に成就した場合

　特段の事情がない限り、破産債権者は、破産債権を自働債権とし、破産宣告時は期限付または条件付きであったが破産宣告後に期限が到来しまたは停止条件が成就した債務に対応する債権を受働債権とする相殺をすることができる（最判平17・1・17民集59巻1号1頁）。

　　ウ　支払停止および破産の申立てを知る前に債務者から手形の取立てを委任された場合

　債権者が、支払停止および破産の申立てを知る前に債務者から手形の取立てを委任されて裏書交付を受け、支払停止や破産の申立てを知った後に手形を取り立てて債務者に対して取立金引渡債務を負担するに至った場合、支払停止等を知る前に生じた原因に基づいて債権を取得したとして相殺禁止の例外に該当するかが問題となるが、最高裁は肯定した（旧法事件。最判昭63・10・18民集42巻8号575頁）。

　　エ　破産手続開始前に信託契約が成立して前払金が破産者の顧客から破産者の預金口座に振り込まれ、開始決定後に預金払戻請求権の破産財団への帰属が確定した場合

　公共工事の前払金が破産手続開始前に請負人である破産者の預金口座に振り込まれた場合であっても、地方公共団体に返還されるべき前払金が存在しないことが破産手続開始後の出来高確認により確認されたときは、金融機関が破産財団に対して債務を負担したのは破産手続開始決定後であり、金融機関は相殺をすることができない（名古屋高金沢支判平21・7・22判時2058号65頁）。

　　オ　破産手続開始前に信託契約が成立して前払金が破産者の預金口座に振り込まれ、開始決定前に破産者への帰属が確定した場合

　公共工事の前払金が破産手続開始前に請負人である破産者の預金口座に振り

込まれ、破産手続開始前の出来高確認により前払金に剰余金が生じることが確定した場合、剰余部分について金融機関が破産者に対して債務を負担したのは破産手続開始決定前であり、相殺は禁止されない（福岡高判平21・4・10判時2075号43頁）。

カ　破産管財人が投資信託を解約したことにより預金口座に解約金が入金された場合

破産管財人が解約実行請求した投資信託受益権の一部解約金が破産者の預金口座に入金されたことにより、一部解約金返還請求権は消滅し、信用金庫は解約金相当額の預金返還債務を負担するので、信用金庫は破産手続開始後に破産財団に対して債務を負担したこととなり、これを受働債権とする相殺は禁止される（大阪地判平23・10・7判時2148号85頁）。

（破産開始決定前に販売された）投資信託の販売会社による解約金返還債務は停止条件付の債務として存在しているから、破産者に投資信託を販売した銀行が、自己の有する破産債権を自働債権とし、破産管財人による解約実行請求に基づき銀行口座に入金された解約金の支払債務に対応する債権を受働債権として相殺することは破産法67条2項により可能である（大阪高判平22・4・9金法1934号25頁。上告不受理により確定）。

キ　支払停止前の手形割引契約に基づき、割引依頼人の支払停止後に手形の買戻請求権を取得した場合

支払停止前の手形割引契約に基づいて割引依頼人の支払停止後に手形の買戻請求権を取得した場合、手形買戻請求権の取得は、支払停止を知った時より前に生じた原因に基づくので相殺禁止の例外に該当する（最判昭40・11・2民集19巻8号1927頁）。

ク　破産者の委託を受けていない保証人が破産手続開始前に締結した保証契約に基づき破産手続開始後に弁済をして求償権を取得した場合

無委託保証人が破産手続開始前に締結した保証契約に基づき破産手続開始後に弁済をして破産者に対して求償権を取得した場合、当該求償権を受働債権とし、破産者が保証人に対して有する債権を受働債権とする相殺は、債務者破産法72条1項1号の類推適用により許されない（最判平24・5・28民集66巻7号3123頁）。

ケ　再生債務者が再生手続開始前に一方的に振込入金を行った場合

　再生債務者が再生手続開始前に自らの銀行口座に一方的に振込入金を行った場合、銀行による債務負担は「専ら再生債権をもってする相殺に供する目的」（民再93条1項2号）であるとは認められず、相殺は禁止されない（東京地判平21・11・10判タ1320号275頁）。

コ　支払不能であることを知って約束手形の譲渡担保を要求した場合

　再生債権者である銀行が、再生手続開始前に、支払不能であることを知りながら受取手形を譲渡担保に供するよう債務者に要求し、また貸付金残高から同手形の券面額を控除した額の預金を要求し、再生債務者がこれらに応じた場合、「専ら再生債権をもってする相殺に供する目的」（民再93条1項2号）による債務負担と認められる（大阪地判平22・3・15判時2090号69頁）。

サ　債権者である銀行がその株主である再生債務者に対して、再生手続開始直後の定時株主総会で決議された具体的剰余金配当請求権に係る債務を負担している場合

　債権者である銀行がその株主である再生債務者に対して、再生手続開始直後の定時株主総会で決議された具体的剰余金配当請求権に係る債務を負担している場合、かかる債務は再生手続開始後に負担されたものであり、これを受働債権とする相殺は民再法93条1項1号により禁止される（大阪地判平23・1・28金法1923号108頁）。

シ　債権者である銀行が、債務者の支払停止前に締結した管理委託契約に基づいて、支払停止後に受益権の解約実行請求をして入金を受けた場合

　債権者である銀行が、債務者との間で支払停止前に締結した管理委託契約に基づいて、支払停止後に受益権の解約実行請求をして入金を受けた場合、解約金返還債務は再生手続開始後に負担されたものであるが、支払停止を知った時より前に生じた原因に基づいているので、かかる債務を受働債権とする相殺禁止の例外として民再法93条2項2号により認められる（名古屋高判平成24・1・31判タ1389号358頁）。

ス　元請業者が請負契約約款に基づいて孫請業者に立替払をした場合

　元請業者が請負契約約款に基づいて、再生手続を申し立てた下請業者の請負代金債務を孫請業者に対して立替払をして下請業者に対する求償権を取得した

場合、平成16年改正前民再法93条4号本文は適用されない（引用者注：求償権の取得は支払の停止等があったことを知って再生債権を取得した場合に該当しないので相殺は禁止されない。東京高判平17・10・5判タ1226号342頁）。

　セ　銀行夜間金庫に現金等が投入された場合

　銀行の夜間金庫に現金が投入された場合、夜間金庫規定によれば当座預金契約が成立するのは投入時点ではなく銀行が窓口営業時間開始後に指定口座への受入手続を行った時点であるから、銀行は投入後受入手続までに破産した会社に対する貸金債権と前記受入れによる預金払戻債務とを相殺することはできない（大阪高判平20・5・29金法1845号58頁）。

I−15 破産・特別清算手続における相殺権の処遇

弁護士 大場 寿人

1 相殺の担保的機能と破産手続における相殺

　相殺は、相対立する同種の債権（自働債権・受働債権）の簡易な決済手段として機能するとともに、相手方（受働債権者）が無資力の場合でも対当額の限りで自働債権を回収するのと同様の経済的効果を得ることができるという意味で、担保的機能を有している。また、相殺できる地位（相殺権）は、簡易に設定できる上、相手方に対する意思表示のみで実行することができるため、廉価迅速な担保手段として、金融実務を中心に、重要な役割を果たしている。

　破産は債務者の無資力状態の典型的な場面の1つであるから、相殺権の有する担保的機能が特に発揮されるべき場面である。それゆえ、破産法は、破産債権者が破産手続開始の時点で破産者に対して債務（自由財産に属するものは除く）を負担している場合、別除権と並んで、破産債権の個別的行使を禁じた100条1項の例外として、破産手続によらない相殺権の行使を許容している（破67条1項）。

　さらに、破産法は、破産の清算的性格にかんがみて、破産債権者が有する相殺の担保的機能への期待をより一層保護するべく、相殺の行使要件を緩和して相殺の担保的機能を拡張するとともに（破67条2項・69条・70条）、偏頗的な債権回収を防止し破産債権者間の平等を確保する趣旨で、一定の範囲で相殺権の行使を制限している（破71条・72条等）。

　破産法における相殺権の制限については、他の倒産手続（民事再生、会社更生、特別清算）とほぼ同じであり、詳細はI−14を参照されたい。

　以下では、相殺に関する破産手続固有の規定および特別清算手続における相殺について説明する。

2 破産手続における相殺の拡張

　民法上、①双方の負担する債務が同種であること、②双方の債務の履行期が到来していることが相殺の要件であるが（民505条1項）、破産法は、以下のとおり、相殺の要件を緩和すること等により、相殺権の担保的機能の拡張を図っている。

(1) 自働債権に関する規律

　自働債権については、それが期限付もしくは解除条件付債権または非金銭債権であっても相殺が認められる。また、自働債権が停止条件付債権または将来の請求権である場合、条件未成就の間の相殺は認められないが、破産債権者に寄託請求権を認めることで、破産債権者の有する相殺の担保的機能に対する期待を保護している。

ア　自働債権が期限付債権の場合

　民法上、自働債権の期限が未到来の場合は相殺できないが、破産手続では、破産手続開始の効果として破産手続開始時に弁済期が到来したとみなされるため（現在化。破103条3項）、相殺できる（破67条2項前段）。ただし、自働債権が期限付無利息債権または定期金債権の場合には、中間利息相当分などの劣後的破産債権とされる額（破99条1項2－4号参照）が自働債権の額から控除される（破68条2項）。

イ　自働債権が解除条件付債権の場合

　自働債権に解除条件が付されている場合でも、債権自体はすでに発生しているため、民法の一般原則上も、相殺できる（破67条2項前段参照）。

　ただし、破産手続中に条件成就すると相殺は遡及的にその効力を失い、破産債権者は自己の債務（受働債権に係る債務）を履行しなければならなくなるから、その履行確保のため、破産債権者は相殺権行使に際し破産財団のために担保提供または寄託をしなければならない（破69条）。担保は、破産財団の利益の確保のために適切な額・目的物および方法である必要があり、その適切性は、相殺の意思表示を受領した破産管財人が判断し、不足があると考えるときは追加の担保を求めるべきである[注1]。寄託は、破産管財人またはこれと同視

すべき第三者(注2)に金銭を交付して行う。最後配当の除斥期間内に条件成就しなければ、担保物または寄託された金銭は当該解除条件付債権を有する破産債権者に返還される（破201条3項）。

ウ　自働債権が停止条件付債権または将来の請求権の場合

(ｱ)　自働債権が通常の停止条件付債権等の場合（破70条前段）

停止条件付債権および将来の請求権(注3)（以下、「停止条件付債権等」という）は、債権としていまだ確定的に発生していないため（民127条1項）、これを自働債権とする相殺はできない。したがって、停止条件付債権等を有する破産債権者は、自己の債務を現実に履行しなければならない。

もっとも、停止条件付債権等を有する破産債権者は、破産手続開始後最後配当に関する除斥期間の満了までの間に停止条件が成就した場合にはこれを自働債権とする相殺ができるとの期待を有している。そこで、後に条件成就した場合の相殺の実効性を確保するため、停止条件付債権等を有する破産債権者は、自己の債務を弁済する際、後の相殺のため、その債権額の限度において弁済額の寄託を請求することができる（破70条前段）。かかる請求がある場合、破産管財人は、当該破産債権者から受領した金銭を適宜の方法で破産財団とは分別して管理する必要がある。

最後配当に関する除斥期間の満了時点までに条件が成就すれば、弁済は遡及的に無効になり、寄託額は債権者に返還され、弁済の無効により復活した受働債権と停止条件が成就した自働債権とを相殺することになる(注4)。他方、上記期間中に条件成就しなければ、寄託された金銭は破産債権者に配当される（破201条2項）。

(ｲ)　自働債権が敷金返還請求権の場合（破70条後段）

賃貸人破産のケースで、破産者に対し敷金返還請求権を有する賃借人が破産者に対し賃料債務を弁済する場合も、上記同様、弁済額の寄託を請求すること

（注1）条解破産法513頁。
（注2）例として、破産管財人を受益者とする信託を設定する場合の信託銀行等の受託者等。
（注3）将来の請求権とは、将来の賃料債権等、その発生がいわゆる法定停止条件に係らしめられている債権のことをいう（大コンメ293頁以下〔山本克己〕）。
（注4）条解破産法515頁。

ができる（破70条後段）^(注5)。この場合の寄託請求の上限額は差入敷金額全額であると解される^(注6)。

　　エ　自働債権が非金銭債権などの場合

　非金銭債権、金額不確定の金銭債権、外国通貨債権、金額または存続期間の不確定な定期金債権は、破産手続では破産手続開始決定時の評価額をもって確定額の金銭債権として破産債権とされるため（金銭化。破103条2項1号）、当該評価額の限度で相殺が許される（破67条2項前段・68条1項）。

(2) 受働債権に関する規律

　破産法67条2項後段は、破産債権者の負担する債務が期限付・条件付または将来の請求権であるときも、破産手続によらないで相殺できると規定する。受動債権については金銭化の規定がないため、非金銭債権に関する相殺の拡張は認められない。

　　ア　受働債権が期限付債権の場合

　受働債権が期限付債権の場合、破産債権者は自己の債務について期限の利益を放棄して、相殺できる。また、期限の利益を放棄した場合のみならず、破産手続開始後に期限が到来した場合にも、破産債権者はこれを受働債権とする相殺ができると解される^(注7)。

　　イ　受働債権が解除条件付債権または停止条件付債権の場合

　条件成就または不成就の機会を放棄することが民法の一般原則として可能であるかは争いがあるが、少なくとも破産手続では、破産法67条2項後段により、受働債権が解除条件付または停止条件付債権であっても、条件成就または不成就の機会を放棄して、相殺できる^(注8)。

――――――――――

(注5) 敷金返還請求権と目的物返還時に残存する未払賃料債務とは当然充当の関係にあり相殺の問題ではないから（最判平14・3・28民集56巻3号689頁）、破産法70条後段は後の充当のために寄託を認める趣旨と解される（条解破産法516頁）。

(注6) 大コンメ303頁〔山本〕、条解破産法516頁。

(注7) 最判平17・1・17民集59巻1号1頁。

(注8) 民再法および会更法では、受働債権が条件付である場合に相殺できるとする明文の規定がないため、条件に関する利益放棄の可否につき否定説に立てば、相殺できないことになる。

また、破産債権者が条件成就または不成就の機会を放棄して相殺する場合のみならず、停止条件の成就または解除条件の不成就を待って相殺することも可能と解される(注9)。

　これに関し、受働債権が停止条件付債権の場合、破産債権者が有する相殺の担保的機能に対する期待の程度は無条件債権の場合に比して低いことを理由に、破産法67条2項後段により相殺が認められるのは、破産債権者が条件成就不確定の段階で停止条件不成就の期待を放棄することが代償になっているからであるとして、破産手続開始後に停止条件が成就した場合は相殺禁止規定（破71条1項1号）に抵触し相殺は許されないとする見解がある(注10)。

　かかる論点に関し、前掲最判平17・1・17は、①破産債権者の債務が期限付きまたは停止条件付きであっても債務の発生原因は破産宣告前に存するから破産債権者は破産宣告時において相殺の担保的機能に対する期待を有しており、旧破産法99条後段（現行法67条2項後段）はかかる期待を保護する趣旨であること、②同条項は相殺権の行使につき「破産債権者の相殺の担保的機能に対する期待が合理的な場合」などといった限定を加えていないこと、③破産手続では破産債権者による相殺権の行使時期について制限がないことなどを理由に、特段の事情のない限り、かかる相殺も認められると判示した。

　なお、同判決のいう「特段の事情」については、相殺権の濫用に当たる場合などが考えられ、破産債権者の相殺の担保的機能に対する期待が合理的であるか否かは、相殺権の濫用に当たるか否かを判断する際の重要な考慮要素になると考えられる(注11)。

　　ウ　破産手続開始後の賃料債務
　平成16年改正前の旧破産法103条1項前段は、破産債権者たる賃借人が破産者に対して負う賃料債務（債権）を受働債権とする相殺は、破産宣告時における当期および次期分についてしか認められない旨規定していたが、同条項は改

（注9）前掲最判平17・1・17。
（注10）新破産法の理論と実務307頁参照。
（注11）最判解民事篇平成17年度(上)17頁、特段の事情の有無に関し相殺の合理的期待の有無を詳細に検討した裁判例として大阪高判平22・4・9金法1934号98頁参照。

正により削除された。その結果、破産債権者たる賃借人は、破産法67条2項後段の規律に従い将来の賃料債権について期限の利益または条件不成就の機会を放棄して、自働債権の額の範囲で無制限に相殺できることになった。

なお、民再法および会更法では、再建型手続の特性にかんがみ、賃料債権を受働債権とする相殺は手続開始時における賃料の6か月分に制限されている（民再92条2項、会更48条2項）。

3 破産管財人の催告権

再建型倒産手続では、再生計画等を適正に作成する必要から、相殺権の行使時期は債権届出期間の満了までに限定されているが（民再92条1項、会更48条1項）、破産手続では、相殺権の行使時期につき限定がなく、破産手続終了まで相殺権を行使することができると解されている。

もっとも、相殺権者が相殺の意思表示をしないことにより管財業務に支障が生じたり、配当が遅れるといった不都合を避けるため、破産管財人は、一般調査期間の終期または一般調査期日の終了時点以降、相殺権者に対し、1か月以上の一定の期間内に相殺するか否かを確答すべき旨を催告でき、確答なき場合には相殺権は喪失することとされた（破73条）。

破産管財人が催告できる相手方は弁済期にある受働債権を有する破産債権者に限られ（破73条1項ただし書）、期限未到来の債務または条件未成就の停止条件付債務を負うにすぎない破産債権者に対しては催告できない。期限の利益または条件未成就の期待等を放棄させてまで相殺権行使・不行使の確定を迫るのは相当でないからである[注12]。

催告を受けた相殺権者が相殺権を行使すべきときは、即時かつ無条件の相殺の意思表示が必要と解される[注13]。

(注12) 一問一答破産法120～121頁。

(注13) 一問一答破産法121頁。

第1章　倒産手続における担保権

4　特別清算手続の相殺権

　特別清算手続には、破産法71条、72条に相当する相殺禁止規定はあるが（会社517条・518条）、それ以外の相殺権自体に関する規定（破67－70条、民再92条等）はない。

　特別清算手続には、他の倒産手続と異なり、債権者の権利行使を一般的に制限する規定（破100条1項、民再85条1項等）がないため、相殺権行使を認める規定がなくとも、民法に従った相殺が認められる[注14・15]。ただし、破産手続と異なり、債権の現在化や金銭化（破103条2項〜4項等）はないので、相殺権の拡張もない。

（注14）新しい特別清算94頁参照。
（注15）建設協力金等の償還債権と将来の賃料債権とを将来にわたって順次相殺する旨の相殺合意の効力は、後に開始した賃貸人の特別清算手続によっても制限されず、当該相殺合意の効力は、特別清算手続開始後に対象不動産を買い受けて賃貸人たる地位を承継した第三者に対しても及ぶとする裁判例がある（仙台高判平25・2・13判タ1391号211頁）。

Ⅰ-16　再生手続・更生手続・私的整理手続における相殺権の処遇

弁護士　服部　明人

1　再生手続・更生手続における相殺権

(1)　再建型倒産手続における相殺権の規律（破産手続との比較）

再建型倒産手続における相殺権行使に関する規定を破産法のそれと対比させると以下のとおりである。

破産法	民再法・会更法
[1] **相殺権行使の要件**（破67条1項） ①　破産手続開始時点での両債権の存在 ・破産債権の現在化（破103条3項） ・非金銭債権等の金銭化（破103条2項）	[1] **相殺権行使の要件**（民再92条1項前段、会更48条1項前段） ①　倒産手続開始時点での両債権の存在 ②　債権届出期間内に両債権が適状にあること ③　債権届出期間内の相殺権行使
[2] **自働債権** ①　期限付債権（破67条2項前段） ・破103条3項にて開始時点で現在化 ②　解除条件付債権（破67条2項前段） ・担保を供するか寄託をする義務（破69条） ③　非金銭債権（破67条2項前段）（破103条2項1号に掲げる債権）	[2] **自働債権** →規定なし ・期限付債権の弁済期到来により相殺適状となれば相殺可能 →規定なし ・解除条件付債権での相殺は可能（後の条件成就時に清算は必要） →規定なし ・非金銭債権での相殺不可

139

④ 停止条件付債権（破70条前段） 　・後に相殺するための寄託請求権	→規定なし 　・停止条件成就による相殺は可能
[3] 受働債権 ① 期限付債権（破67条2項後段） ② 条件付債権（破67条2項後段） ③ 将来の請求権（破67条2項後段）	**[3] 受働債権** →民再92条1項後段、会更48条1項後段により相殺可能 →規定なし。解釈論上の対立あり →規定なし

ア　相殺権行使の要件

　破産手続では、破産手続開始時点で自働債権・受働債権の両債権が存在している限り、破産財団に対し破産手続中（最終配当の除斥期間経過時まで）いつでも相殺権を行使することが可能である。受働債権についてはいつでも期限の利益を放棄することが民法上認められていることに加えて、破産法上期限未到来の自働債権は破産手続開始の効果として期限が到来するものとみなされる（破103条3項）ことから、両債権が手続開始時点で存在すれば相殺適状にあり緩やかに相殺権の行使が可能となる。これに対し、再建型手続においては倒産手続開始の効果として実体上自働債権の現在化を定める規定はなく、相殺権の行使のためには手続開始時点での両債権の存在に加え、⒤両債権が債権届出期間期間内に相殺適状にあり、ⅱ債権届出期間内に相殺権を行使することが要件とされる。倒産型手続では事業の継続の必要性と倒産債権を確定し再建計画を早期に立案・遂行する必要性から事業の解体清算を目的とする破産手続と比して政策的に相殺が制限されている。

イ　自働債権、受働債権

　再建型手続では上記対比表のとおり自働債権に関する破産法67条2項前段のような規定は存在しない。非金銭債権については金銭化することを認める規定はなくこれを自働債権とする相殺は許されない。

　これに対し明文の規定はなくとも期限付債権については、その期限が債権届出期間内に到来する場合には相殺適状となり相殺権を債権届出期間内に行使することは可能である（民再92条1項前段、会更48条1項前段）。また解除条件付

債権での相殺も可能であるが、後に解除条件が成就した場合には清算を必要とする。停止条件付債権を自働債権とする相殺も債権届出期間満了前に停止条件が成就し相殺適状を迎えれば認められるが、停止条件成就前は、受働債権の弁済期が到来した場合に破産手続であれば認められる寄託請求（破67条2項前段）をすることはできない[注1]。

受働債権については、上記対比表のとおり期限付債権での相殺権行使は可能であることは明文で規定されている（民再92条1項後段、会更48条1項後段）。停止条件付の受働債権による相殺の可否については規定がなく、後述のとおり解釈に争いがある。

ウ 賃料債務を受働債権とする相殺の特則

平成16年改正前の旧破産法103条においては、開始後弁済期が到来する賃料債務を受働債権とする相殺については、当期・次期の賃料に限り相殺権行使が認められ、旧民再法92条2項、旧会更法48条2項もこれを準用していた。

しかし改正破産法において旧破産法103条は賃料債権の前払・譲渡に関する旧破産法63条の規定と同じく削除され、現行破産法においては賃料債権を受働債権とする相殺についてこれを制限する規定が存在しないため相殺対象も無制限である。

これに対し改正民再法92条2項および同会更法48条2項は、倒産手続開始後の賃料債務での相殺につき賃料6か月分の限度で認めるにとどまった。事業の再生を図る再建型手続の特性から賃料収入の確保の必要上相殺を政策的に制限したものである。

敷金返還請求権の扱いについて平成16年改正破産法70条後段は他の停止条件付自働債権と同じく、先に期限の到来する受働債権たる賃料債務を支払う賃借人は、後の相殺（充当）のため相手方に対し寄託請求できることとして将来の敷金返還請求権の保全を図り賃借人を保護している。これに対し再建型手続においては、①倒産手続開始後の賃料債務の支払を前提として、②支払済み賃料額の6か月分を上限（ただし敷金請求権の現在化前に相殺された賃料債務があれば6か月分から相殺額を控除）とし敷金返還請求権を共益債権化した（民再92条

（注1）倒産法概説2版263頁〔沖野眞已〕。

3項、会更48条3項)。本来倒産債権にすぎない敷金返還請求権を特に共益債権として6か月分賃料の限度で保護した趣旨は、賃料債務の支払を継続させることで破綻した賃貸人のキャッシュフローの維持・事業再建に資することを目的としたものである。したがって将来の賃料債権が倒産手続開始前に譲渡され開始後賃料が再生債務者や更生会社に支払われない場合には敷金返還請求権が共益債権化されることはない[注2]。

(2) 派生する論点
ア 停止条件付債務を受働債権とする相殺の可否

民法上停止条件付債務を負担する者が条件不成就の期待を自ら放棄できるか否かについては争いがあり、停止条件付債務での相殺を可能とする破産法67条2項後段のような規定もないことから問題となる。破産手続と異なり[注3]、再建型倒産手続においては事業を継続し再建を図る必要性を重視する見地から、消極説が多数説である[注4]。しかしながら相殺権者にとっては相手方に開始された手続が破産手続か再建型手続かによって相殺の合理的期待にかわりがないことおよび民法が条件不成就の期待利益を放棄することまで禁止しているとは解釈できないことを理由として積極説も近時有力に主張されている[注5]。ただし積極説によっても相殺の合理的期待が認められない特別の事情がある場

(注2) 倒産法概説2版266頁〔沖野〕。抵当権者が物上代位により賃料債権を差し押えた場合に敷金返還請求権の共益化により賃借人保護を図るべきかについても問題となる。

(注3) 破産手続においては破産手続開始後に破産債権者の負担する停止条件付債務の停止条件が成就した場合には破産法67条2項後段により相殺でき、71条1項1号による相殺禁止は適用されないとするのが判例、多数説である。最判平17・1・17民集59巻1号1頁は破産手続開始後に解除された積立保険契約の解約返戻金の債務が問題となった事案である。倒産法概説2版252頁〔沖野〕参照。

(注4) 消極説として伊藤・会社更生法343頁注36、論点解説新破産法(上)266頁。条解民事再生法3版479頁〔山本克己〕。消極説によればかかる相殺は倒産手続開始後の債務負担による相殺禁止(民事再生、会社更生)規定により無効となる。伊藤眞「再生手続廃止後の牽連破産における合理的期待の範囲」門口退官213〜215頁によれば、旧会社整理に関する最判昭47・7・13民集26巻6号1151頁をはじめ、再建型手続の特質を実質的理由として停止条件付債務での相殺を禁止すべきとするのが確立した判例法理であるとされる。

合には停止条件付債務での相殺は許されないと解すべきである。この点前掲（注4）の最判昭47・7・13の事案は、手続開始前の譲渡担保契約に基づき手続開始後に目的財産を換価処分して清算した結果発生した清算金剰余金返還債務を受働債権とする相殺を禁止したものである。債務の発生のみならず債務額もその上限すら不確定な停止条件付債務は相殺の合理的期待がないと評価すべきであろう(注6)。

イ　期限の利益喪失約款と相殺の可否

再建型手続において、倒産手続開始等の申立をもって期限の利益を喪失させる旨の期限の利益喪失条項の効力が相殺の可否をめぐり問題となる。とりわけ担保権の行使が認められず手続の中に取り込まれる更生手続において相殺の担保的機能をどこまで保護すべきかについて解釈の対立は重要である(注7)。

差押えと相殺に関し期限の利益喪失条項に基づく相殺予約を有効とすることが判例法理（最大判昭45・6・24民集24巻6号587頁）であることを根拠として期限の利益喪失約款を有効と解し、相殺を肯定する見解が多数説でありそれを支持する判例もある(注8)。

しかしながら、相殺適状の発生時期を限定している再建型倒産法（民再92条1項、会更48条1項）の趣旨および個別差押と再建型倒産手続という局面の違い、相殺の合理的期待の保護の必要性は相対的な評価概念であることにかんがみれば、期限の利益喪失条項を無効とし本来の弁済期が到来し相殺適状を迎え

(注5)　破産手続において停止条件付の受働債権の条件成就を待って相殺することが許されるかについても解釈上の争いがあるが、前掲最判平17・1・17は、積立保険契約に基づく解約返戻金の債務が問題となった事案で相殺の担保的機能に対する期待の保護から積極説をとった（倒産法概説2版252頁〔沖野〕）。

(注6)　倒産法概説2版253頁〔沖野〕。伊藤・前掲（注4）論文213頁も破産手続についてではあるが「最判平成17年1月17日で問題となった生命保険金の解約返戻金返還請求権のようにあらかじめその金額の上限が定まりその発生に着いて相当程度以上の蓋然性が認められる場合には、合理的な期待が存在するものとして判例法理をそのまま適用し相殺を許容しても差し支えないが、金額の上限も定まらず、発生の蓋然性も高いとはいえない停止条件付債務については判例法理を前提としてもなお相殺を禁止する可能性がある」とする。

(注7)　倒産法概説2版263頁〔沖野〕。

(注8)　東京地判平14・3・14金法1655号45頁、東京地判平16・6・8金法1725号50頁。

るまでは相殺は認められないとする消極説が妥当であると考える(注9)。

　　ウ　共益債権化する敷金返還請求権の範囲と敷金当然充当の関係

　敷金返還請求権が賃貸借終了に伴う明渡しにより現実化した場合に、その時点で未払賃料があれば相殺を要さずに当然に未払賃料に充当され残額について敷金返還請求権が発生するとするのが判例法理である（最判昭48・2・2民集27巻1号80頁）。当然充当された未払賃料額が、共益債権化される敷金債権の総枠たる賃料総額6か月分に含まれると解するか、これとは別と解するかについて問題となる。

　敷金充当が機能的に相殺と酷似する点を重視すれば前者となるが、両者は法律関係が別であることを重視すれば後者となる(注10)。再建型手続における事業再生の必要性から共益債権化が図られた趣旨にかんがみれば前説が妥当でないかと考える。

2　私的整理手続における相殺権

(1)　事業再生ADR手続における一時停止の意義

　　ア　事業再生ADRの事前相談から一時停止の通知まで

　債務者が事業再生ADR事業者に事前相談を行い、事業再生ADRが事業再生ADRに適していると判断した場合には、正式申請が行われ受理される。事業再生ADR手続の紛争当事者として対象債権者に入ってもらうための最初の手続が一時停止の通知であり、債務者と事業再生ADR事業者の連名にて発信される(注11)。

(注9)　伊藤眞「集合債権譲渡担保と事業再生型倒産処理手続再考——会社更生手続との関係を中心として」法時61巻9号（2011年）32頁によれば「民法511条の規律する場面が相殺権者と個別差押債権者との関係であるとすれば、全債権者の『権利関係を適切に調整し、もって当該債務者の事業の再生を図ること』を目的とする再生手続や、会更法1条の目的である会社更生手続において失期条項の効力を否定したとしても無制限説をとる判例法理と矛盾するとはいえない」とされる。

(注10)　倒産法概説2版267頁〔沖野〕、論点解説新破産法(上)139頁〔岡正晶〕。

(注11)　私的整理の実務Q&A100問106頁。

第 2 節　倒産手続と相殺権

　　イ　一時停止の通知の内容
　一時停止の通知とは、事業再生に係る認証紛争解決事業者の認定等に関する省令7条によれば「債権者全員の同意によって決定される期間中に、債権の回収、担保権の設定または破産等の倒産手続開始の申立てをしないこと」を要請するものである。相殺は債権の回収の一手段として一時停止の通知により対象債権者に差し控えることを求める具体的対象事項である。
　一時停止の通知はあくまで和解の仲介を行う手続主宰者である事業再生ADR事業者が一方当事者たる対象債権者に対し個別権利行使の自制を要請するもので、裁判所保全処分と異なり、権利行使や権利保全行為を阻止する法的拘束力はない(注12)。
　それでも、一時停止の通知を受けた対象債権者の間では、金融機関同士の相互牽制が働き、抜け駆け的な回収行為に走ることはなく、事業再生ADR手続中は相殺も自制するという実務運用がなされている(注13)。

　　ウ　一時停止要請と支払停止・債権保全を必要とする事由該当性
　上記のとおり一時停止の通知に法的拘束力はないものの、事業再生ADR手続の制度趣旨や手続主宰者たる事業再生ADR事業者の関与にかんがみれば、一時停止の通知を支払停止行為とみなすべきではない(注14)。
　また一時停止の通知が銀行取引約定5条2項5号の「債権保全を必要とする相当の事由が生じたとき」に該当し請求失期事項となるかどうかが問題となる。これについても、事業再生ADR事業者が、債務者の事業再生の見込みの存在と個別権利行使禁止の必要性を公証していることにかんがみ該当性を否定すべきと解されている(注15)。以上によれば一時停止の通知があったことを理由

(注12)　私的整理の実務Q&A100問109頁。
(注13)　私的整理の実務Q&A100問110頁。
(注14)　伊藤眞「第三極としての事業再生ADR——事業価値の再構築と利害関係人の権利保全の調和を求めて」金法1874号（2009年）〔事業再生ADRの実践21頁所収〕は「一時停止の要請通知は、事業再生の見込みがあり、それが債権者全体の利益保全に資するものであるとの協会の判断を表明したという性質を持っているわけですから、これを支払停止行為とみなすべき理由は存在しません」とする。
(注15)　私的整理の実務Q&A100問111頁。伊藤・前掲（注14）論文22頁。

145

として請求失期条項が発生したとして対象債権者が貸金債権の期限到来を前提に相殺することは許されない。

(2) 事業再生ADR手続から法的手続に移行した場合の相殺をめぐる問題
ア 問題の所在

事業再生ADR手続についての対象債権者からの理解と協力が得られずに同手続が中途で終了し、民事再生・会社更生という裁判所関与の下での法的再建型手続に移行する事例も少なくない。

かかる手続移行時に、対象債権者の一部が普通預金、別段預金という流動性預金を凍結し、貸金債権との相殺を主張されると、法的再建型手続の下での事業の継続の重大な支障となり、事業再生を断念せざるを得ない事態にもなりかねない。

イ 実務的解決方法

上記の問題を防止し是正するための解釈論は見出しがたいのが実情である[注16]。上記の手続移行時に、抜け駆け的に貸金債権の回収行為を行った金融機関に対しては例えば支払停止概念の解釈次第で当該弁済行為の否認該当性を導くことも可能である[注17]。これに対し事業再生ADRの中途終了から法的倒産手続への移行時に相殺する行為を禁止する規律は倒産法には見出せない[注18]。

事業再生ADRから法的倒産手続に移行して再建を図る債務者の実務的対応としては、「更生手続開始申立て前に流動性預金については相殺しないことを金融機関に約束してもらうか、預金を予め相殺可能性のない別口座に移転しておくことで相殺権行使を回避している」とされる[注19]。手続移行前に相殺しな

(注16) 事業再生迅速化研究会〔第2期〕「会社更生手続における手続迅速化に関する運用上・立法上の提言(上)」NBL987号(2012年)85頁注26は「上記の見解や立法提言は、否認権についてはおおむね対応することができるものの、相殺制限については金融機関による預金相殺と流動性預金の活用の問題が未解決のまま残る」とする。

(注17) 事業再生迅速化研究会〔第2期〕・前掲(注16)論文84頁。

(注18) 相殺権者は、法的倒産手続申立てを知った後に新たな債務を負担したり倒産債権を取得したものではない。

(注19) 事業再生迅速化研究会〔第2期〕・前掲(注16)論文85頁注26。

い約束をした金融機関が、手続移行後に相殺権を行使した場合には、相殺権濫用法理を以て当該相殺の無効を主張すべきであろう[注20]。

（注20）多比羅誠「私的整理から法的倒産手続への連続性——実務上の課題及び立法提案」「倒産と金融」倒産と金融256頁。

Ⅰ-17　倒産手続におけるデリバティブ取引の一括清算条項の処遇

弁護士　池永　朝昭
弁護士　濱本　浩平

1　はじめに

　スワップ取引等のデリバティブ取引には、当事者の一方に倒産手続が開始され、ないし倒産手続開始申立てがなされた場合、当該取引の契約関係を終了させ、当事者間の債権債務を一本化し、当事者の一方が相手方に対して一定の規律に従って計算した金銭を支払うという約定が置かれる場合がある。このような規定は「一括清算条項」とよばれている。

　日本では、外資系銀行・証券会社と日本企業との間では1980年代からデリバティブ取引において一般的に使用されているISDA（International Swaps and Derivatives Association, Inc.）のマスター契約[注1]（ISDA Master Agreement、以下、「マスター契約」という）が締結されるようになり、現在ではこれが外資系銀行・証券会社と顧客とのデリバティブ取引の基本契約となっている。他方、1990年代からは、日本の銀行・証券会社が国内の顧客と独自のフォームを用いて専ら為替オプション取引等の基本契約を締結する事例も多数見られるようになった。そのような独自のフォームにも一括清算条項が用いられている。

　本稿では、まずISDAのマスター契約の一括清算条項につき説明した上で、当該一括清算条項が日本の倒産法制においてどのように有効性が確認されているかを解説し、合わせて関連する論点の紹介を行う。

（注1）ISDAのウェブサイト（http://www.isda.org）において有償で入手することができる。

2 マスター契約の構造

マスター契約に準拠した取引は、同契約を含む複数の文書から構成される（図1）。

【図1】

```
              マスター契約
               ↑      ↑
               |      |
    ロングフォーム    ショートフォーム
    コンファーメーション  コンファーメーション
                      ↑
                      |
                  デフィニション
```

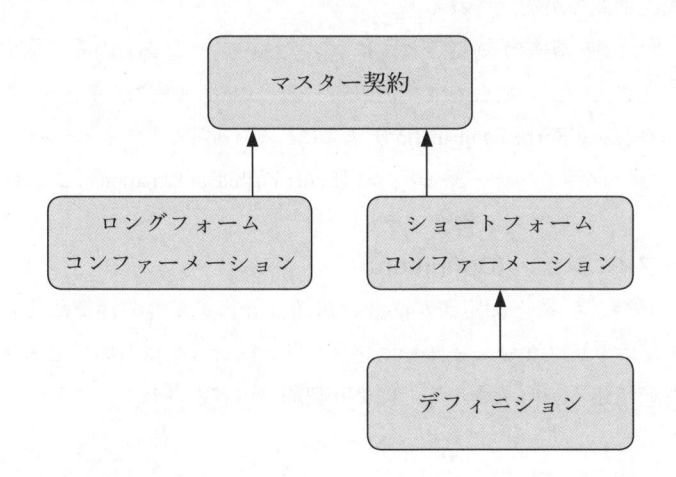

(1) マスター契約

デリバティブ取引の基本条件を定めるもので、全14条から構成される。当事者が契約締結日と当事者名を記入する以外の修正は予定されていない。個別的な修正は下記の「スケジュール」において行われる。なお、これまで1992年版と2002年版が公表されているが、現在の取引では2002年版が使用されるのが通常である。

(2) スケジュール（Schedule）

マスター契約には、当事者の補充が予定されている事項（例えば準拠法や裁判管轄、通知場所等）、当事者が選択可能な事項（例えば、クロス・デフォルト規定の適用の有無等）が規定されており、これを規定する書面がスケジュールである。スケジュールには当事者の判断で必要な条項を自由に規定することも可能である。マスター契約とスケジュールが一体となって当事者間の取引の基本

条件を定める。

(3) コンファーメーション (Confirmation)

マスター契約に基づく個々のデリバティブ取引を行った証拠として作成される書面である。コンファーメーションにおいてデリバティブ取引の種類や数量、金額、期間等が約定される。

なお、マスター契約が締結されずにコンファーメーションのみで取引が行われる場合もある（この場合のコンファーメーションはロングフォームコンファーメーション〔Long Form Confirmation〕とよばれる。通常のコンファーメーションはショートフォームコンファーメーション〔Short Form Confirmation〕とよばれる）。

(4) デフィニション (Definition)

取引の種類(注2)ごとに定義が必要な用語、計算式、営業日等に関して規定が置かれており、スケジュールやコンファーメーションにおいてどのデフィニションを適用するか明示することにより契約の内容とされる。

3 当事者の一方が破産した場合のマスター契約における処理

デリバティブ取引の一方当事者に倒産処理手続（破産手続、再生手続または更生手続をいう。以下同じ）開始の申立てがなされ、または倒産処理手続開始決定がなされた場合（以下、当該当事者を「倒産当事者」という）、マスター契約上は、これを①「期限の利益喪失事由」の発生と捉え、その発生により②既存取引の「期限前終了」が起こる。その上で、③既存の取引の清算のため「期限前終了金額」が計算され、当事者の一方から他方に対する債権が発生する（図2）。

【図2】

| 期限の利益喪失事由発生 | → | 取引の期限前終了 | → | 期限前終了金額の計算 |

(1) 期限の利益喪失事由（Event of Default）の発生

当事者に倒産処理手続開始申立てがなされたこと、および倒産処理手続開始決定があったことはマスター契約における「期限の利益喪失事由」を構成する（マスター契約5条(a)(vii)(4)^(注3)）。

倒産処理手続に関連する「期限の利益喪失事由」は、当該手続の申立者が誰であるかによって図3のように期限の利益喪失事由が発生したとされる日が異なる（【図3】）。

典型的にはデリバティブ取引の当事者自らによって倒産処理手続開始申立てがなされる場合が多いと思われるが、その場合の期限の利益喪失事由発生日は、手続開始申立てがなされた当日である。

【図3】

申立者	期限の利益喪失事由発生日
当事者又は監督官庁	申立当日
その他の者	破産手続開始決定の日、または申立てが却下・取消しされないまま15日を経過した日

(2) 取引の期限前終了（Early Termination）・期限前終了日（Early Termination Date）

期限の利益喪失事由が発生した場合、マスター契約に基づく既存の取引は期限前終了することになる。期限前終了には、①当事者が期限前終了日（Early Termination Date）を指定する方法と、②期限の利益喪失事由の発生により自動的に期限前終了日が発生する（Automatic Early Termination）^(注4)方法がある。

日本法人が当事者の一方となる場合は、実務上②自動的に期限前終了日が到

(注2) クレジット・デリバティブ、FXおよび通貨オプション、エクイティ・デリバティブ、コモディティ・デリバティブ等。

(注3) なお、同号(6)は管財人の選任の申立てまたは管財人の選任を期限の利益喪失事由としており、破産手続開始申立てや更生手続開始申立てを当事者が行った場合や、第三者申立てによりこれらの手続が開始された場合には、同号(6)にも該当することになる。

来するようスケジュールにおいて約定されるのが通常である［→下記**7**］。

期限前終了日の到来により、既存の取引に関する当事者間の債権債務は、マスター契約に別段の定めのある債務を除き消滅し（マスター契約6条(c)(ii)）、一括清算により算定される「期限前終了金額」の支払債務を当事者の一方が負担することになる。

(3) 期限前終了金額 (Early Termination Amount) の算定

期限前終了日が到来した場合、以下の算式で計算された金額の支払義務を当事者の一方が負担する。当該支払義務は必ずしも倒産当事者が負担するものではなく、支払義務者は【図4】のようになる（マスター契約6条(e)(i)）。

（算式）
期限前終了金額
＝クローズアウト金額
　＋相手方に対し支払われるべき未払金額（Unpaid Amount）(注5)
　－倒産当事者に対し支払われるべき未払金額

【図4】

期限前終了金額の正／負	支払義務者
正	倒産当事者
負	相手方

以上の「クローズアウト金額」は、①相手方が終了された取引に代替する取引を行う場合に必要となる費用、または②終了された取引が引き続き存続して

（注4）この場合、期限前終了日は関連する倒産処理手続開始申立ての直前の時点で到来する（マスター契約6条(a)第2文）。
（注5）大まかにいえば、期限前終了日以前に支払期限が到来しているが未払いである金額をいう（マスター契約14条「Unpaid Amount」の定義参照）。

いた場合に相手方にもたらされたであろう利益もしくは費用に基づき計算される。また、クローズアウト金額計算の基準日は⒤期限前終了日であり、これによることが商業上合理的でない場合は⒤その後の合理的に可能な限り早い時点である（以上につきマスター契約14条「Close-out Amount」の定義）。

　クローズアウト金額は、期限の利益喪失事由の発生に基づき計算される場合、相手方により決定される。相手方がクローズアウト金額の計算に当たって考慮できる情報（第三者による見積もりや金利等の情報）や、その際の行動準則（商業的に合理的な方法を用いなければならないこと等）等さまざまな規律がマスター契約には置かれているが、ここではその詳細は省略する。詳細はマスター契約14条「Close-out Amount」の定義を参照されたい。

⑷　その他の債権（費用償還請求権・遅延損害金）

　以上の期限前終了金額のほか、相手方は、マスター契約に基づく権利の保全や行使のために要した費用を倒産当事者に対して請求することができる（マスター契約11条）。例えば、回収のために要した弁護士費用や執行費用、クローズアウト金額計算の為に要した専門家費用等がこれに当たると考えられる。

　また、期限前終了金額には、期限前終了日（当日を含む）から実際の支払日（当日を含まない）までの間、支払を受ける者が当該支払額を調達する場合に等しい年率に年率1パーセントを加えた利率の遅延損害金が発生する（マスター契約9条(h)(ii)(2)、14条「Applicable Close-out Rate」および「Default Rate」の定義）[注6]。なお、遅延損害金は実日数を基準に日次複利で計算される（マスター契約9条(h)(iii)）。

4　破産手続での特別な取扱いの必要性

　以上のマスター契約については、ISDAの日本法カウンセルが1992年版および2002年版の双方について日本法上有効であるとの法律意見書を提出してい

（注6）倒産当事者が請求権を取得する場合は、相手方が市況を反映していると自ら認めるオーバーナイトインターバンク預金金利と同率で遅延損害金を支払わなければならない。

る。また、これ以外でもマスター契約の一括清算条項が日本法有効であるとした論考もあり(注7)、金融実務界ではマスター契約や独自フォームの一括清算条項の有効性について疑問をはさむ声はなかった。しかし一部の倒産実務家にはこれについて疑義を持つ声もあったようである。

すなわち、一般の倒産申立解除特約の議論と同様に、破産手続開始時点で期限が到来していないデリバティブ取引は、両当事者が未履行の双務契約として破産管財人による解除／履行の選択権に服する可能性があり（破53条1項等）、倒産処理手続開始申立てを「期限の利益喪失事由」とする取引の終了は、これがかかる選択権を失わせるものとして無効とされる可能性があるのではないかという疑問であった。

この見解にしたがえば、破産管財人は破産財団にとって有利な取引のみ履行を選択し、不利な取引は解除することができ、いわゆる「cherry picking」が可能となる。また、既存取引について一括清算が認められない場合は、倒産当事者が有する債権については全額の支払請求が認められるのに対し、相手方が有する債権は倒産処理手続に服することとなってしまう。しかし、cherry pickingの防止こそ一括清算条項が目的としたものであった(注8)。

「金融機関等が行う特定金融取引の一括清算に関する法律」（以下、「一括清算法」という）や破産法58条(注9)の規定は、一括清算条項の有効性を倒産手続において正面から認め一括清算条項の法的安定性を確保したものである(注10)。まずは一括清算法について紹介する。

(注7) 新堂幸司「スワップ取引の法的検討(上)(下)──ISDA契約の倒産法上の問題について」NBL523号6頁、524号（1993年）12頁、同「金融派生商品取引の倒産法的検討(上)(下)──1992年版ISDA基本契約における一括清算条項の効力」NBL552号6頁、553号（1994年）13頁。
(注8) 大コンメ249頁〔松下淳一〕および条解破産法434頁参照。
(注9) 同条は再生手続について民再法51条、更生手続について会更法63条においてそれぞれ準用されている。
(注10) 一括清算条項がこれらの法律の規定がなくても有効という立場からは、これらの法律は一括清算条項の有効性を確認したものであるという理解が示されている（小野傑ほか「座談会・金融システム改革をめぐる法的諸問題」金法1522号〔1998年〕48頁・49頁〔和仁亮裕発言・神田秀樹発言〕）。

5 一括清算法

　一括清算法は、一括清算の約定をした基本契約書に基づき特定金融取引を行っている場合に、当事者の一方が倒産したときには、当該一括清算条項の効力が生じた後の1本の債権を倒産手続上の債権として取り扱う旨を規定したものである[注11]。

　一括清算法では、「<u>基本契約書</u>に基づき<u>特定金融取引</u>を行っている当事者の一方に<u>一括清算事由</u>が生じた場合には、<u>当該当事者の双方の意思にかかわらず</u>、当該一括清算事由が生じた時において、当該基本契約書に基づいて行われているすべての特定金融取引についてその時における当該特定金融取引のそれぞれにつき<u>内閣府令</u>で定めるところにより算出した評価額を合算して得られる純合計額が、当該当事者間における一の債権又は債務となること」を「一括清算」として定義している（一括清算2条6項。下線は筆者による。）。

　この定義のうちとくに重要なのは次の各点である。

(i) まず、「基本契約書」とは一括清算法2条5項で定義されており、その典型例としてマスター契約が挙げられる[注12]。ただし、「基本契約書」は「金融機関等」（銀行、第一種金融商品取引業者等が含まれる[注13]）とその相手方との間で締結される契約とされている。そのため日本の銀行業の免許を持たない外国銀行（銀行業免許を有する外国銀行日本支店を除く）や、第一種金融商品取引業の登録を受けていない外国の証券会社（第一種金融商品取引業の登録を受けている外国証券会社日本支店を除く）との間の基本契約によってデリバティブ取引は一括清算法の適用対象から外れる。

(ii) 「特定金融取引」とは、金融商品取引法2条22項の店頭デリバティブ取引等とされている（一括清算2条1項）。これには、その担保の目的で行う金銭または有価証券の貸借または寄託（いわゆる担保取引[注14]）、銀行法

(注11) 山名紀雄「金融機関等が行う特定金融取引の一括清算に関する法律の解説」NBL645号（1998年）25頁。
(注12) 山名・前掲（注11）論文24頁。
(注13) 一括清算法2条2項、金融機関等が行う特定金融取引の一括清算に関する法律施行令。

で規定されている金融デリバティブ取引およびその担保取引、有価証券の買戻または売戻条件付売買およびその担保取引、有価証券の貸借およびその担保取引、債券現先取引およびその担保取引、先物外国為替取引およびその取引、商品先物取引法2条14号に規定する店頭商品デリバティブ取引およびその担保取引（ただし約定価格と現実価格の差に基づいてされる金銭の授受を約する取引またはこれに類似する取引を除く）もこれに含まれる[注15]。

(iii) 「一括清算事由」とは、破産手続開始、再生手続開始又は更生手続開始の申立てをいう（一括清算2条4項）。

(iv) 「一括清算」は、当事者双方の意思にかかわらず発生しなければならない。そのため、一括清算法の適用を受けるためにはマスター契約のスケジュールにおいて「自動期限前終了」（Automatic Early Termination。上記**3**(2)参照）を選択する必要がある。

(v) 一括清算は、金利、通貨の価格、金融商品市場における相場その他の指標の実勢条件に基づき、公正な方法により算出した評価額を合算して得られる純合計額を債権債務とするものでなければならない[注16]。マスター契約に基づくクローズアウト金額の算出方法は当該条件を充たすと一般的に考えられている。

以上に当てはまるデリバティブ取引、例えば国内の金融機関との間で行われるマスター契約に準拠したデリバティブ取引については、一括清算法に基づき、マスター契約に基づく一括清算後の債権が(i)相手方に帰属する場合には破

(注14) マスター契約に準拠して行われる取引についてはクレジットサポートアネックス（Credit Support Annex）に基づくものが代表的である。なお、日本においては、一括清算法の適用を受ける消費貸借・消費寄託の方式（金融機関等が行う特定金融取引の一括清算に関する法律施行規則（以下、「一括清算法施行規則」という）1条）を用いるのが実務上通常であるとの指摘がある（渡辺宏之「店頭デリバティブ取引における『一括清算』と『担保』をめぐる問題」金法1976号〔2013年〕10頁）。

(注15) 一括清算施行規則1条1号から7号。一般に利用されるほとんどのスワップ取引、オプション取引等の金融デリバティブ取引および店頭商品デリバティブ取引が含まれるように規定されている。マスター契約の対象とするデリバティブ取引はデリバティブ取引を広く対象とできるように定めることができるようになっており、これに対応している。

(注16) 一括清算法施行規則2条。

産債権、再生債権または更生債権として、(ii)倒産当事者に帰属する場合は破産財団に属する財産、再生手続開始の時に再生債務者に属する財産、または更生手続開始の時に更生会社に属する財産として取り扱われる（一括清算3条）。

　また、この結果として、破産管財人はデリバティブ取引を双方未履行双務契約として履行・解除を選択することはできない。

　他方で、①第一種金融商品取引業者ではない外国の金融機関との間で行われる場合（「基本契約書」の要件を充たさないもの）、②「特定金融取引」に該当しない場合、③自動期限前終了が選択されていない場合には、一括清算法の適用がないため、破産法58条により一括清算条項の有効性が基礎付けられることになる。

6　破産法58条

(1)　破産法58条の規定の概要

　一括清算法は上記5①のとおり「金融機関等が行う特定金融取引」に対してのみ適用され、これ以外の商社、事業会社、外国金融機関等の間の取引は対象外とされるため、かかる取引における一括清算条項の有効性を基礎付ける立法的手当の必要性が指摘されていた(注17)。これを受けて平成16年の破産法改正に当たって新設されたのが破産法58条5項である。

　破産法58条は、①取引所の相場その他の市場の相場がある商品の取引に係る契約(注18)で、②その取引の性質上特定の日時または一定の期間内に履行をしなければ契約をした目的を達することができないものについて、当該時期が

(注17)　大コンメ249頁〔松下〕。

(注18)　日本においてはいわゆる「担保取引」が消費貸借・消費寄託形式で行われるのが一般的であるため（前掲（注15）参照）、担保目的物についての取戻権・別除権という問題ではなく、倒産当事者との間の契約関係の処理という形で問題となる。そして、破産法では一括清算法とは異なり「担保取引」についても一括清算の対象になることは明確に規定されていない。そのため担保取引が破産法58条5項における一括清算の対象となるかは、当該取引が「取引所の相場その他の市場の相場がある商品の取引にかかる契約」であるといえるかにつき個別に判断されることになると思われる（大コンメ246頁〔松下〕）。

破産手続開始後に到来する場合に、当該契約の解除を擬制する（同条1項）。また、その場合の損害賠償の額を、当該商品の同一取引所等における同一の時期の相場額と解除された契約における商品の価格との差額と規定している（同条2項）。

さらに、破産法は、58条1項または2項の定める事項につき取引所または市場において別段の定めがある場合には当該定めに従うとするほか（同条4項）、「市場の相場がある商品の取引」の基本契約においてその基本契約に基づいて行われるすべての契約につき生ずる損害賠償の債権または債務を差引計算して決済する旨の定めをしたときは、請求することができる損害賠償の額の算定については、その定めに従うとする（同条5項）。

例えば、マスター契約に準拠して第一種金融商品取引業者ではない外国の証券会社との間で行われる燃油の固定価格と変動価格を交換するデリバティブ取引[注19]を例に考えてみると、当該取引は、①市場の相場がある商品である燃料の取引に係る契約であり、②将来の一定時点における燃料の固定価格と変動価格を交換することで燃料価格の変動リスクをヘッジするという取引の性質上、各取引の決済日に履行をしなければ契約の目的を達することができない。

そして、マスター契約の期限前終了に関する規定や、期限前終了金額に関する定めは破産法58条1項および2項に定める事項に関する別段の定め（同条4項・5項）に当たるため、破産手続開始を原因とするマスター契約の終了および取引の清算については、破産法58条4項および5項[注20]を媒介にしてマスター契約の規定が適用されることになる。

また、この結果として、破産管財人はデリバティブ取引を双方未履行双務契

(注19) かかる取引には、第一種金融商品取引業者ではない外国の証券会社が一括清算法の「金融機関等」に含まれないため、一括清算法は適用されない。

(注20) マスター契約のクローズアウト金額の計算に当たっては、必ずしも損害賠償の債権・債務の一括清算が行われるわけではないため、「損害賠償の債権又は債務」という文言を用いる破産法58条5項がただちに適用されるかという問題も生じ得るが、一般的には基本契約に基づく取引の結果として発生する債権または債務であれば厳密な意味での「損害賠償」に該当しない場合でも同項の適用対象になると考えられており（条解破産法435頁）、同項が適用されることに問題はないと思われる。

約として履行・解除を選択することはできなくなる。

(2) 一括清算事由の発生時点

マスター契約では倒産処理手続開始申立てが期限の利益喪失事由とされており（上記**3**(1)）、取引の期限前終了および期限前終了金額の計算は、通常の場合、破産手続開始決定前に発生する。破産法58条5項は一括清算事由の発生時点について明確に規定しておらず、同項が前提とする同条1項は破産手続開始による取引の終了を擬制するため、破産手続開始決定より前の時点で一括清算を行うマスター契約の規定が破産法の下でそのまま効力を有するかは一応問題となり得る。

もっとも、一般に、当事者間で対立する債権債務の差引計算は、当該取引の行われた時点が破産手続開始に近接したものであればあるほど、差引計算の有効性が破産手続との関係で精査されることになるにもかかわらず破産法58条5項が破産手続開始直前に債権債務まで差引計算に組み入れることを認めているのであるから、破産手続開始決定より前の時点を一括清算事由とする条項（マスター契約も含む）の効力も、当然に破産法58条5項によって確認されていると考えられる[注21]。

(3) 相殺禁止との関係

マスター契約に基づく一括清算では、クローズアウト金額の算定に当たり、期限前終了日またはそれ以降における①相手方が終了された取引に代替する取引を行う場合に必要となる費用や②終了された取引が引き続き存続していた場合に相手方にもたらされたであろう利益または費用を考慮した金額の差引計算が行われることになり〔→上記**3**(3)〕、これはいわば危機時期以降に生じた債権債務の差引計算を実質的に行っているとも言える。

その点では、破産法58条5項の規定は、同項の要件を充たす一括清算が倒産法における相殺禁止の趣旨に反しないことを確認するもの、ないしかかる差引計算は破産法71条2項および72条2項における「前に生じた原因」に当た

（注21）大コンメ250頁〔松下〕。

るものであることを確認するものと評価できる[注22]。

(4) 一括清算法との適用関係

一括清算法と破産法58条5項は、取引の主体および取引の性質につき適用対象が次の点で異なる（【図5】）。

【図5】

	一括清算法	破産法58条5項
取引主体	一方が「金融機関等」	限定なし
取引内容	「特定金融取引」 （その内容は一括清算法施行規則で限定列挙）	取引所の相場その他の市場の相場がある商品の取引に係る契約で、その取引の性質上特定の日時または一定の期間内に履行をしなければ契約をした目的を達することができないもの

　これをみると、取引主体に限定がなく、取引内容もより一般的な定め方がなされている破産法58条5項が一括清算法に対する一般法と見える。ただし、破産法58条5項の条件を充たさない取引については、一方当事者が「金融機関等」で、かつ「特定金融取引」であれば一括清算法により一括清算の効力が基礎付けられることになる。例えば、デリバティブ取引に伴って行われる担保取引が破産法58条5項の要件を満たさない場合も（前掲（注19）参照）、一括清算法の「特定金融取引」はデリバティブ取引に伴って行われる担保取引を広く含むことから［→5②］、同法によって担保取引も含めた一括清算の有効性が基礎付けられることになる。その意味で、破産法58条5項と一括清算法の適用範囲は、完全に前者が後者を包含する関係にはない。

（注22）大コンメ251頁〔松下〕。

7 まとめ

　以上、マスター契約に準拠して行われるデリバティブ取引の当事者に倒産が発生した場合、マスター契約ではどのような処理が行われ、その効力が日本の倒産法においてどのように認められることになるかという点について概説を行った。

　ここまで見てきたように、マスター契約に基づく一括清算については、一括清算法および破産法58条の制定によって有効性が確認されたと言える。より細かな論点としては、①一括清算により算出された「期限前終了金額」の債権届出がなされた場合に、その認否に際して当該「期限前終了金額」の前提となる「クローズアウト金額」の算出につきどこまで厳密な立証が要求されるか（一次的には債権認否の場面、最終的には債権査定申立ての場面）、②「クローズアウト金額」算出に要した専門家費用等の費用償還請求権がどの範囲で認められるかといった点があると思われる。これらについては現時点で確立した実務上の取扱いが存在するまでは言えないと思われ、今後の実務の集積が期待される。

Ⅰ－18　各倒産手続における担保権実行手続中止命令

弁護士　**柴田　義人**

1　はじめに

　担保権実行手続中止命令とは、債務者の財産につき存する担保権の実行手続の中止を命じる手続をいう（民再31条1項参照）。債務者の財産の上に担保権を有する者が担保目的物の経済的価値について優先権を有することを前提としつつも、倒産手続の目的を達するために担保権の実行が妨げとなる場合は、一定の要件の下で、かつ期間を定めて当該担保権の実行を中止する権限を裁判所に認める制度である。なお、法文上は「担保権の実行手続の中止命令」であるが（同条見出し）、本項では「担保権実行手続中止命令」と略している。

2　担保権実行手続中止命令の必要性・相当性

　倒産手続が担保権について別除権として手続に拘束されずに実行する権利を認めているか否かは別として、担保権者が担保目的物の経済的価値について優先権を有することを否定する倒産手続はわが国に存在しない。しかし、担保権の実行について一切の制約がない場合、債務者の事業または経済生活の再生のために必要不可欠な財産が失われ、事業や生活の再建が困難となるほか、債権者の一般の利益に反する場合もあり得る[注1]。これでは倒産手続がその目的を達成することはできない。ここに担保権実行手続中止命令の必要性がある。そこで、担保権者の利益（優先権）が不当に侵害されない手当てをした上で、つまり相当性が認められる範囲で、担保権の実行を一時的に中止する権限を裁判所に認めることにより、担保権者の優先権と倒産手続の目的実現との調和を図

（注1）　新注釈民事再生法(上)2版146頁〔三森仁〕、条解民事再生法3版146頁〔高田裕成〕。

るのが担保権実行手続中止命令といえる。

3 各倒産手続における担保権実行手続中止命令の異同

　担保権実行手続中止命令の必要性と相当性を抽象的にみれば上記のとおりであるが、倒産手続における具体的な担保権実行手続中止命令のあり方はやや複雑であり、統一的な理解は必ずしも容易ではない（むしろ、後に検討するとおり、担保権消滅制度との関係等からみると、各倒産手続は一貫性を欠いた状態にあるといってもよいように思われる）。

　各倒産手続における担保権実行手続中止命令は、それぞれの倒産手続における担保権の基本的な処遇や、担保権消滅請求の制度と関係している。すなわち、そもそも倒産手続中に担保権者が担保権を実行し得るか否かは倒産手続により異なるし(注2)、担保権者により担保権が実行された場合にこれを中止することを裁判所が命じても、その効力はあくまで一時的なものにすぎず(注3)、担保権そのものを消滅させる担保権消滅請求の手続と表裏一体の関係にあるともいえるからである(注4)。

　そこで本稿では、法的整理と私的整理それぞれについて、倒産手続ごとに、担保権の基本的な処遇や担保権消滅請求との関係から担保権実行手続中止命令を整理しておきたい（次頁【表】参照）。

（注2）例えば、破産手続や再生手続においては担保権は別除権とされ原則として手続には拘束されないのに対し（破65条1項・2条9項、民再53条1項・2項）、更生手続や事業再生ADRにおいては担保権者が担保権を自由に実行することはできない（会更50条1項・24条1項2号、事業再生に係る認証紛争解決事業者の認定等に関する省令7条）。事業再生ADRにおける一時停止の要請通知の効力については、伊藤眞「第3極としての事業再生ADR――価値の再構築と利害関係人の権利保全の調和を求めて」金法1874号（〇〇年）144頁以下（事業再生ADRの実践17頁以下に転載）等を参照。

（注3）例えば再生手続における担保権実行中止命令は期間を定めて担保権の実行を停止させる決定であり（民再31条1項等）、権利実行の時期を遅らせる効力を有するにすぎない（新注釈民事再生法(上)2版159頁〔三森〕等）。

（注4）ただし、後述のとおり、担保権消滅請求と担保権実効中止命令との関係は倒産手続ごとに複雑である。

第1章 倒産手続における担保権

【表】：各倒産手続における担保権の基本的な処遇と、担保権消滅請求および担保権実行中止命令の可否の関係

	破産手続	特別清算手続	再生手続	更生手続	特定調停	私的整理（純粋）	制度化された私的整理
担保権実行の基本的な処遇	拘束されない（別除権）（破65条1項・2項、9項）	拘束されない	拘束されない（別除権）（民再53条1項・2項）	拘束される（更生担保権）（会更50条1項・24条1項2号）	拘束されない	拘束されない	拘束される（一時停止）（事業再生ADR等の各準則）
担保権消滅請求	可能（破186条1項）	不可能	可能（民再148条1項）	可能（会更104条1項）	不可能	不可能	不可能
担保権実行中止命令	不可能	可能（会516）	可能（民再31条1項）	可能（会更24条1項2号）	可能（特定調停法7条1項）	不可能	不可能
備考	担保権消滅請求の定めはあるが、その実効性を担保する担保権実行中止命令の定めはない。	担保権消滅請求は認められていないが、協議の時間的猶予を確保するための担保権実行手続中止命令は可能。	担保権消滅請求の定めがあり、その実効性を担保する手段となり得る担保権実行中止命令も規定されている。	担保権者も手続に拘束されるが、申立後開始決定前の担保権実行は拘束されないので、開始前会社についてのみ担保権実行手続中止命令の定めがある。	担保権消滅請求は認められていないが、協議の時間的猶予を確保するための担保権実行手続中止命令は可能。	担保権者を法的に拘束する手段はない。	強い法的効力をもって担保権者を拘束する手段はない。

(1) 法的整理における担保権実行手続中止命令

担保権実行手続中止命令について、破産法、会社法（特別清算手続）、民再法、および会更法上の規定には顕著な差異がある。

ア 再建型法的整理

(ｱ) 再生手続

担保権の基本的な処遇や担保権消滅請求との関係で担保権実行手続中止命令を理解しようとする場合、法的手続の中で最も理解が容易なのが再生手続であろう。

すなわち、再生手続においては、「再生手続開始の時において再生債務者の財産につき存する担保権を有する者」は、「その目的である財産について、別除権を有」しているから（民再53条1項）、再生手続に拘束されずに担保権を実行することは原則として自由である。原則として自由であるということの意味は、例えば抵当権の実行としての競売申立てをすることは、仮にそれが再生債務者や管財人の意向に反していたとしても、制限されないということである。

しかし、事業に不可欠な財産について担保権が設定されている場合、担保権の実行に何らの制約もないとすると、担保権の実行により事業の再建が不可能となり、ひいては、事業が再建されれば清算した場合よりも多くの弁済を得られる蓋然性の高い無担保債権者の利益が損なわれることとなりかねない。

そこで重要な事業用資産に担保権が設定されている再生手続では再生債務者等が別除権協定を申し入れるのが通常である。また、民再法は別除権協定が成立しない場合を想定して、担保権消滅請求を認めている。つまり、再生手続開始時に再生債務者の財産につき担保権が設定されている場合、「当該財産が再生債務者の事業の継続に欠くことができないものであるときは、再生債務者等は、裁判所に対し、当該財産の価額に相当する金銭を裁判所に納付して当該財産につき存する全ての担保権を消滅させること」の許可を求めることができる（民再148条1項）。

もっとも、担保権消滅請求に対して担保権者は価額決定の請求により担保権消滅請求に対抗したり（民再149条1項）、裁判所の許可に対して即時抗告

をすることができるので（民再148条4項）、再生債務者等が担保権の消滅を求めても、担保権者との間で担保目的物の価値について争いがある場合には決着までに数か月間は要することとなる^(注5)。この間に担保権実行手続が完了してしまえば、担保権消滅請求の制度は画餅に帰することとなる。

そこで民再法は担保権実行中止命令についても定め、①再生債務者の一般の利益に適合し、②競売申立人に不当な損害を及ぼすおそれがないものと認めるときは、相当の期間を定めて担保権の実行手続の中止を命じることができるとしている（民再31条1項）。

このように、再生手続における担保権実行中止命令は、究極的には担保権消滅請求を実効あるものにするための手段として理解することも可能である。なお、担保権実行中止命令が事業にとっての不可欠性を要求せず、ある意味では担保権消滅請求よりも間口が広いと解し得るのは^(注6)、広く別除権協定の交渉のための時間的猶予を得るための利用を許容していることを示していると解され^(注7)、実際にもそのような利用が多い。事業にとっての不可欠性までは担保権実行手続中止命令の要件となっていないのは、中止命令の効果が一時的なものにすぎないからでもあろう。

(ｲ)　更生手続

再生手続と同様に再建型の法的整理である更生手続においても担保権実行手続中止命令の制度があるが（会更24条1項2号）、その内容や趣旨は再生手続とは異なる。

(注5) 再生手続における担保権消滅請求の利用状況および手続等については、民事再生の手引243頁以下〔中村悟〕を参照。

(注6) ただし、東京地裁破産再生部における申立件数で比較すると、民事再生法施行から平成23年12月末までの累計で、担保権実行手続中止が75件（民事再生の手引84頁〔片山健〕）、担保権消滅請求が108件（民事再生の手引144頁〔中村〕）であり、間口が広く効果も一時的な担保権実行手続中止の方が、担保権者の権利を消滅させる担保権消滅請求よりも多く利用されているというわけではない。

(注7) 担保権実効中止命令が機能する場面としては、担保権消滅請求がなされた場合のほか、別除権協定に向けて交渉のための時間的猶予を必要とする場合がある（新注釈民事再生法(上)2版146頁〔三森〕、民事再生の手引83頁以下〔片山〕）。

第3節　担保権実行手続中止命令

　すなわち、再生手続おいては開始決定後も担保権が原則として手続に拘束されないことを受けて、再生手続における担保権実行手続等中止命令は（再生手続開始申立ての後であれば）開始決定の前後を問わずに命じることができる(注8)。これに対して、更生手続においては更生会社の財産について設定された担保権は開始決定の効果として更生手続に拘束されるので（会更50条1項・24条1項2号）、開始決定後についてはそもそも担保権実行手続中止命令は必要ない。したがって、更生手続における担保権実行手続中止命令は開始決定前のみ認められている（会更24条1項2号）。

　このように、再生手続における担保権実行手続中止命令が担保権消滅請求を実効あるものにすることを目的または機能の1つとしているのに対し、更生手続における担保権実行手続中止命令は、将来開始される倒産手続の目的実現を可能にするという最終的な目的は共通していても(注9)、担保権消滅請求との結び付きはない(注10)。

　また、再生手続では担保権が別除権であることから他の手続の中止命令（民再26条1項）とは区別して担保権実行手続中止命令が規定されているが（民再31条1項）、更生担保権が手続に服する更生手続では（会更50条1項）、担保権実行手続中止命令（会更24条1項2号）は他の手続の中止命令に包含されている(注11)。

イ　清算型法的整理
(ア)　破産手続

　再建型法的整理の場合と異なり、清算型法的整理では事業再生の視点は後退する(注12)。したがって、再生手続と異なり、事業のために不可欠な資産についての担保権消滅請求の制度を実効あるものにすることが担保権実行手

（注8）民事再生の手引83頁〔片山〕。条文上も、民再法31条1項は民再法第2章第1節「再生手続の申立て」に定められ、開始決定は要件とされていない。
（注9）伊藤・会社更生法58頁。
（注10）Ⅰ－28を参照。更生手続においても担保権消滅請求は認められるが、再生手続における利用方法とは異なる（会社更生の実務Q&A120問114頁〔岩崎晃〕）。再生手続における担保権消滅請求との比較については、伊藤・会社更生法526頁以下も参照。
（注11）伊藤・会社更生法57頁注55。

中止命令の存在理由の1つ、という構造は破産手続には存在しない。

しかしながら、このことは、必ずしも破産手続において担保権消滅請求が不要であることを意味するわけではない。実際にも、破産法では担保権消滅請求の制度が用意されており（破186条1項）、例えば、任意売却がまとまっている場合に法外な「判子代」を要求する後順位抵当権者を排除するという場面では有効に活用できる制度となっている^(注13)。

破産手続における担保権消滅請求が使われる事例の大半が後順位抵当権者を排除して任意売却を実現するための手段として使われていることから、別除権協定や担保権消滅請求までの時間を確保するための担保権実行手続中止命令の必要性が強く実務において認識されているわけではないと思われるが^(注14)、立法論としては破産手続においても担保権実行手続中止命令を導入する必要性を指摘する有力な見解もある^(注15)。例えば、担保目的物を含む資産の集まり（破産者の事業や、事業とまでいえなくても一体性のある資産の集合である工場等）を売却することで担保権者の回収を犠牲にすることなく一般債権者への配当を増やすことが可能であるにもかかわらず、担保権者が破産管財人の意向を無視して担保権目的物の競売を申し立て、担保権実行手続が進行しているような場合は、破産手続においても担保権実行手続中止命令の必要性が認識されよう。

(ｲ)　特別清算手続

同じ清算型法的整理で、かつ担保権の実行が倒産手続には原則として拘束されない設計となっている点でも共通するにもかかわらず、担保権消滅請求および担保権実行手続中止命令について、特別清算手続では破産手続と異な

（注12）あえて破産手続が事業再生のために利用されることもまれにあるが、実務的に高度な処理であり、ここでは省略する。

（注13）東京地裁の実務ではこのような事例が大半を占めるとのことである（破産管財の手引増補版171頁〔下田敦史〕。詳細はⅠ－5参照。

（注14）なお特別清算手続との対比から、破産手続において担保権実行手続中止命令を担保権消滅制度の存在により理由づけることに疑問を示す見解がある（倒産法改正展望220頁〔永島正春〕）。

（注15）伊藤・破産法民事再生法2版27頁。

る規律がなされている。すなわち、破産手続では認められている担保権消滅請求が特別清算手続では認められておらず[注16]、逆に破産手続では認められていない担保権実行手続中止命令が特別清算手続では認められている（会社516条）。

このような跛行的ともいえる制度設計を合理的に理解するのは困難であり、同じく清算型手続である破産と特別清算との間に担保権の取扱いについてこのような差を設ける理由に乏しいとの指摘もなされている[注17]。

(2) 私的整理における担保権実行手続中止命令

私的整理における担保権事項手続中止命令についても、担保権の処遇および担保権消滅請求と関連付けて整理しておきたい。私的整理を、純粋私的整理、特定調停手続、および制度化された私的整理[注18]に分類した場合、下記のとおり、それぞれ異なる制度設計となっている。

ア　純粋私的整理

法的整理とは対極にある純粋私的整理では担保権が手続に拘束されないのはもちろんのこと、担保権消滅請求も担保権実行手続中止命令も存在せず、すべて債権者の任意の協力なくしては進まないのは担保付債権についても非担保債権についても同様である。

イ　特定調停

特定調停により調停を行うことを求める申立て（特定調停3条1項）があっても、担保権者は当然に手続に拘束されるわけではない。しかし、特定調停により解決することが相当であると裁判所が認める場合には、裁判所は、①特定調停の成立を不能にしもしくは著しく困難にするおそれがあるとき、または②特定調停の円滑な進行を妨げるおそれがあるときは、民事執行の手続を停止することができる（特定調停7条1項）。再生手続等の担保権実行手続中止命令と

(注16)　会社法879条以下に根拠となる条項が存在しない。
(注17)　伊藤・破産法民事再生法27頁。
(注18)　本稿執筆時点で多く利用されているものとしては事業再生ADRおよび中小企業再生支援協議会があるが、政府系機関として地域経済活性化支援機構や整理回収機構も準則に基づく事業再生（財務リストラ）の支援に取り組んでいる。

異なり、停止できるのは「民事執行の手続」であるから、非典型担保について任意の手段によりなされる実行を停めることはできない。

　一方、担保権消滅請求の定めは置かれていないことから、民事執行手続の停止により作り出された時間的猶予の間に調停（調整に代わる決定）が成立しなければ、最終的に担保権の実行を阻止することはできない。

　　ウ　制度化された私的整理

　制度化された私的整理においては、私的整理開始の際に担保権を実行しないようにとの要請がなされる[注19]。かかる制度設計をもって担保権者が法的に拘束されているというかはともかくとして、各準則において担保権が別除権的に扱われているわけではない。しかしながら、裁判所等が関与しないことを特色とする制度化された（特定調整を除く）私的整理では、担保権の究極的な拘束である担保権消滅や、法的に担保権の実行中止を命じる手続は存在せず、一時停止の要請を無視して担保権が実行されたとしても、これを停止し得る具体的な条項は存在しない。

（注19）例えば事業再生に係る認証紛争解決事業者の認定等に関する省令7条に記載のある一時停止の要請。（注2）を参照。

Ⅰ−19 非典型担保に対する担保権実行手続中止命令に関する諸問題——集合債権譲渡担保を中心として

千葉大学大学院専門法務研究科准教授 　杉本　和士

1 　はじめに——問題状況と総論的な立場

　筆者に与えられたテーマは、集合債権譲渡担保を中心とする非典型担保に対する再生手続上の担保権実行手続中止命令（民再31条。以下、「中止命令」という。）に関する諸問題の検討である。このテーマに関しては、改正提言も含めて、すでに多くの文献において詳細に論じられており、その検討対象も広範にわたっている(注1)。そこで本稿では、中止命令制度の課題が最も鮮明な形で現れている集合債権譲渡担保に関する問題に限定して検討することとしたい。

(注1) 　すでに本稿と同一のテーマに関して研究者及び実務家の立場から広く解釈論や改正提言を行う先行研究が公表されている。網羅的ではないが、伊藤眞「集合債権譲渡担保と民事再生手続上の中止命令」谷口古稀439頁、小林信明「非典型担保権の倒産手続における処遇—譲渡担保権を中心として—」佐藤歳二ほか編『新担保・執行法講座〈第4巻〉』（民事法研究会、2009年）191頁（小林①）、同「担保権実行手続の中止命令の適切な利用—非典型担保への類推適用」事業再生研究機構編『民事再生の実務と理論』（商事法務、2010年）32頁（小林②）、倉部真由美「集合債権譲渡担保に対する担保権実行中止命令をめぐる諸問題」NBL948号（2011年）14頁、赫高規「集合動産、将来債権譲渡担保の再生手続、更生手続における取扱い—各譲渡担保の実体法上の効力を踏まえて—」倒産法改正研究会編『提言倒産法改正』（金融財政事情研究会、2012年）204頁、清水靖博「担保権実行の中止命令」東京弁護士会倒産法部編『倒産法改正展望』（商事法務、2012年）225頁、山本克己「基調講演　集合債権譲渡担保と再生法上の実行中止命令：解釈論的検討」事業再生と債権管理140号（2013年）16頁、池上哲朗「再生手続における担保権の実行手続の中止命令、担保権消滅許可請求、価額決定請求」島岡大雄ほか編『倒産と訴訟』（商事法務、2013年）364頁、三枝知央＝清水靖博「担保権実行中止命令・担保権消滅請求」園尾隆司＝多比羅誠編『倒産法の判例・実務・改正提言』（弘文堂、2014年）321頁等がある。

(1) **集合債権譲渡担保の光と影―継続企業価値の活用か破壊か？**
　ア　積極的側面

　近時、金融実務において、在庫商品や売掛債権といった事業収益資産を担保とする資金調達手法として、いわゆるABL（Asset Based Lending；わが国では、「動産・債権担保融資」とも呼ばれる。）が注目されつつある。ここで理想とされるモデルとして、具体的には、現在から将来にわたって発生する事業収益の流動的なサイクルに着目して金融を行うことが想定される。この種の担保の登場は、担保の経済的機能を、実行による清算回収という点から事業サイクルの維持・継続という点へと転換させる契機を含むことから、池田真朗教授によって「生かす担保」[注2]とも称される。言い換えれば、ABLは、事業サイクルにおいて形成される継続企業価値（going concern value）に着目し、それに対する融資を可能とする手法であると評することもできよう。それゆえ、このような担保手法を支える集合債権譲渡担保[注3]について、まずは継続企業価値の積極的活用を促すという側面が認められる。

　実際に、実体法上、具体的な債権としては未だに発生していない将来債権の譲渡について、判例がその有効性を広く認め（最判平成11年1月29日民集53巻1号151頁）、帰属変更の確定的効果（最判平成13年11月22日民集55巻6号1056頁、最判平成19年2月15日民集61巻1号243頁[注4]）を確認するとともに、対抗要件としての公示制度が立法によって整備されるに至ったこと（動産・債権譲渡特例

（注2）池田真朗『債権譲渡の発展と特例法―債権譲渡の研究・第3巻―』（弘文堂、2010年）所収の2論文（「ABL等に見る動産・債権担保の展開と課題―新しい担保概念の認知に向けて」320頁、「ABLの展望と課題―そのあるべき発展形態と『生かす担保』論」335頁）において示されている考え方である。森田宏樹「事業の収益性に着目した資金調達モデルと動産・債権譲渡公示制度」金融法研究21号（2005年）81頁も参照。

（注3）用語の問題であるが、本稿では、「集合債権」の概念を、既に発生している現在債権及び契約時には未だ発生していないものの将来において発生すべき債権（将来債権）を包含するものとして用いる。さらに、「集合債権譲渡」においては、その個々の債権についての「個別譲渡の束が存在」（森田修『債権回収法講義』（有斐閣、第2版、2011年）95頁）するとの理解を前提としている。

（注4）判例の立場、特に平成19年判決の理解の在り方については諸説あるところである。ただし、本稿ではその点には立ち入らない。

法による特例法登記の整備）も、上記側面を支えるものとして歓迎されるべきであろう(注5)。

　イ　消極的側面

　しかし他方で、かかる集合債権譲渡担保は特に倒産局面においてその消極的側面が顕在化するのも事実である。例えば、将来発生すべき売掛債権を将来債権として法的倒産手続開始前に譲渡していたという場合、手続開始の時点においてその帰属はすでに譲受人たる譲渡担保権者の下にあるとしても、再建型倒産手続において事業を継続することによってこの将来債権を現実に発生させるには、管財人等が原材料を購入し、光熱費や人件費といった経費を倒産財団の負担において捻出しなければならず、このように実質的に一般債権者に対する弁済原資を削って譲渡担保権者のみを利することの不合理性が説かれる(注6)。また、事業の再生が図られればまだ良いものの、将来債権によって事業収益を吸い取られるために運転資金を欠くこととなる結果、事業再生がたちまち立ち行かなくなり、事業の停止、清算に至る危険性も高い。そうすると、将来債権が発生することも叶わず、譲渡担保権者にとっても債権の回収を図れないという不利益が生じる。要するに、本来であれば「生かす担保」として機能するはずの集合債権譲渡担保の存在がむしろ継続企業価値を破壊し、倒産企業、一般債権者、そして譲渡担保権者の誰にとっても得にならない、皮肉な結果をもたらしかねない。

　とりわけ担保権の処遇を法的倒産手続外におく、いわゆる別除権構成（民再53条）を採用する再生手続の下では、かかる集合債権譲渡担保の無秩序な放置は事業再生を困難にする可能性が高い。なぜならば、集合債権譲渡担保につき手続面での制約が原則として課されないがゆえに、仮にその実行が無秩序に行

(注5)　なお、「将来財産の担保目的での現在処分」という実体法上の論理を承認することにおいて、わが国の集合譲渡担保法制は、「比較法的に見ても突出して強力である」（森田修「最判平成19年2月15日を読んで」NBL854号（2007年）60頁）と指摘されている。

(注6)　蓑毛良和「会社更生手続・民事再生手続開始後に発生する将来債権の譲渡担保の効力—将来債権譲渡担保における債権の移転時期の検討を中心として—」法律実務研究（東京弁護士会法律研究部）22号（2007年）59頁、髙田千早「倒産手続における集合債権譲渡担保の効力」法律実務研究（東京弁護士会法律研究部）25号（2010年）117～118頁参照。

われると、再生債務者又は管財人の下で将来収益を取得し利用する機会が奪われてしまい、将来取得される収益を元に事業再生を図りつつ弁済計画を成立・履行させるという再生手続の前提を成り立たなくさせるからである。前述のとおり、この前提が覆されてしまうことは、再生債務者の事業の再生が実現されないばかりか、譲渡担保権者自身の利益をも害する可能性は高い。

　ウ　集合債権譲渡担保の位置付けをめぐる見解の対立

　以上のように集合債権譲渡担保は相反する二つの側面を有しうる。今度は、そのいずれの側面を強調するのかという観点から、集合債権譲渡担保の位置付けに関する見解の対立を見てみよう（「性善説」と「性悪説」の如き対立状況にある）[注7]。

　(ｱ)　まず、特に倒産局面を想定した消極的側面を強調する見解（消極説）は、集合債権譲渡担保が設定されるのは、ABLのようなものではなく、むしろ資金繰りが苦しくなって金融機関から借換えをする際の追加担保として、あるいは無担保取引をしていた仕入業者との取引継続条件として要求される場面であると想定しているようである[注8]。極端な場合には、倒産間際に、又は法的倒産手続開始申立ての段階になってから急遽、譲渡担保設定契約を締結する等、偏頗行為否認の対象となるべき、およそ真っ当な取引とは言い難いものさえあるのかもしれない。この立場からは、少なくとも法的倒産手続開始後において発生する将来債権に対する担保の効力を実体的に遮断すべき旨が主張される[注9]。

　(ｲ)　他方、積極的側面を強調する見解（積極説）は、かつて動産・債権担保が「添え担保」にすぎないとされる状況（まさに上記の消極説の前提とする状況）を打破し、特に中小企業がその事業サイクルにおける在庫や売掛債権の循環・流動によって得られる収益を元にして、自律的に資金調達を行うこと

（注7）第11回全国倒産処理弁護士ネットワーク大阪大会「再生手続における担保権の取扱い中止命令と担保権消滅許可制度への提言を中心に」事業再生と債権管理140号（2013年）24頁における山宮慎一郎弁護士による発言（30～32頁）と赫高規弁護士による発言（25頁、30頁）から、実務の現場に顕出するその両側面が看て取れる。

（注8）赫・前掲（注1）204頁（注1）、第11回全国倒産処理弁護士ネットワーク大阪大会・前掲（注7）30頁〔赫発言〕等を参照。

を可能とすべく、集合動産・債権譲渡担保が「新しい担保」として発展・機能し、新たな資金調達手法として定着することを企図している[注10]。この見解は、上記の消極説の説くような倒産局面の問題状況に対しては、むしろ今後はABLにより動産・債権担保を活用することで、中小企業を倒産させずに存続させる運転資金の供給を持続的に可能とするように取り組むべきであると主張する[注11]。

ただし、この積極説の立場からも、かかる循環・流動型の集合債権譲渡担保について、ひとたび担保権が実行されると、その時点で循環が停止され（「固定化」され）、それ以降に発生する債権に対して譲渡担保の効力は及ばなくなるのが、集合債権譲渡担保権者及び債務者の合理的な意思であると説かれる[注12]。

(2) 集合債権譲渡担保に対する中止命令が果たす機能

以上のような問題状況からは、目下、わが国の金融担保がまさに過渡期にあることを認識させられる。倒産局面の現実に目を向けると、たしかに消極説の立場から法的倒産手続開始後に発生する債権に対する実体的効力を否定すべき

(注9) 田原睦夫「倒産手続と非典型担保の処遇」福永有利ほか『倒産実体法—改正のあり方を探る〔別冊NBL69号〕』（商事法務、2002年）81〜82頁等、倒産管財人側の弁護士から有力に主張されている見解である。その法律構成に関する諸説につき、蓑毛・前掲（注6）60〜61頁参照。また、この立場からの立法論として、小林信明「倒産法における将来債権譲渡に関する規定の創設」東京弁護士会倒産法部編『倒産法改正展望』（商事法務、2012年）308頁参照。

(注10) 池田・前掲（注2）322頁、中村廉平「再建型法的倒産手続におけるABLの取扱いに関する考察—いわゆる『固定化』問題を中心として」NBL908号（2009年）29〜30頁、第11回全国倒産処理弁護士ネットワーク大阪大会・前掲（注7）31頁〔山宮発言〕等を参照。

(注11) 池田・前掲（注2）324頁。

(注12) 中村・前掲（注10）34頁。伊藤眞教授は、「集合体を構成する債権の流動性」が流動型の集合債権譲渡担保の本質であるとし、譲渡担保権者自身の意思に基づく譲渡担保権の実行（第三債務者への通知）によって「連関構造」が断ち切られ（「固定化」が生じ）、以後、設定者の下で発生する債権には譲渡担保の効力が及ばないという構成を説く（伊藤眞「倒産処理手続と担保権—集合債権譲渡担保を中心として」NBL872号（2008年）67頁）。

必要性はあるのかもしれない。しかし、積極説が説くように、安易に倒産局面において実体法上の効力を否定すれば、新しい資金調達方法としての動産・債権担保の活用は委縮されかねないし、また先に見た判例・立法の動向にも反する。したがって、このように実体法的観点から集合債権譲渡担保を制約すべきか否かという立論に対しては、直ちにその解答を導くことができるものではなく、未だ私見も定まらない。

そこで、倒産局面における問題に対しては、実体法上の議論、つまり譲渡担保の実体的効力の制限（権利の実体的帰属変更）の可否という議論ではなく、まずは法的倒産手続固有の合目的的な制度枠組における対応策、言い換えれば法的倒産手続の用意する手続的制約の道具をもって対処すべきであると考える。集合債権譲渡担保の効力や範囲に関する問題が最も先鋭化するのは別除権構成（民再53条）を採用する再生手続においてであるが、同手続は担保権実行の手続に対する中止命令制度（民再31条）を備えている。そこで、この中止命令制度を集合債権譲渡担保に対しても実効的に活用させるべき解釈論あるいは改正論を検討するのが筋であろう。

中止命令は別除権協定締結の機会を再生債務者側に与えることがその目的とされる。しかし、集合債権譲渡担保に関して言えば、譲渡対象とされた債権を譲渡担保権者が第三債務者から回収するには、債権の譲渡人である再生債務者側からの協力を必要とする場面も少なくない。実は、譲渡担保権者にとっても、再生債務者との交渉を打ち切って担保権実行を断行するよりも、再生債務者側へ協力姿勢を示す方が合理的であると考えられる。そのため、本来であれば再生債務者側と譲渡担保権者との間の協同関係を構築することが、その双方にとって利益をもたらすのに不可欠であるといえる。そこで、再生債務者側・譲渡担保権者側の双方が適切な別除権交渉を行う機会を与えられるように中止命令の制度設計を考えていく必要があると考える。

2 集合債権譲渡担保の実行に対する中止命令発令時における問題点

(1) 集合債権譲渡担保の実行に対する中止命令の可否
ア 民事再生法31条類推適用の可否

　再生手続における中止命令を規律する民事再生法31条は、文言上は、専ら法定の担保権の実行手続（典型的には担保不動産競売手続）を念頭に置いた規定ぶりとなっているが、今日、非典型担保に対する同条の類推適用又は直接適用を否定する見解はほとんど見当たらない(注13)。また、実際に類推適用を認めた裁判例として、❶東京地判平成16年2月27日金法1722号92頁及びその控訴審判決である❷東京高判平成18年8月30日金判1277号21頁（なお、最決平成19年9月27日金判1277号19頁により上告棄却・上告不受理）、❸大阪高決平成21年6月3日金判1321号30頁、❹福岡高那覇支決平成21年9月7日判タ1321号278頁がある（以下、これらの裁判例を「裁判例❶」のように引用する）。ただ、ここでの問題の本質は、本来、担保不動産競売手続のみを念頭において設計されたと思われる中止命令制度をどのように非典型担保に類推適用していくのか、つまり類推適用を認めた場合の実効性をいかに確保すべきかという点にある(注14)。

イ 中止命令の申立ての目的

　中止命令の本来の目的は、再生債務者が別除権者と交渉を行い、別除権協定を締結する機会を作出するための時間的猶予を与えることにあるはずである。しかし、実務の現場においては、手元流動資金、事業継続のための運転資金を確保するという目的で中止命令の申立てがなされることもありうるであろう。
　では、はたして中止命令の申立ての目的として事業継続のための運転資金確保を認めることは許されるであろうか。この点に関して、山本克己教授は、仮にこれを肯定してしまうと、中止命令によって担保権設定行為の否認又は担保権設定行為の対抗要件否認と同等ないし類似の効果が生じてしまうこととなり、

（注13）杉本和士「判批（大阪高決平成21年6月3日）」金判1330号（2009年）4頁及び9頁（注6）で引用する諸文献を参照。
（注14）西謙二「民事再生手続における留置権及び非典型担保の扱いについて」民訴54号（2008年）69頁。

否認原因がないのにもかかわらず担保権者に不利益を及ぼすことが正当化できない旨を説く(注15)。以上を敷衍すると、次のように理解することができよう。すなわち、中止命令によって集合債権譲渡担保の対象として把握されている債権の一定範囲について再生債務者が取り立ててその取立金を事業継続のための運転資金として利用することを直接認めてしまえば、中止命令によって担保権の一部解除を行い、その実体的帰属の変更を認めるのに等しい結果となる。しかし、それはあくまで担保権の「実行手続」を一時的に「中止」させるにすぎない中止命令の効果として認められるべきものではなく、正当化しえないということである（実体的帰属の変更、つまり担保権の効力を消滅させるためには、担保権消滅許可〔民再148条以下〕が必要であることからも明白である(注16)）。したがって、中止命令制度が担保権に及ぼすことのできる制約は手続的なものに留まり、実体的な権利帰属変更までもたらすべきものではない以上、事業継続のための運転資金確保の目的での中止命令は許されないと考えざるをえない(注17)。たしかに運転資金確保目的による中止命令を正面から認める現実的な要請も決して理由がないとまでは言い切れないのであろうが、中止命令が再生債務者等と担保権者との間での協同関係を構築する機会提供の手段であると考える私見の立場によれば、交渉によって担保の一部解除を担保権者に求め、その合意を得ることによって運転資金確保の目的を実現するほかないと思われる。

現在の東京地裁及び大阪地裁において、中止命令の対象とされた目的債権に関する取立金を再生債務者の事業継続の運転資金として利用することを認めず、実際に申立て段階で取立金を運転資金等に費消せずに分別管理する措置を採る旨の上申書を提出させる運用が採られているという(注18)。上記理解からす

(注15) 山本克己・前掲（注1）18頁。
(注16) 池上・前掲（注1）372頁参照。
(注17) 池上・前掲（注1）373～374頁は、運転資金としての手許流動性確保を主たる目的とする中止命令発令につき、「一旦申し立てられた再生手続を続行する必要性・合理性がどの程度存在しているかという観点…と、設定されている担保が過剰担保や法的効果に争いのある担保の場合に、当該担保権が実行されるという不合理性をいかに防止するかという観点を総合的に考慮して決すべき問題であると解される。」と説き、限定的に上記目的の中止命令発令を許容する。

ると、適切な運用であると評価できる。

　なお、中止命令発令後に債務者が第三債務者から目的債権を実際に取り立てて金銭を受領し、さらにはその取立金を事業継続のための運転資金として実際に利用した場合、中止命令取消しの可能性があるほか、受領し利用した金銭については、事後的に不当利得返還請求権の問題として処理することになると考えられる[注19]。

ウ　集合債権譲渡担保の「実行」概念と意見聴取手続（民再31条2項）

(ア)　集合債権譲渡担保の「実行」概念と終了時期

　民事再生法31条を集合債権譲渡担保について類推適用する際の各論的問題の第一として、中止の対象となる「実行」をどう捉えるべきかが問題となる。中止命令の対象は担保権実行の「手続」であるが、非典型担保の場合には、厳密な意味での担保権実行「手続」は存在しない。これは非典型担保一般的について言えることであるが、裁判所の関与する司法手続を介さない、簡易かつ迅速な「私的実行」による債権回収が認められることは、非典型担保の旨みであるとともに、法的倒産手続の局面においてはその手続的制約が困難になってしまうという深刻な弊害でもある。

　この点に関して、集合債権譲渡担保の場合、「実行」概念はその形態[注20]によって異なりうる。例えば、取立権限付与型は、契約締結時に第三者対抗要件まですでに具備されているが、実行通知まで債権の取立権限が債務者（譲渡人）に付与されており、その旨が第三債務者に知らされているという形態である。そこで、この形態の集合債権譲渡担保の「実行」は、債務者へ

（注18）鹿子木康編・東京地裁民事再生実務研究会著『民事再生の手引』（商事法務、2012年）88頁〔片山健〕、東京地裁破産再生実務研究会編著『破産・民事再生の実務〔第3版〕』（金融財政事情研究会、2014年）80頁、本多俊雄「大阪地裁における倒産事件の動向と運用状況」商事法務2018号（2013年）26頁、池上・前掲（注1）373頁、第11回全国倒産処理弁護士ネットワーク大阪大会・前掲（注7）44頁〔鈴木義和発言及び小野憲一発言〕参照。
（注19）杉本・前掲（注13）7～8頁参照。
（注20）集合債権譲渡担保の設定契約の形態に関する分類については、近江幸治「集合債権の譲渡担保」内田貴＝大村敦志編『民法の争点（ジュリ増刊）』（有斐閣、2007年）156～157頁を参照。

の取立委任解除の意思表示（通知）と第三債務者に対する実行通知がなされることをもって直ちに終了するというのが1つの考え方である（即時終了説）。

　しかし、この考え方を前提とすると、債務者に対する解除通知と第三債務者に対する実行通知という私的実行が瞬時に終了するため、中止命令が本来「中止」の対象とすべき進行中の「実行手続」に相当するものを捉えることはほぼ不可能となってしまう（「中止」をしようとしても、実行自体がすでに終了していれば、もはや中止ができなくなると考えざるをえない）。この点は、集合債権譲渡担保に限らず、例えば、ファイナンス・リース契約において債務不履行による契約解除の意思表示（解除通知）をもって実行が終了すると考えた場合にも同様である。そこで、これらの非典型担保に関しては、「中止」命令の文言にもかかわらず、実質的に実行着手前の「事前禁止」を認めなければ、実効性を欠くこととなる[注21]。非典型担保に対する民事再生法31条の類推適用を認める見解及び裁判例は、かかる事前禁止をその内容とする中止命令の発令を許容しているものと思われるが[注22]、この点に対する法改正による手当の必要性が主張されている[注23]。

　以上に対して、解除通知等は担保権の実行の一過程にすぎず、目的債権を譲渡担保権者が第三債務者から実際に取り立てて、被担保債権の弁済が完了するまで、あるいは実際に取り立てた後に清算義務が発生するとして清算通知を行うまでが実行であると捉える見解[注24]も有力に主張されている。

　(ｲ)　意見聴取（民再31条2項）実施の在り方

　第二に、集合債権譲渡担保の実行に対する中止命令（事前禁止命令）発令

（注21）伊藤眞「集合債権譲渡担保と事業再生型倒産処理手続再考―会社更生手続との関係を中心として」曹時61巻9号（2009年）22頁（注27）、杉本・前掲（注13）10頁（注14）参照。

（注22）池上・前掲（注1）376頁によると、東京地裁・大阪地裁において、実行前の段階での発令が許されるという解釈を前提にした運用がなされているという。

（注23）日本弁護士連合会「倒産法改正に関する提言」（http://www.nichibenren.or.jp/library/ja/opinion/report/data/2014/opinion_140220_4.pdf）（2014年）20頁等参照。赫・前掲（注1）223頁は、実行禁止命令制度を新設するに際して、「再生債務者の事業の継続のために特に必要があると認めるとき」との要件を加重すべき旨を主張する。

（注24）小林②・前掲（注1）44～45頁。

に際し、担保権者に対する意見聴取を事前に実施すべきかが問題となる。中止命令を発令するに先駆けて、裁判所は担保権者の意見を聴取しなければならないとされている（民再31条2項）。しかし、非典型担保の場合にもこれを類推適用しなければならないとすると、みすみす担保権者に私的実行を終了させる機会を知らせるのにも等しく、実効性確保をより一層困難にさせてしまうという弊害が生じる。特に集合債権譲渡担保の「実行」概念につき、前述の即時終了説を前提とすれば、意見聴取をきっかけに譲渡担保権者が中止命令発令前に解除通知等の私的実行を終了させてしまい、中止命令を潜脱させてしまうという皮肉な結果となりかねない。そこで、同条項に限りその類推適用を排除するという解釈も考えられないではない。だが、他方において、本来、再生手続において担保権者は別除権者として手続の制約を受けずに自由に担保権を行使することができるという建前である以上、担保権者の利益を確保するため、特に「不当な損害を及ぼすおそれ」（同条1項）の有無を判断するにあたって譲渡担保権者への意見聴取は必要不可欠であるため、同条2項についてのみ類推適用を排除する解釈は採り難いと思われる[注25]。

　以上のような問題状況において、伊藤眞教授により、次のような二段階発令方式が提案されていた。すなわち、裁判所は、「設定者による取立てを認めないことを条件としてまず短期間の中止命令を発令し、その期間内に中止命令の期間延長のための審尋を実施するなどの方策を採る」というものである[注26]。私見も民事再生法31条2項を類推適用するにあたりこの見解が妥当であると考え、実務運用での採用を期待していたが[注27]、現在、東京地裁・

（注25）伊藤・前掲（注1）455頁、杉本・前掲（注13）5〜6頁、才口千晴＝伊藤眞監修・全国倒産処理弁護士ネットワーク編『新注釈民事再生法・上』（金融財政事情研究会、第2版、2010年）152頁（注18）〔三森仁〕、倉部・前掲（注1）17頁、園尾隆司ほか編『最新実務解説一問一答　民事再生法』（青林書院、2011年）190頁〔中山孝雄〕、清水・前掲（注1）229頁等参照。裁判例❷は、民事再生法31条2項所定の意見聴取手続を省略して中止命令を発したことをもって「中止命令の効力そのものを左右する重大な手続的瑕疵」であるとして、中止命令を違法無効と判断する根拠としている。
（注26）伊藤・前掲（注1）456頁。
（注27）杉本・前掲（注13）6頁。

大阪地裁において1か月程度の短期間の中止命令を無審尋で発令し、その期間内に審尋期日を設けて譲渡担保権者に対する意見聴取を行うという運用が採られているようである(注28)。もっとも、実務における運用上の対処にも限界があるとして、この点に関しても法改正による手当の必要性が説かれている(注29)。

(2) 集合譲渡担保の実行に対する中止命令発令のための実体的要件論
ア 発令のための実体的要件（民再31条1項本文）

中止命令発令のための実体的要件（民再31条1項本文）として、①「再生債権者一般の利益に適合」すること（必要性の観点）及び②当該別除権者に「不当な損害を及ぼすおそれがない」こと（許容性の観点）の2点が要求される。この2つの要件は、相関関係にある、すなわち①の利益の程度が極めて大きければ②の損害は多少存在しても、また、逆に②の損害がほとんどなければ①の利益の程度が多少低くてもよいとする見解も有力であるとされる(注30)。ただ、一応、それぞれ独立して要求される実体的要件であり、特に①の要件について、中止命令発令により一般債権者への弁済額の増加が見込まれることが明確に要求されるべきである(注31)。言い換えれば、例えば、とりあえず別除権者による担保権実行を止めて時間的猶予を作出するという目的だけでは不十分であり、相応の必要性を明確にしなければならないと解すべきである。

なお、裁判例❹は、中止命令により手元資金を確保し、破産への移行を回避できることを理由に①要件を満たすと判断しているが、前述のとおり運転資金確保目的の中止命令は認めるべきではないため（前記(1)イ）、失当な判断であ

(注28) 鹿子木編・前掲（注18）88頁〔片山〕、東京地裁破産再生実務研究会編著・前掲（注18）80頁、本多・前掲（注18）26頁、池上・前掲（注1）375頁、第11回全国倒産処理弁護士ネットワーク大阪大会・前掲（注7）49～50頁〔鈴木義和発言及び小野憲一発言〕参照。
(注29) 日本弁護士連合会・前掲（注23）21頁。清水・前掲（注1）231頁及び三枝＝清水・前掲（注1）335頁が、二段階発令方式に即した改正提言を行っている。
(注30) 才ロ＝伊藤監修・全国倒産処理弁護士ネットワーク編・前掲（注25）157頁〔三森〕。
(注31) 園尾隆司＝小林秀之編『条解民事再生法』（弘文堂、第3版、2013年）149頁〔高田裕成〕。

ると評さざるをえない。
　イ　「不当な損害を及ぼすおそれがない」との要件
　(ア)　実際に問題となるのが②の要件である。一般的には、民事再生法31条1項でいう「不当な損害を及ぼすおそれ」とは、「中止命令は、担保権の実行時期を遅らせる機能を有するものであるところ、その遅れにより、担保権者自身の資金繰りの困難から破綻のおそれがあり、あるいは担保目的財産の減価により担保権による回収額が大幅に減るおそれがあるような場合」(注32)であると説明される。ただ、これを集合債権譲渡担保（特に流動型・循環型の場合）について判断する際には一定の留意が必要である。
　　まず、上記のとおり担保権実行時期の遅れにより担保権による回収額が減ること、言い換えれば本来であれば担保権者が確保できたはずの債権回収の利益が失われること自体がこの要件における「損害」の内容と考えられる(注33)。そうすると、流動型（循環型）の集合債権譲渡担保について、再生手続開始によっても直ちに目的債権の範囲が実体的に制限されない（実体的範囲はあくまで平時実体法の状態が維持される）という立場からは、新たに発生する債権にも担保権の効力が及ぶため、「損害」の有無は、中止命令発令後においても担保権の対象となる新規債権を取得できるかどうか、その蓋然性の観点から行われる(注34)。他方、再生手続開始によって目的債権の範囲が実体的に制限される（実体的帰属が変更される）という見解（前記■(1)ウ(ア)参照）を採れば、手続開始後に中止命令が発令されれば、開始の時点ですでに発生している債権のみが担保権の効力の及ぶ目的債権となるため、「損害」が生じる「おそれ」は認められやすくなるであろう(注35)。
　(イ)　いずれにせよ、②「不当な損害を及ぼすおそれがない」か否かは、実体関係についてかなり踏み込んで判断されなければならなくなる。もっと

(注32)　松下淳一『民事再生法入門』（有斐閣、2009年）99頁。
(注33)　山本克己・前掲（注1）18頁参照。
(注34)　伊藤・前掲（注1）455頁。この観点から「不当な損害」要件を判断した裁判例として、裁判例❸がある（同裁判例については、杉本・前掲（注13）6頁以下ですでに検討した）。
(注35)　倉部・前掲（注1）18頁（ただし、この場合にでも、「不当な損害」に対する補償として、新規発生債権を改めて担保目的債権に組み込む方策がありうると指摘する）。

も、裁判例❸のような詳細な判断が、緊急を要するであろう中止命令の発令段階においても一般的に要求されるべきか否かについてはなお検討を要するように思われる。本来、担保権者に対する意見聴取（民再31条2項）によって裁判所は同要件の判断を行うことが予定されているはずである。しかし、前述のように事前の意見聴取を行わずに中止命令発令を認める二段階発令方式を採用するならば、一応、最初の中止命令を緩やかな基準で発令することを認めるとともに、一方で濫用防止の観点から、担保権者（別除権者）側からの対抗手段をより充実させる必要がある[注36]。

❸ 集合債権譲渡担保の実行に対する中止命令発令後に生じる問題点

(1) 中止命令発令の効果

ア 再生債務者による取立権限の有無

中止命令の発令段階において譲渡担保権者により取立委任解除の意思表示が未だなされていない場合には、中止命令の効果により中止命令期間中の取立委任解除の意思表示は無効となるから、その間、取立権限は喪失することはない[注37]。ただし、取立金を再生債務者において運転資金等の目的で利用すべきでないことは、すでに述べたとおりである（前記❷(1)イ）。

イ 第三債務者との関係—中止命令発令後の弁済の効力

中止命令の効力が直接及ばない第三債務者との関係において、中止命令の実効性をいかに確保すべきか、また第三債務者が中止命令発令後も譲渡担保権者に弁済を行った場合にその弁済の効力をどう解すべきか、さらに事前に第三債務者をどのようにして保護すべきか（二重払いのリスク回避）[注38]、という問題

(注36) 園尾隆司「再生手続における担保権の処遇—裁判実務の観点からみた立法への提言」松嶋英機弁護士古稀記念論文集『時代をリードする再生論』（商事法務、2013年）142頁。具体的には、中止命令の変更・取消しの規定（民再31条3項）につき担保権者に変更・取消しの申立権を認め、必要に応じ、変更の内容につき中止によって生じる損害に対し担保の提供を命ずることができる旨の例示をする等の改正をすべきとする。

(注37) 小林①・前掲（注1）234頁、山本和彦「判批（大阪高決平成21年6月3日）」金判1321号（2009年）3～4頁。

がある。

　第三債務者が中止命令発令後に譲渡担保権者に弁済を行った場合の効力については、弁済禁止保全処分の効果（民再30条6項）を類推して第三債務者の善意悪意で区別するという見解[注39]、債権の準占有者に対する弁済（民478条）として保護すべきとする見解[注40]が唱えられている。また、事前に第三債務者を保護する措置としては、第三債務者に弁済禁止の命令を行い、その旨の送達を行うべきとの立論[注41]も主張されている。

(2) 中止命令の取消し・無効を争う方法
ア　中止命令取消しの可否—中止命令に対する抗告の利益の有無

　裁判例❸において、中止命令の対象となった譲渡担保債権は、すでに債務者への弁済により消滅しているので、中止命令を取り消しても当該譲渡担保権は担保権をもはや実行できず、それゆえ、抗告の利益がない旨の主張が再生債務者側からなされていた。これに対して、裁判例❸は、「なお書き」として、「本件抗告により原決定が取り消されれば、X（※再生債務者）が対象債権の弁済を受けたことは不当利得を構成し、Yら（※譲渡担保権者）の不当利得返還請求権は、民事再生法119条6号により共益債権になる余地があると解されるから、Yらには、抗告の利益があると認める。」という判断を示している。

　抗告の利益の有無について、裁判例❶及び❷の事案では、中止命令に対する即時抗告がなされていたものの、これが棄却され、さらに、この即時抗告棄却決定に対する特別抗告及び許可抗告の申立てについては、最高裁が、当該中止命令において定められた権利行使の禁止期間が既に経過しているため抗告の利益がないことを理由として、いずれも却下する旨の決定（最決平成14年9月27日）をしたという経緯があった。これに対して、裁判例❸は、上記のとおり、本件中止命令の取消しによって債務者が第三債務者から得た弁済が不当利得を

（注38）伊藤眞編集代表『民事再生法逐条解説—解釈と運用（ジュリ増刊）』（有斐閣、2002年）50頁〔山本克己発言〕、山本克己・前掲（注1）22頁。
（注39）伊藤眞『破産法・民事再生法』（有斐閣、第2版、2009年）602頁（注59）。
（注40）倉部・前掲（注1）23頁、赫・前掲（注1）222頁。
（注41）山本克己・前掲（注1）23頁。

構成し、譲渡担保権者たる抗告人の不当利得返還請求権が共益債権になる余地があるとして、抗告の利益を肯定しているわけである。しかし、裁判例❸の判断に対しては、既判力のない中止命令が取り消されなくても、不当利得返還請求訴訟等において中止命令の要件を欠くことが立証されれば、請求が認められるのではないか、との疑問が山本和彦教授により示されている[注42]。

　イ　再生手続において確定した中止命令の効力を別訴で争うことの可否

　では、中止命令の効力については不当利得返還請求訴訟等の別訴で改めて実質的に争うことが認められるという結論が妥当であろうか。

　この点について、裁判例❷は、「……中止命令の性質、内容及び効力並びにその実体的及び手続的要件などの諸点にかんがみれば、当該再生事件の手続においては有効なものとして確定した中止命令であっても、その後、外形的に当該中止命令と抵触する行為の実体法上の効力をめぐって債権譲渡担保権者と当該債権の債務者間に紛争を生じている訴訟においては、当該中止命令の実体的要件や手続的要件の欠缺を主張して、その有効性を争うことが許されるものと解するのが相当である。」と判示する。つまり、上記のとおり中止命令に対する抗告につき、最終的には上告審において抗告の利益を欠くとして却下決定が確定しているにもかかわらず、別訴において中止命令の効力を争うことを認めているわけである。

　この裁判例❶及び❷の事案を見るに、抗告の利益の有無を厳格に解してこれを否定し、改めて別訴において中止命令の効力を争うことを是認すべきなのか、それとも、抗告の利益の有無をより緩やかに解し、中止命令に対する抗告審においてその効力を争わせるべきか（さらに、この場合にも別訴において再度中止命令の効力を争うことを認めるべきか）、という難問に直面する。以上のような問題点をかつて筆者は指摘したが[注43]、未だに定見を得るに至っておらず、本稿においても問題点を再掲するに留めざるをえない。

（注42）山本和彦・前掲（注37）4頁。
（注43）杉本・前掲（注13）8頁。

4 おわりに

　以上、特に各論部分については目新しい知見を披歴することはできなかったが、集合債権譲渡担保に対する中止命令に関する諸問題を概観してきた。

　私見としては、法的倒産手続における集合債権譲渡担保につき、実体法上承認された権利帰属状態（将来債権が担保権者の下に確定的に帰属している状態）を法的倒産手続開始という一事によって事後的に変更・遮断することは、少なくとも明文規定の根拠なくして認めるのは難しいと考えている（ただし、わが国においては議論が未熟であるものの、今後、平時・倒産時の双方を見据えた過剰担保規制を論じることは可能であると思われる）。

　しかし、実体法上、広範な集合債権譲渡担保の効力が認められるとしても、かかる担保権者も法的倒産手続の規律に服するのは当然の理であり、このことは別除権構成を採る再生手続においても原則的に異ならないはずである。そこで、法的倒産手続たる再生手続の下で担保権者と再生債務者又は管財人が協調して集合債権譲渡担保を適切にコントロールし、継続企業価値を維持していくための方策の1つとして、中止命令の適切な活用が模索されなければならないと考える。

Ⅰ－20 物上代位権の行使に対する担保権実行中止命令

弁護士 大澤 康泰

1 総 論

(1) 別除権の実行手続に係る中止命令の概要

　破産および民事再生において、一定の担保権（特別の先取特権、抵当権、質権、譲渡担保権等。以下、「別除権」という）は、その行使について手続の制約を受けないのが原則である（破65条1項、民再53条2項）。しかし、再生手続においては、手続開始の申立後、一定の条件下で、裁判所が別除権（共益債権または一般優先債権が被担保債権のものを除く）の実行手続の中止を命じ得るとされている（民再31条1項。ただし、実行手続の取消しまでは認められていない）。なお、平成17年改正で廃止された旧商法の会社整理手続にも同様の制度があった（旧商384条）。

　本稿では、以下、民事再生における中止命令（以下、単に「中止命令」という）を、別除権に基づく物上代位権の行使（以下、単に「物上代位」という）に対して発令することの可否および要件について検討する（再生手続中であることおよび当該別除権の被担保債権が共益債権または一般優先債権でないことは当然の前提とする）。

　なお、会社更生にも保全段階において担保権の実行手続を中止する制度（会更24条1項2号・25条1項）があるが、更生手続では担保権の行使が一般の強制執行等と同列で禁止されること（会更50条1項）、担保権の実行手続の取消しまでが認められていること（会更24条5項・25条5項）および中止の要件も大きく異なることから、当該制度は民事再生における中止命令とは設計思想を異にする別種の制度と解される。

(2) 物上代位を中止命令の対象とすることの可否

　平成16年改正前の民再法31条は、中止命令の対象を「担保権の実行としての競売手続」と規定していたため(注1)、物上代位が中止命令の対象となるかにつき議論があったが、学説においては肯定説が有力であった。その後、同改正において同文言が「担保権の実行手続」に変更されたため（担保物権及び民事執行制度の改善のための民法等の一部を改正する法律〔平成15年法律第134号〕40条）、条文上も物上代位が中止命令の対象とされることとなった(注2)。

　なお、同改正の前後を問わず、物上代位に係る中止命令の可否につき判断した裁判例において、一律に中止命令の物上代位への適用を否定したものは見当たらない(注3)。

2 物上代位に係る中止命令の要件

(1) 総　論

　民再法31条1項は、中止の要件として再生債権者の一般の利益に適合し、かつ競売申立人に不当な損害を及ぼすおそれがないことの2つを定めるが、この両者は相関関係にあり、前者の利益の程度が高ければ後者の損害が多少存在しても、また後者の損害が小さければ前者の利益の程度が低くても中止命令を出せるとの理解が有力である(注4)。

（注1）会社整理における中止命令も同様であった。
（注2）同改正後も同条の「競売申立人」の文言は維持されたが、同改正が担保不動産収益執行を中止命令の対象に加えることを意図したものと考えられることから、同改正で上記「競売申立人」は担保権実行者の趣旨であることが明確化されたと解すべきであろう。
（注3）大阪高決平16・12・10金法1750号58頁、京都地決平13・5・28判タ1067号274頁および東京高決平11・7・19金判1074号3頁（ただし旧商法の会社整理手続における中止命令に関する判断）のいずれも当該事案においては中止命令を否定したが、中止命令が物上代位を対象とすることができることを前提とした判断を行っている。
（注4）新注釈民事再生法(上)2版157頁〔三森仁〕。

第1章　倒産手続における担保権

(2) 再生債権者の一般の利益への適合性

　再生債務者の一般の利益とは、当該中止命令によって再生債権者一般に対する弁済率の上昇が見込まれることと考えられる[注5]。この点、再生債務者の維持再生により雇用が維持される等の社会的利益までが含まれるとの見解もあるが[注6]、再生債務者が維持再生された場合には、清算された場合に比して債権者一般に対する弁済率は上昇するのが通常であるから、どちらと考えても結論的には大きな違いはないと思われる。

　このような一般の利益への適合性が中止命令に認められる場合の典型例は再生債務者の事業継続や経済的再生に必要不可欠な資産に係る競売手続を対象とした場合であるが、それ以外に、不可欠ではないが有用である資産に係る競売手続を対象とした場合にも、再生債務者に再調達コスト等の負担を回避させるという見地から、上記適合性が認められるというのが一般的理解である[注7]。したがって、中止命令一般については、再生債務者の資金繰りに不安があり、中止命令によるその改善が見込まれる場合には、上記適合性が認められると考えてよいであろう。

　しかし、物上代位に基づく債権差押えに係る中止命令については、基本的に上記適合性を認めることが困難である。なぜなら、かかる債権差押えにつき取消しまでは認められないことから、かかる中止命令が出されても、担保権者による被差押債権の取立てが一時的に禁止されるだけで、再生債務者による被差押債権の取立てが可能となる余地はなく、したがって再生債務者の資金繰りが良化する余地がないからである。このことは、被差押債権が担保目的物の処分対価や毀損・滅失等に係る填補金等の一時的給付に係る債権の場合だけでなく、賃料等の継続的給付に係る債権の場合も同様である（民執193条2項・151条）。また、別除権協定、競売または担保権消滅許可によって担保権が将来に向かって消滅すると見込まれる場合も、当該担保権の被担保債権の全てが満足

（注5）　新注釈民事再生法(上)2版157頁〔三森〕。
（注6）　この点の学説・裁判例の状況は新注釈民事再生法(上)2版148頁〔三森〕に詳しい。
（注7）　新注釈民事再生法(上)2版157頁〔三森〕、上柳克郎ほか編『新版注釈会社法(12)』（有斐閣、0000年）164頁等。

される場合を除き、担保権消滅以前に生じた被差押債権を再生債務者が取り立てることはできないと考えられることから[注8]、やはり結論は同様である。大阪高決平16・12・10（金法1750号58頁）は、このような理由付けで物上代位に基づく債権差押えに対する中止命令を取り消している[注9]。以上の観点からは、物上代位に基づく債権差押に対する中止命令については、再生債務者に被差押債権の取立てを認めるとの内容の別除権協定の成立が見込まれる等の例外的な場合を除き、上記適合性は認められないこととなろう[注10]。

もっとも、上記結論の主たる理由は再生債務者が被差押債権を取り立てられない点にあるから、中止命令が物上代位に基づく債権差押命令の第三債務者への送達に先立って発令された場合には、上記結論は妥当しないと考えられる。この点、担保権実行手続の係属が中止命令発令の前提となると解した場合には、債権差押命令の第三債務者への送達前の中止命令の発令は事実上不可能と思われるが、中止命令は物上代位に基づく債権差押命令の申立て前にも発令できると解すべきとの見解もある[注11]。そのような事前の中止命令は、実行手続の係属を観念できない集合債権譲渡担保に係る中止命令（対第三債務者対抗要件の具備を禁止し、再生債務者による被担保債権の取立てを可能とするものである）が認められること[注12]とのバランスからも、検討に値するものと考えられる。

また、物上代位に基づく債権差押命令の送達後の場合でも、競売または担保権消滅許可等となれば配当が見込めないような後順位担保権者が申立人の場合

(注8) 後掲大阪高決平16・12・10はそのように判示する。ただし、同裁判例を含め、その理由を明示的に説明する学説および裁判例は見当たらない。

(注9) 同裁判例は、別除権が原則として再生手続に拘束されないことおよび当該中止命令によっては再生債務者の事業継続に必要ないし有益な財産の喪失を遅延させるような再生債務者に有利な効果が生じないことも理由とするが、前者は中止命令一般に妥当するものであり、後者は物上代位に関しては当然のことと考えられるから、本稿での検討は割愛する。

(注10) 青木哲「抵当権に基づく物上代位権の行使に対する中止命令」金判1361号（2011年）74頁。

(注11) 才口千晴ほか編『民事再生法の理論と実務(下)』（ぎょうせい、2000年）47頁。

(注12) 大阪高決平21・6・3金法1886号59頁（担保目的物が健保組合に対する診療報酬債権であった場合）および福岡高那覇支決平21・9・7判タ1321号278頁（同じく不動産の賃料債権であった場合）等。

には、別除権協定や担保権消滅許可において先順位担保権者への支払額が増加して再生債務者の資金繰りが悪化する等の可能性もあることから、それを回避するという見地から、上記適合性が認められる場合もあり得ると考えられる。会社整理に関して、整理計画の策定が困難になるという状況が一応認められるという理由で物上代位に対する中止命令の発令を適法とした東京高決平11・7・19（金判1074号3頁）があるが、その判文上「一部の抵当権者」の文言が用いられており、そのような場合に関するものではないかとも推測される[注13]。

(3) 競売申立人に不当な損害を及ぼすおそれの不存在

再生債権者一般の利益への適合性が認められる場合でも、別除権行使者に不当な損害が及ぶおそれがある場合には、中止命令の発令は認められない。

この点、中止命令が別除権者における一定の回収遅延を当然に予定していることから、回収遅延は、当該別除権者に自らの倒産等の重大な不利益が生じる場合を除き、ただちには不当な損害に該当しないとの理解が一般である。しかし、別除権者の回収可能額が中止命令によって減少し得る場合については、別除権が原則として手続の制約を受けないものであることから、原則として不当な損害を及ぼすおそれがある場合と考えるべきである[注14]。後者の場合を物上代位に即していえば、第三債務者の資力に不安があって中止期間後には物上代位の対象債権が回収不能となるおそれがある場合や、物上代位の対象が継続的給付に係る債権であり、再生債務者にその取立ての継続が認められる場合において、再生債務者の取立額と同等額の対象債権が新たに発生するとは見込めない場合等が、それに該当すると考えられる。

なお、再生債務者に担保権の対象債権の取立ての継続が認められることになる中止命令の可否については、物上代位に関する裁判例は不見当であるが、同様の利益状況と考えられる集合債権譲渡担保に関する裁判例はいくつかあり、そのうち健保組合に対する診療報酬債権に係る大阪高決平21・6・3（金法1886号59頁）および賃料債権に係る前掲福岡高那覇支決平21・9・7は新規に

(注13) なお、前掲大阪高決平16・12・10の事案では、申立人は最先順位抵当権であった。
(注14) 新注釈民事再生法(上)2版158頁〔三森〕。

担保に組み入れられる債権の発生の蓋然性が高いことを理由に中止命令を是認し、一方、信販会社等に対する立替金請求権に係る東京高決平18・8・30（金判1277号21頁）は、再生債務者が既に事業を停止しており新規の立替金請求権の発生が見込まれないことを理由に中止命令を取り消している。

Ⅰ-21 第三者所有目的物にかかる担保権に対する担保権実行中止命令

弁護士　小田切　豪

1 物上保証人等、第三者の所有に係る担保権に対する中止命令の可否

(1) 問題の所在

　会社、とくにオーナー企業を中心とした中小企業においては、会社の債務を担保するために、会社所有の財産のほか、会社の代表者が個人で所有する財産を共同担保として提供し、物上保証している場合が少なくない。また、物上保証に係る担保対象財産は、会社所有の担保対象財産と不可分一体の関係で会社の事業のために利用されている場合も多い。

　かかる場合には、再生債務者が、再生手続において、再生債務者所有の担保対象財産に対する担保権実行手続について中止命令を得たとしても、当該財産と不可分一体の関係にある第三者所有の担保対象財産に対する担保権実行手続についても中止されなければ、再生債務者の事業継続に支障を来すおそれがある。

　そこで、再生債務者は、再生債務者の事業に利用されている第三者所有の担保対象財産に対する担保権実行手続に関しても、民再法31条1項に基づいて担保権の実行手続の中止命令を申し立て、裁判所が中止を命じることができるかという点が問題となる。

(2) 民再法31条1項の適用または類推適用の可否

　民再法31条1項は、文理上明確に「第53条第1項に規定する再生債務者の財産につき存する担保権」を中止命令の対象としており、第三者所有の財産を中止命令の対象としていない。また、再生手続の立法過程において、代表者個人の財産については、再生手続に取り込めるようにするという意見が述べられたにもかかわらず、立法に反映されていない点にかんがみると、第三者所有の

財産を中止命令の対象に含めることは、現行民再法の解釈としては無理があると解される(注1)。

したがって、担保権の目的物が第三者の所有に属する場合には、民再法31条1項の適用はなく、裁判所は担保権の実行手続の中止を命じることはできないと解される(注2)し、同条項の類推適用を肯定する見解も見当たらない(注3)。

また、福岡高決平18・2・13（判時1940号128頁）も、金融機関のための共同担保として再生債務者と第三者所有（会社の代表者）の不動産に根抵当権が設定され、これらの不動産が全体として再生債務者の事業に利用されている事案において、第三者所有の不動産に対する競売手続を中止することはできないと判示しており(注4)、この点に争いはないと考えられる。

(3) 第三者所有の財産に対する担保権実行手続を中止するための対応策

もっとも、第三者が再生債務者のために共同担保として提供した財産が再生債務者の事業に不可欠である場合には、再生債務者の事業継続のために、第三者所有の財産に対する担保権実行手続を中止する実務的な要請は強い。

そのような場合には、物上保証人である第三者についても再生手続開始の申立てを行い、当該第三者の再生手続において、第三者所有の財産に対する担保権実行手続の中止命令を申し立てることが考えられる。例えば、中小企業においては、代表者が多額の連帯保証債務を負担し、再生手続開始の要件を充たすケースが多いと思われ、このような対応が実務的に可能な場合があると思われる(注5)。ただし、この場合には、再生債務者およびその代表者の各再生手続において、それぞれ中止命令の発令要件（民再31条1項）を充たす必要がある点

(注1) 才口千晴ほか編『民事再生法の理論と実務(下)』（ぎょうせい、2000年）56頁〔森恵一〕。
(注2) 条解民事再生法3版147頁〔髙田裕成〕、新注釈民事再生法(上)2版147頁〔三森仁〕など。
(注3) 滝澤孝臣「判解」平成18年度重判（判タ1245号、2007年）231頁。
(注4) さらに、前掲福岡高決平18・2・13は、第三者所有の不動産を欠いたのでは、再生債務者の経営を継続することは難しいことが明らかであるとして、残りの再生債務者の不動産のみでは事業の継続に不可欠な不動産とはいえず、再生債務者の不動産に対する競売手続についても中止命令を認めなかった。

に注意を要し、とくに「再生債権者の一般の利益に適合」することの要件の充足性が問題となる。

　代表者の再生手続との関係においては、代表者の財産が自身の経済生活の再生に必要であり、担保権実行手続を中止することにより、一般再生債権者に対する弁済額の増加が見込まれるなど「再生債権者の一般の利益に適合」することの要件を充たさなければならない(注6)。

　また、再生債務者の事業再生および代表者の経済生活の再生には、それぞれが相手方所有不動産を必要とし、相手方所有不動産の担保権実行手続が中止される必要がある事案を想定する。この場合、再生債務者または代表者が自己の再生手続において担保権実行手続の中止命令を申し立てたとしても、相手方の再生手続において担保権実行手続の中止命令が否定され、相手方所有不動産を欠く可能性がある以上、前掲福岡高決平18・2・13が中止命令の発令を否定した理由(注4)からすれば、双方の手続において相手方所有不動産を欠く可能性がある以上、経営の継続または経済生活の再生が難しいとされ、「再生債権者の一般の利益に適合」しないと判断されることも考え得る。もっとも、再生債務者および代表者の各財産に対する担保権実行手続の中止命令が同時に申し立てられて同一の裁判所で審理されるならば、相手方の不動産に対する担保権実行手続の中止命令が発令されることを前提として、もう一方の事業再生または経済生活の再生が可能であるか否かを検討し、「再生債権者の一般の利益に適合」することの要件を判断すればよいと考えられる。

　以上のとおり、再生債務者と同時に代表者の再生手続を申し立てる手段によっても、要件充足性の問題が残り得ることから、簡潔に、再生債務者の担保権実行手続の中止命令に、再生債務者の代表者の財産が含まれるとするなどの民再法の改正を検討するのも1つの考え方であると思われる。

(注5)　最新実務解説一問一答民事再生法194頁〔中山孝雄〕、民事再生の手引90頁〔片山健〕など。

(注6)　この要件を検討するに当たっては、再生債務者の代表者が、再生債務者から役員報酬や不動産の賃料を得ているなど、再生債務者の再生が代表者の再生に密接に関連することに配慮する必要があろう（最新実務解説一問一答民事再生法195頁〔中山〕）。

2 再生手続において争いのある所有権を認定することの可否

　中止命令の対象が「再生債務者の財産につき存する担保権」に限定されるが、第三者が登記名義を有する不動産について、再生債務者が実質的に自己の所有に属すると主張し、所有権の帰属につき担保権者と争いになる例もみられる。このような場合に、裁判所は、「再生債務者の財産」に属するかを判断するに当たり、所有権の帰属につき実体判断をすることができるかという点が問題となる。

　前掲福岡高決平18・2・13は、担保対象不動産の所有権の帰属につき、民法94条2項の類推適用により、再生債務者が担保権者に所有権を主張できるか疑問である上に、再生手続において、実体判断を迫られるようなこと自体が問題であるとし、「あくまで登記上の名義によって形式的に判断すべきである」とした。また、再生手続は、権利関係の確定を目的とする訴訟手続ではなく非訟手続に属し、迅速な審理判断が要請されることから、登記という明確な指標を基準に所有権の帰属を判断すべきであるとして、上記裁判例に好意的な見解も多い(注7)。

　しかしながら、不動産の登記名義は第三者にあるが、実質は再生債務者に属すると再生債務者が主張する場合、当該不動産は再生手続に取り込まれた上で財産評定がなされ、再生債務者は当該財産評定を基準とした清算価値保障原則を充たさなければならなくなる。それにもかかわらず、再生債務者が、担保権の実行手続を中止し得ず、ひいては担保権消滅請求の手続もとり得なくなるのでは、著しく不都合な結果を招くとして、所有権の帰属につき実体判断をすべきであるとする見解もある(注8)。

　加えて、前掲福岡高決平18・2・13と同一の再生手続の担保権消滅請求の許可抗告手続において、福岡高決平18・3・28（判タ1222号310頁）は、不動産の登記名義は代表者になっているものの、実質は当初から再生債務者が取得

(注7) 滝澤・前掲（注3）論文231頁、最新実務解説一問一答184頁〔中山〕、民事再生の手引90頁〔片山〕。

(注8) 野村秀敏「判批」判時1965号（2007年）181頁。

し、所有するものであったと実体判断をし、前掲福岡高決平18・2・13と逆の結論を導いている。また、再生債務者と担保権者は対抗関係になく、また担保権者が登記の外観を信頼して利害関係を有するにいたったわけでもないことから、民法94条2項を類推適用する場面でもないとし、担保権消滅許可を受けるために登記を備えている必要はないと判断した。

筆者としては、再生手続が非訟手続に属し、迅速な審理判断が要請されることは理解できるものの、登記に公信力が認められておらず、登記を基準に所有権の帰属を形式的に判断する論理必然性はないことから、前掲福岡高決平18・3・28のように、迅速に提出される証拠の範囲内で所有権の帰属を実質的に判断すべきと考える。このように考えたとしても、中止命令の発令には、「競売申立人に不当な損害を及ぼすおそれがない」との要件が必要であり（民再31条1項）、最終的には担保権協定または担保権消滅請求において、担保対象財産について適切な評価額が定められるため、担保権者が不測の損害を被ることもないと考えられる。

3　担保対象財産が再生債務者の所有に属さなくなった場合の中止命令の可否

担保対象財産が再生債務者による任意売却等により再生債務者の所有に属しなくなった場合においても、担保権者は担保対象財産の上に別除権を有するものとされる（民再53条3項）ことから、担保対象財産を再生債務者が第三者に譲渡した場合に、譲渡後の担保権の実行手続は中止命令の対象になるか問題となる。

再生債務者が当該財産を第三者に譲渡してしまっていることにかんがみると、特段の事情がない限り、再生債務者の事業または経済生活の再生のために必要な財産とは考えられず、担保権実行手続の中止命令の対象とはならないというべきである[注9]。

（注9）新注釈民事再生法(上)2版148頁〔三森〕。

Ⅰ－22　留置権に対する担保権実行中止命令

弁護士　石原　康人

1　中止命令の種類

　中止命令には、強制執行等に対するもの（民再26条）と、別除権の実行手続に対するもの（民再31条）との2種類がある。

　前者は、強制執行等については、再生手続開始の申立後も、再生手続開始決定までの間は、申立てや進行を妨げられないことから、再生手続が開始されるまでの間にこれらの手続が進行し事業継続に必要な財産を失って再生が困難になることを防止するためのものである(注1)。

　後者も、制度趣旨はよく似ているが、中止の対象が別除権の実行手続であることが大きな相違点である。すなわち、別除権は、再生手続とは関係なく行使可能なものであることにかんがみ、その行使により再生が困難になることを防止しようとするものである(注2)。

2　留置権の種類・効力と民再法上の取扱い

(1)　留置権の種類・効力

　留置権には、民事留置権（民295条）と商事留置権（商521条等）との2種類がある。

　いずれも、他人の物の占有者が、その債権の弁済を受けるまで、その物を留置することができる権利であり、抵当権等他の担保権とは異なり、その物の交換価値それ自体を支配・把握するもの（優先弁済的効力）ではなく、その物の

（注1）山本4版142頁、民事再生の実務と理論29頁。
（注2）山本4版144頁、民事再生の理論と実務117頁。

返還を求めようとする債務者等に対してこれを拒むことを認めて、間接的に債務者等にその債務の弁済を強制するものである（留置的効力）。

また、民事・商事いずれの留置権も、競売権を認められており（民執195条。形式的競売）、留置する物を換価することができる。上記のとおり、実体法上優先弁済的効力を認められていないため、物の換価代金を被担保債権の弁済に充てることはできないものの、物の代替として換価代金を交付されるため、これに対する債務者の返還請求権と被担保債権とを相殺することができ、事実上優先弁済を受けることになる(注3)。

民事留置権と商事留置権との違いについては、商事留置権は、民事留置権と異なり、被担保債権と物との牽連性を要せず、ただ、被担保債権が債権者・債務者間で双方にとって商行為である取引等によって生じたものであることが必要であるだけである(注4)。

(2) 留置権の民再法上の取扱い

民事留置権は、民再法上、別除権とはされていないものの（民再53条1項括弧書）、破産における（破66条3項）のとは異なり、民事再生においてその効力を失う旨の規定は存在しないところから、留置的効力が認められることになる(注5)。これに対し、民事留置権に基づく競売は、民事留置権が別除権とされないことから（民再53条1項括弧書）、再生手続開始決定までの間でのみ可能である（民再39条1項）。

他方で、民再法上、再生手続開始時に債務者の財産につき存する商事留置権は、抵当権等とともに、別除権とされており、再生手続によらないで権利行使をすることができることになっているが（民再53条1項・2項、仮登記担保19条

(注3) 道垣内3版37頁。
(注4) 道垣内3版15頁。
(注5) 西謙二「民事再生手続における留置権及び非典型担保の扱いについて」民訴54号（2008年）61頁、福永有利「担保権消滅許可制度——その解釈・運用上の諸問題」金判1086号（2000年）59頁。なお、東京地判平17・6・10判タ1212号127頁は、再生手続の開始あるいは再生計画によっても、民事留置権に基づく目的物の留置的効力は、当然には失われないとしている。

3項)、破産の場合(破66条1項・2項)と異なり、これを特別の先取特権とみなす規定もないことから、優先弁済的効力(民303条)は認められず、留置的効力が認められるにとどまる。商事留置権に基づく競売については、商事留置権が別除権とされていることから、再生手続開始決定後も可能である(民再53条2項)。

3 中止命令と留置権

　民事留置権に基づく競売手続については、上記のとおり、再生手続開始前であれば申立てをすることができるが、これに対する中止命令を発することができることになっている(民再26条1項2号)。留置的効力まで中止の対象とすることができるかについては議論の余地もあり得るが、民再法26条1項2号は、中止の対象として、「再生債権を被担保債権とする留置権(商法又は会社法の規定によるものを除く。)による競売」と規定していることからは、留置的効力の中止まで文言上読み込むことが難しい。また、留置的効力を中止するとした場合、留置物をどう扱うべきなのかという困難な問題もある。物を債権者の手元に置いたままでは中止の意味がないし、であるからといって債務者への引渡しまで認めようというのは、中止(現状凍結)を趣旨とする中止命令の趣旨を大きく逸脱する。やはり否定すべきであると考える。なお、このように考えると、民事留置権は、別除権ではないことから、担保権消滅請求制度(民再147条以下)の対象にもならないとされることを考えれば[注6]、再生債務者は、民事留置権を行使する者に対し、物の引渡しを求める方法がないことになるが、解釈論上はやむを得ないのではないだろうか。

　商事留置権に基づく競売手続については、上記のとおり、別除権の行使であって、民再法31条の中止命令の対象は、再生債務者の財産につき存する担保権の実行手続であるから、中止命令の対象となる。しかし、目的物の留置それ自体は、目的物を換価するものではなく担保権の実行行為に当たらない[注7]。

(注6) 福永・前掲(注5)論文59頁。
(注7) 西・前掲(注5)論文62頁。

実質的にも、上記と同様の事情があろう。中止命令の対象とはならず、商事留置権者に対し、中止命令が発令されても、留置の効力にまで影響を及ぼすものではないと考える[注8]。もっとも、再生債務者は、商事留置権者に対し、担保権消滅請求制度を利用することにより、物の引渡しを求めることはできる（民再147条以下）。

（注8）西・前掲（注5）論文62頁。

I－23　各倒産手続における担保権消滅許可制度

弁護士　平出　晋一

1　はじめに

　破産、民事再生、会社更生の各手続は、いずれも、担保権者の優先弁済権と、破産債権者、再生債務者および更生会社らの利益[注1]との調和を図る一方策として担保権の不可分性の例外たる担保権抹消制度を設けているが、各担保権抹消制度には、手続の目的や基本構造の違いに応じた特徴がある。

　本稿では、破産、民事再生、会社更生の各手続における担保権抹消制度について、各制度の概要を説明した上で、手続の目的や基本構造に応じた取扱いの異同を適宜指摘・比較し、最後に各手続における担保権抹消制度の異同を表にまとめる。

2　破産手続における担保権抹消制度

(1)　担保権消滅請求

ア　概要

　破産手続において、担保権は別除権とされ、担保権者は破産手続によらずにその権利を実行できる（破2条9項・65条1項）が、その一方で、担保目的物も破産財団を構成する財産である以上、破産管財人の管理処分権に属する。

　そのため、実務では、従来から、破産管財人と担保権者との受戻合意によっ

（注1）清算型の手続たる破産においては、担保目的物の換価をめぐって担保権者と破産債権者（破産管財人）の利害衝突が想定されるのに対し、再建型の手続である民事再生および会社更生においては、再建に向けた担保目的物の活用をめぐって担保権者と再生債務者または更生会社（管財人）の間での利害衝突が想定される。

て担保権を抹消すると同時に、目的物の任意売却を行って担保目的物を換価する方法がとられていた。

　しかしながら、この方法はあくまでも担保権者との合意に依拠するため、時として、担保権者が受戻しに応じない場合や、後順位担保権者が過大な担保権抹消料（ハンコ代）を要求する場合など、担保目的物の円滑・迅速な換価が妨げられる事態が生じていた。

　そこで、現行破産法においては、担保権者の優先弁済権に配慮しつつ、担保目的物の円滑・迅速な換価のために強制的に担保権を消滅させることができる担保権消滅制度が導入された。もっとも、この制度が利用される件数自体は多くはなく、担保権消滅請求制度が背景にあることで、破産管財人と担保権者との合意形成を促すという形で機能していると指摘される[注2]。

　イ　手続の流れ

　破産手続開始当時、破産財団に属する財産上に担保権が存する場合において、当該担保権を消滅させて当該財産を任意に売却することが破産債権者の一般の利益に適合するときは、破産管財人は、裁判所に対し、当該財産を任意に売却し、売得金の額から破産管財人が認める組入金の額を控除した額または売得金の額に相当する金銭を裁判所に納付して当該財産の上に存するすべての担保権を消滅させることについての許可の申立てをすることができる（破186条1項柱書本文）。ただし、当該担保権を有する者の利益を不当に害する場合には、消滅許可の申立てをすることはできない（同項ただし書）。

　消滅請求の対象となる担保権は、特別の先取特権、質権、抵当権または商事留置権である（破186条1項柱書括弧書）が、非典型担保権にも類推適用の可能性がある[注3]。

　担保権消滅許可の積極的要件は、担保目的物を任意に売却して当該担保権を消滅させることが破産債権者一般の利益に適合することであり、担保権実行や強制執行の場合に比して、破産財団の拡充に資することを意味し、典型的には組入金により破産財団が増殖する場合がこれに当たる。

（注2）　破産実務Q&A200問159頁。
（注3）　倒産法概説2版499頁〔中西正〕。

担保権消滅許可の消極的要件であるところの、当該担保権を有する者の利益を不当に害するとは、担保権者が優先弁済権によって把握する価値そのものが消滅許可によって損なわれることを意味し、組入金の額が明らかに過大であるときが典型的な場合である(注4)。組入金の額は担保権者にとって最大の関心事であるから、消滅許可の申立前の段階で担保権者の関与を求めることにより組入金の額の適正さが保たれるし、あらかじめ合意がなされれば、不必要な担保権実行の申立てや、買受けの申出を防げることに照らして、法は、担保権消滅許可の申立てをしようとする破産管財人に、組入金の額についてあらかじめ担保権者との協議を義務付けた（破186条2項）(注5)。

消滅許可の申立ては、①当該担保権の目的たる財産の表示、②売得金の額、③売却の相手方の氏名または名称、④消滅すべき担保権の表示、⑤担保権によって担保される債権の額、⑥組入金が存すると認めるときはその額、⑦担保権者との協議の内容およびその経過を記載した書面をもってしなければならず（破186条3項）、申立書には、売買契約の内容を記載した書面を添付する（同条4項）。申立書および添付書面は、消滅すべき担保権を有する担保権者に送達される（同条5項）。

担保権消滅許可申立てに異議のある担保権者の対抗手段としては、担保権実行の申立てと買受けの申出という2つの方法がある。

まず、異議のある担保権者は、申立書等の送達された日から1か月以内（やむを得ない事由があれば伸長される）に、担保権実行申立てをしたことを証する書面を裁判所に提出することにより、消滅許可決定を防ぐことができる（破187条1項）。

また、担保権消滅許可の申立書等が送達された日から1か月以内（やむを得ない事由があれば伸長される）に、担保権者その他の者が売得金の額に5パーセ

（注4）経済的に一体をなしている数個の不動産が共同担保の目的となっているときに、その一部について消滅許可の申立てをする場合にも担保権者の利益を不当に害する可能性があるとの指摘がある。新破産法の基本構造と実務198頁・204頁。
（注5）協議義務の趣旨からすれば、組入額に利害関係を有しない担保権者、すなわち、当該担保目的物から配当を得られる見込みのない後順位担保権者については、破産管財人は協議義務を負わないと解される。倒産法概説2版118頁〔沖野眞已〕。

ント以上の額を加えた額で買い受ける旨の申出を破産管財人に対してすることにより消滅許可決定を防ぐことができる（破188条）。

　担保権実行の申立てが、担保権者の本来の権能である換価権の発動に依拠するのに対し、買受けの申出は、管財人の提示する任意売却を前提として、組入金額の当否を争う機会を担保権者に保障するものであり、両者の機能する場面は異なる。これらの手段は、異議のある担保権者を保護するためのものであるから、事前に破産管財人と売得金および組入金の額について合意していた担保権者は、いずれの手段もとることができない（破187条3項・188条6項）。

　担保権実行の申立ても、買受けの申出もなされなかったときは、裁判所は、申立書に記載された買主を売却の相手方とする担保権消滅許可の決定をするが（破189条1項1号・186条3項3号）、担保権実行の申立てがなされたときには、担保権者の換価権が優先するので、担保権消滅許可の申立てに対する不許可の決定をし（破189条1項）、買受けの申出がなされた場合には、買受けの申出に係る買受人を売却の相手方とする担保権消滅許可の決定をする（同項2号・188条8項）。担保権消滅許可の申立てについての裁判に対しては、即時抗告ができる（破189条4項）。

　買受けの申出がなされた場合の許可決定が確定すると、破産管財人と買受希望者との間で、申立書に記載された契約内容と同内容の売買契約が締結されたものとされ、買受申出の額が売得金の額とみなされる（破189条2項）。

　担保権消滅許可に係る売却の相手方は、裁判所の定める期限までに、所定の金銭を裁判所に納付しなければならず（破190条1項柱書）、所定の金銭の納付があった時に担保権は消滅し（同条4項）、登記または登録のある担保権についてはその抹消が嘱託される（同条5項）。期限までに売得金全額の納付がない場合には、担保権消滅許可の決定は取り消される（同条6項）。

　所定の金銭の納付により担保権が消滅した場合、裁判所は担保権者に対し、配当表に基づく配当または弁済金の交付を行い、剰余金があれば破産管財人に交付する（破191条1項・2項）。

(2) 商事留置権の消滅請求

　破産手続においては、商事留置権は特別の先取特権とみなされ（破66条1

項)、別除権として破産手続によらない権利行使が認められる(破2条9項・65条1項)。

　商事留置権が特別の先取特権とみなされることの帰結として、破産手続開始後もなお留置的効力が存続するかについて従来から議論の対立があるが、留置的効力についての議論の帰趨にかかわらず、留置権者と破産財団との適切な権利調整を図る必要があることから、破産管財人による商事留置権の消滅請求制度が設けられている。具体的には、商事留置権の目的財産が営業継続されている事業に必要な場合その他当該財産を回復することが破産財団の価値の維持または増加に資するときは、破産管財人が、裁判所の許可を得て、商事留置権を有する者に対し、その財産の価額に相当する金銭を弁済して、当該留置権の消滅を請求することができ、弁済または消滅請求がなされたいずれか遅い時に当該商事留置権は消滅する(破192条)。

　破産手続においては、上述した担保権消滅請求の制度が用意されているものの、その適用場面は担保目的物を任意売却する場合に限定されているため、破産管財人が目的物を保有し続けることを前提とする場面では利用することはできない。そこで、任意売却とは別に、または任意売却の前段階において商事留置権を消滅させて、当該目的物を破産財団に戻す必要がある場面[注6]では、商事留置権消滅請求が機能することになる。このように、破産手続においては、担保権消滅請求および商事留置権消滅請求という、適用場面が異なる制度が補完し合うことにより、破産財団の一層の拡充が図られている。

　なお、裁判所は破産管財人の弁済および商事留置権消滅請求を許可するに当たって、弁済予定額が目的物の価額に相当するか否かについて判断する必要はなく、価額についての争いは、破産管財人と商事留置権者との間の目的物返還請求訴訟において商事留置権消滅の要件の1つとして判断されることになるのが本制度の特徴的な点である[注7]。

(注6) 例えば、商事留置権の目的たる原材料や半製品を製品として任意売却するために加工する必要がある場合や、商事留置権の存する財産がその一部を構成している一体性をもった事業につき、一体性を保ったまま事業譲渡をする必要がある場合などが考えられる。
(注7) 小林信明「留置権」倒産手続と担保権111頁。

3 再生手続における担保権抹消制度

(1) 担保権消滅請求

ア 概　要

再生手続において担保権は別除権とされ、再生手続によらずにその権利を行使することができる（民再53条1項・2項）。そのため、従来から、事業の継続に不可欠な財産については、再生債務者等と担保権者との受戻合意や別除権協定締結により確保されてきた。

しかし、担保権者との合意に依拠するだけでは、事業の継続に不可欠な財産を確保できないおそれがあり、事業の継続および再生という再生手続の目的が損なわれる可能性がある。

そこで、民再法は、事業に不可欠な財産を確保するという観点から、担保権者の満足を、担保権によって把握された目的物の交換価値の範囲に限定し、強制的に担保権を消滅させることのできる担保権消滅制度を導入したのである。

もっとも、現実には、破産手続の場合と同様に、本制度の利用件数はそれほど多くはなく、むしろ、本制度が背景にあることにより、担保権者との交渉過程において、合意形成を促すという形で機能していると指摘される[注8]。とくに、再生手続においては、担保権者は大口債権者であることが多く、争いになると再生計画案に対する同意の取付けが困難になってしまうため、再生債務者およびその代理人は、当該制度の利用には慎重になるべきであろう。

イ 手続の流れ

再生手続開始時に、再生債務者の財産について担保権が存する場合において、当該財産が再生債務者の事業の継続に欠くことができないものであるときは、再生債務者等は、裁判所に対し、当該財産の価額に相当する金銭を納付して、当該財産上のすべての担保権を消滅させることについての許可の申立てをすることができる（民再148条1項）。

消滅請求の対象となる担保権は別除権となる担保権であり、再生手続開始時に再生債務者の財産につき存する特別の先取特権、質権、抵当権または商事留

（注8）　馬杉栄一「担保権消滅請求(1) 民事再生、会社更生」倒産手続と担保権130頁。

置権である(注9)(民再148条1項・53条1項)。

担保権消滅許可の要件は、当該財産が再生債務者の事業の継続に欠くことのできないものであるとき、すなわち、事業継続にとっての不可欠性である。典型的には、製造業者にとっての工場が挙げられるが、不動産業者の販売用土地について事業継続に不可欠とした裁判例もある（東京高決平21・7・7判時2054号3頁）。なお、売却予定の遊休資産を事業継続に不可欠とした裁判例もあるが（名古屋高決平16・8・10判時1884号49頁）に対しては、制度趣旨から外れるとの批判がなされている(注10)。

消滅許可の申立ては、①担保権の目的である財産の表示、②当該財産の価額、③消滅すべき担保権の表示、④消滅すべき担保権の被担保債権の額等を記載した書面をもってしなければならず（民再148条2項、民再規70条）、併せて、当該財産の価額の根拠を記載した書面等の提出が義務付けられる（民再規71条1項）。財産の価額とは、再生債務者が担保権を消滅させるに相当と評価した価額（申出額）である。

裁判所は、この申立てに対する許否の判断をすることになる。その審理に関して、民再法上は、許可申立書副本送達を前提とする149条1項以外に担保権者の手続保障は定められていないが、実務上は、裁判所から担保権者に対し、許可申立書の副本を送達し、意見を聴取しているのが通例である(注11)。

申出額に異議のある担保権者に対しては、価額決定の請求手続が設けられている。すなわち、異議のある担保権者は、担保権消滅許可の申立書の送達を受けた日から1か月以内（やむを得ない事由があれば伸長される）に、裁判所に対して担保目的物の価額決定の請求をすることができる（民再149条1項）。

(注9) 非典型担保についても、事業継続に不可欠な財産を確保するという趣旨から、実行が完了して非典型担保の権利者が完全な取得する以前の段階であれば、担保権消滅請求の対象となると解されるが、不動産譲渡担保の場合に移転登記の抹消が認められるかなど、検討すべき問題が残されており、いまだ考え方は確立されていない。伊藤・破産法民事再生法2版765頁、倒産法概説2版140頁〔沖野〕など。

(注10) 倒産法概説2版437頁〔笠井正俊〕。

(注11) 東京地裁では、消滅許可の申立てがなされると速やかに担保権者の審尋期日が指定される取扱いである。重政伊利「担保権消滅請求」新裁判実務大系㉑454頁。

価額決定の請求がなされた場合、裁判所は、請求を却下する場合を除き、評価人を選任して財産を評価させ、財産の価額を決定で定めなければならない（民再150条1項・2項）。財産の評価は、当該財産を処分するものとしてしなければならないとされている[注12]（民再規79条1項）。

価額決定の請求についての決定に対しては、再生債務者等および担保権者は即時抗告をすることができる（民再150条5項）。一方、事業継続にとっての不可欠性自体を争う場合には、許可決定に対する即時抗告をなすことになる（民再148条4項）。

再生債務者等は、価額決定の請求があった場合には、裁判所の決定により定まった価額に相当する金銭を、価額決定の請求がなかった場合（価額決定の請求がすべて取り下げられ、または却下された場合を含む）には、申出額に相当する金銭を、裁判所の定めた期間内に納付しなければならず（民再152条1項）、かかる金銭納付をもって、当該財産につき存するすべての担保権が消滅し（同条2項）、裁判所書記官は消滅した担保権に関する登記または登録の抹消を嘱託する（同条3項）。金銭納付がなされなければ、担保権消滅許可は取り消される（同条4項）。

所定の金銭の納付により担保権が消滅した場合、裁判所は担保権者に対し、配当表に基づく配当または弁済金の交付を行い、剰余金があれば再生債務者等に交付する（民再153条1項・2項）。

(2) 商事留置権の取扱い

再生手続においても、商事留置権は別除権とされ、手続外で行使することが認められているが（民再53条1項・2項）、特別の先取特権とみなされることはない。

このような商事留置権の性質からすれば、商事留置権について特有の消滅制

(注12) 処分価額の算定において、任意売却を基準とすべきか、担保権の実行を基準として競売減価を考慮すべきか等、担保権者が保証される担保価値の捉え方を巡って争いがあるが、実務上、不動産については「早期の処分可能性を考慮した市場を前提とする適正な処分価格」（社団法人日本不動産鑑定協会論文「民事再生法に係る不動産の鑑定評価上の留意事項について」判タ1043号〔2000年〕82頁）に従った評価が行われることが多い。

度を設ける必要は乏しく、これに加えて、再生手続における担保権消滅請求の制度は、任意売却を前提とする場合だけでなく再生債務者が担保目的物を保有する場合にも利用でき、事業継続に不可欠な財産の確保は担保権消滅の制度が一般的に担うことができるため、再生手続においては、商事留置権特有の消滅制度は設けられていない。

4 更生手続における担保権抹消制度

(1) 担保権消滅請求
ア 概要
更生手続開始時点において、更生会社の財産に存する担保権は更生担保権とされ（会更2条10項）、更生計画によらないで弁済を受けることが禁止される（会更47条1項）。

そのため、再生手続における場合と異なり、担保権の実行により事業継続に不可欠な財産が流出し、事業継続という目的が達成できないという事態は生じない。その一方で、更生手続においては、更生計画認可前の早期の段階で事業譲渡をすることが事業の更生に必要であることも多く（会更46条参照）、その場合には、当該事業譲渡の対象である財産上の担保権を消滅させる必要があり、また、事業の更生にとって不要な財産を売却することにより固定資産税等の管理コストを圧縮し、当該財産の担保余剰価値部分を運転資金として利用することが有用である。

そこで、担保権者の権利を保護しつつ、早期に担保権を消滅させることができるようにするため、更生手続においても担保権消滅制度が導入された。

イ 手続の流れ
更生手続開始時に、更生会社の財産につき担保権が存する場合において、更生会社の事業の更生のために必要であると認めるときは、裁判所は、管財人の申立てにより、当該財産の価額に相当する金銭を裁判所に納付して、当該財産を目的とするすべての担保権を消滅させることを許可する旨の決定をすることができる（会更104条1項）。

対象となる担保権は、更生手続開始当時更生会社の財産につき存する特別の

先取特権、質権、抵当権または商事留置権であるが、非典型担保についても、適用を妨げられないと解されている[注13]。

担保権消滅許可の要件は、更生会社の事業の更生のための必要性であり、事業の継続にとっての不可欠性を要求する再生手続の場合よりも要件が緩和されている。

したがって、当該財産を使用、収益することが事業の更生に必要である場合のみならず、遊休資産上の担保権を消滅させて売却し、管理コストを圧縮する場合や、その売却代金を事業資金に回す場合、当該財産により構成される事業を譲渡する場合などにも、担保権消滅請求は利用される[注14]。

消滅許可の申立ては、①担保権の目的である財産の表示、②当該財産の価額、③消滅すべき担保権の表示等を記載した書面をもってしなければならず（会更104条3項）、併せて、当該財産の価額の根拠を記載した書面等を提出しなければならない（会更規2条3項）。財産の価額とは、管財人が担保権を消滅させるに相当と評価した価額（申出額）である。

そして、更生計画によれば更生会社の財産上の担保権を消滅させることも可能であるため（会更205条1項）、消滅許可の決定は、更生計画案の付議決定があるまでの間に限られる（会更104条2項）。

消滅許可の申立てがなされると、裁判所は、拒否の決定を行うが、管財人の申出額に異議のある担保権者は、申立書の送達[注15]を受けた日から1か月以内に、担保目的物の価額決定の請求をすることができる（会更105条1項）。やむを得ない事由がある場合には、担保権者の申出により、この期間は伸長される（同条2項）。

（注13）不動産譲渡担保の場合に移転登記の抹消が認められるかなど、検討すべき問題が残されており、いまだ考え方は確立されていないのは、民事再生における場合と同様である。伊藤・会社更生法529頁。

（注14）伊藤・会社更生法530頁。

（注15）会更法104条4項では、許可決定の裁判書と許可申立書を同時に担保権者に送達することを前提としているが、担保権者の手続保障のためには、再生手続における実務の運用と同様に、申立後速やかに申立書を担保権者に送達し、その意見を聴取する取扱いがなされるべきとの指摘がある。伊藤・会社更生法532頁。

価額決定の請求があった場合には、裁判所は、請求を却下する場合を除いて、評価人を選任して財産を評価させ、財産の価額を決定で定めなければならない（会更106条1項・2項）。価額を評価する際には、価額決定の時[注16]における処分価額[注17]を基準とする（会更規27条、民再規79条1項）。

価額決定の請求についての決定に対しては、即時抗告ができ（会更106条5項）、許可決定自体に対しても即時抗告ができる（会更104条5項）。

管財人は、価額請求の申立てがあった時には、裁判所により定められた価額を、価額請求の申立てがなかったとき（価額決定の請求がすべて取り下げられ、または、却下された場合を含む）には、申出額に相当する金銭を、裁判所の定めた期間内に納付しなければならず（会更108条1項）、納付がなければ許可決定は取り消される（同条5項）。所定の金銭の納付により、当該財産につき存するすべての担保権が消滅し（同条3項）、裁判所書記官は登記または登録の抹消を嘱託する（同条4項）。

納付された金銭は、更生計画認可決定までは裁判所に留保され、認可決定後は管財人に交付される（会更109条）。管財人は、交付を受けた金銭を、更生計画によって定められた使途に基づいて処理することになる。

一方、更生計画認可決定前であっても、裁判所は、管財人の申立てにより、配当等見込額を超える剰余金額を管財人に交付する旨の決定ができる（会更111条1項1号）。

また、仮に、認可決定前に更生手続が終了した場合には、裁判所は、担保権者に対し、納付された金銭の配当または交付を行う（会更110条）。

このように、更生手続における担保権消滅制度は、再生手続におけるそれと基本構造を共通にしているが、更生手続では更生計画によらない更生担保権等の弁済が禁じられているため、再生手続におけるように、ただちに担保権者に

(注16) 価額評価の基準時を明示したのは、更生手続開始時との誤解を避けるためである（会更2条10項本文参照）。
(注17) 任意売却を基準とするか、競売を基準とするか等、処分価額については争いがあるが、実務では早期処分価額を基準とする場合が多い。不動産について、社団法人日本不動産鑑定協会「会社更生法に係る不動産鑑定の評価上の留意事項」判タ1126号〔2003年〕13頁参照。

配当・交付するのではなく、上記のような取扱いがなされるのである。

(2) 商事留置権の消滅請求

　更生手続における商事留置権は更生担保権とされ（会更2条10項）、更生担保権としての規律に服する。したがって、更生手続における担保権消滅請求の要件が緩和されていることとも相まって、更生手続開始後の商事留置権については、担保権消滅請求で対応することで足り、破産における場合のような特有の消滅制度は定められていない。

　他方、保全段階（更生手続開始申立てから開始決定までの間）においては、商事留置権消滅請求の制度が設けられている（会更29条）。これは、保全段階において商事留置権を消滅させる必要性の高さから設けられたものであり、更生手続に固有のものであるが、手続開始後または再生手続との違いが説明しきれていないとの指摘がある(注18)。

　具体的には、開始前会社の財産に商事留置権が存する場合において、当該財産が開始前会社の事業の継続に欠くことができないものであるときは、開始前会社（または保全管財人）は、更生手続開始の申立てにつき決定があるまでの間、裁判所の許可を得て、当該留置権者に対し、当該財産の価額に相当する金銭を弁済して、その留置権の消滅を請求することができる(注19)（会更29条1項）。

　この制度の概要は、破産手続における同制度と基本的に共通する。

(注18) 手続開始時を基準として制度が異なることの根拠の1つとしては、担保権消滅許可の制度に比して商事留置権消滅請求のほうが簡便な手続であることが挙げられる。また、再生手続の場合には手続開始申立てから決定までの期間が短いため、かかる保全期間における商事留置権消滅請求の制度を設ける必要性に乏しいと説明されることが多い。伊藤・会社更生法75頁。

(注19) 担保目的物の価額が被担保債権を上回る場合には、保全段階では、債権者に対する弁済が一般に禁じられていないので受戻しで対応でき、また、仮に、弁済禁止の保全処分が出されていても、その一部取消しを受けて被担保債権全額を弁済して商事留置権を消滅させることができるので、本制度は財産の価額が被担保債権を下回る場合を想定している。倒産法概説2版154頁〔沖野〕。

5　各手続における担保権消滅制度の比較

(1)　破産手続と再生手続

　上述のとおり、破産手続における担保権抹消制度は、破産管財人による破産財団の円滑・迅速な換価を目的とするのに対し、再生手続における担保権抹消制度は、事業の継続に不可欠な財産の確保を目的とする。いずれの手続でも担保権は別除権とされるものの、かかる目的の違いに応じて、その取扱いには差異が設けられている。

　まず、破産手続における担保権消滅許可の申立てに当たっては、担保権者との事前協議が義務付けられ、かかる申立てに対して担保権者は担保権実行の申立てや買受けの申出によって対抗することができるが、再生手続においては、事前協議義務は設けられておらず、担保権者の対抗手段は、再生債務者の提示した目的物の価額について争う価額決定の請求に限定され、換価権の発動が抑止されている。その代わりに、目的物の処分価値を担保権者への優先弁済と破産債権者のための財団組入れとに振り分けることが想定される破産手続における場合と異なり、再生手続においては、処分価値をすべて担保権者に交付することとして、換価権発動の抑止に対する手当てがなされている。

(2)　破産手続と更生手続

　破産手続における担保権抹消制度が破産管財人による破産財団の円滑・迅速な換価を目的とするのに対し、更生手続における担保権抹消制度は、不要資産の早期売却または事業譲渡の円滑な実現のために担保権を消滅させること自体に目的がある。さらに、破産手続において担保権が別除権とされるのに対し、更生手続における担保権は更生担保権と構成されることから、換価権・優先弁済権に配慮する必要はなく、担保権をより一層制限する方向で制度設計がなされている。

　すなわち、更生手続における担保権消滅制度では、事前協議が不要で、担保権者の対抗手段が価額決定の請求に限定されることはもとより、目的物の処分価額は、更生計画認可後に管財人に交付されて更生会社の資金として使用されるのみで、担保権者は更生計画に従った満足を受けるにすぎない。そのため、

担保権消滅許可の申立ての時期も更生計画案の付議決定までに限定されている。

そして、更生手続における担保権が更生担保権とされることおよび更生手続における担保権消滅請求の要件が緩和されていることから、破産手続におけるような商事留置権消滅請求の制度は設けられていない。ただし、保全段階における商事留置権の消滅請求という特有の制度が設けられているのが特徴的な違いである。

(3) **再生手続と更生手続**

再生手続と更生手続のいずれにおいても、事前協議が義務付けられず、価額決定の請求に担保権者の対抗手段が限定される点については共通する。

しかしながら、再生手続において担保権が別除権とされるのに対し、更生手続においては更生担保権とされるという処遇の違いから、更生手続における場合のほうが、より担保権を制限する方向で制度設計されている。

すなわち、再生手続においては、担保権消滅請求の要件として事業継続の不可欠性が要求されるが、更生手続においては、更生会社の事業の更生にとっての必要性に要件が緩和されているし、再生手続において担保権者は目的物の処分価額の全額の交付を受けるが、更生手続における担保権者は、更生担保権者として、更生計画に従った満足を受けるにすぎないという違いがある。

【破産・民事再生・会社更生の各手続における担保権抹消制度一覧】[注20]

	破産手続		再生手続	更生手続	
制度	担保権の消滅	商事留置権の消滅	担保権の消滅	商事留置権の消滅	担保権の消滅
目的	破産管財人による破産財団の円滑・迅速な換価		事業継続に不可欠な財産の確保	不要資産の早期売却または事業譲渡の円滑な実現のための担保権消滅	

(注20) 小野憲一ほか「〈パネルディスカッション〉再生手続における担保権の取扱い——中止命令と担保権消滅請求制度への提言を中心に」事業再生と債権管理140号（2013年）28頁参照。

第4節　担保権消滅許可制度

時期	破産手続開始後	破産手続開始後	再生手続開始後	開始前	更生手続開始後〜更生計画案付議決定
申立権者	破産管財人	破産管財人	再生債務者等	開始前会社（保全管理人）	管財人
対象	特別の先取特権、質権、抵当権または商事留置権	商事留置権	特別の先取特権、質権、抵当権または商事留置権	商事留置権	特別の先取特権、質権、抵当権または商事留置権
積極的要件	任意に売却して当該担保権を消滅させることが破産債権者一般の利益に適合すること	継続されている事業に必要なものであること、その他当該財産の回復が破産財団の価値の維持または増大に資すること	当該財産が再生債務者の事業の継続に欠くことができないものであること	当該財産が開始前会社の事業の継続に欠くことができないものであること	更生会社の事業の更生のために必要であると認められること
消極的要件	担保権者の利益を不当に害することと認められること				

217

手続的要件	財団組入額につきあらかじめ担保権者と協議すること				
許可内容	当該財産を任意に売却し、法定の金額が裁判所に納付されることにより当該財産につき存するすべての担保権を消滅させることの許可	留置権の消滅請求（消滅請求および弁済について裁判所の許可が必要）	当該財産の価額に相当する金銭を目的とするすべての担保権を消滅させることの許可	留置権の消滅請求（消滅請求および弁済について裁判所の許可が必要）	当該財産の価額に相当する金銭を裁判所に納付して当該財産を目的とするすべての担保権を消滅させることの許可
納付等する金額	①売得金から組入金を控除した額 ②売得金	財産の価額に相当する金銭	財産の価額に相当する金銭	財産の価額に相当する金銭	財産の価額に相当する金銭
納付金等の取扱い	配当等	留置権者に対する弁済	配当等	留置権者に対する弁済	更生計画認可後管財人に交付
決定を争う方法	即時抗告		即時抗告		即時抗告

	制度	②保権実行の申立て ②買受けの申出	留置権が消滅したことを原因とする財産の返還請求訴訟	価額決定の請求	留置権が消滅したことを原因とする財産の返還請求訴訟	価額決定の請求
担保権者がとりうる手段	申立期間等	担保権消滅許可申立書および売買契約の内容を記載した書面が送達された日から1か月以内		担保権消滅許可申立書の送達を受けた日から1か月以内		担保権消滅許可申立書の送達を受けた日から1か月以内
	価額の評価	②は売得金の額に20分の1に相当する額を加えた額以上		処分価額		処分価額

I−24 破産手続における担保権消滅許可制度の実務運用

弁護士　清水　　豊

1 破産手続における担保権消滅許可の申立手続

(1) 担保権消滅許可の申立てにおける留意点

　ア　申立前の担保権者との協議

　㋐　事前協議の必要性

　破産管財人は、担保権消滅許可の申立前に、担保権者との間で担保権の消滅および組入金についての協議と任意売却についての売却先との協議を並行して行うのが通常であり、そのうち組入金については、とくに担保権者との協議義務が法定されている（破186条2項）。

　当該目的財産から弁済を受ける見込みのない後順位担保権者は、破産法186条2項の協議をすることが必要な担保権者には含まれない。もっとも、任意売却を行うためには、そのような担保権者とも交渉することが必要である。この交渉の際に、担保権消滅許可制度について説明することで任意売却について理解を得られる場合も多い。そこで、実務的には、すべての担保権者と事前協議を行うことが通常である。なお、この事前協議義務の内容は担保権者の利害の状況、売買交渉の状況等により異なり、これに対する違反は、担保権者の利益を不当に害するかどうかの一要素として考慮されるものにとどまり、ただちに申立ての却下事由に当たるものではないと解されている(注1)。

　㋑　事前協議における留意点

　担保権者との事前協議は、担保権消滅許可の申立書の記載事項である上

（注1）大コンメ781頁〔沖野眞已〕。ただし、事前に通知もないというような場合はただちに却下事由となるとされる。

（破186条3項7号）、組入金および売得金について担保権者との間で合意があれば、その対抗手段の行使を封じることができる。そこで、後記の売買契約の内容を説明した上、協議の経過を随時担保権者や売却の相手方に書面で送るなどして、記録に残すことが必要である。加えて、担保権者が対抗手段をとる場合もあり得るので、連絡を密接にとり、その意向を十分把握することが手続を円滑に進める上で有益といえる。

また、並行して行う任意売却の経過についても、申立書の記載事項となっており（破規57条1項）、売得金、組入金、これらの基礎となる売買代金の妥当性についての判断の基礎資料となるので、経過を記録に残し、随時関係者に書面で送るなどして、記録に残すことが必要である。その際、売却の条件（売買契約書の記載）についても十分説明することが必要である。

　イ　交渉が不調に終わったとき

担保権者との事前協議が不調に終わったときは、当該財産を財団から放棄するか、本制度の申立てを行うか検討することになる。

本制度は、申立てから配当終了までおよそ3か月以上を要すること、担保権者から対抗手段をとられると余剰が生じない限り組入金が認められない上、管財人を信用して任意売却に応じた買受人の担保権消滅許可制度に対する信用を損なうなどの不利益がある。

また、例えば、後順位で破産申立て直前に設定された担保権については、否認権行使により担保権を抹消することが可能である場合もある。

これらの点を検討した上、なお、本制度の申立てを行うことに利益がある場合には、申立てを行うことになるが、事前に裁判所と協議が必要である。

　ウ　申立ての実質要件について

　　㋐　破産債権者の一般の利益に適合すること

破産者の一般の利益に適合するときとは、本制度により担保権を消滅させて任意売却をすることが、破産財団の拡充に資する場合をいう。例えば、財団への組入がなされる場合、あるいは迅速な換価により固定資産税のような当該財産の所有に伴う負担を免れる場合がこれに該当する。

異時廃止見込みの場合にこの要件を充たすかという点であるが、異時廃止となるかどうかは、最終的に換価が終了した時点で明らかになるものであ

る。このような観点から、異時廃止見込みであっても許可申立てが認められた例もあるが、最終的には、事案に応じた慎重な検討が必要とされる[注2]。

(ｲ)　担保権者の利益を不当に害することと認められないこと

例えば、財団への組入れが過大で担保権者への配当原資を減少させる場合、組入れについて担保権者との事前の協議がまったくなく不意打ち的に申立てがなされた場合は、この要件を充たさない。

不当に廉価である任意売却も同様である。具体的には、将来の値上がりが十分予想されるにもかかわらず、正当な理由なく売り急ぐ場合、複数の財産を一括して売却したほうが高額での売却が可能であるにもかかわらず、単体での売却を行うような場合である。

また、担保権者が異なる複数の財産について、一括して本制度の対象とする場合、売却価格が総額としては相当であっても、個別の財産への割付けが不当に廉価でなされているような場合もこの要件を充たさない。

エ　申立書の記載等について

(ｱ)　担保権の目的である財産の表示

本制度の対象となる財産は、破産手続開始の時において破産財団に属する財産である。対抗要件まで備えることは必要ではない。

また、担保権者の異なる複数の財産を一括して任意売却する場合、担保権の存しない財産と存する財産を一括して任意売却する場合でも本制度を利用し得る[注3]。

(ｲ)　売得金の額（当該財産が複数あるときは、売得金の額およびその各財産ごとの内訳の額）

売得金は、売買代金だけでなく相手方負担の費用の償還分、預かり消費税などを含む、当該財産の売却によって相手方から取得する金銭から、以下の費用等で売買契約において買主の負担とされるものを除いたものである。

（注2）石田憲一＝松山ゆかり「企業倒産（破産・民事再生）をめぐる諸問題――司法研修所における特別研究会の概要」NBL939号（2010年）27頁。

（注3）日本弁護士連合会倒産法制検討委員会編『要点解説新破産法』（商事法務、2004年）87頁〔中井康之〕、大コンメ783頁〔沖野〕。

① 売買契約の締結および履行のために要する費用であって、財団から現に支出しまたは将来支出すべき実費の額
② いわゆる預かり消費税

売得金は、売買代金だけでなく任意売却において受領する金銭を広く含んでおり、いかなる費用が売得金に含まれないかが問題である。①は、客観的に，当該費用が当該売買契約との関係で締結費用ないし履行費用に該当するかどうかによって判断される。典型的には、印紙代、不動産仲介手数料、残置廃棄物処理費用、占有者の立退きの要する費用、担保権抹消登記手続費用等がある。将来の売買のためにあらかじめ支出した測量費用について、当該売買契約においてその測量結果を利用することから買主の費用として定めた場合には、かかる測量費用も締結費用ないし履行費用に該当するとされる[注4]。

固定資産税等については、少なくとも、滞納処分がなされている場合には、その取消しがなされなければ任意売却は実行できないから、この費用に当たると解される。

最終的には、これらの費用は、任意売却において受領する金銭のうち、財団に帰属し担保権者に支払われないものであり、担保権者から見れば組入金と類似する。したがって、実務的には、売買契約書に買主の負担する費用として明記し、併せて担保権者にも事前に十分説明して理解を得ておくことが必要である。売買契約における記載の方法としては、売買代金と別途精算とする方法、売買代金の支払により精算するとして別途の精算はしない方法のいずれも可能である。

(ウ) 消滅すべき担保権の表示
　(ア) 本制度の対象となる担保権

本制度の対象となる担保権は、破産手続開始時に破産財団に属する財産につき存する担保権である。被担保債権が破産者に対するものでない場合（破産者の資産が物上保証に供されている場合）も含まれる。

本制度の対象となる担保権は、破産法186条1項に例示される特別の先取

（注4）論点解説新破産法(上)57頁〔服部敬〕。

特権、質権、抵当権または商法もしくは会社法の規定による留置権に限られず、破産手続において「別除権」として扱われる所有権留保、譲渡担保等も除外されるものではない。これら非典型担保および用益権に関しては、第3章を参照されたい。

(イ) 申立書に記載のない担保権が存在する場合

申立書に記載のない担保権が存在することが判明した場合、売得金が納付されてもこの担保権は消滅せず、任意売却は実行できない。このような場合、一般債権者の利益を害することになるから、申立ては却下されるので注意を要する。

(エ) 組入金の額（当該財産が複数あるときは、組入金の額およびその各財産ごとの内訳の額）

組入金の額は、概して売買代金の5パーセントから10パーセントという事例が多いようであるが[注5]、任意売却の経緯、買受人を探し出した労力、破産管財人が任意売却のために行った作業の内容・程度、売買代金の多寡、売却に要する費用等を考慮して担保権者との交渉により決められており、明快な指針はないとされている。

(オ) 売買契約の内容を記載した書面の添付

申立書には、当該財産の売却に係る売買契約の内容を記載した書面の添付が必要である。売買契約書について必要と考えられる条項は以下のとおりである。

① 当該買主を売却先とする、任意売却の許可または担保権消滅許可決定のいずれかがなされることを停止条件とする条項
② 担保権実行が先行して完了した場合には、損害賠償義務等を負わず、無条件で解除し得る条項
③ 当該買主に、担保権者の買受の申出における買受希望者とならないことを義務付ける条項
④ 売得金から除外される買主の負担となる費用およびその精算方法

（注5）最高裁判所事務総局「破産事件執務資料」（平成3年3月民事裁判資料第193号）参照。

(2) 担保権者の対抗手段

ア 担保権実行の申立て

(ア) 担保権を実行したことを証する書面の提出

申立書等の送達から1か月以内に、担保権の実行の申立てをしたことを証する書面が裁判所へ提出された場合、本制度の申立てについて不許可の決定がなされる（破187条）。担保権の実行の申立てをしたことを証する書面としては、不動産競売開始決定、開始決定に係る差押えの登記の記載のある登記事項証明書、裁判所の受付印のある不動産競売申立書、同競売申立書についての裁判所の受理証明書等がある。

担保権実行手続がとられながらこの書面の提出がなされない場合、担保権実行手続と担保権消滅許可制度とが併存するので、担保権実行手続が先行して完了することもあり得る。そのような事態にいたれば、売却の相手方を混乱させたり、担保権消滅許可制度の信頼を失うおそれもあるので、申立後も、担保権者等の関係者と密に連絡をとることが必要である。

(イ) 担保権の実行の申立ての禁止

申立書等の送達から1か月を経過した場合は、担保権の実行の申立ては禁止され、担保権消滅許可決定が確定したが、金銭の不納付を理由として許可決定が取り消されたとき、または担保権消滅の不許可の決定が確定した後でなければ、担保権の実行の申立てはすることができない。これに違反してなされた担保権の実行の申立ては停止されることになると考えられる（民執183条1項7号・189条・192条・193条2項）。

イ 買受けの申出

担保権者は、送達から1か月以内に、売得金を5パーセント以上上回る額で買い受ける旨の買受けの申出をすることができる（破188条）。買受けの申出をするのは、被申立担保権者（破186条5項）に限られるが、買受希望者はこれに限られない。買受けの申出の際には、買受希望者から破産管財人に対し、所定の方法で買受けの申出の額の10分の2相当額の保証を提供しなければならない（同条5項、破規60条1項・2項）。

買受けの申出に基づき買受希望者に任意売却が行われる場合、組入れは認められない。この点に関連して、組入金が売得金の5パーセントを超える場合に

は、その負担を回避する目的で、担保権者が相手方に働きかけて売得金を5パーセントだけ上回る金額での買受の申出をする可能性がある（増額分は事後的に担保権者から相手方に支払われる）。当初の相手方が買受希望者となり得るかは、法文上定かではないため、このような事態を回避するためには、相手方に買受希望者とならないことを義務付けておくことが考えられる。

また、建物の商事留置権者がなした建物の一部についての買受けの申出が権利濫用と判断された例がある[注6]。

買受けの申出がなされ、申立書の送達から1か月の熟慮期間が経過したときは、破産管財人は、裁判所に対し、買受の額が最も高い申出（同額の申出が複数あるときは最も先になされたもの）に係る買受希望者に売却する旨の届出をする。

複数の財産を一括して対象とする場合は、買受けの申出の額は、各財産ごとにその内訳を示さなければならない。買受けの申出額の総額が売得金を5パーセント以上上回り、かつ各財産ごとの売得金の内訳の額を下回らなければよく、各財産ごとの売得金を5パーセント以上上回る必要はない。

　　ウ　担保権者が対抗手段を行使できない場合（売得金および組入額の合意）

破産管財人との間で、売得金および組入金の額について合意をした担保権者は、担保権の実行の申立ておよび買受けの申出のいずれもすることができない（破187条3項・188条6項）。

(3) **担保権消滅許可決定後の対応**

　　ア　**担保権者の対抗手段がとられなかった場合**

申立書の送達から1か月以内に担保権者の対抗手段がとられなかった場合、申立書記載の相手方を売却の相手方として、担保目的財産を任意に売却し、金銭の納付により担保権を消滅させる許可の決定がなされる。

相手方は、売得金から組入額を控除した額を所定の期限内に裁判所へ納付する。

この納付がなされたときに、申立書記載の担保権は消滅し、担保権の抹消登

（注6）　東京高決平24・5・24判タ1374号239頁。

記手続は、裁判所書記官の嘱託により行われる。この納付が所定の期限内になされなかったときは、任意売却および担保権消滅の許可決定は取り消される。裁判所に納付された金銭は、民事執行法の手続に準じた配当により、担保権者に支払われる。

所有権移転登記手続は破産管財人が行うが、売却の許可は、上記許可決定に含まれているのであるが、本制度発足当時は、通常の資産売却の許可と体裁が異なるため、法務局で受け付けられない場合もあったようである。したがって、管轄の法務局と事前に打合せをし、東京法務局で先例があることを示すなどしておくことが望ましい。場合によっては裁判所と協議の上、別途売却許可の申請をすることも考えられる。

　　イ　買受けの申出がなされた場合

担保権者から買受けの申出がなされた場合は、破産管財人がこれについてなした買受希望者に売却する旨の届出に記載のある買受希望者を売却の相手方として、担保目的財産を任意に売却し、金銭の納付により担保権を消滅させる許可の決定がなされる。

当該買受希望者と破産管財人との間で、申立書添付の売買契約内容どおりの売買契約が締結されたものとみなされる。

当該買受希望者は、申出額から保証分を控除した残額を所定の期間内に裁判所に納付し、これにより破産管財人に預けられた保証分は売得金の一部に充当されるので、破産管財人は保証分の額をただちに裁判所に納付する。財団への組入れは、余剰が生じない限り認められない。

担保権の消滅時期、不納付の場合に許可決定が取り消されること、裁判所に納付された金銭の配当は、申立書記載の相手方に売却される場合と同じである。

　　ウ　担保権実行の申立てを証する書面が提出されたとき

担保権実行の申立てを証する書面が提出されたときは、不許可の決定がなされる。

なお、これらの決定に対しては、被申立担保権者および破産管財人は即時抗告をなし得る。

第1章 倒産手続における担保権

(4) 手続フロー

担保権消滅許可の申立ての手続フローは別紙のとおりである。

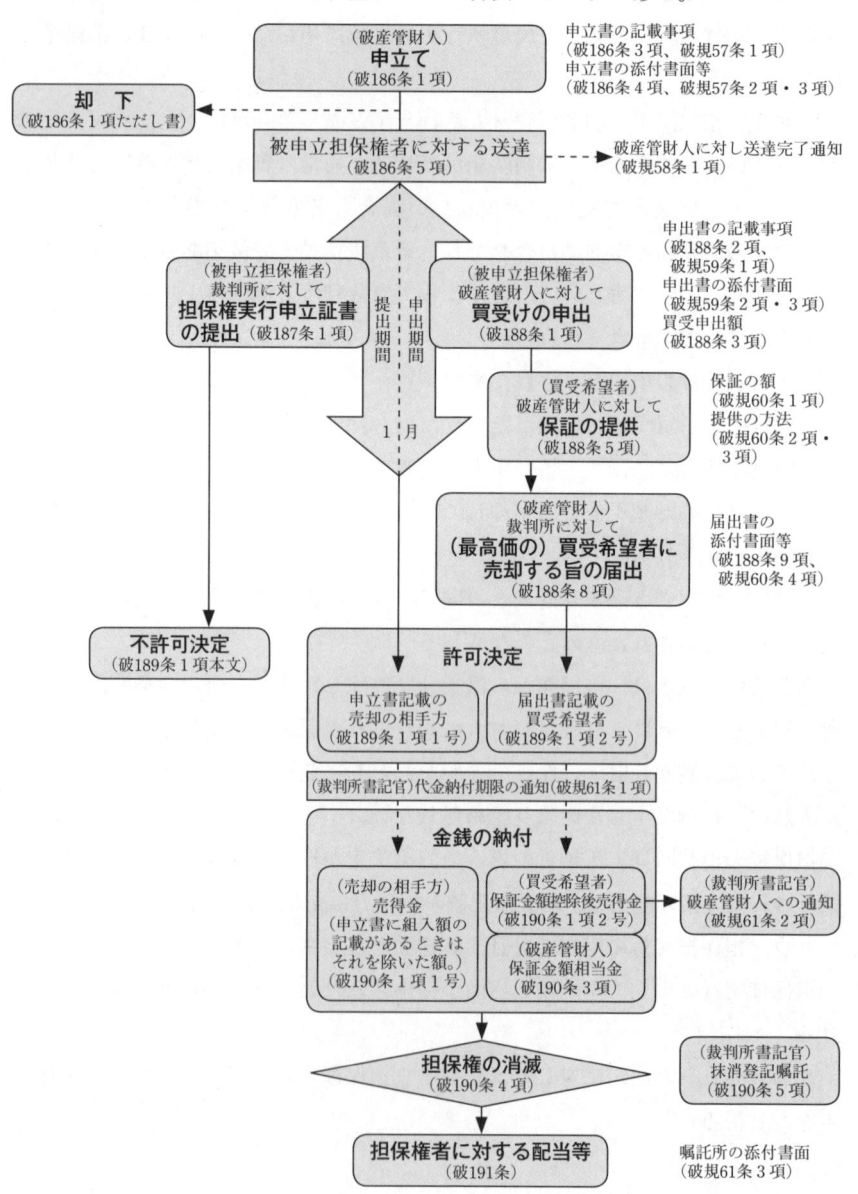

```
                    ┌─────────────────┐
                    │   (破産管財人)    │      申立書の記載事項
                    │     申立て        │      (破186条3項、破規57条1項)
                    │   (破186条1項)    │      申立書の添付書面等
                    └─────────────────┘      (破186条4項、破規57条2項・3項)
                              │
   ┌──────────┐              ▼
   │  却 下   │      ┌─────────────────┐
   │(破186条1項 │◄─ ─ │被申立担保権者に対する送達│ ─ ─► 破産管財人に対し送達完了通知
   │ ただし書) │      │   (破186条5項)    │         (破規58条1項)
   └──────────┘      └─────────────────┘
                              │
                              ▲
        ┌─────────────┐         ┌──────────────┐
        │(被申立担保権者)│         │(被申立担保権者)│      申出書の記載事項
        │裁判所に対して │   提 申  │破産管財人に対して│     (破188条2項、
        │担保権実行申立証書│  出 出  │  買受けの申出  │      破規59条1項)
        │ の提出(破187条1項)│ 期 期  │  (破188条1項)  │     申出書の添付書面
        └─────────────┘  間 間  └──────────────┘     (破規59条2項・3項)
                          │ │              │           買受申出額
                          │1│              ▼           (破188条3項)
                          │月│      ┌──────────────┐
                          │ │      │ (買受希望者)   │    保証の額
                          │ │      │破産管財人に対して│   (破規60条1項)
                          │ │      │  保証の提供    │    提供の方法
                          │ │      │  (破188条5項)  │   (破規60条2項・3項)
                          │ │      └──────────────┘
                          │ │              │
                          │ │              ▼
                          │ │      ┌──────────────┐
                          │ │      │ (破産管財人)   │    届出書の
                          │ │      │裁判所に対して  │    添付書面等
                          │ │      │(最高価な)買受希望者に│ (破188条9項、
                          │ │      │売却する旨の届出 │   破規60条4項)
                          │ │      │  (破188条8項)  │
                          ▼ ▼      └──────────────┘
    ┌──────────┐          │               │
    │ 不許可決定 │          ▼               ▼
    │(破189条1項 │      ┌───────────────────┐
    │  本文)   │      │       許可決定        │
    └──────────┘      ├──────────┬──────────┤
                    │申立書記載の│届出書記載の│
                    │売却の相手方│買受希望者 │
                    │(破189条1項1号)│(破189条1項2号)│
                    └──────────┴──────────┘
                              │
                  (裁判所書記官)代金納付期限の通知(破規61条1項)
                              ▼
                    ┌─────────────────┐
                    │    金銭の納付     │
                    └─────────────────┘
                    ┌─────────┬─────────┐      (裁判所書記官)
                    │(売却の相手方)│(買受希望者)│    破産管財人への通知
                    │  売得金   │保証金額控除後│    (破規61条2項)
                    │(申立書に組入額│ 売得金   │
                    │の記載があるときは│(破190条1項2号)│
                    │それを除いた額。)├─────────┤
                    │(破190条1項1号)│(破産管財人)│
                    │          │保証金額相当金│
                    │          │(破190条3項)│
                    └─────────┴─────────┘
                              │
                              ▼
                    ◇─────────────────◇      (裁判所書記官)
                    │    担保権の消滅     │      抹消登記嘱託
                    │   (破190条4項)    │      (破190条5項)
                    ◇─────────────────◇
                              │
                              ▼
                    ┌─────────────────┐
                    │担保権者に対する配当等│      嘱託所の添付書面
                    │   (破191条)     │      (破規61条3項)
                    └─────────────────┘
```

(出典) 最高裁判所事務総局民事局作成　　　　配当の手続等に関する民事執行規則の準用 (破規62条)

228

2 担保権消滅請求と任意売却(任意売却に関わる融資に関わる留意点)

(1) 問題の所在

ア 任意売却における売却の場合

　担保目的財産の任意売却における購入者は、売買代金を金融機関から融資を受ける者も多く、その場合、金融機関から見れば、この融資についての担保権が第1順位で設定されることを確保する必要がある。任意売却においては、金融機関の指定する司法書士に対し、同時に一括して、所有権移転登記手続、旧担保権の抹消登記手続、融資に係る新担保権の設定登記手続を委任することでこの点が確保されている。

イ 本制度を利用する場合の問題点

　しかしながら、本制度を利用した場合、所有権移転登記手続については管財人との間で示し合わせて金融機関の指定する司法書士に委任することが可能であるが、担保権の抹消登記手続は裁判所書記官の嘱託により行われることが予定されている。

　したがって、融資の実行による裁判所への売得金の納付と担保権の抹消登記手続の実行との間には、時間差があることになる。

　そして、裁判所の許可なくしてなされた担保設定行為は無効であるものの(破78条2項1号・5号)、善意の第三者に対抗できない(同条5項)とされるので、極めて低いながらも、金融機関ための担保設定に先んじて別の担保権が設定される可能性がまったくないとはいえない。

　本制度がまだ新しいことも相まって、この可能性が融資の事実上の支障となり得るのであれば、この点を運用の工夫により改善する必要がある。

(2) 運用の一例

　そこで、例えば、以下のような運用上の工夫が考えられる[注7]。

　① 売却の相手方は、裁判所からの納付期限の通知(破規61条1項)受領後、売得金のうち組入額があれば、それを控除した後の残額について、融資を

(注7) 多比羅誠・倒産手続と担保権152頁。

受けて裁判所に送金して納付する（破190条1項1号）
② 裁判所は売却の相手方に対し、保管金受領証書を交付する
③ 裁判所書記官は、担保権の抹消登記の嘱託をする（破190条5項）
④ 売却の相手方は、破産管財人に対し、保管金受領証書のコピーを交付し、①を行った旨連絡する
⑤ 売却の相手方は、破産管財人に対し、売買代金のうちから、①により裁判所に納付した売得金を控除した金額を支払う
⑥ 売却の相手方は、破産管財人より⑤と引換えに所有権移転登記に必要な書類を受け取り、かつ買受不動産の引渡しを受ける
⑦ 売却の相手方は、裁判所に登記嘱託書の発送の有無を確認し、登記所に所有権移転登記手続と融資した金融機関のために第1順位の抵当権設定登記手続を申請する

なお、買受希望者に売却する場合は、②について、さらに破産管財人が保証金相当額を裁判所へ納付する手続が加わることになる。

さらに一歩進んで、裁判所書記官からの担保権抹消登記嘱託書をあらかじめ指定された司法書士へ交付した例もあり参考にされたい[注8]。

───────

（注8）進士肇「破産法上の担保権消滅許可申立手続を利用した実例の報告」事業再生と債権管理121号（2008年）102頁。

Ⅰ-25 再生手続における担保権消滅許可制度の実務運用

弁護士　八束　美樹

1 担保権消滅請求手続

(1) はじめに

　再生手続開始時に再生債務者の財産に担保権が設定されていて、当該財産が再生債務者の事業の継続に欠くことができないものである場合には、再生債務者等は、裁判所に対して当該財産の価値に相当する金銭を裁判所に納付して当該財産に設定されたすべての担保権を消滅させることについての許可の申立てをすることができる（民再148条1項）。

(2) 要件

ア　担保権消滅許可の申立ての対象となる財産

　担保権消滅許可の申立ての対象となる財産は、再生手続開始時に担保権が設定されている再生債務者の保有するすべての財産であり、再生債務者の財産である限りその種類は問わないが、物上保証により物上保証人が担保提供した資産は担保権消滅許可の申立ての対象とはならない。

　なお、対象となる財産に係る再生債務者名義での登記の要否につき、裁判例は、担保権消滅請求制度において再生債務者は担保権設定の有効性を認めていることから、不動産の所有者である再生債務者と担保権者との関係は対抗問題とはならず、再生債務者名義の登記は不要であると判示した[注1]。

イ　担保権消滅許可の申立ての対象となる担保権

　担保権消滅許可の申立ての対象となる担保権は特別の先取特権、質権、抵当権、商法または会社法の規定による留置権（民再53条1項）および仮登記担保

（注1）福岡高決平18・3・28判タ1222号310頁。

権(仮登記担保19条3項)である。

　Ⅰ－27にて詳述するが、上記の法定担保権のほか、譲渡担保や所有権留保等の非典型担保権および用益権が担保権消滅許可の申立ての対象となるか問題となる。

　この点、非典型担保権については、民再法153条3項が配当手続について民執法を準用していることから、担保権消滅請求の対象とできるのは目的財産に対象となる非担保権のみが設定されているなど、配当の問題が生じない場合等に相当限定されるとの指摘もある(注2・3)。しかし、担保権消滅請求手続の制度趣旨にかんがみれば非典型担保であるという点のみで、一律に同制度の対象から除外する理由はないとの考えが有力であり(注4)、非典型担保のうちフルペイアウト方式のファイナンス・リースについては担保権とする下級審裁判例が複数存在することから、担保権消滅請求の対象となることが前提とされているもの(注5)と考えられる。なお、東京地裁では、非典型担保を担保権消滅請求の対象とした事例は平成24年5月末時点で2例あるとのことである(注6)。

　一方、用益権のうち金融業者が抵当権設定と同時に行う代物弁済予約の仮登記や賃借権設定の仮登記等、用益権の実体をもたず、担保目的で登記のみがなされているものについては、担保権に該当するとして担保権消滅請求の対象とするべきであるとの考えもあるが(注7)、裁判所は用益権の担保目的の認定に係る問題や配当での取扱上の問題等から、用益権を担保権消滅請求の対象とする

(注2)　最新実務解説一問一答民事再生法525頁。
(注3)　民事再生の手引246頁〔中村悟〕。
(注4)　伊藤・破産法民事再生法2版752頁。
(注5)　大阪地判平13・7・19判時1762号148頁、東京地判平15・12・22判タ1141号279頁、東京地判平16・6・10判タ1185号315頁、東京高判平19・3・14判タ1246号337頁。
(注6)　民事再生の手引246頁〔中村〕。1例目は金融機関が再生債務者の動産(工作機械)に譲渡担保権を設定し、2例目は帽子の卸売業者が再生債務者の店舗内に存在する商品に譲渡担保権を設定していたところ、両事案とも当該譲渡担保権の成立およびその内容について当事者間に争いがなく、競合する担保権も存在せず、かつ、譲渡担保権者も譲渡担保の実行を事実上控えているという事案において、当該動産譲渡担保権を対象に担保権消滅許可決定をしたものである。
(注7)　新注釈民事再生法(上)855頁〔木内道祥〕。

ことについては消極的であると考えられる^(注8・9)。

なお、担保権消滅請求の対象となるのは、再生手続開始時に再生債務者の財産に設定されている担保権であり（民再148条1項）、再生手続開始後に設定された担保権は担保権消滅請求の対象とはならない。

ウ 事業継続不可欠性要件

担保権消滅請求は、本来は別除権として再生手続により影響を受けず、自由に権利行使できることが原則である担保権者の担保権に制約を課すものであることとの平仄から、担保権消滅請求が認められるのは当該担保権が設定された財産が債務者の事業の継続に不可欠なものである場合に限定される（民再148条1項）。裁判所は、かかる趣旨から、事業の継続に不可欠な財産とは、担保権が実行されて当該財産を活用できない状態になったときには再生債務者の事業の継続が不可能となるような代替性のない財産であることが必要であると判示している[注10]。

Ⅰ−25にて詳述するが、事業継続不可欠要件について以下の場合に問題となる。

(ア) 事業譲渡の場合

担保権消滅請求の対象となる財産が事業譲渡の対象となっている場合、当該財産は事業譲渡により再生債務者の所有ではなくなることから、「再生債務者の事業の継続」に欠くことができないものと認められるか問題となるが、再生手続は法人としての再生債務者ではなく、その「事業」の再生を図ることを目的とする手続であることから、事業譲渡により再生債務者の事業が第三者に譲渡される場合であっても、担保権消滅請求の対象となる財産が当該「事業」の継続に不可欠なものである場合には事業継続不可欠性要件を充たすものと考えられる[注11]。

(注8) 民事再生の手引247頁〔中村〕。

(注9) なお、抵当権者が抵当不動産の賃料債権に物上代位している場合において、当該抵当不動産について担保権消滅請求が行われた場合には、当該消滅請求に物上代位部分も含まれるとの考えもあり得ると思われるが、この点について言及した学説、裁判例は見当たらない。

(注10) 東京高決平21・7・7判時2054号3頁（土地付き戸建分譲を主たる事業とする再生債務者所有の販売用土地について事業継続不可欠性要件を充たす財産といえるとされた事例）。

(イ) 資産売却の場合

資産を売却して事業資金を調達する場合、事業継続に不可欠なものであるといえるかについて、不動産を売却するなどの処分をすることが再生債務者の事業の継続のため最も有効な最後の手段であると考えられるときは、その売却される不動産も再生債務者の事業継続に欠くことができないものに当たるとして事業継続不可欠要件を充たすとする裁判例があるが[注12]、学説は、遊休資産を処分してその代金を事業を継続する資金として活用しようとすることはその目的自体が事業継続に不可欠なものとはいえないので事業継続不可欠要件は充たさないとする見解が大勢である[注13]。

原材料や商品の売却については、見解が分かれており、原材料については、事業継続に不可欠な資産に当たり、担保権消滅請求の対象となるとする見解がある一方、これを否定する見解もあり、さらには同種のものを他から調達できる場合には代替性がないとはいえず否定される場合が多いという見解もある[注14]。また、商品については、民事再生における担保権消滅請求手続では「更生会社の事業の更生のため」の必要性を問題とする会更法104条とは異なり、当該財産の事業継続における不可欠性を要件としていることから対象とはならないとする見解もあるが、対象となるとする見解が多い[注15・16]。

(3) **申立手続**

担保権消滅許可の申立ては再生債務者または管財人によってなされ（民再148条1項）、書面によらなければならない（同条2項）。また、東京地裁では、

(注11) 民事再生法逐条研究142頁。

(注12) 名古屋高決平16・8・10判時1884号49頁。

(注13) 伊藤・破産法民事再生法2版753頁、詳解民事再生法2版412頁〔山本和彦〕。

(注14) 詳解民事再生法2版412頁（肯定説）、民事再生法の実務と理論180頁（否定説）、小林信明「民事再生法判例の分析と展開」（金判増刊1361号〔2011年〕85頁。ほかからの調達可能性がある場合には否定）。

(注15) 新注釈民事再生法(上)2版852頁〔木内〕（否定説）、Q&A民事再生法2版267頁ほか（肯定説）。

(注16) 髙井章光「判批」百選5版125頁。

担保権消滅許可の申立てに先立ち、まずは監督委員と協議することが求められており、監督委員と協議の結果、申立てが相当となった場合には再生債務者が担保権消滅許可の申立書を正式に提出する前にドラフトを提出し、再生債務者、監督委員及び裁判所の三者打合せを実施することとされている[注17]。

ア　申立書記載事項

担保権消滅許可の申立書には以下の事項を記載しなければならない（民再148条2項、民再規70条）。

① 担保権の目的である財産の表示
② 上記財産の価額
③ 消滅すべき担保権の表示
④ 上記担保権によって担保される債権の額
⑤ ③の担保権を有する担保権者の氏名・名称および住所、郵便番号、電話番号（ファクシミリ番号を含む）
⑥ ①の財産が再生債務者の事業の継続に欠くことができないものである事由
⑦ 再生債務者等またはその代理人の郵便番号、電話番号（ファクシミリ番号を含む）

イ　申立書添付書類

担保権消滅許可の申立書には以下の書類を添付しなければならない（民再規71条1項）。

① (3)ア②の価額の根拠を記載した書面
② (3)ア③の担保権で登記または登録することができないものがあるときは、当該担保権の存在を証する書面

また、上記のほか、(3)ア①の財産が登記または登録することができるものである場合において、裁判所は必要があると認めたときは、再生債務者等に対し、財産の登記事項証明書または登録原簿に記載されている事項を証明した書面を提出させることができる（民再規71条2項）。

(注17) 民事再生の手引250頁・251頁〔中村悟〕。

(4) 担保権消滅許可決定

再生裁判所は、担保権消滅許可の申立ての対象である財産が再生債務者の事業の継続に不可欠なものであると判断した場合には担保権消滅の許可の決定を行う。

担保権消滅許可決定がなされた場合、当該担保権消滅許可の対象となる担保権者に、担保権消滅許可決定書と担保権消滅許可申立書が送達される（民再148条3項）。

(5) 根抵当権の元本決定

担保権消滅許可の申立ての対象である担保権が根抵当権である場合、根抵当権者が担保権消滅許可決定等の送達を受けた時から2週間を経過したときは、根抵当権の担保すべき元本が、確定する（民再148条6項）。

(6) 不服申立て

担保権者は担保権消滅許可決定に対して即時抗告することができる（民再148条5項）。即時抗告期間は担保権者が担保権消滅許可決定書の送達を受けた日から1週間であり（民再13条、民訴322条）、即時抗告についての裁判があった場合には担保権者に即時抗告決定書が送達される（民再148条5項）。

なお、即時抗告においては、担保権消滅許可の申立ての対象である財産が事業の継続に不可欠であるか否かが争われ、価格の相当性は別途、価額決定請求手続によって争われる。

2 価額決定請求手続

(1) はじめに

担保権者は、担保権消滅許可申立書に記載された担保権の目的である財産の価額について異議がある場合には、当該申立書の送達を受けた日から1か月以内に、当該財産について価額の決定を請求することができる（民再149条1項）。

(2) 要　件
　　ア　請求権者
　価額決定請求手続の請求権者は担保権消滅許可申立ての対象となる担保権者である。
　　イ　請求期間
　価額決定請求手続の請求期間は担保権消滅許可申立書の送達を受けた日から1か月以内であり（民再149条1項）、担保権消滅許可の申立書は担保権消滅許可決定とともに送達されることとなっているが（民再148条3項）、「やむを得ない事情がある場合」には、裁判所は担保権者の申立てにより請求期間を伸長することができる（民再149条2項）。なお、東京地裁では、担保権消滅許可の申立てがあると直ちに申立書を担保権者に送付して意見聴取期日を指定する運用を行っているため[注18]、価額決定請求の請求期間については担保権消滅許可決定の送達を受けた日から1か月以内としている[注19]。
　　ウ　管　轄
　価額決定請求は再生裁判所が管轄する（民再149条3項）。なお、東京地裁では、再生事件を受理した裁判体がそのまま価額決定請求事件を担当している[注20]。

(3) 価額決定の請求
　　ア　請求書記載事項
　価額決定請求書には以下の事項を記載しなければならない（民再149条、民再規75条1項）。
① 　再生事件の表示
② 　当事者の氏名・名称および住所ならびに代理人の氏名および住所
③ 　対象財産の表示
④ 　上記財産について価額の決定を求める旨

(注18)　民事再生の手引253頁〔中村〕・256頁〔中村〕。
　　　なお、意見聴取期日では、担保権者から担保権消滅請求を争うかどうか、争う場合には、事業継続の不可欠性または財産の価額のいずれを争うかを聴取している。
(注19)　民事再生の手引256頁〔中村〕。
(注20)　民事再生の手引256頁〔中村〕。

イ　請求書添付書面

価額決定請求書には以下の書類を添付しなければならない（民再規75条2項）。

①　担保権消滅許可決定書の写し

②　対象財産の評価を記載した書面を保有する場合には当該書面

　また、上記のほか、裁判所は必要があると認めたときは、再生債務者等に対し、以下の書面を提出させることができる（民再規76条）。

ⅰ　財産が土地であるときは土地上の建物

ⅱ　財産が建物であるときはその存する土地の登記事項証明書

ⅲ　不動産の地図および建物所在図の写し

ⅳ　現地案内図

ⅴ　固定資産評価証明

　なお、東京地裁では、価額決定請求申立てにあたり、価額決定請求書および添付書面の副本2部の提出を求め、また、価額決定をした担保権者から再生債務者等に対して価額決定の請求書および添付書面の副本を直送することを求めている（民再規75条3項）(注21)。

　　ウ　申立手数料

申立手数料は不要である。

　　エ　担保権者への通知

裁判所書記官は複数の担保権者がいる場合であってそのうちの1人から価額決定の請求がなされた場合には、当該請求を行った担保権者以外の全担保権者に対して価額決定の請求があった旨を通知する（民再規77条）。

(4)　価額決定のプロセス

　　ア　評価人の選任および評価命令

価額決定の請求があった場合、裁判所は、当該請求を却下する場合を除いて評価人を選任し、財産の評価を命じる（民再150条1項）。

　　イ　手続費用の予納

価額決定の請求をする担保権者は裁判所の定める上記手続費用を予納しなけ

（注21）民事再生の手引257頁〔中村〕。

ればならず（民再149条4項）、当該費用の納付がないときには裁判所は価額決定の請求を却下しなければならない（同条5項）。この場合、再生債務者等の申出額が担保目的物の価額となる。

なお、東京地裁では、不動産鑑定士等の評価人候補者から提出された見積りに基づき約1週間の予納期限を設けて費用の予納命令を発している。また、複数の担保権者が価額決定の請求をした場合、東京地裁では、請求者のいずれもが金融機関であるなど予納が確実と見込まれるときに限り、等分の予納を認めている[注22]。

　ウ　評価人の評価

評価は財産を処分するものとして算定しなければならず（民再規79条1項）、評価人は、財産が不動産である場合には、当該不動産の所在する場所の環境、その種類、規模構造等に応じ、取引事例比較法、収益還元法、原価法その他の評価の方法を用いなければならない（同条2項）。現在、実務では社団法人日本不動産鑑定協会「民事再生法に係る不動産の鑑定評価上の留意事項について」（判タ1043号〔2000年〕82頁）および「同（各論）」（判タ1043号〔2000年〕96頁）を指針とした評価がなされている[注23]。また、不動産以外の財産についても当該財産の現状に合わせて適切な評価方法を用いることが求められている（同条4項）。

評価人が不動産の評価を行った場合には、所定の事項を記載した評価書を裁判所に提出する方法により結果を報告する（民再規79条3項、民執規30条1項）。

東京地裁では、評価命令が発令されてから1か月半から2か月程度で評価書の提出を受けることが通常であり、評価書が提出されると、その写しを再生債務者等および担保権者交付する。また、事案に応じて、再生債務者等および担保権者に対し、評価書についての意見を述べる機会を設けている[注24]。

なお、再生債務者等および価額決定の請求をした担保権者は評価人の事務が円滑に処理されるようにするため、必要な協力をしなければならず（民再規78

―――――――――
(注22)　民事再生の手引257頁〔中村〕。
(注23)　民事再生の手引259頁〔中村〕。
(注24)　民事再生の手引259頁〔中村〕。

条1項)、評価人は、価額決定の請求をしなかった担保権者に対しても、財産の評価のために必要な協力を求めることができる(同条2項)。

　　エ　価額決定

　裁判所は評価人の評価に基づき財産の価額を決定する(民再150条2項)[注25]。担保権者が複数いる場合には、価額決定は、各担保権者の価額決定の請求期間が経過した後に行わなければならず、数個の価額決定の請求事件が同時に係属している場合には事件を併合する(同条3項)。

　価額決定は、価額決定の請求をしなかった担保権者に対しても効力が及ぶ(民再150条4項)。このため、価額決定の請求についての決定に係る裁判書は再生債務者等および担保権者に対して送達しなければならず、公告によって代用することはできない(同条6項)。裁判所書記官は、担保権者の全員に対し、当該決定が送達されたときは、その旨を再生債務者等通知しなければならない(民再規80条1項)[注26]。

　なお、東京地裁では、通常、価額決定の請求から評価命令の発令までには2週間程度、評価命令の発令から評価書の提出まで1か月半から2か月程度を要し、価額決定の請求から決定まで少なくとも2か月程度は要することから、再生債務者等はこの点を考慮した上で手続の進行を検討する必要がある[注27]。

(5)　**不服申立て**

　再生債務者等および担保権者は、価額決定に対して即時抗告することができ(民再150条5項)、即時抗告期間は、価額決定の送達を受けた日から1週間である(同条6項・18条、民訴332条)。

(注25)　東京地裁では、価額決定の請求から少なくとも2か月程度要することが通常である(民事再生の手引259頁〔中村〕)。

(注26)　再生債務者等は、当該通知を受領するまでに、担保権を新たに有することとなった者があることを知ったときは、その旨を再生裁判所に届けなければならない(民再規80条2項・73条)。また、再生裁判所は、必要があると認めるときは、再生債務者等および価額決定の請求をした担保権者に対し登記事項証明書等の提出を求めることができる(同項・71条2項)。

(注27)　民事再生の手引258頁〔中村〕。

第4節　担保権消滅許可制度

即時抗告についての裁判書も、価額決定と同様に再生債務者等および担保権者に対してしなければならず、公告によって代用することはできない（民再150条6項）。また、裁判所書記官は、担保権者の全員に対し、当該決定が送達されたときは、その旨を再生債務者等通知しなければならない（民再規80条1項）(注28)。

(6) 費用負担
ア　価額決定の請求に係る手続費用

価額決定の請求に係る手続費用は、価額決定により定められた価額が、担保権消滅許可の申立書記載の申出額を超える場合には再生債務者の負担とされ、申出額を超えない場合には価額決定の請求した者の負担とされる。ただし、申出額を超える額が当該費用の額に満たないときは、当該費用のうち、その超える額に相当する部分は再生債務者の負担とされ、その余の部分は価額決定の請求をした者の負担とされる（民再151条2項）(注29)。

手続費用が再生債務者の負担とされた場合には、費用を予納した担保権者は再生債務者に対して費用請求権を有し、当該費用請求権につき、再生債務者等が裁判所に納付した価額に相当する金銭から他の担保権者に優先した弁済を受けることができる（民再151条3項）。

イ　即時抗告に係る手続費用

即時抗告に係る手続費用は、当該即時抗告を行った者の負担とされる（民再151条2項）。

ウ　担保権消滅許可決定が取り消された場合

再生債務者等が目的財産の価額に相当する金銭を裁判所に納付せず、担保権消滅許可決定が取り消された場合には、すべての費用が再生債務者の負担とな

(注28) 再生債務者等は、当該通知を受領するまでに、担保権を新たに有することとなった者があることを知ったときは、その旨を再生裁判所に届けなければならない（民再規80条2項・73条）。

(注29) このような費用負担の原則が用いられているのは、再生債務者等が不当に低い申出額を記載したり、担保権者が濫用的な価額決定の請求を行うことを抑制させるためであるとされている。

り（民再151条4項前段・152条4項）、当該費用請求権は共益債権となる（民再151条4項後段）。

3 金銭納付

(1) 金銭納付

ア 納付期限

再生債務者等は、価額に相当する金銭を、請求期間の経過した日または価額決定が確定した日等から1か月以内に裁判所に納付しなければならない（民再152条1項、民再規81条）。納付期限が定められ場合、裁判所書記官は、これを再生債務者等に通知しなければならない（同条2項）。

なお、東京地裁では、再生債務者等の意見を聴いた上で当該期間における具体的な納付期限を定め、納付期限および納付金額を記載した価額相当金納付期限通知書を再生債務者等に交付送達している(注30)。

イ 金銭納付を行わない場合

再生債務者等が納付期限内に金銭の納付を行い場合、担保権消滅許可決定は取り消される（民再152条4項）。

ウ 金銭納付の効果

担保権消滅許可の申立ての対象となる担保権は、金銭の納付があった時に消滅し（民再152条2項）、裁判所書記官は消滅した担保権に係る登記または登録の抹消を嘱託しなければならない（同条3項）(注31・32)。なお、抹消登記の嘱託

(注30) 民事再生の手引263頁〔中村〕。
(注31) 東京地裁では、不動産のほか、登記原因を譲渡担保とする動産譲渡登記について、担保権消滅許可決定を登記原因とする動産譲渡登記の抹消登記がなされた事例もある（民事再生の手引264頁〔中村〕）。
(注32) 民執法82条2項の登記嘱託情報交付手続は担保権消滅請求手続においては準用されていないが、東京地裁では、再生債務者がスポンサーから納付資金を借り入れ、スポンサーが当該資金を金融機関から借り入れるために消滅対象の担保権が設定された不動産につき新たに金融機関を第1順位とする担保権を設定するという事案において、民執法82条2項を類推して申出人らの指定する司法書士に登記嘱託情報を交付した例がある。

の際には、担保権消滅許可決定の謄本を添付する（民再規81条3項）。

東京地裁では、消滅対象となる財産が不動産の場合、抹消登記の嘱託に当たって再生債務者等は登記権利者・義務者目録、物件目録、抹消登記目録、収入印紙（登記印紙ではない）を提出することが求められる。また、抹消登記が完了した場合には再生債務者等において最新の登記事項証明書等により抹消登記の確認を行うよう促されている(注33)。

　　エ　問題点

現行制度化では、再生債務者は、担保権消滅許可の申立てに係る納付金を価額決定請求手続請求期間の経過した日または価額決定が確定した日等から1か月以内に一括で納付しなければならず、自主再建型やスポンサーの選定が難航しているケースにおいて納付金を一括で用意できないために担保権消滅請求手続を利用できず、事業の継続に支障を来す場合が考えられる。そのため、一部では、担保権消滅請求手続で必要な納付金の分割納付制度を設けることが提案されており(注34)、今後当該制度が導入された際の担保権消滅時期や分割期間、分割納付が途中で不履行となった場合の権利関係等についての検討が待たれる。

(2)　**担保権に対する配当等の実施**

　　ア　配当手続

裁判所は金銭納付があった場合には、事項に記載する弁済金交付手続による場合を除き、配当表に基づいて担保権者には配当を実施しなければならない（民再153条1項）。なお、配当手続には民執法85条および88条から92条の規定が準用される（民再規82条）。

　　イ　弁済金交付手続

担保権者が1人である場合または担保権者が2人以上であって納付された金銭で各担保権者の有する担保権の被担保債権および再生債務者の負担すべき費用のすべてを弁済できる場合には、裁判所は当該金銭の交付計算書を作成し

(注33)　民事再生の手引263頁・264頁〔中村〕。

(注34)　小野憲一ほか「〈パネルディスカッション〉再生手続における担保権の取扱い──中止命令と担保権消滅請求制度への提言を中心に」事業再生と債権管理第140号（2013年）53頁。

て、担保権者に弁済金を交付し、剰余金を再生債務者に交付する（民再153条2項）。なお、弁済金交付手続には民執法88条、91条および92条の規定が準用される（民再規82条）。

Ⅰ−26 再生手続における事業継続不可欠性要件

成蹊大学法学部准教授 村田典子

1 はじめに

　民事再生法は、再生債務者の財産につき存する担保権（特別の先取特権、質権、抵当権および商事留置権）を有する者は別除権を有し（民再53条1項）、再生手続によらずに別除権を行使することができるとしている（同条2項）。しかし、再生債務者の事業の継続に欠くことのできない財産について担保権が実行され、その財産が売却されてしまうと事業の継続は著しく困難となる。このような状況を避けるためには、債務者が被担保債権の全額を弁済して担保目的物の受戻しをする方法があるが（民再41条1項9号参照）、被担保債権額が担保権目的物の価格を上回っている場合には、担保権の不可分性ゆえに担保目的物の価格を超えて被担保債権全額を弁済する必要がある。また、後順位の担保権者がいる場合には、先順位担保権者に対する弁済により後順位担保権者の順位が上昇する結果、後順位担保権者の被担保債権に対しても全額の弁済をしない限り、当該目的物に対する担保権の抹消を請求することはできない。かかる事態は、担保権を有しない再生債権者との間の衡平を害することになるため、結局、担保権の目的物の受戻しを行うことは困難とされている[注1]。民事再生法の立案過程でも、競売が実施されたならば配当を受けることができないような担保権者に対してまで、その被担保債権を全額弁済しなければ受戻しができないということは不合理ではないか、あるいは事業の再建を進める上で問題があるのではないかとの議論があった[注2]。そこで、民事再生法は、担保権者に対

（注1）深山卓也ほか『一問一答民事再生法』（商事法務、2000年）190頁、花村良一『民事再生法要説』（商事法務、2000年）402頁。

（注2）法制審議会倒産法部会第7回会議 議事録（平成11年3月19日（金）開催）参照。

して目的物の価格に相当する満足を与えることにより、再生手続開始時に当該財産の上に存するすべての担保権を消滅させ、再生債務者の事業の継続に欠くことのできない財産の確保を図ることができる制度、すなわち担保権消滅許可制度を導入した[注3]（民再148条以下）。

担保権消滅許可の対象となる財産は、「当該財産が再生債務者の事業の継続に欠くことのできないもの」に限られる（民再148条1項。以下、「事業継続不可欠性要件」という。）。このような限定を付しているのは、本来は別除権として自由に行使することができる担保権者の権利に対する制約は、再生債務者の事業の継続を図るという再生手続の目的を達成するのに必要不可欠な範囲に限定するのが相当であるとの理由に基づく[注4]。民事再生法の立案過程でも、担保権は別除権として再生手続中で自由に行使できることが大原則であり、担保権の消滅許可をする前提として担保の目的物が事業の継続に不可欠であることを要するということが強く意識されていた[注5]。民事再生法における担保権の取扱い、すなわち別除権としての処遇と、再生債務者の事業の再生という再生手続の目的（民再1条参照）との調整を図っているのが、事業継続不可欠性要件であるということができよう。そこで、この要件を充たす財産とはどのようなものかが大きな問題となる。

これについて、これまでの議論は、担保目的物の種別に着目して事業継続不可欠性要件を判断してきたということができる。それはおおむね、(a)製造業者である再生債務者の工場の土地や建物に担保権が設定されている場合、(b)原材料や商品に担保権が設定されている場合、(c)遊休資産に担保権が設定されている場合、に分けることができる。本稿では、(a)から(c)それぞれの場合における議論を整理した上で、近年の倒産法改正議論の中で主張されている担保権消滅

（注3）深山ほか・前掲（注1）190頁。担保権消滅許可の申立ておよび価額決定請求の申立ての状況については、東京地裁破産再生実務研究会編著『破産・民事再生の実務〔第3版〕民事再生・個人再生編』（きんざい、2014年）173頁参照。

（注4）花村・前掲（注1）403頁。

（注5）法制審議会倒産法部会第10回会議　議事録（平成11年5月14日（金）開催）参照。立法の経緯については、福永有利監修『詳解民事再生法〔第2版〕——理論と実務の交錯——』（民事法研究会、2009年）405〜406頁〔山本和彦〕に詳しい。

許可制度の活用論に触れた後に、民事再生法上の担保権消滅請求制度について今一度考えてみたいと思う。

2 民事再生法立法前後の議論の状況

(1) 立案担当者の見解

民事再生法の立案担当者は、再生債務者の事業の継続に欠くことができないものとは、「担保権が実行されて当該財産を利用することができない状態になった場合には再生債務者の事業の継続が不可能となるような代替性のない財産」を意味するとしている[注6]。その具体例として、立案過程では、再生債務者の本社の工場敷地といったものを念頭においていたようであり（(a)の場合)、また、事業譲渡の場合にもその中に事業の継続に欠くことのできない財産が入っていれば、その財産も消滅許可制度の対象となると考えられていた[注7]。

(2) 民事再生法立法前後の議論

民事再生法の立法前後を通じて、いかなる物が事業継続不可欠性要件を充たすかについて、様々な見解がみられた[注8]。まず、(a)製造業者である再生債務者の工場の土地や建物に担保権が設定されている場合は、上述のように、民事再生法の立案過程でも担保権消滅許可制度の対象になるとされていた類型であり、立案段階から今日に至るまで事業継続不可欠性要件を満たす最も典型的な例とされている[注9]。(b)留置権の対象となっている原材料や在庫商品については、これらの財産に対する担保権消滅許可制度の適用を認めることが再生債務者の再建に向けた有力な手段となること[注10]や、これらの財産を販売しなければ事業そのものが成り立たないような場合も考えられること[注11]を理由に、事業継続不可欠性要件を充たし、担保権消滅許可制度の対象になるとの見解が

(注6) 深山ほか・前掲（注1）191頁。花村・前掲（注1）403頁参照。

(注7) 法制審議会倒産法部会第7回会議 議事録（平成11年3月19日（金）開催）参照。

(注8) 民事再生法立法前後の議論について、倉部真由美「担保権消滅請求の要件論」佐藤鉄男＝松村正哲編『担保権消滅請求の理論と実務』（民事法研究、2014年）43〜44頁参照。

あった。他方、(c)遊休資産については、立案過程では、再生債務者財産の負担、すなわち、遊休資産の維持・管理の経費を再生債務者が負担しなければならないという事情、さらにはそれにより一般債権者への弁済原資が減少するという面を捉えて、遊休資産も担保権消滅許可制度の対象に含めるべきとの主張があったが[注12]、民事再生法の立法直後は、これらの財産は再生債務者の事業の継続に不可欠な財産とはいえないなどとして担保権消滅許可制度の適用はないと説く見解がみられた[注13]。後述のように、遊休資産については、現在のところ事業継続不可欠性要件を充たさないとの見解が通説である。そのほか、そもそも担保目的物ごとに事業継続不可欠性要件を充たすか否かを判断すること自体に疑問を呈し、事業の継続に不可欠な資産か否かは事業計画によっていくらでも変わりうるのであって客観的な認定は難しいであろうから、債務者の全ての担保物を担保権消滅許可制度の対象とするとした方が、アンバランスをなくし、明快な処理を可能にするのではないかとの見解もみられた[注14]。

(注9) 森恵一「民事再生法における担保権の処遇」才口千晴ほか『民事再生法の理論と実務（下）』（ぎょうせい、2000年）54～55頁、福永有利「担保権消滅請求制度——その解釈・運用上の諸問題——」金判1086号（2002年）61頁、田原睦夫「担保権消滅請求制度の機能と課題」新堂幸司＝山本和彦編『民事手続法と商事法務』（商事法務、2006年）127頁、松下淳一『民事再生法入門』（有斐閣、2009年）103頁、園尾隆司ほか編『最新実務解説一問一答民事再生法』（青林書院、2011年）527頁〔髙山崇彦〕。

　　抵当権が設定されている営業店舗も担保権消滅許可の対象となると解するのが一般的といえるが（田原・前掲（注9）127頁、松下・前掲（注9）103頁等参照）、金融機関の側からすると、小売業における店舗は事業に不可欠な財産と言えるかどうか微妙な面があるとの指摘もある。黒木正人「金融機関からみた実務上のポイント」佐藤＝松村編・前掲（注8）600頁。

(注10) 田原睦夫「民事再生手続（仮称）に関する要綱案の概要」金法1554号（1999年）40頁。
(注11) 森・前掲（注9）55頁、福永・前掲（注9）61頁。
　　また、伊藤進「担保権消滅請求制度の担保理論上の問題——実体担保法理と倒産担保法理の関係に関する一考察——」ジュリ1166号（1999年）97頁も、商品や原材料などの集合動産に担保権消滅請求制度の適用があることを是認する。
(注12) 四宮章夫「新再建型手続と担保権の取扱い」銀法21第563号（1999年）6頁、池田靖「使いでのある担保権消滅請求制度」銀法21第563号（1999年）17頁。
(注13) 森・前掲（注9）55頁、伊藤眞「民事再生法の概要」NBL682号（2000年）13頁。

その後、裁判例の登場を機に、事業継続不可欠性要件を充たす財産とはどのようなものであるかについての議論が深化していくこととなる。特に問題になったのは、(b)および(c)の場合であった。そこで、以下では、きっかけとなった裁判例を確認するとともに[注15]、議論がどのように展開していったのかを検討していきたい。

3 担保目的財産の種類と担保権消滅許可制度

(1) 遊休資産——事業資金の捻出を目的とした遊休資産の売却の是非

民事再生法の立案過程では、遊休資産も担保権消滅許可制度の対象に含めるべきであるとの見解もみられたが、現在のところ、担保権の設定されている遊休資産に担保権消滅許可制度を適用することは、たとえそれが事業資金の捻出を目的とするものであったとしても認められないとする見解が多数である[注16]。その根拠としては、民事再生法が担保権を別除権として自由に行使できることを前提とし、担保権消滅許可制度はその前提を覆すものであるということ、さらに個人債務者の再生手続においては担保権消滅許可制度を導入しなかった立法政策上の判断とのバランスが挙げられている[注17]。つまり、その根

(注14) 小林秀之「担保権消滅請求制度の評価と問題点」銀法21第563号（1999年）15頁。

(注15) 以下、本稿で取り上げる公刊裁判例のほか、事業継続不可欠性要件について判断した未公刊の裁判例については、鹿子木康編＝東京地裁民事再生実務研究会著『民事再生の手引き』（商事法務、2012年）249～250頁、田口靖晃「担保権消滅請求等の裁判例」佐藤＝松村編・前掲（注8）451～452頁を参照のこと。

(注16) 伊藤・前掲（注13）13頁、伊藤眞編代『民事再生法逐条研究——解釈と運用——』（有斐閣、2002年）142～143頁〔福永有利発言、田原睦夫発言、髙橋宏志発言、松下淳一発言、深山卓也発言〕、田原・前掲（注9）109頁、田頭章一「再建型手続における担保権の消滅制度」櫻井孝一＝加藤哲夫＝西口元編『倒産処理法制の理論と実務』〔別冊金融・商事判例〕（経済法令研究所、2006年）187頁、福永監修・前掲（注5）412頁〔山本和彦〕、才口千晴・伊藤眞監修・全国倒産処理弁護士ネットワーク編『新注釈民事再生法(上)〔第2版〕』（金融財政事情研究会、2010年）851頁〔木内道祥〕、園尾ほか編・前掲（注9）527頁〔髙山崇彦〕、東京地裁破産再生実務研究会編著・前掲（注3）174頁。

(注17) 伊藤編代・前掲（注16）142～143頁〔髙橋宏志発言、松下淳一発言、深山卓也発言〕。

拠は、担保権を別除権として取り扱ったという民事再生法の構造、およびなぜ担保権消滅許可制度は対象財産を「不可欠財産性」という要件で絞ったのかという趣旨に求められている。

名古屋高決平成16・8・10判時1884号49頁[注18]は、再生計画において処分の対象とされており、それ自体は債務者のその後の事業継続に必要不可欠な財産とは言えない不動産について担保権消滅許可申請がなされた事案において、次のように述べて、当該不動産は事業継続不可欠性要件を充たすとした。すなわち、民再法148条1項が、例外的とはいえ別除権行使の自由を制限してまで企業の再生を優先させる制度を設けている趣旨および目的に鑑みると、同条1項の趣旨を当該財産そのものが今後債務者が事業を継続していく上で使用する必要があるなど欠くことができないときに限定していると解するのは相当ではなく、「当該財産を売却するなどの処分をすることが、事業の継続のため必要不可欠であり、かつ、その再生のため最も有効な最後の手段であると考えられるようなときは、処分される当該財産も再生債務者の事業の継続に欠くことができないものであるときに該当するものと解すべきである」。そして、本件の不動産が売却できない場合には、別除権協定にしたがった弁済ができず、担保権実行がなされる可能性が生じ、その結果として事業の継続に欠くことのできない唯一の財産部分が担保権実行の対象となり、再生計画にしたがった事業の継続は完全に不可能になる、と。本決定は、企業の再生という面を強く意識したものということができよう。もっとも、学説上は、本決定について疑問を示す見解が多い[注19]。

(2) 原材料・商品

① 裁判例──東京高決平成21・7・7判時2054号3頁

民事再生法の立法当初より、担保権の設定された原材料や資産について担保

（注18）本判決の評釈として、印藤弘二「判批」金法1745号（2005年）4頁、井上一成「判批」判タ1215号（2006年）〔平成17年度主要民事判例解説〕250頁がある。また、本判決に検討を加えるものとして、有住淑子「担保権消滅請求制度とは何か──名古屋高決平成16・8・10を素材に──」金判1229号（2005年）1頁、吉岡伸一「民事再生手続における担保権、特約等の変更㊁」岡法60巻2号63頁、田口・前掲（注15）453～457頁参照。

権消滅許可制度の適用を認めるべきではないかとの見解はみられたが、いかなる範囲でその適用を許容するかについては明確ではなかった。その後、議論を深めたのは、土地付き戸建分譲を主たる事業とする再生債務者が所有する販売用土地に対する担保権消滅許可制度適用の是非について判示した東京高決平成21・7・7判時2054号3頁[注20]であった。

　当該事案で問題となった再生債務者の行う土地付き戸建分譲事業の仕組みは次のようなものであった。債務者は金融機関から融資を受けて用地を取得し、その土地に抵当権を設定して数筆に分筆した上、それぞれ住宅建物を建築し、土地付き戸建て住宅として売り出し、買い手がつけば売却代金から金融機関に対する返済を行い、抵当権を抹消させて、顧客に土地建物の所有権登記を移転する。そのような事業を行う再生債務者が土地に対する担保権消滅許可の申立てをしたところ、裁判所は以下のように述べてこれを認めた。(i)民再法148条で「事業継続不可欠性要件が求められるのは、担保権者は、民事再生手続において、本来別除権者として自由に権利行使ができるところ、これを制約するには、再生債務者が事業再生を図るという民事再生手続の目的を達成するのに必要不可欠な範囲に限定されることが相当であるとされたことによるものと解される。したがって、そのような趣旨で、事業継続不可欠要件を充たす財産とは、担保権が実行されて当該財産を活用できない状態になったときには再生債

(注19) 印藤・前掲（注18）5頁、井上・前掲（注18）251頁、有住・前掲（注18）1頁、髙山崇彦「担保権消滅制度における『事業継続不可欠性要件』について」事業再生研究機構編『民事再生の実務と理論』（商事法務、2010年）174〜176頁、パネルディスカッション「再生手続における担保権の取扱い──中止命令と担保権消滅請求制度への提言を中心に──」事業再生と債権管理140号（2013年）58頁〔小野憲一発言〕。

(注20) 本判決の評釈として、印藤弘二「判批」金法1889号（2010年）6頁、谷本誠司「判批」銀法21第714号（2010年）70頁、田頭章一「判批」法教別冊354号（判例セレクト2009Ⅱ）36頁、杉本和士「判批」ジュリ1398号（2010年）159頁、神谷隆一「民事再生手続の担保権消滅許可制度における事業継続不可欠性要件」銀法21第716号（2010年）38頁、影浦直人「判批」別冊判タ29号（平成21年主要民事判例解説）（2010年）244頁、小林信明「担保権消滅許可制度における『事業継続不可欠性要件』」金判1361号（2011年）84頁、中島弘雅「判批」法研85巻2号（2012年）138頁。また、本判決に検討を加えるものとして、吉岡・前掲（注18）63頁、田口・前掲（注15）446〜451頁参照。

務者の事業の継続が不可能となるような代替性のない財産であることが必要である」。(ii)事業継続不可欠性要件を充たすかどうかは、再生債務者の事業の仕組みに即して検討することが必要である。再生債務者の「事業は戸建住宅の分譲であるところ、事業の仕組みとして……一連の事務の流れが構成されており、その中で分譲すべき戸建住宅の敷地に担保権を設定し消滅させることが織りこまれているのであって、担保権者もこれを了解しているのである。このような場合、敷地に設定された担保権の消滅なくしては戸建住宅を通常の不動産市場で売却して利益を得るという事業の仕組みそのものが機能しなくなり、結局、事業そのものが継続できなくなる蓋然性が高いと考えられる。そうすると、相手方の戸建分譲事業にとっては、その敷地部分に相当する土地は、その担保権が実行されてこれを活用できない状態になったときにはその事業の継続が不可能になる代替性のないものということができるから、本件土地は販売用財産であるけれども、本件担保権を消滅させるための事業継続不可欠要件は充たしているというべきである」と。

担保権消滅許可制度の典型例として想定されていた事例((a)の場合)は、再生債務者が当該担保権の目的物を自ら利用して事業を継続するような場合におけるその財産を念頭に置いていたのに対して、本件で問題となった販売用不動産は再生債務者が継続して利用することを予定していない。この点について東京高裁は、再生債務者の事業の仕組みに即して当該財産が事業継続不可欠性要件を充たすか否かを検討することが必要であるとした上で、本件の再生債務者の事業の仕組みに照らすと、敷地に設定された担保権を消滅させることなくしては事業の仕組みそのものがうまく機能しなくなり、ひいては事業そのものが継続できなくなる蓋然性が高いから、本件土地はそれが活用できない状態になったときには事業の継続が不可能になる代替性のないものといえるため、事業継続不可欠性要件を充たすと判示した。このように「再生債務者の事業の仕組み」に照らして当該財産の代替性の有無を考慮し、事業継続不可欠性要件を充たすか否かを判断している点が注目される[注21]。本決定は、事業継続不可欠性要件を判断するにあたり、再生債務者が当該財産を使い続けるかどうかは問題とせず、あくまで当該目的物が再生債務者の事業において必要不可欠なものであるかを、再生債務者の事業の仕組みとの関係で判断している。これによ

り、典型事例（(a)の場合）よりも担保権消滅許可制度の適用対象を広げる一方で、その対象となる目的物の範囲を画したものといえよう。平成21年東京高決は学説には好意的に受け止められている[注22]。

② 学説の展開

製造業における原材料や商品は再生債務者がそのまま利用を続ける財産ではないが、そのことだけで当然に担保権消滅許可制度の対象から外れると考えられていたわけではなく、民事再生法の立法当初より、原材料を運送中の運送業者や商品を倉庫に保管中の倉庫業者が商事留置権を主張した場合にも担保権消滅許可制度の適用を認めるべきであるとの見解がみられたのは前述のとおりである。民事再生法の立法前後には、担保権消滅許可制度を利用してスポンサーを得ることができれば、原材料を確保できるなど再生債務者の再建に向けた有力な手段となる[注23]といったように、担保権消滅許可制度の機能に重点を置き、その適用を推進するような記述もみられた[注24]。民事再生法の立法後も、担保権が設定されている原材料や商品に担保権消滅許可制度の適用があると考える見解は多数みられる[注25]。もっとも、特に限定を付さずに原材料や商品について担保権消滅許可制度の適用を肯定するのか、それとも一定の範囲に画す

（注21）なお、平成21年東京高決は、その決定要旨において、担保権の目的である不動産が売却され、担保権を消滅させることが再生債務者の事業の仕組みの中に織り込まれていることを担保権者が了知していたことを指摘しているが、このことが事業継続不可欠性要件を判断する際の要件と位置づけられているのか否かは定かではない。髙山・前掲（注19）178頁。
（注22）印藤・前掲（注20）7頁、神谷・前掲（注20）45頁、影浦・前掲（注20）245頁、中島・前掲（注20）141頁参照。
（注23）田原・前掲（注10）40頁。
（注24）もっとも、論者はその後「運送途上や倉庫に保管されている原材料や部材に対する商事留置権などもその対象となることがある」（田原・前掲（注9）128頁）と述べており、何らの限定も付さずに原材料等に対する担保権消滅許可制度の利用を認めているというわけではないと思われる。
（注25）福永・前掲（注9）61頁、福永監・前掲（注5）412頁〔山本和彦〕、三枝知央「担保権消滅請求制度」東京弁護士会倒産法部編『倒産法改正展望』（商事法務、2012年）470頁、山本研「担保権消滅請求制度の射程——非典型担保への適用をめぐる問題を中心として——」佐藤＝松村編・前掲（注8）99〜100頁等。

るべきかについては、原材料や商品に担保権消滅許可制度を認める理由あるいは必要性との関係で若干の相違がみられる。

　例えば、原材料や商品は最終的には売却することが想定されているが、商品の相当部分が通常の流通から外れて競売市場等に流れることは、再生債務者の事業の価値・信頼を大きく損ない、一般にその事業の再生を害することは明らかであるとして、これらの財産も担保権消滅許可の対象となるとする見解(注26)がある。この見解は、いかなる範囲の原材料や商品が担保権消滅許可制度の対象となるのかについて明確には触れていないが、商品が通常の市場で円滑に流通することの必要性を強調すると、比較的広い範囲の財産が同制度の対象になりうるとも考えられる。他方、民事再生法の立法直後には、原材料や運転資金が確保できないために事業を継続できないという事態が生じうることを考慮して、原材料や売却用資産を担保権消滅許可の対象から当然に排除することは適切ではないとしつつ、その財産を確保することが事業の継続にとって真に必要不可欠かを慎重に判断する必要があるとして(注27)、その対象を絞り込むべきであるとの見解があった。また、販売用資産一般を念頭に置くと、これに、「当該財産」の事業継続における不可欠性を要件とする民事再生法の担保権消滅許可制度を適用することには賛成できないとする見解もみられ(注28)、学説は一致をみない。

　平成21年東京高決後は、同決定に賛意を示しつつ原材料や商品が再生債務者の事業継続のために代替性がない場合に事業継続不可欠性要件が認められるとする見解(注29)や、事業継続不可欠性要件が設けられた趣旨に照らすと原材料や商品が一般的に同要件を充たすと解することはできないとしつつ、平成21年東京高決の事案は、その仕入れから販売までに相当の時間を要するもの

(注26)　福永監修・前掲（注5）412頁〔山本和彦〕。
(注27)　福永・前掲（注9）61頁。
(注28)　才口＝伊藤監修・全国倒産処理弁護士ネットワーク編・前掲（注16）852頁〔木内道祥〕。この見解は、販売用資産については、担保権者は、裁判所の評価による価格決定ではなく、破産法における担保権消滅制度に類似した市場に出すことによる価格決定の方法が補償されるべきであるとする。
(注29)　三枝・前掲（注25）470頁。

であって、再生債務者の資金繰りに与える影響が大きく事業継続不可欠性要件を認めやすいが、サイクルの回転の速い原材料や商品については、そのような事情は見当たらず、原材料や商品についての事業継続不可欠性要件の判断に際しては、商事留置権の目的となっている原材料や商品の数量、当該原材料や商品に係る事業のサイクルの長短、当該商品や原材料の特殊性や代替性を勘案して、慎重に検討する必要があるとする見解[注30]がみられる。平成21年東京高決の評釈においては同決定に賛同するものも多く、現在のところ、原材料や商品に担保権が設定されている場合にも担保権消滅許可制度の適用はあるものの、その範囲については慎重に判断する必要があり、それを判断するための枠組みの一つとして、「再生債務者の事業の仕組み」が比較的好意的に捉えられているということができよう。

4 新たな展開
——担保権消滅許可制度の更なる活用を主張する見解

近年、倒産法改正の議論と関係して、担保権消滅許可制度の一層の活用を主張する見解がみられる。これらの見解は、担保権を消滅させることにより、事業資金の捻出や財産管理コストの削減、商品・原材料の活用等を果たし、民事再生手続による事業の再生の更なる促進を意図するものと思われる。そこでは、担保権を消滅させた場合の効用を重視した立法論的な主張がなされている。そこで以下では、担保権消滅許可制度を活用することによりいかなる目的を遂げようとしているのか、現在どのようなことが同制度に求められているのかに着目してこれらの主張を見ていくこととしたい。

現在の通説は、事業資金の捻出という目的であっても、遊休資産に担保権が設定されている場合に担保権消滅許可制度を適用することは認められないとするが、近年、事業資金捻出のために遊休資産など事業継続に直接的に必要とはいえない財産についても、適時に担保目的物を処理する必要がある場合があり、このような場合にも担保権消滅許可制度を活用する必要があるとの主張が

(注30) 髙山・前掲（注19）179〜180頁。

なされている(注31)。そして、一律に事業継続不可欠性要件を形式適用するのではなく、個別の状況や必要性等に応じて要件を緩和して運用するか、あるいは民事再生法の担保権消滅許可制度の要件を会社更生法上の担保権消滅許可制度の要件である「事業の更生のために必要」（会更104条1項）という程度にまで緩和するような改正はできないか、もしこれらが困難であるとすれば、民法上の抵当権消滅請求制度や破産法上の担保権消滅許可制度と同様の不可欠性要件を必要としない担保権消滅許可制度を、民事再生法にもオプション的に創設することはできないか、と提案する(注32)。

　もう一つの目的は、債務者財産の管理費用の削減にある。これと同旨の主張は民事再生法の立案過程でもみられた。すなわち、担保権の目的物が換価・回収を予定している場合でも、担保権者が担保権の受戻しに応じず、また、担保権の実行にも及ぼうとしない場合には、債務者は売却用担保不動産の維持・管理の費用を負担し続けなければならず、その場合には、結局一般債権者への弁済原資が減少する結果となる(注33)。さらに、物上代位により賃料が差し押さえられ、固定資産税は債務者財産が負担し、しかも放棄できないといった不都合な場合があるので、その他再建に必要なときなど要件を緩くすべきである(注34)、との主張がそれである。特に後者の懸念は、現在、事業をスポンサーに譲渡し、その後の再生債務者を清算するというタイプの再生計画で、事業譲渡の対象外となった担保不動産の処理という形で問題となっているという。収益不動産で、担保権者は競売の申立てをしないで物上代位により賃料を差し押さえながら、その間、再生債務者は固定資産税や維持管理費を負担し続けなければならず、担保目的物の維持・管理コストを一般債権者が負担するという状況が生じているという(注35)。たしかに、現在の解釈のもとではこのような財産につい

───────
(注31)　中森亘「実務からみた民事再生法上の担保権消滅請求制度の課題」倒産法改正研究会編『提言倒産法改正』（金融財政事情研究会、2012年）172〜173頁、三枝・前掲（注25）472頁、三枝知央＝清水靖博「担保権実行中止命令・担保権消滅請求」園尾隆司＝多比羅誠『倒産法の判例・実務・改正提言』（弘文堂、2014年）339頁。
(注32)　中森・前掲（注31）172〜173頁。
(注33)　四宮・前掲（注12）6頁。
(注34)　池田・前掲（注12）17頁。

て事業継続不可欠性要件を認めることは難しく、担保権消滅許可制度を利用することは困難であろう。

このような主張に対しては、やはり民事再生法では担保権者は別除権者として手続外でその権利を行使することが可能であるという原則、および担保権消滅許可制度はその原則を修正したものであるという民事再生法の建付に鑑みると、担保権者の権利を制限する範囲を拡張することには慎重であるべきだなどとして否定的な見解も強い(注36)。

5 事業継続不可欠性要件の意義

(1) 従来の議論の概観

これまでの解釈論は、担保目的物の種類に着目して事業継続不可欠性要件を充たすか否かを判断してきた。それは、(a)製造業者である再生債務者の工場の土地や建物に担保権が設定されている場合、(b)原材料や商品に担保権が設定されている場合、(c)遊休資産に担保権が設定されている場合に分けることができる。(a)は、民事再生法の立案当初より想定されていた典型例であって、かかる財産が事業継続不可欠性要件を充たすことには異論をみない。これは、まさに再生債務者が当該財産を利用する場合であって、担保権が実行されてこれを利用できなくなると再生債務者の事業の継続が不可能となるような代替性のない財産に関するものである。担保権消滅許可制度の目的の一つが、自己利用をする場合における利用の保護にあるとすれば(注37)、この場合がまさにそれに該当するといえよう。これに対し、(c)の遊休資産に担保権が設定されている場合に

(注35) 中森・前掲（注31）172頁、パネルディスカッション・前掲（注19）60頁〔中森亘発言〕、三枝＝清水・前掲（注31）339頁。

(注36) パネルディスカッション・前掲（注19）58～59頁〔山宮慎一郎発言、鈴木義和発言〕。

(注37) 山本和彦「担保権消滅請求制度について——担保権の不可分性との関係を中心に——」今中利昭古稀『最新倒産法・会社法をめぐる実務上の諸問題』（民事法研究会、2005年）474～475頁、佐藤鉄男「担保権消滅請求の意義と課題」佐藤＝松村編・前掲（注8）21頁。山本克己「集合債権譲渡担保と再生法上の実行中止命令：解釈論的検討」事業再生と債権管理140号（2013年）16～17頁も参照。

ついて、現在の通説は、その目的が事業資金の捻出にあったとしても、事業継続不可欠性要件を充たさず、担保権消滅許可制度の適用はないとする。そこでは、あくまでも当該財産が再生債務者の事業の継続に欠くことができないものであるか否かを検討対象とし、担保権を消滅させることによるその他の目的（あるいは効用）、例えば事業資金の捻出等は必ずしも考慮の対象とされていなかった。これが条文に素直な解釈といえよう。(b)の場合は見解が分かれている。原材料や商品は再生債務者が利用を続ける財産ではないが、これらの財産にも担保権消滅許可制度を適用すべきであるとの流れが有力とみられるものの、いかなる場合に事業継続不可欠性要件を充たすのかは曖昧であった。そこに一石を投じたのが平成21年東京高決であり、そこで示された再生債務者の事業の仕組みに照らして当該財産の代替性の有無を判断するという判断枠組みは概ね好意的な評価を受けているといえよう。もっとも、このような枠組みを採用する場合には、個別事案ごとに事業の仕組みに即して判断する必要が出てくる。

　4で紹介した見解は、倒産法改正に向けた立法論的主張をしていることもあって、事業資金の捻出、財団の管理費用の削減、ひいては民事再生手続による事業再生の促進を図るという目的のもとに、担保権消滅許可制度を一層活用すべきであると主張する[注38]。たしかに論者が述べる効用、および現状における問題点には首肯できる面もある。しかしながら、それを現在の民事再生法上の担保権消滅許可制度により処理すべきなのかどうかは検討の余地があろう。

(2) 民事再生法の構造と担保権消滅許可制度

　改めて民事再生法の担保権消滅許可制度における事業継続不可欠性要件の趣旨を確認しておきたい。民事再生法は、手続構造の簡素化を図るため、担保権者については手続の拘束を及ぼさないこととし、再生債務者の財産について担保権を有する者は別除権を有し、再生手続によらずにその権利を行使できるものとした[注39]。他方、担保権消滅許可制度は自由に行使できるはずの別除権者

(注38) これらの論者は、担保権消滅許可制度を活用する目的に主眼を置いているため、現在のところ担保目的物の種別ごとの議論という形では現れていないが、特に遊休資産の場合が問題になると思われる。

の権利に制約を課すものであるため、その制約は再生債務者の事業の継続を図るという再生手続の目的を達成するのに必要不可欠な範囲に限定するのが相当であるとして、事業継続不可欠性要件が設けられた。これらのことに鑑みると、事業継続不可欠性要件は、民事再生法が別除権構成を採用したことと、再生債務者の事業の継続を図るという再生手続の目的を達するために導入された担保権消滅許可制度との調整を図る機能を有するということができる。したがって、事業継続不可欠性要件を排斥する、あるいは緩めることは、担保権を別除権として処遇するという民事再生法の根本構造に大きな影響を与えることになるため、安易にそのような方向に進むことには疑問がある[注40]。たとえ、より広く担保権を消滅させる必要性があるとしても、その前提として、倒産手続における担保権の取扱いについて更なる検討を重ねる必要があろう。

(3) 担保権消滅許可制度の目的

　民事再生法の担保権消滅許可制度における事業継続不可欠性要件の意義を考えるにあたって、ここで民事再生法、会社更生法、破産法における担保権消滅許可制度の目的をみておきたい。民事再生法における担保権消滅許可制度は、再生債務者の事業の継続に欠くことのできない財産を保持し、再生債務者が担保目的物を使用し続けることにより継続企業価値を維持することにあるといえよう。ここでは主に、担保目的物を自ら使用することに重点が置かれているということができる。他方、会社更生法の担保権消滅許可制度は、更生計画認可前の早い段階での事業譲渡を容易に行いうるようにすること、また、担保権が設定された更生会社の財産であって事業の更生に必要でないものを売却することによって、当該財産の固定資産税等の管理コストの負担を免れようとする場合や、当該財産の担保余剰価値部分を事業運転資金として利用しようとする場合にも担保権を消滅させる必要があることを考慮した制度である[注41]。破産法

(注39) 深山ほか・前掲（注1）14頁。
(注40) 民事再生手続で担保権の不可分性の原則を排除する正当化根拠との関係から、民事再生法において別除権構成をとる以上、不可欠性要件を広く解することには限界があるとする見解として、倉部・前掲（注8）46頁。
(注41) 深山卓也編著『一問一答会社更生法』（商事法務、2013年）120頁。

の担保権消滅許可制度は、破産財団に属する財産の換価の円滑化および破産財団の拡充を目的としたものであり、対象は財産の任意売却の場面に限定されている(注42)。会社更生法、破産法における担保権消滅許可制度は、債務者が担保権の消滅した財産を使用することを目的としているわけではなく、むしろ当該財産が第三者のもとに移転することを前提としている。その点で、民事再生法における担保権消滅許可制度と会社更生法・破産法におけるそれとは、主たる目的や前提を異にする制度ということができ、各担保権消滅許可制度もそれを踏まえた上での制度設計がなされている。民事再生法の担保権消滅許可制度における事業継続不可欠性要件は、まさにその現れといえる。これらのことや、各倒産手続の目的や担保権者の処遇の違いを併せ考えると、現時点では、民事再生法における事業継続不可欠性要件を緩和することには慎重な態度をとらざるを得ない(注43)。

ところで、事業譲渡がなされて、事業主体は再生債務者ではなくなるが第三者の下で当該事業が継続されるという場合にも、譲渡される中に含まれる財産に事業の継続に欠くことのできない財産が入っていれば、当該財産に民事再生法上の担保権消滅許可制度の適用があることについては異論をみない(注44)。この場合には、再生債務者自身が引き続き目的物を使用するわけではなく、むしろ、会社更生法あるいは破産法における担保権消滅許可制度が想定している状況に近いといえよう。このような局面においても、事業継続不可欠性要件を同

(注42) 小川秀樹編著『一問一答新しい破産法』(商事法務、2004年) 253頁。
(注43) 遊休資産に関しては、民事再生法型の担保権消滅許可制度を広げることが唯一の選択肢ではなく、破産法184条2項以下と同趣旨の規定を民事再生法にも置く、あるいは破産法型の担保権消滅制度を導入するという選択肢もありうると主張するものとして、パネルディスカッション・前掲(注19) 59頁〔山本克己発言〕。
(注44) 伊藤・前掲(注13) 13頁、古賀政治「担保権消滅請求の濫用防止の必要性とその対策」銀法21第571号(2000年) 38頁、伊藤編代・前掲(注16) 142頁〔田原睦夫発言〕、田原・前掲(注9) 109頁、131頁、田頭・前掲(注16) 187頁、西謙二=中山孝雄編・東京地裁破産再生実務研究会『破産・民事再生の実務〔新版〕(下)民事再生・個人再生編』(金融財政事情研究会、2008年) 169頁〔松井洋〕、小河原寧『民事再生法通常再生編』(商事法務、2009年) 115頁、オロ=伊藤監修・全国倒産処理弁護士ネットワーク編・前掲(注16) 850頁〔木内道祥〕、園尾ほか編・前掲(注9) 527頁〔髙山崇彦〕、三枝・前掲(注25) 469頁。

じ基準で適用する必要があるのかについては若干検討する余地があるように思われる。この点については今後の課題としたい。

6 おわりに

　本項では、民事再生法の担保権消滅許可制度における事業継続不可欠性要件をめぐるこれまでの議論を整理し、さらに最近主張されている担保権消滅許可制度の活用論についての簡単な紹介を行った。前者に関しては、担保目的物の種類ごとに事業継続不可欠性要件を判断するという状況にあり、現在のところ、議論は多々あるが、その要件についてはおおむね慎重な判断がなされている状況にあることが明らかになった。かかる解釈がなされている背景にはやはり、民事再生法では担保権者は別除権者として自由な権利行使が保証されているということ、担保権消滅許可制度はこの原則に対する例外であることという、民事再生法の構造に即した考慮があり、また、それが非常に大きな意義を有していた。他方、最近主張されている担保権消滅許可制度拡張論は、再生手続による事業再生の更なる促進、その反面での担保権者の権利の制約の必要性という実務上の要請から生じてきたものといえよう。その要請にどのように対応するかは考慮する必要があると思われるが、現行の民事再生法における担保権消滅許可制度の拡張という形で対処することは現時点では困難であるといわざるを得ない。倒産手続において担保権者をどのように取り扱うべきか、あるいは倒産手続における事業の再生をどのように位置づけるかという根本的な課題に取り組む必要がある。

Ⅰ-27 再生手続における担保権消滅許可制度の対象担保権

弁護士 辺見 紀男

1 担保権消滅請求の対象となる担保権

　民再法148条1項は、担保権消滅請求の対象につき、「第53条第1項に規定する担保権」と定めているが、担保権消滅請求の対象はこれらに限られるのか、非典型担保についてはどうか、対象となる担保権の範囲が問題となる。

　なお、担保権消滅請求の対象となる担保権に共同担保権が含まれるかについては、再生債務者の財産に存する場合における抹消の必要性は通常の担保権と変わらず、共同担保権も含まれると解されている[注1]。

2 典型担保

(1) 特別の先取特権、質権、抵当権、留置権

　民再法148条1項は、担保権消滅請求の対象につき、「第53条第1項に規定する担保権」と定め、民再法53条1項は、担保権として、特別の先取特権、質権、抵当権または商法もしくは会社法の規定による留置権[注2・3]を挙げている。

　これらの担保権が、再生手続開始時において再生債務者の財産[注4]に存する場合は別除権とされ、担保権消滅請求の対象となる。

（注1）条解民事再生法3版797頁〔小林秀之〕、須藤英章監修『民事再生QA500〔第3版〕プラス300』（信山社、2012年）205頁等。なお、札幌高決平16・9・28金法1757号42頁（最決平17・1・27抗告棄却）は、共同担保権が担保権消滅請求の対象になることを前提に、共同担保権の一部に限定した担保権消滅請求は権利の濫用として許されない旨判示する。

(2) 一般の先取特権

一般の先取特権（民306条以下）は、一般優先債権として（民再122条1項）、再生債務者の総財産から再生手続によらないで随時弁済されることから（同条2項）、別除権に該当せず（民再53条1項参照）、担保権消滅請求の対象にはならない。

なお、企業担保権（企業担保2条1項）も、一般優先債権として株式会社の総財産から弁済を受けられるものであり（民再122条1項）、担保権消滅請求の対象外である。

(3) 民事留置権

民事留置権（民295条）は実体法上、優先弁済権が付与されていないこと等から、別除権に含まれず（民再53条1項参照）、担保権消滅請求の対象とはならない。

なお、民事留置権は、民事再生手続の申立後、決定があるまでの間、中止命令の対象となり（民再26条1項2号）、再生手続開始決定後は競売の申立てがで

（注2）具体的には、特別の先取特権（民311条以下・325条以下、商842条等）、質権（民342条以下、電話加入権質に関する臨時特例法等）、抵当権（民369条・398条の2、工場抵当法、自動車抵当法、立木法、鉄道抵当法、漁業法、漁業財団抵当法、農業動産信用法、観光施設財団抵当法等）または商法もしくは会社法の規定による留置権（商31条・521条・557条・562条・589条・753条2項、会社20条等）である。

（注3）商事留置権は、破産法のように特別の先取特権（破66条1項）とはみなされず、優先弁済権は付与されておらず、留置権限および換価権限しかない。しかも、換価しても、被担保債権と換価金返還請求権との相殺は許されず（民再93条1項1号）、結局、換価代金は再生債務者に返還すべきものと解されている（全国倒産処理弁護士ネットワーク編『倒産手続と担保権』〔金融財政事情研究会、2006年〕113頁）。そのため、商事留置権者は、換価せず目的物を留置し続けるのが通常であり、担保権消滅請求は、むしろ商事留置権者が望む手段の1つといえる。

（注4）債務者の財産は、不動産、動産、債権を問わない（条解民事再生法3版279頁〔山本浩美〕・797頁〔小林〕）。この点、民再法における担保権消滅請求の規定は、動産・債権担保権を念頭に置いたものでなく立法上の手当てが必要だとするものとして、園尾隆司「再生手続きにおける担保権の処遇──裁判実務の観点からみた立法への提言」松嶋古稀129頁。

きず、すでに開始している競売は中止される（民再39条1項）。ただ、留置の継続は認められることから[注5]、留置物が事業継続に必要な場合には、少額債権の例外に該当するとして、裁判所から被担保債権の弁済許可を得るか（民再85条5項）、裁判所の許可に基づき和解を行う（民再41条1項6号）などの対応が必要となる[注6]。

3 非典型担保、その他

　非典型担保については、事業の継続に欠くことのできない財産を確保するという担保権消滅請求の趣旨や、再生手続の構造を簡素化するという別除権の趣旨は当てはまるが、その扱いは解釈に委ねられていることから、担保権消滅請求の対象（別除権）[注7]になり得るかどうか（民再148条1項〔53条1項〕の類推適用の可否）が問題となる[注8]。

（注5）東京地判平17・6・10判タ1212号127頁は、「民事再生法は、……民事留置権に基づいて目的物を留置する権能については、何ら規定していないし、また、民事再生法には、民事留置権が破産財団に対してはその効力を失うとする破産法66条3項に相当する規定も置いていない。これらのことからすると、民事再生手続の開始あるいは再生計画によっても、民事留置権に基づく目的物の留置的効力は、当然には失われないものと解される」と判示し、民事留置権による目的物の留置的効力を認めている。
（注6）全国倒産処理弁護士ネットワーク編・前掲（注3）書112頁、新注釈民事再生法(上) 2版296頁〔長沢美智子〕、須藤監修・前掲（注1）書181頁等。
（注7）詳解民事再生法2版409頁〔山本和彦〕は、非典型担保に担保権消滅請求制度が適用されるか否かは、それらの担保権が別除権に含まれるか否かによって決せられるのであり、別除権一般の場合と担保権消滅請求の場合とで別除権の概念の相対性を持ち出す余地はないとする。
（注8）肯定するものとして、民事再生法逐条研究134頁、詳解民事再生法2版409頁〔山本〕ほか多数。ただし、破産・民事再生の実務3版（再生編）176頁、最新実務解説一問一答民事再生法525頁・526頁〔髙山崇彦〕、松下104頁等のように、非典型担保に担保権消滅請求を類推適用することに消極的な見解もある。

(1) 譲渡担保

　譲渡担保については、その法的性質に争いがあり、譲渡担保権者は目的物の所有者として取戻権を有するとする説（所有権的構成）もあるが、通説は、目的物は再生債務者が所有し、譲渡担保権者は担保権者として別除権を有すると解している（担保的構成。会社更生につき最判昭41・4・28[注9]参照）。したがって、担保権消滅請求の対象になると考えられる。

　　ア　不動産譲渡担保

　不動産譲渡担保も別除権であり、担保権消滅請求の対象となるが、所有権登記が譲渡担保権者の名義となっており、担保権の実行をどのようにして中止させるか、移転登記の抹消登記が認められるか必ずしも明らかではない。また、複数の譲渡担保権者が存する場合、それらに対する配当手続につき法律の定めがなく（民再153条3項、民執85条2項参照）、どのようにして配当手続を行うのかも不明確であるなど、実務上の困難性が指摘されている[注10]。

　　イ　動産譲渡担保

　動産譲渡担保も別除権であり、担保権消滅請求の対象となる。動産譲渡担保の目的たる動産は、債務者が占有していて、担保権消滅後の占有回復の問題はない。さらに、後順位担保権者が生じる余地もなく、配当に支障を来すこともない。したがって、担保権消滅請求の対象になることに問題はない[注11]。

（注9）最判昭41・4・28民集20巻4号900頁は、「譲渡担保権者は、更生担保権者に準じてその権利の届出をなし、更生手続によつてのみ権利行使をなすべきものであり、目的物に対する所有権を主張して、その引渡を求めることはできないものというべく、すなわち取戻権を有しないと解するのが相当である」と判示しており、更生手続上、譲渡担保権が更生担保権に準じて取り扱われることを明確にしたばかりでなく、譲渡担保権の法的性質につき、所有権的構成ではなく、担保的構成を採ることを明確にした。

（注10）民事再生法逐条研究134頁・135頁、田原睦夫「担保権消滅請求制度の機能と課題」新堂幸司＝山本和彦編『民事手続法と商事法務』（商事法務、2006年）133頁等。他方、山本和彦「担保権の消滅」新裁判実務大系(21)165頁等は積極説を唱える。

（注11）東京地裁破産再生部において、金融機関が再生債務者の動産（工作機械）に譲渡担保権を設定したケースについて、また、帽子の卸業者が再生債務者の店舗内に存在する商品に譲渡担保権を設定したケースにつき、それぞれ担保権消滅許可決定をした例がある（民事再生の手引246頁〔中村悟〕）。

ウ　集合動産譲渡担保

　構成部分の変動する集合動産についても、その種類、所在場所および量的範囲を指定するなど何らかの方法で目的物の範囲が特定される場合には、1個の集合物として譲渡担保の目的になり得ると解されており（最判昭54・2・15民集33巻1号51頁）、担保権消滅請求の対象になる。

　エ　集合債権譲渡担保・将来債権譲渡担保

　集合債権譲渡担保は債務者が第三者に対して有する現在の債権につき、将来債権譲渡担保は将来発生する債権につき、それぞれ複数の債権を一括して行う譲渡担保である。

　判例上、集合債権譲渡予約（最判平12・4・21民集54巻4号1562頁）、将来債権の譲渡（最判平11・1・29民集53巻1号151頁）はいずれも有効であるとされており、集合債権譲渡担保も将来債権譲渡担保もそれぞれ有効であると考えられる。

　これらの譲渡担保も、集合動産譲渡担保と同様、担保権消滅請求の対象になるものと考えてよい(注12)。

(2)　所有権留保

　所有権留保は代金債権を確保するためのものであり、担保権として扱うのが通説である(注13)。判例も、所有権留保は立替金等債権を担保するためのものであり、再生手続上、別除権として扱われることを認めている（最判平22・6・4民集64巻4号1107頁(注14)）。したがって、所有権留保も担保権消滅請求の対象になるものと考えられる。

　ただし、例えば、登録車両の場合に所有者名義の変更登録を嘱託で行うことができるかという問題があり(注15)、実務的には、手続を進めるに当たり困難な

（注12）最新実務解説一問一答民事再生法545頁〔加茂善仁〕、民事再生の実務299頁等。
（注13）福永有利「担保権消滅請求制度――その解釈・運用上の諸問題」金判1086号（2000年）60頁等。
（注14）その他、東京地判平18・3・28判タ1230号342頁は、自動車所有権移転登録手続をする債務と残代金債務とは牽連関係には立たず、双方未履行双務契約の解除権（民再49条）の適用はなく、所有権留保を別除権として権利行使が可能である旨判示する。

側面がある。

(3) リース契約
ア ファイナンスリース
(ア) フルペイアウト方式

ファイナンスリースとは、リース業者がユーザーに代わってユーザーが選択したリース物件をリース業者名義で購入し、ユーザーにリース物件を使用させつつ、ユーザーがリース期間に支払うリース料でリース物件購入代金、損害保険料、固定資産税、金利、手数料等の費用を回収するという取引である[注16]。このうち、とくに、リース期間満了時にリース物件に残存価値がないことを前提に、リース業者がユーザーから費用の全額を回収できるようリース料が設定されているものを、フルペイアウト方式のファイナンスリースという。ファイナンスリースは一般にフルペイアウト方式のファイナンスリースが念頭に置かれている。

(イ) 法的性質

このようなファイナンスリースの法的性質については、リース料債権を民再法49条4項に基づく共益債権とする見解（共益債権説）があり、これによれば、ファイナンスリースは担保権消滅請求の対象に含まれないこととなる[注17]。

しかし、リース料債務はリース契約締結時に全額発生し、各月のリース料

(注15) 山宮慎一郎「担保権消滅請求の対象となる担保権の範囲」銀法575号（2000年）35頁。
(注16) 財務諸表等の用語、様式及び作成方法に関する規則8条の6第1項柱書は、「ファイナンス・リース取引（リース契約に基づくリース期間の中途において当該リース契約を解除することができないリース取引又はこれに準ずるリース取引（……）で、当該リース契約により使用する物件（以下「リース物件」という。）の借主が、当該リース物件からもたらされる経済的利益を実質的に享受することができ、かつ、当該リース物件の使用に伴つて生じる費用等を実質的に負担することとなるものをいう。……）」と定めている。
(注17) センチュリー・リーシング・システム法務室長 土屋信輝「会社更生・民事再生手続におけるリース料債権の処遇」金法1597号（2000年）13頁、リコーリース法務部 小森洋一「民事再生手続とリース契約」銀法581号（2000年）83頁等。

はユーザーに対し期限の利益を付与したものにすぎないことから、リース料の支払とリース物件の利用とは対価関係に立たず、金融取引的側面を重視してこれを担保権とする考え方（担保権説）[注18]が多数であり、この考えによれば、ファイナンスリース料債権は別除権として取り扱われ、担保権消滅請求の対象にも含まれる。判例もこれを認めている[注19]。更生手続でも、ファイナンスリース料債権は担保権として取り扱われている（最判平7・4・14民集49巻4号1063頁）。

ただ、実務上は、更生手続と異なり、再生手続では手続外で別除権を行使できるため、再生手続開始後にリース物件を利用する必要がある場合、別除権行使としての返還請求に迅速に対応するべく、リース業者と一定の合意を行うことも多く、実際上は共益債権的な取扱いがなされる事案も少なくない。

(ウ) 担保の目的

ファイナンスリースにおけるリース業者の権利を別除権と構成した場合、担保の目的については、ユーザーにリース物件の実質的な所有権があるとし、当該実質的所有権が担保の目的となるという見解（所有権説）もあるが、リース期間満了後もユーザーに対する所有権移転が予定されていないというファイナンスリースの本質と相容れないことから、ユーザーの有するリース物件の利用権が担保の目的となるという見解（利用権説）[注20]が通説となっている。

(注18) 井田宏「民事再生手続におけるリース料債権の取扱い——大阪地裁倒産部における取扱い及び関連する問題点の検討」判タ1102号（2002年）4頁・5頁、山本和彦「倒産手続におけるリース契約の処遇」金法1680号（2003年）9頁、巻之内茂「ユーザーの民事再生申立てとリース契約の解除・継続についての法的考察」金法1597号（2000年）30頁、福永・前掲（注13）論文60頁、山宮・前掲（注15）論文36頁等。

(注19) 大阪地決平13・7・19判時1762号148頁、東京地判平15・12・22判タ1141号279頁、東京地判平16・6・10判タ1185号315頁は、ファイナンスリースにつき担保権消滅請求の対象となることを認め（民事再生の手引245頁〔中村〕）、東京高判平19・3・14判タ1246号337頁は、リースが担保権であるとしており、最判平20・12・16民集62巻10号2561頁もリースが担保としての意義を有する旨判示している。

(注20) 山本・前掲（注18）論文9頁、巻之内・前掲（注18）論文30頁、巻之内茂「各種の契約の整理Ⅲ——リース契約」新裁判実務大系(28)234頁等。

イ　オペレーティングリース
　オペレーティングリースとは、ファイナンスリース以外のリースをいい[注21]、不特定のユーザーに物件を賃貸することがあり、リース期間中の解約が認められ、リース料金がリース期間中に物件購入費等の費用の全額を回収できる金額とは限らないという特色を有しており、いわゆるレンタルのようなものも含まれる。このような特色からすれば、実際のリース期間やリース料金の設定等にもよるものの、オペレーティングリースは共益債権（民再49条4項）とされ、担保権消滅請求の対象にならないことが多いと考えられる。
　　ウ　メンテナンスリース
　オペレーティングリースの一種ではあるが、ファイナンスリースや典型的なオペレーティングリースから独立した形で、またはこれらとともに、ユーザーがメンテナンス料金を支払い、業者がリース物件のメンテナンスまで請け負うというメンテナンスリースが存する。このメンテナンスリースも、別除権付き再生債権というより、共益債権としての性質の方が強く、担保権消滅請求の対象にはならないと解されている。

(4)　仮登記担保
　代物弁済の予約、停止条件付代物弁済契約、売買の予約等といった仮登記担保契約における担保仮登記の権利者には、民再法において抵当権を有する者に関する規定が適用されることから（仮登記担保19条3項）、仮登記担保は別除権に該当し、担保権消滅請求の対象となる。

(5)　代理受領
　代理受領は、「請負代金債権は、……手形金債権の担保となつており、……請負代金を受領すれば、右手形金債権の満足が得られる」（最判昭44・3・4民集23巻3号561頁）とか、「貸金債権の担保たる代理受領権」（最判昭61・11・20集民149号141頁）などとされ、一定の担保的機能を有する。しかしながら、代

―――――――
（注21）財務諸表等の用語、様式及び作成方法に関する規則8条の6第2項も同様の定義付けを行っている。

理受領は差押債権者等の第三者に対抗できず、再生手続開始決定の効力として、再生債務者の財産に対する一種の包括的な差押えがあったものとされることからすれば、再生手続開始に伴い、債権者は代理受領を主張できなくなると言わざるを得ない。したがって、代理受領は別除権に当たらず[注22]、担保権消滅請求の対象にもならないと考えられる。

(6) 振込指定

振込指定については、確かに債権回収のための担保の機能を営む面があるが、「事実上の担保権を設定する方策」(福岡高判昭59・6・11判時1137号80頁)にすぎないと考えられる。また、代理受領と同様、振込指定は第三者に対抗できるものではないことからすれば、振込指定も別除権に該当せず[注23]、担保権消滅請求の対象にならないと考えられる。

(7) 用益権

金融業者は、担保のため、抵当権の設定のみならず賃借権設定の仮登記等を利用する場合がある。このような担保目的の賃借権や、地上権、永小作権、地役権、入会権、鉱業権および漁業権を含む用益物権といった用益権を別除権として、担保権消滅請求の対象にできるかが問題となる。

この点、最判平元・6・5(民集43巻6号355頁)は、抵当権と併用された賃借権設定予約契約とその仮登記は、抵当不動産の用益を目的とする真正な賃借権ということはできず、その予約完結権を行使して賃借権の本登記を経由しても、賃借権としての実体を有するものでない旨判示している。このような用益権が担保的機能を有していることを重視すれば、担保権消滅請求の対象とする余地がないわけではない。

しかしながら、担保目的の用益権を担保権消滅請求の対象にすると、用益権が担保目的であるか否かの判断が必要になるところ、執行官による調査等の手続を経ない担保権消滅請求制度において、果たしてこのような判断が可能かと

(注22) 民事再生の実務303頁等。
(注23) 民事再生の実務304頁・305頁等。

いう問題が生じる。また、配当における取扱いについても難しい問題が発生する（後述）。さらに、実務上、用益権が設定されているような財産が再生債務者の事業の継続に欠くことのできないものに該当するということはきわめて稀であり、用益権が抹消されないことによる不都合は少ないと考えられる。したがって、担保目的の用益権を担保権消滅請求の対象にすることは一般的には難しいと考える(注24)。

(8) 担保権消滅請求の対象となった場合に生じる問題点
ア 配当手続上の問題点

配当手続は裁判所が民執法の定めに従って行うが（民再153条3項）、民執法85条2項は、「配当の順位及び額を定める場合には、民法、商法その他の法律の定めるところによらなければならない」と定めている。したがって、担保権消滅請求は典型担保を前提にしているものと解される。

そのため、非典型担保が複数存在したり、典型担保と競合したりした場合は、担保権の存否や配当の順位等をいかにして確定するのかという問題が生じる(注25)。

イ 登記・登録上の問題点

また、担保目的財産につき登記・登録があるものの、登記・登録されているのが担保権であることが不明確な場合、抹消登記の嘱託を行うことができるかが判然とせず、例えば、不動産譲渡担保権につき登記簿の甲区欄に所有権登記

(注24) 本稿と同様、消極説に立つものとして、民事再生の手引247頁〔中村〕、破産・民事再生の実務3版（再生編）177頁、伊藤・破産法民事再生法2版765頁、一問一答民事再生法203頁、山本和彦ほか編『Q&A民事再生法〔第2版〕』（有斐閣、2006年）266頁〔田頭章一〕等。また、原則として消極説に立ちつつも、用益を目的としない場合に積極説を採るものとして、民事再生法逐条研究138頁・139頁、新注釈民事再生法(上)2版855頁〔木内道祥〕、田原・前掲（注10）論文137頁等。なお、民事再生法逐条研究139頁・140頁は、抵当権の実行に伴い併用賃借権が消滅すると解されること（最判昭52・2・17民集31巻1号67頁）を踏まえ、抵当権を抹消請求した上で、当該抵当権と併用されていた賃借権も消滅させるという方法も提唱する。

(注25) なお、詳解民事再生法2版409頁・410頁〔山本和彦〕は、担保権を消滅させるために裁判所に納付された金銭の配当につき、非典型担保に関する独自の規律を提示する。

がある場合に、当該登記の対象を担保権と主張しながら所有権登記を抹消できるのか不明である。

　　ウ　担保の判断上の問題点

さらに、別除権と認定されるためには、譲渡等が担保のためであるとの判断が必要となるところ、担保権消滅請求制度において正確に担保のためであることを認定するのは困難な面がある。

　　エ　評価額算定の困難性

加えて、担保権消滅請求は担保目的物を処分するものとして担保目的物の評価額を算定するところ（民再規79条1項）、とくに担保目的物がリース物件の場合等における評価額の算定は困難を伴う。

　　オ　実務上の適用限定

以上からすれば、非典型担保を担保権消滅請求の対象としたとしても、実際に許可決定を得られるのは、上述の各問題を解決できる場合、すなわち、担保目的物に1つの非典型担保のみが設定されている場合、または複数の担保権者がいるとしても、裁判所に納付された金銭によって担保権者の被担保債権額や費用のすべてにつき弁済がなされ、民執法に定める配当手続によることなく担保権を消滅させることができる場合に限定されるものと考えられる[注26]。

東京地方裁判所破産再生部も、動産譲渡担保権の成立およびその内容について当事者間に争いがなく、競合する担保権も存在せず、かつ譲渡担保権者も譲渡担保権の実行を事実上控えているというような事案に限り、当該譲渡担保権を対象に担保権消滅許可決定を行っている[注27]。

（注26）非典型担保を担保権消滅請求の対象にできる場合は限定される旨主張するものとして、破産・民事再生の実務3版（再生編）176頁、最新実務解説一問一答民事再生法526頁等。
（注27）民事再生の手引246頁〔中村〕、破産・民事再生の実務3版（再生編）176頁等。

Ⅰ－28 更生手続における
担保権消滅許可制度の実務運用

弁護士 縣　俊介

1　会更法上の担保権消滅許可制度

　裁判所は、更生手続開始当時、更生会社の財産につき特別の先取特権、質権、抵当権または商法もしくは会社法の規定による留置権がある場合において、更生会社の事業の更生のために必要であると認めるときは、管財人の申立てにより、当該財産の価額に相当する金銭を裁判所に納付して当該財産を目的とするすべての担保権を消滅させることを許可する旨の決定をすることができる（会更104条1項）。

2　制度の目的

(1)　民再法上の担保権消滅許可制度の目的

　再生手続においては、特定財産上の担保権は別除権とされ（民再53条1項）、再生手続によらないで行使することができる（同条2項）。そのため、再生債務者は、担保権が実行されることにより事業の再生に不可欠な財産を失うおそれがある。そこで、民再法は、担保権の実行により事業の再生が不可能となる事態を回避する目的で、担保権消滅許可制度を設けている（民再148条以下）。

(2)　会再法上の担保権消滅許可制度の目的

　これに対し、更生手続においては、特定財産上の担保権は更生担保権の基礎として更生手続に取り込まれてその実行が制限される。さらに、更生計画によって担保権を消滅させることも可能である。そのため、担保権の実行により事業継続に不可欠な財産を失う事態は想定されない。

　とはいえ、担保権そのものはいわば休眠状態のまま存続しているから、更生

手続中に担保権の目的たる特定財産を処分しようとする場合には、それに先立ち担保権を消滅させる必要がある。会更法上の担保権消滅許可制度は、かかる休眠状態の担保権を消滅させることを目的としており、上述した民再法上の担保権消滅許可制度とはやや目的を異にしているが、この制度目的の違いが、次に述べる要件面での差異につながっている。

3　要　件

(1)　民再法上の担保権消滅許可制度の要件

民再法上の担保権消滅許可制度は、担保権者に別除権として再生手続によらないで担保権を行使できる地位を認める手続構造の中で、とくに事業継続のために担保権の実行・換価を阻止するものであるため、「当該財産が再生債務者の事業の継続に欠くことのできないものであるとき」との厳格な要件が設けられている（民再148条1項。この要件に関する諸々の問題点についてはⅠ－26参照）。

(2)　会再法上の担保権消滅許可制度の要件

これに対し、会更法上の担保権消滅許可制度は、2(2)で上述した制度目的から、「更生会社の事業の更生のために必要である」ことが申立ての要件とされており（会更104条1項）、民再法上の担保権消滅許可制度よりも緩やかなものとなっている。

具体的には、計画外事業譲渡（会更46条2項以下）に伴い担保権付の資産について担保権を抹消した上でスポンサーに譲渡する必要がある場合、担保余剰価値のある遊休資産を売却処分することによって事業の更生に必要な資金を捻出しようとする場合、および保有の費用がかさむばかりで早期処分が必要な会社資産に設定された担保権を消滅させる場合等が「更生会社の事業の更生のために必要」な場合に当たる。民再法上の担保権消滅許可制度と異なり、遊休資産の売却処分のために利用することも可能であることについて争いはない[注1]。

このような場合、実務では、担保権を消滅させるために、管財人と担保権者

（注1）　伊藤・会社更生法526頁等。

との任意の交渉により担保変換の合意を行うことが多いが、担保変換の合意が成立しない場合には、本制度の利用が検討されることになる。

(3) 非典型担保を担保権消滅請求の対象とすることの可否

なお、民再法上の担保権消滅許可制度と共通した論点として、非典型担保を担保権消滅請求の対象とすることの可否という問題があり、見解が分かれているが、適用を認める方向で検討すべきであると考える。この点に関し、民事再生のケースであるが、東京地方裁判所において動産譲渡担保権を対象とする担保権消滅請求が認められた2つの事例が公表されている[注2]。

4 手　続

(1) 申立て

管財人は、①担保権の目的である財産の表示、②財産の価額、③消滅すべき担保権の表示を記載した書面で申立てを行う（会更104条3項）。更生会社の事業の更生のための必要性についての記載も必要である（同条1項の趣旨）。

(2) 担保権消滅許可の決定

裁判所は、更生会社の事業の更生のために必要であると認めるときは、当該財産の価額に相当する金銭を裁判所に納付して当該財産を目的とするすべての担保権を消滅させることを許可する旨の決定をすることができる（会更104条1項）。

なお、担保権消滅許可の決定は、更生計画案を決議に付する旨の決定があった後はすることができない（会更104条2項）。付議決定の後は担保権の消滅は更生計画によるべきであり、本制度を利用する合理的必要性が認められないからである。再生手続においては担保権が別除権とされ計画により消滅させることができないことから、民再法上の担保権消滅請求制度にはかかる時期的制限は設けられていない。

（注2）民事再生の手引246頁〔中村悟〕。

(3) 送　達

担保権消滅許可の決定は、申立書とともに、被申立担保権者に送達される。公告をもってこれに代えることはできない（会更104条4項）。

(4) 即時抗告

被申立担保権者は、担保権消滅許可決定がその要件を欠いていると判断する場合には、許可決定に対して、即時抗告することができる（会更104条5項）。即時抗告の理由としては、相手方の権利が担保権に該当するか、消滅許可の対象となり得る担保権かどうかや、事業更生のための必要性が中心となると考えられる[注3]。

(5) 価額決定の請求手続

####　ア　価額決定の請求

被申立担保権者は、管財人が申立書において提示した目的物の価額（会更104条3項2号）について異議があるときは、送達を受けた日から1か月以内に更生裁判所に対して価額決定の請求ができる（会更105条）。

####　イ　評価人による評価

請求を受けた更生裁判所は、請求が不適法でない限り評価人を選任し、財産の評価を命じ、評価人の評価に基づき財産の価額を決定しなければならない（会更106条）。

財産の評価は、決定の時を基準時として（会更106条2項）、「財産を処分するものとしてしなければならない」（会更規27条、民再規79条1項）とされている。「財産の価額に相当する金銭」は、更生計画認可決定前に更生手続が終了した場合の担保の趣旨であるから、更生担保権の目的財産の価額評価と比較して、基準時も異なるし、評価も処分価額で足りるとされているのである[注4]。この点、更生担保権が、「当該担保権の目的である財産の価額が更生手続開始の時における時価であるとし」（会更2条10号）て評価されるのとは基準が異な

（注3）　伊藤・会社更生法532頁。
（注4）　一問一答新会社更生法126〜127頁。

ることに留意が必要である。したがって、価額決定の請求がなされない場合も含め、担保権消滅請求における担保目的物の価額は、更生担保権額を定める根拠となる担保目的物の価額や、処分連動方式における担保目的物の価額とは、その性質を異にするものである。

評価人は、財産が不動産である場合には、評価に際して、不動産が所在する場所の環境、その種類、規模、構造等に応じ、取引事例比較法、収益還元法、原価法その他の評価の方法を適切に用いなければならない（会更規27条、民再規79条2項）。このことは財産が不動産でない場合にも準用される（会更規27条、民再規79条4項前半部分）。

　　ウ　費用の負担

価額決定の請求に係る手続に要した費用は、決定により定められた価額が、申出額を超える場合には更生会社の負担とし、申出額を超えない場合には価額決定の請求をした者の負担とする[注5]（会更107条1項）。

(6)　金銭の納付と担保権の消滅

管財人は、財産の価額（価額決定の請求がなかったときなどは申立書に記載した財産の価額、価額決定の請求がなされ価額決定が確定した場合は、同決定に定められた価額。なお、後述〔(7)ウ第2段落〕の差引納付も参照）に相当する金銭を裁判所の定める期限までに納付することによって（会更108条1項）、申立書で特定された担保権消滅の効果を得ることができる（同条3項）。

金銭の納付があったときは、裁判所書記官は、消滅した担保権に係る登記または登録の抹消を嘱託する（会更108条4項）。

(7)　納付された金銭の取扱い

　　ア　更生計画認可の決定があった場合

裁判所は、更生計画案認可の決定がなされたときは、管財人（会更法72条4

(注5)　ただし、申出額を超える額が当該費用の額に満たないときは、当該費用のうち、その超える額に相当する部分は更生会社の負担とし、その余の部分は価額決定の請求をした者の負担とする（会更107条1項ただし書）。

項の決定により更生会社の機関がその権限を回復した場合は更生会社）に対し、納付された金銭の額に相当する額の金銭を交付する（会更109条）。管財人に交付された金銭は、更生計画による弁済に充てられ（会更167条1項6号ロ）、被申立担保権者は、更生計画に定められた内容に従い、他の更生担保権者と平等な条件で弁済を受けることとなる。

　　イ　更生計画認可前に更生手続が終了した場合
　更生計画認可前に更生手続が終了したときは、被申立担保権者が1人である場合または管財人から納付された金銭で被申立担保権者の被担保債権額全額および会社が負担すべき手続に要する費用（会更107条1項）を弁済することができる場合は、被申立担保権者に弁済金を交付して剰余金を更生会社に交付する（会更110条2項）。それ以外の場合には、裁判所が配当表を作成して被申立担保権者に対する配当を実施する（同条1項）。

　　ウ　更生計画認可前の剰余金等の管財人への交付
　納付された金銭が、被申立担保権者に対する配当等見込額を超え剰余金が生じる場合や、すべての被申立担保権者の同意がある場合には、裁判所は、管財人の申立てにより、剰余金や同意額について更生計画認可の決定前に管財人に対して交付する旨の決定をすることができる（会更111条1項）。
　この決定は管財人による金銭の納付前にすることも可能で、この場合、管財人は、納付すべき金額から交付を受ける旨決定を受けた金額を控除した金額を納付すれば、担保権消滅の効果を得ることができる（差引納付。会更112条）。

　　エ　民再法上の担保権消滅請求制度（民再148以下）との比較
　再生手続においては、納付された金銭は、上記イと同様に、被申立担保権者に対して配当（弁済金の交付を含む）される（民再153条）。上記アのように再生債務者に交付されることはない。
　更生手続においては、担保権はその実行が制限され、担保権者は更生計画に従って弁済を受けることになるため、更生計画認可の決定がなされれば納付された金銭は管財人（または更生会社）に交付され、管財人（または更生会社）を通じて担保権者に弁済される。これに対し、再生手続においては、特定財産上の担保権は別除権とされ（民再53条1項）、再生手続によらないで行使することができるため、納付された金銭は直接担保権者に交付・配当されることになる

のである。

5 課題

　会更法上の担保権消滅許可制度は、迅速な事業譲渡や遊休資産の売却処分等のため、早期に対象資産に設定された担保権を消滅させる必要があるとの実務上の必要性に基づいて設けられた制度である。しかしながら、平成14年の会更法改正時に導入されて以来、いまだ数件の申立てがあるにとどまり[注6]、同制度の利用実績は非常に少ないといわざるを得ない。

　現状でも、担保権消滅許可制度の存在は、それ自体が、担保評価をめぐる争いの解決についての予測可能性を高める効果があり、管財人が担保権者との間で任意の担保変換交渉をする上で、同制度を使った場合に想定される結論を前提に交渉を行うことを可能とし、合意の成立を促進している側面があることは否定できない。とはいえ、合意が成立しない場合にも迅速に担保権を消滅できるようでなければ、担保変換の合意が成立しない場合には、計画外事業譲渡を断念して、計画によってこれを実現することで妥協せざるを得ないようなことになりかねず、事業再生の迅速化、ひいては事業価値維持の観点から望ましくない。

　担保権消滅許可制度の利用が少ないことの主な原因は、手続に時間がかかりすぎることにあると考えられる。具体的には、上記 4(2)の担保権消滅許可決定、4(5)の価格決定にはいずれも即時抗告が可能であるし、価格決定手続における評価人による評価にも一定の期間が必要であるから、担保権者に全面的に争われた場合には担保権の消滅までに相当の期間が必要となり[注7]、更生手続において計画外事業譲渡を指向した場合のスケジュールに間に合わなくなるおそれが大きいことが問題であると思われる。

(注6)　最新実務会社更生171頁。
(注7)　徹底して争ってきた場合には、9～10か月程度かかるとの指摘もある（事業再生迅速化研究会第1PT「事業再生迅速化研究報告1　事業再生迅速化の示唆」NBL921号〔2010年〕21頁）。

かかる問題意識から、担保権消滅請求手続の迅速化については、いくつかの立法提言がなされていることから、その主なものについて以下紹介する。

① 決定額の仮納付による担保抹消・引渡請求

裁判所の価格決定が確定していなくとも、価格決定で定めた額（または、担保権者の保護の観点からその一定増加額）を仮納付することで担保を消滅させ、その後、即時抗告審等を経て価額が確定した時点で、確定額と仮納付額との清算をするというもの[注8]

② 担保権者申出額の仮納付による担保抹消

担保権者からの価格決定の請求があった場合に、価格決定確定前であっても管財人に担保権者の申出額を納付させることにより、担保権の抹消を認めるもの[注9]

いずれにせよ、制度目的を達成できるように、会更法上の担保権消滅許可制度をより使いやすい制度とする方向で検討が進められることが望ましいといえる。

（注8）「東京弁護士会倒産法部／倒産法改正研究会（大阪）主催シンポジウム・倒産法改正の展望と提言」NBL978号（2012年）35頁〔小林信明発言〕。
（注9）事業再生迅速化研究会第2PT「事業再生迅速化研究会（第2期）報告2会社更生手続における手続迅速化に関する運用上・立法上の提言(下)」NBL988号（2012年）79頁。

第2章

抵当権・根抵当権・質権・留置権・先取特権

Ⅱ-1　抵当権（総論）

弁護士　片上　誠之

1　定　義

　抵当権とは、債務者または第三者（物上保証人）が債権者に占有を移さないまま債務の担保に供した一定の不動産について、債権者が自己の債権を優先的に回収する権利である（民369条1項）。

2　設　定

　債権者と債務者または第三者との諾成・不要式の契約により設定される。

3　目的物

　不動産（所有権）、地上権、永小作権である（民369条1項・2項）。

4　対抗要件

　抵当権の設定は、登記をしなければ第三者に対抗できない（民177条）。破産手続等において別除権または更生担保権として取り扱われるためには、登記が必要である。

　なお、手続開始前に不登法105条1号の仮登記を備えていれば、手続開始後においても抵当権の設定を破産管財人等に対抗でき、また、本登記を請求することができる。同条2号の仮登記については、当該仮登記をもって破産管財人等に対抗できるか、また、本登記を請求できるのか、肯定、否定する両説がある[注1・2]。

5 被担保債権

1つの債権の一部でも全部でも、また、複数の債権でも被担保債権となる。将来の債権については、債権発生の基礎となる具体的法律関係が存在する限り、債権が具体的に発生する前でも被担保債権となり得る。

6 効力の及ぶ範囲

付合物、従物、分離物（ただし他所に搬出されていないもの）に及ぶというのが通説である（民370条）[注3]。また、被担保債権について不履行があったときには、その後に生じた果実にも及ぶ（民371条）。

7 物上代位

先取特権および質権と同様に、物上代位が認められる（民372条・304条）。物上代位に関する論点については、Ⅱ－2で述べる。

8 優先弁済権の範囲

優先弁済権の範囲は設定契約にて定められるが、一方で、債務者および設定者以外の第三者に対しては登記された範囲に限定される。

利息その他の定期金、遅延損害金については、満期となった最後の2年分についてのみ優先弁済権を有する（民375条）。なお、当該制限は、抵当権者が競

(注1) 大判大15・6・29民集5巻602頁、伊藤・破産法民事再生法261頁・675頁、伊藤・会社更生法263頁等。
(注2) 伊藤・破産法民事再生法262頁、伊藤・会社更生法264頁ほか。なお、最新実務会社更生154頁によれば、東京地方裁判所民事第8部では、他の債権者から異議がなければ、原則として、同条2号の仮登記を経由していれば、本登記を経由していなくても更生担保権者として取り扱う実務であるとされる。
(注3) 道垣内3版136頁以降。

売において優先弁済を受ける際(注4)、後順位債権者・一般債権者が存在するときに限り行われる。後順位債権者・一般債権者が存在しない場合には、債務者、物上保証人、および第三取得者との関係では制限は行われないとするのが通説であるが、第三取得者との関係では制限が行われるとする有力説もある(注5)。

また、物上代位に基づく賃料債権からの回収額も、上記2年分の損害金の全部または一部に充当される(注6)。

9 各倒産手続における抵当権の取扱いの概要

(1) 破　産

ア　別除権

破産手続において、抵当権は別除権として取り扱われ（破2条1項9号）、破産手続によらないで行使することができる（破65条1項）。抵当権者は、破産手続による制約を受けないで、担保不動産競売、担保不動産収益執行および物上代位に基づく債権差押等の手続を申し立てることが可能である。

ただし、抵当権目的物の価値を適正に実現するため、破産管財人は、別除権目的物の評価に関する権限（破154条）、強制執行の手続による換価権（破184条2項）を有する。また、破産管財人は、抵当権目的物を任意売却して当該担保権を消滅させることが破産債権者の一般の利益に適合するときは、担保権消滅許可の申立てをすることができる（破186条）。

イ　破産債権の行使

別除権者は、別除権の行使によって満足を受けられない部分についてのみ破産債権の行使が認められる（不足額責任主義。破108条1項）。

（注4）北秀昭「別除権(2)」新裁判実務大系㉘530頁は、破産管財人が抵当権目的物を任意売却する際にも、民法375条に定める範囲を超える弁済を別除権者に行う合理的理由はない、とする。

（注5）道垣内3版159頁等。

（注6）東京地方裁判所民事執行センター実務研究会編著『民事執行の実務〔第3版〕不動産執行編(下)』（金融財政事情研究会、2012年）229頁。

別除権者が、中間配当に関する除斥期間内に、別除権目的物の処分に着手したことを証明し、かつ、不足額を疎明した場合には、別除権者に対する中間配当における配当額は寄託されるが、これらの証明および疎明がなされない場合には中間配当からは除斥される（破210条1項・214条1項3号）。最後配当に関する除斥期間内に不足額の証明がないと、別除権者は最終的に配当から除斥され、中間配当時に寄託された配当金があった場合には当該配当金は他の破産債権者に配当される（破198条3項・214条3項）。

(2) **民事再生**

ア 別除権

再生手続において、抵当権は別除権として取り扱われ（民再53条1項）、再生手続によらないで行使することができる（同条2項）。抵当権者は、再生手続による制約を受けないで、担保不動産競売、担保不動産収益執行、および物上代位に基づく債権差押等の手続を申し立てることが可能である。

ただし、裁判所は、再生債権者の一般の利益に適合し、かつ競売申立人に不当な損害を及ぼすおそれがないものと認めるときは、利害関係人の申立てにより、または職権で、相当の期間を定めて再生債務者の財産についての担保権の実行手続の中止を命ずることができる。ただし、被担保債権が共益債権または一般優先債権であるときは、中止命令の対象とはならない（民再31条1項）。

また、再生債務者等は、抵当権の目的物が再生債務者の事業の継続に欠くことのできないものであるときは、裁判所に対し目的物の価額に相当する金銭を裁判所に納付して当該財産について存するすべての担保権を消滅させることについて許可の申立てをすることができる（民再148条1項）。

イ 再生債権の行使

別除権者は、別除権の行使によって弁済を受けることができない債権の部分についてのみ、再生債権者としての権利行使が認められる（不足額責任主義。民再88条・182条）。ただし、担保権の実行、担保権の放棄、再生債務者との合意（別除権協定）等により、当該担保権によって担保される債権の全部または一部が再生手続開始後に担保されないこととなった場合には、その債権の当該全部または一部について、再生債権者として権利行使が認められる（民再88条

ただし書)。

　別除権者は、再生債権たる被担保債権が確定し、さらに、担保権の実行・放棄、別除権協定によって不足額が確定した場合に限り、再生計画の定めによって認められた権利を行使することができる（民再182条）。

(3) 会社更生
ア　更生担保権

　更生手続開始当時に更生会社の財産上に設定されている抵当権の被担保債権であって更生手続開始前の原因に基づいて生じたもののうち、その目的物の時価の範囲については、更生担保権として取り扱われる。ただし、被担保債権のうち利息・遅延損害金等については、更生担保権とされるのは更生手続開始後1年を経過する時までに生ずるものに限られる（会更2条10項）。更生担保権に係る被担保債権は、更生会社に対する債権に限られず、更生手続開始前の原因に基づく債権等で第三者が債務者であるもの（更生会社が物上保証人である場合）も含まれる。

　更生手続開始当時に更生会社の財産上に設定されている抵当権の被担保債権のうち、更生会社に対する債権であって、更生担保権とされない範囲については、更生債権である（会更2条8項）。

イ　更生手続における処遇

　更生手続開始申立てから開始決定までの間、裁判所は、担保権の実行手続で開始前会社の財産に対してすでにされているものについて、担保権者に不当な損害を及ぼすおそれがない場合には、中止を命ずることができる（会更24条1項2号）。また、当該中止命令では更生手続の目的を十分に達成することができないおそれがあると認めるべき特別の事情があるときは、裁判所は、開始決定までの間、すべての更生債権者および更生担保権者に対し、担保権の実行の禁止を命ずることもできる（包括的禁止命令。会更25条1項）。

　更生手続が開始した場合においては、更生会社財産に対する担保権の実行手続は禁止、中止され、さらに更生のため必要があると認めるときは取り消される（会更50条1項・6項）。中止された担保権の実行手続は、更生計画認可決定があったときは、効力を失う（会更208条）。

なお、裁判所は、更生に支障を来さないと認めるときは、管財人の申立てによりまたは職権で、中止した担保権の実行手続の続行を命ずることができ（会更50条5項）、また、更生計画案付議決定までの間、更生会社の事業の再生のために必要でないことが明らかなものがあるときは、管財人の申立てによりまたは職権で、担保権の実行の禁止を解除する旨の決定をすることができる（同条7項）。ただし、配当または弁済金の交付の手続は実施されず、配当等に充てるべき金銭が生じたときは管財人に対し交付される（会更51条1項・2項）。

更生担保権および更生債権は、更生計画に定めるところによらなければ弁済を受けることはできない（会更47条1項）。更生債権者だけでなく、更生担保権者は、更生計画による権利変更を受忍しなければならない地位に置かれている（会更204条1項柱書・205条1項）。

Ⅱ-2　抵当権に基づく物上代位と倒産手続

弁護士　片上　誠之

1　物上代位の目的物について

　抵当権についても、先取特権及び質権と同様に、物上代位権が認められる（民372条・304条）。

　先取特権に関する民法304条 1 項は、物上代位の対象を「目的物の売却、賃貸、滅失又は損傷によって債務者が受けるべき金銭その他の物」とするが、これは先取特権を前提としたものであって、抵当権に関しては、抵当権目的物の売却による代金債権についての物上代位は否定される(注1)。

　抵当権目的物の滅失・損傷により受けるべき金銭、火災保険金請求権等への物上代位は肯定され、賃料債権についても物上代位が認められている（最判平元・10・27民集43巻 9 号1070頁）。その他、判例では、買戻特約付売買における買戻しによる代金請求権（買戻代金）への物上代位が認められている（最判平11・11・30民集53巻 8 号1965頁）。

2　差押えの時期について

　物上代位権の行使をするためには、代償物につき「払渡し又は引渡しの前に差押えをしなければならない」（民304条 1 項ただし書）。この差押えの趣旨については、さまざまな見解があるが、最判平10・ 1 ・30（民集52巻 1 号 1 頁）は、「主として」二重弁済を強いられる危険から第三債務者を保護するという点にあると解される、とする。

（注 1 ）肯定説もあるが、道垣内 3 版145頁によれば、否定説が近時の多数説である。詳しくは、道垣内弘人『典型担保法の諸相』（有斐閣、2013年）245頁。

この理解を前提として、差押えの時期に関して以下のとおり整理されている。なお、物上代位の行使の方法については、他の債権差押事件に配当要求することによってはできず、自ら差押えをしなければならない（最判平13・10・25民集55巻6号975頁）。

① 抵当権設定者が物上代位の目的債権を第三者に譲渡し、当該譲渡につき第三者に対する対抗要件が具備された後でも、抵当権者は自ら目的債権を差し押えて物上代位権を行使できる（最判平10・1・30民集52巻1号1頁）。
② 物上代位の目的債権について一般債権者の差押えと抵当権者の物上代位権に基づく差押えが競合した場合には、両者の優劣は、一般債権者の申立てによる差押命令の第三債務者への送達と抵当権設定登記の先後により決せられる（最判平10・3・26民集52巻2号483頁）。
③ 物上代位の目的債権について転付命令が発せられた場合、転付命令が第三債務者に送達される時までに、抵当権者が差押えをすれば抵当権者が優先する（送達までに抵当権者が差押えをしなければ、転付命令が優先する。最判平14・3・12民集56巻3号555頁）。

3 賃料債権に対する物上代位に係る各倒産手続における取扱い

目的物の賃貸借に基づく賃料債権に対しては、抵当権者による物上代位が可能であるが、抵当権設定者（賃貸人）につき倒産手続が開始した場合の賃料債権に対する差押手続の取扱い、および関連論点は以下のとおりである。

(1) 破　産
ア　取扱い
破産手続開始後であっても物上代位権の行使は可能であり[注2]、また、手続開始前になされた物上代位に基づく差押えには影響を及ぼさない。

破産管財人と抵当権者が合意の上で目的物の任意売却をすれば、賃料債権の差押えは取下げにより終了する。一方、抵当権者が任意売却に同意しない場合

（注2）　先取特権に基づく物上代位につき、最判昭59・2・2民集38巻3号431頁。

には、抵当権者または破産管財人によって（破184条2項）競売が申し立てられることとなるが、目的物が売却され買受代金が納付されると抵当権は消滅するから（民執59条1項・79条）、賃料債権の差押えも終了する。

　イ　物上代位に基づく差押えがなされる前に、破産管財人が回収・譲渡した賃料債権について

　破産手続開始時には物上代位がなされておらず、破産管財人が物上代位の対象となり得る賃料債権を回収した場合、破産管財人は、物上代位権者に対して不当利得や不法行為として回収した賃料相当額を返還する必要があるのかが問題となる。動産売買先取特権に基づく物上代位の場面でも同様に問題となり得るが[注3]、抵当権については、先取特権とは異なり、抵当権の登記によって賃料債権が物上代位の目的物であることは公示されている点が異なる。

　この点については、裁判例は見当たらないが、物上代位権者が優先権を主張するためには差押えが必要であり、差押えをする前に破産管財人が回収した賃料相当額について、物上代位権者は、不当利得返還請求権等を有しないと解される[注4]。

　さらに、類似の問題として、破産管財人が、物上代位の目的債権（賃料債権）を第三者に譲渡した後、物上代位権者が当該賃料債権を差し押えた場合の法律関係が問題となる。差押時に譲受人において受領済みの賃料については、物上代位権者は、もはや物上代位権を行使することはできないし（民304条1項ただし書）、また、やはり破産管財人に対し不当利得や不法行為に基づく請求はなし得ないと解される。一方、差押時に未払であった賃料債権については、前掲最判平10・1・30を前提とすれば、物上代位権者の差押えが債権譲渡に優先することとなるから、その結果、破産管財人は、譲受人から当該債権

(注3) 名古屋地判昭61・11・17判タ627号210頁等は、不当利得および不法行為の成立を否定している。なお、小林信明「動産売買先取特権の倒産手続における取扱い――優先弁済権の保障のあり方を中心として」田原古稀174頁、松下満俊「破産手続における動産売買先取特権に関する考察」倒産法の最新論点ソリューション29頁。

(注4) 福永有利「倒産手続における物上代位(1)――破産手続における物上代位権の取扱い」金法1512号（1998年）6頁、山野目章夫「破産手続と抵当権に基づく物上代位権」金判1060号（1999年）46頁。

の譲渡代金の返還請求を受けざるを得ないと解される（なお、当該債権は財団債権と考えられる）。

(2) **民事再生**

手続開始後であっても物上代位権の行使は可能であり^(注5)、また、手続開始前になされた物上代位に基づく差押えには影響を及ぼさない。

破産の場合と同様に、抵当権目的物の任意売却や競売が進められれば、その結果として賃料債権の差押えも終了する。なお、破産の場合とは異なり、再生債務者が抵当権目的物を保有継続することを前提に、抵当権者と再生債務者との間で別除権協定が締結され、賃料債権の差押えが取り下げられることもあり得る。

手続開始時に物上代位権に基づく差押えがなされておらず、手続開始後に差押えがなされた場合の不当利得等の成立の是非については、(1)破産の場合のイと同様と解される。

(3) **会社更生**

ア　取扱い

更生手続においては、物上代位権は更生担保権として取り扱われることとなる。具体的な取扱いは、すでに述べたとおりである。

手続開始時に差押えがなされていない場合の物上代位権の取扱いには争いがある。破産の場合と異なり、更生手続上、抵当権は更生担保権とされ、手続開始後の新たな強制執行を禁止する会更法50条1項が存在するためである。この点、更生担保権の基礎である物上代位権を保全するためには、手続開始後であっても新たな差押えも可能であるとする見解がある。また、更生手続においては、差押えを要することなく、更生担保権の届出のみで更生担保権として取り扱うことも可能であるとの見解もある^(注6)。なお、いずれの点も、動産売買先取特権に基づく物上代位が主に念頭に置かれた議論である。

（注5）前掲（注2）。

イ　更生担保権評価の問題

物上代位権は更生担保権の基礎となり得るが、賃料債権に対して物上代位がなされる場合、更生担保権評価において、不動産自体の評価と賃料債権の評価との関係が問題となる。

この点、手続開始後に発生する賃料債権については、不動産自体の評価に包含されるべきであるため、不動産自体と別個に評価すると、賃料債権相当額について二重評価となるとの指摘がある[注7]。手続開始時までに生じ、手続開始時には未払である賃料債権については、不動産自体とは別個の評価を受け得る。

4　賃料債権に差押えがなされている場合に、抵当権目的物の賃借人が相殺等を主張する際の、物上代位権者および破産管財人等の関係

賃料債権につき物上代位に基づく差押えがされ、その後、賃借人が賃料債務を受働債権として相殺等を主張する場合の賃借人、物上代位権者、および破産管財人等の法律関係を整理する。

(1) 「平場」

まず、特段の倒産手続が係属していない、いわゆる「平場」においては、以下のとおり整理されている。

① 抵当権者が物上代位に基づき賃料債権を差し押えた後は、抵当不動産の賃借人は、抵当権設定登記の後に賃貸人に対して取得した債権を自働債権

（注6）これらの点につき、伊藤・会社更生法203頁、園尾隆司「動産売買先取特権と動産競売開始許可の裁判(下)」判タ1324号（2010年）5頁、福永有利「倒産手続における物上代位(2)——会社更生手続における物上代位」金法1513号（1998年）18頁、山本克己「会社更生手続と抵当権に基づく物上代位権」金判1060号（1999年）50頁、山本克己「債権執行・破産・会社更生における物上代位権者の地位」金法1457号（1996年）29頁・1458号（1996年）105頁、山野目章夫「更生手続と動産売買の先取特権」判タ866号（1995年）263頁、池口毅＝木村真也「更生手続下における動産売買先取特権の取扱いについて」争点倒産実務の諸問題133頁等。

（注7）福永・前掲（注6）論文18頁、山本・前掲（注6）金判1060号50頁。

とする賃料債権の相殺を、抵当権者には対抗できない（最判平13・3・13民集55巻2号363頁）。
② 敷金が授受された賃貸借契約に係る賃料債権につき抵当権者が物上代位権を行使してこれを差し押えた場合において、当該賃貸借契約が終了し、目的物が明け渡されたときは、賃料債権は、敷金の充当によりその限度で消滅する（最判平14・3・28民集56巻3号689頁）。

(2) 破　産
ア　物上代位による差押えがない場合

賃借人は、破産管財人に対し、破産債権を自働債権とし、手続開始後に生じる賃料債務を受働債権とする相殺が可能である。旧法では、相殺できる賃料の範囲を当期および次期とする制限があったが（旧破103条1項前段）、現行法においては相殺できる賃料の範囲に特段の制限はない。

敷金が存在する場合には、賃借人は、将来敷金債権に関する停止条件（明渡し）が成就したときの当然充当に備えて、破産管財人に支払った賃料相当額の寄託を請求できる（破70条後段）。寄託の請求は、債務の弁済を自働債権たる敷金返還請求権の発生または現実化という解除条件に係らしめ、弁済金を寄託物の形で保管することを破産管財人に対して請求する意思表示を意味する。寄託の方法については、破産法上規定されていないが、破産管財人は、一般の破産財団と混在して費消されないように管理する必要がある[注8]。賃借人は、最後配当に関する除斥期間内に現実の明渡しを完了すれば現実に発生した敷金返還請求権の復活した賃料債務への充当[注9]が可能であり、弁済額については不当利得返還請求権（財団債権。破148条1項5号）となることから、寄託額の返還を受けることができる。最後配当に関する除斥期間内に現実の明渡しを完了しない場合には、寄託額は破産債権者への配当原資となる（破201条2項）。

（注8）新破産法の基本構造293頁によれば、別口の銀行口座を作ってまで保管はしておらず、帳簿上の管理にとどまるのが実務であるという。
（注9）敷金返還請求権と賃料債務の関係は、相殺ではなく当然充当とされており（最判昭44・7・17民集23巻8号1610頁）、破産法70条後段については、同条前段の「後に相殺をするため」とは「後の充当のため」と解される（条解破産法516頁）。

イ　物上代位による差押えがなされている場合

　これに対して、物上代位による差押えがなされている場合、敷金以外の債権を自働債権とする相殺は、(1)「平場」での①の規律を受け、抵当権設定登記前に自働債権を取得している場合に限り相殺が認められる。抵当権設定登記以後に自働債権を取得した場合には、上記①のとおり破産管財人に対しては相殺を対抗できるが、物上代位権者に対しては相殺を対抗できない。

　物上代位に基づく差押えがされた場合でも、物上代位に基づく差押えがなされていない場合と同様に、賃借人が物上代位権者に賃料債務を弁済し、破産管財人に対して寄託請求をすれば、その後停止条件（明渡しの完了）が成就し敷金返還請求権が現実化したときには、賃借人は物上代位権者に対して不当利得返還請求が可能であるとの見解もある[注10]。この場合の寄託請求は、物上代位権者に対する賃料債務の弁済を解除条件付弁済とする効果を生じさせる意思表示であり、破産管財人は寄託義務を負うことにはならない。当該見解は、破産法70条後段では寄託請求の要件として「破産者に対する賃料債務を弁済する場合」と定められているところ、賃料債務にかかる債権につき抵当権者が物上代位により差押えをした場合でも、転付命令でない限り、物上代位権者（差押債権者）は当該債権の取立権を有するだけで、当該賃料債務は依然として破産者に対するものであることを理論上の根拠としている。また、物上代位がなされていない場合には、賃借人は寄託請求をすることにより保護され得る場合があるのに、物上代位がなされた場合にだけ寄託請求による保護が受けられなくなるのは不合理であることを実質的な理由としている。当該見解によれば、賃借人は保護されることとなるが、当該論点について判断を示した裁判例は見当たらない。一方、「平場」での賃貸人と抵当権者との優先関係においては、現実に賃貸借目的物が明け渡されない限り、賃貸人は抵当権者に対し敷金返還請求権をもって賃料債務の当然充当を主張できないのであるから、賃貸人が破産した場合にだけ賃借人に寄託請求を認め、抵当権者に対し優先させることは不合理との見解もある[注11]。

（注10）山本和彦「倒産手続における敷金の取扱い(1)」NBL831号（2006年）16頁、新破産法の基本構造と実務287頁。

敷金債権による当然充当に関しては、(1)「平場」での②の規律から、現実に明渡しをした場合には、賃借人は、その時点で未払の賃料債務については、物上代位権者に対して当然充当を対抗できる(注12)。

(3) 民事再生
ア 物上代位による差押えがない場合

賃借人は、手続開始後に弁済期が到来すべき賃料債務を受働債権として、再生債権を自働債権として、賃料の6か月分に限り相殺が可能である（民再92条2項）。破産の場合と異なり、相殺できる賃料の範囲に制限がある。

一方、敷金が存在する場合には、賃借人が手続開始後に弁済期が到来すべき賃料を弁済したときには、賃料の6か月分に相当する額を範囲内とする弁済額につき、敷金返還請求権は共益債権となる（民再92条3項）。また、賃借人が、現実に明渡しを行えば、その時点での未払賃料は敷金へ当然充当される。

イ 物上代位による差押えがなされている場合

これに対して、物上代位による差押えがなされている場合、敷金以外の債権を自働債権とする相殺は、(1)「平場」の①の規律を受け、抵当権設定登記前に自働債権を取得している場合に限り相殺が認められる。私見ではあるが、抵当権者との関係では、相殺を賃料6か月相当分に限定する意味はないから、6か月分を超えて相殺可能と解する(注13)。抵当権設定登記以後に自働債権を取得した場合には、物上代位権者に対しては相殺を対抗できない。

(注11) 新破産法の基本構造287頁以下〔沖野発言〕。この点については、同292頁での山本発言は、「平場」の場合には賃借人は賃貸人に対していずれ敷金返還請求が可能であり、賃貸人が破産した場合とは同一の利益状況ではないと指摘している。なお、伊藤・破産法民事再生法364頁注82は、物上代位がされた場合に寄託請求が認められるかどうか「疑問がある」とする。その他、倒産法概説2版248頁〔沖野眞已〕、野村剛司＝余田博史「賃貸人の倒産における敷金返還請求権の取扱い」争点倒産実務の諸問題367頁、中西正「賃貸人の倒産と敷金返還請求権」争点倒産実務の諸問題386頁等。

(注12) なお、目的物所有権が任意売却等により第三者に移転する場合、所有権移転の際に未払の賃料については、当然に敷金から充当され残額が新所有者に承継される（前掲最判昭44・7・17）。

物上代位に基づく差押えがなされている場合において、物上代位に基づく差押えがなされていない場合と同様に、賃借人が物上代位権者に対して賃料債務を弁済した場合には、賃料6か月相当分（上限）の敷金については共益債権となるとの見解もある(注14)。当該見解は、共益債権化を定める民再法92条3項は、共益債権化の要件として、「再生債権者（注：賃借人）が、……賃料債務について……弁済したとき」と定めており、抵当権者による物上代位がなされた場合であっても当該要件を充たすことを理論的な理由としている。また、物上代位がなされていない場合には、賃借人は共益債権化という保護を受けるのに、物上代位がなされた場合に保護が受けられなくなるのは不合理であることを実質的な理由としている。当該見解によれば、賃借人は保護されることとなるが、当該論点について判断を示した裁判例は見当たらない。一方、賃借人が物上代位権者へ弁済をしても再生債務者のキャッシュフローの確保には寄与しないことから、民再法92条3項の趣旨に合致しないとして共益債権化を認めないとの議論もある(注15)。

　敷金債権による当然充当に関しては、(1)「平場」の②の規律から、現実に明渡しをした場合には、賃借人は、その時点で未払の賃料債務については、物上代位権者に対して当然充当を対抗できる(注16)。

(4) 会社更生
ア　物上代位による差押えがない場合
民事再生の場合と同様の取扱いとなる（会更48条2項・3項）。
イ　物上代位による差押えがなされている場合
更生手続の場合、手続開始前に物上代位による差押えがなされていても、更生手続が開始すると、当該差押えの手続は中止し（会更50条1項）、必要に応じ

(注13) この結果、賃借人としては、差押えを受けたほうが有利となるが、再生債務者としては、もともと賃料債権は全額について差押えの対象となっていたわけであるから、再生債務者に不利益は生じないと考える。
(注14) 山本・前掲（注10）論文23頁。
(注15) 倒産法概説2版266頁〔沖野〕、新注釈民事再生法(上)2版510頁〔中西正〕等。
(注16) 前掲（注12）参照。

て取り消されるか（同条6項）、更生計画認可決定により効力を失う（会更208条）[注17]。この場合には、結局、賃借人と更生会社（管財人）との関係だけが残ることとなる。よって、物上代位による差押えがなされていない場合と同様の結論となると考えられる。

　もっとも、この場合においても、更生会社（管財人）が、更生担保権者たる抵当権者の地位を援用することができるとすれば、物上代位がなされていない場合と異なり、賃借人が抵当権設定登記後に取得した更生債権との相殺はできないとの結論もあり得る[注18]。しかし、裁判例は見当たらない。

（注17）債権差押えの手続の続行（会更50条5項）、または禁止の解除（同条7項）も理論的可能性としては否定されないが、賃料収入は更生会社にとって重要なキャッシュフローの源であり、「更生に支障を来さない」、「事業の更生のために必要でないことが明らか」といった要件は充たさないであろう。
（注18）伊藤・会社更生法284頁注87。

II-3　倒産手続と工場抵当、工場財団抵当

弁護士　上野　保

1　工場抵当と工場財団抵当

　工場抵当とは、工場の所有者が、工場（後述する財団を構成しない工場に限る）に属する土地または建物に設定した抵当権をいう。民法においても、工場の土地または建物に抵当権が設定された場合には、工場である土地または建物の付加物および従物にも工場抵当の効力が及ぶと解されているが、民法370条や87条2項の定めが必ずしも十分ではないため工場抵当法によって、工場抵当の効力の範囲等を明確にした(注1)。

　財団抵当とは、企業の経営のための土地・建物・機械・器具など物的設備および地上権・特許権などの権利を有機的な一体としての財団に構成して、この財団を目的として設定される抵当権をいい、工場財団抵当とは、工場抵当法により定められた工場財団を目的とする抵当権である。財団抵当の目的となる財団は、工業財団のほか、鉱業財団（鉱業抵当法）、漁業財団（漁業財団抵当法）、港湾運送事業財団（港湾運送事業法）、観光施設財団（観光施設財団抵当法）、鉄道財団（鉄道抵当法）、軌道財団（軌道ノ抵当ニ関スル法律）、運河財団（運河法）、道路交通事業財団（道路交通事業抵当法）の計9種がある。これらのうち、工場財団、鉱業財団、漁業財団、港湾運送事業財団、観光施設財団及び道路交通事業財団は不動産財団とよばれ、一個の不動産とみなされるのに対して、鉄道財団、軌道財団、運河財団は一個の物とみなされ物財団といわれる。不動産財団は設定者が企業の有する不動産やそれに附属する物を選択して財団を組成するが、物財団は企業施設全体を一括して財団を組成する点に大きな違いがある（なお、道路交通事業財団は不動産財団であるが財団の内容は法律で定め

（注1）我妻Ⅲ545頁。

られ、設定者が選択することはできない）。財団抵当は、有機的一体として運用される企業の活動に用いられる財産の集合について、全体として一個の目的物として、その担保価値を把握することを可能にしたものであり、大規模な企業施設のための資本調達を容易にする手段として機能するものである。

以下、本項では、工場抵当と、財団抵当のうち代表例として工場財団抵当の倒産手続における扱いについて説明する。

2 工場抵当(注2)とは

(1) 工場抵当の目的物

工場抵当は、工場財団を組成しない工場に属する土地または建物に設定された抵当権であり、その効力は、特別な合意がなくとも、土地または建物の付加物および供用物に及ぶ。工場抵当法によれば、土地の付加物は「建物ヲ除クノ外其ノ土地ニ付加シテ之ト一体ヲナシタル物」であり、土地の供用物は「土地ニ備附ケタル機械、器具其ノ他工場ノ用ニ供スル物」である（工抵2条1項本文）。建物の付加物および供用物も同様である（同条2項）。付加物は土地または建物の構成物を意味し、供用物は土地または建物の従物を意味する(注3)。

付加物および供用物は、抵当権の設定後に土地または建物に備え付けられたとしても、工場抵当の目的物となるが、他方で、抵当権の設定行為に別段の定めがある場合や付加物・供用物の備え付けが詐害行為取消権（民424条）の対象となるときは、抵当権の目的とならない（工抵2条1項ただし書、民370条ただし書）。

(2) 工場抵当の公示

付加物および供用物が工場抵当の目的物であることの公示に関しては、付加物については土地または建物についての抵当権の登記とは別に登記は求められていないが、供用物は登記事項となっており（工抵3条1項）、供用物の目録

（注2）飛沢隆志「工場抵当・各種財団抵当の内容および効力」担保法大系(3)186頁。
（注3）石田穣『民法体系(3) 担保物権法』（信山社、2010年）584頁。

(第3条目録)が作成され登記簿の一部となり登記としての効力を有する。判例は、この目録への記載は、当該供用物に対する工場抵当の効力の第三者対抗要件と解している(最判昭32・12・27民集11巻14号2524頁、最判平6・7・14民集48巻5号1126頁)が、供用物について従物の理論に基づき備え付けによって土地または建物の工場抵当の対抗力が及ぶとする学説も有力である[注4]。

(3) 工場抵当の効力の範囲

工場抵当の効力は、付加物または供用物が工場に属する土地または建物から分離をしても、第三者が善意取得をした場合を除き、その付加物または供用物について消滅しない(工場抵当の追及力。工抵5条1項)。工場の所有者が、抵当権者の同意を得て付加物または供用物を工場に属する土地または建物から分離をしたときは、抵当権はその付加物または供用物について消滅する(工抵6条1項2項)。そして、抵当権に基づく差押え等がなされる前であれば、工場の所有者が正当な理由により付加物または供用物の分離を求めたときは、抵当権者はこの同意を拒むことができない(工抵6条3項)。

供用物として工場抵当の目的物となる動産については、当該動産の売主が動産売買の先取特権の主張を行う場合があり、工場抵当と動産売買の先取特権の競合の問題が生ずることとなる。民法に動産質権と先取特権の競合について動産質権を動産売買の先取特権よりも優先する定め(民334条・330条1項)があるので、抵当権を質権の同等の順位と解すれば、抵当権設定の時点で動産売買の先取特権の存在を知らなければ(民330条2項)、工場抵当の効力が、動産売買の先取特権の効力に優先すると解すべきである。また、工場抵当の目的となっている動産について譲渡担保権の設定がなされた場合についての、譲渡担保権の効力に関して、原則としては、工場抵当の目録に記載された財産については第三者への処分が許されないため、譲渡担保権による所有権の取得の余地がないこととなるが、譲渡担保権の実行を理由に工場から撤去され譲渡担保権者に即時取得が成立する場合には、即時取得の効力が優先することとなると解

(注4) 我妻Ⅲ546頁、秦光昭「工場抵当、各種財団抵当における設定手続上の問題点」加藤一郎=林良平編代『担保法大系(3)』(金融財政事情研究会、1985年) 231頁。

される（福岡高判昭28・7・22高民集6巻7号388頁）。

③ 工場財団抵当[注5]とは

(1) 工場財団抵当の対象となる財産

　工場財団抵当は、工場抵当法に基づき組成される工場財団を目的物とする抵当権である。工場財団を組成する財産は、工場抵当法によって、工場に属する土地および工作物（工抵11条1号）、機械、器具、電柱、電線、配置諸管、軌条その他の付属物（同条2号）、地上権（同条3号）、賃貸人の承諾がある場合の物の賃借権（同条4号）、工業所有権（同条5号）、ダム使用権（同条6号）と限定列挙されており、設定者はこれらの財産から選択をして工場財団を設定する。工場財団を組成することができない財産（工場財団抵当権の効力が及ばない財産）としては、工場抵当法に列挙されている種類の財産以外の財産、他人の権利（地上権や地役権といった所有権以外の権利も含むが、賃借権の目的となっている財産については議論がある。）の目的である財産、差押え・仮差押え・仮処分の目的である財産である。このうち、工場抵当法で列挙されている種類の財産以外の財産は、財団目録に記載されたとしても、工場財団抵当権の効力は及ばない。これに対して、第三者の権利の目的である財産又は差押え・仮差押え・仮処分の目的である財産は、工場財団の所有権保存の登記の申請がなされた場合に、一定の期間（1か月以上3か月以下）内に登記官にその権利の申出がすべき旨の公告（工抵24条1項）がなされた後に、その期間内に権利の申出をしないときは、その権利はないものとみなされ、または、差押え・仮差押え・仮処分は効力を失い（工抵25条）、その第三者や差押権者等は利害関係人（例　抵当権に基づく競売の買受人）に対して自己の権利等を主張できない。ただし、保護される利害関係人は、第三者の権利や差押等について善意無過失であることを要すると解されている。また、財団が消滅した場合は、抵当権が実行された場合（民執184条）を除き、第三者は自らの権利を主張することができるようになる。

（注5）飛沢・前掲（注2）論文196頁。

(2) 工場財団抵当の公示

　工場財団は、工場財団登記簿（工抵9条）上にその所有権保存登記がなされた時に成立し、財団目録は登記簿の一部であり、財団目録の内容について登記としての効力が生ずる。財団目録に記載されていない財産は、登記されていないこととなり、財団を組成せず、抵当権の効力も及ばない。

(3) 工場財団抵当の効力

　抵当権の効力は工場財団を構成するすべての財産に及び、工場財団から分離した財産への抵当権の効力については工場抵当における供用物の分離の場合と同様である。工場抵当法には明文の定めはないが、財団目録に記載されている動産について処分された場合には、即時取得の適用があると解されている（最判昭36・9・15民集15巻8号2172頁）。

　工場財団にする動産については、目録に記載される時点で、当該財産について第三者の有する権利は存在しないものとみなされるため、当該動産の売主が有する動産の売買先取特権や、工場財団の組成前に設定されていた当該動産を目的とする譲渡担保権との間に、競合の問題は生じない。

　工場財団抵当の実行方法は、不動産競売手続（民執180条1号）による財団の競売のほか、財団を組成する個別の財産の競売も可能であり、その場合は財産の種類により不動産競売手続（同号）または動産競売手続（民執190条）によることになる。

4　倒産手続と工場抵当・工場財団抵当

(1) 抵当権の目的となる財産の範囲と目録の記載

　工場抵当や工場財団抵当の目的となる財産は、抵当権設定登記の一部をなす目録に記載されている必要があるが、法的倒産手続が開始した時点では、工場抵当や工場財団抵当が設定された時から時間を経過しているため、土地建物以外の財産について実際に存在する財産と登記されている目録とに差異がある場合が多い。例えば、工場に備え付けられた機械類について、目録に記載された機械類が老朽化・陳腐化して新しい機械類を導入したにもかかわらず、目録に

反映されていなかったり、目録に記載されている機械類が抵当権者の同意を得てまたは得ずに第三者へ売却され工場から撤去されているといったことがある。工場抵当や工場財団抵当が設定された当初に作成された目録が変更されないままとなっていることも珍しくない[注6]。

したがって、倒産手続開始時点で、目録に記載された財産が実際に工場に存在するかを確認することは、倒産手続との関係で効力を有する担保権の範囲を確定するためには必須の作業となる。なお、目録に記載されて工場抵当や工場財団抵当の目的物となっていた財産が、抵当権者の同意なく分離され、工場から搬出されたとしても、第三者が即時取得していない限り抵当権の効力はなお及ぶことになるが、倒産手続開始の時点で第三者の所有となっているのであれば、倒産手続との関係では別除権や更生担保権の対象とはならない。

(2) 目的物に対する取戻権の行使

第三者が所有する財産については、工場財団抵当の目的物として目録に記載され、当該第三者がその目録が登記される際に権利の申出をしていなかった場合は、当該第三者は自己の権利の主張ができなくなるため、当該第三者は倒産手続との関係では取戻権の行使もできない。ただし、工場財団抵当が消滅した場合（抵当権の実行が完了したことによる消滅を除く）には、第三者が自らの権利を主張できることとなる[注7]ので、取戻権の主張もできるようになると解される。

(3) 目的物の追加と否認権

設定者である債務者の既存債務のために、危機時期に工場抵当や工場財団抵当の設定がなされた場合に、その設定行為そのものが偏頗行為否認の対象となることや、抵当権の設定登記が対抗要件否認の対象となることがあることは当然である。

工場抵当や工場財団抵当では、その抵当権の設定後に目録を変更することで

（注6） 上野久徳『新版倒産整理と担保権』（同文館、1989年）76頁。
（注7） 我妻Ⅲ537頁。

抵当権の目的物が追加される場合があるが、このような目録の変更による目的財産の追加は、当該財産との関係では新たな抵当権の設定行為および対抗要件の具備行為に当たるというべきであるので、目録の変更が債務者の危機時になされた場合には、目的財産の追加について偏頗行為否認または対抗要件否認の適用が可能になる場合があると解される（工抵2条1項ただし書参照）。

5 破産手続・民事再生手続と工場抵当・工場財団抵当

(1) 工場抵当・工場財団抵当からの分離と売却

破産管財人や再生債務者は、債務者の財産に設定された工場抵当や工場財団抵当を別除権として扱うこととなり、別除権者と協議の上で任意売却による処分を行うことがある。工場抵当は、工場を構成する不動産とその付加物および供用物の担保価値を一体として把握するための制度であるが、設定者である債務者が破産した場合には、原則として工場の機能は停止しているため、工場全体を一体として処分するのではなく、不動産と動産を分離して売却等の処分を図ることが多いといえる。工場財団抵当についても、同様である。

工場を構成する土地または建物に備え付けられた供用物を工場とは別に売却するためには、抵当権者の同意を得て工場抵当からの分離をする必要があり、分離をしたときには目録の変更が必要である。工場財団抵当についても、財団を組成する物件を個別に処分するためには、組成物件の変更登記または工場財団の分割の登記が必要となり、この登記は組成物件が工場財団から分離することについての効力要件と解される[注8]。

(2) 担保権消滅許可手続と工場抵当

工場抵当も別除権であるので、破産法や民再法上の担保権消滅許可の申立て（破186条以下、民再148条以下）の対象となる。工場抵当の目的物の一部の財産に対する差押え等が許されないと解されていること（大判昭6・3・23民集10巻116頁）からすれば、工場抵当の目的物のうち供用物を除外して、担保権消

（注8） 飛沢・前掲（注2）論文221頁。

滅許可の申立をすることは許されないものと解される。したがって、破産法上の担保権消滅許可の申立てに先立ち、破産管財人が工場抵当の目的物であるの売却先および売却条件を決める際には、売却対象となる財産については工場を構成する土地または建物だけでなく、その供用物として目録に記載されている財産も売却対象に含めなければならず、民再法上の担保権消滅許可申立に際しては、供用物も含めた工場抵当の目的物全体の評価額の提示が必要になると解される。

6 会社更生手続と工場財団抵当

(1) 更生担保権としての評価

　更生会社が工場財団を組成して工場財団抵当を設定していた場合、更生担保権額の確定のために、抵当権の目的物である工場財団の「時価」を評価する必要がある。工場財団は一個の不動産として扱われることからすれば、工場財団の価値の評価に際しても、工場財団を構成する個別の財産の価値の合計額としてではなく、有機的一体としての工場としての価値を評価すべきであるので、原則として、収益価格（事業収益価格または継続企業価値）による評価をすべきこととなる(注9)。ただし、収益性の低い工場の場合には、工場財団の収益価格が、工場財団を構成する財産の個別の処分価格の合計額（清算価値）を下回る場合もあり得るので、その場合は清算価値をもって評価額とすべきこととなる。

(2) 工場財団の耐用年数

　会更法は、更生計画で定める更生担保権の弁済期間を、担保権の目的物の耐用期間の範囲内で最長15年と定めている（会更168条5項1号）。工場財団を構成する財産にはさまざまな種類の財産があるため、その耐用年数についてどのように考えるべきか問題となるが、有機的一体としての工場は、その存立の基盤が土地または建物にあることは明らかであるといえるので、耐用年数の基準も工場財団に属する土地または建物を基準とすべきであると解する。

（注9）　時価マニュアル138頁。

(3) **更生計画における担保権の措置と工場財団からの組成物件の分離**

　更生計画には、更生会社の財産に設定された担保権についての権利の変更（会更167条1項1号）の定めを置くことができるが、工場財団抵当に係る更生担保権の弁済が完了するまでの間は、工場財団抵当を存続させることもできる。そして、通常は、工場財団抵当の存続中に工場財団を構成する財産の一部を財団から分離した上でその旨の登記することなく売却等の処分をすることはできず（工抵29条・33条）、分離には工場財団抵当の抵当権者の同意が必要となる（工抵15条）が、更生計画の中で財団に属する財産の処分を定めたときは、このような制約は適用されない（会更230条）。

II-4　再生法88条ただし書の適用と登記の要否

弁護士　深山　雅也

1　問題の所在

　民再法は、別除権者の手続参加について、いわゆる不足額主義を採用し、別除権者は、その被担保債権のうち、別除権の行使によって弁済を受けることのできない債権の部分についてのみ、再生債権者として、その権利の行使ができるものとされている（88条本文）。しかしながら、かかる不足額主義の原則を貫徹すると、再生手続における別除権者の権利行使の前提として、担保権の実行すなわち担保目的物を処分することが必須となり、そのことが別除権者にとっても再生債務者にとっても不都合な事態を招来することがある。そこで、その点を考慮し、不足額主義の例外ないし修正として、「当該担保権によって担保される債権の全部又は一部が再生手続開始後に担保されないこととなった場合には、その債権の当該全部又は一部について、再生債権者として、その権利を行うことを妨げない」ものとされている（88条ただし書）。

　被担保債権の全部または一部が「担保されないことになった場合」とは、担保権の全部または一部が放棄された場合、もしくは、別除権者と再生債務者等との合意（いわゆる別除権協定）により担保権の全部または一部が解除された場合であり、これらの場合、別除権の被担保債権が縮減されることとなる。

　このように被担保債権が縮減された場合には、別除権の行使がなされなくとも、別除権者は手続参加が認められ、「担保されないこととなった」債権部分について、再生債権者としての権利行使が許されるが、その場合に、被担保債権額の縮減について変更登記を要するか否かについては、かねてより議論がなされてきたところである。

2 従前の議論の状況

(1) 担保権の放棄の場合の登記の要否

　担保権の全部または一部が放棄されたことにより被担保債権の全部または一部が「担保されないこととなった」場合については、別除権者が当該再生債権を行使するためには被担保債権額の縮減についての変更登記を要すると解するのが通説と見られる(注1)。通説の論拠は、担保権の放棄による担保権消滅を一種の復帰的物権変動（担保権者の把握していた担保価値が担保権放棄により債務者に復帰的に移転する）と捉え、担保権放棄を受けた債務者は担保権の譲受人との関係において対抗関係に立ち、担保権の消滅を登記なくして対抗できないと解されることから、担保権の譲受人による権利行使によって、担保権実行と再生計画による弁済とにより債権が二重に回収されるという事態を回避するために、別除権者の手続参加には登記が必要であるというものである。

(2) 担保権の解除の場合の登記の要否

　別除権者と再生債務者等との合意により担保権の全部または一部が解除されたことにより被担保債権の全部または一部が「担保されないこととなった」場合については、別除権者が当該再生債権を行使するために被担保債権額の縮減についての変更登記を要すると解する見解(注2)と変更登記を不要とする見解(注3)の対立が見られる。

　登記必要説は、別除権者と再生債務者等との間において別除権で担保されない部分を合意したとしても、被担保債権額の縮減についての変更登記がなされないまま別除権者がその債権を担保権とともに譲渡すると、再生債務者等はその合意を譲受人に対抗することができず、その結果、譲受人の権利行使によっ

(注1) 詳解民事再生法2版323頁注28〔山本和彦〕、新注釈民事再生法(上)2版471頁〔中井康之〕、民事再生の実務311頁〔須藤英章〕（ただし、担保権の一部放棄については、担保権の解除と同様と理解した上で、変更登記不要とする）。

(注2) 一問一答民事再生法118頁、注釈民事再生法〔新版〕(上)284頁〔木内道祥〕。

(注3) 詳解民事再生法2版314頁〔山本和彦〕、新注釈民事再生法(上)2版473頁〔中井康之〕、民事再生の実務312頁〔須藤英章〕。

て縮減前の被担保債権部分についての回収が可能となり、再生計画による弁済と重複して債権回収がなされ得ることを問題視する。そして、「合意はしても登記はしない」という合意を「合意による確定」と認める合理性があるか疑問であることや、合意による確定以外の確定事由は当然に登記上に反映されるものであることを理由に、「合意による確定と認められるためには、その旨の変更登記を要すると解すべきである」とする。

これに対し、登記不要説は、弁済等により被担保債権の一部が消滅した場合には、担保権の及ぶ範囲は当然に縮減し、登記もその限度において無効となると解されていることを指摘し、別除権者と再生債務者等との間において別除権で担保されない部分を合意した場合もこれと同様であると理解する。そして、別除権者がその債権を担保権とともに譲渡した場合であっても、債権の一部が担保権の被担保債権になっていないという事情は、債務者が「譲受人に対抗できた事由」に該当すると考えられ、債務者が異議なき承諾をしない限り、その事情を譲受人に対抗できるし、仮に譲受人が担保権を実行して競売等が開始されたとしても、執行異議もしくは登記事項に従った配当表に対する配当異議の申立てにより争うことができることから不都合はないとする。

なお、以上のような両説の議論を踏まえつつ、「理論的には、減額の登記がなされなくとも抵当権の内容は自動的に縮減すると考えられることもできるが、手続運用の明確性を期するために、変更登記を要するとすべきである」との見解[注4]や、「善意の第三者の保護及び再生債権者への情報開示の趣旨から、変更登記を要すると解すべきである」との見解[注5]もみられる。

3 登記の要否に関する考察

(1) 登記を要求する趣旨

担保権の放棄や解除によって被担保債権が縮減した場合において、別除権者が担保権の及ばない再生債権について権利行使する（再生計画に基づく弁済を受

(注4) 伊藤・破産法民事再生法2版701頁。
(注5) 最新実務解説一問一答民事再生法517頁〔多比羅誠〕。

ける）ために被担保債権額の縮減につき登記を要するか否かは、従前の議論からも明らかなように、必ずしも理論的にその帰結が導かれるものではないといえる。

そもそも抵当権等の登記が、抵当権等の得喪変更についての対抗要件であることは言うまでもないが、この問題は、別除権者の手続参加の要件としての登記の要否であって、抵当権等をめぐって対抗関係に立つ者の間における対抗要件としての登記の要否を議論しているわけではない。すなわち、担保権の放棄の場合の登記の要否について、通説が被担保債権額の縮減の登記を要すると解しているのは、担保権の放棄による担保権消滅は登記なくして担保権の譲受人に対抗できないことから、別除権者がその債権を担保権とともに譲渡した場合には、再生債務者は担保権の譲受人による担保権実行を阻むことができないにもかかわらず、別除権者の手続参加（再生計画に基づく弁済）を認めると、別除権者によって二重に債権回収が図られるおそれが生じることに着目し、かかる「債権の二重回収」という事態を回避するために、権利行使要件としての登記を要求しているものである。また、担保権の解除の場合の登記必要説も、同様の価値判断の下に、権利行使要件としての登記を要求しているものといえる。

他方、担保権の解除の場合における登記不要説は、別除権者がその債権を担保権とともに譲渡した場合であっても、再生債務者等は譲受人対し、債権の一部が担保権の被担保債権になっていないという事情を抗弁として対抗できることを理由に、「債権の二重回収」という事態が生じても手続上争い得るので「不都合はない」として、権利行使要件としての登記も不要とする。

(2) **登記不要説に対する疑問**

登記不要説は、前記のとおり、弁済等により被担保債権の一部が消滅した場合には担保権の及ぶ範囲は当然に縮減し、登記もその限度において無効となると解されていることを指摘し、別除権で担保されない部分が合意された場合もこれと同様であると理解している。

しかしながら、弁済等により被担保債権の一部が消滅した場合と別除権で担保されない部分が合意された場合とを同視できるかについては疑問がある。登記不要説は、実体法上被担保債権の範囲を変動させる点で両者は違いがないと

説明しているが、弁済等により債権自体が消滅している場合と、債権は存在しつつ被担保債権の範囲から除外されている場合とでは、必ずしも同列には論じ得ないのではなかろうか。弁済等により債権の一部が消滅した場合には、単に被担保債権が縮減するだけでなく、債務者に対する総債権額自体が縮減し、登記簿上の被担保債権額が変更されていなくとも、縮減した債権部分についての登記の効力は当然に認められない（一部無効の登記ということとなる）。これに対し、担保権の解除の場合には、債権者と債務者との合意により担保付債権と無担保債権とに区分されるものの、債権総額自体には変動がない。そのため、担保付債権と無担保債権とに区分された債権全体を譲り受けた者は、当該担保権の譲受けについて対抗要件を具備した場合（抵当権であれば抵当権移転の付記登記を経由した場合）には、担保権の一部解除の合意により復帰的に担保権の価値を取り戻した債務者に対し、譲受債権の総額を限度として担保権を対抗し得ると解することも、十分に可能であるように思われる。

　この点について、登記不要説は、債務者は、異議なき承諾をしない限り、当該債権の譲受人に対しても、被担保債権の範囲から除外されたという事情を「譲受人に対抗できた事由」として対抗できると指摘し、担保権解除を債権に対する抗弁事由と理解するが、担保権解除には物権変動としての側面もあるというべきであり、その点において担保権放棄と区別する理由はないと考えられる。すなわち、担保権の放棄による担保権消滅ついて担保価値の復帰的移転に着目し、これを復帰的物権変動と捉える通説の考え方は、担保権の解除による担保権消滅の場合であっても、等しく妥当すると見るべきである。

(3) 別除権協定の解除の効果との関係

　別除権協定に基づく弁済が不履行となった場合には協定を解除して被担保債権を復活させ、担保権実行による回収を図りたいと考える担保権者の意向に従い、実務上、被担保債権の縮減についての変更登記がなされないことが少ないことを指摘し、かかる実務上の観点も踏まえて登記不要説を支持する見解[注6]

（注6）民事再生の実務313頁〔須藤英章〕、深沢茂之「別除権をめぐる問題」銀法599号（2002年）60頁。

も見られる。しかしながら、かかる観点からの議論は、あまり説得的ではないように思われる。

協定不履行を理由に別除権協定が解除された場合に、被担保債権の復活を認めるか否かについては、これを認める見解（復活説）[注7]と認めない見解（固定説）[注8]との対立が見られるが、別除権の被担保債権が縮減した場合において別除権者が手続参加するために変更登記を要するか否かという問題とは次元を異にする議論であり、両論点は論理的に結び付くものではないといえる。すなわち、登記不要説の論者の中でも復活説と固定説に分かれるばかりでなく、たとえ登記必要説に立ったとしても、復活説を採用することが論理的に排除されるものではないと考えられる（ただし、その場合には、被担保債権の復活を主張するためにもその旨の変更登記を要することになろう）。

しかも、本来、別除権協定は、別除権者と再生債務者等との間で再生手続外でなされる任意の合意であり、その内容は公序良俗に反しない限り当事者間において自由に定め得るはずである。したがって、被担保債権の復活を認めるか否かは、個々の協定の意思解釈の問題であると考えられ、その意味において、変更登記の要否とは切り離して論じられるべき問題である。

(4) 総　括

そもそも、再生手続において担保権が別除権として扱われ、別除権者は手続外で担保権を行使することが許されており、別除権者の手続参加は担保権不足額に限定されていることに照らすならば、不足額の限度において手続参加し得る別除権者について、権利行使のための一定の要件を課したとしても、それ自体不合理なことであるとはいえない。民再法88条ただし書は、同条本文の定める不足額主義を前提としつつ、再生手続開始後に被担保債権の全部または一部が「担保されないこととなった場合」にも別除権者が手続参加する余地を認めたが、その場合に権利行使要件としての登記を要求することは、集団的な権利関係を処理する倒産手続としての明確性や安定性を図る観点から是認される

(注7) 前掲（注6）。
(注8) 新注釈民事再生法(上) 2 版474頁〔中井康之〕、詳解民事再生法 2 版312頁〔山本和彦〕。

べきではなかろうか。なお、手続運用の明確性を期するという観点や善意の第三者の保護及び再生債権者への情報開示の趣旨から登記必要説を支持する見解が見られることは前記のとおりであり、他方、登記不要説の論者も、「実際上は登記がされたほうが望ましいということは間違いない」[注9]、「将来の紛争を回避するためにも被担保債権の範囲と額の変更について登記・登録をしておくことが望ましいことはいうまでもない」[注10]と言い添えている。

　以上のような議論を踏まえた考察により、登記必要説を支持すべきものと考えるが、今後、この点について立法的な手当がなされることを期待したい。

(注9) 山本和彦「倒産手続における担保権の取扱い」事業再生と債権管理111号（2006年）11頁。
(注10) 新注釈民事再生法(上)2版474頁〔中井康之〕。

II-5　更生担保権における後順位担保権者との割付けの問題

弁護士　野中　英匡

1　問題の所在

　目的財産を共通にする複数の更生担保権がある場合、各更生担保権の調査および確定の手続は、更生担保権ごとに実施されることから、同一の担保目的物であるにもかかわらず、それぞれの更生担保権において異なる価額が決定される場合がある。

　そのため、すでに先順位の更生担保権の額が確定している状況で、後順位担保権者が、自らの更生担保権を確定させるべく査定の申立て、ないしは異議訴訟を提起した結果、担保目的物の価額が、確定した先順位の更生担保権の額を超える結果となった場合に(注1)、更生担保権の額をどのように確定すべきかが問題となる。

2　具体的事例

　例えば、ある不動産に、Aを権利者とする第1順位の被担保債権額4億円の抵当権と、Bを権利者とする第2順位の被担保債権額3億円の抵当権が設定されていたとする。更生手続開始決定後、管財人は、目的不動産を2億円と評価し、Aの更生担保権2億円のみを認め、Bの更生担保権は全額認めない旨の認否をしたところ、Aは異議を述べなかったため、Aの更生担保権は確定した。これに対し、Bが管財人の評価額について異議を述べて査定の申立てを行い、その結果、裁判所が担保目的物を3億円と評価したとすると、管財人の評価額

（注1）とくに後順位担保権者の被担保債権額には満たないものの、確定した先順位の更生担保権の価額を上回る価額が決定された場合に問題となる。

2億円との差額である1億円を、どのように割り付けるべきかが問題となる。

3 3つの考え方

従来、この問題に関しては、下記①から③の3つの考え方が存在していた。

① 先順位担保権者優先説

上記差額は、本来先順位担保権者の更生担保権として確定されるべきものであったのだから、まず先順位担保権者に割り当てられ、余剰があれば後順位担保権者にも割り当てるというものである。この考え方に従えば、上記設例では、Aの更生担保権に差額の1億円が割り当てられて3億円に増額されるが、Bの更生担保権の額はゼロのままとなる。

② 後順位担保権者優先説

①とは逆に、先順位担保権者の更生担保権額はすでに確定しているので、その後担保目的物の価額を査定ないし裁判の手続で争った後順位担保権者に、その結果勝ち取った利益（差額）の恩恵を与えようという考え方である[注2]。したがって、この考え方を上記設例に当てはめると、Aの更生担保権の額は変動せずに、差額はBの更生担保権に割り当てられ、Bの更生担保権額は1億円となる。

③ 按分説

この考え方は、上記差額について、先順位担保権者から特段異議が出されていない以上は、先順位の更生担保権の額に含めるわけにはいかず、かといって、その全額を後順位の更生担保権額に含めて確定すべきでもないため[注3]、まずは先順位担保権の被担保債権額からその更生担保権額を控除した差額の限度で更生会社に割り当て、それでも余剰があれば、後順位の更生担保権額に割り当てるというものである[注4]。この考え方に従えば、上記設

（注2）吉原省三「判批」新藤幸司ほか編『新倒産判例百選』別冊ジュリ106号（有斐閣、1990年）154頁、伊藤眞「更生担保権確定の異議と確定訴訟の結果の取扱い」伊藤眞ほか編『竹下守夫先生古稀祝賀　権利実現過程の基本構造』（有斐閣、2002年）540頁以下、横浜地判昭56・5・18金判632号46頁など。

（注3）最終的にはBの査定申立ては棄却されることになる。

例では、差額の1億円は、Aの被担保債権4億円とその更生担保権額2億円の差額である2億円に満たないから、1億円全額が更生会社に割り当てられて留保される結果となる。

4 検 討

まず、①先順位担保権者優先説に立つ論者はいないようであるが、この考え方によれば、すでに確定した先順位担保権者の更生担保権額について増額を認めることとなり、更生担保権確定の趣旨に反するため妥当でない。

次に、②後順位担保権者優先説についてであるが、後順位担保権者は、もともと先順位担保権者の被担保債権額に満つるまでは、担保目的物の交換価値を把握できる立場にはなかったのであるから、たまたま先順位担保権者が自己の更生担保権額について争わず、後順位担保権者のみが争ったことにより、先順位担保権者の更生担保権の確定額を上回る担保目的物の価額が認定された場合に、その差額分を後順位担保権者が享受する理由はないと解すべきであろう。また、会更法が、「更生担保権」を「更生手続開始当時更生会社の財産につき存する担保権」の「被担保債権であって更生手続開始前の原因に基づいて生じたもの」（2条10項）であると定義して、更生担保権の範囲を更生手続開始時の被担保債権に固定していることからしても、かかる法の趣旨に反する②後順位担保権者優先説には問題がある。

これに対し、③按分説によれば、先順位担保権者や後順位担保権者に何ら不測の不利益を与えることはないうえに、更生手続上の規律にも合致する帰結となる。後述するとおり、現行会更法159条もこの説を前提としたものである。

（注4）新藤幸司「更生担保権額の確定手続について」三ケ月章編集代表『菊井維大先生献呈論集・裁判と法(上)』（有斐閣、1967年）487頁、鈴木芳胤「会社更生における多数当事者の関係する債権確定手続」門口正人編『会社更生・会社整理・特別清算〔現代裁判法大系⑳〕』（新日本法規、1998年）165頁、針塚遵「更生担保権の取扱い」金法1610号（2001年）28頁、東京地判平13・7・11判時1764号123頁など。

5 立法的解決

　このように、この問題に関する考え方は、裁判例・学説上争いがあったために、現行会更法の立法過程においても、いずれの考え方が妥当であるのか意見が分かれた。しかし、立法の過程で、会更法2条10項の趣旨に即して③按分説を採用することで議論が収束し、「目的財産を共通にする複数の更生担保権がある場合の特例」として、現行会更法159条が設けられるにいたった。

　同条は、目的財産を共通にする複数の更生担保権がある場合に、そのうちの1つの更生担保権について確定した内容、担保目的物の価額、裁判理由に記載された事項は、他の更生担保権の査定手続、異議訴訟等が係属する裁判所の判断を拘束しないと規定し、このような場合に③按分説に従って処理されることとなった(注5)。なお、かかる規定は、旧法には同様の規定はなく、平成15年4月1日から施行された現行会更法において新たに設けられたものである。

　現行会更法159条において、確定した①「更生担保権の内容」、ⅱ「担保権の目的である財産の価額」、ⅲ「裁判の理由に記載された事項」が、他の更生担保権の確定手続における裁判所の判断を拘束しないとされることについては、①とⅱの点では、更生手続上、更生担保権が異議なく確定した場合に手続関係者全員との関係で「確定判決と同一の効力」を有するものとされている（会更150条1項・3項）ことと矛盾するし、①のみの点でいえば、査定決定や査定異議訴訟が確定した場合に手続関係者全員との関係で「確定判決と同一の効力」を有するものとされている（会更161条）ことと矛盾する帰結となる。

（注5）この点、山本克己「目的財産を共通にする複数の更生担保権の確定」新会社更生法の理論と実務206頁では、新法159条の文言だけでは、②後順位担保権者優先説を積極的に排除する根拠を十分に見出し難く、立案の経緯と新法2条10号の更生担保権の定義を勘案して、②後順位担保権者優先説を排斥するしかないとする。筆者も同感であり、新法159条の文言を字面だけで読めば、①先順位担保権者優先説によらないことは明白であるが、同規定は、先順位の更生担保権について確定した事項が、後順位の更生担保権の確定手続に影響を及ぼさないということを述べるにとどまり、後順位の更生担保権の確定手続で認定された事項を後順位担保権者にとって有利に扱うことまで禁止しているわけではないから、文言上②後順位担保権者優先説を明確に排除しているとまで読み込むことには無理がある。

そのため、(i)や(ii)について生じる他の更生担保権の確定手続における裁判所の判断を拘束しないとする効力は、会更法150条1項および2項ならびに161条の特則を定めるものと理解されている。これに対し、(iii)について生ずる効力は、他の会社更生法の規定と矛盾するものではなく、確認規定に近いものということになる。

6 今後の課題

(1) 問題となる事例

現行会更法159条の創設により、全ての問題が解決されたわけではない。例えば、ある不動産に、Aを権利者とする第1順位の被担保債権額2億円の抵当権と、Bを権利者とする第2順位の被担保債権額3億円の抵当権が設定されていたところ、更生会社について更生手続開始決定があり、Aから2億円、Bから3億円の更生担保権の届け出があったとする。管財人は、目的不動産を3億円と評価し、Aの届出額を全額、Bの届出額を1億円の限度で、それぞれ認める旨の認否をした結果、Aの更生担保権については、異議なくそのまま確定したものの、管財人の認否に不満があるBは、自己の更生担保権について査定の申立てをした。Bは、査定手続の中で、Aの被担保債権額は2億円ではなく、実は1億円であるから、自己の更生担保権は2億円であると主張したところ、裁判所も、原告の主張に理由があるとして、そのとおり認定したとする。

このような場合に、会更法159条をそのまま適用すれば、すでに管財人の認否によって確定されたAの更生担保権額の影響を受けずに、裁判所は査定の決定をすることができるから、担保不動産の価額3億円は変わらないにもかかわらず、AとBの更生担保権の合計額がそれを上回る4億円となってしまい、不当な結果となってしまう。

(2) 問題の解決方法

このような不当な結果を避ける手段としては、①すでに確定している更生担保権の額は、その後の更生担保権の確定手続における裁判所の判断を拘束するという考え方に立って、Aの更生担保権の額について矛盾した結果が生じない

ようにする方法が考えられる^(注6)。しかし、かかる考え方は、会更法159条に明確に反するものであるから採用できない。

もう1つの手段としては、②Bは、管財人の債権調査手続において、管財人が認めたAの更生担保権額について争わなかったのであるから、その後の自己の更生担保権の確定手続の中で、Aの被担保債権額を争うことは、信義則に反して許されないとして矛盾が生じないようにする方法である^(注7)。

かかる考え方によれば、会更法159条に反することもなく、不当な結果が生じることを避けることができるため、穏当な解決法であるといえる。

(3) 最後に

もっとも、②の考え方によっても、信義則や禁反言といった一般条項を用いた説明では、いささか説得力に欠けるし、仮に、設例を少し変えて、Bが、管財人が認めたAの更生担保権額について異議を述べていたものの、そのままAの更生担保権額が確定し、その後自己の更生担保権を確定させるため査定手続ないしは異議訴訟を提起したという場合に、どのように考えるのかといった問題は残る^(注8)。この点については、やはり立法的解決が望まれるところである。

(注6) 山本・前掲(注5)論文207頁。
(注7) 山本和彦「更生債権および更生担保権の調査・確定」金法1673号(2003年)21頁、山本・前掲(注5)論文207頁。
(注8) 山本和彦・前掲(注7)論文21頁では、そのような場合には、Aについて確定した更生担保権額は、会更法159条の射程外であって、Bの更生担保権の確定手続において、裁判所の判断を拘束すべきであると論じられている。

II−6　根抵当権（総論）

弁護士　野中　英匡

1　根抵当権の性質

(1)　意　義

　根抵当権とは、一定の範囲に属する不特定の債権を、極度額の範囲で担保する抵当権の一種である（民398条の2第1項）。

　根抵当権は、メーカーと問屋の間の継続的な取引における代金債権のように、将来にわたって継続的に発生・消滅を繰り返す個々の債権をあらかじめ一括して担保する場合に有益である[注1]。

(2)　普通抵当権との異同

####　ア　普通抵当権と根抵当権との共通性

　いずれも債権者（抵当権者あるいは根抵当権者）と債務者または第三者との間の設定契約により成立する約定担保物権であり、対抗要件は登記である。

　また、対象とする目的物についても、不動産を対象とすることがほとんどであるという点で共通する。

####　イ　被担保債権の特定性

　普通抵当権が設定時に特定した債権を担保するのに対し、根抵当権は変動する不特定債権を担保する。すなわち、普通抵当権の被担保債権は設定時に固定され、その後被担保債権の入れ替わりは生じないが、根抵当権の場合は設定時

(注1)　当初民法典には根抵当権は規定されていなかったものの、明治時代から慣習上行われており、大審院判決でもその有効性が確認されたことから、戦後になって銀行取引を中心に広く用いられていた。しかし、包括根抵当権の有効性が問題となるなど、実務上混乱が生じたため、昭和46年に民法が改正され、立法的解決が図られるにいたった（高木4版254頁、道垣内3版226頁・227頁）。

に被担保債権の範囲が一定の範囲で特定されていれば足り、後に被担保債権が入れ替わることが当然に予定されているのである。

被担保債権の特定の基準は、誰を債権者とするか（債権者基準）、誰を債務者とするか（債務者基準）、どの範囲のものを被担保債権とするか（債権範囲基準）という3つの基準によって決まる(注2)。なお、根抵当権の被担保債権の範囲については、**1**(3)イの「①被担保債権の範囲」において後述する。

　ウ　附従性
　㋐　成立に関する附従性
　（根）抵当権設定時に、被担保債権が存在している必要があるかという問題である。

　根抵当権は、あらかじめ一定の被担保債権の範囲さえ決めておけば成立するから（民398条の2第1項）(注3)、成立の段階で附従性は要求されていない。

　㋑　消滅に関する附従性
　被担保債権が消滅すれば（根）抵当権も消滅するかという問題である。

　普通抵当権は、特定の被担保債権を担保するものである以上、当該特定の債権が消滅すれば抵当権も消滅する。これに対し、根抵当権の場合は、一定の範囲に属する被担保債権が発生・消滅を繰り返すことが予定されているという性質上、仮に被担保債権が全て存在しなくなっても、根抵当権は消滅しない。

　もっとも、元本確定後は普通抵当権と同じ状態になるから、被担保債権がすべて消滅すれば、根抵当権も消滅することになる。

　エ　随伴性
　普通抵当権は、附従性による効果として、被担保債権が移転されると抵当権も随伴して移転するという随伴性が存在する。これに対し、根抵当権は、被担保債権が譲渡や債務引受によって第三者に移転しても根抵当権自体は随伴せず

(注2)　道垣内3版228頁。
(注3)　もっとも、被担保債権の範囲が特定の継続的取引契約から生じる債権とされている場合、この継続的取引契約が無効であると根抵当権設定契約も無効となる（高木4版256頁、道垣内3版228頁）。

（民398条の7第1項・2項）、随伴性を有しない。

　なお、根抵当権の元本が確定した後は、被担保債権と根抵当権との結び付きが生じるため、被担保債権が移転されれば根抵当権も随伴することになる。

　　オ　独立性

　（根）抵当権が被担保債権から切断されて独立の価値支配権として扱われるかどうかという問題である。独立性を有するためには、附従性が完全に否定されなければならない。

　上述のように、普通抵当権は附従性を有するから、独立性も有しない。これに対し、確定前の根抵当権は附従性を有しないから、一応独立性を有しているといえる[注4]。

(3)　根抵当権の設定

　　ア　根抵当権設定契約

　根抵当権は、根抵当権を取得する者と設定者間の根抵当権設定契約[注5]により成立する。

　根抵当権設定契約においては、①被担保債権の範囲、②極度額、③債務者を、契約の内容として定めなければならない（民398条の2）。

　　イ　①被担保債権の範囲

　根抵当権には、被担保債権の具体的な内容が変動し得るという特質があるが、被担保債権の内容がまったく無限定で際限なく拡大するといったものではない。現在、包括根抵当は認められておらず、「一定の範囲に属する不特定の債権」（民398条の2第1項）でなければならないのであり、その限度で被担保債権は特定されているといえる。

　民法は、「一定の範囲に属する不特定の債権」として、次の3つの類型を定めており、必ずそのうちの1つまたは複数の方法を併用しなければならないとし、それ以外の方法を認めていない（民398条の2第2項・3項）。

（注4）高木4版256頁。
（注5）無方式の諾成契約であり、設定者が担保目的物の処分権限を有していることが必要となる（高木4版257頁）。

第2節　根抵当権

(ア)　債務者との取引関係から生じる債権

これにはさらに、a「特定の継続的取引」から生じる債権と、b「債務者との一定の種類の取引」から生じる債権の2つの類型がある（民398条の2第2項）。

a「特定の継続的取引」から生じる債権とは、当座貸越契約、継続的手形割引契約、電気製品供給契約など、特定の契約（基本契約）から生じる債権をいう。

他方、b「債務者との一定の種類の取引」から生じる債権とは、銀行取引、電気製品売買取引、石油供給取引など、取引の種類が限定されている債権をいう。aと異なり、具体的な基本契約の締結は不要であるが、取引の種類を限定しているとはいえ、抽象的な取引を対象としているので、設定契約で定める際には、個々の具体的な債権が被担保債権の範囲に入るかどうかが明確になるように定めておく必要がある[注6]。

(イ)　債務者との取引以外から生ずる債権

契約以外の原因によって発生する債権であり、a「特定の原因に基づいて債務者との間に継続して生ずる債権」[注7・8]と、b「手形上若しくは小切手上の請求権」[注9]との2類型がある（民398条の2第3項）。

ウ　②極度額

根抵当権は、極度額の限度で担保目的物から優先弁済を受けることができる（民398条の2第1項）。被担保債権の範囲を定めただけでは、いまだ債権自体は不特定なままであり、債権額も定まらない。それでは、後順位抵当権者等の第

（注6）内田Ⅲ3版477頁、高橋眞『担保物権法』（成文堂、2007年）244頁。
（注7）例えば、空港の騒音から継続的に損害を被る者が、当該空港に対して継続的に損害賠償請求権を取得する場合等が考えられる。
（注8）内田Ⅲ3版478頁。
（注9）債務者が第三者のために振出・裏書・保証した手形・小切手が転々流通して根抵当権者が取得した場合の手形・小切手上の請求権のことである。このようないわゆる「回り手形」は、債務者との直接の取引に基づいて生じたものではないため、本来であれば「一定の範囲に属する不特定の債権」（民398条の2第1項）には含まれないはずであるが、民法は、かかる債権についても被担保債権となし得るものとした。

三者の予測可能性を害することになるから、極度額によって根抵当権の優先弁済的効力が及ぶ債権額の上限を画することで、第三者に一定の予測を立てられるようにした(注10)。

極度額は、根抵当権の設定に当たって必ず定めておかなければならないし（民398条の2第1項）、必要的登記事項でもある（不登88条2項1号）。

また、極度額は、被担保債権額の限度を定めることだけを目的としたものであるから、極度額の範囲内であれば、確定した元本、利息、遅延損害金の全部が担保され（民398条の3第1項）、普通抵当権のように、「最後の2年分」（民375条）に限るといった制限はない。

エ　元本確定期日

根抵当権は、確定時に存する元本および利息・遅延損害金を担保するものであるから、根抵当権の実行時には、元本が確定していなければならない（民398条の3第1項）。

元本の確定は、一定の事実の発生や当事者（根抵当権者と設定者）による元本確定請求によっても生じるが、当事者間の契約によって確定期日をあらかじめ定めておくこともできる（民398条の6第1項）。

元本確定期日は、確定前であればいつでも当事者の合意によって変更することができ、後順位担保権者その他の第三者の承諾は不要である（民398条の6第1項・2項）。ただし、変更前の確定期日が到来する前に変更の登記をしないと、変更前の期日において元本は確定する（民398条の6第4項）。

(4)　根抵当権の効力

ア　元本確定前の効力

根抵当権は、元本の確定によって被担保債権の流動性が失われ、普通抵当権

(注10)　根抵当権の実行手続において、他に配当を受けるべき債権者が存在しない場合に、極度額の趣旨が第三者の保護にあることを重視して、根抵当権者は極度額を超えて配当を受けることができるとする説もあるが（道垣内3版230頁）、判例のいうように、極度額は第三者に対する優先弁済権の制約にとどまらず、根抵当権者の換価権能の限度としての意味も有すると解されるから、極度額を超えての配当は認められるべきではない（最判昭48・10・4判時723号42頁）。

と同様の性質となるから、元本確定の前後において、根抵当権の効力に大きな違いが存在する。

根抵当権は、一定期間継続した債権債務関係を担保するものであるから、元本が確定するまでの間に、根抵当権設定契約の内容の見直しや、債権譲渡・債務引受、債権者・債務者の相続・合併、根抵当権の処分といったさまざまな権利変動が生じ得る。

元本確定前に生じ得る権利変動で根抵当権に影響を及ぼすものは下記のとおりである。

　(ｱ)　被担保債権の範囲の変更

　(ｲ)　債務者の変更

　(ｳ)　極度額の変更

　(ｴ)　債権譲渡・債務引受け・更改

　(ｵ)　相続による承継

　(ｶ)　合併・会社分割による承継

　(ｷ)　根抵当権の処分

　イ　元本の確定

根抵当権は、一定の範囲に属する不特定の債権を極度額の範囲で担保するものであるから、根抵当権を実行して優先弁済的効力を生じさせるためには、いかなる債権を被担保債権とするのかが確定されていなければならない。

元本確定事由には、以下のような種類がある。

　(ｱ)　確定期日の到来（民398条の19第3項）

　(ｲ)　根抵当権設定者による確定請求

　(ｱ)の確定期日の合意がない場合には、根抵当権が設定されてから3年経過すると、根抵当権設定者は、根抵当権者に対して元本の確定請求をすることができる（民398条の19第1項前段・3項）。確定請求から2週間の経過により、元本は確定する（同条項後段）。

　(ｳ)　根抵当権者による確定請求

根抵当権者は、(ｱ)の確定期日の合意がない場合、いつでも元本の確定を請求することができ、請求と同時に確定の効果が生じる（民398条の19第2項・3項）。

(エ) 根抵当権者による優先弁済権行使の着手 [注11]

　根抵当権者が抵当不動産について競売または担保不動産収益執行を申し立てたとき、または、物上代位権を行使したときであって、かつ、競売手続または担保不動産収益執行の開始または差押えがあったときには、元本は確定する（民398条の20第1項1号）。

(オ) 第三者の申立てによる抵当不動産に対する競売手続の開始または滞納処分による差押えがあったことを根抵当権者が知った時から2週間が経過したこと（民398条の20第1項3号）

　後に競売開始・差押えの効力が消滅したときには、遡及的に元本は確定しなかったものとみなされる（民398条の20第2項本文）。ただし、元本が確定したことを前提として、当該根抵当権を取得した者が存在する場合には、確定の効果は存続する（同項ただし書）。

(カ) 債務者または根抵当権設定者が破産手続開始の決定を受けたとき（民398条の20第1項4号）

　後に破産手続開始決定の効力が消滅したときの処理は、競売等の申立てがあった場合と同様である（同条2項）。

　なお、民事再生手続や会社更生手続の開始決定は確定事由ではない（民再法148条6項および会更法104条7項の例外規定あり）。

(キ) 根抵当権者・債務者に相続・合併等の事実が生じた場合

　ウ　確定の効果

　元本が確定することにより、その時点において存在する被担保債権の範囲に含まれる債権のみが根抵当権の被担保債権となり、根抵当権は個別具体的な債権を担保する普通抵当権に類似したものに変容する [注12]。

　これにより、確定前にのみ認められていた被担保債権の範囲や債務者の変更をすることはできなくなり、根抵当権の譲渡（民398条の12・398条の13）もで

（注11）道垣内3版243頁。
（注12）もっとも、確定後の根抵当権であっても、民法375条の適用はなく、元本債権の利息・損害金も極度額まで担保されるため、完全に普通抵当権になったわけではなく、いわゆる「確定根抵当権」とよばれるものになるとされている（道垣内3版245頁）。

きなくなる。もっとも、確定後も、被担保債権自体を問題とするものではない極度額の変更（民398条の5）を行うことは可能である。

2 倒産手続における根抵当権の効力

(1) 総論

倒産手続における根抵当権の効力は、基本的に普通抵当権の場合と異なるところはない。もっとも、根抵当権は、一定の範囲に属する不特定の債権を極度額の範囲で担保する抵当権であって、被担保債権から切断された独立性を有する価値支配権という特質を有することから、各種倒産手続において、根抵当権についての独自の規定が設けられている。

以下では、各種倒産手続における根抵当権に関する規定や取扱い上の問題点を確認していくこととする。

(2) 破産手続における根抵当権の効力

ア 破産手続上の根抵当権者の位置付け

根抵当権者が優先弁済権を行使するためには、元本が確定している必要があるが、債務者または根抵当権設定者について破産手続開始決定がなされることも元本確定事由の1つとされていること（民398条の20第1項4号）はすでに述べた。また、後に破産手続開始決定の効力が消滅した場合に、遡及的に元本が確定していなかったものとみなされること（同条2項）についても、既述のとおりである。

元本が確定することで、破産手続上、根抵当権は、基本的に普通抵当権と同様に扱われることとなる（破2条9号）。

イ 開始後の利息の取扱い

普通抵当権と異なり、根抵当権の場合は、利息および損害金の範囲について制限がないため（民375条参照）、極度額の範囲内であれば、すべての利息および損害金が被担保債権に含まれ、優先弁済権の対象となる（民398条の3第1項）。

したがって、破産手続においては、開始後の利息および損害金は劣後的破産

債権として扱われることとなるが（破97条1項1号・2号・99条1項1号）、これらの部分も、別除権の被担保債権に含まれることになる[注13]。そのため、別除権の行使によって弁済を受けることのできない不足額を算定する際には（破108条1項）、これら開始後の利息・損害金も考慮される。

(3) 民事再生手続における根抵当権の効力

破産手続と異なり、民事再生手続開始決定によっても、根抵当権の元本は確定しない。民法が民事再生手続の開始決定を確定事由としなかった理由としては、手続開始後も取引継続の可能性があることなどが挙げられている[注14・15]。

ただし、根抵当権者が、民事再生手続において、別除権不足額について権利行使する際には、元本が確定していなければならないから、根抵当権者からの元本確定請求（民398条の19第2項）などが必要となる。

(4) 会社更生手続における根抵当権の効力

ア 会社更生手続上の根抵当権者の位置付け

破産手続と異なって、会社更生手続開始決定が根抵当権の元本確定事由となっていない点は、民事再生手続の場合と同様である[注16]。また、民事再生手続と同様に、設定当事者間において元本確定事由を約定しておくことや、根抵当権者による確定請求（民398条の19第2項）によって、元本を確定させることができる。さらに、実務上、更生計画において、「根抵当権の元本は、認可決定

(注13) 不足額責任主義。別除権行使によって被担保債権について優先的弁済を受ける一方で、被担保債権を破産債権として全額行使することは、別除権の目的物も破産財団所属の財産であることを考えると、他の破産債権者との公平を欠くことが立法趣旨とされている（条解破産法734頁）。
(注14) 伊藤・破産法民事再生法2版340頁。
(注15) もっとも、設定当事者の合意によって、民事再生手続開始を元本確定事由と約定することは問題ない。
(注16) 更生手続開始決定後に行使可能となる会更法104条の担保権消滅請求制度において、担保権消滅許可の決定書が根抵当権者に送達された時から2週間を経過したときは、当該根抵当権の担保すべき元本は確定すると規定されていることからも（同条7項）、更生手続開始によって元本が確定しないことが裏付けられる。

によって確定更生担保権額に確定する」旨の定めを置くことも可能である[注17]。

また、会社更生手続において、根抵当権は、更生担保権に取り込まれて扱われることとなる（会更2条10項・13項・135条1項）。

イ　開始後の利息の取扱い

根抵当権は、普通抵当権と異なり、極度額の範囲内ですべての利息および損害金は被担保債権に含まれ、優先弁済権の対象となるが（民398条の3第1項）、他方で、更生担保権の被担保債権として認められる部分は、元本のほか、利息または不履行による損害賠償もしくは違約金の請求金の部分の損害金のうち、更生手続開始後1年を経過する時（その時までに更生計画認可の決定があるときは、当該決定の時）までに生じるものに限られるとされている（会更2条10項ただし書）[注18]。

3　倒産手続における根抵当権の実行方法

(1)　破産手続における根抵当権の実行方法

ア　権利行使の方法

(ｱ)　別除権の行使

根抵当権者は、別除権者として、破産手続によらないで根抵当権を実行することができる（破65条1項）。また、別除権の行使によって弁済を受けることができない部分については、破産債権者として権利行使することができる[注19]。

(ｲ)　別除権不足額の破産債権としての行使

根抵当権以外の別除権者の場合、かかる別除権不足額について、中間配当に関する除斥期間までに、目的物の処分に着手したことを証明し、かつ、不足額を疎明しない限り、中間配当から除斥される（破210条1項、209条3

(注17)　岡正晶「更生手続開始と根抵当権」新会社更生法の理論と実務115頁。
(注18)　更生手続においては、更生担保権の被担保債権であっても、更生債権として劣後的取扱いを受ける余地が認められていること（会更168条1項柱書ただし書など）を考慮して、更生担保権となるべき被担保債権の範囲を限定したものとされる（伊藤・会社更生法195頁）。

項、198条1項）。なお、かかる証明および疎明がなされても、すぐには配当されず、別除権不足額が確定するまで寄託されるが、最後配当の除斥期間までに最後配当参加の要件を充たさなければ、寄託した配当額は他の破産債権者に配当される（破214条1項3号・3項）。

また、最後配当の場面では、除斥期間内に被担保債権の全部もしくは一部が破産手続開始後に担保されないこととなったことを証明し、または当該担保権の行使によって弁済を受けることができない債権の額を証明しないと、同じく配当から除斥されてしまう（破198条3項。簡易配当につき破205条）。

この点、根抵当権の場合は、極度額の限度で担保目的物から優先弁済を受けることができるにとどまり（民398条の2第1項）、極度額を超える部分については、たとえ目的物の競売によって剰余金が出たとしても、根抵当権に基づいて配当を受けることはあり得ない。そのため、破産手続においても、極度額を超える部分は当然に確定した不足額として扱われることになる[注20・21]。すなわち、根抵当権者が別除権不足額を証明しない場合でも、破産管財人はこれを配当表に記載しなければならず（破196条3項前段）、この場合の記載額は、最後配当の許可があった日における被担保債権のうち極度額を超える部分の額とされ（同項後段）、最後配当の除斥期間内に不足額の証明があっ

(注19) ただし、破産者が単なる物上保証人であるときは、根抵当権者は、破産者に対して債権を有しないから、破産債権者とはなり得ない。もっとも、破産者が連帯保証人兼物上保証人であるような場合には、不足額分について根抵当権者に破産債権の権利行使を認めてもよいとする見解もあるが、破産法108条は、別除権の被担保債権が破産債権である場合の規定であり、破産者が連帯保証人兼物上保証人の場合でも、破産者は主債務者の債務を物上保証しているのであって、自己の保証債務に担保権を設定しているわけではないから、同条の適用はないとするのが、東京地裁破産再生部の運用である（破産・民事再生の実務(中)新版26頁・27頁）。

(注20) これを「確定不足額」という（倒産法概説2版136頁〔沖野眞已〕）。

(注21) もっとも、平成16年改正前の旧破産法下では、根抵当を普通抵当より有利に扱う根拠に乏しいこと、不足額の疎明・証明の規定は権利の実行を予定していることなどを理由として、消極的に解されており、東京地裁破産再生部においてもそのような運用がなされていた。しかし、現行破産法は、確定不足額の制度を導入し、この問題を立法的に解決したという経緯がある（伊藤・破産法民事再生法2版338頁、破産・民事再生の実務3版（破産編）342頁）。

た場合を除き、当該極度額を超える部分が確定不足額とみなされる（破198条4項）。

(2) 民事再生手続における根抵当権の実行方法
ア 別除権の行使

基本的に破産手続の場合と同様、民事再生手続上、根抵当権者は、別除権者として（民再53条1項）、民事再生手続によらないで、担保目的物について根抵当権を実行することができる（同条2項）。また、別除権の行使によって弁済を受けることができない部分については、再生債権者として権利行使することができる（民再88条・182条）。

イ 別除権不足額の再生債権としての行使

別除権者が、再生計画の定めに従って別除権不足額の権利を行使するためには、別除権不足額が確定していなければならない（民再182条）。別除権不足額が確定していない場合は、再生計画で、不足額が確定した場合の再生債権者としての権利行使に関する適確な措置を定めなければならない（民再160条1項）。「適確な措置」とは、別除権不足額の取扱いが他の再生債権との対比で平等かつ衡平な取扱いがなされており、しかもそれがどのように確定しても再生計画全体の履行が不安定にならない確実な措置をいうとされている[注22]。

別除権不足額は、①担保権が消滅した場合、ないしは②別除権不足額について合意がされた場合に確定する。別除権不足額が確定すると、別除権者は、確定不足額について、再生債権者として再生計画の定めによって認められた権利又は再生債権の権利変更に関する一般的基準（民再156条）によって変更された権利を行使することができる（民再182条）。

この点、根抵当権の場合は、元本が確定している場合に限り、別除権不足額が確定していない場合でも、一般的基準（民再156条）に従い、再生計画案に仮払いに関する定めをして、未確定の別除権不足額を暫定的に弁済することができる（民再160条2項前段）。この場合は、別除権不足額が確定した場合における精算に関する措置も定めておかなければならない（同項後段）。ただし、

(注22) 新注釈民事再生法(下)2版28頁〔加々美博久〕。

仮払いに関する定めをした再生計画案を提出しようとする場合には、あらかじめ当該根抵当権者の同意を得ておかなければならない（民再165条2項）。

(3) 会社更生手続における根抵当権の実行方法

根抵当権も、更生手続開始当時、更生会社の財産につき存する担保権である抵当権の一種であるから、更生担保権となる（会更2条10項）。もっとも、更生手続においては、担保権の被担保債権が更生債権等として扱われ（同条13項）、更生手続に参加して権利行使することが求められるため（同135条1項）、担保権の実行は禁止される（会更50条1項・24条1項2号）。また、更生計画による被担保債権の権利変更や免責、これに伴う担保権の消滅の効果が生じる（会更204条1項柱書・205条1項）点も、同じ再建型の手続に属する再生手続とは大きく異なる点である。

なお、前述のように、更生手続開始決定によっても、根抵当権の元本は確定しないため、当該根抵当権の被担保債権がいまだ極度額にまで満たない場合、その差額部分（極度額から当該時点までの被担保債権額を差し引いた「余裕枠」の部分）を利用して、さらに融資を受けたり、商品等を買い掛けて仕入れたりといったことも可能である。

4 各種倒産手続における根抵当権特有の問題

(1) 一部代位弁済がされた場合の原債権者と保証人の優劣の問題

主債務者が破産した場合に、その保証人が根抵当権者の被担保債権の一部を弁済すると、法定代位によって、保証人は根抵当権者に代位し（民500条）、弁済をした限度で原債権および根抵当権が代位弁済者である保証人に移転することになるから（民501条）、原債権者と保証人とが、被担保債権および根抵当権を準共有する状態となる。この場合に、原債権者と保証人との間に配当の優劣関係に関する約定があれば別だが、かかる約定がない場合に、極度額を超える債権額部分の破産配当について、原債権者と保証人のいずれが優先するのか問題となる。

破産法198条4項は、極度額を超える部分について競売による配当を受ける

余地がないことを前提として、根抵当権の極度額を超える部分を原則として確定不足額とみなしている。したがって、この問題は、破産配当における原債権者と保証人との間の優劣関係の問題に収斂され、競売手続の配当における優劣関係の問題に準じて判断されることになる。

(2) 回り手形に関する規制

破産者や再生債務者、更生会社が支払義務を負う手形、いわゆる回り手形を、根抵当権者が取得した場合に、各種倒産手続上、かかる手形上の請求権を被担保債権として扱ってよいかが問題となる。

手続開始前であれば、被担保債権の範囲を定める際に、根抵当権者と債務者との間の取引を前提とせずに、債務者が支払義務を負う手形または小切手上の請求権を根抵当権が取得した場合でも、これを被担保債権に含めるものと約定すれば、当然に被担保債権の範囲となる。しかし、債務者の危機時期以後は、極度額に余裕のある根抵当権者が他の債権者の所持している手形を安く譲り受け、根抵当権によってその回収を図るなどの弊害がある。

そこで、民法は、このような債権者の平等を害する行為を禁止するため、支払停止や破産手続開始申立て後に、根抵当権者が取得した回り手形（小切手）に基づく請求権は、根抵当権の被担保債権として認めないこととした（民398条の3第2項柱書本文）。ただし、根抵当権者が支払停止等の事実について善意の場合は、上記のような弊害は認められないので、被担保債権に含めてよいとされている（同項ただし書）。

II-7　倒産と根抵当権

弁護士　神原　千郷　　弁護士　佐々木英人
弁護士　上田　　慎　　弁護士　桧田　由貴
弁護士　髙木　洋平　　弁護士　江尻　琴美

1　根抵当権の余裕枠の利用

(1)　問題の所在

　会更法や民再法には、手続開始が根抵当権の確定事由とはならないことを前提とした規定（民再148条6項、会更104条7項）が置かれており、手続開始が根抵当権の確定事由とされる破産手続（民398条の20第1項4号）と異なる。

　そこで、会社更生あるいは民事再生の事案において、更生会社または再生会社に対する被担保債権の額が根抵当権の極度額を下回っている場合に（以下、かかる場合の被担保債権額と極度額との差を「余裕枠」という）、当該余裕枠を利用し、開始決定後に発生する借入債務や取引債務を被担保債務として、金融機関からのDIPファイナンスを受けたり、取引先との円滑な取引の継続を図ったりすることが考えられる。しかし、かかる余裕枠の取扱いについては、法文上明確ではないため、どのような点に留意して余裕枠を利用すべきかが問題となる。

(2)　開始決定による元本の非確定・確定

　民法は、債務者または根抵当権設定者が破産手続開始決定を受けた場合には、根抵当権の元本が確定すると定める（民398条の20第1項4号）。他方、民法上、更生手続開始は根抵当権の元本確定事由とはされていないため、かつて、現行会更法（平成14年法律第154号）の前身である旧会更法の下においては、開始決定によって根抵当権の元本が確定するか否かについて、確定説と非確定説とが対立し、非確定説が多数説とされていた[注1]。

しかし、現行会更法が、担保権消滅許可決定に関し、消滅許可決定書等の送達から2週間後に根抵当権の元本が確定する旨の規定を置いたことから（会更104条7項）、現行会更法は非確定説を採用したものといえ、従来の非確定説と確定説の争いは収束した(注2)。

また、民事再生手続についても、会社更生手続と同様、再生手続開始決定が民法上の根抵当権確定事由とはされていない上、上記会更法の規定と同様に、担保権消滅許可決定に関して非確定説を前提とした規定が置かれていることから（民再148条6項）、再生手続開始決定によって根抵当権の元本は確定しない(注3)。

(3) 余裕枠の利用に関する裁判所許可（または監督委員の同意）の要否

以上のとおり、更生手続開始決定や再生手続開始決定によっても根抵当権の元本は確定しない（非確定説）としても、根抵当権者が手続開始後に取得する共益債権が当然に当該余裕枠によって担保されるか否かについては争いがある。

この点、前述した旧会更法下における非確定説の立場からは、管財人の取引によって根抵当権の被担保債権の範囲に含まれる共益債権が生じた場合には、当該共益債権は余裕枠によって当然に担保されると解されている。また、民事再生手続に関しても同様に、当該共益債権が当然に被担保債権として根抵当権によって保護されるとする立場もある(注4)。

しかしながら、会社更生手続にせよ民事再生手続にせよ、手続開始後は、裁判所が必要と認めたときは、裁判所の許可ないし監督委員の同意（以下、「裁判所許可等」という）を得なければ、管財人ないし再生債務者（以下、「管財人等」という）は「財産の処分」を行えないところ（会更72条2項1号、民再41条1項1号・54条2項）、「財産の処分」には担保権の設定も含まれると解されている(注5・6)。そして、根抵当権の被担保債権の範囲に含まれるか否かが問題と

(注1) 田原睦夫「倒産手続と根担保」谷口古稀471頁。
(注2) 田原・前掲（注1）論文471頁。
(注3) 新注釈民事再生法(上)2版475頁、伊藤・破産法民事再生法2版702頁注15。
(注4) 通常再生の実務Q&A120問200頁〔南栄一〕。
(注5) 条解会社更生法(上)501頁、条解民事再生法3版222頁〔相澤光江〕。

なる共益債権の発生には、管財人等による借入あるいは商取引など管財人等自身の行為が介在しているところ、かかる行為に連動して担保権の設定がなされるのであるから、管財人等のかかる行為は、担保権の設定として「財産の処分」に該当するというべきであろう。したがって、余裕枠の利用には、裁判所許可等が必要であると解すべきである[注7・8]。

このように解したとしても、管財人等としては、根抵当権の被担保債権が生じ得る取引について、余裕枠を利用することが相当であれば、あらかじめ一定程度の包括的な裁判所許可等を得ることが可能であろうから、円滑な事業運営の過度な制約となることはないであろうし、むしろ、管財人等による業務遂行や財産の管理処分の適正さを確保するための裁判所や監督委員の監督を実効性あるものとするためには、根抵当権の余裕枠の利用にあたっても、裁判所許可等を要すると解したほうが相当であろう。

以上からすれば、裁判所の許可なくされた管財人等による「財産の処分」である担保権の設定は無効であり（民再41条2項、会更72条3項）、ただし、無効をもって善意の第三者には対抗できないこととなる（各同項ただし書）[注9]。

(注6) なお、東京地裁の会社更生手続の運用においては、固定資産の処分のみが裁判所の許可対象とされているようであり（会社更生の実務(上)327頁〔森岡泰彦〕）、また、同地裁の民事再生手続の運用においては、監督命令により明示的に担保権の設定が監督委員の同意事項とされることが典型例のようである（民事再生の手引57頁〔吉田真悟〕）。

(注7) 同様に、裁判所の許可を要すると解する立場として、田原・前掲（注1）論文461頁。管財人が共益債権のために担保権を設定する行為は会更法72条2項1号に該当するとし、仮にこれに該当しないと解するとしても、借入行為は同項3号に、担保付き共益債権の負担は同項8号に該当するとする。

(注8) 同じく根担保として利用されることの多い集合債権譲渡担保や集合動産譲渡担保については、必ずしも根抵当権に関する議論がそのまま妥当するものではないと考えられ、開始決定による固定化の有無など、根抵当権とは異なる要素を踏まえてあらためて検討する必要があろう。ただし、前掲田原は根譲渡担保権の問題点についても根抵当権について検討したところがほぼ妥当するとする（田原・前掲（注1）論文482頁・492頁）。

(注9) ここでいう裁判所許可等が必要な「財産の処分」に該当するのは、あくまでも担保権の設定であるから、連動的に当該担保権の設定を招来した借入や商取引については、別途必要とされる裁判所許可等を得ていれば、無効とはならないと解されよう。

(4) 裁判所許可等を得て余裕枠を利用した場合の更生手続における諸問題(注10)
　ア　共益債権による担保権の実行
　開始決定後に、管財人が金融機関からDIPファイナンスを受けたり、取引先との新たな取引を行ったりした場合、かかる取引債権や借入債権は共益債権となる。したがって、これらの共益債権について裁判所許可等を得て余裕枠を利用すると、1個の根抵当権が更生担保権と共益債権という更生手続において取扱いの異なる債権を担保することになる。
　すなわち、更生担保権は、更生手続に拘束され、更生手続開始後に、新たに根抵当権の実行を申し立てることはできない（会更47条1項。なお、既に開始されている実行手続は当然に中止され〔会更50条1項〕、取り消され得る〔同条6項〕）。
　他方、共益債権に基づく根抵当権の実行については、更生手続開始後に管財人が共益債権のために新たに設定した根抵当権の実行と同様に、可能であると考えられる（会更132条3項参照）(注11)。その結果、担保目的物の換価代金は共益債権の弁済には充てられるが、更生担保権に相応する被担保債権については、更生担保権に対する更生手続外での弁済が許されないことから（会更47条1項）、配当を受けることはできない。配当されなかった金銭は、剰余金として管財人に交付されることになると解される（会更51条2項類推）(注12)。
　イ　後順位担保権者の更生担保権額
　後順位担保権者の更生担保権評価にあたり目的物の価額から差し引くべき先順位根抵当権の額については、極度額と考える見解と、更生担保権となる被担保債権額のみとする見解がある。この点、後順位担保権者は、先順位根抵当権者の被担保債権額の多寡にかかわらず、極度額までは先順位根抵当権者が優先することを覚悟して担保設定を受けているはずであり、極度額を控除する見解が妥当であろう(注13)。この点、先順位根抵当権者が他に共同根抵当権を有して

(注10) 民事再生手続では、根抵当権は別除権として手続外で実行されるため、以下の議論は直接的には妥当しない。
(注11) 条解会社更生法(中)526頁。
(注12) 伊藤・会社更生法201頁注83、更生計画の実務と理論152頁、会社更生の実務(上)253頁〔佐々木宗啓〕。なお、更生担保権に相応する金銭を供託すべきとする説もある（条解会社更生法(中)526頁）。

いる事案において、後順位担保権者の更生担保権額は先順位根抵当権者の極度額を控除する計算方法でよい旨を判示した裁判例がある[注14]。
　ウ　更生計画による権利変更
　更生計画の認可決定までに元本が確定していない場合、管財人は、権利変更の1つとして、認可決定時に元本が確定する旨の更生計画を定めることができる。しかし、極度額の余裕枠を利用して共益債権がその被担保債権となっている場合、更生手続開始後に管財人が共益債権のために新たに設定した根抵当権と同様に、当該余裕枠を利用した共益債権に係る根抵当権を消滅させるような更生計画の定めを置くことは許されないと考えられる[注15]。仮に、かかる消滅規定を不用意に置き、当該根抵当権の登記を抹消させるなどして、共益債権者である根抵当権者に損害を及ぼした場合には、管財人が損害賠償責任を負う可能性があるとする見解もある[注16]。

2　会社更生手続における転根抵当権の処遇

(1)　転根抵当権の意義

　転根抵当とは、根抵当権を他の債権の担保とすることをいう（民398条の11第

(注13)　東京地裁では極度額を控除するとの取扱いを行っている（会社更生の実務(上)254頁〔佐々木宗啓〕）。もっとも、後順位担保権者が多数の議決権を有しているなど更生計画の成否に与える影響を考慮し後順位担保権者との和解を試みる場合もあり得る（更生計画の理論と実務149頁）。なお、不確定説に立ちながら、根抵当権の確定と更生担保権の範囲の算定は別であるとして、後順位担保権者の更生担保権の額は、先順位の被担保債権額を控除した額であるとする見解がある（稲葉威雄「会社更生手続と根抵当権の確定」NBL116号〔1976年〕6頁）。しかし、かかる見解に対しては、牽連破産となって根抵当権が実行されたとき、先順位の根抵当権者の開始後の共益債権が根抵当権によって担保され、後順位の更生担保権として評価された部分が保護されないから、更生担保権として評価することに背理するとの批判が妥当すると考えられる（田原・前掲（注1）論文474頁）。
(注14)　東京地判昭57・7・13下民集33巻5～8号930頁。
(注15)　条解会社更生法(中)527頁、田原・前掲（注1）論文479頁、岡正晶「更生手続開始と根抵当権」新会社更生法の理論と実務116頁。
(注16)　会社更生の実務(上)254頁。

1項ただし書）。

　転抵当ないし転根抵当といった場合、①原抵当権が普通抵当権で、設定する権利も普通抵当権の場合、②原抵当権が普通抵当権で、設定する権利が根抵当権の場合、③原抵当権が根抵当権で、設定する権利が普通抵当権の場合、および④原抵当権が根抵当権で、設定する権利も根抵当権の場合の4種類がある。これらのうち、②から④までを転根抵当とする文献もあるが[注17]、厳密には、③および④のように原抵当権が根抵当権の場合が転根抵当であると考えられる。このように転根抵当の射程範囲は、論者等により異なること、設定する権利が抵当権か根抵当権かで法的効果も多少異なってくること等から、以下では混乱を避けるため、④原抵当権が根抵当権で、設定する権利も根抵当権の場合であることを前提に論じることとする。

　転根抵当は、実務上、ノンバンク等の資金調達において活用される場合がある。

　原根抵当権の元本の確定前は、原根抵当権設定者は、転根抵当権者の承諾なく原根抵当権の被担保債権を弁済することができる（民398条の11第2項）ことから、その場合、転根抵当により把握した枠が空となるため、転根抵当権は脆弱で不安定な担保権といえる。それにもかかわらず、活用される場合があるのは、転根抵当権の登記が付記登記の形でなされ、登録免許税が不動産1個当たり1,000円と割安であること（登税別表第一　一（十四））[注18]、および転根抵当権の設定に原根抵当権設定者の承諾が不要であると解されていること[注19]によるものと考えられる[注20]。

(2) 転根抵当権の法的性質

　転根抵当の法的性質については、転抵当とパラレルに考えられる。さらに、

[注17] 松島泰＝相場中行「転根抵当権の活用と実務上の留意点」金法1262号（1990年）29頁等。
[注18] 抵当権の移転の場合、登録免許税は、債権金額または極度金額の1,000分の2であり（登税別表第一　一（六））、巨額の融資であればあるほど付記登記の方が割安といえる。
[注19] 我妻Ⅲ512頁等。
[注20] 松島＝相場・前掲（注17）論文30頁等。

転抵当は転質と類似することから、転抵当の法的性質についても転質の法的性質と似たような検討がなされている。

すなわち、大別すると、原根抵当権の被担保債権に対する附従性が維持され、原根抵当権および被担保債権の双方を共同して担保に供することであるとする説（共同処分説）と、原根抵当権の被担保債権に対する附従性が緩和され、原根抵当権が被担保債権から切り離され、原根抵当権のみを単独で担保に供することであるとする説（単独処分説）に分かれる。そして、後者の単独処分説はさらに、抵当権再度設定説[注21]、解除条件付抵当権単独譲渡説および抵当権単独質入説の3説に分かれているところ、抵当権再度設定説が通説とされ[注22]、登記実務上も同説が採用されている[注23]。

(3) 原根抵当権者の更生手続開始と原根抵当権の元本確定前における転根抵当権の処遇

ア　原根抵当権者の会社更生手続開始に伴う問題の発生

バブル経済の崩壊後、原根抵当権者であるノンバンクが会社更生を申し立てるという案件等が相次ぎ、原根抵当権者の更生手続開始に伴い、転根抵当権がどのように取り扱われるかとの問題が浮上した。すなわち、原根抵当権者に更生手続が開始された場合に、原根抵当権の元本確定前の転根抵当権は、更生担保権（旧会更123条、現会更2条10項）として取り扱われるべきか（更生担保権説）、第三者担保提供（物上保証または手形の譲渡担保）類似のものと捉え、一般更生債権として取り扱われるべきか（一般更生債権説）が問題となった。

イ　旧会更法下における一般更生債権説の採用

かかる問題が発生した当初の実務においては、以下のような論拠に基づき、

(注21) 同説はさらに、原抵当権そのものの上に抵当権が設定されているとする抵当権上抵当権再度設定説と、原抵当権の目的である抵当不動産の上に抵当権が設定されているとする抵当不動産上抵当権再度設定説に分かれ、前者の抵当権上抵当権再度設定説が多数説である。
(注22) 新版注民(9)333～345頁〔山崎寛〕等。
(注23) ただし、大決昭7・8・29民集11巻1729頁および大決昭10・11・20民集14巻1927頁が採る説は、抵当権再度設定説と解釈する見解もあれば、必ずしも明らかではないとする見解もあり、評価が分かれている。

一般更生債権説が採られたようである(注24)。

　上記(2)記載の抵当権再度設定説によれば、転根抵当権者は、原根抵当権の被担保債権と切り離された原根抵当権の目的財産の交換価値を把握しているにすぎない。更生手続開始決定によっても根抵当権の元本は確定しないところ（上記**1**の(2)参照）、上記(1)で述べたとおり、原根抵当権の元本の確定前は、原根抵当権設定者は、転根抵当権者の承諾なく原根抵当権の被担保債権を弁済でき（民398条の11第2項）、その弁済がなされてしまえば、転根抵当権者の把握していた交換価値は実質的に価値のないものとなってしまう。このように実質的な価値のない財産は、原根抵当権という名称の財産であっても、旧会更法123条1項にいう「会社財産」(注25)というべきではない。また、旧会更法67条・37条が更生担保権の実行を禁止しているのは、担保権の対象物が更生会社の事業継続に必要不可欠なためであるところ、転根抵当権者から見れば、対象物は原根抵当権設定者の所有物件であり、更生会社の事業継続に必要不可欠のものではないのが通常であろうことから、かかる趣旨に合致しない。

　しかも、仮に更生担保権に該当するとした場合、更生担保権額は更生会社の原根抵当権の目的物の評価額が基準になると考えられるため、更生会社所有不動産のほかに、原根抵当権設定者所有不動産も鑑定の対象となり、鑑定のための時間と費用が増大してしまう。とくに不動産の価値に変動がある場合には、更生担保権の調査手続の過程で評価について更生会社と転根抵当権者とで意見が一致せず、更生担保権確定訴訟が増加し、場合によっては更生計画案の策定にも支障が生じるのではないかとの懸念が生じる。これに対し、一般更生債権説であれば、転根抵当権者は更生手続に拘束されることなく、原根抵当権設定

(注24) 松嶋英機「会社更生手続における転根抵当権の取扱い」NBL579号（1995年）13～18頁、松嶋英機「会社更生手続と転根抵当権」金判1060号（1999年）42～45頁、秦光昭「転根抵当と更生担保権」金法1359号（1993年）104～107頁、松嶋英機＝冨山喜久雄「リース会社の倒産と債権管理上の諸問題」金法1462号（1996年）42～48頁等。また、一般更生債権説を採るか更生担保説を採るか必ずしも明確ではないものの、参考となる論文として、青山善充「ノンバンク倒産と転根抵当権」金判877号（1991年）2頁、松本恒雄「転担保論の最近の動向」別冊NBL31号（1995年）224頁・225頁等。

(注25) なお、現行会更法では、2条10項にいう「更生会社の財産」である。

者所有の不動産に対し転根抵当権を実行することができるため、早期の債権回収が可能となる。

　ウ　会社更生法の改正と更生担保権説の採用

　しかしながら、近年では、更生担保権の権利変更に関し、実質的に更生担保権評価額をめぐる更生担保権者との紛争を回避することのできる処分連動方式が実務運用として定着しているため、更生担保権確定訴訟が増加するとの一般更生債権説を採用する実務的理由は、現在では重視する必要がないように思われる。

　また、平成16年に現行会更法が改正され、更生担保権であっても、その実行の禁止を解除する旨の決定が可能となった（現会更50条7項）ことから、転根抵当権者が早期に転根抵当権を実行することも可能となった[注26]。

　原根抵当権の元本確定前の転根抵当権が、脆弱で不安定な権利であるとしても、担保権であることに相違なく、原根抵当権者である更生会社の根抵当権という財産の上に存する担保権として更生担保権であるというに支障はないと考えられる。

　一般更生債権説は、更生手続における債権届出期間満了後に、転根抵当権者が原根抵当権設定者から弁済を受けた場合、当該弁済額につき、原根抵当権設定者の更生会社に対する債務は当然に消滅するとする。しかし、転根抵当権者が直接弁済を受けた以上、原根抵当権設定者の更生会社に対する債務は、当然に消滅するのではなく、原根抵当権設定者が取得する求償権と更生会社（原根抵当権者）の原根抵当権設定者に対する債権との相殺により消滅するのではないかという点について、相殺の禁止（旧会更163条3項・4項、現会更49条の2第1項）や制限（旧会更162条1項、現会更48条1項）との関係で、必ずしも手当てがなされていないように思われる。更生担保権説であれば、更生計画認可前に、更生計画に基づかずに転根抵当権者が原根抵当権者から直接回収することはなく、このような問題は生じない。

　また、一般更生債権説は、上記のように転根抵当権者が原根抵当権設定者か

（注26）ただし、配当や弁済金交付はなされず、これらは管財人に交付される（会更51条1項・2項）。

ら弁済を受けた場合、転根抵当権者が債権全額を回収していなくても、回収額につき、一般更生債権届出の一部取下げをすべきとする。しかし、一般更生債権説採用の理由として第三者担保提供類似であることを挙げながら、開始時現存額主義（会更135条2項）が適用されず、一般更生債権の一部取り下げを行うべきというのは、必ずしも理論的に明解とはいいがたい。この点も、更生担保権説を採用すれば、更生担保権認否や処分連動方式の運用の中で解消される問題と考えられる。

　以上述べたところからすれば、平成16年の現行会更法改正後の現時点においては、更生担保権説に理由があるように思われる。

(4) 民事再生手続・破産手続の場合

　会社更生手続において更生担保権説を採用するとすれば、民事再生手続や破産手続の場合も、転根抵当権は別除権（民再53条1項、破2条9項）として扱えばよいものと考えられる。

II-8 質権（総論）

弁護士 新保 勇一

1 質権に関する基本的事項

(1) はじめに

ア 定 義

質権者は、債権の担保として債務者または第三者より受け取った物を占有し、かつ、その物につき他の債権者に先立って自己の債権の弁済を受けることができる（民342条）。

イ 特 色

質権は、約定担保物権である。また、質権は、目的物を留置することによって間接的に弁済を強制する留置的効力と、目的物を換価して優先的に弁済を受けるという優先弁済権を有する。

ウ 種 類

質権は、目的物の種類により、動産質、不動産質、権利質に分けられる。以下、動産質、不動産質、権利質の順に、質権の設定と効力について説明する。

(2) 動産質

ア 設 定

(ア) 設定契約

質権は、債権者と債務者ないし第三者（物上保証人）との合意によって設定される。また、質権の設定は、目的物の引渡しが効力発生要件となっている（要物契約）（民344条）。「引渡し」は、現実の引渡し（民182条1項）のみならず、簡易の引渡し（同条2項）や指図による占有移転（民184条）でもよい。しかし、質権者は設定者に代理占有させることができないため（民345条）、占有改定（民183条）による引渡しは認められない。なお、質権設定

後、質権者が任意に質物を設定者に返還した場合、質権が消滅するのか否かが問題となる。質権が消滅するという説と、質権は消滅せず、対抗力を失うにすぎないという説があり、判例[注1]は後者の立場に立つ[注2]。

(イ) 目的物

動産質の目的物は、譲渡可能な物でなければならない（民343条）。あへんとか偽造通貨のような禁制品は質権設定が禁止される。また、法律上譲渡が禁止または制限されている場合、例えば船舶（商850条）、製造中の船舶（商851条）、航空機（航抵23条）、自動車（自抵20条）、建設機械（建抵25条）などは質権設定が禁止されている。

(ウ) 被担保債権

動産質権によって担保される債権について、とくに制限はない。金銭債権に限られず、特定物の給付または一定の行為を目的とする債権でもよい。また、現存する債権に限らず、将来発生する債権や増減変動する不特定の債権に担保を設定すること（根担保）も認められる。

(エ) 対抗要件

動産質権者は、継続して質物を占有しなければ、質権をもって、第三者に対抗することができない（民352条）。「第三者」とは、債務者および設定者以外の者をいう。したがって、債務者や設定者に質物が渡ったとしても、質権者は質権に基づいて返還請求できる。

一方、動産質権者が、第三者に質物の占有を奪われたときは、占有回収の訴え（民200条）によってのみ、その質物の占有を回復することができる（民353条）。なお、占有回収の訴えを提起できない場合（自発的な占有喪失、逸失、詐取などの場合）には、返還請求できないことになるが、立法論として疑問も提起されている[注3]。

（注１）　大判大5・12・25民録22輯2509頁。
（注２）　近江幸治『民法講義Ⅲ　担保物権〔第2版補訂〕』（成文堂、2007年）90頁参照。
（注３）　内田Ⅲ3版492頁参照。

イ 効　力
　㋐　被担保債権の範囲
　質権の被担保債権の範囲は、元本、利息、違約金、質権実行の費用、質物保存の費用および債務の不履行または質物の隠れた瑕疵によって生じた損害の賠償である（民364条）。後順位者が現れる可能性が少ないため、抵当権（民374条参照）よりも広い。
　㋑　効力の及ぶ目的物の範囲
　質物の「従物」については、それが引き渡されていれば効力が及ぶ（民87条2項）。また、質権者は、果実を収受し、優先的に弁済に充当することができる（民350条・297条）。なお、物上代位も一般的に認められる。
　㋒　留置的効力
　質権者は債権の弁済を受けるまで目的物を留置することができる（民347条）。ただし、動産質権者は、自己に対して優先権を有する債権者、すなわち、先順位質権者（民法355条）、動産質権者に優先する動産先取特権者（民334条・330条2項）には、留置的効力を対抗できない（民法347条）。これらの債権者が、その質物につき執行すると、動産質権者は、その引渡しを拒むことができず、配当手続の中で配当要求ができるだけである（民執192条・133条）。
　㋓　優先弁済権
　優先弁済を受ける方法は、原則として、質権者が民事執行法の規定に従って質物を換価し、その代金から弁済を受けることである（民執190条・192条）。また、動産質権者は、その債権の弁済を受けないときは、「正当な理由」がある場合に限り、鑑定人の評価に従い質物をもってただちに弁済に充てることを、裁判所に請求することができる（簡易の弁済充当。民354条）。この場合、質権者は、あらかじめ債務者にその請求をする旨を通知することが必要である（同条ただし書）。「正当な理由」とは、質物の価格が低くて競売しても費用倒れになる場合や、競売しても買う者がいなくて安くなる場合などである。
　流質契約は禁止されている。すなわち、質権設定者は、設定行為または債務の弁済期前の契約において、質権者に弁済として質物の所有権を取得させ、その他法律に定める方法によらないで質物を処分させることを約するこ

とができない（民349条）。もっとも、被担保債権が商行為によって生じた場合（商515条）と営業質屋（質屋19条）の場合は、流質契約が許容されている。

なお、数個の債権を担保するため、同一の動産につき質権を設定したときは、その質権の順位は設定の前後による（民355条）。

(オ) 転質権

質権者は、その権利の存続期間内において、自己の責任で、質物について、転質をすることができる（民348条）。このように元の設定者（所有者）の承諾なしに転質をなすことを「責任転質」という。これに対して、設定者の承諾を得た転質（民法350条が準用する民法298条2項参照）を「承諾転質」とよぶ。

なお、かつては転質権の債権額が原質権の債権額を超えないことが要件とされていたが、転質権の債権額が原質権の債権額を超過する場合であっても、転質権は超過しない債権額の範囲で成立すると解されている[注4]。

(3) 不動産質

ア　設　定

(ア)　目的物

不動産質権の目的は、土地および建物である。立木ニ関スル法律に基づいて登記された立木（立木法2条1項）、工場財団（工抵14条1項）、鉱業財団（鉱抵3条）、漁業財団（漁抵6条）などは、一個の不動産として取り扱われるが、質権の対象とはならない。

(イ)　存続期間

不動産質権の存続期間は、10年を超えることができず、これより長い期間を定めたときは、その期間は10年に短縮される（民360条1項）。この期間は更新することができるが、更新のときから10年を超えることができない（民360条2項）。

(ウ)　要物契約性

不動産質権の設定契約も要物契約である。たとえ登記をしても、目的物の

(注4) 道垣内3版97頁。

引渡しがなければ質権の効力は発生せず、後に引渡しをしても登記のときに遡って効力を生じることはない[注5]。

(エ) 対抗要件

不動産質権の対抗要件は、動産質権と異なり、登記である（民177条、不登1条）。

イ 効 力

(ア) 被担保債権の範囲

被担保債権の範囲は、基本的には動産質権と同様であるが、被担保債権額は登記をしなければ第三者に対抗できない（不登95条1項・83条1項1号）。また、特約がなければ利息を請求することができず（民358条・359条）、この特約も登記をしなければ対抗できない（不登95条1項2号）。

(イ) 効力の及ぶ目的物の範囲

抵当権の規定が準用されるため、目的物の範囲は民法370条によって定まる。ただし、不動産質権者は使用収益権を有するので、その効力は果実に及ぶ。なお、物上代位も一般的に認められる。

(ウ) 使用・収益権

不動産質権者は、目的物を使用・収益する権利を持つ（民356条）。また、これに対応して、不動産質権者は、管理費用等を負担しなければならず（民357条）、特約がない限り利息を請求することができない（民358条）。

(エ) 優先弁済権

不動産質権には抵当権の規定が準用されるので（民361条）、その実行方法は、競売によることになる。動産質権におけるような簡易の弁済充当はできない。なお、流質契約は禁止されている（民349条）。

不動産質権相互の間および抵当権との間の優劣は、登記の先後による（民361条・373条）。不動産質権と先取特権との間の順位は、抵当権と先取特権との間の順位と同様になる（民361条）。

(オ) 転質権

不動産質権についても、動産質権と同様、転質が認められる。

（注5） 大判明42・11・8民録15輯867頁。

(4) **権利質**

ア　設　定

(ア)　権利質の種類

質権は、財産権をその目的とすることができる（権利質。民362条）。「財産権」には、動産及び不動産以外の債権、株式、知的財産権、不動産物権などが含まれる。以下、債権を目的とする質権（債権質）を中心に説明する。

(イ)　債権質の目的

債権は譲渡性があるため（民466条1項本文）、原則として質権の目的となり得る。しかし、性質上譲渡性のない債権（同項ただし書）、法律上処分や担保設定が禁止されている債権（例えば、扶養を受ける権利〔民881条〕や恩給を受ける権利〔恩給11条1項〕）、譲渡禁止特約が付いている債権（民466条2項）などは、質権の目的とすることができない（民343条）。

(ウ)　要物契約性

債権質については要物契約性が緩和されている。債権譲渡に債権証書の交付が要求される債権は、その証書の交付が質権設定の効力発生要件となるが（民363条）、それ以外の債権については、証書の交付を要しない。

(エ)　対抗要件

債権質の対抗要件は、債権の種類によって異なる。

指名債権については、債権譲渡と同様、第三債務者に質権設定を通知するか、第三債務者がこれを承諾しなければ、第三債務者その他の第三者に対抗することができない（民364条・467条1項）。また、この通知・承諾は、確定日付のある証書で行わなければ、第三債務者以外の第三者に対抗できない（民364条・467条2項）。なお、法人が債権質を設定する場合には、債権譲渡登記ファイルへの質権設定登記により、民法467条2項の確定日付ある証書による通知があったものとみなされる（動産債権譲渡特14条）。

指図債権については、証書に質権設定の裏書をすることが対抗要件とされる（民365条）。

無記名債権は、動産とみなされるので（民86条3項）、証書の継続的占有が対抗要件となる（民352条）。

イ　効　力

(ｱ)　被担保債権の範囲

動産質権と同様である。

(ｲ)　効力の及ぶ目的物の範囲

質入れされた債権が利息付きのときは、質権の効力は利息債権にも及ぶ（民87条2項）。目的債権を担保している保証債務や担保物権があるときは、随伴性により、質権の効力はこれらに及ぶ。なお、物上代位も一般的に認められる。

(ｳ)　留置的効力

債権質については、留置的効力を観念する意味はない[注6]。

(ｴ)　優先弁済権

債権質について優先弁済を受ける方法としては、債権の直接取立てと担保権としての債権質権の実行がある。

まず、質権者は、質権の目的たる債権を直接に取り立てることができる（民366条1項）。ただし、債権の目的が金銭であるときは、取り立てることができるのは、自己の債権額に対応する部分に限られる（同条2項）。また、目的債権の弁済期が被担保債権の弁済期以前に到来したときは、質権者は第三債務者にその弁済金額を供託させることができる。この場合は、質権はその供託金について存在する（同条3項）。債権の目的物が金銭でないときは、質権者は弁済として受け取った物について質権を有する（同条4項）。

次に、質権者は、民事執行法に基づき、担保権の実行手続をとることができる（民執193条）。具体的には、取立訴訟（民執157条）、転付命令（民執159条）、換価等が認められている。

なお、債権質についても、流質契約は禁止される（民362条2項・349条）。

(ｵ)　転質権

不動産質権についても、他の質権と同様、転質が認められる。

（注6）内田Ⅲ3版494頁。

ウ その他の権利を目的とする質権

(ｱ) 株　式

株券発行会社の株式については、株券を質権者に交付することによって質権が設定され（会146条2項）、株券の継続的占有が発行会社その他の第三者への対抗要件となる（会147条2項）。他方、株券不発行会社の株式については、当事者の意思表示のみによって質権が設定されるが、株主名簿に質権者を記載・記録することが発行会社その他の第三者への対抗要件となる（同条1項）。

(ｲ) 知的財産権

特許権、実用新案権、意匠権、商標権、著作権などの知的財産権に対する質権の設定については、それぞれの特別法に定めがある。例えば、特許権を目的とする質権は、特許庁に備える特許原簿に登録されなければ、その効力を生じない（特許98条1項3号）。

(ｳ) 不動産物権

地上権、永小作権、地役権など、不動産の利用を目的とする物権にも、質権を設定することができる。これらの質権の設定は、権利の客体である土地の引渡しを効力発生要件とし（民344条）、その対抗要件は登記である。

2　各種倒産手続における質権の取扱い

(1) 破　産

ア　別除権

(ｱ) 別除権行使の方法

破産法上、質権は、別除権である（破2条9項）。別除権は、破産手続によらずに、その行使をすることができる（破65条1項）。具体的には、質権者は、目的物の種類に応じ、民事執行法所定の担保権の実行としての競売等を行うことができる。また、目的物が動産である場合は簡易の弁済充当（民354条）、目的物が債権である場合は債権の直接取立て（民366条）を行うことができる。また、目的物が動産で、商事質権（商515条）や営業質屋（質屋19条）の場合には、流質契約に基づく任意処分も可能である。

第2章　抵当権・根抵当権・質権・留置権・先取特権

(イ)　破産法上の制約

破産管財人は、別除権者に対し、別除権の目的物の提示を求め（破154条1項）、自らその評価をすることができ（同条2項）、あるいは、裁判所の許可を得て、目的物を受け戻すことができる（破78条2項14号）。また、破産管財人は、自ら民事執行法等の規定により、目的物を換価することができる（自助売却権。破184条2項）。もっとも、質権の場合、質権者が目的物を占有していることから、破産管財人が自助売却権を行使することは事実上困難である[注7]。

また、別除権者が法律に定められた方法によらず別除権の目的物を任意処分する権利を有するときは、裁判所は、破産管財人の申立てにより、その処分期間を定めることができ（破185条1項）、その期間が経過すると別除権者の任意処分権は失われる（同条2項）。質権では、商事質権において流質契約がある場合や、銀行取引約定において銀行に目的物の任意処分権が認められている場合は、質権者が速やかに処分しないときは、破産管財人は裁判所に対して、処分すべき期間の指定を申し立てることができる[注8]。

さらに、破産管財人は、担保権消滅請求制度により、担保権を消滅させた上で目的物を任意売却することができる（破187条以下）。なお、民事再生や会社更生では、倒産手続開始申立後に担保権実行手続の中止の制度があるが（民再31条1項等）、破産手続では、担保権の実行手続は中止命令の対象外である（破24条）。

イ　質権固有の問題

質権については、上記において個別に言及した点以外に、他の担保権（別除権）と異なる固有の問題はとくに見当たらない。

(2) **民事再生**

ア　別除権

民再法上、質権は、別除権として扱われる（民再53条1項）。別除権は、再生

(注7)　田原睦夫「各種倒産手続と担保権の取扱い――概論」倒産手続と担保権9頁。
(注8)　田原・前掲（注7）論文9頁。

手続によらないで、行使することができる（民再53条2項）。質権の具体的な権利行使の方法は、破産の場合と同様である。

しかし、破産の場合と異なり、再生手続開始申立後、裁判所は、申立てによりまたは職権で、相当の期間を定めて担保権の実行手続の中止を命ずることができる（民再31条1項）。再生債務者は、担保権の実行を妨げるためには、実行手続の中止命令を得た上で、別除権者と別除権協定を締結することが必要である。また、再生債務者は、担保権消滅請求制度により、担保権を消滅させた上で目的物を任意売却することができる（民再184条以下）。

　　イ　質権固有の問題

質権について、他の担保権（別除権）と異なる固有の問題はとくに見当たらない。

(3)　**会社更生**
　　ア　更生担保権
　　(ｱ)　個別実行の禁止

会社更生法上、質権の被担保債権は更生担保権として扱われる（会更2条10項）。更生担保権は、更生手続に組み込まれ、更生手続開始後は、原則として更生計画の定めるところによらなければ、弁済することができない（会更47条1項）。

また、更生手続開始申立後、裁判所は、申立てによりまたは職権で担保権の実行手続の中止を命ずることができ（会更24条1項）、更生手続開始後は、担保権の実行は禁止され、すでにされている担保権の実行手続は中止される（会更50条1項）。

さらに、管財人において担保権の目的物を換価する必要がある場合には、更生計画認可前の段階であっても、担保権消滅請求制度により担保権を消滅させることができる（会更104条以下）。また、管財人は、担保権者の同意を得た場合、裁判所の許可を得た上で、他の目的物に担保を変換することができる（会更72条2項9号）。

　　(ｲ)　担保権実行禁止の解除

裁判所は、更生担保権に係る財産が事業の更生のために必要でないことが

明らかであるときは、更生計画案を決議に付する旨の決定があるまでの間において、管財人の申立てによりまたは職権で、担保権の実行の禁止を解除する旨の決定をすることができる（会更50条7項）。

　イ　質権固有の問題
　㈰　商事留置権消滅請求の類推適用

　更生手続開始決定後は、質権者はその実行をすることは許されないが、目的物を留置する効力は失われない。そこで、会社が目的物の占有を回復できないことが、更生手続の妨げになる可能性があり得ることから、留置権の消滅請求の制度を類推すべきであるという見解がある(注9)。もっとも、留置権は法定担保物権という性質上、債務者の事業に必要な財産が債務者の意向に関係なく債権者に留置されることがあるのに対し、質権は当事者の合意に基づく約定担保物権であるから、債務者は目的物の占有を回復できなくても事業継続にとくに支障がないことが多いことが指摘されている(注10)。

　㈪　流質契約の中止命令

　更生手続開始申立後に、質権の実行としての競売は中止命令の対象になるが、流質契約に基づく実行については、中止命令の対象にならないと解されている(注11)。これに対し、更生手続開始決定によって流質契約の実行も当然に禁止されると解する以上、その先取り規定である中止命令の制度の対象にならないと解することには疑問があるとして、中止命令の規定を類推適用すべきとする見解もある(注12)。

　㈫　債権質の第三債務者の供託

　債権質については、更生手続開始決定後、更生計画認可決定までは、質権者も管財人もその目的債権を取り立てることができない。そこで、質権の目的が金銭債権である場合、第三債務者はその金銭債権の額を供託して、その債務を免れることができる（会更113条1項）。その場合、更生担保権者は、

（注9）須藤英章「質権」金判719号（1985年）142頁。
（注10）注解会社更生法435頁。須藤・前掲（注9）論文142頁参照。
（注11）条解会社更生法(上)334頁、注解会社更生法435頁。
（注12）須藤・前掲（注9）論文142頁。

(エ)　自己に対する債権上の質権

　自己に対する債権の上に質権を有する債権者（例えば、自己に対する定期預金債権の上に質権を設定している銀行）は、債権届出期間内に質権の目的たる債権と被担保債権とが相殺適状になれば、質権を放棄して相殺することができる[注13]。この結果、債権者は更生手続によらずに弁済を受けることになるが、更生手続開始後も相殺は可能であるから、相殺禁止に該当しない限り、相殺は禁じられないとされる。

　(オ)　火災保険金請求権上の質権

　火災保険金請求権を目的とする質権については、具体化していない火災保険金請求権が更生担保権として扱われるか否か、目的物の価額の評価方法等の問題があるが、この点についてはⅡ－9参照。

(4)　特別清算

ア　担保権の取扱い

　特別清算において、質権を含む担保権（会522条2項）は、手続外において自由に行使することができる。

　これに対し、破産の場合と異なり、特別清算手続開始後、裁判所は、申立てによりまたは職権で、相当の期間を定めて担保権の実行手続の中止を命ずることができる（会516条）。一方、破産と同様、清算株式会社は、民事執行法等の規定により、目的物を換価することができる（自助売却権。会538条1項）。

イ　質権固有の問題

　質権について、他の担保権と異なる固有の問題はとくに見当たらない。

(注13)　長谷部由起子「更生手続と質権」判タ866号（1995年）268頁。

Ⅱ－9　更生手続における火災保険請求権に対する質権の取扱い

弁護士　江木　晋

1　はじめに

　会更法では、抵当権者および質権者は更生担保権者として扱われる（会更2条10号）。更生担保権者が権利を行使するには、被担保債権を更生担保権として届出て、更生手続に参加しなければならない（会更135条1項・138条2項）。そして、更生担保権者は、担保目的物を手続開始時の時価で評価した価額の範囲内で更生手続に参加することになるので、更生手続に参加しようとする担保権者は、担保目的物の価額を自ら評価して、裁判所に届け出なければならない。また、更生担保権者は、更生計画によらずに弁済を受けることは原則としてできず（会更47条1項）、更生手続開始後に担保権を実行することはできず、すでにされている担保権の実行手続は中止される（会更50条1項）ことになる。

　ところで、質権は、債権等の権利をその質権の目的として設定することが可能である（民363条）。実務上、建物を抵当目的物とする抵当権の設定に伴い、当該建物を対象として（以下、「付保建物」という）、火災保険契約を締結し、その火災保険金請求権に対して、質権を設定するという例がきわめて多い。

　この場合、火災保険金請求権上の質権が、更生手続においてどのように取り扱われるかについて、場合を分けて検討する。

2　付保建物に抵当権のみが設定されている場合

(1)　更生担保権としての取扱について

　問題となるケースは、更生手続の開始時にいまだ火災が発生してはいなかったが、その後火災が発生し、火災保険金が支払われることになった場合である。

(2) 火災の発生と物上代位

この場合、付保建物に抵当権を有する更生担保権者は、物上代位（民304条・372条）によって火災保険金の上に権利行使することができるが、保険会社から保険金が支払われる前に差押えをしなければならない。しかし、更生手続が開始されると、会社財産に対して既になされている強制執行は当然に中止され（会更50条1項）、更生担保権者による新たな担保権実行も禁止される（会更47条1項）。そこで、物上代位の要件である差押えが不可能になるのではないかという問題が生じる[注1]。

この場合に限って例外的に物上代位権者に対し、差押えを認めるという見解もあるが、会更法50条1項の文言に反するし、さらに転付命令や取立命令を許すとすれば、弁済禁止の規定にも反することになる（会更47条1項）。

条文上の根拠には乏しいが、民法366条3項に準じて、保険会社に対して、保険金を供託するよう請求し、供託された金銭の上に、物上代位の効力を及ぼすことができるものと解すべきであろう[注2]。

3 付保建物に抵当権が設定され、火災保険金請求権に質権が設定されている場合

(1) 一般的に想定されるケース

保険金が支払われる前の差押えの煩を避け、かつほかからの差押えと競合した場合でも優先的地位を占め得るように、付保建物に抵当権を設定するだけでなく、火災保険金請求権に質権を設定している場合が多く見られる[注3]。

(2) 更生担保権としての取扱いについて

この場合、更生手続において、抵当権者が、抵当権によって担保されている債権について更生担保権者として取り扱われることは当然である。

(注1) 条解会社更生法(中)537頁。
(注2) 須藤英章「質権」金判719号（1985年）143頁。
(注3) 島谷六郎「更生手続と質権」金判554号（1978年）98頁。

(3) 更生担保権の届出

したがって、抵当権者は、付保建物に対する抵当権について、更生担保権の届出をすべきであるが（会更138条2項）、このほかに、火災保険金請求権に対する質権についても、更生担保権の届出をする必要があるのだろうか。

火災が発生した場合に、抵当権者は、物上代位により火災保険金請求権についても効力を主張できるのであるから、質権によって担保される価値は抵当権による価値に包含されているとみることができる。そうだとすれば、抵当権者としては、付保建物に対する抵当権によって担保されている範囲内で、更生担保権として扱われれば十分ということになる。

しかし、実務的には、更生担保権の届出に際し、債権が火災保険金請求権に対する質権によっても担保されている旨を届け出ておくべきである。

なぜなら、このような届出がなされていると、更生計画において、その更生担保権について、火災保険金請求権上の質権により担保される旨を定めるかどうかの判断に当たって参考になるからである[注4]。

(4) 更生担保権届出後に火災が発生した場合

では、更生担保権届出後に付保建物が火災により消滅したときは、火災保険金請求権の上に質権を有する者は、質権の実行として、保険会社から直接に保険金を取り立てることができるであろうか（民366条1項）。

会更法47条1項により、新たな担保権の実行が禁止され、また、更生担保権の弁済を受けることも禁止されているので、質権者が直接取り立てて、弁済充当を受けることはできない。ただ、質権者は保険会社に対して保険金の供託を請求することができ（民366条3項本文）、保険金の供託がなされたときは、その供託された金銭の上に質権を有することになるものと解されよう（同条3項2文）[注5]。

（注4）条解会社更生法(中)535頁。
（注5）島谷・前掲（注3）論文97頁。

4 火災保険金請求権にのみ質権が設定されている場合

(1) 更生担保権としての取扱いについて

次に、会社所有の付保建物に対し抵当権の設定を受けておらず、単に当該建物について付された火災保険金請求権に対して質権のみを有しているにすぎない場合、この質権者は更生担保権者として取り扱われるべきであろうか。

更生債権または会社以外の者に対する財産上の請求権が、火災保険金請求権に対する質権によって担保されていることは間違いなく、更生担保権として取り扱うべきである[注6]。

その際、問題となるのは、付保建物につき火災が発生したら保険金を請求できるという条件付きの権利をどのように評価すべきかという点である。

(2) 担保目的物の価額の評価

ア 火災が発生せずに更生手続が開始された場合

質権の目的である保険金請求権は具体化していないので、担保目的物の価格の評価はきわめて困難である。

すでに納付した保険料相当額についてのみ、更生担保権として取り扱われるとする見解[注7]があるが、これに対しては、掛捨ての火災保険では、火災事故が発生しないままで保険期間が経過すると保険料は返還されずに終わるから、条件未成就の間は財産的価値としては無価値ではないかとする指摘[注8]がある。掛捨ての場合は、条件が成就した場合の保険金額と保険事故の発生率を基準にしてその価値を算定し、支払保険料の一部が返戻される約定の場合は、その金額を加算して評価すると考えることもできよう[注9]。

(注6) 島谷・前掲（注3）論文97頁。
(注7) 条解会社更生法(中)535頁。
(注8) 島谷・前掲（注3）論文98頁。
(注9) 須藤・前掲（注2）論文143頁。

イ　火災が発生した場合

(ア)　更生手続開始前に火災が発生した場合

開始時に火災保険金請求権が発生しているのであるから、その金額により更生担保権を算定すべきである。

(イ)　更生手続開始後に火災が発生した場合

火災保険金請求権上の担保権者は、全額につき更生担保権者として取り扱われると解すべきであり、更生担保権の届出に際しては、火災保険料相当額を超える部分については一般更生債権として、火災保険料相当額の範囲については更生担保権として届け出て、届出期間経過後に条件が成就した場合には、変更の届出（会更139条1項）ができるとする見解がある[注10]。

この見解に対し、更生担保権の価額は、開始時の担保目的物の時価により決定されるのであり、その後目的物の価値が増大しても、更生担保権が増大するわけではない（会更2条10号）。火災保険金請求権の時価は、開始時においては、保険期間内に火災が発生する蓋然性により客観的に定まっているのであって、その後の火災の発生による権利の具体化は、開始後の事情による価値の増大であるから、開始から保険期間満了までの火災発生の蓋然性を元に算定した評価額をもって更生担保権の価額とすべきであるとする見解も主張されている[注11]。

5　保険期間満了後の更新義務

ところで、保険期間が更生手続開始後に満了した場合に、保険契約を継続させて火災保険金請求権上にさらに質権を設定することができるであろうか。

担保を必要とする期間が火災保険契約期間より長いときは、債権者・債務者間において、火災保険金請求権上に質権を設定する旨の合意があると解されるので、その合意効力は、更生手続開始後の管財人をも拘束すると考えられてい

(注10)　条解会社更生法(中)536頁、島谷・前掲（注3）論文97頁。

(注11)　長井秀典「更生担保権をめぐる諸問題」門口正人編『会社更生・会社整理・特別清算〔現代裁判法体系⑳〕』（新日本法規、1998年）138頁。

る。管財人は、裁判所の許可を得て、保険契約を継続し、火災保険金請求権上に担保権を設定するとともに、対抗要件を充足させる義務を負うものと解されよう[注12]。

(注12) 条解会社更生法㈬536頁。

Ⅱ－10　民事留置権・商事留置権（総論）

弁護士　篠田　憲明
弁護士　依田　渓一

1　はじめに

　留置権には、民事留置権（民法上の留置権）と商事留置権（商法または会社法の規定による留置権）がある。両者は実体法上の要件のほか、破産法・民再法・会更法における各取扱いも異にする。そこで、以下、それぞれの実体法上の定義・効力・要件について概観した上で（後記2・3）、両者の各倒産手続における取扱いを説明する（後記4・5）。なお、両者の各倒産手続における取扱いについては、現行制度の是非の観点から論じた本章Ⅳ－5も参照されたい。

2　民事留置権の定義・効力・要件

(1)　定　義

　民事留置権とは、他人の物の占有者がその物に関して生じた債権をもっている場合に、その債権の弁済を受けるまでその物を留置する権利[注1]である。

(2)　効　力

　留置権には以下の効力が認められ、債権の効力が強められる。ただし、その効果は心理的なものでしかなく（物が相手方にとって必要であれば事実上弁済を強制し得る）、本来的な意味での優先弁済権（物を換価して優先的に弁済を受ける権利）はなく[注2]、担保物権としての法的効力は弱い[注3]。

（注1）　我妻Ⅲ19頁。

ア　留置的効力

留置権者は、他人の物を留置してその引渡しを拒絶することができる（留置的効力）[注4]。

この「留置」の内容が、特に、不動産の場合に問題となる。判例は、民法298条2項ただし書に規定する「保存に必要な使用」に当たるならば留置権の目的物たる不動産の継続使用を許すが、それから外れる場合は不動産の継続使用を認めないという立場である[注5]。

なお、留置権者が目的物を使用したことによって得た利益は、不当利得として所有者に返還しなければならない[注6]。

イ　不可分性

留置権者は、債権の全額の弁済を受けるまで目的物の全部を留置することができ（民296条）、また、目的物の一部を債務者に引き渡した場合も、特段の事情のない限り、残部が債権の全部を担保する（被担保債権が縮減するわけではない）[注7]。

ウ　事実上の優先弁済権（他の債権者が目的物を競売した場合）

㋐　目的物が動産の場合

留置権の目的物の所有者に対する他の債権者は、留置権者が目的物を執行官に提出することを拒む限り、それを差し押えることができない（民執124条・190条1項）。したがって、他の債権者は、留置権者に対し被担保債権を弁済した上でないと、事実上、差押えができない。

（注2）民法295条と同法303条・342条・369条を対比。
（注3）内田Ⅲ3版501〜502頁。
（注4）近江幸治『民法講義Ⅲ　担保物権〔第2版補訂〕』（成文堂、2007年）32頁。
（注5）近江・前掲（注4）書32頁。具体的には、判例は、借家の場合について居住することは「保存に必要な使用」であるとする（大判昭10・5・13民集14巻876頁）。一方、借地の場合について土地上の建物を第三者に賃貸することは「保存に必要な使用」の範囲を超えて許されないとする（大判昭10・12・24新聞3939号17頁）。
（注6）近江・前掲（注4）書33頁。
（注7）内田Ⅲ3版503頁。

(イ) 目的物が不動産の場合

留置権者が目的物を占有していても、目的物の所有者に対する他の債権者による差押え、競売手続は進行するが、競売によって留置権は消滅せず、買受人は留置権の被担保債権を弁済しなければ引渡しを受けられない（民執59条4項・188条）。

エ　競売権（留置権者自ら目的物を競売する場合）

留置権者には優先弁済権がないため、民執法180条以下による担保権の実行としての競売等の手続をとることはできない。しかし、被担保債権の弁済を受けるまで目的物の留置を継続しなければならない負担から留置権者を解放するため、留置権者には競売権が与えられている（民執195条）。もっとも、その手続については「担保権の実行としての競売の例による」とされているにとどまり具体的な競売手続の内容は規定されておらず（民執195条。形式的競売[注8]）、具体的な競売手続の内容については解釈に委ねられている。そして、①売却条件として引受主義（目的物上の担保権は競売による買受人が引き受けるとの考え方）または消除主義（目的物上の担保権は競売によって消滅させ、競売による買受人に負担のない目的物を取得させるとの考え方）のいずれを採るか、②配当要求を認めるか、③目的物売却後の換価金の処遇（配当等の手続の有無および配当等の手続の実施方法[注9]）について、特に議論が行われている。

引受主義によれば、目的物が不動産の場合、①不動産上の担保権は売却により消滅せず買受人がその負担を引き受けることとなり、②配当要求は認められ

（注8）形式的競売の用語は、民法、商法その他の法律の規定による換価のための競売を指すものとして用いられるほか、留置権による競売を含めて用いられることもある（香川保一監修『注釈民事執行法(8)』〔金融財政事情研究会、1995年〕284頁〔園尾隆司〕、本田晃「形式的競売と交付要求・配当要求」山﨑恒＝山田俊雄編『新・裁判実務大系(12)民事執行法』〔青林書院、2001年〕417頁）。ここでは留置権による競売も含めて形式的競売の語を用いることとする。

（注9）留置権者が換価金を自己の債権に充当することが許されないのであれば、債権者に対する弁済金の交付としての意味を有しないことになり、「配当等」と呼ぶのは適切ではないとの指摘もある（鈴木忠一＝三ヶ月章編『注解民事執行法(5)』〔第一法規、1985年〕387頁〔近藤崇晴〕）。

ない。③配当等の手続は実施されず、換価金を供託するとの根拠規定もないことから、換価金は競売申立人のみに交付されることとなる[注10]。しかし、この考え方に対しては、不動産上に競売の根拠となった留置権以外の担保権がある場合、競売により当該担保権が消滅せず買受人がその負担を引き受けることとなるが、買受人の権利が不安定となり競売による不動産売却が困難となるとの難点が指摘されている[注11]。また、動産競売について、動産上に動産先取特権や動産質権がある場合、買受人は動産先取特権や動産質権の負担を引き受けないことが明文上規定されており（民333条・352条）、引受主義を貫徹できないとの指摘もある[注12]。

一方、消除主義によれば、①目的物が不動産でも動産でも、留置権による競売について、売却により目的物上の担保権が消滅し、②配当要求を認めるという考え方に親和性をもつ[注13]。③配当等の手続においては、留置権者は配当手続上、常に一般債権者と同順位で配当を受けるべきとする考え方（留置権による換価を「担保権の行使」とみる立場に基づく）と優先債権者および一般債権者に対する配当を実施した後になお余剰があれば全額を換価金として留置権者に交付するとの考え方（留置権による換価を「自助売却」とみる立場に基づく。ただし、留置権の被担保債務者と目的物の所有者とが同一である場合には、留置権者は自らの請求債権に基づいて配当要求を当然に行っているものと考えて、留置権者を一般債権者と同順位で配当に与らせることも可能である）に大別される[注14]。

消除主義は、競売による不動産売却を円滑に進めることができること等か

(注10) 香川監修・前掲（注8）書289頁〔園尾〕。

(注11) 香川監修・前掲（注8）書289頁〔園尾〕。

(注12) 香川監修・前掲（注8）書290頁〔園尾〕。なお、この点については、民法333条・352条は明文上の例外規定と解し得るので、消除主義を採用すべき決定的な根拠にはならないとも考えられる（本田・前掲（注8）論文422〜423頁参照）。

(注13) もっとも、消除説を採る学説の中には先取特権者の配当要求は認めるが一般債権者の配当要求は認めないとする説や先取特権者を含め一切の債権者の配当要求を認めない説もある（香川監修・前掲（注8）書290〜291頁〔園尾〕）。

(注14) 東京地方裁判所民事執行センター実務研究会編『民事執行の実務〔第3版〕不動産執行編(下)』386頁。

ら、主として実務家の中でこれを支持する見解が有力となってきているとされる[注15]。東京地方裁判所民事執行センターにおける運用としては、①売却条件につき消除主義を採用し[注16]、②配当要求については、少なくとも不動産については、一般債権者の配当要求を認めるようである[注17]。③また、配当等の手続を実施するが[注18]配当順位について取扱いは定まっておらず、売却代金から手続費用を控除した残額を担保権を有する債権者および交付要求庁に配当した上で、残額があれば留置権者についても一般債権者と同順位で配当し、なお残額があれば所有者に交付するという考え方が示されている[注19]。

オ　留置中の留置権者の権利義務

留置権者は果実収取権（民297条1項）や費用償還請求権（留置物につき必要費や有益費を支出したとき。民299条）を有する。

また、留置権者は留置物の保管について善管注意義務を負い（民298条1項）、目的物の保存に必要な使用を除き債務者の承諾なしに目的物を使用・賃貸・担保供与することはできない（同条2項）。留置権者がこれらの義務に違反した場合、債務者は留置権の消滅を請求することができる（同条3項）。

カ　留置権の消滅

留置権は、目的物の滅失・混同や被担保債権の消滅（時効消滅等）、占有の喪失（民302条）、債務者（留置権の成立後に目的物が譲渡された時は目的物の所有者）の破産（破66条3項）によって消滅するほか、留置権者の義務違反があった場合における債務者からの消滅請求（民298条3項。前記オ参照）や債権額相当の担保（担保の種類は問わない[注20]）を供しての消滅請求（民法上の留置権消

(注15)　香川監修・前掲（注8）書288〜290頁〔園尾〕。
(注16)　東京地方裁判所民事執行センター実務研究会編・前掲（注14）書381頁。
(注17)　東京地方裁判所民事執行センター実務研究会編・前掲（注14）書386頁。なお、動産については先取特権者の配当要求のみ認めるようであるとの指摘がある（倒産法改正展望293頁）。
(注18)　東京地方裁判所民事執行センター実務研究会編・前掲（注14）書386頁。
(注19)　東京地方裁判所民事執行センター実務研究会編・前掲（注14）書386頁。
(注20)　我妻Ⅲ46頁。被担保債権額に比べて過大な価値の物が留置されている場合等に実益がある。

滅請求。民301条）によっても消滅し得る。

(3) 要 件

民事留置権の成立要件は、①「他人の物」を占有していること、②「その物に関して生じた債権」を有すること（目的物と債権との牽連性）、③債権が弁済期にあること、④占有が不法行為によって始まったのではないことである[注21]。

ア 「他人の物」を占有していること（民295条1項本文）

債務者自身の所有物である必要はなく、債務者にその物の引渡請求権があれば足りる[注22]。

イ 「その物に関して生じた債権」を有すること（民295条1項本文）

目的物と債権との牽連性が認められるのは、一般に、(ア)債権が物自体から生じた場合と、(イ)債権が物の返還（引渡し）義務と同一の法律関係または事実関係から発生した場合とされる[注23]。

(ア) 債権が物自体から生じた場合

具体的には、他人の物の占有者がその物にかけた費用償還債権やその物から受けた損害賠償債権である[注24]。このうち費用償還請求権については、主に以下の点に関し、留置権が認められる範囲が問題となる。

(a) 建物買取請求権者（借地借家13条1項）による敷地の留置

判例は、建物の引渡拒絶の効力として、留置を肯定している（大判昭14・8・24民集18巻889頁参照）。もっとも、敷地分については建物買取請求権と直接的牽連性がないから、留置（占有）による利得を不当利得として返還しなければならない[注25]。ただし、留置権者は、その利得を果実に準じて自己の債権に優先的に充当することができると解される[注26]。

(注21) 内田Ⅲ3版503〜504頁。
(注22) 内田Ⅲ3版504頁、注民(8)31頁〔田中整爾〕。ただし、学説上は反対説もある（注民(8)31〜32頁〔田中〕）。
(注23) 内田Ⅲ3版504頁。
(注24) 近江・前掲（注4）書22〜23頁。
(注25) 近江・前掲（注4）書27頁。
(注26) 近江・前掲（注4）書27頁。

(b) 造作買取請求権者（借地借家33条）による建物の留置

判例は、造作買取請求権は造作物に関して生じた債権であって家屋に関して生じた債権ではないことから、留置を否定している（最判昭29・1・14民集8巻1号16頁等）[注27]。

(c) 敷金返還請求権者による建物の留置

判例は、建物明渡債務が敷金返還との関係では先履行義務であることから、否定している（最判昭49・9・2民集28巻6号1152頁）。

(イ) 債権が物の返還義務と同一の法律関係または事実関係から生じた場合

「同一の法律関係」とは、例えば、売買契約から生ずる物の引渡義務と代金債権、物の修理委託契約から生ずる修理物引渡義務と修理代金債権などの場合であり、「同一の事実関係」とは、例えば、2人の者が互いに傘を取り違えて持ち帰ったときの相互の返還義務の場合（契約関係のない場合）である[注28]。この点に関連して、目的物（占有物）に対する権利が第三者に譲渡された場合に第三者からの引渡請求に対して留置権を主張できるか問題となる。

(a) 当事者間ですでに留置権が成立した後に目的物が第三者に譲渡された場合（肯定）

例えば、Aが建物をBに売却しBは登記を経たが、Aは建物の明渡しをBによる残代金の支払と引換えに行うことを約したところ、Bが残代金を支払わないうちに第三者Cに建物を転売して登記を移転させた場合、AはCからの引渡請求に対して留置権を行使できる[注29]。留置権は物権であるので第三者対抗力を有し、第三者であるCはすでに成立しているAの留置権が付着した目的物を取得したからである[注30]。

(注27) これに対し、学説では、借地借家法が造作買取請求権を認めた趣旨（造作の附加によって建物全体の価値が増す一方、それを建物から分離すれば価値が激減すること）から肯定説に立つものがある（我妻Ⅲ30頁）。
(注28) 近江・前掲（注4）書23頁。
(注29) 最判昭47・11・16民集26巻9号1619頁。
(注30) 近江・前掲（注4）書24頁。

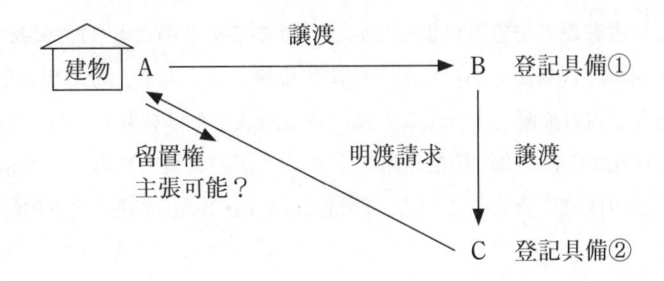

```
    建物  A ──────譲渡──────▶ B   登記具備①
         ▲                   │
         │                   │
      留置権    明渡請求      譲渡
      主張可能？              │
                             ▼
                             C   登記具備②
```

(b) 所有権帰属が未定の間に目的物に対する権利が第三者に移転した場合（否定）

例えば、Aが不動産をBおよびCに二重譲渡し、Bに占有を移転した一方で、Cに登記名義を移転し、CがBにその引渡しを請求した場合、BはAに対する損害賠償請求権を保全するために留置権を主張することはできない[注31]。

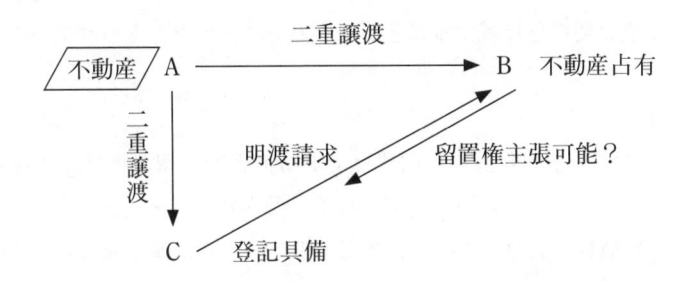

```
   不動産  A ─────二重譲渡────▶ B   不動産占有
         │                    ▲
      二 │     明渡請求        │
      重 │ ◀──────────  留置権主張可能？
      譲 │
      渡 ▼
         C   登記具備
```

ウ　債権が弁済期にあること（民295条1項ただし書）

留置権は占有物の引渡しの拒絶を内容とするものであり、弁済期前の債務の履行を間接に強制することは妥当でないため、債権が弁済期にあることを要する[注32]。

(注31) 最判昭43・11・21民集22巻12号2765頁。同判例は、BのAに対する損害賠償請求権はその物自体（当該不動産）を目的とする債権がその態様を変じたものであり、その物に関し生じた債権とはいえないことを理由としている。学説上も否定説が通説である（近江幸治『担保物権法〔新版補正版〕』〔弘文堂、1998年〕22～23頁）。

(注32) 注民(8)35頁〔田中〕。

エ　占有が不法行為によって始まったのではないこと（民295条2項）

占有開始時は適法であったが、後に無権原占有となり、その後に債権を取得した場合、占有権原を失ったことについて悪意または有過失であった場合には、判例は民法295条2項の類推適用により、上記の事後的に取得した債権について留置権の成立を否定している（最判昭46・7・16民集25巻5号749頁等）(注33)。

3　商事留置権の定義・効力・要件

(1) 定　義

商事留置権という呼称は内容的に必ずしも統一されておらず(注34)、商人間の留置権（商521条）のほか、代理商（商31条、会社20条）、問屋（商557条）、運送取扱人（商562条）、運送人（商589条）のための特別な留置権等、広く「商法又は会社法の規定による留置権」を意味する。商人間の留置権（商521条）については、商人間での取引の信用を重視し取引の安全を図るべく、民事留置権の原則的な成立要件を軽減することが、その立法趣旨と考えられている(注35)。

(2) 効　力

商事留置権のうち代表的な留置権である商人間の留置権（商521条）の効力および消滅については特別の規定はなく、民事留置権と同様である(注36)。ただし、商事留置権と民事留置権は、後記のとおり、各倒産手続における取扱いにおいて差異がみられる。

(3) 要　件

上記の商人間の留置権（商521条）の成立要件は、被担保債権に関しては、①当事者双方が商人であること、②その双方のための商行為によって生じたこ

（注33）学説の多数も判例を支持している（近江・前掲（注4）書30〜31頁）。
（注34）注民(8)18頁〔田中〕。
（注35）田中誠二ほか『コンメンタール商行為法』（勁草書房、1973年）157〜158頁。
（注36）田中ほか・前掲（注35）書160頁。

と（他から譲り受けた債権については成立しない）、③弁済期にあることであり、目的物に関しては、⒤債務者所有の物または有価証券であること、ⅱ債権者が債務者との間の商行為によって目的物の占有を得たことである[注37・38]。

商人間の留置権については、目的物と債権との牽連性を要しない点および目的物に有価証券が含まれる点で民事留置権よりも成立要件が広いが、他方で、目的物が債務者の所有する物に限定されている点等で民事留置権よりも成立要件が狭くなっている[注39]。

4 民事留置権の各倒産手続における取扱い

⑴ 破　産

ア　取扱い

民事留置権は破産財団に対してその効力を失う（破66条3項）[注40]。

イ　権利行使方法

前記アの結果、民事留置権者は目的物を管財人に引き渡さなければならず、被担保債権については一般の破産債権者として権利行使することとなる。

(注37) 田中ほか・前掲（注35）書158～159頁。

(注38) 他の各種の商事留置権については商人間の留置権と成立要件が異なる点がある。例えば、代理商の留置権は、①目的物が債権者・債務者間の商行為によって債権者の占有に帰したことを要しないこと、②目的物が債務者の所有に属することを要しないことといった点で、商人間の留置権と成立要件が異なる（田中誠二ほか『〔全訂〕コンメンタール　商法総則』〔勁草書房、1975年〕442～443頁）。

(注39) 田中ほか・前掲（注35）書160頁。

(注40) 民事留置権による競売は、破産手続開始申立後同決定があるまでの間、中止命令（破24条1項1号）や包括的禁止命令（破25条1項・3項）の対象となる。なお、破66条3項による民事留置権の効力の喪失は、破産財団に対するものであるから、破産手続開始決定後に民事留置権者が目的物を破産管財人に引き渡す等して留置権を失う前に破産手続が終了したときは、その留置権は破産手続開始前と同様にその効力を有する。ただし、免責許可申立てがありかつ破産手続廃止決定等があったときは競売は中止され、免責許可決定の確定によりその効力を失う（破249条1項・2項）。

(2) 民事再生

ア 取扱い

民再法上民事留置権を別除権とする規定はないため、再生手続において民事留置権は別除権とは認められず、その被担保債権は一般の再生債権として取り扱われる。その一方、民再法上、破産法のように民事留置権は効力を失うというような規定がないため、再生手続開始後も民事留置権は存続し、民事留置権者は再生債務者に対し留置的効力を主張し得る[注41・42]。

イ 権利行使方法

民事留置権の被担保債権は一般の再生債権にすぎないため、再生手続外の回収が禁止される（民再85条1項）。そのため、民事留置権者は、再生手続中、目的物の保持はできるが、強制的に被担保債権の満足を得る手段を有しない。

ウ 債務者側の対応

前記アおよびイのとおり、再生手続において民事留置権の被担保債権は一般の再生債権にすぎないため、再生手続外の回収が禁止されるが、その一方、民事留置権者は再生債務者に対し留置的効力を主張し得る。そのため、再生債務者が目的物を必要とする場合に採り得る方法が問題となる。

再生債務者は、担保権消滅請求（民再148条以下）は利用できない。同制度は、「53条1項に規定する担保権」がある場合に申立てができるとされているところ（民再148条1項）、同条から除外され別除権とされていない民事留置権を同制度の対象とすることには無理があるからである[注43]。

(注41) 山本克己「民事再生手続開始の効力」ジュリ1171号（2000年）32頁等。同旨の裁判例として東京地判平成17・6・10判タ1212号127頁がある。

(注42) 民事留置権による競売は、再生手続開始申立後同決定があるまでの間、中止命令（民再26条1項2号）や包括的禁止命令（民再27条1項・2項）の対象となり、裁判所は、事業の継続のために特に必要があると認めるときは中止した競売の取消しを命ずることができる（民再26条3項・27条4項）。また、再生手続開始決定によりすでに開始した競売手続は中止となるが（民再39条1項・26条1項2号）、裁判所は、再生に支障を来さないと認めるときは競売手続の続行を、再生のため必要があると認めるときは競売手続の取消しを命ずることができる（同条2項）。再生計画認可決定が確定したときは、民再法39条2項により続行されたものを除き、同条1項の規定により中止した競売手続はその効力を失う（民再184条）。

民法上の留置権消滅請求（民301条）の利用の可否については争いがある[注44]。実務上は和解（民再41条1項6号）による処理がなされる場面が多いものと考えられる[注45]。また、中小企業者に対する弁済（民再85条2項）、再生手続の円滑な進行のための少額債権に対する弁済（同条5項前段）や再生債務者の事業の継続に著しい支障を来さないための少額債権に対する弁済（同項後段）によりそれぞれ被担保債権を消滅させて民事留置権を消滅させる方法も考えられる。

(3) 会社更生
ア　取扱い

会更法上商事留置権が更生担保権の基礎となる担保権と認められているのに対し（会更2条10項）、民事留置権について同様の規定はないため、更生手続において民事留置権は更生担保権の基礎となる担保権とは認められず、その被担保債権は一般の更生債権として取り扱われる。その一方、前記(2)アと同様、更生手続開始後も民事留置権は存続し、民事留置権者は管財人に対し留置的効力を主張し得る[注46・47]。

イ　権利行使方法

前記(2)イと同様、民事留置権の被担保債権は一般の更生債権にすぎないため、更生手続外の回収が禁止される（会更47条1項）。そのため、民事留置権者は、更生手続中、目的物の保持はできるが、強制的に被担保債権の満足を得る手段を有しない。

ウ　債務者側の対応

前記アおよびイのとおり、更生手続において民事留置権の被担保債権は一般

(注43) 永石一郎編『倒産処理実務ハンドブック』（中央経済社、2007年）502～503頁。
(注44) 永石編・前掲（注43）書503頁が同制度の利用も考え得るとする一方、小林信明「留置権」倒産手続と担保権112頁は、民事留置権に対する同制度の利用は再生債権に対する担保提供であるから民再法85条1項に反するとする。
(注45) 新注釈民事再生法(上)2版296頁〔長沢美智子〕、永石編・前掲（注43）書503頁、小林・前掲（注44）論文112頁。
(注46) 永石編・前掲（注43）書503頁。伊藤・会社更生法74頁注100も参照。

の更生債権にすぎないため、更生手続外の回収が禁止されるが、その一方、民事留置権者は管財人に対し留置的効力を主張し得る。そのため、管財人が目的物を必要とする場合に採り得る方法が問題となる。

　前記(2)ウと同様、管財人は、担保権消滅請求（会更104条以下）は利用できない[注48]。

　実務上は和解（会更72条2項6号）による処理がなされる場面が多いものと考えられる[注49]。また、中小企業者に対する弁済（会更47条2項）、更生手続の円滑な進行のための少額更生債権等に対する弁済（同条5項前段）や更生会社の事業の継続に著しい支障を来さないための少額更生債権等に対する弁済（同条後段）によりそれぞれ被担保債権を消滅させて民事留置権を消滅させる方法のほか、民法上の留置権消滅請求（民301条）も考え得る[注50]。

(注47) 民事留置権による競売は、「更生債権等を被担保債権とする留置権による競売」（会更24条1項2号）に該当し、更生手続開始申立後同決定があるまでの間、中止命令（同号）や包括的禁止命令（会更25条1項・3項）の対象となる。また、裁判所は、事業の継続のために特に必要があると認めるときは中止した競売の取消しを命ずることができる（会更24条5項・25条5項）。加えて、更生手続開始決定によりすでに開始した競売手続は中止となるが（会更50条1項・24条1項2号）、裁判所は、更生に支障を来さないと認めるときは競売手続の続行を（同条5項）、更生のため必要があると認めるときは競売手続の取消しを命ずることができる（同条6項）。更生計画認可決定があったときは、会更法50条5項により続行されたものを除き、会更法50条1項の規定により中止した競売手続はその効力を失う（会更208条）。
(注48) 永石編・前掲（注43）書503頁。
(注49) 永石編・前掲（注43）書503頁。
(注50) 永石編・前掲（注43）書503頁。もっとも、再生手続における民事留置権に対する民法上の留置権消滅請求の利用は、再生債権に対する担保提供であるから、民再法85条1項に反するとの見解（小林・前掲（注44）論文112頁）にかんがみれば、更生手続における民事留置権に対する民法上の留置権消滅請求の利用も民再法85条1項と同様の規定である会更法47条1項に反するとの見解も考え得る。

5 商事留置権の各倒産手続における取扱い

(1) 破　産
ア　取扱い

　商事留置権は特別の先取特権とみなされ（破66条1項）[注51]、別除権として取り扱われるが（破2条9項・65条1項）、他の特別の先取特権に後れる（破66条2項）。なお、破産手続における商事留置権と抵当権との優劣に関し、①商事留置権は常に劣後するとの見解[注52]、②商事留置権の成立と抵当権設定登記との先後によるとの見解[注53]があり、また、③破産手続開始後も商事留置権の留置的効力は影響を受けず民執法59条4項の適用を認める（目的物の買受人が商事留置権者に弁済する責に任ずるので、商事留置権者が優先される結果となる）という解釈もあり得る[注54]。

イ　権利行使方法

　商事留置権は破産法上別除権として取り扱われる結果、破産手続外で行使でき（破65条1項）、商事留置権者は、特別の先取特権者として担保権実行としての競売を申し立て（民執180条以下）、その競売代金の配当を求めることができる。

ウ　債務者側の対応

　前記アおよびイのとおり、商事留置権は破産手続上別除権として取り扱われ破産手続外での行使が可能であるが、目的物の任意売却の場面や目的物を加工しまたは他の物件と併せて売却することによって破産財団の維持・増加を目的として目的物を破産財団へ回復する場面において、管財人が目的物を必要とす

(注51) これに関し、破産手続開始後もなお留置的効力が存続するかについては従来争いがあり、手形上の商事留置権について肯定説に立つと解される最判平10・7・14民集52巻5号1261頁がある。
(注52) 山本和彦「判批」金法1535号（1999年）9頁。
(注53) 東京高決平10・11・27判時1666号141頁等。破産・民事再生の実務(中)新版49頁も、商事留置権と他の担保物権との優劣に関し、他に特別の規定（民334条等）がある場合にはそれにより、ない場合には対抗要件具備の先後により優劣を決すべきとする。
(注54) 山本和彦「判批」金法1522号（1998年）15頁。

ることがある。その場合に管財人が採り得る方法が問題となる。
　(ア)　留置目的物の換価
　管財人は、強制競売手続により、目的物を換価できる（破184条2項）。ただし、商事留置権者の協力が得られなければ管財人が換価を実行することが困難になり得る。そのような場合には、管財人としては、下記(イ)(ウ)の方法や被担保債権の弁済による目的物の受戻し（破78条2項14号）、または破産財団からの目的物の放棄（同項12号）を検討することになる。
　(イ)　担保権消滅請求
　管財人は、目的物を任意売却する場合には、裁判所に対し、当該財産を任意に売却し所定の金額納付により当該財産上に存するすべての担保権を消滅させることの許可申立てをすることができる。ただし、当該担保権の消滅が破産債権者の一般の利益に適合し、かつ、当該担保権者の利益を不当に害しないことが求められる（破186条1項）。
　なお、売買契約の相手方から所定の金銭の納付がなされたとしても、商事留置権者が目的物の返還を拒む場合には、相手方は商事留置権者に対する通常訴訟（目的物返還請求訴訟）等によって解決せざるを得ない[注55]。
　(ウ)　商事留置権消滅請求
　管財人は、当該財産が事業継続に必要なとき（管財人が裁判所の許可を得て事業を継続する場合〔破36条〕）や当該財産の回復が破産財団の価値の維持・増加に資するときは、裁判所の許可を得て、当該財産の価額に相当する金銭を商事留置権者に弁済して商事留置権の消滅を請求し、当該財産を破産財団に取り戻すことができる（破192条）[注56]。
　許可に際しては、もっぱら、実体的要件の充足（当該財産が事業継続に必要なときや当該財産の回復が破産財団の価値の維持・増加に資するときに該当する

(注55)　これは再生手続や更生手続における担保権消滅請求でも同様である。
(注56)　更生手続では更生手続開始前において必要性が高いことから、保全段階での商事留置権消滅請求の制度が設けられている（後掲（注70）参照）。これに対し、破産手続では、更生手続に比べ申立てから開始決定までの期間が比較的短期間と見込まれるため、保全段階を対象とした同様の制度は設けられていない（大コンメ825頁〔沖野眞已〕）。なお、再生手続ではそもそも商事留置権消滅請求の制度が設けられていない（後掲（注64）参照）。

かどうか）が判断される。許可の判断の迅速性確保の観点から、弁済額の相当性は裁判所の許可に際して審理されない[注57]。

なお、商事留置権者が目的物の価額を争うなどして目的物の返還を拒む場合には、管財人は商事留置権者に対する通常訴訟（目的物返還請求訴訟）等によって解決せざるを得ない。そのため、迅速かつ円滑な財産の回復のために、管財人はまず商事留置権者と交渉をすることとなる[注58]。

(エ) 担保権消滅請求と商事留置権消滅請求との関係

担保権消滅請求が目的物の任意売却の場面を対象としているのに対し、商事留置権消滅請求はそのままでは価値が小さいが破産財団へ回復した上で加工または他の物件と併せて売却することによる破産財団の維持・増加を目的として任意売却の前段階として目的物を破産財団へ回復する場面を対象としている[注59]。制度上も、担保権消滅請求においては、担保権者の利益保護の観点から、①当該担保権者の利益を不当に害しないこととの要件が要求され（商事留置権消滅請求では要求されていない）、②担保権の実行の申立てや買受けの申出といった担保権者の対抗措置が設けられており（商事留置権消滅請求では売却を前提とした対抗措置は設けられていない）、③担保権者への弁済等は裁判所による配当または弁済金の交付の形で行われる（商事留置権消滅請求では直接商事留置権者に支払われる）といった差異がある[注60]。

(2) **民事再生**

ア 取扱い

商事留置権者は別除権者として取り扱われる（民再53条1項）[注61]。なお、商事留置権が他の特別の先取特権に後れるという規定（破66条2項参照）がな

(注57) 大コンメ829頁〔沖野〕・831頁〔沖野〕。
(注58) 大コンメ822頁〔沖野〕。
(注59) 大コンメ823頁〔沖野〕。
(注60) 大コンメ823〜824頁〔沖野〕。
(注61) 商事留置権による競売は、別除権の実行として再生手続開始決定の前後を問わず制限を受けないのが原則であるが（民再53条1項・2項）、目的物が事業の再生等に不可欠な場合があるため、担保権の実行手続の中止命令（民再31条1項）が設けられている。

く、商事留置権と他の担保物権との優劣についての特別の規定もないため、商事留置権と他の担保物権との優劣が問題となる。商事留置権と他の担保物権との優劣につき、商事留置権の破産における②説［→前記(1)ア］と同様、他に特別の規定がある場合にはそれにより、ない場合には一般原則に従い対抗要件を備えたときの順序により優劣を決するとの見解がある。民再法には、破産法のように、商事留置権が他の特別の先取特権に後れるというような規定（破66条2項）がなく、商事留置権者と他の担保物権との優劣について特別の規定がないことを理由とする(注62)。

　　イ　権利行使方法

　商事留置権は、再生手続外で行使できる（民再53条2項）。この場合、商事留置権には優先弁済権がなく、また、破産法と異なり民再法においては商事留置権を特別の先取特権とみなすといった規定もないことから、民執法180条以下による担保権の実行としての競売等の手続をとることはできず、形式的競売と同一の条文である民執法195条に基づく換価のための競売を行うこととなる(注63)。しかし、商事留置権には留置的効力はあっても優先弁済権はないため、商事留置権者が目的物の換価金を債権の弁済に充当できるのかが問題となる。これに関しては、銀行に手形の取立委任をした債務者に再生手続が開始した場合に、銀行は、法定の手続によらずに銀行が手形を取り立ててその取立金から諸費用を差し引いた残額を債務者の債務の弁済に充当し得る旨を定める銀行取引約定に基づき、再生手続開始後に取り立てた取立金を貸金に弁済充当できるかが争われた最大判平23・12・15（民集65巻9号3511頁）があり、同判例をめぐってさまざまな議論がなされているところである。同判例および同判例をめぐる議論については本章Ⅳ－3を参照されたい。

　　ウ　債務者側の対応

　前記アおよびイのとおり、商事留置権は再生手続上別除権として取り扱われ再生手続外での行使が可能であるが、再生債務者が目的物を必要とすることがある。その場合に再生債務者が採り得る方法が問題となる。

（注62）　永石編・前掲（注43）書507〜508頁。
（注63）　新注釈民事再生法(上)2版299頁〔長沢〕。

(ア) 再生計画認可決定確定前の弁済

中小企業者に対する弁済（民再85条2項）、再生手続の円滑な進行のための少額再生債権に対する弁済（同条5項前段）や再生債務者の事業の継続に著しい支障を来さないための少額再生債権に対する弁済（同項後段）により被担保債権を消滅させて商事留置権を消滅させる方法も考え得る。ただし、中小企業者に対する弁済の場合には中小企業者に事業の継続に著しい支障を来すおそれがあることが必要とされるし、再生手続の円滑な進行のための少額債権に対する弁済の場合には一定額以下の再生債権について画一的に弁済を行う必要があり、また再生債務者の事業の継続に著しい支障を来さないための少額再生債権に対する弁済の場合には当該再生債権を早期に弁済しなければ再生債務者の事業の継続に著しい支障を来すことが必要とされる。

(イ) 担保権消滅請求[注64]

再生債務者等は、再生債務者の財産上に担保権がある場合で、当該財産が再生債務者の事業の継続に欠くことのできないものであるときは、裁判所に対し、当該財産の価額に相当する金銭を納付することにより当該財産上に存するすべての担保権を消滅させることの許可申立てをすることができる（担保権消滅請求。民再148条）。当該財産が事業譲渡の対象となっている場合のほか、破産手続とは異なり、再生債務者が引続き目的物を保有する場合でもこの方法を採り得る。

(ウ) 別除権協定

また、事業継続に不可欠な財産について商事留置権がある場合、実務上は、再生債務者と商事留置権者との合意によって協定を成立させ、分割弁済

（注64）再生手続では商事留置権消滅請求の制度は設けられていない。その理由としては、破産手続の担保権消滅請求とは異なり、再生手続の担保権消滅請求では当該財産が第三者に譲渡されるときに限らず、債務者のもとで引続き保有されるときでも利用することができるためであると説明されており（小林・前掲（注44）論文114頁）、商事留置権の消滅は主として担保権消滅請求に委ねられている。もっとも、目的物が代替性がないわけではないが事業継続に必要であるといった場合に「当該財産が再生債務者の事業の継続に欠くことのできない」の要件を充たさず商事留置権を消滅させることができないため、再生手続にも商事留置権消滅請求の制度を導入すべきとする提言もなされている（提言倒産法改正270～271頁）。

を行うことによって目的財産の受戻しをすることがよく行われている(注65)。なぜなら、そのような場合、①担保権者が大口債権者であるときには、担保権消滅請求を行ったために当該大口債権者の賛成が得られず再生計画案が否決される事態が有り得るし(注66)、また、②担保権消滅請求は、目的物の価額に相当する金銭を裁判所に一括して納付する必要があるため資金的余裕がない場合には利用が難しい(注67)からである。

(3) 会社更生
ア 取扱い

商事留置権は更生担保権の基礎となる担保権として認められ、被担保債権のうち目的物の価値で担保される範囲のものは更生担保権として、その範囲を超えるものは更生債権として取り扱われる(会更2条10項)(注68)。他の担保物権と競合する場合の順位は再生手続と同様に、他に特別の規定がある場合にはそれにより、ない場合には一般原則に従い対抗要件を備えたときの順序により優劣を決するとの見解がある(注69)。

(注65) 永石編・前掲(注43)書508頁。破産・民事再生の実務(下)新版167頁も参照。なお、優先弁済権のない商事留置権について、再生債権である被担保債権を支払うことにより目的物の受戻しをすることが許されるか問題となるが、民再法41条1項9号に定める「別除権」から商事留置権が除外されていないことから「特別の定めがある場合」(民再85条1項)として再生債権の弁済禁止効に触れないため許される等の説明がなされている(西謙二「民事再生手続における留置権及び非典型担保の扱いについて」民訴54号〔2008年〕62頁)。
(注66) 破産・民事再生の実務(下)新版167頁。
(注67) 永石編・前掲(注43)書508頁。
(注68) 商事留置権による競売は「担保権の実行」に該当し、民事留置権と同様、中止命令(会更24条1項2号)や包括的禁止命令(会更25条1項・3項)の対象となる。また、裁判所は、事業の継続のために特に必要があると認めるときは中止した競売の取消しを命ずることができる(会更24条5項・25条5項)。加えて、更生手続開始決定によりすでに開始した競売手続は中止となるが(会更50条1項・24条1項2号)、裁判所は、更生に支障を来さないと認めるときは競売手続の続行を(同条5項)、更生のため必要があると認めるときは競売手続の取消しを命ずることができる(同条6項)。また、更生計画認可決定がなされれば、「担保権」たる商事留置権も消滅する(会更204条1項)。
(注69) 永石編・前掲(注43)書508頁。

イ　権利行使方法

担保権の実行は禁止されるが（会更47条1項）、更生債権に対して優先的に取り扱われる（会更168条1項・3項）。

ウ　債務者側の対応

前記アおよびイのとおり、商事留置権は更生手続上担保権の実行を禁止されるが、更生計画認可決定前に更生会社が目的物を必要とすることがある。その場合に管財人が採り得る方法が問題となる。

(ア)　更生手続開始前における商事留置権消滅請求[注70]

更生手続開始前までの間であれば、開始前会社または保全管理人は留置権者との合意によって目的財産の受戻しをすることが考えられるが、目的物の価額が被担保債権の額より低い場合には、被担保債権の全額を払うことは財産減少行為となるため、この方法はとれない。

そこで、開始前会社または保全管理人は、当該財産が開始前会社の事業の継続に欠くことができないものであるときに、裁判所の許可を得て、当該財産の価額に相当する金銭を商事留置権者に弁済して商事留置権の消滅を請求し、当該財産の返還を求めることが考えられる（会更29条）。

(イ)　更生計画認可決定前[注71]の弁済

中小企業者に対する弁済（会更47条2項）、更生手続の円滑な進行のための少額更生債権等に対する弁済（同条5項前段）や更生会社の事業の継続に著しい支障を来さないための少額更生債権等に対する弁済（同項後段）により

(注70) 更生手続では更生手続開始後の商事留置権消滅請求は設けられていない。旧会更法は更生手続開始後の商事留置権消滅請求を定めていたが、むしろ開始前において必要性が高いという認識に基づき、開始前の制度に変更された（伊藤・会社更生法75頁）。更生手続では、開始後における商事留置権の消滅は主として担保権消滅請求の制度に委ねられている。

(注71) 更生手続では、更生計画は確定を待たず、認可の決定の時から効力を生じる（会更201条）。一方、再生手続では、再生債務者自身が手続遂行主体となるのが原則であるところから（民再38条1項）、計画の一部が履行された後に認可決定が即時抗告によって取り消されたときには、原状回復等について複雑な問題が生じるおそれがあることを考慮し、認可決定の確定によって再生計画の効力が生じるものとされた（民再176条。伊藤・会社更生法643頁注188）。

被担保債権を消滅させて商事留置権を消滅させる方法も考え得る。ただし、中小企業者に対する弁済の場合には中小企業者に事業の継続に著しい支障を来すおそれがあることが必要とされるし、更生手続の円滑な進行のための少額更生債権等に対する弁済の場合には一定額以下の更生債権等について画一的に弁済を行う必要があり、また更生会社の事業の継続に著しい支障を来さないための少額更生債権等に対する弁済の場合には当該更生債権等を早期に弁済しなければ更生会社の事業の継続に著しい支障を来すことが必要とされる。

(ウ) 担保権消滅請求

裁判所は、更生手続開始当時更生会社の財産上に担保権がある場合に、更生会社の事業の更生のために必要であると認めるときは、管財人の申立てにより、裁判所に対し当該財産の価額に相当する金銭を納付して当該財産上に存するすべての担保権を消滅させることを許可する旨の決定をすることができる（会更104条）。そこで、管財人としてはこの方法を利用することが考えられる。

Ⅱ-11　不動産に対する商事留置権の成否

弁護士　小野塚　格

1　問題の所在および本稿の対象とする議論の範囲

　不動産について商事留置権が成立するかどうかについては、特に建物建築工事の請負人が当該建物が存する敷地につき商事留置権を主張することができるかどうか、という点につき、多数の論考が存在し、裁判例の集積が見られる。

　これは、当該場面が建物建築請負人と抵当権者との間で敷地の交換価値の帰属をめぐる激しい利害対立が生ずる場面だからである。すなわち、建物建築の注文主（かつ土地の所有者）が破産（または支払停止）となり、土地の（根）抵当権者から競売申立てがなされた場合において、建物建築請負人による敷地に係る商事留置権の主張が認められると、当該土地の評価額が低くなるから、最低売却価格が低くなるし、後述する裁判例のように競売手続自体が無剰余取消しとなってしまうこともある。また、抵当権実行による競売手続においては、留置権について引受主義がとられているため（民執188条・59条4項）[注1]、買受人は、留置権の被担保債権を弁済しなければ留置権者から目的物の引渡しを受けることができないから、上記の場面において建物建築請負人による敷地に係る商事留置権の主張が認められた場合には、優先弁済権を有しないはずの商事留置権者が最優先で債権を回収することができ（「事実上の優先弁済効力」）、対照的に敷地を更地として担保評価した金融機関の期待が裏切られることになるのである。

　上記の論点につき、学説や裁判例の大半は、建物建築工事の請負人は敷地に

（注1）これに対し、争いはあるものの実務上は、留置権による競売（民執195条）について消除主義がとられている（東京地方裁判所民事執行センター実務研究会編著『民事執行の実務〔第3版〕不動産執行編(下)』〔金融財政事情研究会、2012年〕381頁）。

ついて商事留置権を主張できないとする(注2)（以下、総称して「否定説」という）。このように結論自体に大きな違いはないが、その法的構成は、そもそも不動産は「物」（商521条）に含まれず商事留置権は成立しないとするものから、不動産も「物」に含まれることを前提に、建物建築工事の請負人には敷地についての「占有」（同条）が認められないとして商事留置権の成立を否定したり、敷地に設定された抵当権との対抗問題として処理するものまで、多岐にわたっている(注3)。

　本稿では、字数に限りもあることから、上記のとおり活発に議論が行われ、裁判例も集積している建物建築工事の請負人が当該建物が存する敷地につき商事留置権を主張することができるかどうかという論点に限定して、判例と学説を整理した上で検討を加えていくこととする。

2　裁判例の検討

(1)　事案の概要

　いずれの裁判例も、債務者Aから土地に（根）抵当権の設定を受けた金融機関Xが競売手続を申し立てたところ、Xが（根）抵当権を登記した後に当該土地上の建物の建築工事を請け負った建築業者Bにつき商事留置権の主張が認められたことにより、土地評価額が低くなり、競売手続が無剰余取消しとなったことに対する抗告審における決定である。いずれの裁判例も抗告を認めて原決定を取り消した。

(注2)　これに対し、商事留置権の成立を肯定する裁判例としては、新潟地長岡支判昭46・11・15判時681号72頁、東京高決平6・2・7判タ875号281頁、東京高決平10・11・27判時1666号143頁等がある。

(注3)　学説や裁判例全体についての研究としては、生熊長幸「建築請負代金債権による敷地への留置権と抵当権(上)(下)」金法1446号（1996年）6頁以下・1447号（1996年）29頁以下、工藤祐巖「建築請負人の留置権についての若干の考察」立命館法学271＝271号（2000年）347頁以下、伊室亜希子「建物建築請負人の敷地に対する商事留置権の成否」明治学院大学法学研究93号（2012年）169頁以下、畠山新「抵当権と不動産の商事留置権」金法1945号（2012年）44頁以下等がある。

(2) 東京高決平22・7・26（裁判例1）

決定の理由は、以下のとおりである。

①商人間の留置権は、継続的な取引関係にある商人間において、流動する商品等について個別に質権を設定する煩雑と相手方に対する不信表明を避けつつ、債権担保の目的を達成することにより、商人間の信用取引の安全と迅速性を確保することをその制度趣旨とするものである。……(a)……制度の沿革、立法の経緯等からすると、不動産は商法521条所定の商人間の留置権の対象となることを予定していなかったものと考えられること[注4]……、(b)……商人間に物との牽連関係を要件としない商事留置権が設けられたのは、商人間で継続的取引が行われ、債権者が債務者の所有物の占有を開始する前に、既に占有を離れた物に関する債権等を有していることが念頭に置かれたと考えられること（当該所有物に関する債権については、民事留置権により担保されていることから、殊更商事留置権を設ける実益に乏しい。）、(c)……債務者が破産した場合、民事留置権は破産財団に対してその効力を失うのに、商事留置権は、特別の先取特権とみなされること（破産法66条）を総合すると、商事留置権は、債権者が債務者の所有物を占有していることを要件とした一種の浮動担保と理解することが可能であり、不動産に関しては…、債権者がその都度債務者の所有不動産を占有することは通常考え難いことも参酌すると、商事留置権は動産を対象としたものと考えられること、以上によれば、不動産は商法521条所定の商人間の留置権の対象とならない。

②債務者の所有の物又は有価証券について、この留置権が成立するには、それが「商行為によって自己の占有に属した」ことが必要である。すなわち、当該商取引上、商人の一方が他の商人の所有物又は有価証券（通常は商品）を常態的に占有することが予定されている場合に、その取引のためにその物又は有価証券を占有したことが必要である。取引目的の実現の際、取引目的外の物に占有を及ぼし、それが偶々債務者所有であったという場合のその目的外の物は「商行為によって自己の占有に属した」とはいえないというべきである。

③Bは、客観的経済的には、法定地上権による価値の維持を認められない建

[注4] 東京高決平8・5・28判時1570号118頁を参照している。

物を建築したにとどまり、公平の見地からも、抵当権者に事実上優越する商事留置権を主張することはできないというべきである。

④本件の場合、仮に商事留置権が成立するものとしても、債務者は破産しており、商事留置権は特別の先取特権に転化しているところ（破産法66条1項）、商事留置権をほかの担保物権に優先させるべき実質的理由がなく、商事留置権から転化した特別の先取特権についても同様であるから、この特別の先取特権とほかの担保物権との優劣の関係は、留置的効力の主張の当否を含め、物権相互の優劣関係を律する対抗関係として処理すべきであり、特別の先取特権に転化する前の商事留置権が成立した時と抵当権設定登記が経由された時との先後によって決すべきこととなる。

(3) 東京高決平22・9・9（裁判例2）

決定の理由は、以下のとおりである。

①民事の留置権についての他人の「物」には、土地も含まれるところ(注5)……、商人間の商行為によって生ずるいわゆる商事留置権も、これと異なると解すべき理由はない。

②「自己の占有に属した」といえるためには、自己のためにする意思をもって目的物がその事実的支配に属すると認められる客観的状態にあることを要するものと解すべきである。

これを本件についてみるに、……対外的関係からみれば、Bは、本件各土地につき、地上建物の注文者であるAの占有補助者の地位を有するにすぎず、Aの占有と独立した占有者とみることはできない。

また、……Bは、……本件各土地の周囲に鉄製フェンスを設置して施錠をし、かつ留置権行使中の看板を掲示している。しかし、本件各土地につき、自己のためにする意思を持って新たに占有を開始したとしても、「商行為によって」自己の占有に属したとはいえない。

したがって、Bには、商事留置権の成立要件たる「商行為によって自己の占有に属した」ものとして、Aの有する本件各土地に対する占有を認めることは

（注5）最決昭38・2・19民集64号473頁を引用している。

できない。

(4) 大阪高決平成23・6・7（裁判例3）

決定の理由は、以下のとおりである。

①「物」に不動産を含むとするについては、立法沿革等から疑問なしとしないが、同条の文言上含まないとする解釈はとり得ない。

②Bは、Aとの間の請負契約に基づき、材料を提供して本件建物を完成させ、その所有権を原始取得したものと解される。そして、同請負契約によれば、請負代金は、……竣工引渡時に残額を支払うこととされていたから、本件建物完成時点におけるBの本件土地に対する占有は商法521条所定の占有と評価することができ、この時点で本件土地についてBのための商事留置権が成立したということができる。

③留置権については、通常留置権者はすべての者に対抗できるものとされ、抵当権（根抵当権を含む。以下同じ）の実行としての競売においても、買受人がこれを引き受けるべきものと解されている（民執59条）。

しかし、民事執行法59条4項の規定について、不動産留置権を、それと競合する抵当権との関係で、その成立時期の先後関係を問わずに保護する趣旨の規定であると解釈すると、本件のような抵当権者は保護されないこととなる。本件のように、更地に抵当権の設定を受けて融資しようとする者が、将来建築されるかもしれない建物の請負業者から土地について商事留置権を主張されるかもしれない事態を予測し、その被担保債権額を的確に評価した上融資取引をすることは不可能に近く、このような不安定な前提に立つ担保取引をするべきであるとはいえない。不動産の商事留置権が、不動産に対する牽連性を必要としないことから、第三者に不測の損害を及ぼす結果となることは、担保法全体の法の趣旨、その均衡に照らして容認しがたいというべきである。

したがって、抵当権設定登記後に成立した不動産に対する商事留置権については、民事執行法59条4項の「使用及び収益をしない旨の定めのない質権」と同様に扱い、同条2項の「対抗することができない不動産に係る権利の取得」に当たるものとして、抵当権者に対抗できないと解するのが相当である。

(5) 小　括

　裁判例1ないし裁判例3は、いずれも敷地に係る商事留置権の主張を認めない点で結論を同じくするが、その理由は異なっている。

　まず、裁判例1においては、不動産は「物」（商521条）には含まれないとして、商事留置権の成立自体を否定している。加えて、敷地は取引目的外の物であるから「商行為によって自己の占有に属した」（同条）とはいえず商事留置権は成立しない、仮に商事留置権が成立したとしても商事留置権が転化した特別の先取特権と抵当権とは対抗問題となり特別の先取特権に転化する前の商事留置権が成立した時と抵当権設定登記が経由された時との先後によって決すべきである、ともしている。裁判例1のように不動産は「物」には含まれないとして、商事留置権の成立を否定する裁判例は他にも存在するが[注6]、少数にとどまる。

　次に、裁判例2は、不動産も「物」に含まれるとするものの、建物建築請負人は注文者の占有補助者にすぎないから「商行為によって自己の占有に属した」とはいえず商事留置権は成立しない、としている。裁判例2のように「商行為によって自己の占有に属した」とはいえないことを理由として、商事留置権の成立を否定する裁判例は他にも多数存在し[注7]、裁判例の現在の主流となっているといえる。

　最後に、裁判例3は、不動産も「物」に含まれ、建物建築請負人の「占有」も認められるとして、商事留置権の成立は肯定するものの、抵当権設定登記後に成立した不動産に対する商事留置権については、民執法59条4項の「使用及び収益をしない旨の定めのない質権」と同様に扱い、同条2項の「対抗することができない不動産に係る権利の取得」に当たり抵当権者に対抗できない、としている。裁判例3のように民執法59条2項および4項を根拠としている判例は他には見当たらないが、商事留置権と抵当権の対抗問題として処理すべきとするいくつかの裁判例[注8]と考え方を同じくしているといえる（裁判例1

（注6）前掲東京高決平8・5・28、東京高決平11・7・23金法1559号36頁など。
（注7）東京高決平10・6・12金法1540号65頁、東京高決平10・12・11金法1540号61頁、東京高決平11・7・23金法1559号36頁など。

においても傍論ではあるものの仮に商事留置権が成立する場合には対抗問題として処理すべきであるとされている)。

3 学説および論点の検討

(1) 学説の紹介

ア 実質的価値判断

既述のとおり、本稿の対象とする場面においては、建物建築請負人と担保権者との間で敷地の交換価値の帰属をめぐる激しい利害対立が生じている。

そして、否定説の背後には、「土地の不当な犠牲において（抵当権者が存在している場合には、抵当権者の不当な犠牲において）請負人の債権を保護する結果と」なり[注9]、その結果、抵当権者の土地に対する担保評価が不可能になることを回避すべき[注10]、という価値判断が存在すると考えられる。

イ 法的構成

建物建築請負人による敷地に係る商事留置権の主張を認めない学説として、まず、不動産は「物」（商521条）には含まれないとして、商事留置権の成立自体を否定するものがある（以下、「不動産除外説」という)[注11]。この説に立った場合、すべての不動産につき商事留置権は成立しないことになる。

次に、不動産も「物」に含まれるとした上で、「占有」（商521条）が認められないとして、商事留置権の成立を否定するものがある（以下、「占有否定説」という)。この説の中には、「占有」が認められない理由として、建物建築請負人は、注文者の占有補助者として敷地を占有するにすぎず、独立の占有を有していないとするもの（以下、「占有否定説1」という)[注12]と、建物建築請負人の占有権原は、建築工事施工のために必要な範囲に限定される特殊なもので、

(注8) 東京高決平10・11・27判時1666号143頁、福岡地判平9・6・11金法1497号35頁など。
(注9) 三林宏「抵当権と商事留置権の競合」ジュリ1101号（1996年）104頁。
(注10) 淺生重機「建物建築請負人の建物敷地に対する商事留置権の成否」金法1452号（1996年）24頁。
(注11) 淺生・前掲（注10）論文16頁。
(注12) 澤重信「敷地抵当権と建物請負報酬債権」金法1329号（1992年）22頁。

それ以外の目的で占有権原を主張することはできないとするもの(以下、「占有否定説2」という)(注13)と、建物建築請負人の敷地に対する占有は商行為によって生じたとはいえないとするもの(以下、「占有否定説3」という)(注14)に分かれる(注15)。

さらに、敷地に対する商事留置権の成立自体を否定するわけではないが、留置権の絶対的対抗力を否定して、抵当権の登記との先後で優劣を決しようとするものがある(以下、「対抗問題説」という)。この説の中には、抵当権の登記と建物建築請負人の占有開始時の先後で優劣を決すべきとするもの(以下、「対抗問題説1」という)(注16)と抵当権の登記と留置権の成立時との先後で優劣を決すべきとするもの(以下、「対抗問題説2」という)(注17)に分かれる(注18)。

(2) 検 討

ア 不動産除外説

不動産除外説の理由およびこれに対する批判は、以下のとおりである。

(注13) 栗田哲男「建築請負契約における建物所有権の帰属をめぐる問題点」金法1333号(1992年)12頁。

(注14) 小林明彦「建築請負代金未払建物をめぐる留置権と抵当権」金法1411号(1995年)22頁。

(注15) 他に常に「占有」を否定するのではなく、占有の態様を具体的に検討した上で「占有」の有無を判断する説もあり(堀龍兒「建築請負人の敷地に対する商事留置権」リマークス1996(下)〔1997年〕19頁)、「占有」を問題とし、具体的な事案に応じて「占有」を否定する点で占有否定説に近い。

(注16) 秦光昭「不動産留置権と抵当権の優劣を決定する基準」金法1437号(1995年)4頁、片岡宏一郎「建築請負代金債権による敷地への商事留置権行使と(根)抵当権」銀法522号(1996年)31頁、新美育文「建築請負業者の敷地についての商事留置権」判タ901号(1996年)46頁。

(注17) 生熊・前掲(注3)論文(下)34頁、西口元「建物建築請負人の敷地に対する商事留置権が否定された事例」判タ1036号(2000年)56頁。

(注18) 商事留置権については対抗問題説に立ちながら、民事留置権については、目的物の価値の増加に寄与した者には抵当権との先後を問わず民事留置権の主張を認めるべきだとする見解もある(田高寛貴「建物建築・宅地造成の請負契約をめぐる商事留置権の成否、および破産法下での抵当権との優劣」判タ965号〔1998年〕48頁)。

まず、現行商法の起草者が留置権の対象物を取引の迅速性が認められるものを念頭に置いていたと考えられる立法の沿革からすれば、「物」に不動産は含まれないと解すべきであることが理由に挙げられている。しかし、これに対しては、明治32年制定の商法284条では「債務者の所有物」となっていたものが明治44年の改正で「債務者所有の物又は有価証券」と修正された際の政府委員の説明からすれば、物とは民法上の意味での「物」であること、したがって、動産と不動産の総称であることが明言されている[注19]、という批判が加えられている。

次に、旧競売法3条と22条を対比すると、民法の規定による留置権は動産・不動産を問わず競売できるのに、商法の規定による留置権は動産の競売を認めるにすぎなかったことが理由に挙げられている。しかし、これに対しては、競売法という執行法の規定から実体法である商法の規定の解釈を行おうとするのは本末転倒である[注20]、という批判が加えられている。

次に、商事留置権は当事者意思に基礎を置く制度と考えられるところ、不動産が債権者に引き渡されたという事実のみでは当事者に担保権を設定する意思があるとは考えられないことが理由に挙げられている。しかし、これに対しては、商事留置権は法定担保権であり、当事者が別段の意思表示を明確にしない限り商事留置権が成立するのであり、その意思が不明であることを理由に成立を否定することはできない[注21]、という批判が加えられている。

最後に、不動産に商事留置権を肯定することによって、抵当権設定時以降の事情の変化は原則として抵当権に影響を及ぼさないという確立した法制度に不整合を来たすことになることが理由に挙げられている。これは、先に「実質的価値判断」として紹介した価値判断を前提とするものである。

　イ　占有否定説

占有否定説に対しては以下の批判がある。

(注19)　田邊光政「不動産に対する商事留置権の成否」金法1484号（1997年）6頁。
(注20)　田邊・前掲（注19）論文13頁。
(注21)　道垣内弘人「建物建築請負人の敷地への商事留置権の成否」金法1460号（1996年）55頁。

まず、商事留置権の成立に必要な占有については、占有権原が要求されているわけではないし、占有の趣旨・目的、占有を取得するに至った経緯も問題とされておらず、商人間でたまたま占有している相手方の物があれば留置権が成立するというのが商法の立場である[注22]、と批判されている。

また、商事留置権の成立要件である土地占有の有無は、あくまでも目的土地に対する外形的占有支配の事実を直視して判断すべきものであり、建物所有権の帰属や占有権原の有無とは無関係である[注23]、とも批判されている。

さらに、特に占有否定説2に対して、取立委任目的で銀行が取引先から手形の交付を受け、その後取引先が破産した場合において銀行の手形占有権原が取立目的の範囲に限定されるという理由で、手形に対する商事留置権を否定せざるを得ないことになるが、それは妥当でない、とも批判されている。

ウ　対抗問題説

対抗問題説は、商事留置権と抵当権の優劣に関する特則が設けられていないから、物権相互の優劣関係を律する対抗問題として処理すべき、という消極的な理由付けしかされておらず、理論的根拠が明確とはいえない、と批判されている[注24]。

また、民執法59条4項の引受主義は、留置権の本質を受けた規定であり、そうだとすれば物権間の優劣を対抗要件の先後により決しようとすることは妥当でない、とも批判される[注25]。この点、裁判例3は、同項の引受主義の適用を回避するため建物建築請負人の敷地に係る留置権を「使用及び収益をしない質権」（民執59条4項）と同様に扱い、留置権の成立以前に登記のなされた抵当権者に対抗できない（同条2項）、と構成した。しかし、この法律構成についても、結論から導いているだけのようで理由付けとしては弱い、と批判されて

（注22）山崎敏充「建築請負代金による敷地への留置権行使」金法1439号（1996年）64頁。
（注23）河野玄逸「抵当権と先取特権、留置権との競合」ジュリ1101号（1996年）104頁、同「建築中途の敷地について、抵当権実行を妨げる商事留置権の成立が否定された事例」銀法515号（1996年）38頁。
（注24）畠山・前掲（注3）論文59頁注78参照。
（注25）佐藤勤「不動産に対する商事留置権の成立の成否──大阪高裁平成23年6月7日決定を踏まえて」銀法748号（2012年）8頁。

いる(注26)。

(3) おわりに

　以上のとおり、否定説のいずれにも難があり、議論が収束するまでには、さらに時間を要するであろう。議論の際には、関連するいくつかの興味深い論点(注27)と整合的な解釈、という視点も大事であると思われる。

　なお、否定説は、いずれも建物建築請負人よりも抵当権者を保護すべしという実質的価値判断が根底にあると考えられるが、近時、多くの金融機関は、更地を担保とする場合、建物の建築を承認していなくても、初めから底地価格に基づいて担保価値を評価して融資決定をしているようである(注28)。また、金融機関が建物の建築を承認していた場合（この場合には、建物建築費用の見積り等を取得する等して、底地価格に基づいて担保価値を評価して融資決定がされるはずである）を考えると、果たして常に抵当権者を優先させることがそもそも価値判断として妥当であるかという疑問も生じてくる(注29)。また、いくつかの論文において検討されているように(注30)、特に否定説に立つ場合には、建物建築請負人の請負代金確保の必要性への配慮も忘れてはならない。

(注26) 伊室・前掲（注3）論文188頁。

(注27) 例えば、新築建物の所有権の帰属の問題、建物建築請負人に建物についての留置権が成立する場合の敷地についての「反射効」の問題、ならびに破産時における留置権（留置的効力）の存否および対象財産が破産財団から放棄された場合の留置権（留置的効力）の「復活」の問題が関連する問題として挙げられる。

(注28) 佐藤・前掲（注25）論文12頁。

(注29) この点、東京高決平24・5・24判タ1374号239頁は、破産管財人が建物につき行った担保権消滅許可申立てに対抗してなされた当該建物に商事留置権を有する建物建築請負人による建物買受けの申出が権利の濫用に当たるとされた事例であるが、土地建物を一体としてできる限り高価にて換価し、その対価を商事留置権者と抵当権者に分配することになった事例であり、問題解決の方向性として参考になる事例であると思われる。

(注30) 生熊・前掲（注3）論文(下)37頁、工藤・前掲（注3）論文367頁以下、伊室・前掲（注3）論文184頁など。

II−12　手形・小切手に対する商事留置権の効力

弁護士　金井　暁

1　はじめに

　銀行の取引先が破綻し、破産手続や再生手続の開始決定がなされるにいたったときに、破産者ないし再生債務者たる取引先[注1]から、取立委任や割引の依頼を受けながら、いまだにその実行がなされていない手形や小切手を金融機関が所持している場合が実務上少なくない。

　かかる場合、当該銀行が、商事留置権に基づいてその手形ないし小切手の返還を拒否した上で、法定の手続によらずに銀行が手形を取り立て、会社の債務の弁済に充当し得る旨を定める銀行取引約定書（以下、「本件条項」という）に基づき、手形の取立金を破産者ないし再生債務者の弁済に充当できるかという問題がある。この点、破産手続においては商事留置権が先取特権とみなされて優先的弁済効力が認められている（破66条）一方で、再生手続においては同様の規定がなく、優先的弁済効力が認められていないことから、破産・民事再生それぞれの手続に即して検討を行う必要がある。

　破産の場合については、旧破産法の事案ではあるが、最判平成10・7・14（民集52巻5号1261頁。以下、「平成10年判決」という）[注2]において、民事再生の場合については、最大判平成23・12・15（民集65巻9号3511頁。以下、「平成23年判決」という）において、いずれも銀行において手形を留置して取立金を破産者ないし再生債務者の弁済に充当し得ることが認められており、実務上は

（注1）取引先が会社等の商人であることを前提としている。以下同じ。
（注2）平成10年判決は手形割引の事案であるが、取引先から手形の取立てを依頼されて手形を預かっている間に取引先が破産宣告を受けたという事案についても、平成10年判決と同日に同内容の判決が出ている（最判平10・7・14金法1527号6頁）。

解決がなされている。

しかしながら、特に後者の判決については、破産手続の場合と異なり、手形上の商事留置権について先取特権に基づく優先弁済権が認められないにもかかわらず、商事留置権に基づく優先弁済権を認めたに等しいとして、その理論的構成については研究者や実務家からの批判も根強いところである。

平成10年判決および平成23年判決については、著名な研究者や実務家から多数の解説・評釈がすでに百花繚乱のごとく出されており、解釈上の議論は尽くされた感はあるが、それぞれの論点についての両最高裁判決の考え方や反対説等を今一度ここで整理しておくことは、商事留置権の目的・機能・効力・限界等についての理解を深める上で有益であると思われる。また平成23年判決については、その射程範囲がどこまで及ぶのかという残された問題もある。

以上から、本稿では、破産手続・再生手続のそれぞれの場合において、金融機関に留置された手形・小切手について成立する商事留置権の効果にどのような影響が生じるのかについて、両最高裁判決の事案に照らしながら検討を行うこととしたい。なお、実務上問題となるのは、取立てまで一定期間を要する手形の場合がほとんどであり、小切手の場合と論点も共通していることから、手形を念頭に置いて以下検討する。

2 破産手続の場合

(1) 問題の所在および当時の学説・裁判例の状況

ア 問題の所在

銀行の取引先が、銀行に対して手形の割引を依頼し、あるいは取立てを依頼するために手形を交付した後、実際に割引ないし取立てが行われるまでの間に当該取引先が破産手続に移行するような場合、破産管財人から手形を所持している銀行に対して手形の返還請求がなされることが考えられる。かかる場合、銀行が、その所持する手形について商事留置権（商521条）を主張して返還を拒否できるか、商事留置権は、破産手続開始決定後については破産法66条により特別の先取特権とみなされるところ、これに伴い商事留置権の効力に影響が生じ、商事留置権の留置的効力が消滅してしまうのではないかがまず問題と

なる（争点①）。

　次に、破産手続開始後にも商事留置権に留置的効力が認められて手形の返還を拒絶できるとしても、単に手形を留置しているだけでは、手形の満期の経過により遡及権を失うなど手形の財産的価値を毀損することにもなりかねず、銀行としては端的に手形を取り立てて、その取立金を取引先の債務の弁済に充当したいところである。そこで、手形について先取特権に転化した優先弁済権を有する商事留置権を有する銀行が、本件条項(注3)を根拠として、民執法所定の手続によらずに銀行が当該手形を取り立てて、取立金を取引先の債務への弁済に充当できるのかが問題となる（争点②）。

　　イ　学説・裁判例の状況

　争点①について、平成10年判決当時の学説においては、旧破産法93条（現行破66条）で商事留置権を特別の先取特権とみなしたのは優先弁済権を認める点に重点があり、留置的効力の消滅まで認める趣旨とは考えにくいこと、旧破産法において旧会更法161条の２の商事留置権消滅制度が存在しなかったこと、商事留置権の沿革などを理由に、破産手続開始後の商事留置権の留置的効力を認める説(注4)と、商事留置権が優先弁済権ある先取特権とみなされること、旧会更法161条の２の規定の新設は留置的効力の失効を当然の前提としていることなどを理由として、破産手続開始後の商事留置権の留置的効力を否定する説(注5)とが対立していた。

　裁判例においては、平成10年判決の第１審である大阪地判平６・２・24（金

(注3)　平成10年判決の事案においては、銀行取引約定書４条３項において、「担保は必ずしも法定の手続によらず一般に適当と認められる方法、時期、価格等により貴行において取立または処分のうえ、その取得金から諸費用を差し引いた残額を法定の順序にかかわらず債務の弁済に充当できるものとし、なお残債務がある場合には直ちに弁済します。」、同条4項において、「貴行に対する債務を履行しなかった場合には、貴行の占有している私の動産、手形その他の有価証券は、貴行において取立または処分することができるものとし、この場合もすべて前項に準じて取り扱うことに同意します。」と規定されていた。

(注4)　田邊光政「手形と商事留置権」金法1424号（1995年）20頁、伊藤・破産法民事再生法２版324頁。

(注5)　田原睦夫「手形の商事留置権と破産宣告」金法1221号（1989年）22頁、石川明・判評440号（判時1537号）（1995年）49頁。

法1382号42頁）は留置的効力を認め、その第2審である大阪高判平6・9・16（判時1521号148頁）のほか、京都地判平7・2・28（金判1020号44頁）、その控訴審判決である大阪高判平9・3・25（判時1623号146頁）などが留置的効力を認めない（注6）など、その判断が分かれていた。

　争点②についても、学説では、銀行が担保を法定の手続によらないで処分し弁済に充当することができる旨を規定した銀行取引約定書4条3項を根拠として、銀行の取立て・充当権限を肯定する説（注7）、同条4項を根拠として同様の結論とする説（注8）と銀行の取立ておよび充当権限を否定する見解（注9）とが対立していた。裁判例は、大阪地判平6・2・24（金法1382号42頁）および平成10年判決の控訴審は肯定説を採用し、平成10年判決と同日に出た最判平10・7・14の第1審である京都地判平7・2・28（判タ938号279頁）は充当権限を否定するなど、こちらも判断が分かれていた。

(2) 平成10年判決の概要

　以上のような状況の中、平成10年判決は、銀行が、取引先から割引依頼を受けて手形を預かっていたが、割引を行う前に当該取引先が破産宣告（現行法においては破産手続開始決定。以下同じ）を受けたため、破産管財人からの手形返還請求を拒絶し、手形金を取り立てた上で当該取引先の債務の弁済に充当したという事案において、争点①および②のそれぞれについて、大要以下のとおり判断し、破産財団に属する手形の上に存在する商事留置権を有する者は、破産宣告後においても手形を留置する権能を有し、破産管財人からの手形の返還請求を拒むことができ、取立金を債務の弁済に充当することができると解するのが相当であると判示した。

(注6) ただし、銀行取引約定書4条3項をもって旧破産法204条1項（現行破185条1項）の任意処分権を与えた規定であるとし、その当然の前提として、手形を所持する権限をも与えた合意であると解するのが相当であるとして、結論としては銀行の占有権限を肯定している。
(注7) 田邊・前掲（注4）論文24頁。
(注8) 菅原胞治「商事留置権の破産宣告後の留置的効力と優先弁済権」銀法509号（1995年）27頁。
(注9) 田原・前掲（注5）論文26頁。

ア　争点①について
① 旧破産法93条1項前段（現行破66条1項）の文言は、当然には商事留置権者の有していた留置権能を消滅させる意味であるとは解されず、他に破産宣告によって留置権能を消滅させる旨の明文の規定は存在しない。
② 旧破産法93条1項前段が商事留置権を特別の先取特権とみなして優先弁済権を付与した趣旨に照らせば、同項後段に定める他の特別の先取特権者に対する関係はともかく、破産管財人に対する関係においては、商事留置権者が適法に有していた手形に対する留置権能を破産宣告によって消滅させ、これにより特別の先取特権の実行が困難となる事態に陥ることを法が予定しているものとは考えられない。
③ 以上の理由から、手形につき商事留置権を有する者は、債務者が破産宣告を受けた後においても、当該手形を留置する権能を有し、破産管財人からの手形の返還請求を拒むことができる。

イ　争点②について
① 本件条項の定めは抽象的、包括的であって、その文言に照らしても、いかなる効果をもたらす合意であるのか必ずしも明確ではなく、旧破産法93条1項前段（現行破66条1項）に基づく特別の先取特権は、同後段（現行破66条2項）に定めた他の特別の先取特権に劣後するものであることにもかんがみれば、一律に同条項を根拠として、直ちに法律に定めた方法によらずに当該目的を処分することができるということはできない。
② しかし、支払期日未到来の手形の換価方法は、手形交換制度という取立てをする者の裁量等の介在する余地のない適正妥当な方法によるものであるところ、銀行がこのような手形について、適法な占有権原を有し、かつ特別の先取特権に基づく優先弁済権を有する場合には、銀行が自ら取り立てて弁済に充当し得るとの趣旨の約定をすることには合理性があり、本件約定書4条4項をこの趣旨の約定と解するとしても必ずしも約定当事者の意思に反するものとはいえないし、当該手形について、他の特別の先取特権のない限り、銀行がこのような処分等をしても特段の弊害があるとも考えがたい。
③ 以上から、本件の事実関係の下においては、本件条項に基づき、本件手

形を手形交換制度によって取り立てて破産会社に対する債権の弁済に充当することができる。

(3) 平成10年判決の検討
ア 争点①について

平成10年判決は、手形につき商事留置権を有する者は、債務者が破産宣告を受けた後においても当該手形を留置する権能を有し、破産管財人からの手形の返還請求を拒むことができるとして、破産手続開始後も手形について留置的効力が存続するとの見解を採用した。

この点、留置的効力は存続しないとの見解においても、特別の先取特権は破産法においては別除権であり、別除権者は破産手続によらずに担保の実行ができる（現行破65条）以上、留置権能がなくとも破産管財人からの返還請求に応じる義務はないとする考え方が近時は有力である[注10]。したがって平成10年判決を踏まえて実務運用が固まっていることからも、破産手続開始後も手形の返還を拒否できるとする平成10年判決の結論自体について、おおむね異論はないのではないかと思われる。

もっとも、平成10年判決が、学説上の留置的効力存続説と同じ考え方を採用したかは明らかではなく、留置的効力の存続ないし商事留置権の存続といった表現を使わず、前記のとおり慎重な表現ぶりとなっていることからすれば、不法行為の成否が争われていた平成10年判決の解決に必要な限度で、かつ破産手続開始後の手形の適法な占有権限を根拠付ける限度での判断を示したにすぎないと解するのが妥当であろう。

なお、平成10年判決は、旧破産法93条（現行破66条）の文言・趣旨から論理の展開をしていると解される部分もあることから、手形以外の有価証券や動産等にも射程が及ぶものと理解する余地がないではない。しかし、基本的に手形を前提とする立論をしており、不動産については商事留置権の成否について学説・裁判例とも争いがあることからすれば、本判決の射程は、手形を対象とす

(注10) 谷口安平「商事留置権ある手形と破産手続」銀法555号（1998年）4頁、高橋宏志「判解」百選5版107頁。

る商事留置権に限定して考えるべきであろう(注11)。

　イ　争点②について

　平成10年判決は、本件条項の合意を基礎として手形の取立ておよび取立金の弁済充当を認めているが、同項を根拠とし一律に銀行の任意処分が正当であるとしたものではない。

　すなわち、平成10年判決は、本件条項だけでなく、「手形交換制度という取立てをする者の裁量等の介在する余地のない適正妥当な方法による」こと、銀行が手形につき適法な占有権限を有し、かつ特別の先取特権に基づく優先弁済権を有していたこと、取立日までに被担保債権の履行期が到来し、その額は手形金額を超えていたこと、本件手形につき銀行に優先する他の特別の先取特権者が存在することをうかがわせる事情もないこと、などの具体的事実関係を摘示した上で、任意の処分権（旧破204条〔現行破185条〕）を認め、弁済に充当できる旨を判示している。したがって、任意処分権を是認するために、任意処分の方法の適正性・妥当性や弊害の有無などの個別の事情を検討することとした、事例判決であると考えるのが妥当であろう(注12)。

(4)　平成10年判決の射程範囲

　前記のとおり、平成10年判決が、任意処分の方法の適正性・妥当性や弊害の有無などの個別の事情を検討した上で手形を所持する銀行の任意処分権を認めた事例判決であると解する以上、基本的には、その射程範囲は約束手形以外の有価証券や動産等にまで当然には及ばないものと考えられる。この点、平成10年判決の考え方を敷衍すれば、商事留置権の目的物について、手形交換制度と同程度に「取立てをする者の裁量等の介在する余地のない適正妥当な方法による」処分方法が確立されているのであれば、手形以外の目的物についても商事留置権者に任意の処分権が認められる余地はあると思われる。しかし、動産の場合には、処分や換価方法について、手形のように「裁量等の介在する余地のない適正妥当な方法」が完備されているケースは稀であろうし、また手形

(注11)　山本和彦「破産と手形商事留置権の効力」金法1535号（1999年）6頁。
(注12)　髙橋・前掲（注10）論文107頁。

以外の有価証券についても、手形と同様に解してよいかは個別具体的に検討する必要があると思われる。

(5) 実務における留意点

平成10年判決により、破産手続開始時に銀行が取引先から受領している手形については、すべて取立てがなされ、債務への弁済充当が行われる実務運用が固まっている。

取引先としては、破産手続への移行が確実視されるような場合には、銀行から割引依頼した手形を取り戻し、取立委任をした手形については、委任を解除して手形を取り戻すなどの対応が考えられる。しかしながら、取引先から手形を受領した銀行が、当該取引先の資金面に不安があることを認識しているような場合に、当該銀行に手形の返還を求めたとしても、破産移行の可能性を懸念して返還を事実上留保されてしまう事態も想定されよう。

3 再生手続の場合

(1) 問題の所在および学説・裁判例の状況

ア 問題の所在

取引先について再生手続が開始された場合において、再生手続開始前に銀行に対して手形の割引を依頼し、あるいは取立てを依頼するために手形を交付したものの、まだ割引が実行されておらず、あるいは取立てが行われていないような場合には、取引先としては、当該手形を取り戻して取立金を事業運営資金に利用したいと考え、銀行に手形ないし取立金の返還を請求することが考えられる。

再生手続においては、破産手続と異なり手形上の商事留置権を特別先取特権とみなす旨の規定がないため、再生手続開始決定後も留置的効力は存続し、銀行が手形の返還を拒絶することについて特段の問題はない。

他方で、商事留置権には優先弁済的効力が認められないため、銀行が商事留置権および本件条項の存在(注13)を主張して手形を取り立て、取立金を債務の弁済に充当できるのか、すなわち手形の取立金についても商事留置権の留置的

効力を主張して返還を拒絶し、本件条項に基づき弁済に充当することが許容されるのかが問題となる。

　上記の検討に当たっては、手形のみならず、手形の取立金についても手形の商事留置権に基づき留置できるのか（争点①）をまず検討する必要がある(注14)。取立金について商事留置権が成立しないとすれば、銀行は取立金の返還義務を負い、本件条項に基づき取立金を弁済充当することも認められないと解されるからである(注15)。

　次に、取立金を留置できるとしても、商事留置権に優先弁済的効力が認められていない以上、本件条項に基づき手形の取立金を債務の弁済に充当することは、再生債権の弁済禁止の原則を定める民再法85条1項等に反し、許されないのではないかという点について検討が必要となる（争点②）。

（注13）平成10年判決の事案の銀行取引約定書においては、「甲が乙に対する債務を履行しなかった場合には、乙は担保およびその占有している甲の動産、手形その他の有価証券について、かならずしも法定の手続によらず一般に適当と認められる方法、時期、価格等により取立または処分のうえ、その取得金から諸費用を差し引いた残額を法定の順序にかかわらず甲の債務の弁済に充当できるものとします。」と規定されていた。
（注14）取立金を留置できるかという論点の前提として、銀行が、再生手続開始後に再生債務者の手形を取り立てることができるかという問題がある。この点について、再生手続開始は委任契約の終了事由ではない以上、再生手続開始後も取立委任契約に基づき手形の取立てが可能であるとする見解（中井康之「取立委任手形による取立てと商事留置権・相殺」ジュリ1438号〔2012年〕75頁等）があり、平成23年判決の補足意見もその見解に立つものと考えられるが、委任契約については再生債務者から一方的に解除が可能であるし、平成23年判決の事案のような取立委任手形のケースではなく、割引依頼を受けて手形を所持しているにすぎないケースもあることから、取立ての根拠を委任契約に求めることは妥当でないと思われる。留置権者は留置物に対して保存行為をなす権限を有し、また善管注意義務を負っていることから、手形の商事留置権者についても、遡及権を保全するための保存行為として手形の取立てを行うことができると解すべきであろう（田原睦夫「手形の商事留置権と破産宣告」金法1221号〔1989年〕22頁等）。
（注15）ただし、商事留置権の留置的効力が取立金にも及ぶかという点についての判断を留保しつつ、取立金の弁済充当を肯定するものとして、名古屋高金沢支判平22・12・15判タ1354号242頁がある。

イ　学説・裁判例の状況

争点①については、金銭は占有と所有が一致し、留置権の要件である「他人の物」に該当しなくなるため商事留置権は当然に消滅すると考えられること、留置権に基づく形式競売の権利は長期にわたって留置せざるを得ない不便から解放するために認められた換価のための権利にすぎず、換価金に留置権能を有しないことなどを理由として、取立金に商事留置権は成立せず、留置は認められないとする見解が主張されている[注16]。他方で、形式競売がなされた場合には、留置権は換価金上に存続すると一般に解されていること、留置権者は手形の価値を保全するために善管注意義務に基づき取立てを行うのにもかかわらず、手形が取立金に変わると留置できないとすれば、代償なしに留置権を失うことになり不合理であるなどとして、手形の商事留置権の効力は取立金にも及び、取立金を留置できるとの見解も有力に主張されていた[注17]。

争点②については、商事留置権については優先弁済的効力が認められない以上、手形の取立金を弁済に充当することは民事留置権に違反する、本件条項により商事留置権を譲渡担保権に格上げをするようなものであり物権法定主義に反するなどの理由により、本件条項に基づき手形の取立金を再生債務者の債務に充当することは許されないとする見解[注18]と、少なくとも目的物の範囲では別除権者に対する任意弁済が禁止されていないことからすれば、事前の弁済充当の合意も再生債権者の利益を害するものとはいえない、本件条項は再生債務者による任意弁済の手順を定める事前合意であり、別除権の行使に関するものであって、別除権に付随する合意として有効である[注19]といった理

(注16)　東京地判平23・8・8金法1930号117頁、内田Ⅲ3版503頁等。

(注17)　山本克己「取立委任手形につき商事留置権を有する銀行が、民事再生手続開始決定後に同手形を取り立て、銀行が有する債権に充当することの可否」金法1876号（2009年）59頁、伊藤眞ほか「〈座談会〉商事留置手形の取立充当契約と民事再生法との関係」金法1884号（2009年）14頁。なお、福井地判平22・1・5金法1914号44頁は、取立金にも留置的効力は及ぶが、本件条項のような銀行取引約定は無効であるとする。

(注18)　山本和彦「民事再生手続における手形商事留置権の扱い」金法1864号（2009年）6頁、伊藤ほか・前掲（注17）座談会25頁、中井康之「取立委任手形による取立てと商事留置権・相殺」ジュリ1438号（2012年）74頁等。

由から、本件条項に基づき手形の取立金を債務の弁済に充当することは許容されるとする見解とが対立している状況にあった。

(2) 平成23年判決の概要

平成23年判決は、取引先から取立委任を受けた手形につき商事留置権を有する銀行において、取引先の再生手続開始後に当該手形を取り立て、その取立金を本件約定に基づき取引先の債務の弁済に充当したことにつき、この弁済充当の可否を争う取引先が、銀行に対し、不当利得返還請求権に基づき取立金の返還を求めた事案において、各争点につき以下のとおり判断し、本件約定に基づき、取立金を同会社の債務の弁済に充当することができるものと判断した。

　ア　争点①について
① 　留置権は、他人の物の占有者が被担保債権の弁済を受けるまで目的物を留置することを本質的な効力とするものであり（民295条1項）、留置権による競売（民執195条）は、被担保債権の弁済を受けないままに目的物の留置をいつまでも継続しなければならない負担から留置権者を解放するために認められた手続であって、上記の留置権の本質的な効力を否定する趣旨に出たものでない。
② 　留置権者は、留置権による競売が行われた場合には、その換価金を留置することが可能であり、この理は、商事留置権の目的物が取立委任に係る手形であり、当該手形が取立てにより取立金に変じた場合であっても、取立金が銀行の計算上明らかになっているものである以上、異なるところはない。
③ 　したがって、取立委任を受けた手形につき商事留置権を有する者は、当該約束手形の取立てに係る取立金を留置することができる。

　イ　争点②について
① 　銀行が取立金を留置することができる以上、これについては、その額が被担保債権の額を上回るものでない限り、通常、再生計画の弁済原資や再生債務者の事業原資に充てることを予定し得ない。

（注19）伊藤ほか・前掲（注17）座談会29頁以下。

②　民再法88条が、別除権者は、その別除権の行使によって弁済を受けることができない債権の部分についてのみ再生債権者としてその権利を行うことができるとし、同法94条2項が、別除権者は予定不足額を債権届出しなければならない旨を規定している。
③　以上を考慮すれば、手形の取立金を法定の手続によらず債務の弁済に充当できる旨定める本件条項は、別除権の行使に付随する合意として、民再法上も有効であるし、このように解しても、別除権の目的である財産の受戻しの制限、担保権の消滅および弁済禁止の原則に関する民再法の各規定の趣旨や、同法の目的（1条）に反するものではない。
④　したがって、銀行は、再生手続開始後の手形の取立てに係る取立金を、本件条項に基づき、同会社の債務の弁済に充当することができる。

(3)　平成23年判決の検討
ア　争点①について

平成23年判決は、争点①について、留置的効力が留置権の本質的な効力であること、留置権による競売制度もかかる効力を否定する趣旨に出たものではないことなどを理由に、手形の取立金にも商事留置権の留置的効力が及ぶと判断する見解を採用するに至った。

この点、取立金に、いわば手形の価値変形物として商事留置権の留置的効力が及ぶというためには、取立金が商法521条にいう「自己の占有に属した債務者の所有する物又は有価証券」に当たることが必要であると解されるところ、「金銭の所有権者は、特段の事情のないかぎり、その占有者と一致する」と判示した最判昭39・1・24（判時365号26頁）との関係が問題となる。しかし平成23年判決は、取立金が「銀行の計算上明らかになっている」ことをもって「特段の事情」があるものとし、取立金が商事留置権の目的物としての特定に欠けることはないと判断したものと思われる[注20]。

「銀行の計算上明らかになっている」場合とは、具体的にいかなる場合を指すのかは、平成10年判決からは必ずしも明らかではないが、個々の現金（紙幣

(注20)　植村京子「商事留置権に関する諸問題」倒産法の最新論点ソリューション72頁等。

や貨幣）を封金として保管することまでしていないとしても、取立てを完了した銀行が、その取立金を別段預金などに切り替えて預金勘定を別にして管理を適正に行っている以上は、商事留置権の目的物としての特定に欠けることはないと思われる[注21]。

　イ　争点②について

　平成23年判決は、前記のとおり取立金に留置的効力が及ぶことを前提とした上で、取立金について再生計画の弁済原資や再生債務者の事業原資に充てることを予定し得ないことや、不足額責任主義の存在から、本件条項による取立金の弁済充当を認めたとしても、民再法の趣旨、目的に反することにもならないと判示した。これは、平成23年判決が、本件条項は再生債務者による任意弁済の手順を定める事前合意であり、別除権の行使に関するものであって、別除権に付随する合意として有効であるとの見解を採用したものとも評価できる。すなわち、平成23年判決は、商事留置権者である銀行が、本件条項に基づき手形金を弁済充当したとしても、それは民再法において留置権者が有する権限の範囲にある合意であって、別除権行使に付随的な行使方法を定めたものとして有効であると解しているといえよう[注22]。

　平成23年判決については、その理由付けについてはさまざまな疑問が呈されているところではある[注23]が、手形の取立金について留置的効力が及ぶという前提に立つ限り、弁済充当の効力が認められないとしても、再生手続が終了すればいずれ弁済充当できるのであるし、そうであればその前段階において本件条項に基づき弁済充当を認めたとしても、利害関係人の権利を害するおそれもないといえる[注24]。したがって、平成23年判決は、その理論構成はさておくとしても、結論においては妥当であると思われる。

(4) 平成23年判決の射程範囲

　銀行が取引先からの手形を留置しているようなケース以外に、留置権の目的

(注21)　安藤克正「8つの裁判例からみた投資信託からの回収」金法1944号（2012年）13頁等。
(注22)　田路至弘＝青木晋治「民事再生手続における取立委任手形にかかる商事留置権の効力」NBL969号（2012年）4頁。

物の換価金について留置的効力が認められた上で、本件条項と同様の合意が本判決にいう「別除権の行使に付随する合意」と評価され、民再法上も有効と認められる場合があり得るのか、平成23年判決の射程が問題となる。

ア 留置的効力について

前記のとおり、平成23年判決は、取立金に留置的効力が及ぶ根拠として、「銀行の計算上明らかになっている」ことを挙げているところ、計算上明らかになっている金銭について留置権が成立するのは、手形・小切手の取立金に限定されるのか、例えば、金塊、上場株式、国債など、客観的な価値が相応に定まっており、換価方法も制度的に確保されている目的物についても、その換価代金に留置的効力が及ぶのか(注25)が問題となるところである。

(注23) 手形の取立金の弁済充当を認める理論構成としては、取立金返還債務との相殺の可能性を探るべきとの有力な見解がある。かかる見解は、銀行の手形の取立金返還債務を停止条件付債務と捉え、破産手続であれば現行破産法67条2項後段に基づき、再生手続の場合には停止条件不成就の利益を放棄することにより相殺が可能とする(倒産法概説2版264頁〔沖野眞已〕)。平成23年判決の補足意見も、「本件のような手形について、再生手続開始前に取立金引渡債務に係る停止条件不成就の利益を放棄することによって相殺が可能になるという見解」について言及している。しかしながら、手形の取立金の返還債務は、手続開始後の債務負担として民再法93条1項1号に該当し、例外なく相殺が禁止されるとの理解が一般的であるし、停止条件となっているのは「手形の取立て」という「なす債務」であり、取立金返還債務ではないのではないかとの疑問(永石一郎「会社から取立委任を受けた約束手形につき商事留置権を有する銀行が、同会社の再生手続開始後の取立てに係る取立金を、法定の手続によらず同会社の債務の弁済に充当し得る旨を定める銀行取引約定に基づき、同会社の債務の弁済に充当することの可否」金判1396号〔2012年〕13頁)や、停止条件未成就のまま相殺した後に手形を留置・回収できる理由がないなどの批判もある(野村剛司「会社から取立委任を受けた約束手形につき商事留置権を有する銀行が、同会社の再生手続開始後の取立てに係る取立金を銀行取引約定に基づき同会社の債務の弁済に充当することの可否」民商146巻3号〔2012年〕323頁)。仮に肯定説を採用するとしても、停止条件不成就の利益の放棄は銀行にとって将来の手形不渡りのリスクを全面的に引き受けることにほかならず、個別事案における手形サイトの長短や振出人の信用状態にもよるが、一般的には、停止条件不成就の利益の放棄による相殺は、平成23年判決の補足意見が指摘するとおり、「銀行にとって極めて限られた場合にしか選択できない方法」であると評価されてもやむを得ないであろう。
(注24) 田路=青木・前掲(注22)論文7頁。
(注25) 蓑毛良和=志甫治宣「商事・民事留置権」倒産法改正展望297頁。

しかし、平成23年判決の補足意見が、「手形交換制度は、取立てをする者の裁量の介在する余地のない公正な方法であり、……銀行において個別的に計算が明らかにされているものと考えられる」と述べていることからも、平成23年判決は、平成10年判決と同様あくまで手形交換制度の具体的特徴に着目した事例判断であり、手形以外の目的物についてはその射程が当然に及ぶものではなく、個別具体的な検討が必要になるものと思われる。

　　イ　「別除権の行使に付随する合意」について

　平成23年判決は、補足意見が述べるとおり、金銭への換価が本来的に予定され、その換価も手形交換という取立てをする者の裁量等の介在する余地のない適正妥当な方法によることが制度的に担保されている手形について限定的に判断したものであり、手形以外の目的物にまで「別除権の行使に付随する合意」に基づく換価金の弁済充当が認められるかどうかは、前記の留置的効力の射程の問題と同様、目的物の換価制度の適正さ等を慎重に判断して個別具体的に検討する必要があろう(注26)。

　なお、手形を所持するものが銀行ではなく、商社等であったような場合にまで平成23年判決の射程が及ぶかどうかも一義的に明らかではないが、前記のとおり、平成23年判決が、手形の特性を根拠としていることからすれば、銀行だけに限定される必然的な理由はないものと考えられる。すなわち、商社等が手形の換価金を預り金等の別勘定で管理を適正に行っている以上は、「計算上明らかになっている」として手形の換価金への留置的効力が認められ、本件条項と同様の合意が存在するのであれば、その合意を根拠に弁済充当が認められる余地があろう。

(注26) 投資信託受益権について、投資信託振替制度に移行してからは受益証券が存在しないため、投資信託受益権（みなし有価証券）を販売銀行が準占有することをもって商事留置権の成立を肯定する見解からは、投資振替制度を手形交換制度と同様に適正妥当な換価制度と考えて、銀行による換価・充当を認める余地があろう。しかしながら、投資信託受益権の占有（準占有）をもって商法にいう有価証券の占有と同視できるかは疑問があり、慎重に検討する必要があると考える。

(5) 平成23年判決を踏まえた実務における留意点

　平成23年判決により、取引先が割引依頼ないし、取立委任の目的で銀行に交付した手形については、取引先が再生手続に移行した時点で銀行において直ちに取立てがなされ、弁済に充当されることになる。再生手続の選択を具体的に検討している取引先としては、かかる帰結を念頭に置いて、再生手続開始後の資金繰り等を検討する必要がある。

　この点、銀行に割引依頼している手形や取立委任に出している手形の取立金について、再生手続開始後の事業資金として利用する必要がある場合には、再生手続開始申立前に銀行に返却依頼をかけて返却してもらうことも考えられよう（期限の利益を喪失していないのであれば、債権者である銀行には未だ商事留置権が成立していない以上、返却義務がある）。

　もっとも、前記のとおり、債権者である金融機関としては、返却要請のあった取引先の信用状況に懸念がある場合には、法的根拠の有無は別として、預金凍結するのと同様に、手形の返却を事実上拒むこともあり得ると思われるし、密行性をもって行うべき再生債務者が、信用不安を惹起させかねない手形の返還依頼を銀行に行うことに躊躇を覚える可能性があろう。

　したがって、再生手続を企図している取引先としては、上記のようなリスクを回避するためには、債権者である銀行には取立てを委任しないといった対応を取ることや、取立てを委任するとしても、手形サイトの短いものに限定するなどの対応を取ることが考えられよう[注27]。

（注27）もっとも、取引先が債権者である銀行に対して手形の取立てや割引依頼等を日常的に行うなどの積み重ねによって、銀行との長期的継続取引関係が醸成され、銀行が顧客の信用状態を常に把握することを可能にし、将来、顧客の取引関係から生ずるさまざまなキャッシュフローを引当てに、迅速な与信取引が実行されることが銀行実務として存在する以上、債権者である銀行（特にメインバンク）に対して、取立委任や割引依頼を行わないなどの対応は、当該取引先の信用不安を惹起させる可能性もあり、債務者である取引先としては慎重にならざるを得ない面もあろう。

Ⅱ-13　振替証券に対する商事留置権の成否

弁護士　髙山　崇彦

1　有価証券の電子化（ペーパーレス化）と商事留置権

　社債、株式等の振替に関する法律（以下、「振替法」という）の施行に伴い、株式が振替制度の対象とされるなど、いわゆる有価証券の電子化（ペーパーレス化）が進められてきた。

　有価証券が電子化される前は、有価証券ごとに制度上の差異はあったものの、証券が発行された上で、銀行等の販売会社が証券を保管する仕組みがとられていた。例えば、国債においては、販売会社が投資家との間の保護預り契約に基づいて証券を保管した上で、上位の機関に証券を再寄託し、上位の機関において大券によって混蔵保管される扱いとなっていた。また、投資信託の受益証券についても、保護預り契約に基づき銀行等の販売会社が証券を保管するものとされていたが、販売会社は信託銀行等の受託者に証券の管理を再委託する例が多かった。しかし、振替制度への移行後は、有価証券は発行されず、有価証券に表章されていた権利の得喪は、振替法に基づき口座管理機関の備える振替口座簿への記録により行われることになった。

　このように、電子化後は有価証券が発行されないこととなったため、有価証券に対する商事留置権の成否について疑念が生じるようになった。すなわち、従来は販売会社と取引先の双方が商人である場合には、当該有価証券の上に商事留置権（商521条）が成立し、破産手続および再生手続においては別除権として扱われると考えられていたところ、券面が発行されない振替証券に対しては商事留置権が成立しないのではないかという問題が存在することが明らかになったのである。

　特に、いわゆる投信窓販の解禁後においては、銀行は販売会社として取引先に投資信託を販売するケースが増えたが、取引先への与信に際して、取引先の

保有する投資信託は預金と同様に担保として評価されており、その上に成立する商事留置権は債権保全の観点から重要視されている。そのため、電子化後の有価証券（振替証券）に商事留置権が成立するかという問題は、電子化後の投資信託に対しても銀行が商事留置権を有するといえるかという点を中心に議論が活発化している。そこで、本項では、振替証券のうち、投資信託に対する商事留置権の成否を中心に検討する。

2 電子化後の投資信託に対する商事留置権の成否

(1) 投資信託をめぐる法律関係

投資信託及び投資法人に関する法律で規定される「委託者指図型投資信託」に係る投資信託受益権（本稿においては、この類型の投資信託を対象とする）の証券は、平成19年1月4日より、振替法に基づく投資信託振替制度（以下、「振替制度」という）への移行により、いわゆる電子化（ペーパーレス化）が行われている（振替制度への移行後の投資信託受益権を以下、「振替投信」という）。

振替制度への移行前の一般的な投資信託の仕組みは、①委託者としての投信委託会社（投資運用業を行う金融商品取引業者）、②受託者としての信託会社（信託銀行）、③投信委託会社の委託を受けて投信の販売および関連する事務を行う販売会社および④受益者としての投資家の契約関係によって組成されていた。その概要は、【図1】のとおりである。販売会社は、投信委託会社との間の募集委託契約と、投資家との間の保護預り契約に基づき、投資家に投信を販売するとともに、投信の解約に係る事務や金銭の配当・返還に関する事務を扱い、加えて、投資家に発行される投信の証券を管理していた。なお、証券の保管については、販売会社が受託者に対して証券を再寄託し、受託者が大券によって混蔵保管する扱いとしている例が多かったようである。

振替制度への移行後は、これらの当事者に加えて、⑤口座管理機関が登場し、振替法に基づいて投資家との間で口座管理契約を締結し[注1]、口座の振替えに関する業務を行うこととなった。その概要は、【図2】のとおりである。

（注1）振替法11条1項5号。

販売会社が口座管理機関を兼ねるのが通常であり、振替制度への移行前の保護預り契約が置き換わった振替決済口座約款等に基づく契約を投資家との間で締結している。

【図1】

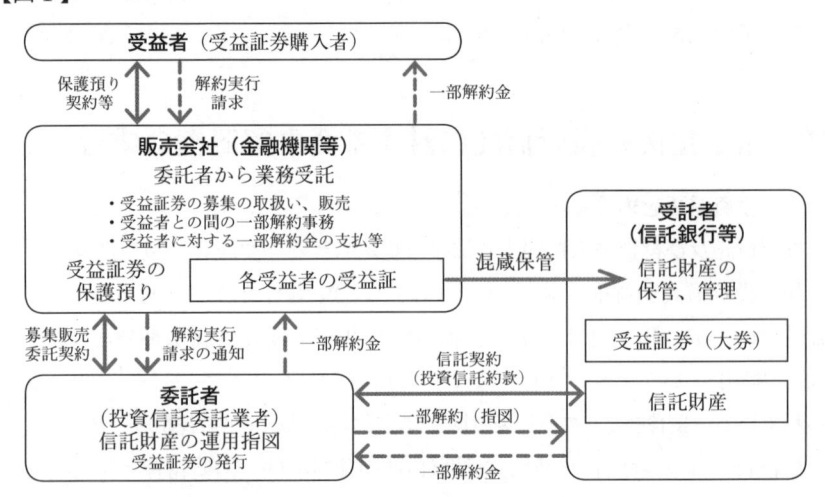

【図2】

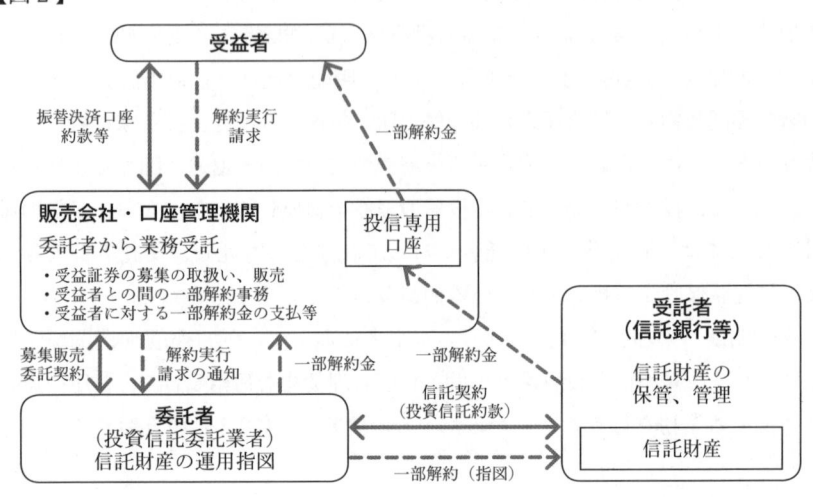

(2) 裁判例（大阪地判平成23・1・28）

ア 概　要

振替投信に対する商事留置権の成否について直接に判断をした裁判例は現時点では見当たらない。大阪地判平23・1・28（金法1923号108頁。以下、「平成23年大阪地判」という）においては、商事留置権の実行としての振替投信の換価の適否が争点の1つとなっていた。同判決では、この問題について直接の判断は示されなかったものの、口座管理機関である銀行による振替投信の準占有の有無についての考え方が示されており、この点は、振替投信の商事留置権の成否を検討するに当たって参考になると思われる。

イ 事案の概要および争点

(ア) 事案の概要

A社は、平成17年3月4日、投資信託（以下、「本件投信」という）を販売会社である乙銀行から購入した。A社と乙銀行は、銀行取引約定書を取り交わして銀行取引を継続していたところ、A社は、再生手続開始の申立てをし、振替制度への移行後の平成20年6月18日に再生手続開始の決定を受け、甲が再生管財人に選任された。

A社および乙銀行の間の銀行取引約定書には、「A社が乙銀行に対する債務を履行しなかった場合には、乙銀行はその占有しているA社の動産、手形その他の有価証券について、必ずしも法定の手続によらず一般に適当と認められる方法、時期、価格等により処分のうえ、A社の債務の弁済に充当できる」旨の条項（以下、「本件条項」という）が定められていた。乙銀行は、同月30日、本件条項に基づき、甲（A社）からの請求がないにもかかわらず、投信委託者に対して解約実行通知をし、本件投信を解約した。そして、乙銀行は、同年7月4日頃、受託者から解約金2329万1799円の交付を受け、これをA社の乙銀行に対する債務の弁済に充当した。

甲は、乙銀行が本件投信を解約（以下、「本件解約」という）した行為が不法行為に当たるとして、乙銀行に対して、解約金相当額の損害賠償等を求めて訴えを提起した。

(イ) 争　点

平成23年大阪地判の争点は多岐にわたるが、乙銀行が本件条項に基づく

処分権の行使として、A社の再生管財人である甲からの請求を待たずに本件解約を実行し、本件投信を換価した行為が正当な権限に基づくものといえるかという点が争点の1つとされた。本件解約の正当性を基礎付ける根拠として、乙銀行からは、①本件投信について本件条項が適用され、本件条項に基づく任意処分権の行使としての本件解約が正当化される（以下、「争点1」という）、②商事留置権の実行としての本件条項に基づく換価として本件解約が正当化される（以下、「争点2」という）旨の主張がされた。

(ウ) 判決内容

　　a 争点1について

　本件条項では、乙銀行が占有している「A社の動産、手形その他の有価証券」との文言が用いられているものの、債務者に債務不履行が生じた場合に、「（銀行が）自ら事実上管理・支配しているあらゆる再生債務者の財産についても」「（銀行が）主導的かつ速やかに取立て又は処分して上記債務につき優先的な弁済を受けられるようにする」という本件条項の趣旨に照らすと、本件条項の適用対象を「物理的に占有している財産に限ることとする合理的な理由はないものというべきである。」とする。

　そして、①振替制度への移行前においては、投資信託受益権の証券は、乙銀行自身による直接占有または受託会社の混蔵保管に係る間接占有により本件条項の適用対象に含まれていたところ、振替制度の開始前後において、「実際の取扱いにはほとんど変化がなく、双方とも同制度の開始に伴って本件条項の適用範囲に変動が生じることを想定していたとは考え難いこと」、②銀行取引約定書が締結されたのが「各種有価証券の振替制度への移行（いわゆるペーパーレス化）が順次開始された段階であったから、『動産、手形その他の有価証券』という文言がなお継続的に用いられたのは無理からぬところがあると考えられること」、③本件投信が金融商品取引法、投信法においてみなし有価証券とされていることなどからすれば、本件投信に対しても、（銀行による）「準占有が認められる限り、本件条項が適用ないし準用されるものというべきである」とする。

　そして、民法205条の準占有の要件である「『財産権の行使』とは、当該財産権がその者の事実的支配内に存すると認められる客観的事情がある

か否かにより判断される」ところ、本件では、乙銀行が販売会社として、①自己の名において募集の取扱い・販売を行っていること（販売過程への関与）、②一部解約の事務を執り行っていること（解約プロセスへの関与）、③一部解約金や収益分配金等の支払事務を行っていること（換価・分配プロセスへの関与）に加えて、口座管理機関として、④振替口座簿を管理し、振替業務を行っていることという考慮要素を列挙した上で、乙銀行が本件投信に対して事実上の支配を有していると評価し、振替投信を事実的支配内においていたと判断している。そして、乙銀行は、口座管理機関として、当該業務を自行の名で独立して行っていたことから、「自己のためにする意思」を有していたといえるとして、本件投信に係る受益権の準占有を認めている。

　その上で、本件条項のうち、乙銀行に任意処分権を付与する部分は準委任契約と解されるところ、破産手続とは異なり、再生手続の開始は委任の当然終了事由ではないから、本件条項による任意処分権は有効に存続しており、「占有財産の取立て又は処分は、債務消滅行為そのものではなく、再生債務者や管財人に属する再生財団の管理処分権を不当に制限するものでもないから、民再法85条1項等の規定ないしその趣旨に必ずしも反し」ないとし、仮に本件条項に基づく弁済充当が認められないとしても、これに先立つ任意処分権の行使としての本件解約が違法性を帯びるものではなく、「責任原因（不法行為）が本件解約手続に限られる本件では、」乙銀行による弁済充当の適否にかかわらず、乙銀行は本件解約を理由とする不法行為責任を負わないとした。

　b　争点2について

　争点1の検討の結果、本件解約に正当事由が認められることから、商事留置権の成否については判断されなかった。

(エ)　検　討

　平成23年大阪地判は、振替投信である本件投信が本件条項にいう「動産、手形その他の有価証券」に該当することを前提として、口座管理機関兼販売会社である乙銀行が本件投信を事実的に支配していると認め、民法205条の準占有が成立すると判断した。その判断の過程では、乙銀行が、口座管

理機関として振替口座簿を管理し、振替業務を行っていることのみならず、販売会社として本件投信の販売過程に関与し、一部解約や一部解約金等の支払事務を行っていることも考慮されている。

ここで留意すべきは、平成23年大阪地判は、乙銀行が口座管理機関として振替投信の振替に係る業務を行っている点だけから本件投信に対する事実的支配を認定したのではなく、販売会社として振替投信の販売過程や換価等の過程に関与しているという要素もあわせ考慮して、本件投信に対する事実的な支配を認定した点である。すなわち、商事留置権の成立を認める見解の根底には、振替制度への移行前には認められていた権利が移行後に認められなくなるのは不合理であるという価値判断があると思われるが、そうであれば、振替制度に移行前の販売会社が証券の占有主体であったという点と、振替制度への移行後は機能的に同一性を有する法律上の地位である口座管理機関としての振替業務からこの点が説明されるべきである。しかし、平成23年大阪地判は、乙銀行の口座管理機関としての地位にとどまらず、本件投信の契約関係における販売会社としての地位をも考慮した上で準占有を肯定している点が着目される。

(3) 学説

振替投信をはじめとする振替証券に対する商事留置権の成否については、いわゆる株券の電子化など、証券のペーパーレス化が進む過程で議論がされてきたが、特に平成23年大阪地判後に議論が活発化し、多様な見解が示されている[注2]。以下、それぞれの考え方の概要を整理する。

ア 肯定説

前述のとおり、肯定説の根底には、振替制度の実施前には銀行をはじめとする販売会社が投信の証券に対して商事留置権を有していたことを前提として、振替制度への移行前後を通じて取引実態に何ら変更がないにもかかわらず、販売会社の債権保全上の権利が失われるという帰結が不合理であるという価値判

(注2) なお、後述するように、これらの議論は、振替証券一般を射程範囲とするもの、主として振替投信のみを念頭に置くものが混在している。

断がある[注3・4]。このような不合理性を回避するために、金融機関の（準）占有を認める理論構成としては、以下の2つの見解がある。

なお、肯定説からも、商事留置権が成立する場合に、その効力として金融機関が具体的に何を主張し得るかについては必ずしも明確でない。口座管理機関として口座名義人からの振替請求を拒絶することを想定する見解もあるが[注5]、商事留置権の存在による破産手続・再生手続における優先回収の可能性という点に主要な関心があるように思われる。

　㋐　口座管理機関としての地位に着目して商事留置権の成立を肯定する見解

　振替法に基づく口座管理機関としての地位に着目して、販売会社に振替口座簿上の権利に対する占有（準占有）を認め、商事留置権の成立を認める考え方である[注6・7・8]。

　この見解は、①従来の保護預り契約に基づく証券の占有および（指図による占有移転による）権利の移転は、機能的に振替法に基づく口座管理機関の振替業務と同一性を有していると評価できること、②口座管理機関による振替えという行為を介さなければ権利の移転を実現できないことから、口座管理機関は口座管理簿上の権利を事実上支配しており、また、自己の名でかかる業務を行うことから、当該権利を自己のためにする意思をもって支配しているとして、占有（準占有）を認めるものである。

　㋑　口座管理機関としての地位に加え、販売会社として有する権限に着目して商事留置権の成立を肯定する見解

　販売会社が口座管理機関として振替業務を通じて口座簿上の権利を支配し

（注3）森下哲朗「証券決済」金融法研究25号（2009年）89頁。

（注4）坂本寛「証券投資信託において受益者に破産手続ないし民事再生手続が開始された場合の債権回収をめぐる諸問題」判タ1359号（2012年）26頁。

（注5）前田重行「社債株式等振替法における有価証券のペーパーレス化と商事留置権の成否」金融法務研究会報告書㉒（2013年）10頁。

（注6）森下哲朗「証券のペーパーレス化と商事留置権」金判1317号（2009年）1頁。

（注7）弥永真生「商法521条にいう『自己の占有に属した債務者の所有する物又は有価証券』とペーパーレス化」銀法744号（2012年）34頁。

（注8）前田・前掲（注5）論文8頁。

ている点に加えて、①販売会社として募集の取扱い・販売を行い、②受益者からの解約実行請求を受けて委託者に解約実行通知をし、受益者に対して償還金、一部解約金、分配金等の支払事務を行っていること、③解約金は販売会社名義の投資信託専用口座に振り込まれることなどからすると、振替投信を事実的支配内においていると評価できるとして、販売会社に振替投信に対する占有（準占有）を認め、商事留置権の成立を肯定する考え方である[注9・10]。この見解は、平成23年大阪地判が振替投信について準占有を認めた考え方と同様の考慮要素に基づくものであるといえる。なお、この考え方によれば、口座管理機関としての地位または販売会社としての地位の一方だけでは振替投信に対する占有が認められないことになるのかは必ずしも明確でないものの、仮にそうであるとすれば、口座管理機関としての地位と販売会社としての地位が異なる金融機関に分属する場合には、口座管理機関または販売会社には占有が認められず、商事留置権も認められないことになると解される。

　　イ　留置権の成立を否定する見解[注11]

　この見解は、①振替投信は「有価証券」に該当せず、また、②振替口座簿上の権利は口座名義人が準占有しており、口座管理機関はその申請によって振替義務を負うことから、事実上の支配が存在せず、自己のために権利を行使するものでもないとして「占有」が認められないこと[注12]などを理由とする。

　また、実質的にも、①そもそも振替制度への移行前においても、金融機関は現に投信の証券を保管せず、大券の方法で受託者が現実の占有をしていたのであって、金融機関の占有は認められないとも考えられること、②継続的な商人間の取引を保護するという商事留置権の趣旨からして、この場合には商事留置権を付与するほどの要保護性は認められないという点等が挙げられている[注13]。

（注9）坂本・前掲（注4）論文26頁。

（注10）中野修「振替投資信託受益権の解約・処分による貸付金債権の回収」金法1837号（2008年）53頁。

（注11）小林英治「口座管理機関の法律関係及び債権回収手段」月間資本市場311号（2011年）21頁、木村信也「投資信託の販売金融機関による相殺の可否および商事留置権の成否」倒産法の最新論点ソリューション106頁。

（注12）小林・前掲（注14）論文24頁。

(4) 検　討
ア　学説を踏まえた問題状況の整理

以上の学説の状況も踏まえ、問題状況を整理すると、以下のようになると考えられる。

まず、商事留置権の要件として、券面を有しない振替投信が商法521条の「有価証券」に該当するか、また、振替投信に（準）「占有」が認められるかという問題がある。これらの問題は、結局のところ商事留置権の趣旨を踏まえて、振替投信への（準）占有が認められるかという点に帰着すると考えられる。

次に、仮に振替投信に対する商事留置権が認められた場合に、振替投信の「留置」とは何を意味するのかという問題がある。この問題も、振替投信に対する（準）占有の内容をどのように捉えるかに対応する問題であるといえる。

また、商事留置権の成否の検討に際しては、実質論として、振替制度への移行前に販売会社（金融機関）が有していた権利との連続性や、法的倒産手続における取扱いの問題も生じ得るが、商事留置権は平時においても認められる権利であることや、権利の主体となるのが口座管理機関であることからすれば、振替投信（および振替証券）に商事留置権が認められた場合に、口座振替機関を介しての決済機能に負の影響が生じないかという点も重要である。

以下では、上記の整理を踏まえて若干の検討を試みたい。

イ　要件面からの検討
(ｱ)　振替投信に対する「事実的支配」の有無

商法521条が、被担保債務との牽連性を問わずに、商取引によって債権者の占有にある債務者所有の物または有価証券について留置権を認めた趣旨は、①商人間の営業取引上の債権について都度質権を設定する煩雑さを回避し、②担保の請求により相手方に不信を表明する不利益を避ける点にあるとされる[注14]。このような趣旨からすれば、商事留置権の目的の範囲を限定的に解する必要はないと考えられ[注15]、仮に有価証券の上に化体していない権

(注13) 木村・前掲（注11）論文108頁。
(注14) 西原寛一『商行為法〔増補3版〕』（有斐閣、1983年）135頁。
(注15) 弥永・前掲（注7）論文33頁、前田・前掲（注5）論文9頁。

利であっても、当該権利に準占有が認められるのであれば、同条を適用することが直ちに否定されるものではないと考えられる。

そこで、振替証券について口座管理機関としての地位に基づく占有が認められるかが問題となる。保護預り制度の下では、投信を処分しようとする者は、保護預り機関に対する指図による占有移転により、預託に係る証券を譲受人に交付させて権利を譲渡する必要があったが、これは口座名義人の申請に基づき口座管理機関が口座の振替えを行う関係と機能的な同一性を有していると評価できる。すなわち、口座管理機関の関与がなければ権利の移転は生じないという意味において、口座管理機関は有価証券を占有しているのと同様の地位を有していると評価することも可能であるように考えられる。

また、口座管理機関としての地位のみによって振替口座簿上の権利に対する準占有が認められるかはともかく、これに加えて、平成23年大阪地判と同様に、口座管理機関が販売会社を兼ねる場合には、販売会社としての振替投信に対する契約上の権限も存在する。販売会社として有する権限がいかなる意味で事実的支配を基礎付けるのかは、平成23年大阪地判においては必ずしも明確に説明されてはいないものの、①投資信託の主要な換価方法である解約が、販売会社を経由しなければ実行できない仕組みになっていること、②一部解約金その他の投資信託に係る金銭の交付が販売会社を経由して行われること、すなわち、金融商品という投資信託の性質にかんがみ、最も重要と考えられる換金のプロセスが販売会社を経由して行われることが考慮されているものと考えられる。このような事情も、振替投信に対して何らかの影響を及ぼし得るという意味で、事実上の支配を基礎付ける要素になると考えることもできそうである。

(イ) 商法521条の「占有」に該当するか

しかしながら、上記のような観点から振替投信に対する金融機関の事実上の支配が仮に認められるとしても、商事留置権の趣旨からすれば、このような事実上の支配をもって商法521条の「占有」と解するべきといえるかはさらに検討を要する。

この点については、口座管理機関としての業務を提供できる主体は、金融商品取引法の金融商品取引業者や登録金融機関に限られているところ、商事

留置権を取得できる主体が限定されるのであれば、流通過程において取得した占有の保護を予定している商事留置権の趣旨に合致しないのではないかという疑問が提示されている(注16)。また、商法521条を適用することによる「占有」概念や、「有価証券」概念の弛緩という問題も懸念される(注17)。

　前述のとおり、肯定説には、振替制度への移行という偶然の事情によって、販売会社がそれまで有していた商事留置権を失い、債権保全上の不利益を被るのは不合理であるという価値判断が根底にある。しかしながら、そもそも振替制度への移行前の仕組みを前提としても、販売会社が受託者に混蔵寄託をし、受託者が大券によって証券を占有していた場合には、販売会社に商事留置権が成立するといえるかは必ずしも明確ではない。確かに、保護預り制度の下においても、販売会社は、受託者が直接占有する証券に対する間接共同占有を有しており(注18)、商事留置権の成立要件としての占有は間接占有でも足りる(注19)として、受託者が大券によって保管していた場合にも商事留置権が成立していたとする見解もある。しかし、①投資家に混蔵寄託物への間接占有が認められるとしても、販売会社にもこれを認めるのは技巧的であること、②混蔵寄託物への共有持分および共同間接占有の取得という法律構成は、国債の振替決済制度に関する保護預りの下で指図による占有移転を基礎付けるための論理構成として主張されたものであるが、それ自体が「ウルトラＣな」法律構成(注20)、「やや無理」をした法律構成(注21)と評されていることからすれば、このような構成を採ることにより証券決済の円滑化

(注16) 浅田隆ほか「〈座談会〉ペーパーレス証券からの回収の可能性と課題」金法1963号（2013年）16頁〔道垣内弘人発言〕。

(注17) 神作裕之「電子化された有価証券の担保化—『支配』による担保化」金融法務研究会報告書㉒（2013年）16頁。

(注18) 浅田ほか・前掲（注16）座談会11頁〔森下発言〕。

(注19) 石田穣『民法大系(3)担保物権法』（信山社、2010年）27頁参照。

(注20) 神田秀樹「ペーパーレス化と有価証券法理の将来」岸田雅雄ほか編『河本一郎先生古稀祝賀・現代企業と有価証券の法理』（有斐閣、1994年）161頁。

(注21) 飯田耕一郎「国債の振替決済制度と対抗要件」新堂幸司＝佐藤正謙編著『金融取引最先端』（商事法務研究会、1996年）31頁。

等が実現されたことは評価すべきではあるものの、これをもって直ちに商事留置権の成立要件としての占有があると評価できるかは疑問である。この問題は、商事留置権の趣旨に立ち返って、商法521条の解釈問題として決するべきであると考えられる。

そして、以上のような要件面の検討からは、口座管理機関に振替投信の商事留置権が認められるかは、なお慎重な検討を要すると考えられる。

ウ 効果の面からの検討

商事留置権の効力は、その目的を留置することであるが、仮に口座管理機関に振替投信の商事留置権が認められたとした場合には、その目的が無体の権利となるから、商事留置権の効果としてどのようなものが認められるのかが問題となる。留置権が目的の占有を維持することにより、債務者に被担保債務の弁済を促す権利であることからすると、振替投信の商事留置権の効力も、振替投信に対する占有の内実をどのように考えるかによって決せられると考えられる。

この点については、前述のとおり、振替証券の商事留置権の効力として、口座管理機関が振替えを拒絶することができるとする考え方がある。これは、振替法上の口座管理機関として振替業務を行い、権利の移転過程を支配していることをもって準占有を認める考え方に対応するものである。これに加えて、販売会社として一部解約に関する業務や、一部解約金・分配金等の償還・分配に係る業務を行っていることをもって振替投信に対する準占有を認める考え方からすれば、投資家からの解約実行の申入れを拒絶することも留置権の効力として想定される。以下それぞれ検討する。

(ア) 振替請求を拒絶する効力

留置権は目的の占有を継続することにより、債務者に被担保債務の弁済を促す権利であるところ、振替投信に係る権利の譲渡は振替口座簿への記録によって行われるから、口座管理機関に振替えを拒絶することを認めると、投資家は譲渡によって投下資本を回収することができなくなるため、投資家による被担保債務の弁済を促すという効果を一応は認められそうである[注22]。

しかしながら、振替法は、口座管理機関に対して振替請求に応じる義務を課しており[注23]、さらに、振替機関に対して、口座管理機関が法令に違反した場合の処置を定める義務を課すことにより[注24]、口座管理機関による適切

な振替えを担保することとしている(注25)。したがって、商事留置権の効果として振替請求を拒絶することを認めるのは、口座管理機関に振替義務を課して適切な振替えを担保しようとする振替法の制度設計と整合しない(注26)。

　また、商法521条の「留置することができる」という文言に照らしても、口座管理機関が振替請求を拒絶できるという効果を導くのは、解釈論としても難しいと思われる。

(注22) 小林・前掲（注14）論文25頁。なお、投資信託においては、第三者への譲渡が行われるのは稀であり、実務上は、投資家は投資信託を解約し、解約金の交付を受けることによって投下資本を回収することになる。この場合であっても、債務者に被担保債務の弁済を促す効力があるかが問題となるが、口座管理機関が販売会社を兼ねることを前提とし、また、投資家から解約実行通知を受けたときは、商事留置権の効力として受託者への解約請求を拒むことはできないという理解を前提とすると、この場合には販売会社は受託者に対する解約請求をしなければ投資家に対する債務不履行責任を負うことになる。したがって、解約実行通知を受けた販売会社は受託者に解約請求をすると考えられ、解約請求をすれば、受託者から解約金を受領し、これにより、投資家に対する契約上の解約金返還義務の停止条件が成就することになる。そのため、販売会社が投資家に対して当該受領金を返還する必要が生じることになるとも考えられるが、振替投信に商事留置権が認められるとすると、仮に解約金返還義務の停止条件が成就したとしても、当該振替投信に関して受託者から受領した解約金についても商事留置権が及ぶ結果（最判平23・12・15民集65巻9号3511頁）、投資家への解約金の返還を拒むことができると考えられる。したがって、第三者への譲渡を前提としない振替投信においても、結果として投資家に解約金の返還を拒むことができ、投資家に対して被担保債務の弁済を促す効力は認められると考え得る。

(注23) 振替法70条1項。
(注24) 振替法11条1項5号ハ。
(注25) 高橋康文編著『逐条解説　新社債、株式等振替法』（金融財政事情研究会、2006年）61頁。
(注26) なお、振替制度への移行前においては、仮に販売会社としての銀行が商事留置権を有していたとしても、その効果としては、証券を投資家に対して交付することを拒絶できたにすぎず、占有移転に係る指図が投資家からあった場合に、これを拒むことまではできず、投信に係る権利は（商事留置権の負担付で）有効に譲渡されていたと解される。すなわち、移行前においては、仮に証券に対する商事留置権が成立していたとしても、それによって投信の譲渡が不可能になるという事態は生じていなかったと思われる。

(ｲ) 解約の実行を拒絶する権利

　振替投信においては、販売会社が投資家から解約実行通知を受領し、これを受けて受託者に対して解約請求をすることにより、投資家が投下資本を回収するのが通常である。販売会社としての権限をも考慮して振替投信に対する準占有を認める見解からすると、商事留置権の効力として、解約実行通知を拒絶することができるという効果が導かれるとも考えられる[注27]。

　しかしながら、このような解約等に関する事務は、振替制度への移行前の販売会社も行っていたものであり、この場合には受益証券に対する商事留置権の効力として、解約実行通知を拒絶することまでは認められていなかったと解される。振替制度への移行という事情に基づき、従来認められていた効果以上に商事留置権の効力を認めるべき実質的理由はないことから、商事留置権の効力として解約実行通知を拒絶する権利を認めることは困難であると考えられる。

(5) **小　括**

　以上のとおり、振替投信に対する商事留置権を肯定する考え方の根底にある価値判断には首肯すべき点もあり、また、振替投信に対して口座管理機関がある種の事実的な支配を有していることを認めることも不可能ではないと考えられる。しかしながら、①振替制度への移行前に、販売会社である銀行が常に商事留置権を有していたとは必ずしも言い切れないこと、②商事留置権を認めたとしても、その効果として振替請求の拒絶を認めるのは、口座管理機関に振替義務を課して適切な振替えを担保しようとする振替法の趣旨を没却することになり、また、他に商事留置権の効力として適切なものも想定できないこと等からすると、振替投信への商事留置権の成立は認められないと考えられる。口座管理機関の債権保全の問題は、当事者間の合意や、別途の方法により解決されるべき問題であろう。

　もっとも、振替投信に対して口座管理機関がある種の事実的な支配を有して

(注27) 振替請求を拒む権利のみが認められる場合とは異なり、受託者に解約実行請求をする義務が生じず、投資家に対する解約金返還債務を履行する必要も生じない。

いることからすれば、これをもって、銀行取引約定書旧ひな型4条4項等にいう「占有」に当たると解する余地はなお残ると考えられる。これを肯定する見解からは、平時において取引先である投資家が貸金債務等について債務不履行に陥った場合には、銀行は、これらの条項に基づいて任意処分権を行使し、弁済充当をすることも許されることになる。

　しかし、この場合であっても、振替投信に商事留置権が成立しない以上は、判例を前提とする限り、破産手続・再生手続の開始後は、当該条項に基づく優先的な弁済充当も許容されないことになる。すなわち、破産手続において銀行取引約定書旧ひな型4条4項と同趣旨の規定の有効性を否定した判例として、割引手形の取立ておよび弁済充当に関する最判昭63・10・18（民集42巻8号575頁）があり、肯定した判例として最判平10・7・14（民集52巻5号1261頁）があるが、これらの帰結の相違は、否定例においては取立委任を受けたのが商人ではない信用金庫であり、受領した手形の上に商事留置権が成立していなかったのに対して、肯定例では銀行が取立委任を受けており、手形の上の商事留置権が成立していた点にあると考えられており、このような理解によれば、商事留置権の成立しない振替投信については、破産手続の開始後は当該条項による優先的な弁済充当は認められないと考えられるためである。また、再生手続においても、最判平23・12・15からすると、やはり商事留置権が認められない振替投信については当該条項による優先的な弁済充当は許されないことになろう(注28)。

3　その他の振替証券・電子記録債権に対する商事留置権の成否

(1)　その他の振替証券

　振替投信以外の振替証券については、そもそも振替投信について商事留置権の成立を認めない立場からすれば、同様に他の振替証券についても商事留置権

(注28)　なお、上記のとおり、平成23年大阪地判は銀行取引約定書の条項に基づく処分権の行使としての「本件解約」が不法行為に当たらないと判断したにとどまり、同条項に基づく弁済充当をも認めた事案とは評価することができない点には留意が必要である。

の成立は認められないことになると思われる。他方、振替投信について商事留置権を認める立場からしても、他の振替証券について、当然に商事留置権の成立が認められることになるかは検討を要する。

　すなわち、口座管理機関として有する地位のみに基づいて振替口座簿上の権利に対する準占有を認める見解によれば、口座管理機関が振替えをしなければ口座管理簿上の権利が移転しないという関係は、振替投信とその他の振替証券との間で相違がないことから、振替投信だけでなく、振替証券一般について口座管理機関による商事留置権の成立を認め得ることになる。

　これに対して、販売会社として解約実行手続に係る事務や、解約金・分配金等の分配に係る事務を行っていることをも併せ考慮して準占有を認め、商事留置権の成立を認める見解は、振替投信のスキームを前提としたものである。販売会社が投資家やその他の関係当事者との間で果たす役割は、各振替証券の採用するスキームによって異なることから、商事留置権の成否は各振替証券ごとに個別に検討する必要がある。

(2) 電子記録債権

　約束手形に代わって電子記録債権が用いられることになった場合に、銀行が電子記録債権に対して商事留置権を有しないことになる点についても、振替証券の場合と同様の疑問が呈されている[注29]。これは、銀行が取立委任を受けた約束手形に対しては商事留置権が成立し得るところ、これに代わって電子記録債権を用いると、有体物ではないから「有価証券」に該当せず、「占有」が認められないために、経済的に同様の取引を行っているにもかかわらず、銀行等が従来有していた権利を失うことに対する懸念であり[注30]、実質的な問題意識は振替証券の場合と共通する。

　例えば、一般社団法人全国銀行協会が設立した電子債権記録機関である株式会社全銀電子債権ネットワーク（以下、「でんさい」という）が提供するサービ

(注29) 電子記録債権は、手形的な利用のみを念頭に置いた制度ではなく、その詳細は各電子債権記録機関の定める業務規程によって異なることが予定されているが、一般的には、約束手形と同様の利用を可能とする制度設計がされている。

ス（以下、「でんさいスキーム」という）では、電子記録債権を利用しようとする取引先は、決済口座を開設する参加金融機関を指定し、当該指定参加金融機関を通じて、電子記録債権に係る記録等を行う仕組みがとられている。電子記録債権には、振替法における口座管理機関および振替口座簿と同様の仕組みは存在しないが、電子記録債権の譲渡は「譲渡記録」が効力発生要件となっていることから、「譲渡記録」が口座管理機関による振替えと同様の機能を有すると評価できる。したがって、上記の仕組みからすれば、指定参加金融機関が譲渡記録の過程を事実上支配しており、このような状態を「占有」と評価できるのであれば、電子記録債権について商事留置権の成立を肯定することもできそうである。

　この点については、指定参加金融機関は、振替法において口座管理機関が自ら振替えを行うのとは異なり、法的には自ら記録を行うものではないが、でんさいの業務規程等により、指定参加金融機関を経由しなければ記録ができない仕組みになっていることの反射的効果として譲渡記録の過程を事実上支配しているとも考えられる。

　しかしながら、このような事実上の支配をもって商法521条にいう「占有」と評価し商事留置権の成立を認めるのは、振替証券について述べたところと同様の理由で解釈論としては困難ではないかと思われる。

　加えて、でんさいスキームの場合には、約束手形の取立委任の事例とは異なり、利用者と参加金融機関の間において「商行為」が観念できず、「商行為によって」自己の占有に属したという要件を充足できない可能性があるという点も指摘されている。すなわち、約束手形の取立委任に際しては、銀行による約束手形の占有取得に際して、取立委任裏書などの行為が介在するのに対して、

（注30）この見解に対しては、電子記録債権の導入によって手形が廃止されたわけではなく、立法によってペーパーレス化を余儀なくされた振替証券の場合とは大きな差異があるとの指摘もされている。もっとも、商事留置権が成立する余地を残すためだけに手形の利用を継続し、手形取引から生じる種々の負担を当事者に課すことは妥当ではないことから、選択可能性があることのみを理由として、電子記録債権について手形と同様の保護を与える必要がないとはいえないとの見解もある（加藤貴仁「電子記録債権と商事留置権──試論」金融法務研究会報告書㉒〔2013年〕67頁注4）。

電子記録債権においてはこのような行為が介在することなく、決済口座が開設された銀行間での送金が行われるのみであり、仮に譲渡記録の過程を支配することによる「占有」が認められたとしても、当該占有が「商行為によって」成立したとは評価できないのではないかという問題意識である[注31]。

このような指摘も踏まえると、現行法の解釈としては、電子記録債権に商事留置権の成立を認めることには問題が多いと考えられる。

(注31) 加藤・前掲（注30）論文76～77頁。

Ⅱ-14 民事留置権と商事留置権の倒産法制上の取扱いの異同

弁護士 小島 伸夫

1 問題の所在

　民事留置権は、倒産手続において冷遇されていると指摘されることがある。破産法においては失効する旨が規定されており、民事再生法・会社更生法においては規定自体が存在しない。また、各倒産手続において商事留置権の扱いも統一されておらず、倒産手続における留置権の処理については、複雑でわかりにくいとの評価が一般である。

　平成16年の破産法改正においても、留置権の取扱いについては議論の俎上に上ったものの、結局、立法化には至っていない。

　近時、実務家からの注目すべき立法提言もなされていることから、あらためて立法論的な議論も含めて、民事留置権と商事留置権の取扱の異同について検討する。

2 現行法体系上の民事留置権と商事留置権の処遇について

(1) 実体法における解釈

　留置権は、「その債権の弁済を受けるまで、その物を留置することができる。」（民295条1項）とされ、他の法定担保権のように優先的に弁済を受け得るという定め（民303条・342条・396条）となっていないことから、もっぱら留置的効力を有するのみであり、優先弁済的効力がないと説かれている[注1]。商人間の留置権その他の商事留置権についても、実体法上の効力は、民法上の留置権と同様であると解させている[注2]。

（注1）我妻Ⅲ26頁、内田Ⅲ3版503頁、高木4版13頁、道垣内3版27頁。

しかしながら、留置権は、優先弁済的効力がないにもかかわらず、後述のとおり、事実上最優先の弁済を受け得る地位が与えられている。

(2) **平時の執行手続**
　ア　他の債権者による目的物の競売等が申し立てられた場合

まず留置している物が動産の場合、留置権者が留置権を理由に動産執行に対する協力を拒むと、換価の手続まで進むことはできない（民執124条・190条1項）。留置権者としては、被担保債権の弁済を受けて物を引き渡せば足りるので、他の債権者に先んじて弁済を受けることになる。

目的物が不動産の場合、他の債権者による差押えや競売手続自体は可能であり、換価の手続は進行するものの、競売によって留置権は消滅せず買受人に引き受けられ、買受人がその被担保債権を弁済する責任を負う（引受主義。民執59条4項・188条）[注3]。

以上のとおり、留置権者は目的物を留置し続ける限り、平時においては事実上最優先で弁済を受け得る地位にある。

　イ　留置権者が自ら積極的に換価する場合

留置権は、優先弁済的効力を有しないため、担保権実行としての競売等を行うことはできない。しかし、留置的効力のみでは、被担保債権の弁済を受けるまで長期間留置を続けることになるため、この永続的な留置継続の負担からの解放手段としての競売が認められている[注4]（形式的競売。民執195条）。もっとも、民事執行法は単に「担保権の実行としての競売の例による。」と規定する

（注2）我妻Ⅲ24頁、注民(8)19頁〔田中整爾〕。
（注3）中野貞一郎『民事執行法〔増補新訂6版〕』（青林書院、2010年）420頁。
（注4）このように、留置権に基づく競売について、保管に伴うさまざまな義務からの解放としての自助売却と捉える見方に対しては、民事留置権については妥当するとしても、商事留置権についての妥当性に疑問を呈する見解もある。すなわち、商事留置権は商人の継続的な債権を担保するための物権性が強調されるから「優先する担保権者に配当手続を行って代金を交付し、留置権者にもその残余の換価代金を交付して清算し、留置権を消滅させるのがその目的、性質に適合する」という主張もある（生田治郎「留置権の実行をめぐる諸問題」加藤一郎ほか編『担保法体系(2)』〔有斐閣、1985年〕840頁）。

のみであって、解釈に委ねられる部分が大きく議論が錯綜する。

　特に問題となるのは①形式的競売の売却条件、具体的には引受主義によるのか、消除主義によるのかという点、②形式的競売において配当要求を認めるか(注5)、③換価金の処遇である。これらに関する東京地方裁判所民事執行センターの実務運用は、①について消除主義を採用し、②については配当要求を認める考えが示されている(注6)。③については、確定的な運用は論じられていないものの、手続費用を控除した残額について、まず担保権者や交付要求庁に配当し、その残額について留置権者を一般債権者と同順位で扱って配当する考え方が示されている(注7)（なおⅡ－10 **2**(2)も参照）。

　　ウ　租税債権

　国税徴収法に基づく租税債権の徴収に関しては、私法上の担保権と租税債権の関係について、私法秩序との調和の観点から、法定納期限等の前に当該担保権が設定されているかどうかで優劣を決するのが基本的な考え方である（国税徴収法15条・16条参照）。しかしながら、留置権に関してのみ、滞納処分による換価の時に、常に留置権の被担保債権が租税債権に優先し、他の担保権との関係でも留置権の優先性が貫かれている（国税徴収法21条）。

　その理由として、留置権が物の価値の保存ないし増加に要した費用に認められる場合が多いことや、留置権の優先性を認めても徴税の確保上は大きな支障がないこと等が挙げられている。なお、民事執行法上の換価手続と異なり、第三者が留置している物に関しても差押えを許容している点（国税徴収法58条）にも注意が必要である。

（注5）留置権による競売においても配当手続を認めるべきであると主張するものとして香川保一監修『注釈民事執行法(8)』（金融財政事情研究会、1995年）291頁〔園尾隆司〕など。一方、これを否定するものとして鈴木忠一＝三ヶ月章編『注解民事執行法(5)』（第一法規、1985年）384頁〔近藤崇晴〕など。

（注6）東京地決昭60・5・17判時1206号171頁は、留置権に基づく競売に関し、配当要求に関する規定の適用がないものとしている。

（注7）東京地方裁判所民事執行センター実務研究会編『民事執行の実務〔第3版〕不動産執行編(下)』386頁。

エ 小 括

以上みたとおり、実体法の次元で優先弁済的効力がないとされる留置権については、いざ他の担保権者等が権利行使する場面においては他の担保権等に優先して回収することができることになり、事実上は最優先の弁済を受け得る地位を有しているといえる。また、形式的競売における配当手続を否定した場合には、換価金は申立権者である留置権者に交付されることになり、相殺を通じて優先的に回収できることになる。

(3) **倒産手続**

倒産手続における民事留置権・商事留置権の取扱いは、同じ手続でも処遇が異なるほか、各倒産手続間でも同一ではない（倒産法制における取扱いの詳細についてはⅡ-10**4**および同**5**を参照）。

ア 民事留置権

破産手続においては、民事留置権は失効する（破66条3項）。当然、留置的効力もなくなり、留置権者は目的物を管財人に引き渡さなければならない。

他方で、再建型の再生手続・更生手続では、民事留置権に関する規定が存在しない。これを別除権・更生担保権とする旨の規定もないことから、被担保債権は再生債権あるいは更生債権として各手続における計画に基づいて弁済されることになる。しかしながら、留置的効力は存続すると解するのが通説的見解である[注8]。担保権としての扱いが認められないため、留置権（留置的効力）を消滅させる制度は設けられていない。

イ 商事留置権

破産手続においては、特別の先取特権とみなされることにより別除権としての地位が与えられている。ただし、その優先順位は他の特別先取特権に後れるとされる（破66条1項・2項）。特別の先取特権とみなされることに起因して、留置的効力の消長については議論がある[注9]。破産法は、商事留置権の留置的

(注8) 条解民事再生法3版290頁〔山本浩美〕、新注釈民事再生法(上)296頁〔長沢美智子〕、条解会社更生法(㊥)528頁。なお、再生手続における民事留置権の留置的効力を認めたものとして東京地判平17・6・10判タ1212号127頁。

効力の有無に関する議論の影響を避けながら、商事留置権消滅請求制度を設けている（破192条）(注10)。

民事再生法は、商事留置権をそのまま別除権として扱っている（破産法のように特別の先取特権とみなすことを介して別除権とされるわけではない。民再53条1項）。別除権とする以外に、商事留置権に優先弁済権を認める規定はない。商事留置権特有の消滅請求制度は設けられておらず、一般の担保権消滅請求制度によることになる（民再148条）。

会社更生法では、商事留置権は更生担保権として処遇される（特別の先取特権とみなされるわけではない点は民事再生法と同じ。会更2条10項）。更生手続においては、申立てから開始決定までに時間を要することが多く、その間に物が留置されて事業継続に支障が生じることを回避するために、保全段階における商事留置権の消滅請求制度が設けられている（会更29条）。なお、開始後は、他の一般の担保権消滅請求制度（会更104条以下）を利用することになる。

ウ　小　括

以上のとおり、民事留置権および商事留置権の取扱いは、それぞれの制度に特有なものとなっている。これを簡略化して図示すると以下のとおりである。

（注9）最判平10・7・14民集52巻5号1261頁は、銀行が割引依頼を受けて預かっていた手形を目的物とする商事留置権に関し、破産管財人に対する関係で留置する権能があることを認めた（同日付で、銀行が取立委任を受けて預かっていた手形に関しても同趣旨の判決が言い渡されている〔判タ988号34頁〕）。しかしながら、この判例の射程の解釈をめぐっては争いがあり、手形の場合に限定されるものとして商事留置権一般に留置的効力を認めたものではないとする解釈も有力である（高橋宏志「判解」百選5版106頁参照）。

（注10）立法担当者は、商事留置権の消滅請求制度に関し、「留置的効力の議論の帰趨いかんにかかわらず、留置権者と破産財団との間の適切な権利関係の調整を図る方策を用意するものとして設けられたものであり、同制度の導入は、商事留置権の留置的効力の議論に関しこれを正面から肯定する立場を採用することを明らかにしたものではありません。」と述べている（一問一答新破産法271頁）。

倒産手続	種類	手続上の処遇	留置的効力	優先弁済効	消滅請求
破産	民事留置権	失効	×	×	×
	商事留置権	特別の先取特権	▲（注1）	○	◎（開始後に特別の消滅請求）
再生	民事留置権	規定なし（再生債権）	○	×	×
	商事留置権	別除権	○（注2）	×	○
更生	民事留置権	規定なし（更生債権）	○	×	×
	商事留置権	更生担保権	○（注3）	×	◎（開始前に特別の消滅請求）

注1）通説的な見解は、商事留置権の留置的効力を認めている[注11]。なお、最判平10・7・14（民集52巻5号1261頁）は「破産財団に属する手形の上に存在する商事留置権を有する者は、破産宣告後においても、右手形を留置する権能を有し、破産管財人からの手形の返還請求を拒むことができるものと解するのが相当である」と判示している[注12]。

注2）最判平23・12・15（民集65巻9号3511頁）は、取立委任を受けた約束手形を留置する銀行が、再生手続開始後の取立てに係る取立金を、法定の手続によらずに債務の弁済に充当した案件に関し、これを肯定した（Ⅱ-12も参照）。同判決では、「留置権者は、留置権による競売が行われた場合には、その換価金を留置することができる」とされている。

注3）商事留置権の留置的効力を認めるのが通説的見解といえるが、担保権を更生手続に取り込んでその実行を禁止していることから、留置的効力が消滅すると解する見解もある[注13]。

(注11) 条解破産法496頁以下、大コンメ287頁〔上原敏夫〕以下。

(注12) 前掲（注9）参照。

(注13) 鈴木正裕「留置権小史」河本一郎＝仲田哲編『河合伸一判事退官古稀記念・会社法・金融取引法の理論と実務』（商事法務、2002年）230頁。

3 民事留置権と商事留置権の取扱いの差異が生じた理由

(1) 権利生成の沿革

　民事留置権と商事留置権とで、倒産法制において取扱いが異なる理由の一端は、それぞれが異なる沿革を持つ権利であることから説明される。

　すなわち、民法典の留置権は、ローマ法における「悪意の抗弁権」に淵源を有するとされる。これは、債権者がその者に対して負う自らの債務を履行しないままに相手方に債務の履行を求めることが信義に反するときに、債務者にこの抗弁を認め、履行を拒絶することを認めるものである(注14)。ここでは、沿革的には相対立する2つの債権(例えば、費用償還請求権と物の引渡請求権)の公平を図るものと位置付けられている。

　一方の商法典における留置権は、中世イタリアの商事慣習法に由来し、商人間の安全確実な取引関係を確保することを目的とするものであるとされている(注15)。すなわち、商人間取引は継続的・反復的になされ相互に債権債務を負担するのが通常であるが、その関係にある一方が取得した債権は、その者の占有する他方の所有物によって担保されるものとすることは、商人間の信用を維持し安全確実な取引を持続させるのに適することがこの制度を招来した理由とされる(注16)。ここでは、相対立する債権には着目されておらず、商取引の中で生じる1つの債権と物によるその担保という要素が強い(注17)。本来的には質権によって担保されるべきものであるが、円滑な商取引のためには個別動産に対する質権設定では限界があるために派生してきたともいわれる。かかる沿革から、商事留置権については担保権として正面から認める議論が出てくることになる。

(注14)　注民(8)13頁〔田中〕、道垣内3版12頁。
(注15)　注民(8)18頁〔田中〕、道垣内3版12頁。
(注16)　我妻Ⅲ23頁。
(注17)　薬師寺志光「民事留置権と商事留置権との効力の差異」民商1巻3号(1935年)394頁。

(2) **立法経緯について**[注18]

　民事留置権と商事留置権の取扱いが異なることの理由については、上記の沿革に加え、実体法および手続法の立法経緯も影響していることが指摘されている。なお、この点に関しては鈴木正裕教授による詳細な研究があり、本項目はそれに依拠している[注19]。

　ア　実体法

　法典論争により施行されなかった旧民法において、留置権（民事留置権）は担保物権と明示され、かつ、優先弁済権のないものとして整理されており、その後制定された民法でも、かかる整理は維持された。

　一方で、同じく施行されなかった旧商法はその中に「破産編」を含んでいたところ、その「破産編」において商事留置権は別除権の規定中の「其他ノ優先権」に該当するという点については争いがなかったとされる。また、抵当権や質権と同様に優先弁済権があるものとされていた。しかしながら、その後施行された商法（明治26年〔1893〕施行）では商事留置権に関する質権に準じた簡易な換価手続やその換価の結果による弁済充当権は削除された。結果として、留置的効力のみが明文規定として残ったことになるが、削除の理由については明確に示されていない。商事留置権について優先弁済的効力を認めるか否かは、このころの改正に起源を有するものといえる。

　イ　手続法

　旧競売法（明治31年〔1898〕施行）では、動産競売、不動産競売ともに、留置権者が申立権者とされていた。ただし、不動産に関する競売について「民法ノ規定ニヨリ競売ヲ為サントスル者ノ申立」とされ、根拠法として商法が欠けている。商事留置権の対象に不動産が入るかという議論の端緒といえる。

　旧破産法（大正12年〔1923〕施行）は92条1項で「留置権ニシテ商法ニ依ルモノハ破産財団ニ対シテハ之ヲ特別ノ先取特権ト看做ス」とし、2項で「前項ニ規定スルモノヲ除クノ外留置権ハ破産財団ニ対シテハ其ノ効力ヲ失フ」とし

(注18) 立法に関する詳細な調査資料として、前田達明ほか「〈資料〉留置権法(1)」民商118巻2号（1998年）269頁以下、同「〈資料〉留置権法(2)」民商118巻3号（1998年）417頁以下。
(注19) 鈴木・前掲（注13）論文191頁以下。

た。民事留置権が失効し、商事留置権が特別の先取特権とみなされることを介して別除権とされる現行法の枠組みは、この時の立法を継承したものである。

民事留置権が失効する点については、旧破産法の立法直後から学説に厳しい批判にさらされたようである[注20]。

旧会社更生法（昭和27年〔1952〕施行）において更生担保権の制度が採用されたが、破産法で別除権とされている諸権利がすべて更生担保権に吸収されることになったものの、それ以上に各権利についての規定を設けなかったため、商事留置権と他の担保権との関係や、民事留置権の効力についての議論は残されたままとなった。会社更生法は、昭和42年（1967）に大改正され、留置権の消滅請求制度が設けられたが、対象とされたのは商事留置権のみであった。

昭和55年（1980）民事執行法が施行された。これは、民事訴訟法の強制執行編と、旧競売法の全内容を移植して体系化したものであるが、留置権に関する競売については「担保権の実行としての競売の例による」という1条を設けただけであるため、さまざまな問題が解釈に委ねられることとなった。

なお、国税徴収法において、前記のとおり留置権が租税債権に先立って弁済され、他の担保権との関係においても常に優先的に配当される制度に改正されたのは昭和34年（1959）である。

(3) 小 括

以上みたとおり、民事留置権と商事留置権については、一方で実体法的な面から沿革的な相違が指摘され、商事留置権についてはより他の担保権との整合性が見出せることから、執行・倒産法制でもかかる担保権としての性質に着目した保護を与えるべきであるとする議論がある。

他方で、立法過程においては、実体法および手続法を通じた統一的な議論を十分に尽くして各個別立法（改正）がなされたとはいいがたい面があるようである。

(注20) 留置権に競売権を認めないのは、旧破産法の立法当時は少数説であったようである（薬師寺志光『留置権論』〔三省堂、1935年〕24頁など）。

4 倒産法制における統一的解決を志向する動き

(1) 平成16年破産法改正前後の議論

倒産法制における留置権の扱いについては、「破産法等の見直しに関する中間試案」でも焦点となり、民事留置権について、再生手続および更生手続においても手続の開始により効力を失うものとする考え方の当否について問題となった[注21]。同じ頃、担保・執行法制の見直しも進んでおり、そこでは、留置権の効力を見直し、留置権者に優先弁済権を与えることの是非が議論されていた[注22]。しかしながら、倒産法制及び担保・執行法制の各見直しに関する議論も、結果的に留置権の取扱いについて抜本的な改正にはいたらなかった。

(2) 実務上の不都合性

前記のとおり、民事留置権および商事留置権の処遇については、近時の倒産法制、担保・執行法制において議論にはなったものの、立法化にはいたっていない。しかしながら、このことをもって、留置権に関する倒産法制の改正について立法事実がないと考えるべきではないと思われる。具体的には、平成16年の破産法改正後も、倒産実務においては依然として次のような問題が意識されている。

① 倒産手続開始後に商事留置手形を取り立てた場合の処理について、商事留置権に優先弁済効を認めるか否かに関連して大きく問題となった（詳細については「Ⅳ-3　手形・小切手に対する商事留置権の効力」を参照）。商事留置権全般に妥当する議論なのか、判例の射程については争いがあり、また、更生手続の場合も同様に解決されるべきなのかについても議論があり

(注21) 中間試案においては、脚注において、民事再生法・会社更生法でも民事留置権の失効を規定することの当否についての提案がなされたものの、倒産法部会の議論では、この考え方とは逆に、民事留置権の保護を強化すべきであるとの観点から、倒産処理手続一般において、商事留置権のみならず民事留置権についても特別の先取特権とみなす考え方も示されていた（破産法等の見直しに関する中間試案と解説157頁以下）。

(注22) 「担保・執行法制の見直しに関する要綱　中間試案補足説明」NBL735号（2002年）9頁。

得る(注23)。
② 　建築請負と不動産に対する留置権の成否に関しても、議論は収束していない（詳細についてはⅡ－11参照）。ことに商事留置権は、物と債権との牽連性が要件となっておらず成立要件が緩和されているだけでなく、担保物権としての不可分性から権利行使の範囲が拡大する懸念もあり、事業再生の局面で物が留置されることによる事業継続への影響が問題となってくる。
③ 　再生手続、更生手続では、民事留置権の被担保債権は倒産債権（再生債権・更生債権）となり手続開始に伴って弁済が禁止されるところ、留置的効力は存続すると解されているため、物が留置されていることにより事業の継続に支障を来す事態も生じる。
　　この場合、各手続において和解による支払や裁判所の弁済許可を取得した上で弁済し、物の引渡しを受けることが検討されることになるが、物を必要とする再生債務者・管財人側の利害が大きいために交渉上劣位し、過分な弁済・支払がなされることになった場合には、他の利害関係者の利益を損なうことになり問題が大きい。
　以上のとおり、留置権に関して、現行の倒産法制にはなお問題が残っており、理論上の整理が必要であるばかりか、解釈の限界を超える場合には、これをあらためるべき立法事実は存在すると考えるべきである。

(3) 　統一的な解決に向けた各提言
　民事留置権と商事留置権の倒産法制における取扱いに関しては、学者からも理論的な整合性に配慮した統一的な解決の提案がなされてきた。
　　ア　留置権の保護を強化する方向性での提案
　民事留置権・商事留置権ともに留置権の効力を強化する方向性での調整が提案されている。すなわち、民事留置権・商事留置権を問わず、優先弁済権を認

(注23) 平成23年判決について、商事留置手形に限定した議論であり、それ以外の留置権と倒産法との関係について未解決であるとするものが多い（佐藤鉄男「倒産手続における留置権——商事留置手形を中心に」法教390号〔2013年〕13頁以下、植村京子「商事留置権に関する諸問題」倒産法の最新論点ソリューション71頁以下など）。

めることを前提に、この優先弁済権を根拠にして、破産法・民事再生法において別除権として認める提案である[注24・25]。

イ　優先弁済権を認めた場合の限定化の試み

㈦　被担保債権の限定化

民事留置権・商事留置権の効力を強める議論と並行して、優先弁済が認められる留置権の被担保債権の範囲を限定化する試みも提案されている。

すなわち、目的物の価値の保存ないし増加をもたらす行為から生じた債権については、その債権は共益的な性質をもち、目的物の価値の保持・増加により他の担保権者も利益を得ているので、担保権の競合の場面において優先性を認められるとする。そして、共益的な性質のない被担保債権については、他の担保権の対抗要件具備と留置権の成立要件の具備の先後関係により優劣を決するべきとする[注26]。

㈠　換価手続における限定化

留置権に優先弁済権を認めると留置権の効果が強まりすぎる点については、執行の場面において、自助売却としての競売申立権以外をおよそ認めない防御的な権利という性格を徹底するか、認めるとしても債務者に弁済か担保供与による留置権消滅請求を行う機会を与えることを要件とすべきという提案もなされている。

(注24)　新破産法の基本構造と実務456頁以下〔松下淳一発言・山本克己発言・田原睦夫発言〕。
(注25)　松岡久和教授は、建築請負に関する不動産留置権を素材として問題の整合的な解決を検討され、①破産法を改正し民事留置権の存続を定めるとともに、②民事・商事留置権双方について留置的効力の存続を明記し、③倒産手続の進行を妨げるおそれのある民事・商事留置権については、破産法・民事再生法においても会社更生法類似の消滅請求制度を設けることを提案されている（福永有利ほか『倒産実体法──改正のあり方を探る（別冊NBL69号）』〔2002年〕104頁）。
(注26)　松岡・前掲（注24）論文107頁においても、留置権に優先弁済権を認めるとともに、優先弁済権が認められる債権の範囲の限定化を合わせて提唱され①他の債権者の権利を不当に害しないか、②害するとしてもやむを得ない正当な理由がある場合に範囲を限定する。留置権者の給付等により債務者財産が増加している場合（ただし留置権者が任意に与信したような場合は除いている）に留置権者の優先性を認めているのは、同じような配慮に基づくものと思われる。

(4) 実務家からの提言

倒産実務家からも、上述の実務上生じる不都合性に考慮した立法提案がなされている。

　ア　権利生成の沿革を重視し商事留置権の保護を強める立論(注27)

民事留置権と商事留置権の生成の沿革を重視し、商事留置権の保護を強める形で整合的な解決を志向する見解がある。

まず、民事留置権については、人的な抗弁権としての沿革から、個別的な権利行使が禁止される倒産の場面では効力が制限されてしかるべきであるとし、民事留置権の失効を規定する破産法に平仄を合わせる提案である。具体的には、民事再生法・会社更生法においても民事留置権の失効を明記すべきであるとする。要保護性の高いものについては個別に先取特権を付与する改正を合わせて提唱され、かつ、執行の場面でも民事留置権に基づく形式的競売の規定を削除した上で、民事留置権の実行は通常の強制執行手続によるべきとする。

これに対して、商事留置権は、質権の代替として生成してきた沿革を重視して優先弁済権を明記するべきとし、破産法においても、端的に別除権と構成すべきことを提案する。合わせて、優先弁済権を有することを根拠として、会社更生法における商事留置権消滅請求制度の要件緩和と、民事再生法における商事留置権の消滅請求制度を新設する提案もなされている。

権利生成の沿革に忠実であり優先弁済権の有無により別除権とすることを理論的に正当化できる上、要件の緩和された商事留置権消滅請求制度を設けることで実務的な不都合性に対処することを目指すものであり、実務的には優れた提案であると思われる。

　イ　民事留置権の保護の強化を図りつつ倒産制度の整合性を確保する立場(注28)

一方で、平成16年破産法改正時に優勢となった民事留置権の保護を強化する方向から、現行倒産法制の見直しを目指す提案もなされている。

民事留置権が物との牽連性を成立要件としているところ、関連性の濃淡は法

(注27) 平井信二「民事留置権・商事留置権に関する改正提案（付：先取特権）」提言倒産法改正249頁以下。

(注28) 蓑毛良和＝志甫治宣「商事・民事留置権」倒産法改正展望292頁以下。

律による保護の軽重に反映されるべきであること、あるいは、民事留置権が認められる場合一般的には物の価値が維持・増加しており（または共益的な性質を有しており）、この被担保債権を優先するものとしても他の債権者を害しないことから、民事留置権の失効を定める破産法の規定を削除し、破産手続および再生手続ではこれを別除権とし、更生手続では更生担保権とすべきことを提案する。ただし、この立場でも、民事留置権に優先弁済権を付与することまでは意図されていない。

一方で、商事留置権については、物との牽連性が要件とされておらず広範に成立するため、その保護を強化した場合には成立範囲と効果の面できわめて強い担保権が登場することになり、ことに事業再生の場面では影響が大きいこと、あるいは、同じく流動性資産を対象とする集合動産譲渡担保が判例法理により成立範囲が限定されることとの平仄を考慮し、商事留置権に優先弁済権を付与することを否定する。具体的には、破産法で特別の先取特権を付与する規定を削除することを提案している。削除した後の商事留置権の扱い、および再生手続・更生手続における商事留置権の取扱いについては言及されていないものの、提案内容は優先弁済権の否定に主眼があることおよび民事留置権については優先弁済権のない別除権・更生担保権としての処遇を提案していることから、いずれの制度においても、民事留置権と同様の保護を与えることを想定しているように思われる。

(5) 検 討

倒産実務の見地からは、担保権の制約は少ないほうが迅速・円滑な手続遂行に資するほか、一般債権者への弁済・配当を増やすことも可能になることから、民事留置権を倒産手続において一律に失効させる提案は魅力的である。

しかしながら、留置的効力を否定しようとする場面では、留置を解くことにより、倒産債務者・管財人の側で当該物を利用あるいは換価して倒産財団の増殖を図る必要性が認められる場合が一般的と思われる。そうすると、同じような状況にある双方未履行双務契約において履行選択した場合に相手方の請求権が財団債権・共益債権とされることと比較して、民事留置権者の利益があまりに害されることとなり、均衡を欠くように思われる。物の価値の保存・増殖に

貢献した行為に基づく債権について、他の債権者より優先させることはやむを得ないのではなかろうか。

ただし、留置権に優先弁済権を認める学説も、何らかの形で優先性の認められる範囲を限定化する傾向にある。留置権の効力が強くなりすぎることへの配慮とも思われるが、仮に適切に優先性のある債権の範囲を画する基準を設定できるのであれば、当該債権に特別の先取特権の保護を与えること（民事留置権は失効）で、実質的には優先性の認められる債権の範囲は重なってくるかもしれない。

他方で、優先弁済権の有無が倒産法制における担保権の処遇（すなわち、別除権あるいは更生担保権とすること）と論理必然の関係にないのであれば、倒産手続限りで、民事留置権および商事留置権の優先弁済権を否定しながら、担保権としての処遇を与えることも許されるものと思われる（優先弁済効に触れないままに商事留置権を別除権として扱う民事再生法の扱いを肯定的に評価することになる）。

いずれにしても、すべての利害関係人に完全な満足を与えることができない倒産の局面では、利害関係人の公平な利益調整が問題となるのであり、かかる見地から各種の権利関係の調整が図られるべきであるので、各倒産手続において、留置権の強化を図るのであれば、その弊害を回避する手段として留置権の消滅請求制度を整備し、要件を緩和した上で倒産債務者・管財人の交渉力を確保することは必須であると思われる。

II−15　先取特権（総論）

弁護士　鎌倉　一輝

1　先取特権

(1)　先取特権の定義等、種類、効力

　ア　定義等

　(ア)　定　義

　先取特権とは、法律の定める特殊の債権を有する者が、債務者の財産から優先弁済を受ける権利である（民303条）。

　(イ)　趣　旨

　先取特権が認められる趣旨は一様ではなく、雇用関係の先取特権および日用品供給の先取特権のように弱者救済の社会政策的考慮に基づくもの、共益費用の先取特権のように公平の原則に基づくもの、さらに当事者の意思の推測、特殊な産業保護等をその趣旨とするものもあり、これらが組み合わさっているものもある。

　(ウ)　担保権としての性質

　先取特権は、法定担保権である。この点に関し、先取特権をあらかじめ特約で排除することができるか問題となるが、これはそれぞれの先取特権ごとに具体的に検討されている。例えば、社会政策的考慮に基づく先取特権については排除は認められず、当事者の意思の推測を規定の趣旨とする先取特権についてはこれが認められると考えられる。

　先取特権は、担保物権に通有する附従性、随伴性、不可分性（民305条）を有し、優先弁済的効力を有する担保物権に認められる性質である物上代位性（民304条）を有している。

イ　種　類

(ア)　分　類

　先取特権は、その目的物を債務者の総財産とするか特定の財産とするかにより、一般先取特権と特別先取特権とに区別され、さらに、特別先取特権には動産先取特権、不動産先取特権および債権先取特権がある。

(イ)　一般先取特権

　一般先取特権は、民法において①共益の費用、②雇用関係、③葬式の費用および④日用品の供給の4種類の債権について定められており（民306条）、このほか、租税公課、労働保険・社会保険の保険料等について相当数の一般先取特権が定められている[注1]。

(ウ)　動産先取特権

　動産先取特権は、民法において①不動産の賃貸借、②旅館の宿泊、③旅客または荷物の運輸、④動産の保存、⑤動産の売買、⑥種苗または肥料の供給、⑦農業の労務および⑧工業の労務の8種類の債権について定められており（民311条）、このほか、商法842条の船舶先取特権、建物の区分所有等に関する法律7条1項の動産先取特権等が定められている。

(エ)　不動産先取特権

　不動産先取特権は、民法において①不動産の保存、②不動産の工事および③不動産の売買の3種類の債権について定められている（民325条）。このほか、借地借家法12条、立木の先取特権に関する法律、建物の区分所有等に関する法律7条1項により不動産先取特権が定められているが、これらが民法以外の定めによる主要な不動産先取特権である。

(オ)　債権先取特権

　債権先取特権は民法においては定めがないが、商法842条の船舶先取特権、原子力損害の賠償に関する法律13条の先取特権、金融商品取引法31条の2第6項の先取特権、信託業法11条の先取特権等、相当数の先取特権が定められている。

（注1）　国税等について一般先取特権として認めない裁判例もあるようである（能見善久＝加藤新太郎編『論点体系判例民法(3)〔第2版〕』〔第一法規、2013年〕43頁）。

ウ 効　力

㈠ 優先弁済効力

　先取特権の効力は、他の債権者に先だって債務者の財産から弁済を受けるという優先弁済効力であり、そのために、自ら競売等を申し立て、または他の執行手続における配当要求を行うことができる。

㈡ 物上代位権

　先取特権者は、その目的物の売却、賃貸、滅失または毀損によって債務者が受ける金銭その他の物、および、目的物の上に設定した物権の対価に対して物上代位することができる[注2]（民304条1項・2項）。

　ただし、物上代位するには、その金銭等が債務者に「払渡し又は引渡し」される前に差押えをしなければならない（民304条1項ただし書）。この点につき、債務者の破産開始決定および一般債権者による目的債権の差押え・仮差押えは「払渡し又は引渡し」に含まれない（最判昭59・2・2民集38巻3号431頁）。債権譲渡は「払渡し又は引渡し」に含まれる（対抗要件の具備は必要である。最判平17・2・22民集59巻2号314頁）[注3]。これと同様に、一般債権者の転付命令の取得も「払渡し又は引渡し」に含まれると考えられる。

　「差押え」について、仮差押えが含まれるか裁判例は分かれているが、仮差押えを含めない見解に統一される趨勢であるようである[注4]。配当要求が含まれるかについて、最判平13・10・25（民集55巻6号975頁）は、抵当権の賃料に対する物上代位の案件であるが、これを否定している[注5]。

（注2）債務者の請負代金債権の全部又は一部が動産の転売による代金債権と同視するに足りる特段の事情がある場合には、当該部分に対して動産売買先取特権に基づく物上代位権を行使することができるとされている（最判平10・12・18民集52巻9号2024頁）。

（注3）これに対し、抵当権の物上代位については、債権譲渡は「払渡し又は引渡し」に含まれない（最判平10・1・30民集52巻1号1頁）。

（注4）能見＝加藤編・前掲（注1）書53頁。

（注5）この点、判決は民法304条1項ただし書の「差押え」が配当要求を含むものと解することはできないと述べているが、先取特権の場合は異なる余地があるという考えはあるようである（能見＝加藤編・前掲（注1）書50頁）。

(ウ) 消滅等

先取特権は、その目的物の滅失、毀損等の物権および担保物権に共通の消滅原因によって消滅する。このほか、不動産先取特権は、抵当権に関する規定が準用される結果（民341条）、その不動産の第三取得者による代価弁済（民378条）、消滅請求（民379条）によって消滅する。

なお、先取特権が動産を目的物とする場合、その動産が第三者に譲渡され引き渡された後は、その動産について行使することはできない（民333条）。

(2) 先取特権の要件 (注6)

ア 一般先取特権

① 共益費用の先取特権は、各債権者の共同の利益のためにされた債務者の財産の保存、清算または配当に関する費用について存在し、当該費用のうちすべての債権者に有益でなかったものについては、利益を受けた債権者に対してのみ存在する（民307条1項・2項）。

② 雇用関係の先取特権は、給料その他債務者と使用人との間の雇用関係に基づいて生じた債権について存在する（民308条）。

③ 葬儀費用の先取特権は、債務者またはその扶養すべき親族のためになされた葬式の費用のうち相当な額について存在する（民309条1項・2項）。

④ 日用品供給の先取特権は、債務者またはその扶養すべき親族および家事使用人の生活に必要な最後の6か月間の飲食料品、燃料および電気の供給について存在する（民310条）。

なお、本条の債務者は自然人に限られ、法人は含まれない（最判昭46・10・21民集25巻7号969頁）。

イ 動産先取特権

① 不動産賃貸借の先取特権のうち、土地賃貸借の先取特権は、土地の賃料その他の賃貸借関係から生じた賃借人の債務について、その土地またはその利用のための建物に備え付けられた動産、その土地の利用に供された動

(注6) 本稿においては、紙面の関係上、民法および借地借家法上の先取特権の要件についてのみ言及する。したがって、債権先取特権については触れていない。

産及び賃借人が占有するその土地の果実について存在する（民313条1項）。建物賃貸借の先取特権は、物の賃料その他の賃貸借関係から生じた賃借人の債務について、賃借人が建物に備え付けた動産について存在する（同条2項）。

賃借権の譲渡または転貸の場合には、先取特権は、譲受人または転借人の動産および譲受人または転借人が受けるべき金銭にも及ぶ（民314条）。また、即時取得の準用により第三者の動産についても先取特権が成立し得る（民319条）。

破産、相続の限定承認等により賃借人の財産のすべてを清算する場合は、先取特権は前期、当期および次期の賃料その他の債務および前期および当期において生じた損害賠償債務についてのみ存在するものとされる（民315条）。

② 旅館宿泊の先取特権は、宿泊客が負担すべき宿泊料および飲食料について、その旅館にあるその宿泊客の手荷物について存在する（民317条）。

この先取特権についても、即時取得の準用により第三者の動産について先取特権が成立し得る（民319条）。

③ 運輸の先取特権は、旅客または荷物の運送賃および付随の費用について、運送人の占有する荷物について存在する（民318条）。

この先取特権についても、即時取得の準用により第三者の動産について先取特権が成立し得る（民319条）。

④ 動産保存の先取特権は、動産の保存のために要した費用または動産に関する権利の保存、承認もしくは実行のために要した費用の債務について、その動産について存在する（民320条）。

⑤ 動産売買の先取特権は、動産の代価およびその利息について、その動産について存在する（民321条）。

制作物供給契約に基づく代金債権について、この先取特権が認められるかについては、具体的な事案も絡んで裁判例は分かれている（肯定例：東京高決平12・3・17判時1715号31頁、否定例：大阪高決昭63・4・7判タ675号227頁、東京高決平15・6・19金法1695号105頁）。

⑥ 種苗または肥料の供給の先取特権は、種苗または肥料の代価およびその

利息について、その種苗または肥料を用いた後1年以内にこれを用いた土地から生じた果実（蚕種または蚕の飼養に供した桑葉の使用によって生じた物を含む）について存在する（民322条）。
⑦　農業労務の先取特権は、その労務に従事した最後の1年間の賃金に関し、その労務によって生じた果実について存在する（民323条）。
⑧　工業労務の先取特権は、その労務に従事した最後の3か月の賃金に関し、その労務によって生じた製作物について存在する（民324条）。

　ウ　不動産先取特権
①　不動産保存の先取特権は、不動産の保存のために要した費用または不動産に関する権利の保存、承認もしくは実行のために要した費用について、その不動産について存在する（民326条）。
　　この先取特権の効力を保存するには、保存行為完了後ただちに登記しなければならない（民337条）。
②　不動産工事の先取特権は、工事の設計、施工または監理をする者が債務者の不動産に関してした工事の費用について、工事による不動産の増加額が現存する限りにおいて、その増加額につきその不動産について存在する（民327条1項・2項）。
　　この先取特権の効力を保存するには、工事着工前に費用の予算額を登記しなければならない（民338条）。
③　不動産売買の先取特権は、不動産の代価およびその利息について、その不動産について存在する（民328条）。
　　この先取特権の効力を保存するには、売買契約と同時に代金またはその利息の弁済がない旨の登記しなければならない（民340条）。
④　借地借家法12条に定める先取特権は、弁済期の到来した最後の2年分の地代等について、借地権者又は転借地権者がその土地において所有する建物について存在する。

(3) 先取特権の行使
　ア　行使方法
先取特権の行使は、自ら競売等を申し立て、または他の執行手続において配

当要求を行う方法による。

自ら競売等を申し立てる方法については、目的物が不動産の場合は不動産競売および不動産収益執行の方法により（民執180条）、船舶、動産の場合は船舶の競売、動産競売の方法による（民執189条・190条１項）。債権およびその他の財産を目的物とする場合は差押えの方法による（民執193条２項、143条、167条１項）。なお、物上代位も差押えの方法による（民執193条１項・２項）。

配当要求を行う方法について、物上代位権を行使する場合には単に配当要求するのではなく、目的物を二重に差し押える必要がある[注7]。なお、不動産競売について、差押えの登記前に登記された先取特権を有する債権者は、自動的に配当を受けることができる（民執87条１項４号）。

イ　実行手続

不動産競売および不動産収益執行の方法による場合は、不動産先取特権の場合は登記事項証明書等を提出し、一般先取特権の場合は登記事項証明書等または一般先取特権の存在を証する文書を提出して行う（民執181条１項）。

船舶の競売の方法による場合は、不動産競売の方法による場合と同じである（民執189条・181条１項）。

動産競売の方法による場合は、執行官に対し、先取特権の存在を証する文書に基づき執行裁判所が行った動産競売開始許可決定書の謄本を提出して行うほか（民執190条１項３号・２項）、目的動産そのものを提出しまたは占有者からの差押承諾文書を提出して行う方法もある（民執190条１項１号・２号）。執行裁判所の決定書の謄本を提出して行う場合は、執行官は目的動産の捜索を行うことができる（民執192条・123条２項）。

差押えの方法による場合は、先取特権の存在を証する文書等を提出して行う（民執193条１項）。

配当要求は不動産競売について差押えの登記前に登記された先取特権を有する債権者を除き、配当要求の終期までに、文書により先取特権の存在を証する

（注７）松岡久和＝中田邦博編『新・コンメンタール民法（財産法）』（日本評論社、2012年）418頁。前記「先取特権の効力」「物上代位権」の項で既述したとおり物上代位の要件である「差押え」に配当要求が含まれないと解する場合には、二重の差押えが必要となる。

必要がある（民執51条1項・105条1項・121条・133条・154条1項）。

　先取特権の存在を証する文書については、どの程度の証明力を持った文書であることを要するか問題となる。この点については、判決、公文書その他の債務名義に準ずる証明力を要求する見解（準債務名義説）もあるが、具体的事案において提出された文書を総合してその存在が証明されれば足りるとする見解（書証説）が近時の大勢であり、書証説の中では、文書とは取引の通常の過程で作成された文書のことであって、事後的に作成された文書や陳述書・報告書等は含めないとする見解（厳格説）が多数派であるとされている[注8]。

　なお、一般の先取特権は、債務者の総財産をその目的とするが、まず不動産以外の財産から弁済を受け、なお不足がある場合でなければ不動産から弁済を受けることはできない（民335条1項）。

2　倒産と先取特権

(1)　倒産手続における先取特権の取扱い

ア　優先弁済効力の取扱い

(ア)　破産手続

　破産手続において、一般先取特権については、その被担保債権は優先的破産債権とされる（破98条1項）。

　ただし、破産手続開始前3か月間の破産者の使用人の給料債権は財団債権とされ（破149条1項）、破産手続終了前に退職した破産者の使用人の退職金債権は、退職前3か月間の給料の総額（その額が破産手続開始前3か月間の給料の総額より少ない場合は、破産手続開始前3か月間の給料の総額）に相当する額が財団債権とされる（破149条2項）。

　特別先取特権は別除権とされる（破2条9項）。

(イ)　会社更生手続

　会社更生手続において、一般先取特権については、その被担保債権は優先

(注8)　園尾隆司「動産売買先取特権と動産競売開始許可の裁判(下)」判タ1324号（2010年）7頁。

的更生債権とされる（会更168条1項2号）。

　ただし、更生手続開始前6か月間の更生会社の使用人の給料債権および身元保証金の返還請求権は共益債権とされ（会更130条1項）、更生計画認可決定前に退職した更生会社の使用人の退職金債権は、退職前6か月間の給料の総額に相当する額またはその退職金の額の1/3に相当する額のいずれか多い額（ただし、定期金の場合は各期の定期金額の1/3に相当する額）が共益債権とされる（会更130条2項・3項）。また、使用人の更生会社に対する預け金債権は、更生手続開始前6か月間の給料の総額に相当する額またはその預け金の額の1/3に相当する額のいずれか多い額が共益債権とされる（同条5項）。

　特別先取特権は更生担保権とされる（会更2条10項）。

　(ウ)　民事再生手続

　民事再生手続において、一般先取特権については、その被担保債権は一般優先債権とされる（民再122条1項）。

　特別先取特権は別除権とさる（民再53条1項）。

　(エ)　特別清算手続

　特別清算手続において、一般先取特権については、その被担保債権は協定外債権とされており（会社515条3項）、特別清算手続によらずに随時弁済を受けることができる。

　特別先取特権は、特別清算手続によらずに実行することができる。

　イ　物上代位権の取扱い

　破産手続、会社更生手続および特別清算手続においては、破産管財人、更生管財人および清算人に債務者の財産の管理が移るが、これは民法304条1項ただし書の「払渡し又は引渡し」に含まれず、これらの手続開始後も物上代位は認められる（最判昭59・2・2民集38巻3号431頁）。

(2)　**倒産手続における先取特権の実行方法**

　ア　実行方法

　(ア)　破産手続

　破産手続において優先的破産債権となる一般先取特権は破産法の定める順位に従い、配当を受ける。

そのほかの先取特権については、財団債権または別除権のいずれであっても、破産手続外で通常の実行方法（前記■(3)参照。以下同じ）により権利行使することができる。

(イ) 会社更生手続

会社更生手続において優先的更生債権となる一般先取特権および更生担保権となる特別先取特権は、関係人集会で可決され裁判所で認可された更生計画に従い、弁済を受ける。

共益債権となる一般先取特権については、更生手続外で通常の実行方法により権利行使することができる。

なお、担保権の目的となる財産が更生会社の事業の更生のために必要であると認められるときは、更生管財人は、裁判所に対し、その財産の価額に相当する金銭を納付して担保権を消滅させることについての許可の申立てをすることができる（会更104条1項）。

(ウ) 民事再生手続

先取特権は、一般優先債権または別除権のいずれであっても、再生手続外で通常の実行方法により権利行使することができる。

なお、裁判所は、担保権によって担保される債権が共益債権または一般優先債権でない限り、再生債権者の一般の利益に適合し、かつ、競売申立人に不当な損害を及ぼすおそれがないものと認められるときは、相当の期間を定めて、担保権の実行手続等の中止を命ずることができるものとされている（民再31条1項・2項）。また、別除権の目的となる財産が再生債務者の事業の継続に欠くことができないものであるときは、再生債務者は、裁判所に対し、その財産の価額に相当する金銭を納付して別除権を消滅させることについての許可の申立てをすることができる（民再148条1項）。

(エ) 特別清算手続

先取特権は、協定外債権または担保権（協定債権の担保）のいずれであっても、特別清算手続外で通常の実行方法により権利行使することができる。

ただし、裁判所は、債権者の一般の利益に適合し、かつ、担保権の実行手続等の申立人に不当な損害を及ぼすおそれがないものと認められるときは、相当の期間を定めて、担保権の実行手続等の中止を命ずることができるもの

とされている（会社516条）。

イ　先取特権実行前の管財人等による処分等

破産手続、会社更生手続、民事再生手続および特別清算手続の各手続外で通常の実行方法により権利行使することができる先取特権については、先取特権はその目的物の処分を妨げる権能を有しないから、破産管財人、更生管財人、再生債務者[注9]および清算人は、競売手続等が開始されない限り、その目的物を処分することができる[注10]。

また、処分により得た対価についても、これが差し押えられない限り、これら管財人等は「払渡し又は引渡し」を受けることができ、これを動産売買先取特権者に支払いまたは引き渡す義務はない。

先取特権実行前の管財人等による処分等により管財人等に不当利得および不法行為が成立することはないと解される[注11]。

（注9）再生手続についても、再生債務者は、公平かつ誠実に、その業務を遂行しまたはその財産を管理しもしくは処分する権利を行使し、再生手続を追行する義務を負っており（民再38条1項・2項）、この点において管財人等と同様の立場にあるといえる。

（注10）登記がされている不動産先取特権や登録されている船舶先取特権の場合は事実上不可能ではあろう。

（注11）園尾・前掲（注8）論文14〜16頁。

Ⅱ−16　動産売買先取特権の物上代位

弁護士　古里　健治

1　はじめに

　動産売買の先取特権（民311条5号）は、売買の対象となった動産について存在するが、債務者がその動産を第三取得者に引き渡した後は、その動産について行使することができない（民333条）。

　しかし、先取特権者は、目的物の売買、賃貸、滅失または損傷によって債務者が受けるべき金銭その他の物に対しても行使できる（民304条1項本文。物上代位性）。

　先取特権は目的物の交換価値を把握し、これをもって優先弁済に充てる権利であるので、目的物が何らかの理由でその交換価値を具体化したときは、担保物権がその交換価値に効力を及ぼすことは当然のことと言われている[注1]。

2　倒産手続開始後の物上代位権の行使

(1)　開始決定の「払渡し又は引渡し」の該当性

　ただし、物上代位権を行使するためには、先取特権者は、「その払渡し又は引渡しの前に差押えをしなければならない」（民304条1項ただし書）。

　他方、倒産手続が開始した場合、債権者による個別の債権取立が禁止され（破100条1項、民再85条1項、会更47条1項）、また管理型の手続においては、財産の管理処分権が管財人に帰属することなる（破78条、会更72条）。

　そこで、上記のような効果が発生する倒産手続の開始決定が、民法304条1

(注1)　我妻Ⅲ17頁。なお、学説および判例の展開を簡潔にまとめたものとして、坂田宏「判解」百選5版113頁。

項ただし書の「払渡し又は引渡し」に該当するのであれば、倒産手続が開始した後は動産売買先取特権の物上代位は行使し得ないことになるので、倒産手続の開始決定が、民法304条1項ただし書の「払渡し又は引渡し」に該当するかが問題となる。

(2) 最判昭59・2・2

この点については、最判昭59・2・2（民集38巻3号431頁）において判断が示されている。

当該事案は、破産宣告[注2]後に動産売買の先取特権に基づき転売代金債権の差押・転付命令が発令されたことにより第三債務者が供託をしたため、破産管財人と先取特権者がそれぞれを被告として供託金還付命令請求権が自らにあることの確認を求める本訴（破産管財人）と反訴（先取特権者）を提起したというものであった。

第1審（東京地判昭55・11・14判時1002号108頁）および控訴審（東京高判昭56・6・25金判695号6頁）は、民法304条1項ただし書の趣旨を債権の特定のためだけではなく物上代位権の存在を公示し、取引の安全を保護するためであること等を理由に、いずれも破産管財人に軍配を上げた。

これに対し前掲最判昭59・2・2は、原判決を破棄し以下のとおり自判して破産手続開始後もなお先取特権者が物上代位権を行使できる旨判示した。

「……民法304条1項但書において、先取特権者が物上代位権を行使するために金銭その他の払渡又は引渡前に差押をしなければならないものと規定している趣旨は、先取特権者のする右差押によって、第三債務者が金銭その他の目的物を債務者に払渡し又は引渡すことが禁止され、他方、債務者が第三債務者から債権を取立又はこれを第三者に譲渡することを禁止される結果、物上代位の対象である債権の特定性が保持され、これにより物上代位権の効力を保全せしめるとともに、他面第三者が不測の損害を被ることを阻止しようとすることにあるから、第三債務者による弁済又は債務者による債権の第

(注2) 旧破産法。以下、旧破産法時代の事案については、破産開始決定ではなく、破産宣告と表記する。

三者への譲渡の場合とは異なり、単に一般債権者が債務者に対する債務名義をもって目的債権につき差押命令を取得したにとどまる場合には、これによりもはや先取特権者が物上代位権を行使することを妨げられるとすべき理由はないというべきである。そして、債務者が破産宣告決定を受けた場合においても、その効果の実質的内容は、破産者の所有財産に対する管理処分権能が剥奪されて破産管財人に帰属せしめられるとともに、破産債権者による個別的な権利行使を禁止されることになるというにとどまり、これにより破産者の財産の所有権が破産財団又は破産管財人に譲渡されたことになるものではなく、これを前記一般債権者による差押の場合と区別すべき積極的理由はない。」

(3) 原審判決と最判昭59・2・2の比較

以上の第1審および控訴審判決と最高裁判決を比較すると、第1審判決および控訴審判決は、民法304条1項ただし書の趣旨につき、「債権の特定のため＋物上代位の存在を公示して取引の安全を保護するため」としているのに対し、最高裁判決は「債権の特定性の保持＋第三者[注3]が不測の損害を被ることを防止するため」としている。

そこで、結論を分けているのは民法304条1項ただし書の趣旨の捉え方のようにも見えるが、後述する最判平17・2・22（民集59巻2号314頁）では、目的債権が譲渡されて対抗要件の具備された後に動産売買の先取特権の物上代位により目的債権を差し押さえた事案において、民法304条1項ただし書は第三者を保護する趣旨も含むことを理由に物上代位の行使を否定しているところからすると、民法304条1項ただし書の趣旨の捉え方の違いは、最高裁判決の結論が原審判決と異なることになった決定的理由とはなっていない。

結局、結論に直結したのは、一般債権者による差押えが、「払渡し又は引渡し」（民304条1項ただし書）に当たるか否かという点の位置付けの相違である。

（注3）判旨の表現は「第三者」と表記されているが、その記載後の論旨を見る限り、第三者のみならず、「第三債務者」も含有するものとしてこの表現が用いられているように思われる。

すなわち、民法304条1項ただし書の趣旨について、①特定性の維持、②第三債務者の保護のみではなく、③第三者の保護も含まれていると考えたとしても、保護されるべき「第三者」に差押債権者が含まれないのであれば、一般債権者による差押えは、民法304条1項ただし書における「払渡し又は引渡し」には該当しないことになる。

　この点、第1審判決および控訴審判決は明言したわけではないものの、差押えをした一般債権者が第三者に含まれることを前提に、第三者の保護が立法趣旨に含まれることに言及して破産管財人に軍配を上げたが、最高裁判決は、一般債権者による差押えは、第三債務者の弁済[注4]や債務者による第三者への債権の譲渡[注5]とは異なる旨述べ、破産宣告の効果は一般債権者による差押えと同様であるとして、破産宣告後の動産売買先取特権者の物上代位を認めたのである。

　そして、前掲最判昭59・2・2における前記の判旨は、仮差押命令が発令された後における動産売買の先取特権に基づく物上代位の行使を認めた最判昭60・7・19（民集39巻5号1326頁）によって踏襲され、これによりこの点に関する最高裁の判断は確定したといえる。

(4)　具体的行使方法

　物上代位の行使は、担保権の実行として目的債権の差押命令申立てをすることによって行う（民執193条）[注6]。

（注4）民法304条1項ただし書の「払渡し」を意識した例示であろう。
（注5）同項ただし書の「引渡し」を意識した例示であろう。
（注6）要証事実として、①債権者が債務者との間で、ある動産を目的とする売買契約を締結したこと②債務者が第三債務者に対し、債権者と債務者との間の売買の目的動産と同一の目的動産を転売したことが必要とされている（東京地方裁判所民事執行センター実務研究会編『民事執行の実務・債権執行編(上)〔第3版〕』（金融財政事情研究会、2012年）228～231頁）。また、証明資料については、準名義説（当該文書自体から担保権の存在が高度の蓋然性をもって直接証明される文書が必要とする）と書証説（文書の種類、内容等には制限がなく、複数の文書を総合して証明することが許されるとする）があるが、実務では書証説で運用されている（同231～235頁）。

なお、先取特権者が担保権証明文書（民執193条1項）をただちに提出できないときに、物上代位を保全する方法として仮差押えや仮処分を申し立てることについては、肯定する見解もあるが、下級審裁判例ではほぼ一貫して否定されている[注7]。

3 売買代金債権の譲渡と物上代位権の行使

(1) 債権譲渡後の物上代位

次に、目的債権が譲渡された後に物上代位を行使できるか否かについては、最高裁において、抵当権（民372条・304条）と先取特権の場合では異なる判断が示されている。

(2) 前掲最判昭59・2・2

前記のとおり、前掲最判昭59・2・2は、一般債権者による差押えは民法304条1項ただし書の「払渡し又は引渡し」に当たらないことを述べる上で、「……債務者による債権の第三者への譲渡の場合とは異なり……」と述べており、同判決においては物上代位の対象となる転売債権の譲渡は、「引渡し」の具体例として位置付けていた。

(3) 抵当権の場合

ところが、抵当権が設定されている不動産に関する賃料債権が譲渡され、かつ対抗要件が具備された後に抵当権が賃料債権につき抵当権に基づく物上代位ができるかという点について、最判平10・1・30（民集52巻1号1頁）は以下のとおり述べて行使を肯定した。

「……民法372条において準用する304条1項ただし書が抵当権者が物上代位権を行使するには払渡し又は引渡し前に差押えをすることを要するとした趣

（注7）目的債権の仮差押えを否定した裁判例として、東京高決昭59・10・2判時1137号57頁、目的債権の処分禁止の仮処分を否定した裁判例として、広島高決昭61・6・10判時1200号82頁）。伊藤・破産法民事再生法第2版345頁。

旨目的は、主として、抵当権の効力が物上代位の目的となる債権にも及ぶことから、右債権の債務者（以下「第三債務者」という。）は右債権の債権者である抵当不動産の所有者（以下「抵当権設定者」という）に弁済をしても弁済による目的債権の消滅の効果を抵当権者に対抗できないという不安定な地位に置かれる可能性があるため、差押えを物上代位権行使の要件とし、第三債務者は、差押命令の送達を受ける前には抵当権設定者に弁済をすれば足り、右弁済による目的債権消滅の効果を抵当権者にも対抗することができることにして、二重弁済を強いられる危険から第三債務者を保護するという点にあると解される。右のような民法304条1項の趣旨目的に照らすと、同項の「払渡し又は引渡」には債権譲渡は含まれず、抵当権者は物上代位の目的債権が譲渡され第三者に対する対抗要件が備えられた後においても、自ら目的債権を差し押さえて物上代位権を行使することができるものと解するのが相当である。けだし、（一）民法304条1項の「払渡し又は引渡」という言葉は当然には債権譲渡を含むものとは解されないし、物上代位の目的債権が譲渡されたことから必然的に抵当権の効力が右目的債権に及ばなくなるものと解すべき理由もないところ、（二）物上代位の目的債権が譲渡された後に抵当権者が物上代位権に基づき目的債権の差押えをした場合において、第三債務者は、差押命令の送達を受ける前の債権譲受人に弁済した債権についてはその消滅を抵当権者に対抗することができ、弁済をしていない債権についてはこれを供託すれば免責されるのであるから、抵当権者に目的債権の譲渡後における物上代位を認めても第三債務者の利益が害されることにはならず、（三）抵当権の効力が物上代位の目的債権についても及ぶことは抵当権設定登記により公示されているとみることができ、（四）対抗要件を備えた債権譲渡が物上代位に優先するものと解するならば、抵当権設定者は、抵当権者からの差押えの前に債権譲渡をすることによって容易に物上代位権の行使を免れることができるが、このことは抵当権者の利益を不当に害するものというべきだからである。」

すなわち、上記最判平10・1・30は、民法304条1項ただし書の趣旨を主として「第三債務者」を保護するための規定と位置付ける一方、第三者の保護の視点については、あえて立法趣旨として言及せず、むしろ抵当権の効力が目的

債権に及ぶことは抵当権の設定登記により公示されていることを指摘して、目的債権が譲渡された後の物上代位の行使を認める旨の判断を示したのである。

(4) 動産売買先取特権の場合

これに対し、目的債権が譲渡され対抗要件具備がされた後の動産売買の先取特権に基づく物上代位の行使が問題となった事案について、最判平17・2・22（民集59巻2号314頁）は、以下のとおり述べて物上代位権の行使を否定した。
「……民法304条1項ただし書は、先取特権者が物上代位権を行使するには払渡し又は引渡しの前に差押えをすることを要する旨規定しているところ、この規定は、抵当権と異なり公示方法が存在しない動産売買の先取特権については、物上代位の目的債権の譲受人等の第三者の利益を保護する趣旨を含むというべきである。そうすると、動産売買の先取特権者は、物上代位の目的債権が譲渡され、第三者に対する対抗要件が備えられた後においては、目的債権を差し押さえて物上代位権を行使することはできないものと解するのが相当である。……」

すなわち、民法304条1項ただし書の趣旨については、第三者の利益保護にあることを明記して、前掲最判昭59・2・2の理由付けを踏襲しつつ、前掲最判平10・1・30を意識して、先取特権は抵当権の登記のような公示制度が存在しないため、目的債権を譲り受けた「第三者」たる債権譲受人にとっては、債権の譲受時に先取特権の存在を公示により認識することができない立場にあり、そのような「第三者」は物上代位権の行使前に対抗要件を具備している限り、保護されて然るべきというのである。

(5) 小 括

このように、最高裁は、同じ民法304条を根拠とする物上代位権であるにもかかわらず、抵当権に基づく物上代位権においては、目的債権の譲渡は同条1項ただし書の「払渡し又は引渡し」には該当しない（すなわち、債権譲渡後も物上代位権の行使ができる）旨判示する一方、動産売買の先取特権に基づく物上代位権においては、対抗要件を具備した目的債権の譲渡は「払渡し又は引渡し」に該当する（すなわち、その後の物上代位権の行使はできない）と判示し、

別の結論を示している。

そして、このような最高裁判決の考えを前提として、関連会社等に目的債権を譲渡することにより、動産売買先取特権に基づく物上代位の実行を免れるような動きがなされることも予想される。

それへの対処[注8]は、不動産譲渡における背信的悪意者排除の論理を、債権譲渡にも応用することが考えられてよいと思われる。

4 更生手続における動産売買先取特権の物上代位権 —— 開始決定時における目的債権の差押えの要否

更生手続と動産売買先取特権については、別途Ⅱ-18にて論じられているところである。本項では、前記 2 に関連する部分のみ簡潔に言及しておく。

動産売買先取特権の目的物が転売されていた場合に、物上代位権を持つ先取特権者が更生手続において更生担保権者として認められるためには、開始決定前に物上代位権に基づく差押え(民304条1項ただし書)をしておく必要があるか否かについてはかねてから議論があるところであり、実務家を中心として、必要説も有力に主張されている[注9]。

しかしながら、2 で検討したとおり、前掲最判昭59・2・2は、一般債権者の差押えは民法304条1項ただし書の「払渡し又は引渡し」に該当せず、破産宣告(当時)も「払渡し又は引渡し」に該当しないと判断している。

そして、破産手続も更生手続と同様に管理型の倒産手続であり、手続開始に伴い管理処分権が管財人に専属するものであるが(破78条1項)、同じく管理型手続である破産手続においても、開始決定は民法304条1項ただし書の「払渡し又は引渡し」に当たらないと判断されている中で、更生手続の開始決定についてのみ、一般債権者の差押えや破産手続開始による一種の包括的差押えを

(注8) 開始前に行われた行為については否認権行使も考えられるが、否認権の行使主体は破産手続および更生手続では管財人(破173条1項、会更95条1項)、再生手続では監督委員または管財人(民再135条1項)であり、物上代位権者が主体的に行使できるわけではない。
(注9) 注解会社更生法441頁、上野正彦「商社の倒産」倒産の法システム(4)360頁等。

上回るような効果が付与されていると考えるのは理論的に困難であろう。

　その上でなお、開始決定時に差押えをしておくことが必要だという立場を維持するためには、物上代位権に基づく差押えを一種の保護要件として位置付けることになると思われる。

　しかし、別除権として位置付けられる破産手続や再生手続では、開始決定後においても、別除権者は手続外での権利行使が認められている（破65条1項、民再53条2項）のに対し、更生手続においては、開始決定後の担保権の実行が禁止される（会更50条1項）。

　そのように、破産手続や再生手続に比して開始決定後の権利行使が制限される更生手続について、破産手続や再生手続においては要求されていない「保護要件」の充足を要求するのは、明らかに方向が逆であろう^(注10)。

　以上からすると、更生担保権として扱われるために更生手続開始前の物上代位権に基づく差押えが必要とする考えを採用するのは困難であると思われる。

（注10）開始決定後の権利行使が他と比べて自由であることから、入口段階で一定の要件を課すというのであればわかるが、今回はその逆である。

Ⅱ－17 動産売買先取特権の目的物を転売先から取り戻してする代物弁済と否認

弁護士　上床　竜司

1　問題の所在

　動産の売主は、売買の目的物である動産について先取特権を有する（民311条5号）。平成15年の民執法改正前は、動産売買の先取特権を行使できるのは、①債権者が執行官に対し当該動産を提出した場合、②債権者が執行官に対し当該動産の占有者が差押えを承諾することを証する文書を提出した場合に限定されており、その行使は容易ではなかった。そのため、倒産の前後に、売主が代物弁済を理由として売買の目的動産を引き揚げることがしばしば行われた[注1]。このような代物弁済が買主の倒産直前に行われた場合に否認の対象となるかどうかが問題となる。

2　担保物による代物弁済と否認

　支払不能または破産手続開始申立後になされた既存の債務の消滅に関する行為は偏頗行為否認の対象となる（破162条1項1号）。代物弁済も債務消滅行為として偏頗行為否認の対象となる。代物弁済に供した目的物の価額が債務の額より過大である場合には、債務の額を超過した部分については詐害行為否認の対象となる（破160条2項）。
　もっとも、担保権者に対する担保目的物による代物弁済は、被担保債権の弁

（注1）田原睦夫「動産の先取特権の効力に関する一試論——動産売買先取特権を中心にして」奥田昌道編『林良平先生還暦記念　現代私法学の課題と展望(上)』（有斐閣、1981年）70頁、原竹裕「動産の買主が転売先から取り戻した右動産を売主に対する売買代金債務の代物弁済に供した行為が破産法72条4号による否認の対象になるとされた事例」金判1058号（1999年）54頁。

済期が到来し、かつ、被担保債権額と目的物の価額との均衡が取れている限り、有害性がなく否認の対象にならないと解されている(注2)。

3 動産売買先取特権の目的物による代物弁済と否認

　動産売買先取特権は、破産法上別除権として取り扱われ、破産手続によらずにこれを行使することができる（破65条1項・2項）。動産売買先取特権が担保物権として優先弁済権を認められている点を重視すれば、抵当権などと同様に、動産売買先取特権の目的物をもってする代物弁済は否認の対象とはならないという結論になろう。最判昭41・4・14（民集20巻4号611頁。以下、「昭和41年判決」という）も、「破産債権者を害する行為とは、破産債権者の共同担保を減損させる行為であるところ、もともと前示物件は破産債権者の共同担保ではなかったものであり、右代物弁済により被告の債務は消滅に帰したからである」として、動産売買先取特権の目的物をもってする代物弁済は否認の対象とはならない旨判示した(注3)。

　もっとも、昭和41年判決に対しては、抵当権と動産売買先取特権を同視し得るかどうか疑問である、同判決の結論は破綻状況下での債権者の自力救済的な持出しを助長するものである等の理由からこれに反対する見解もある(注4)。

（注2）　条解破産法1012頁、伊藤・破産法民事再生法2版389頁等。抵当権目的物による代物弁済について否認を否定した判例として、最判昭34・2・26集民35号549頁。

（注3）　同旨の判例として、最判昭41・11・17集民85号127頁、最判昭53・5・25金法867号46頁。

（注4）　霜島甲一「否認権行使の結果償還さるべき金銭に付すべき利息の利率――動産の買主について支払停止、破産申立のあったのち、売主が売渡代金につき売買物件により代物弁済を受ける行為と否認権の成否」法協84巻3号（1967年）417頁以下、井上治典＝宮川聡「倒産法と先取特権――動産売買先取特権を中心にして」米倉明ほか編『金融担保法講座Ⅳ巻・質権・留置権・先取特権・保証』（筑摩書房、1986年）298頁、山下郁夫「動産の買主が転売先から取り戻した右動産を売主に対する売買代金債務の代物弁済に供した行為が破産法72条4号による否認の対象になるとされた事例」最判解民事篇平成9年度(下)1430頁等。

4 動産売買先取特権の目的物を転売先から取り戻してする代物弁済と否認

(1) 最判平9・12・18について

昭和41年判決は動産売買先取特権の目的物を買主が占有していた事案に関するものであるが、最判平9・12・18(民集51巻10号4210頁。以下「平成9年判決」という)では、買主が目的物を転売した後、買主が転売先との間の転売契約を合意解除して目的物を取り戻した上、これを売主に対する売買代金債務の代物弁済に供した行為が否認の対象となるかどうかが問題となった。

(2) 目的物が転売された場合の法律関係

この問題に関しては、動産売買先取特権の目的物が転売された場合の法律関係について検討する必要がある。

動産の先取特権は、債務者(買主)が目的物を第三者に譲渡して引き渡した後は、その動産について行使することができない(民333条)。これは、動産の先取特権が登記や占有という公示を伴わない担保物権であるため、その追求力を制限して取引の安全を図る趣旨である。同条の趣旨については、①第三者への引渡しによって先取特権は消滅すると解する説(消滅説)[注5]と、②先取特権の追及力を制限したものにすぎずその消滅を規定したものではないので、債務者が再び目的物の所有権および占有権を得たときは先取特権を行使できると解する説(追及力制限説)[注6]がある。

消滅説によれば、目的物の転売によって動産売買先取特権は消滅するので、転売先から目的物を取り戻してする代物弁済は担保権の目的物でない物による代物弁済となり、否認の対象となることは明らかである。これに対し、追及力制限説によれば、買主が転売先から目的物を取り戻した場合には売主は動産売買先取特権を行使できる状態になるので、担保権の目的物による代物弁済となり、昭和41年判決の考え方に従えば、否認の対象とはならないという結論になりそうである。もっとも、追及力制限説によっても、転売によって先取特権

(注5) 我妻Ⅲ99頁、柚木=高木3版80頁。
(注6) 注民(8)210頁〔西原道雄〕。

を行使できなくなった後に転売契約の合意解除・目的物の取戻しにより先取特権を行使できる状態にする行為が実質的には新たな担保権の設定と同視し得ると考えれば、転売契約の合意解除・目的物の取戻し・代物弁済という一連の行為は否認の対象となり得る。

(3) 物上代位権との関係

買主が目的物を転売した場合、売主は買主の転売先への売買代金債権に対して物上代位権を行使することができる（民304条）が、この点をどのように評価するかも問題となる。売主は転売契約の合意解除前は物上代位権を有しており、先取特権の回復と引換えに物上代位権を失ったという意味で担保権の種類が変わっただけであり、売主の優先的地位には変化がないと考えれば、代物弁済の否認は否定されることになろう[注7]。これに対し、物上代位権の行使には困難が伴い、同じ別除権といっても抵当権等と比べれば公示がなされず追及力が制限されるなど効力が弱いものであるという理解に立てば、代物弁済の否認を肯定する余地が出てくる[注8]。

(4) 平成9年判決の判旨と評価

平成9年判決は、①転売契約を合意解除して目的物を取り戻した行為は、法的に不可能であった担保権の行使を可能にするという意味において、実質的には新たな担保権の設定と同視し得る、②代物弁済は、転売契約の合意解除・目的物の取戻しと一体として行われたものであり、支払停止後に義務なくして設定された担保権の目的物を被担保債権の代物弁済に供する行為に等しい、③物上代位権の行使には法律上、事実上の制約があり、先取特権者が常に他の債権者に優先して物上代位権を行使し得るものといえない、④代物弁済の時点では

(注7) 野村秀敏「動産の買主が転売先から取り戻した右動産を売主に対する売買代金債務の代物弁済に供した行為が破産法72条4号による否認の対象になるとされた事例」判時1643号（1998年）238頁、田頭章一「動産の買主が転売先から取り戻した右動産を売主に対する売買代金債務の代物弁済に供した行為が破産法72条4号による否認の対象になるとされた事例」民商119巻1号（1998年）134頁等。

(注8) 田原睦夫「判解」百選4版61頁。

目的物の売買代金債権の弁済期は到来しておらず、売主が現実に転売代金債権につき物上代位権を行使し得る余地はなかった等の理由から、代物弁済の否認を肯定した。

平成9年判決は、動産売買先取特権の目的物が転売された場合の法律関係について消滅説、追及力説のいずれを採用するのか判断を留保したが、追及力制限説に立ったとしても、合意解除から代物弁済までの一連の行為は新たな担保権の設定と同視できるとして否認を肯定したものである。また、平成9年判決は、物上代位権の行使には法律上、事実上の制約があることも否認を肯定する理由としている。

なお、平成15年の民執法改正により動産競売開始許可の裁判（民執190条2項）が創設されて先取特権の実行が容易になった。この民執法改正が昭和41年判決及び平成9年判決の射程範囲の理解にどのような影響を与えるのかという点が問題となり得る[注9]が、この点については今後の議論の集積を待ちたい。

（注9）園尾隆司「動産売買先取特権と動産競売開始許可の裁判(下)——動産競売開始許可の裁判の創設による裁判実務と理論の融合」判タ1324号（2010年）17頁は、昭和41年判決の趣旨は、平成15年に民執法が改正されて動産競売開始許可の裁判（民執190条2項）が創設された後は、動産競売開始許可の裁判を得ることができるだけの書類が整っていた場合の和解的措置として代物弁済が行われた場合に限定して理解することになるとする。これに対し、山本和彦「判解」百選4版59頁は、民執法改正後の執行方法が実行的に機能するのであれば、昭和41年判決のように有害性を否定する考え方はなお妥当すると解する余地はあるとする。

Ⅱ-18　更生手続における動産売買先取特権の取扱い

弁護士　髙井　章光

1　動産売買先取特権の更生手続における取扱い

　債権者が動産を債務者に売却し、当該目的物が債務者の下に存在する場合、その目的物に対して特別の先取特権たる動産売買先取特権が認められる（民311条5号・321条）。債務者が当該目的物を第三者に譲渡した場合には、債権者は、その譲渡代金債権を差し押さえた上で、譲渡代金債権について物上代位することができる（民304条）。

　債務者について更生手続が開始された場合には、動産売買先取特権に基づく実行手続は許されず（会更50条1項）、動産売買先取特権を有する債権者は、債権届出を行うことにより、その債権について更生担保権として（会更2条10号）、更生手続の中において更生債権より優先的地位が認められる。

2　動産売買先取特権の更生手続における権利行使上の問題点

(1)　総　論

　更生手続は、破産手続や再生手続と異なり、担保権の実行を禁じ、被担保債権は更生担保権として更生手続の中でしか権利行使ができないことから、動産売買先取特権の権利行使方法について、破産手続等とは異なる更生手続独自の問題が生じている。平時において、債務者の下にある動産に対して先取特権を行使する場合には、通常、債権者は裁判所に対して担保権証明文書を提出して動産競売の申立てを行い（民執190条1項3号・2項）、第三者へ転売された場合には、同様に担保権証明文書を提出して、その譲渡代金債権の差押えを執行裁判所に申し立てる（民執193条1項）。ところが、更生手続においては担保権の実行が禁じられているため（会更50条1項）、当該債権者は更生担保権の届出

を行うことによって更生担保権者として権利行使することになることから、①その届出の内容（対象物の特定の内容、資料等による証明の程度）、②転売代金への物上代位の場合の差押えの要否、③更生手続開始前段階における権利保全方法、④管財人による対象物（動産、転売代金債権）処分の可否、⑤目的動産を加工して納品した場合の転売代金債権（契約内容によっては請負代金債権等）への物上代位が許されるのか否か[注1]などが問題となる。このうち、③ないし⑤については破産手続等においても同様の問題となるため、本項では更生手続特有の問題として、①および②について論ずる。

(2) **更生担保権としての届出の内容**

ア　問題点

更生担保権を行使するためには、その届出が必要となり（会更138条1項・135条1項）、更生担保権の内容および原因、担保権の目的である財産およびその価額、議決権の額等を記載しなければならない（会更138条2項）。この担保権の目的である財産の特定の程度について、平時における執行手続においてはその手続の性質上厳格な取扱いがなされるのに対して、通常の更生担保権の届出における特定の程度はそれほど厳格ではないことから、通常の届出における記載の程度でよいとすれば、平時に比べ更生手続のほうが先取特権者にとって有利な結果となってしまうことになる。さらに、平時では、執行手続が実施される前に債務者によって処分されてしまった場合には当該動産に対する権利行使ができないことになるが、更生手続においては、更生手続開始時で更生担保権の内容が固定されるため（会更2条10号）、債権者はその後の目的物の処分の有無にかかわらず、更生手続開始時の目的物に関する担保権の内容について届

（注1）下級審裁判例はさまざまであるが、最決平10・12・18民集52巻9号2024頁は、「請負工事に用いられた動産の売主は、原則として、請負人が注文者に対して有する請負代金債権に対して動産売買の先取特権に基づく物上代位権を行使することができないが、請負代金全体に占める当該動産の価額の割合や請負契約における請負人の債務の内容等に照らして請負代金債権の全部又は一部を右動産の転売による代金債権と同視するに足りる特段の事情がある場合には、右部分の請負代金債権に対して右物上代位権を行使することができると解するのが相当である」と判示する。

出を行えばよいこととなり、権利行使は容易となる。同様に、その権利の証明の程度についても、執行手続においては厳格な証明が予定されているところ(注2)、更生手続における債権認否手続においては、管財人が有する情報をもって認否が行われるため、必ずしも債権者から厳格な証明がなされなくても権利の確認ができてしまう場合があり、さらには、管財人の責務として権利の有無について積極的に調査をしなければならないとの立場をとった場合には、先取特権者側の立証の負担はかなり軽減され、平時と比べて先取特権者を厚く保護することとなり、他の更生債権者の権利を害することになってしまうおそれがある(注3)。

この問題は、先取特権に関する更生担保権の届出の性格をどのように理解するか、さらに管財人の地位をどのように考えるか、によって結論が左右されるものと考えられる。すなわち、前記のように更生手続における債権の内容の確定手続と執行手続における目的物の特定の違いを前提として、更生手続においては、平時より権利の主張・証明の程度が容易となるとする立場(注4)がある一方で、更生手続は包括執行手続としての性格を有することを強調すれば、届出による更生担保権の確定手続は、執行手続と同程度と考えることができるという立場(注5)になる。

 イ 考 察

まず、更生手続開始決定によって更生担保権が固定されることは、他の担保権に関しても同様であり、その反射的効果として実質的に先取特権者が平時よりも目的物の特定や立証が容易になったとしても、そのこと自体は反射的効果

（注2）東京地方裁判所民事執行センター実務研究会編著『民事執行の実務・債権執行編(上)〔第3版〕』（金融財政事情研究会、2012年）232頁は、「債務者のみならず、一般債権者の存在にも留意すべきであって、債権者側の一方的な資料に依拠することがないよう厳格な証明が必要となる」としている。

（注3）池口毅＝木村真也「更生手続下における動産売買先取特権の取扱いについて」争点倒産実務の諸問題135頁、小林信明「動産売買先取特権の倒産手続における取扱い──優先弁済権の保障のあり方を中心として」田原古稀202頁。

（注4）池口＝木村・前掲（注3）論文137頁以下。

（注5）小林・前掲（注3）論文204頁。

に過ぎず、やむを得ないと思われる（反対に、先取特権者は、牽連破産に移行してしまった場合は、目的物は処分され、譲渡代金債権に対して差押えもしていない以上、別除権を主張し得ないことになり[注6]、平時より不利な取扱いとなってしまう危険性もある）。しかし、更生担保権が固定されること以外の事由によって、平時よりも更生手続のほうが、先取特権者をより保護することになる結論は相当ではなく、更生担保権の届出における担保権の目的物の特定や権利についての立証については、基本的に、更生手続の執行機関としての管財人がその届出内容をもって対応できる程度には特定がなされており、立証されていなければならないと考える。すなわち、何も事前の情報のない平時の執行裁判所に対する申立てほどに厳格である必要はないが、管財人があらためて調査を行わなくても通常有すると考えられる情報をもって権利の内容を確認することができる程度の特定や立証は必要である（この意味において、管財人は他の更生担保権に対する以上の特別な調査義務を負わない）と考える。具体的には、単に動産の種類や納入時期のみで特定するのではなく、シリアルナンバー等の個別標識がついている動産についてはそのナンバーをもって特定する必要があるが、更生手続開始時に更生会社において他に同種同等物が存在しないような場合には、個別標識がなくても管財人は特定が可能となることから、個別標識がない特定の届出であっても更生担保権の存在を認めることになる（この場合は、平時の執行手続では特定性が不十分とされ執行手続はできない場合であり、取扱いにおいて差が生ずることになる）。したがって、管財人は容易に判明している場合を除き、先取特権の内容等についてあらためて調査する義務はなく、その結果、更生担保権の存否が判明していない場合には、未届出担保権者（先取特権者）に対して会更規則42条の通知義務も負わない[注7]。

(注6) 角紀代恵「先取特権の会社更生法上の取扱い」判タ866号（1995年）262頁、山野目章夫「更生手続と動産売買の先取特権」同265頁、長井秀典「更生担保権をめぐる諸問題──非典型担保」門口正人編『現代裁判法体系⑳会社更生・会社整理・特別清算』（新日本法規、1998年）140頁。
(注7) 池口＝木村・前掲（注3）136頁は、管財人は届出期間の末日の通知義務を先取特権者に対しても負うとする。

ウ　転売代金債権に対する物上代位権の届出を、目的動産に対する先取特権の届出とみなすことができるか

　目的動産を特定した上で、その転売代金債権に対する物上代位権を原因として届出がなされたが、実際には更生手続開始時には転売はまだされておらず、動産そのものが更生会社の下にあった場合に、その届出をもって当該動産に対する動産売買先取特権に基づく更生担保権の届出と考えることができるのか、実務において問題となることがある（なお、動産そのものに対する届出において、その物上代位権の対象たる転売代金債権についての届出を認めることの可否については、そもそもその場合には転売代金債権の特定すらなされていない以上、そのような届出の転用を認めることはできない）。

　転売代金債権に対する物上代位権の届出の場合、当該動産の特定に関する情報としては足りているわけではあるが、当該動産に対する先取特権である旨の予備的な届出がなされていない限り、あくまで転売代金債権についての届出として認否をすべきと考える。なぜならば、転売代金債権に対する権利主張がなされた場合に、管財人において、その債権の内容や存否の確認のみならず、当該目的動産の存否まで確認しなければならないとすれば、その負担は非常に大きなものとなってしまうからである。そもそも先取特権は、その目的物に対する公示がなされないことから他の債権者の権利を害する危険性が大きく、債権届出における権利の特定は明確になされるべきである。また、平時の執行手続においても、当該動産そのものを対象とするのか、その転売代金債権を対象とするのか違いは大きく、どちらの権利行使を行うかの判断は、債権者において明確にすべきである。以上から、転売代金債権に対する届出の場合には目的動産そのものに対する届出に転用することはできないと考える。

（注8）山本克己「債権執行・破産・会社更生における物上代位権者の地位(2)」金法1456号（1996年）28頁、伊藤・会社更生法203頁。最判昭59・2・2民集38巻3号421頁も3つの趣旨を掲げるが、最判平10・1・30民集52巻1号1頁は、差押えの効力の趣旨が主に第三者の権利保護にあるとしている。

(3) 転売債権に対する差押えの要否

ア 問題点

　物上代位権の差押えの趣旨は、優先弁済権の確定、目的債権の特定性維持、第三者の権利保護の３つが含まれているとされている^(注8)。その上で、更生手続において物上代位権を更生担保権として認める場合に差押えが必要とする見解^(注9)と、不要とする見解^(注10)がある。このうち、差押え必要説は、差押えは物上代位の目的物たる債権を特定する意義を有する点を強調し、不要説は目的債権の優先権を保全するためのものとする点を強調している^(注11)。

イ 考察

　破産手続開始後に先取特権者が転売代金債権に対して差押えを実施した件において、最判昭59・2・2（民集38巻3号431頁）は差押えを有効としていることからすれば、包括執行たる倒産手続が始まった場合であっても、先取特権者による差押えは認められ、更生手続においても目的債権の特定性維持のための差押えが許容されるのであれば、差押えを必要とすることによって更生手続における権利を明確にすることが望ましいと考えられる。

　しかしながら、更生手続においては担保権の実行が禁止されており、差押手続は困難と考えられること、また、実際に差押えがなされた債権について管財人が弁済を受けられないという結論となる場合には、更生会社の更生に支障が生ずる結果となることから妥当でないことから、差押えがなくても、更生手続開始時の転売代金債権について特定が十分な内容の更生担保権の届出がなされ

(注9) 伊藤・会社更生法203頁、山本克己「債権執行・破産・会社更生における物上代位権者の地位（4・完）」金法1458号（1996年）107頁、安藤一郎「先取特権」金判719号（1985年）139頁、更生計画の実務と理論131頁、上野正彦「商社の倒産」倒産の法システム(4)360頁、池口・木村・前掲（注3）論文140頁など。

(注10) 長井・前掲（注6）論文139頁、玉城勲「動産売買先取特権に基づく保全処分と倒産手続」松浦馨＝伊藤眞編『倒産手続と保全処分』（有斐閣、1999年）363頁、角・前掲（注6）論文262頁、山野目・前掲（注6）論文265頁。なお、東京高判平9・11・13金判1042号32頁、東京高判平10・6・19判タ1039号273頁は、動産売買先取特権の物上代位に基づく差押えの前に会社更生手続が開始された場合に、差押えの申立てを却下した。

(注11) 伊藤・会社更生法203頁。

ていれば、管財人において少なくとも債権認否時には更生担保権の内容が把握できることになるため、更生手続を進める上での支障はそれほど大きくない。担保権者の権利も手続内に取り込んでいる更生手続においては、更生手続開始時における物上代位権の特定については管財人に対して明確となっていれば足りるからである。したがって、債権の特定のためだけの差押え^(注12)が執行手続において許容されるのであれば差押えを要するとすべきであるが、そのような手続が許容されないのであれば、債権届出の内容において権利内容が明確でなければならないことを要求することによって、目的債権の特定の要件を具備するものと考える^(注13・14)。

(注12) 伊藤・会社更生法203頁は、物上代位を基礎として更生担保権を主張する場合には、その前提として目的債権に対する差押えが必要であるとし、その差押えは物上代位権の実行ではなく更生担保権の基礎である物上代位権を保全するための差押えであり、更生担保権の実行の禁止（会更50条1項）によって妨げられないとする。

(注13) 小林・前掲（注3）論文209頁は、差押えがされていない物上代位権であっても、管財人が担保権者に対して、更生担保権の届出に対する認否の手続の中で、更生手続開始時点において、先取特権の目的物について転売契約がなされて引渡しがなされたことを明らかにさせて、物上代位による差押えが可能な状態にあったことを示すように求め、立証できない場合には更生担保権として認めない認否をすることで、現実の差押えの手続に代わり、更生担保権の調査手続において差押えをすることができる状況であったか否かを審査するとしている。この考えは、差押え必要説を前提とした上で、差押えが手続上許容されていないことからの運用上の提言と考えられる。これに対して、本文中の私見は、差押えが目的債権の特定性を担保することを主たる目的としていることから、債権届出において明確に目的債権が特定できているのであれば、それで足りるのではないかとする考えである。

(注14) なお、このように考えたとしても、更生手続開始決定やその後の債権届出が民法304条1項ただし書の「差押え」とまったく同一の効力を有することにはならず、あくまで権利の特定性を確保する手段の問題にすぎないため、牽連破産に移行してしまった場合には「差押え」がない以上、動産売買先取特権に基づく物上代位権を行使できないことになる。

第3章
譲渡担保・所有権留保・ファイナンス・リース・その他の非典型担保

III−1　譲渡担保（概説）

弁護士　三森　仁
弁護士　野本　彰

1　はじめに（定義等）

　譲渡担保とは、「債権を担保するために、債務者または第三者（譲渡担保設定者）が所有する物の所有権[注1]を債権者たる担保権者に移転し、被担保債権が弁済されれば目的物の所有権が設定者に復帰するし、債務不履行があれば担保権者が目的物を自己に帰属させた上で、その価額と被担保債権との清算を行うか、担保権者が目的物を処分し、同じく清算を行う形で債権の回収を図る担保形態」[注2]である。

　譲渡担保は、民法が規定する担保物権ではない非典型担保の一種であり、また、民事執行法が定める担保権実行手続によらずに、私的実行の方法により担保の実行（とくに、目的物の所有権を債権者に帰属させる帰属清算型の担保実行）がなされる点に特徴がある。そのため、譲渡担保の法律構成や担保実行の手続は法文上明確にされておらず、判例によって法形成されており、譲渡担保を扱う上で判例の理解が重要である。

　そこで、本稿においては、III−2以降の倒産手続における諸問題を議論する前提として、譲渡担保の法律構成や担保実行の手続に関する判例法理を概観する。

（注1）定義によっては、「担保の目的たる権利（特に所有権）を債務者または物上保証人（設定者）が債権者に移転し、債務が弁済されると設定者に復帰するが、債務不履行が生ずると、権利は確定的に債権者に帰属する（したがって債権は回収される）という形式をとる担保方法」（高木4版329頁）のように、担保の目的を所有権に限定しないこともあるが、通常は所有権が目的となる。

（注2）伊藤・会社更生法350頁。

第1節　譲渡担保

【譲渡担保に類似の制度】

譲渡担保は、目的物の所有権を債権者に帰属させる形での担保実行が行われる点に特色があるが、以下は同種の制度との比較である[注3]。

担保権の種類	所有権の取扱い	その他
譲渡担保	あらかじめ所有権を債権者に移転する。	被担保債権を担保するために目的物の所有権を移転する方法をとることから、被担保債権が存続する。
売渡担保[注4]	あらかじめ所有権を債権者に移転する。	目的物を売却してしまい、売主（債務者）が売買代金を返済することで目的物を取り戻す方法をとることから、被担保債権が存続しない。
所有権留保	所有権を売主に留保する。	割賦販売に利用される。
仮登記担保	弁済がない場合に所有権が債権者に移転する。	代物弁済の予約、停止条件付代物弁済、売買予約等の形式をとる（仮登記担保1条参照）。

2　法的構成

譲渡担保の法的構成については、①所有権移転という形式を重視して、目的物の所有権は譲渡担保権者に移転していると捉える所有権的構成と、②担保目的という実質を重視して、目的物の所有権は設定者に残り、譲渡担保権者は一種の担保権を取得すると捉える担保権的構成（ないし担保的構成）がある。担保権的構成には、①目的物の所有権が譲渡担保権者に移転することを一応認めた

(注3) 内田Ⅲ3版520頁参照。
(注4) 「売渡担保」という概念を用いる必要はなく、民法の「売買の一方の予約」や「買戻し」という法形式をとった場合を含めて「譲渡担保」として一律に処遇すべきであるとの見解も有力である（道垣内3版297頁、新版注民(9)838頁〔福地俊雄〕）。

上、ただそれは債権目的に応じた部分に限られ、残りは設定者に留保されているとする見解（この見解は設定者に留保された権利を「設定者留保権」とよぶ）[注5]や⒤設定者に所有権が残り、譲渡担保権者は一種の制限物権を取得するとする見解[注6]等がある。

判例は、「譲渡担保は、債権担保のために目的物件の所有権を移転するものであるが、右所有権移転の効力は債権担保の目的を達するのに必要な範囲内においてのみ認められる」（最判昭57・9・28判時1062号81頁等）として、基本的には所有権的構成をとりつつも、場面に応じて担保の実質に即した処理を行っている[注7]。

3 要 件

(1) 設定契約

債権者と目的物所有者（債務者または物上保証人）との間の諾成・不要式の契約によって設定される[注8]。「債権を担保するために債権者に所有権を移転する」という文言が用いられることが典型であるが、売買契約に買戻しや再売買予約の特約が付されている場合でも、担保目的のものは、譲渡担保設定契約と解すべきとする見解が有力である[注9]。

(2) 目的物

不動産または動産が典型であるが、譲渡性のある財産であればすべて目的物となり得る[注10]。債権を目的することができるほか、判例によって認められた目的物としては、手形小切手、株券等の有価証券、動植物、ゴルフ会員権（契約上の地位）、特許権、コンピュータ・ソフトウェア、集合物等がある[注11]。

(注5) 道垣内3版299頁。
(注6) 高木4版333頁。
(注7) 内田Ⅲ3版523頁。
(注8) 道垣内3版304頁。
(注9) 道垣内3版304頁。
(注10) 高木4版339頁。

なお、集合動産譲渡担保および集合債権譲渡担保については、Ⅲ−4を参照されたい。

(3) 被担保債権
将来債権でもよく、不特定債権でもよい[注12・13]。

(4) 対抗要件
ア 不動産
不動産については、所有権の移転登記である（民177条）。登記原因はかつて売買が多かったようであるが、登記実務上「譲渡担保」とすることが認められている。

イ 動産
動産については、引渡し（民178条）または動産譲渡登記である（動産債権譲渡特3条1項）である。動産の譲渡担保においては目的物の占有が設定者にとどめられることが一般であることから、占有改定（民183条）によることが多かった。しかし、占有改定の場合、設定者の占有を信頼した第三者は即時取得（民192条）により保護され得るが、逆に、譲渡担保権者にとってみれば占有改定のよる対抗要件具備は有名無実といえる。そこで、譲渡人が法人の場合、昨今では動産譲渡登記が利用されることも多い[注14]。

(注11) 内田Ⅲ3版521頁。
(注12) 高木4版339頁。
(注13) もっとも、根仮登記担保が競売手続および法的倒産手続においては効力を有しないとされていることから（仮登記担保14条・19条5項）、被担保債権が不特定債権の根譲渡担保の有効性については疑義がある。この点、高木4版340頁は、根仮登記担保では根抵当との併用が可能であるのに対し、根譲渡担保では併用は困難（譲渡担保権者に所有権移転登記がなされている）という相違点を指摘する。また、道垣内3版305頁は、包括根譲渡担保についてのみ、その有効性を否定すれば足りるとする。
(注14) 動産譲渡登記の場合、一定程度（とくに、第三者が担保取引法制・実状を認識している金融機関のようなとき）は第三者による即時取得を妨げる効果を期待できる（道垣内3版305頁）。

ウ 債 権

債権については、指名債権譲渡の対抗要件（民467条）^(注15)または債権譲渡登記（動産債権譲渡特例4条）である。

4 効 果

(1) 効力の及ぶ範囲

ア 目的物の範囲

不動産譲渡担保の場合、不動産の付加物・従物について、民法370条の類推適用により効力が及ぶと解される^(注16)。

物上代位も認められる。判例も、動産譲渡担保について、物上代位を肯定している（最決平11・5・17民集53巻5号863頁）。

イ 被担保債権の範囲

被担保債権の範囲は設定契約による。抵当権についての民法375条（利息・遅

(注15) ゴルフ会員権譲渡の対抗要件（ただし、ゴルフ場経営会社以外の第三者に対する対抗要件）について、最判平8・7・12民集50巻7号1918頁は、指名債権の譲渡の場合に準じて、譲渡人が確定日付のある証書によりゴルフ場経営会社に通知し、またはゴルフ場経営会社が確定日付のある証書によりこれを承諾することを要し、かつ、そのことをもって足りる旨判示した。もっとも、預託金会員制ゴルフ会員権は、単なる債権ではなく契約上の地位であるし、実務慣行上も民法の対抗要件を具備することは少なく、ゴルフ場経営会社が定める会員権譲渡手続（名義書換手続）のみをとることが多いようである（高木4版341頁）。そこで、名義書換手続でも足りるとする見解（前掲最判平8・7・12の河合伸一裁判官の少数意見）も有力である。

ゴルフ場経営会社について法的倒産手続が開始された場合について検討すると、ゴルフ場経営会社に対する対抗要件いかんが問題となる。この点、預託金会員制ゴルフクラブの人的要素に照らすと、ゴルフ会員権の譲渡（担保）をゴルフ場経営会社に対抗するためには、ゴルフ場経営会社が定める名義書換手続を履践する必要があるというべきである。他方、ゴルフ会員権の譲渡（担保）がゴルフクラブを退会することを前提に行われる場合には、ゴルフ会員権の譲渡（担保）の実質は預託金返還請求権の譲渡（担保）であることから、民法が定める指名債権譲渡の場合の債務者対抗要件をもってゴルフ場経営会社に対抗できるものと考えることになろうか。

(注16) 高木4版343頁。

延利息の2年分の制限）の類推適用はない^(注17)（最判昭62・7・15判時1209号23頁）。

(2) 目的物の利用関係

　目的物の利用を譲渡担保権者と設定者のいずれがなし得るかは、設定契約によって定まる。通常は設定者に利用権が与えられている。設定契約により譲渡担保権者に利用権を与え、現実の占有を譲渡担保権者に移転することも可能であるが、その場合には、質権に類似するので、質権の規定（民350条・297条・298条）を、さらに不動産の場合には不動産質の規定（民356条）を類推適用すべきとされる^(注18)。

(3) 目的物の滅失毀損等の権利侵害

　ア　譲渡担保権者による権利侵害

　譲渡担保権者が目的物を滅失・毀損したり、善意の第三者に処分したり（目的物が不動産の場合には、譲渡担保権者は自己に登記名義があることを利用して目的物を処分することが可能である）した場合には、設定者は、設定者留保権の侵害の不法行為または設定契約の債務不履行^(注19)として、譲渡担保権者に対し損害賠償を請求できる。また、設定者は、設定者留保権に基づく物権的請求権として妨害の排除・予防を請求できる。

　イ　設定者による権利侵害

　設定者が目的物を滅失・毀損したり、善意の第三者に処分したり（目的物が動産の場合には、設定者は自己に占有があることを利用して目的物を処分することが可能である）した場合には、譲渡担保権者は、所有権侵害の不法行為または設定契約（目的物保管義務）の債務不履行として、設定者に対し損害賠償を請求できる。また、所有権に基づき妨害の排除・予防を請求できるが、設定者が通常の用法に従い目的物を利用することは権利侵害とならない。

(注17)　高木4版343頁。
(注18)　高木4版351頁。
(注19)　譲渡担保設定契約に基づき、設定者には被担保債権の債務不履行時の譲渡担保の実行に備えるため、譲渡担保権者には債務履行後の設定者への完全な所有権復帰に備えるため、それぞれ目的物を侵害してはならないという義務が生じる（道垣内3版310頁）。

(4) 実 行

　譲渡担保の実行は私的実行（民事執行法の定める手続によらず行われる実行方法）により行われる。まず、動産・不動産の譲渡担保について述べ、最後に債権の譲渡担保の実行方法について述べる。

　　ア　実行の方法（帰属清算型と処分清算型）

　実行の方法には、帰属清算型と処分清算型の2つがある。帰属清算型は、目的物の所有権を自己に帰属させ、目的物を適正に評価した上でその評価額をもって被担保債権の弁済に充て、評価額と被担保債権額の差額（清算金）を設定者に交付するという方法であり、処分清算型は、目的物を第三者に処分し、その売買代金をもって被担保債権の弁済に充て、残額（清算金）を設定者に交付するという方法である。

　当事者の契約によっていずれの型かが定まると解されているが[注20]、譲渡担保権者はいずれの方法をも選択し得ると解する見解も有力である[注21]。

　　イ　実行の終了時期

　実行の終了時期、すなわち、所有権が確定的に移転するとともに（設定者留保権は消滅）、設定者が被担保債権を弁済して目的物の所有権を回復することができなくなる時期は、次のとおりである[注22]。

　帰属清算型の場合には、譲渡担保権者が清算金の支払またはその提供をした時である。帰属清算型で目的物の価額が被担保債権を上回らず清算金が生じない場合には、譲渡担保権者が設定者に対し目的物の価額が被担保債権を上回ら

（注20）高木4版347頁。
（注21）道垣内3版319頁。
（注22）この被担保債権を弁済して目的物の所有権を回復する権利は「受戻権」とよばれ、判例上も「受戻権」という観念が用いられる（最判昭43・3・7民集22巻3号509頁等）。仮登記担保に関しては停止条件成就ないし予約完結により目的物の所有権が仮登記権利者に移転するが、その後も設定者は一定の時期までは被担保債権相当額を支払うことにより目的物の所有権を受け戻すことができる権利としての意義を有する。しかし、（はじめから所有権が移転している）譲渡担保に関しては、設定者に留保されている権利の消滅時期はいつか、設定者はいつまで被担保債権を弁済できるかを問題にすべきであって、特別の受戻権という権利を観念する必要はないとの見解が有力である（道垣内3版318頁）。

ない旨の通知をした時である（最判昭62・2・12民集41巻1号67頁）。

処分清算型の場合には、清算金の有無を問わず、譲渡担保権者が目的物を第三者に処分した時である（最判昭43・3・7民集22巻3号509頁、最判昭57・1・22民集36巻1号92頁）。「処分」時とは、処分契約時である。

なお、実行の終了時期（確定的な所有権の移転時期）について、仮登記担保法2条が類推適用されるという見解（通知到達後2か月経過時点で所有権移転）もあるが、判例（最判平5・2・26民集47巻2号1653頁）[注23]は、清算手続により確定的に所有権が移転するとしており、類推適用を否定していると解される[注24]。

　ウ　清算義務

帰属清算型と処分清算型のいずれの場合でも、目的物の価額が被担保債権額を上回るときは、譲渡担保権者は、その差額（清算金）を設定者に返還する義務（清算義務）を負う（最判昭43・3・7民集22巻3号509頁、最判昭46・3・25民集25巻2号208頁）。無清算の特約は無効と解されている（仮登記担保3条3項参照）[注25]。

譲渡担保権者が清算金の支払なく目的物の引渡しを請求したときは、設定者は、譲渡担保権者に対し、清算金支払と引換えにのみ給付するとの抗弁をすることができる（同時履行の抗弁権）（最判昭46・3・25民集25巻2号208頁）。譲渡担保権者から所有権を取得した第三者に対しては、同時履行の抗弁権を主張することができないが（ゴルフ会員権の事案について、最判昭50・7・25民集29巻6号1147頁参照）、清算金請求権を被担保債権として留置権が成立するので、留置権を主張することができる（仮登記担保について、最判昭58・3・31民集37巻2号152頁）。

(注23)　最判平5・2・26民集47巻2号1653頁は、所有権の移転について「譲渡担保が設定された場合には、債権担保の目的を達するのに必要な範囲内においてのみ目的不動産の所有権移転の効力が生じるにすぎず、譲渡担保権者が目的不動産を確定的に自己の所有に帰させるには、自己の債権額と目的不動産の価額との清算手続をすることを要し、他方、譲渡担保設定者は、譲渡担保権者が右の換価処分を完結するまでは、被担保債務を弁済して目的不動産を受け戻し、その完全な所有権を回復することができる」と判示する。

(注24)　高木4版346頁。

(注25)　高木4版347頁。

他方、譲渡担保権者が譲渡担保の実行を行っていないのに、設定者の側から、受戻権を放棄して清算金の支払を請求することはできない（最判平8・11・22民集50巻10号2702頁）。

エ 清算金額

帰属清算型の場合には、目的物の適正評価額と被担保債権額の差額である。目的物の評価基準時は、前述の実行の終了時期である。

処分清算型の場合には、目的物の処分価額と被担保債権額の差額である。適正処分価額よりも低い価額で処分されたときは、処分時の適正処分価額によるべきである（東京地判昭55・10・9判時997号133頁）。

いずれの場合も、清算手続に要した費用が清算金額から控除される（最判昭62・2・12民集41巻1号67頁）。

オ 債権譲渡担保の実行方法

債権譲渡担保の実行方法は、次のとおりである。被担保債権の弁済期が到来したときは、譲渡担保権者は、譲渡担保の実行として、目的債権の弁済期の到来を待って、被担保債権の範囲内で目的債権を取り立て、被担保債権に充当することができる[注26]。被担保債権の弁済期より先に目的債権の弁済期が到来したときは、譲渡担保権者は第三債務者に供託を請求することしかできず、その供託金上に被担保債権の弁済期到来まで譲渡担保権が存続する[注27]。

譲渡担保の実行が終了するまでは、設定者は被担保債権を弁済して、目的債権の完全な債権者たる地位を回復することができる。

(5) 対外的効力

ア 譲渡担保権者と第三者

(ｱ) 設定者による処分の相手方との関係

目的物が不動産の場合には、通常登記名義が譲渡担保権者にあるので、設

[注26] 譲渡担保権者は、被担保債権額を超える部分について取立委任を受けている場合には、目的債権の全額を取り立て、被担保債権に充当した上、残額を設定者に交付することになる（道垣内3版345頁）。

[注27] 道垣内3版345頁。

定者による処分は事実上想定できない。

目的物が動産の場合には、通常占有が設定者にあるので設定者による処分はあり得る。その場合、即時取得（民法192条）が成立すれば、第三者は譲渡担保の負担のない所有権を取得する。実務上、即時取得の成立を妨げるために譲渡担保権者が目的物に明認方法（ネームプレートなど）を施すことがある。

目的物が債権の場合には、設定者により目的債権が第三者に処分されても、譲渡担保権者は第三者対抗要件を備えている限り、第三者に自己の権利を主張できる。

(イ) 第三者への譲渡担保の設定

不動産の場合には、第三者による対抗要件の具備が不可能であり、重複した譲渡担保設定は事実上あり得ない。

目的物が動産の場合には、重複して譲渡担保を設定することは可能である。優劣は対抗要件の先後による[注28]。この場合、判例は、後順位譲渡担保権者に実行権限はないとする（最判平18・7・20民集60巻6号2499頁）。なお、後の譲渡担保設定につき即時取得が成立すれば先順位譲渡担保権を取得し得るが、判例では占有改定による即時取得が認められないので、通常は即時取得が成立し得ない。

(ウ) 設定者の一般債権者との関係

目的物が不動産の場合には、差押えにあたり登記事項証明書に債務者が所有者として記載されていることが必要であるから（民執規23条1項）、設定者の一般債権者による差押えは事実上想定できない。

目的物が動産の場合には、設定者の一般債権者が目的物を差し押えることがあり得る。その場合、判例（最判昭56・12・17民集35巻9号1328号）は、譲渡担保権者に第三者異議の訴えを認める。当該差押えにより開始した競売手続において優先弁済を受けることはできないと解される（民執法133条では、配当要求をすることができる債権者として先取特権者と質権者のみが列挙されているからである）。

(注28) 内田Ⅲ3版532頁。

目的物が債権の場合にも、譲渡担保権者は第三者異議の訴えが認められるが、債務者対抗要件を備えている限り、差押えを無視して、第三債務者に弁済を請求することができる。

(エ) 第三者による侵害

譲渡担保権者は、担保目的によって制限されているとはいえ所有権を有するので、物権的請求権を行使できる。ただし、返還請求権については、設定者に占有をとどめる通常の譲渡担保では、譲渡担保権者は設定者への引渡しを請求することしかできない。また、不法行為に基づく損害賠償を請求できる。

イ 設定者と第三者

(ア) 譲渡担保権者による処分の相手方との関係

目的物が不動産の場合には、通常登記名義が譲渡担保権者にあるので、譲渡担保の実行前にもかかわらず、譲渡担保権者が不動産を処分することはあり得る。その場合、第三者は設定者留保権の制限の付いた所有権を取得するにとどまる（第三者は設定者に引渡しを請求できず、また、債務者が被担保債権を弁済すれば所有権を失う）[注29]。ただし、第三者は、民法94条2項により保護され得る（第三者は完全な所有権を取得し得る）。譲渡担保の実行後の処分の場合には、第三者は完全な所有権を取得する。なお、判例は、弁済期後譲渡担保権者が清算金の支払や清算金のない旨の通知をしないまま目的物を第三者に処分したときは、第三者は目的物の所有権を確定的に取得し、設定者は受戻権を失うものとし（最判昭49・10・23民集28巻7号1473頁、最判昭62・2・12民集41巻1号67頁）、譲受人が背信的悪意者であっても異なるところはないとする（最判平6・2・22民集48巻2号414頁）。また、被担保債権が弁済され譲渡担保権が消滅したのに登記名義を有する譲渡担保権者が処分した場合、判例は対抗問題として処理をするが（最判昭62・11・12判時1261号71頁）、民法94条2項の問題とする見解も有力である[注30]。

目的物が動産の場合には、譲渡担保の実行前は、即時取得の問題となる（動産譲渡登記の場合には、民法94条2項の問題）。ただし、現実の占有が設定

(注29) 道垣内3版314頁。
(注30) 道垣内3版327頁、内田Ⅲ3版538頁。

者にあるので、第三者に過失ありとされる場合が多いと考えられる。譲渡担保の実行後は、第三者は完全な所有権を取得する。

目的物が債権の場合には、譲渡担保の実行前は民法94条2項の問題となり、譲渡担保の実行後は完全な債権を取得する。

(イ) 譲渡担保権者の一般債権者との関係

目的物が不動産の場合には、通常登記名義が譲渡担保権者にあるので、譲渡担保権者の一般債権者による差押えはあり得る。その場合、判例は、設定者は第三者異議の訴えを提起できるとする（最判昭18・10・20民集60巻8号3098頁。ただし傍論）。ただし、差押債権者は、民法94条2項により保護され得る。

目的物が動産の場合、差押えには目的物の執行官への提出が必要であるから（民執124条）、譲渡担保権者の一般債権者による差押えは事実上あり得ない。譲渡担保権者の一般債権者としては、被担保債権を差し押えるか、譲渡担保権者の目的物引渡請求権に対する執行（民執163条）を行うこととなる。

目的物が債権の場合には、差押債権者は民法94条2項により保護され得る。

(ウ) 第三者による侵害

設定者は設定者留保権を有するので、物権的請求権を行使することができる。判例も、設定者に物権的請求権を認める（最判昭57・9・28判時1062号81頁）。また、不法行為に基づく損害賠償を請求できる。

(6) **倒産手続における処遇**

Ⅲ－2～5を参照されたい。

5 その他

(1) **仮登記担保**

ア　定義等

仮登記担保とは、代物弁済予約や停止条件付代物弁済契約等をあらかじめ締結し、金銭債務の不履行があるときは、債務者・物上保証人に属する所有権その他の権利（通常は不動産所有権）を債権者に移転する形態の担保権である（仮

登記担保1条)。将来の所有権等移転請求権を保全するために仮登記を設定しておくので、仮登記担保とよばれる。前記**1**で述べたように、あらかじめ所有権等を移転する譲渡担保と異なり、金銭債務の不履行がなされた将来の時点において所有権等を移転する形をとる。

従来は、抵当権設定に際して設定され、抵当権の面倒な実行手続を回避して目的物を丸取りできる等のメリットがあるため、広く使われたが、債権者に常に清算義務を課す判例法理（最判昭49・10・23民集28巻7号1473頁等）と、その後に制定された仮登記担保法に基づく規制の結果、抵当権と比べた利点は消滅し、利用は減少している。

イ　設定契約

仮登記担保は、債権者と債務者・物上保証人間の仮登記担保契約によって設定される。仮登記担保法1条では代物弁済予約と停止条件付代物弁済契約が例示されているが、売買予約、贈与予約および賃借権設定契約等も考えられる[注31]。

被担保債権は金銭債権に限られる（仮登記担保1条）。特定物債権の担保を目的とするものは仮登記担保法の適用を受けない。代物弁済予約は担保型が通常であると思われるが、売買予約は本来型も多いので、担保型と本来型との識別は立証問題となる[注32]。

ウ　目的物・対抗要件

目的物は仮登記・仮登録ができるものである。土地・建物の所有権が基本であるが、地上権・永小作権・地役権・賃借権・採石権（不登3条）も対象となる（所有権以外の権利の場合の準用規定である不登法20条参照）。また、特別法上の立木所有権（立木ニ関スル法律）、特許権、登録できる自動車・船舶・航空機等の所有権も対象となる。

仮登記・仮登録が公示方法である（所有権移転保全の仮登記等）。本来仮登記には対抗力がないが、仮登記担保法は仮登記担保権を抵当権とみなし、仮登記を抵当権設定登記とみなしている（仮登記担保13条1項）。

(注31) 高木4版308頁。
(注32) 高木4版339頁。

エ　効　力

　仮登記担保の効力の中心は、金銭債務の不履行があるときに、目的物を取得するか、または優先弁済を受けることである。前者が競売によらない私的実行であり、後者が競売の際の優先弁済[注33]である。まず、前者について述べる。

(ア)　私的実行

(a)　基本的な手続・効力

　私的実行は、目的物の取得（引渡等）、仮登記・仮登録に基づく本登記・本登録によって行われる。目的物の価額が被担保債権額を上回るときは、担保権者はその差額（清算金[注34]）を債務者・物上保証人に支払わなければならない（仮登記担保3条。清算義務）。逆に、下回るときは、その差額について債権が存続する（仮登記担保9条）。

　私的実行の手続において、担保権者は、まず、債務者・物上保証人に対し、清算金が生じる場合にはその見積額、清算金が生じない場合にはその旨を通知しなければならない（仮登記担保2条1項。なお、通知内容の詳細について同条2項参照）。

　この通知の到達後2か月（清算期間）が経過して、所有権移転の効果が発生する（仮登記担保2条）とともに、被担保債権が目的物の価額の限度[注35]において消滅する（仮登記担保9条参照）。

　担保権者は、清算金が生じる場合には清算金を支払う義務を負うが、この清算金の支払と目的物の移転（本登記や引渡し）とは同時履行関係[注36]にあ

(注33)　仮登記担保権者自身には自ら競売を申し立てる権利はないので、他の債権者の申し立てた競売の際に優先弁済を受けるというものである。

(注34)　清算金は、仮登記担保法2条2項の清算期間が経過した時の目的物の価額がその時の担保権者の債権・費用の額を超える場合の、その超える額に相当する金銭である（仮登記担保3条）。なお、清算金算定において、抵当権のような利息・損害金の範囲の制限（民375条）はない。

　担保権者による清算金の算定に不満のある債務者・物上保証人は、別途清算金請求を行う等により清算金の額を争うこととなる。

(注35)　差額は無担保債権として残る。債権の全部を消滅させる通常の代物弁済と異なるところである。

る（仮登記担保3条2項）。清算期間が経過した後に合意する場合は格別、清算不要・同時履行関係否定の特約をしても無効である（同条3項）。

清算期間が経過するまでの間においては、債務者・物上保証人[注37]は目的物を受け戻すことができる（清算金が発生する場合には、清算期間の経過に加え、現実に清算金が支払われるまで、受戻しをできる。仮登記担保11条参照）。また、後順位の担保権者も、後述する法的手段をとり得る。

(b) 後順位担保権者の保護[注38]

後順位担保権者（後順位仮登記担保権者を含む）は、清算金支払請求権を差し押さえて配当を受けることができる（仮登記担保4条1項2項）。かかる物上代位権を保全するため、仮登記担保権者は、私的実行の手続に入った旨の通知を物上代位権者にしなければならず（仮登記担保5条1項）、清算期間内は清算金請求権の処分が禁止され、清算期間内に清算金の弁済がなされても物上代位権者に対抗できない（仮登記担保6条1項・2項）。

他方、後順位担保権者が仮登記担保権者の見積もった清算金額に不満がある場合には、後順位担保権者（後順位仮登記担保権者を含まない）は、被担保債権の弁済期到来のいかんを問わず、清算期間内[注39]に競売の申立てをすることができ（仮登記担保12条）、この場合、私的実行はできなくなる（仮登記担保15条1項参照）。

(注36) 清算金請求権と目的物との間には牽連関係（民295条）があり、留置権が成立する（最判昭58・3・31民集37巻2号152頁）。

(注37) 目的物の第三取得者は、債務者・物上保証人の受戻権を代位行使できると解される（高木4版319頁）。なお、目的物の第三取得者は、仮登記担保権者から担保実行（仮登記に基づく本登記。不登109条）について承諾義務がある。

(注38) 先順位担保権者（仮登記前の用益権者も同様である）は、仮登記担保の実行に何らの影響も受けない。他方、後順位担保権者（仮登記後の用益権者も同様である）は仮登記担保の実行により担保権を失い、仮登記に基づく本登記について承諾義務を負う。もっとも、仮登記担保権者は、5条通知を受けていない後順位担保権者に対し仮登記に基づく本登記の承諾請求をなし得ない（最判昭61・4・11民集40巻3号584頁）。

(注39) 後順位担保権者が仮登記担保権者から5条通知を受けていない場合には、清算期間経過後も同条12条の類推適用により競売申立てをなし得る（最判昭61・4・11民集40巻3号584頁）。

第1節　譲渡担保

(イ)　競売手続に際しての優先弁済

私的実行が始まっても、現実に清算金が支払われるまで（清算金が生じない場合には清算期間の経過まで）は、後順位担保権者・一般債権者は担保権の実行や強制競売の申立てができ、競売手続が開始されると仮登記担保に基づく私的実行はできなくなる（仮登記担保15条）。この場合、仮登記担保法は、担保としての実質にかんがみ、仮登記担保権者が法の定める優先順位に応じて配当[注40]を受けることを認めている（仮登記担保13条）。

(ウ)　目的物の使用収益との関係

仮登記担保に優先劣後する用益権の処遇については（注38）に記載したとおりである。

抵当権について認められる法定地上権の制度は、若干修正した上で取り入れられている（仮登記担保10条）。修正点は、地上権ではなく賃借権としたことと、土地建物のうちの建物に仮登記担保が設定された場合の規定が置かれなかったことである。前者は、地上権の設定が今日稀なためであり、後者は、仮登記担保権者があらかじめ停止条件付借地契約を締結することが可能と考えられたためとされる[注41]。

短期賃貸借については、平成15年改正前の旧民法395条は準用されておらず、類推適用も否定されていた（最判昭56・7・17民集35巻5号950頁）。同改正後の民法395条については議論があるが、同改正の際に仮登記担保法を修正しなかったことを踏まえ、従前の取扱いを維持するのが相当である[注42]。

オ　倒産手続との関係

仮登記担保は、債務者の破産、民事再生、会社更生および金融機関等の更生手続の特例等に関する法律が適用される場合には、抵当権と同じ扱いを受ける（仮登記担保19条1項・3項・4項）。すなわち、破産手続および再生手続上は別除権（破2条9項・65条、民再53条）として倒産手続によらずに行使できる。他

(注40)　なお、この場合には、抵当権と同様の扱いを受けるわけであるから、被担保債権の範囲も利息・損害金が2年分に制限される（仮登記担保13条2項・3項）。
(注41)　内田Ⅲ3版553頁。
(注42)　内田Ⅲ3版553頁。

493

方、更生手続では更生担保権（会更2条10項）として扱われる。

被担保債権が不特定の債権である根仮登記担保権については、競売手続、破産手続、再生手続および更生手続においてはその効力を有しない（仮登記担保14条・15条5項）。根抵当権と異なり、被担保債権についての公示方法が存在せず余剰価値の利用が妨げられることから、優先弁済効を否定したものであるが、私的実行は認められる。

(2) **債権法改正について（中間試案の紹介）**

法制審議会・民法（債権関係）部会が決定した「民法（債権関係）の改正に関する中間試案」（平成25年2月26日決定。以下、「中間試案」という）において、債権譲渡に関する改正提案がなされている。そこで、以下において、債権譲渡担保に大きく影響する部分に限り中間試案の内容を紹介する。

ア 債権の譲渡性とその制限

中間試案において、譲渡禁止「特約が第三者に対抗できる場合であっても、原則として債務者の弁済の相手方を固定する効果は認めながら、債権譲渡は有効である」[注43]とする趣旨の改正提案がされている。

かかる改正がなされた場合には、譲渡禁止特約の対象となる債権について債権譲渡担保を設定する障害が軽減されることになるものと思われるが、他方、債権の譲受人が第三者対抗要件を備えた場合において、譲渡人に倒産手続が開始した場合や譲渡人の債権者が対象債権を差し押えた場合にまで譲渡禁止特約の対抗力を喪失せしめる改正提案には疑問がある。

イ 第三者対抗要件

中間試案では、債務者をインフォメーションセンターとする第三者対抗要件制度をあらため、「債務者に負担をかけない第三者対抗要件」[注44]制度を目指すことが提案されている。債権譲渡担保の取扱実務にも大きく影響する事項であり、改正動向に注意する必要がある。

（注43）内田貴『民法改正のいま』（商事法務、2013年）42頁。
（注44）内田・前掲（注43）書50頁。

ウ　将来債権譲渡

中間試案では「将来債権が通常の債権譲渡と同じ対抗要件で譲渡できるという判例ルールを明文化する」[注45]趣旨の改正提案がなされている。

大きな問題は、譲渡人以外の第三者が当事者となった契約上の地位に基づき発生した債権を将来債権の譲受人が取得できるかという点である。中間試案では、原則としてかかる債権を取得することはできないとしつつ、「譲渡人から第三者がその契約上の地位を承継した場合」（中間試案第18、4(4)）には、譲受人はかかる債権を取得できるとの提案がされているが、解釈指針としての機能を果たし得るか疑問である[注46]。

エ　債権譲渡と相殺の抗弁

中間試案では、「譲渡された債権の債務者が、その債権と反対債権を相殺できる場合を拡大する」[注47]改正提案を行っている。具体的には、第1に、債権の譲受人が債務者に対して権利行使要件を具備する前に債務者の反対債権が生じていた場合のほか、「まだ反対債権が生じていなくても、その原因が権利行使要件の具備前に生じていたときは、具備後に反対債権が発生した場合も、相殺を認める」[注48]としている。第2に、将来債権の譲渡について、「権利行使要件の具備後に生じた原因に基づいて債務者が取得した債権であって、その原因が譲受人の取得する債権を発生させる契約と同一の契約であるもの」（中間試案第18、3(2)ア(イ)）については相殺を認めるとして、債務者を保護している。いずれも重要な改正提案であり、改正動向に注意する必要がある。

(注45)　内田・前掲（注43）書59頁。
(注46)　この点について、契約上の地位の譲渡というアプローチではなく、将来債権の譲受人は「譲渡人の処分権が及ばない者が当事者となった契約上の地位に基づき発生した債権」を取得できないとの規律を採用すべきとの意見（東京弁護士会倒産法部「民法（債権関係）の改正に関する中間試案に対する意見書」〔2013年6月17日〕）があるが、傾聴に値する。
(注47)　内田・前掲（注43）書59頁。
(注48)　内田・前掲（注43）書62頁。

III－2　譲渡担保の実務（動産譲渡担保）

株式会社ゴードン・ブラザーズ・ジャパン　アセットファイナンス部長　**松木　大**

1　動産譲渡担保融資

　金融機関は、事業者が創出するキャッシュフロー、損益状況、財政状態（これらを総合的に勘案したものが、事業者の「信用力」）に依拠した与信額が限界に達しているがゆえに、事業者が保有しており、かつ、いまだに担保に供していない資産を引当てとして融資を行うことがある。とくに、換価性の高い流動資産、例えば、商品等の集合動産（在庫）、売掛債権を担保に融資を行うことをABL（Asset-Based Lending）とよぶことがあるが、ABLに明確な定義はなく、個別動産である工作機械等の機械設備、バス、トラック等の車輛は会計上は固定資産として計上されるものの、広義には、ABLに含まれるものと考えられている。

　ここでは、動産担保融資の実務に焦点を当てるが、集合動産か個別動産かという動産の種別により、特定、評価、管理手法は異なる部分があることから、適宜動産を分類して概観していくこととしたい。

2　対抗要件の具備方法

(1)　集合動産

　金融機関が、集合動産譲渡担保融資を行う場合、譲渡担保権をめぐり、対抗要件の具備方法が論点になることがある。これは、動産譲渡特例法に基づく「登記」か、民法（183条）に基づく「占有改定」のどちらの対抗要件を具備することが担保権者にとり妥当か、ということであるが、以下の点を考慮して、両者の対抗要件の具備方法を併用していることが一般的であるものと考えられる。

　①　動産譲渡登記制度が導入された際、当該登記による対抗要件の具備方法が、占有改定による対抗要件の具備方法に優先するという構成にならな

かったため、手続が古典的ではあるが相対的に簡便な、占有改定による対抗要件具備には、現在でも相応の意義があること
② 動産譲渡登記制度の活用により、第三者に対して公示性を確保することが可能となり、二重譲渡のリスクを一定程度軽減することが期待できること

(2) 個別動産

個別動産を機械設備および車輛に大別すると、機械設備については、大手事業者等で工場財団の組成物件となっている場合を除き、通常、上記(1)で述べたとおり、譲渡担保権を設定することが多く、占有改定かつ動産譲渡登記制度の両方の対抗要件を活用することになる。他方、大型特殊車輛で、建設機械抵当法（昭和29年法律第97号）に定める建設機械を除く車輛については、自動車抵当法（昭和26年6月1日法律第187号）が存在し、公示性を兼ね備えており、当該抵当権を設定する場合には、道路運送車両法に規定する自動車登録ファイルに登録を行うことにより第三者に対抗することができるが、現状、当該登録ファイルには自動車検査証（車検証）に記載されている事項が盛り込まれておらず、別途、登録事項等証明書による確認を行わないと、所有者の特定ができない等、実務的に煩雑な点があることから、自動車ディーラー等の一部事業者を除き、あまり活用されていない状況である。現実的には、一般的に担保として活用されているのは譲渡担保であり、陸運局（現在の国土交通省地方運輸局の陸運部門あるいは自動車検査登録事務所）にて、名義変更手続を行い、車輛の所有権者を金融機関に変更することになる。

(3) 動産登記における登記期間

動産譲渡登記を行う際、登記期間をどの程度に設定にするのかについては、融資期間、金融機関の登記期間に関する考え方、事業者の弁済可能性、事業者の要請等の要素に依存すると考えられるが、一般的には、最長登記期間である10年間で設定することが賢明である。これは、登記制度上、変更登記が認められていないからである。とくに、登記期間を融資の弁済期限（例えば1年間）に合わせて設定した場合、融資期間中に社会保険料等の公租公課の支払の延滞が発生した際、融資当初は当該租税債権に譲渡担保権が劣後することはな

いものの、弁済期に弁済できないことが判明したことを受けて融資延長した場合、登記期間も同時に終了するため、再度登記を行うことになるが、この場合、延滞租税債権に劣後してしまうという事態に陥ってしまう。登記期間の変更（延長）という手続が、弁済期が到来する前に可能であれば、担保権の優位性が維持されるが、登記期間終了時に、いったんリセットされてしまうことに留意が必要である。

3 対象動産の特定

(1) 集合動産

　金融機関が在庫を担保化する場合、「その種類、所在場所及び量的範囲を指定するなど何らかの方法で目的物の範囲」が特定されていれば譲渡担保権として有効であるとする判例（最判昭54・2・15民集33巻1号51頁）に基づき、「可能な限り広く特定する」という、若干矛盾する特定の方法を試みる。これは、過度に種類、場所、量的範囲を絞ると、担保の範囲が狭小化するためである。
　具体的には、以下のような特定を行った上で、登記申請を行っている。
　（登記申請事例）
　　【種類】子供服衣料品およびこれに関連する雑貨の商品一切
　　【特質・所在】〇〇県〇〇市〇〇一丁目2番3号
　　【動産区分】集合動産
　　【備考】保管場所の名称（店舗名）　〇〇モール／子供服ベビー用品売場
以上の記載があれば、目的物の範囲の特定がなされていると考えられる。

(2) 個別動産

　機械設備の担保提供を受ける場合の特定方法は、比較的簡易である。
　具体的には、以下のように、動産の特質によって特定した上で、登記申請を行っている。
　（登記申請事例）
　　【種類】油圧式プレス機
　　【特質】製造番号：2014ABC0001A

【備考】動産の名称：プレススタープレミアム、保管場所の所在地：東京都〇区〇一丁目2番3号

4 動産の評価

(1) 集合動産
ア 評価の概念

　在庫の種類は多岐にわたることから、商品在庫の絶対的な評価を決める方程式は存在しないと言っても過言ではない。まったく同じ在庫であっても、どの流通段階にあるのかによって、価値が変わる。

　製造業がコップを製造し（原価30円／個）、卸事業者に50円／個で販売する。その後、卸事業者が小売事業者に60円／個で卸して、最終的に店頭に小売販売価格80円／個で並ぶとしよう。在庫処分を行う事業者は、物の価値のみに焦点を当てて値決めをすると仮定すると、流通段階にかかわらず、「一物一価」であるとの主張もあるかもしれない。在庫処分事業者が、コップを手に取り、「これは25円／個であれば、ディスカウント・ストアに卸すことができる」という姿を想像することは比較的容易であるためである。

　しかしながら、在庫処分事業者の使命が、担保権者や管財人の意を汲み、「可能な限り短期間で、換価額の最大化を図る」ということであるとすると、現時点の商流に乗せられる商品在庫は、販売数が限定的になる可能性があるものの、継続してこの流通経路に乗せたほうが、通常は、換価額の最大化に資するものと考えられる。

　仮に、破産手続開始後であっても、小売事業者で直営店を保有していた場合等には、土地、建物等の不動産所有者と協議の上、閉店セールを実施したほうが、担保権者からみて、最大回収を実現できるという事例もある。

　したがって、換価・在庫処分を行う場合、「一物一価」ではないと考えられる。事業者が保有する既存の流通経路を最大限活用しつつ、(あ)既存の流通経路では捌きづらい商品がある場合や、(い)本来、小売部門を活用して販売したいものの、販売期間が長期化するため、当該期間に対応して発生する費用を勘案すると、一定程度の価格を犠牲にしてでも時間を買う方が得策であるという場面

も想定される場合には、「一物数価」となることが一般的である。

　　イ　評価概要

　在庫評価事業者が行う評価は、以下のとおり大別される。案件の性質、委託者の狙い等により、適切な評価方法が決まっていくことになる。

　①　Fair Market Value（公正市場価格）

　　事業譲渡時等に使用される評価額。事業継続を前提とした在庫の価値評価であり、近時、企業買収の際に価値算定を求められるケースも増加している。

　②　Net Orderly Liquidation Value（NOLV：合理的期間内処分価格）

　　ABLで通常使用される評価額であり、「市場価値」ではなく「事業撤退を前提とした清算価値」であるといえる。通常、金融機関が利用する評価額は、当該評価である。

　③　Forced Liquidation Value（強制的処分時価格）

　　最速で換価した場合の評価額であり、評価額は一般的には低くなり、民事再生等の財産評定の際に利用されることが多い。

　もっとも受託の多い評価は、②のNOLVである。①の公正市場価値は、処分を前提としないときに限定され、③は、価格を完全に犠牲にして、時間を最優先した換価手法である。

　　ウ　評価の際に重要となる指標

　評価を行う際に、重要な指標として挙げられるのは、過去の売上高のトレンド、粗利率、値引率、在庫回転率、人件費、賃料水準等である。これらの指標は、商品の処分時の売上高および経費を見積もる上で、不可欠な情報を与えてくれる。また、融資期間中に、これらの指標に大きな変化が発生した場合には、商品の在庫の内容・質に変化がもたらされている可能性が高いことから、充分に注視しなくてはならない。

　また、評価を行う人材の過去の経験および柔軟な発想についても、評価を行う際の、評価額の重要な変動要素であると考えられる。

　　エ　評価を行う上の処分シナリオ

　評価を行う上で重要な要素の1つとして、処分時のシナリオを想定することが挙げられる。小売事業者で、直営店舗を保有している場合には、既述のとおり、店舗を活用した処分が最大回収となる可能性が高い。しかしながら閉店

セールに係る費用も相応にかさむことが想定され、かつ、一定のセール期間も必要になることから、当該費用、時間を考慮した上での純回収額を重視して判断するべきである。

また、季節性の強いアパレル事業者の場合、季節から外れた商材を閉店セールで販売しようとしても、徒労に終わる可能性が高いことから、必ずしも閉店セール一辺倒で時間をかけて販売することが最適解ではないこともあり、このような場合には、閉店セールと、卸売の混合型で最大回収を図るというシナリオも考えられる。

いずれにしても、どの季節に有事が発生するか不明確であるため、アパレルの場合には、季節に応じたシナリオを用意することも重要である。

販売ルートごとの評価手法は次のとおりである。

⑺　既存の小売販売ルートを有している場合

既述のとおり、小売事業者に対して、在庫の換価額の最大化を図るためには、既存の販売ルートを活用することが重要である。このとき、既存ルートでもあることから、仕入原価（簿価）を出発点とした評価を行うことが多い。

具体的には、以下の流れになる。

①　仕入原価に一定の利益を乗せた平常時の販売価格（上代）に基づいて、換価のプロフェッショナルによる値引き換価後の売上予想金額を弾く。

②　上記①を実現するためには、相応の費用を必要とすることから、当該費用を算出することが重要である。破産手続を前提とすると、費用の内訳は、主として、固定費である、既存従業員を継続的に従事させるための給料（一般的には割増）、不動産の賃借料・保険料等、変動費である処分時に発生する発送費用等に加え、特殊な費用としては、処分業務全般を監理する処分事業者から派遣されるコンサルタントにかかる費用、処分事業者に支払う手数料が挙げられる。

③　①の売上金額から②の費用を控除した金額が、経費差引き後の在庫評価額（NOLV）となる。

⑷　既存の卸売ルートを有している場合

既存の卸売ルートを有している場合には、上記小売販売ルート保有時と同様、直前までの取引実績が評価の基軸となる。ただし、この場合にも、一定

量の取引を行うために、通常の取引に比して、値引き率の引上げを余儀なくされることを想定しておかなくてはならない。

(ウ) 既存の小売・卸売ルートを有していない、あるいは利用できない場合

既存ルートを有していない場合、一般的には、相当の値引きを許容しなくてはならない。従前から取引のない同業他社を狙っていくことが通例であろうが、オークションを開催することのできる事業者に委託して、オークションを開催して、売買価格の最大化を図る動きや、大量には捌けないものの、E-コマース等のインターネットによる販売により、着実に現金化することも近時増加してきている。

オ 金融機関としての担保評価

上記シナリオに基づいて弾きだされた評価は、あくまで前提条件が附された在庫評価事業者による評価であり、実際に融資を実行して、残高を有する金融機関目線とは必ずしも一致しない。

金融機関は、上記評価に対し、一定の掛け目をかけることが一般的である。これは、①評価事業者が附している前提条件が充足されていない、もしくは、されなくなったときのリスク、②融資時間中の担保価額の変動（減少）リスクに大別される。

前者については、例えば、保管場所として契約上指定されていた場所から、一時的に指定外の場所に移動されている場合（善意、悪意問わず）や、所有権留保取引が混在していることがあるためである。

後者については、マクロ環境の変化等により、業況が悪化するリスクを想定している。

掛け目については、業態、業種、商品の内容によって異なることから、絶対的な数字は示すことができないが、一般的には、70パーセントから95パーセント程度の幅になると考えられる。

(2) **個別動産**

個別動産を、「工作機械、建設機械、普通乗用車・トラック・観光バス等の車輛」と簡便的に定義すれば、個別動産の市場はすでに成立していることから、市場価値に基づいた評価を行うことになる。

5 動産のモニタリング

(1) モニタリングの目的・意義

モニタリングの目的は、主として、①事業者の状況（損益、財政状態、資金繰り）に関する計数面での把握、②担保価値評価の簡易的な洗替え、の２点に大別される。モニタリングの意義は、事業者の状況が急激に悪化した際に、事業者との対話を持ち、解決策を見出す機会を提供するとともに、最悪の場合、担保権者が担保実行を敢行するときの判断材料にすることである。すなわち、モニタリングの結果次第で、担保権者が、担保実行の決断を最終的に行うことになる。

ただし、モニタリングは融資実行前に用意されたレールに単に乗ることにすぎない。最も重要なことは、融資前に行う内部監査により、事業者が保有する動産の状況把握は勿論のこと、商流、管理体制全般、事業計画における損益・財政状態と資金繰りとの整合性等を確認することである。どのような内部監査を行って、どのようなレールを敷くかということが、その後のモニタリングの質を決定するといっても過言ではない。このため、内部監査の際に、どれだけ事業者の実情に迫ることができるのか、有事の際に何が発生するかに関して、想いを巡らせることができるか、が重要なポイントとなるであろう。

融資期間中に留意するべき主要なリスクは、上記 4 (1)オ「金融機関としての担保評価」において一部言及しているが、担保価額の減少要因となる、①動産の保管場所の変更に伴う担保対象物からの離脱（所謂「持逃げ」、隠匿含む）、②「通常の営業の範囲内」を超える在庫処分、③仕入事業者との取引契約における担保権者にとって不利な変更（一般の掛取引→所有権留保取引）等である。

上記変更および処分に関して、通常は、事前に担保権者からの同意を必要とする内容を含む金銭消費貸借契約を締結することになるが、当該契約を円滑に機能させるためには、事業者との信頼関係が不可欠である。

ただし、信頼関係が構築されていても、事業は人間が行っているがゆえ、いつ信頼関係が崩壊するか誰にもわからない。したがって、信頼関係が崩れることを視野に入れたモニタリングを行うことが最も重視されるべきであろう。

(2) 内部監査の内容

　集合動産に限定していえば、業種、業態をベースに考えた上で、動産の「属性」という観点においては、①販売対象の幅広さ（あるいは、特定性の強さ）、②保管期間の長さ、③市場価格の変動の大きさ、④製品のライフサイクルの長さ、⑤最終製品、中間品、原材料の種別が見るべきポイントとなり、「契約」という観点においては、⑥（法的整理移行後等において、担保実行した際の）販売制約の有無（既存の店舗で販売できるか）、⑦返品の有無・受入基準（返品受入後の業務の流れ）、⑧ライセンス契約の有無（既存のブランド名で販売できるか）、⑨所有権留保の有無、譲渡担保権の有無等、が挙げられる。また、「管理手法」の観点においては、⑩管理システムの状況、⑪減損のタイミングのルール、⑫在庫計上のタイミング（入荷のタイミングか、検収のタイミングか等）、⑬ポイントの有無（家電量販店等）、「保管場所」の観点においては、⑭自社倉庫か、第三者倉庫か、店舗か、「換価手法」の観点においては、⑮既存の販売先に販売するか、第三者に対する売却か、店頭セールで換価するか、左の3つの販売方法のハイブリッド（店頭セールと店頭外の販売のミックス）で販売するか、そして、オークションか、等が確認すべき事項となる。

　車輌、機械設備等の個別動産については、事業者の管理状況について、確認する必要があるが、譲渡できる状況になっているか、車輌、機械設備に瑕疵がないか（稼働状況に何ら問題がなく、担保設定が可能か）の見極めが肝要である。

(3) モニタリングの頻度・手法

　モニタリングについては、事業者の置かれている状況に応じて、頻度を変える等、機動的な対応が必要である。債務者区分が相対的に低い場合には、最低限、毎月1回のモニタリングが推奨されるが、業況が悪化している場合には、週次、あるいは日次で追いかける必要もあるであろう。

　事業者による在庫等の管理水準は、業種、業態による差異に加え、事業者の方針、人材面および資金面における制約に依存する。管理水準が高い事業者（例えば、高額な商品在庫を抱えており、コストが高い半面、無線で情報を読むことができるICタグ〔RFID〕を活用している場合等）であれば、担保権者の要請に従い、瞬時に在庫の状況等を捕捉することができるが、大宗の事業者は、当該管

理水準まで達していないというのが実情である。

　モニタリングを行う上で必須となる資料は、①担保となる在庫に関する資料、②事前に入手している事業計画、③損益計算書・貸借対照表の試算表、④資金繰り表である。内部監査時に確認したことに変化がないかについて定期的な検査をすることになるが、毎回必要とされる事項は、上記①から算出された担保価値評価、②および③の資料を分析して、④の資金繰り計画の確からしさを検証することにより、ABLで重要な要素である「担保価値が融資残高を上回っており、資金繰りが問題ない」ことの確認、の2点である。

　損益状況、財政状態という財務諸表と担保価値との間には相関関係があり、販売数量、販売価格、粗利（率）、回転率、滞留期間は、その後の担保の評価額に大きな影響を与える重要な指標となる。

　車輌の担保提供を受け、名義変更を行っている場合には、車検手続が適宜必要になることや、車輌に関して、自動車重量税（自動車重量税法4条2項）、自動車取得税（地法125条）については、譲渡担保の場合の特則あるいは猶予・免除規定があるものの、自動車税については、使用者課税にできるかどうか（税務署の運用はさまざまであり、ローン契約および譲渡担保権設定契約等の呈示により譲渡担保である旨説明を行い、結果として使用者課税にできる場合もあるが、呈示しても使用者課税にならない場合もあることに留意すべきである）も、広義のモニタリングの範疇に入ってこよう。

　また、締結している契約上の義務を履行しているか、誓約条項（事前承諾事項、報告事項等）に違背していないかの確認は、無論必要である。

6　動産の担保権実行

(1)　担保権実行の位置付け

　担保権者としては、最終手段としての担保権実行を念頭に置いて担保を取得している。しかしながら、通常、担保権実行の局面では、早期売却を余儀なくされるケースが多いことから、回収率が低くなることが想定される。このため、一般的には、担保権者は、実質的な担保権実行を回避し、和解（例えば別除権協定の締結）により、資金回収の最大化を図る傾向にある。

このとき、集合動産譲渡担保権の目的物が固定化するか否かの議論があるが、例えば、再生手続開始の申立てを担保権者が知った場合、在庫の流入分を諦めることになるものの（流入の保証は無論ない）、在庫の流出を防ぐために、即時に集合動産譲渡担保権の実行通知をして目的物を固定化した上で、別除権協定を締結することが多い。ただし、固定化に関しては、事業継続を前提とする場合、あえて固定化させずに、流入と流出を同時に認めるという考え方も有力である。

もっとも、事業者（債務者）と和解に向けた交渉を行っても、交渉が不調に終わった場合には、最終手段である担保実行に訴えなければならない。

(2) 担保権実行の手順

譲渡担保は、法定の典型担保ではなく、動産に係る譲渡担保権の実行方法に関しても、民執法に規定されていない。しかしながら、実務的には、以下の手順により、担保権実行が行われることが多く、以下のいずれの方法においても処分できるような契約を締結することになる。

まず、①事業者に対して担保実行通知を行い、②担保権者による（あるいは担保権者の指示に従った）動産の処分を行う。そして、③②により、動産処分によって発生した代金を貸付債権に充当し、④残余がある場合には、事業者へ返還を行う。

上記②における動産処分の方法には、担保権者が目的物を自己に帰属させた上で、その価額をもって被担保債権に充当する方法（帰属清算方式）および担保権者が目的物を処分した上で、処分金を被担保債権に充当する方法（処分清算方式）がある[注1]。

(3) 債務者の状況・申立別担保権者の権利

ア 法的破綻前

法的破綻前であれば、事業者との契約に基づき、期限の利益を喪失させた上

（注1）松嶋一重＝粟澤方智編著『金融機関のための倒産・再生の実務』（金融財政事情研究会、2013年）229頁。

で、動産の引渡しを受けて、担保権実行をすることになるが、事業者が引渡しに応じない場合、①占有移転禁止の仮処分、②引渡請求訴訟の提起（裁判所による債務名義取得）、動産引渡の強制執行等の措置を講じることになり、担保権者としての負担は重いと言わざるを得ない。また、占有移転禁止の仮処分が発令されてしまうと、以後の事業継続は困難となってしまうことに留意が必要である。

　　イ　民事再生

　事業者が再生手続に移行した場合、担保権者は「別除権者」になり、別除権者は、再生手続によらずに担保権を実行（換価）することができる。実際の対応手段は、①担保権を実行し、入札または第三者の専門事業者による動産売却等に伴う換価、②事業者と別除権協定を締結し、当該協定に基づく事業者からの弁済である。別除権協定の主たる内容については、①担保実行の留保、②担保評価額（別除権評価額）の合意、③以後の流入在庫に対する担保の存続（流出在庫に対しては、通常の営業の範囲内であれば、自動的に担保解除）、④在庫の販売代金の一定割合の弁済充当、⑤別除権評価額の完済による担保解除が挙げられる。営業活動を継続する上で不可欠な在庫および売掛債権を別除権者は押さえていることから、申立代理人に対して、一般的に強い交渉力を有することになる。

　　ウ　会社更生

　事業者が再生手続に移行した場合、担保権者は「更生担保権者」になり、別除権者とは異なり、更生手続外の担保権行使が一切認められないことから、更生計画に基づいて弁済されることになる。ただし、更生債権に比して、弁済順位は優先されることになる。

　　エ　破　産

　事業者が破産手続に移行した場合、担保権者は「別除権者」になり、別除権者は、破産手続によらずに担保権を実行（換価）することができる。実際の対応手段は、①担保権を実行し、入札または第三者の専門事業者による動産売却等に伴う換価をする、②破産管財人との間における別除権の受戻合意により、配分割合と方法を決定した上で、破産管財人に換価を委託する（破産管財人は第三者の専門事業者に動産売却を委託する場合もある）。

(4) 別除権協定

再生債務者等との間で締結する別除権協定の狙いは、再生債務者が別除権者に対し、担保目的物の評価額を再生手続外で分割弁済することにより、担保権実行を回避しようとするものであり、その内容の一例は、おおむね以下のとおりである。

① 別除権者の再生債務者に対する債権および債権額ならびに担保権（対抗要件の具備方法を含めて）の確認
② 担保目的物の簿価および（別除権）評価額の確認
③ 別除権評価額が債権額を上回っているか否か、および全額弁済可能性の確認
④ 別除権評価額相当額の弁済方法（利息、分割回数、期間等）
⑤ 当該協定に基づく担保権解除確認
⑥ 担保権不実行の定め
⑦ 通常の商取引・販売方法に従った第三者への売却につき異議なきことの確認
⑧ 担保権の非固定化、かつ、再生債務者が引き続き管理・処分可能であることの確認
⑨ 当該協定が監督委員の同意を停止条件として効力を生じる旨の定め

(5) 後順位譲渡担保権の有効性

動産を担保化する金融機関にとって、譲渡担保において、後順位担保権の成立が認められるか否かは、重要な論点となり得る。

譲渡担保権自体が、所有権の「譲渡」という所有権的構成であれば、後順位担保の設定は、二重譲渡（重複設定）になり、認められないということになる。他方、担保権的構成であれば、後順位設定は、不動産担保と同様の考え方に基づき、認められることになる。

最高裁の判例（最判平18・7・20民集60巻6号2499頁）において、生簀内の養殖魚を対象として、集合動産譲渡担保権が重複設定された事案で、傍論ではあるものの譲渡担保権設定者による処分の効力が争点となり、「このように重複して譲渡担保を設定すること自体は許されるとしても、劣後する譲渡担保に独

自の私的実行の権限を認めた場合、配当の手続が整備されている民事執行上の執行手続が行われる場合と異なり、先行する譲渡担保権者には優先権を行使する機会が与えられず、その譲渡担保は有名無実にものとなりかねない。このような結果を招来する後順位譲渡担保権者による私的実行を認めることはできないというべきである」と判示し、後順位譲渡担保権者による私的実行は否定したが、後順位譲渡担保権の概念そのものは一応認めている。

　集合動産については、標準化された絶対的な評価手法はいまだ確立されておらず、担保権者が独自に評価額を弾きだしている。このため、例えば、先行する担保権者が、対象となる集合動産の価値を1億円で評価している場合、処分の販路がすでに確保されている等を背景として、当該動産の価値を2億円で評価する機関が現れる可能性は大いにある。この場合、後順位譲渡担保権が認められれば、事業者としては、先順位担保権者の1億円に加え、さらに1億円の借入余力が生まれることになると同時に、担保権者側としては、リスク・リターンに見合ったファイナンスの門戸が開かれることから、資金調達および資金運用両面の多様化の観点から、金融実務家としては歓迎すべき判例である。

(6)　集合動産譲渡担保権に基づく物上代位権行使の可否

　金融機関が、集合動産を譲渡担保として担保権設定者から提供を受ける場合、譲渡担保権に基づく物上代位権が発生するか否かについても、重要な論点となり得る（集合動産を目的としない譲渡担保権に基づく物上代位については、最高裁の判例〔最決平11・5・17民集53巻5号863頁〕にてすでに認められている）。

　最高裁の判例（最決平22・12・2民集64巻8号1990頁）において、譲渡担保権者が、担保の目的物である養殖魚の滅失を理由に、譲渡担保権設定者が取得した損害保険金請求権につき物上代位権行使としての差押えの申立てを行った事案で、「構成部分の変動する集合動産を目的とする集合物譲渡担保権は、譲渡担保権者において譲渡担保の目的である集合動産を構成するにいたった動産（以下、「目的動産」という）の価値を担保として把握するものであるから、その効力は、目的動産が滅失した場合にその損害をてん補するために譲渡担保権設定者に対して支払われる損害保険金に係る請求権に及ぶと解するのが相当である」と判示し、譲渡担保権に基づく物上代位権が発生することを認めた。

ただし、「もっとも、構成部分の変動する集合動産を目的とする集合物譲渡担保契約は、譲渡担保権設定者が目的動産を販売して営業を継続することを前提とするものであるから、譲渡担保権設定者が通常の営業を継続している場合には、目的動産の滅失により上記請求権が発生したとしても、これに対して直ちに物上代位権を行使することができる旨が合意されているなどの特段の事情がない限り、譲渡担保権者が当該請求権に対して物上代位権を行使することは許されないというべきである」とし、営業が継続されている場合には、集合動産譲渡担保権に基づく物上代位権の行使は限定的であるべきであるとの見解が示された。

金融機関においては、担保目的物である集合動産に係る損害保険金請求権に対して、質権を取得することが一般的であることから、本決定が金融実務上大きな影響を与えるとは考え難いが、とくに、金融機関以外の担保権者にとり、担保権の安定化に資する点は、大きく評価される判例であろう。

7 集合動産担保の事例

小売事業者が融資対象者であれば、商品等の集合動産を主として担保を徴することになることが多い。一方、製造業および卸売事業者は、一般的には集合動産以外に売掛債権を保有していることから、金融機関は、通常、売掛債権を単独で、あるいは集合動産および売掛債権をセットで担保提供を受けることになる。集合動産は売掛債権に化体するため、商流の把握および担保価値の安定化の観点から、合理的な考え方であるといえる。

集合動産を担保とした融資を実行する場合、運転資金を供与している既存金融機関の本来の領土である在庫、売掛債権をABL提供者が担保として取得することから、事前に既存金融機関の了解を得ることが多い。ABLは、現実的には信用力が高くない事業者を対象とするため、歓迎されないコンサルタントが群がるなど事業者に関わる利害関係者が多くなる傾向にある。このようななか、集合動産登記が信用不安を惹起する懸念があるのではないか、という根本的な論点等が関係者間で俎上に上り、案件調整に時間を要することもあるため、結果として難産となる事例も少なくない。

また、近時、企業買収における資金調達（LBO〔Leveraged Buyout〕ファイナンス）手段としても、ABLが利用されるなど、動産という事業者にとって重要な資産が活用され始めている(注2)。

(参考文献)
＊伊藤隆『動産・債権譲渡登記手続の実務対応Q&A』（金融財政事情研究会、2012年）
＊伊藤眞ほか編集『〔新訂〕貸出管理回収手続双書　債権・動産担保』（金融財政事情研究会、2010年）
＊経営法友会マニュアル等作成委員会編集『動産・債権譲渡担保マニュアル』（商事法務、2007年）

(注2)　松木大「事業再生・事業円滑化を下支えするABL」「倒産と金融」実務研究会編『倒産と金融』（商事法務、2013年）220～224頁。事例の詳細については、当該書籍を参照されたい。

Ⅲ-3　譲渡担保の実務（債権譲渡担保）

株式会社日本政策投資銀行　法務・コンプライアンス部調査役　内田　敏春

1　対象債権の特定、評価、管理

(1)　債権担保に特有の事情

「債権担保」といっても、その対象とする債権の種類は多様である。金融実務において、リース料債権や賃料債権のようにある程度長期の債権を担保とすることは頻繁に行われてきたが、売掛債権のように比較的短期間に発生と決済を繰り返す債権を担保とすることはそれほど一般化されてこなかったと思われる。これは、担保としての管理に手間がかかるというだけでなく、我が国における商慣習として売掛債権に譲渡禁止特約が設定されることが多いこと、売掛債権を担保提供することで信用不安を惹起する懸念があることなどが、実務における担保としての活用が普及してこなかった要因と考えられる。

一方で、売掛債権は企業の日々の事業活動の成果として発生し、資金繰りのなかで決済されるものであるため、金融機関にとっては、売掛債権を担保としてその変動を継続的に管理することで、決算書や税務申告書では把握できない借り手の経営実態を正確に把握することが可能となる。

したがって、金融機関が、担保提供できる資産に乏しい企業であって、これまで取引実績のない企業や新興企業、経営改善の必要な業績不振企業などに対してファイナンスに取り組む場合には、担保による一定の債権保全を図りながら、借り手の経営実態を正確に把握していくための手段として、売掛債権担保を利用することは有用と考えられる。

ただし、売掛債権を担保とする場合には、不動産担保とは異なる特有の事情を認識した上で取り組む必要がある。具体的には、①債権残高が増減変動する、②二重譲渡が容易である、③譲渡禁止特約が設定されていることが多い、④相殺等の抗弁権の存在、⑤対象債権の債務者（第三債務者）の信用力に担保

価値が左右される、といった点を挙げることができる。

そのため、①及び②の観点からは対象債権をどのように特定するか、③及び④の観点からは対象債権を担保としてどのように評価するか、①及び⑤の観点からは担保価値の変動をどのように捕捉し管理していくか、という点が実務においてポイントとなる。

(2) 対象債権の特定

債権に担保権を設定し、適切に対抗要件を具備するためには、まず対象となる債権を特定する必要がある。この点、最判平12・4・21（民集54巻4号1562頁）では、「目的となるべき債権を譲渡人が有する他の債権から識別することができる程度に特定されていれば足りる」との考え方が示され、実務上は(ｱ)債権の発生原因、(ｲ)発生期間（始期と終期）、(ｳ)金額、(ｴ)第三債務者などを主な要素としている。

債権の発生原因については、借り手（設定者）と第三債務者との取引内容や契約名などを明示することになる。担保権の設定時点では発生していない将来債権を対象として担保権を設定することも、最判平19・2・15（民集61巻1号243頁）等により有効であることが確認されている。また、将来債権の発生確度が担保権設定の効力に影響を与えるかについても、最判平11・1・29（民集53巻1号151頁）では「将来発生すべき債権を目的とする債権譲渡契約の締結時において目的債権の発生可能性が低かったことは、当該契約の効力を当然には左右しない」とされ、担保権設定契約の効力としては債権発生の確実性までは求められないことが示されている。ただし、実務上は、担保としての評価を行う観点から、債権発生について法的基礎があり、これまでの発生実績などを確認した上で、発生の確実性が合理的に認められる債権のみを対象債権として取り上げることになる。

発生期間については、始期及び終期を明示して行うが、あまりに長期間の設定は公序良俗に反するものと考えられている。この点、前掲最判平11・1・29は8年3か月の期間設定を認めるものではあったが、実務上は5年程度の期間設定が一応の目安とされている。

第三債務者については、その名称及び所在地等を明示する。なお、将来発生

する集合債権では第三債務者が不特定の場合もあるが、その際は債権の発生原因・発生期間等の第三債務者以外の要素により特定することになる[注1]。

　また、対象債権の特定の際に、先行譲渡が行われていないことの確認も重要である。しかし、債権担保の場合には、不動産担保と異なり、対抗要件の具備方法が①民法方式（確定日付ある証書での第三債務者への通知又は承諾）と、②特例法方式（動産・債権登記特例法に基づく債権譲渡登記）の2通りがあるため、仮に債権譲渡登記が存在しないことを確認しても、民法方式によって先行する対抗要件が具備されている可能性がある。この通知・承諾の存在は、借り手（設定者）と第三債務者に確認する以外に有効な確認手段はないため、実務上は、担保権設定契約において、当該債権について先行譲渡を行っていないことを借り手（設定者）に表明保証させることが一般的である。

(3) 対象債権の評価

　対象債権の評価にあたっては、一般的な実務として、対象債権の(ｱ)取引基本契約書、(ｲ)第三債務者の信用力を判断する情報、(ｳ)過去1～3年程度の債権発生・入金実績、を入手する。

　取引基本契約書では、取引内容や決済条件などを把握するとともに、譲渡禁止特約の有無を確認する必要がある。もし譲渡禁止特約が設定されている場合には、その債権の第三債務者から債権譲渡（担保権設定）の承諾を得られない限り、担保対象として評価することは難しい。なお、譲渡禁止特約は、多くの場合、取引上の力関係で強い立場にある債務者が、債権譲渡により支払先がかわることに伴う事務の煩雑さや二重譲渡の発生リスク等を回避する目的で設定しているため、弱い立場の債権者にとっては取引への影響懸念もあって、債権譲渡（担保権設定）の承諾を取り付けることは容易ではないと言われる。そのため、譲渡禁止特約が設定されていない債権だけでは担保評価額が不足する場合に、第三債務者との取引自体への影響等を慎重に見極めたうえで、債権譲渡

(注1) 日本司法書士会連合会編『動産・債権譲渡登記の実務〔補訂版〕』（金融財政事情研究会、2011年）120頁には、債権譲渡登記の実務として、「【債権の発生原因】：顧客との商品販売契約に基づく売掛債権」との記載例が紹介されている。

（担保権設定）の承諾を取り付けることになる[注2]。

　第三債務者の信用力を判断する情報としては、決算情報や信用調査機関からの情報などであり、その情報によって当該第三債務者の信用力を評価し、その評価に応じて算定した貸倒率を対象債権の担保評価額に反映させる。なお、第三債務者が借り手（設定者）の子会社や関連会社の場合には、連鎖倒産の可能性があることを念頭において評価する必要がある。

　また、過去1～3年程度の債権の発生状況と入金実績から、これまでの取引実績を確認する。そのうえで、実質的に未払いが続いている不良債権などは担保対象から除外する。さらに、債権の発生状況と入金実績の差分を検証し、返品や割引などによって入金額が目減りしている場合には、その希薄化率を算出し、担保評価額から差し引く必要がある。その他にも、借り手（設定者）が当該第三債務者との間で反対取引を行っている場合には、回収局面において相殺などの主張を受ける可能性があるため、反対債権の額を確認し、あらかじめ担保評価額から差し引く等の工夫が必要である。

(4)　**対象債権の管理**

　債権担保の場合、担保としての実効性を確保するためには、対抗要件を具備するだけでなく、事後の管理（モニタリング）も極めて重要である。売掛債権は借り手（設定者）の事業活動によって随時変動するため、担保としての実効性を高めるためには対象債権の現状を把握しておくことが不可欠だからである。そのため、借り手（設定者）から定期的（多くの場合は毎月）にモニタリング資料の提出を受け、対象債権を管理するとともに、それに合わせて担保評価を見直すことが必要である。

　定期的なモニタリング資料としては、㈰第三債務者別の債権残高、㈪入金実績、㈫第三債務者の決算資料などの提出を求めることが一般的である。なお、第三債務者が不特定の将来債権を担保対象とした場合、第三債務者不特定のま

（注2）譲渡禁止特約の解除を確認する方法としては、当事者間における特約解除の合意書面の提示を受けるか、民法方式の対抗要件でもある第三債務者からの債権譲渡の承諾書（確定日付）を取得することなどが考えられる。

までは担保実行等において第三債務者に対する対抗要件（いわゆる債務者対抗要件）を具備することができないため、債権発生により第三債務者が確定した時点で速やかに報告を受ける仕組みが必須となる。

また、対象債権のモニタリングの過程で、取引縮小による債権残高の減少や第三債務者の信用状況の悪化などが判明した場合には、一定の担保評価額を維持するために追加担保を提供してもらう必要がある。したがって、実務においては、担保権設定契約のなかで、一定の担保評価額を下回った場合の担保追加義務を規定しておくことになる。

以上のように、売掛債権を担保として評価し、継続的に管理していくためには、借り手（設定者）の側で、第三債務者ごとの取引・入金実績などを正確に把握し、それをデータとして提供し得る社内体制が整っていることが前提となる。そのため、借り手（設定者）において、そうした事務管理が適切に継続し得ることを確認することが、検討の第一歩となる。

(5) 対象債権の回収

借り手（設定者）との関係では、担保権の実行に至るまで、対象債権の回収・処分権限を借り手（設定者）に付与しておくことが一般的である。そのため、対象債権の回収にあたっては、まずその付与した回収・処分権限を解除することになる。この点、実務的には担保権設定契約において、貸付契約上の期限の利益喪失事由の発生を、対象債権の回収・処分権限の解除事由として定めておく対応が取られていることも多いが、いわゆる倒産解除特約については再建型倒産手続の場面では手続の趣旨・目的を害するものとして効力を否定する司法判断[注3]が示されていることに留意が必要である[注4]。

倒産手続との関係では、将来債権を対象として担保権を設定していた場合、再建型倒産手続の申立・開始決定後に発生する債権にまでその効力が及ぶかと

（注3）会社更生手続との関係では最判昭57・3・30民集36巻3号484頁、民事再生手続との関係では最判平20・12・16民集62巻10号2561頁。

（注4）中島弘雅「ABL担保取引と倒産処理の交錯——ABLの定着のために」金法1927号（2011年）73頁。

いう債権担保における一種の「固定化」の議論(注5)がある。この議論は、それぞれの立場によって見解が分かれるが、将来債権の担保権者の立場からは、前掲最判平19・2・15により示された、将来債権であっても譲渡担保契約時に確定的に譲渡されているとの考え方に依拠して、開始決定後であっても対象債権は固定化せず、被担保債権額に満つるまで対象債権から回収できると主張することになる。一方で、借り手(設定者)の管財人等や新たなファイナンスを検討する立場に立てば、対象債権が固定化しないとすると、仕入をして商品を販売しても、その事業活動の成果である売掛債権を既存の担保権者に吸い上げられてしまうことで、事業資金が枯渇し、借り手(設定者)の事業継続が不可能となってしまう。そのため、開始決定時又は担保実行の時点で対象債権は固定化すると主張することになるが、担保権者にとっても借り手(設定者)の事業が継続しなければ、将来債権も発生せず、結果として対象債権を固定化したのと同じである。したがって、実務においては、(i)担保権の及ぶ範囲を何らか限定する、(ii)回収金の一部を預金の形で担保提供してもらう(担保変換)等の和解的合意(注6)により解決が図られることが多い。

また、この議論は、民事再生手続では別除権による回収額、会社更生手続では更生担保権の評価額を確定する際に、将来発生部分をどのように評価するかでも見解を分けることになるが、実際には将来発生部分も評価額に加えることとし、合理的な事業活動を前提に将来発生する債権からその債権が発生するために必要となるコストを差し引いた上で現在価値に割り引く等の手法(注7)で評価することになると考えられる。

(注5) 伊藤眞「倒産処理手続と担保権—集合債権譲渡担保を中心に」NBL872号(2008年)60頁。中島・前掲注3論文74頁ほか。
(注6) 倒産手続と担保権180頁。伊藤達哉「倒産手続における将来債権・集合動産譲渡担保権の取扱い——担保権の効力が及ばなくなる事由および担保権の価値の考察を中心として」金法1862号(2009年)12頁。松嶋一重=粟澤方智編著『金融機関のための倒産・再生の実務』(金融財政事情研究会、2013年)238頁ほか。
(注7) 会社更生の実務(上)272頁〔真鍋美穂子〕。

2 金融機関における担保取扱基準

(1) 一般担保の要件

　売掛債権を担保とするにあたり、金融検査マニュアルにおける「一般担保[注8]」の要件を満たすことは必ずしも容易ではない。そのため、借り手（設定者）の経営実態を把握することに主眼を置き、一般担保の要件を満たすことまで求めないケースも少なくないと考えられる。金融機関の自己査定上も、一般担保と認められることで引当金計算に効果が生じるのは個別引当を行う場合、すなわち借り手（設定者）の債務者区分[注9]が破綻懸念先[注10]以下に区分される場合のみである。したがって、要注意先[注11]以上に区分される限り、一般担保の要件充足に拘泥する必要性は必ずしも高くないということになる。

　ただ、一般担保と認められるレベルで売掛債権担保を管理することは、引当金計算のためだけでなく、担保としての実効性を確保する観点からも非常に有用であると考えられる。

　そこで、平成25年8月「金融検査マニュアル」及び金融庁検査局平25・6・4「金融検査マニュアルに関するよくあるご質問（FAQ）別編《ABL編》」より、債権担保が一般担保として取り扱われるための要件を確認する。

　金融検査マニュアル216頁によれば、債権担保の一般担保としての要件は、(a)対抗要件が適切に具備されていること、(b)第三債務者について信用力を判断するために必要となる情報を随時入手できること、(c)第三債務者の財務状況が継続的にモニタリングされていること、(d)貸倒率を合理的に算定できること等、適切な債権管理が確保され、回収（第三者への譲渡による換価を含む）が確実であると客観的・合理的に見込まれることが必要とされている。

(注8) 金融庁が平成25年8月に公表した「金融検査マニュアル」215頁の定義参照。
(注9) 同「金融検査マニュアル」207頁の定義参照。
(注10) 同「金融検査マニュアル」210頁の定義参照。
(注11) 同「金融検査マニュアル」208頁の定義参照。

第1節　譲渡担保

(2) **各要件の考え方**
　ア　対抗要件

　まず(a)の適切な対抗要件であるが、既に述べた通り、債権担保には対抗要件を具備する方法が2通りある。一つは民法第467条第2項に基づく確定日付のある証書による第三債務者への通知又は第三債務者からの承諾（民法方式）であり、もう一つは「動産及び債権の譲渡の対抗要件に関する民法の特例等に関する法律」（動産・債権譲渡特例法）に基づく債権譲渡登記に加えて、登記事項証明書の交付を伴う第三債務者への通知又は第三債務者からの承諾（特例法方式）である。なお、民法方式は第三債務者への通知・承諾により完全な対抗要件を具備するが、特例法方式では、債権譲渡登記により第三債務者以外の者に対する対抗要件を具備し、登記事項証明書の交付を伴う第三債務者への通知・承諾により第三債務者に対する対抗要件を具備する構造となっている。つまり、どちらの方式であっても完全な対抗要件を具備するためには、第三債務者への通知・承諾が不可欠の要件となっているのである。

　この点、金融検査マニュアルFAQでは、一般担保と認められるには、民法方式・特例法方式のどちらであっても第三債務者への通知・承諾まで行うことが原則とされている。しかし、通知・承諾を行うことで風評悪化を招くおそれがあるなど合理的な理由がある場合には、特例法方式にて少なくとも債権譲渡登記を行うことで、第三債務者への通知・承諾を行っていなくても、手続きに必要な登記事項証明書を取得するなど必要に応じて手続きを行うことができる状態になっていれば、一般担保として取り扱うことができるとされている。なお、登記事項証明書の取得についても、第三債務者が多数で発行費用が多額になるなどの場合には、直ちに取得し得る準備が整っていれば、必ずしもあらかじめ取得しておかなくても良いとされている。

　イ　信用情報の入手と継続的なモニタリング

　(b)の第三債務者の信用力に関する情報の随時入手や(c)の第三債務者の財務状況に関する継続的なモニタリングについては、第三債務者が貸し手の取引先企業の場合や上場企業の場合には、貸し手側だけで充分な情報収集が可能であるが、取引先企業でも上場企業でもない場合には借り手や信用調査機関などから第三債務者の情報を随時入手する必要がある。具体的には、借り手からであれ

ば第三債務者との取引内容や取引条件、債権の発生状況と入金状況を、信用調査機関からであれば第三債務者の財務内容や信用力に関する情報を随時入手し、モニタリングすることとされている。

　ウ　貸倒率の算定等

　(d)の貸倒率の算定については、可能な限り、第三債務者の信用力を判断するために必要な情報を入手し、合理的に貸倒率を算定することが求められている。具体的には、入手した情報に基づいて第三債務者からの回収可能性を個別に検討して貸倒率を算定するか、第三債務者の属性等（業種別、地域別、規模別、個人・法人別、売掛金の金額別等）に応じた過去の貸倒実績のデータを蓄積して貸倒率を算定することが想定されている。

　そして、金融機関は、諸要素を折り込んだ担保評価額に対して、最終的に80％以下の掛け目を乗じて処分可能見込額を算出する。なお、この掛け目については、金融機関が実際の処分価格と担保評価額とを比較して自ら合理的に設定することが原則ではあるが、現時点では各金融機関において処分実績等が少なく、自ら合理的な掛け目を設定することができない場合が多いことを想定し、標準的な掛け目として設定されたものである。したがって、自ら合理的な掛け目を設定できる場合には80％超の掛け目を使用することができるうえ、担保評価額の精度が高い場合には担保評価額を処分可能見込額とすることも問題ないとされている。

　以上のように、金融庁からは、金融検査マニュアルFAQ等を通じて、「一般担保」の要件が詳細に公表されている。これは、金融庁が、売掛債権担保を含むABL（動産・売掛金担保融資）に対する金融検査マニュアルの運用を明確化することで、ABLの積極的な活用を推進しているためである[注12]。金融機関においても、売掛債権担保の実績を積み重ね、その実務に習熟することで、ABLの積極的な活用が可能となっていくものと思われる。

（注12）金融庁が平成25年2月5日に公表した「ABL（動産・売掛金担保融資）の積極的活用について」参照。

Ⅲ－4　倒産と譲渡担保

弁護士　**志甫 治宣**　　弁護士　**大石健太郎**
弁護士　**福原 竜一**　　弁護士　**南　勇成**

1　所有権か担保権か

(1)　法的性質

　譲渡担保権の法的性質については、所有権的構成（譲渡担保権者が目的物の所有権を取得していることを前提とする構成）と、担保的構成（譲渡担保権者の権利を担保権と解し、所有権は譲渡担保権設定者に帰属したままであるとする構成）に大別される。

　最判昭41・4・28（民集20巻4号900頁）は、「譲渡担保権者は、更生担保権者に準じてその権利の届出をなし、会社更生手続によってのみ権利行使をなすべきであり、目的財産に対する所有権を主張して、その引渡を求めることはできないものというべく、すなわち取戻権を有しないと解するのが相当である」旨判示し、譲渡担保権が更生手続上、更生担保権（会更2条10号）として取り扱われることを明示した。

　このように譲渡担保権の担保としての実質を重視する判例の態度[注1]からすれば、譲渡担保権の法律構成については、担保権者に所有権の形式をとった担保権が帰属し、設定者には、設定者留保権とよばれる担保権の付着した所有権が帰属する、すなわち目的物の所有権が担保権者と設定者との間で分属している状態であると理解されよう[注2・3]。

(注1)　譲渡担保権の法律構成について、「判例は、基本的には所有権的構成をとりつつも（最判昭62・11・12判時1261号71頁）、場面に応じて担保の実質に即した処理を行っている」（内田Ⅲ3版523頁）。具体的には、最判昭57・9・28判時1062号81頁、最判平5・2・26民集47巻2号1653頁、最判平7・11・10民集49巻9号2953頁等が挙げられる。

(2) 倒産手続での取扱い

　破産および再生手続において、譲渡担保権は別除権（破65条、民再52条）と取り扱われる[注4]。したがって、両手続において、譲渡担保権者は手続開始決定後も別除権者として担保権実行の手続[注5]をとることができる。ただし、再生手続において、担保権実行手続の中止命令が下された場合には[注6]、手続開始決定前であっても担保権実行手続をとることはできない（民再31条）。

　これに対し、更生手続において、譲渡担保権は更生担保権（会更2条10項）と取り扱われて手続に取り込まれることになり[注7]、手続開始決定後は担保権実行手続をとることができないし（会更50条1項・135条）、担保権実行手続の中止命令（会更24条1項2号）や保全処分（会更28条1項）が下された場合には手続開始決定前であっても担保権実行手続をとることができない。

　なお、担保権実行手続が終了した後（終了時期については、**10**を参照のこと）は、いずれの手続においても、譲渡担保権者（処分清算型の場合は処分の相手方）の権利が所有権となるので、譲渡担保権者は取戻権者（破62条、民再52条、会更64条）と取り扱われる。

　以上を前提として、各手続における譲渡担保権者の担保権実行手続終了前後の権利行使方法について以下のとおり整理する[注8]。

（注2）伊藤・破産法民事再生法2版350頁・703頁。
（注3）伊藤・会社更生法208頁。
（注4）破産・民事再生の実務3版（破産編）352頁。
（注5）非典型担保である譲渡担保権の実行手続については、判例等により解釈が積み上げられている。帰属清算型や処分清算型などの具体的な権利行使方法や清算義務など、実体法上の取扱いについては、Ⅲ－1参照。
（注6）**3**で述べるとおり、非典型担保に対する担保権実行手続の中止命令等の適用については議論がある。
（注7）会社更生の実務(下)100頁〔鹿子木康〕。
（注8）「**2**　譲渡担保目的物の第三者への譲渡」と併せ、全体について田原睦夫「倒産手続と非典型担保の処遇――譲渡担保権を中心に」福永有利ほか『倒産実体法〔別冊NBL69号〕』（商事法務、2002年）63頁以下、小林信明「非典型担保権の倒産手続における処遇――譲渡担保権を中心として」佐藤歳二ほか編『新担保・執行法講座(4)』（民事法研究会、2009年）197頁以下参照。

(3) 倒産手続における権利行使方法
ア 譲渡担保権実行後[注9]
(ア) 清算金が生じる場合

破産、民事再生、会社更生いずれの手続においても、処分清算型の譲渡担保権の場合、譲渡担保権者は、担保権実行後、清算金を破産管財人、再生債務者もしくは管財人、または更生管財人（以下、「管財人等」という）に返還しなければならない。帰属清算型の譲渡担保権の場合、譲渡担保権者の目的物引渡請求権と管財人等の清算金支払請求権が同時履行の関係に立つ。

(イ) 清算金が生じず、不足金が生じる場合

譲渡担保権者は、破産手続において、不足金について破産債権として届出を行う必要があり（破108条1項）、届出を怠ると破産手続上、その権利を行使することができない（破100条1項・111条）。

再生手続においては、不足金について再生債権として届出を行う必要があり（民再88条）、届出を怠ると、再生計画認可決定が確定したときに原則として失権する（民再86条・94条・178条）。ただし、例外として、再生債務者が不足金について自認した場合には失権しない（民再101条3項）。また、再生債務者が自認しなくとも、不足金の存在について知っていた場合には失権せず、劣後的取扱いを受けるにとどまる（民再181条2項）。

更生手続においても、不足金について更生債権として届出を行う必要があり（会更138条）、届出を怠ると更生計画認可の決定があったときに失権する（会更204条1項）。

イ 譲渡担保権実行前

破産手続において、債権届出期限までに譲渡担保権の実行が終了しない場合等で、清算に伴い不足金が生じる見込みがあるとき、譲渡担保権者は、別除権行使不足額として、当該不足金見込額を破産債権として届け出る必要がある

（注9）上記のとおり、譲渡担保権者は、破産および再生手続においては手続開始決定前後を通じて担保権の実行手続をとることが可能であるが（ただし、再生手続において担保権実行手続の中止命令が下された場合を除く）、更生手続においては手続開始決定前のみ可能である（ただし、保全処分等が下された場合を除く）。

第3章　譲渡担保・所有権留保・ファイナンス・リース・その他の非典型担保

（破111条2項2号）。なお、配当を受けるためには、最後配当の除斥期間満了までに、被担保債権の全部または一部が破産手続開始後に担保されないこととなったことを証明するか、または譲渡担保権の実行により不足額を証明しなければならない（破198条3項）。

再生手続においても、譲渡担保権者は、別除権行使不足額として、当該不足金見込額を再生債権として届け出る必要がある（民再94条2項）。なお、再生計画による弁済を受けるためには、再生債権たる被担保債権が確定した上で、さらに譲渡担保権の実行等により不足額が確定する必要がある（民再182条）。ただし、再生計画成立までに不足額が確定していなくとも、権利行使が認められる（民再160条1項参照）。

更生手続においては、被担保債権のうち、目的財産の時価によって担保された範囲については更生担保権（会更2条10項）として、担保されていない範囲については更生債権として、それぞれ届出を行う必要があり（会更138条）、届出を怠ると失権する（会更204条）。

2　譲渡担保目的物の第三者への譲渡[注10]

(1)　譲渡担保権実行後

譲渡担保権実行後に、管財人等が自ら占有している譲渡担保目的物を第三者に対して譲渡し、第三者が当該目的物の所有権を取得した場合（即時取得が成立し譲渡担保の負担なく取得する場合と、即時取得が成立せず譲渡担保の負担付きで取得する場合の双方を指す）、譲渡担保権者は代償的取戻権に基づき、反対給付の請求権の移転を請求することができる（破64条1項、民再52条2項、会更64条2項）。他方、管財人等が目的物譲渡の反対給付を受けた場合には、当該財産の給付を請求することができる（破64条2項、民再52条2項、会更64条2項）[注11]。

(注10)　本項目では、譲渡担保の対象が集合物ではない動産である場合を前提としている。集合物の譲渡についてはⅢ－2[2]参照。

(2) 譲渡担保権実行前

　破産または再生手続において、譲渡担保権実行前に、破産管財人または再生債務者もしくは管財人が自ら占有している譲渡担保目的物を第三者に対して譲渡し、第三者が当該目的物の所有権を取得した場合（即時取得が成立し譲渡担保の負担なく取得する場合のみを指す）、譲渡担保権者は処分代金について物上代位権を行使しない限り、別除権者としての地位を失うこととなる。ただし、破産または再生手続開始決定後に、破産管財人または再生債務者もしくは管財人が目的物を第三者に対して譲渡した場合、譲渡担保権者は物上代位権に加えて、損害賠償請求権または不当利得返還請求権を財団債権または共益債権として行使し得る（破148条1項4号・5号、民再119条5号・6号）[注12]。

　これに対し、更生手続において、更生手続開始決定前[注13]に債務者から第三者に対して目的物が譲渡された場合で、更生手続開始決定時までに譲渡担保権者が物上代位権を行使したときには、当該譲渡担保権者は更生担保権者として取り扱われることとなる[注14]。

3 担保権実行手続の中止命令・担保権消滅請求の類推適用の可否

　担保権実行手続の中止命令（民再31条、会更24条1項2号）および担保権消滅請求（破186条、民再148条、会更104条）の両制度は、法文上、いずれも典型担保をその対象としており、非典型担保への類推適用の可否については、確定的

（注11）譲渡担保権者による代償的取戻権の行使は、第三者の目的物に対する即時取得の成否にかかわらず可能である。第三者に即時取得が成立しない場合、第三者は譲渡担保権が付着したままの所有権を取得するにとどまるので（Ⅲ－1 4 (5)イ(ア)参照）、譲渡担保権者は第三者への取戻請求権と代償的取戻権を選択的に行使できる（伊藤・破産法民事再生法2版331頁）。

（注12）即時取得が成立しない場合には、譲渡担保権者は譲渡担保権の実行手続をとった上で、第三者への取戻請求権と代償的取戻権を選択的に行使できる（（注11）参照）。

（注13）更生手続開始決定後は、そもそも譲渡担保権の実行手続をとり得ない。

（注14）更生手続開始決定時までに譲渡担保権者が物上代位権を行使していなかった場合にまで、当該譲渡担保権者を更生担保権者と取り扱うかどうかについては見解の対立がある（小林・前掲（注8）論文201頁）。

な結論が出ていない状況である[注15]。

(1) 担保権実行手続の中止命令

再生手続においては、開始決定の前後を通じて担保権の実行手続の中止を命じ得るものと規定しているのに対し（民再31条）、更生手続においては、担保権者は更生手続開始決定時までの間のみ、担保権の実行手続をとることができることから、更生手続開始申立後から同決定時までの間、担保権の実行手続の中止を命じ得るものと規定している（会更24条1項2号）。両規定の趣旨[注16]（Ⅰ-18③(1)ア(ア)(イ)参照）は非典型担保である譲渡担保にも妥当するといえることから、類推適用が肯定されるべきである[注17・18]。ただし、類推適用を肯定するとしても、譲渡担保権における実行方法は私的実行であり、中止命令の対象を何と捉えるか等の問題がある[注19]。

これに対し、清算型手続である破産手続については、担保権の実行を中止する必要性が通常は乏しいと考えられているため、そもそも同制度が存在しない。

(2) 担保権消滅請求

各手続における本制度の趣旨（Ⅰ-23②(1)・③(1)・④(1)参照）は、譲渡担保権にも妥当するといえることから、いずれの手続においても類推適用を肯定するべきである。ただし、担保目的物について登記・登録がある場合の取扱いや、担保権消滅による配当手続について問題がある[注20・21・22]。

（注15）小林・前掲（注8）論文202頁。
（注16）実務的にはとくに、再生債務者もしくは管財人または開始前会社（会更2条6項）に、担保権者との交渉時間を確保させる点が重要である。
（注17）伊藤・破産法民事再生法2版601頁。
（注18）伊藤・会社更生法58頁。
（注19）西謙二「民事再生手続における留置権及び非典型担保の扱いについて」民訴54号（2008年）68頁。
（注20）伊藤・破産法民事再生法2版499頁、倒産法概説2版117頁〔沖野眞已〕。
（注21）伊藤・破産法民事再生法2版764頁、倒産法概説2版140頁〔沖野〕。
（注22）伊藤・会社更生法528頁。

4 処分期間の指定

破産手続には、処分期間の指定に関する制度が定められている（破185条）。譲渡担保権者は通常、契約において私的実行の方法を定めていることから、「別除権者が法律に定められた方法によらないで別除権の目的である財産の処分をする権利を有するとき」（同条1項）に該当し、この制度の適用を受けることとなる。なお、不動産譲渡担保と動産譲渡担保で、指定された処分期間内に処分されなかった場合（同条2項）の効果が異なることとなる[注23]。

これに対して、再生手続および更生手続においては、その手続の性質からして、上記制度に対応する規定は存在しない[注24]。

5 民執法による換価の類推適用

破産手続において、破産管財人は、民執法その他強制執行の手続に関する法令の規定により、別除権の目的である財産の換価をすることができるものとされている（破184条2項）。この規定は、別除権の目的財産について、担保余剰

[注23] 不動産譲渡担保については、その所有名義が譲渡担保権者に移転していることが通常である。そうだとすると、譲渡担保権者が、破産法185条2項により任意処分権を失った場合、法律上の手続によってのみ換価することができることとなるが、譲渡担保権者が、自己名義の不動産について譲渡担保権の実行を理由に、自ら競売の申立てを行うことは現行法上認められない。他方で、譲渡担保権設定者の破産管財人も譲渡担保権者名義の不動産について競売申立てを行うことはできない（最判昭57・1・22民集36巻1号92頁）。したがって、不動産譲渡担保においては、処分期間が経過しても、譲渡担保権者は任意処分権を喪失しないと解さざるを得ない。これに対して、動産譲渡担保については、その目的物を譲渡担保権設定者が占有していることが通常である。譲渡担保権設定者の破産管財人は、自ら目的物を占有している限り、当該動産を、民執法の手続に基づき競売することができる。ただし、自動車等、登録が対抗要件とされているものはこの限りでない（以上について条解破産法1172頁）。

[注24] 再生手続について伊藤・破産法民事再生法2版700頁。民事再生の実務296頁によれば、再生手続においては清算解体を予定する破産と異なり、別除権者の処分を急がせる必要性がないことによる。

がある場合や収益が上がらずに管理コストのみが生じるような場合に、破産財団の拡充または負担の軽減を図ることに優先性を認め、担保権の不可分性を侵し、別除権者の実行時期の自由を奪って、破産管財人に担保目的財産の換価権を与えるものである(注25)。

　この制度趣旨は、譲渡担保権にも当てはまるから、担保権（別除権）が譲渡担保権である場合にも、上記規定は類推適用されるものと解される(注26)。もっとも、担保目的財産に係る登記・登録上の所有名義が譲渡担保権者に移転している場合には、類推適用することはできないとの指摘もなされている(注27)。

6　目的債権の第三債務者による供託の類推適用

　更生手続において、更生担保権に係る質権の目的である金銭債権の債務者は、当該金銭債権の全額に相当する金銭を供託して、その債務を免れることができ（会更113条1項）、この供託がされたときは、質権を有していた更生担保権者は、供託金につき質権者と同一の権利を有するものとされる（同条2項）。更生会社が有する金銭債権について質権が設定されている場合、当該債権の債務者である第三債務者は、更生手続開始後、更生担保権者たる質権者に対して弁済することができず（会更47条1項）、質権設定者である更生会社に対して弁済をしたとしても、質権が存続している以上、その効力を質権者に対抗することができない一方で、供託実務上、受領不能を理由とする供託（民494条）も認められないため、このような第三債務者を保護するため設けられた規定である(注28)。

　この規定については、担保権（別除権）が譲渡担保権である場合にも、類推適用することができるとする見解が多数である(注29)。もっとも、集合債権譲渡担保権の場合、担保権実行時まで目的債権の取立権（回収権限）が設定者に認

（注25）　条解破産法1168頁。
（注26）　斎藤秀夫ほか編『注解破産法(下)〔第3版〕』（青林書院、1999年）460頁〔斎藤秀夫〕、田原・前掲（注8）論文72頁。
（注27）　小林・前掲（注8）論文213頁。
（注28）　新会社更生法の基本構造と平成16年改正103頁〔深山卓也発言〕。

められていることが多く(注30)、更生会社が譲渡担保権の目的である金銭債権を回収できる（言い換えれば、第三債務者が譲渡担保権設定者である更生会社に対して弁済できる）場合もある(注31)。そこで、更生担保権に係る債権譲渡担保権については、更生会社に取立権（回収権限）が付与されておらず、譲渡担保権者が債権回収権限を保有する場合にのみ、会更法113条の規定が類推適用されるものと解する(注32)。

7 清算義務と相殺制限

　譲渡担保権者は、担保権を実行した結果、担保目的物の価額または処分価額が被担保債権額を上回る場合には、その差額を設定者に返還（清算）しなければならない（**10**(1)参照）。
　仮に、譲渡担保権者が譲渡担保権設定者たる破産者に対し譲渡担保権の被担保債権とは別に債権を有している場合に、譲渡担保権者は、当該債権を自働債権、（破産手続開始後、譲渡担保権を実行した結果生じる）清算金返還債務を受働債権として相殺することができるか。破産手続開始後に破産財団に対して債務を負担した破産債権者は、相殺をすることができないものとされている（破71条1項1号）ため、問題となる。
　この点について、旧商法下の会社整理（現在の特別清算）手続において、譲渡担保権者による清算金返還債務を受働債権とした相殺の効力を否定した判例が存在する（最判昭47・7・13民集26巻6号1151頁。以下、「昭和47年判例」という）(注33)。昭和47年判例は会社整理の事案であるが、破産手続にもその射程が及ぶと考えれば、破産手続においても相殺が禁止される。これに対して、破産

（注29）　新会社更生法の基本構造と平成16年改正104頁〔山本和彦発言〕、田原睦夫「担保権消
　　滅の請求等」金法1674号（2003年）105頁。
（注30）　道垣内3版350頁。
（注31）　譲渡担保権設定者による既存債権に係る回収権限につき倒産解除特約が付されている
　　場合の効力については、後記**13**(3)参照。また、譲渡担保設定者（保全管理人・管財人）による既存債権回収の可否については、Ⅲ－5**3**を参照。
（注32）　小林・前掲（注8）論文213頁。

手続において、破産者が保険会社に対して有する（破産手続開始後に解約したことにより発生した）解約返戻金等を受働債権とする相殺の効力が争われた事案において、相殺の効力を肯定した判例が存在する（最判平17・1・17民集59巻1号1頁。以下、「平成17年判例」という）^(注34)。仮に、（破産手続開始後、譲渡担保権を実行した結果生じる）清算金返還債務が停止条件付債務であることを前提にすると^(注35)、平成17年判例に従えば、破産手続においては相殺が認められるものとも考え得る。

そこで、上記両判例の整合性が問題となるが^(注36)、この点については、破産手続開始時に停止条件付である債権を受働債権とする相殺を妨げないと規定する破産法67条2項の解釈と相まって、見解が分かれている^(注37)。もっとも、いずれの見解に立っても、破産手続においても譲渡担保権者による清算金返還債務を受働債権とした相殺は認められないとの結論が広く是認されており^(注38・39)、この結論に賛成する。

なお、再生手続および更生手続においても、破産手続と同様、相殺制限に関

(注33)「整理開始後債務を負担したときとは、その負担の原因または原因発生時期のいかんには関係がなく、債務を現実に負担するにいたった時期が整理開始後である場合を意味し、たとえ停止条件付債務を内容とする契約が整理開始前に締結された場合であっても該契約締結によって債務を負担したものということはできず、……整理開始後に条件が成就したときは、そのときに債務を負担したものとして相殺は禁止される」と判示している。

(注34) 旧破産法99条後段（現破67条2項後段）の規定は「相殺の担保的機能に対して有する期待を保護しようとする点にあるものと解され、相殺権の行使に何らの限定も加えられていない。そして、破産手続においては、破産債権者による相殺権の行使時期について制限が設けられていない。したがって、破産債権者は、……特段の事情がない限り、……その債務が破産宣告の時において停止条件付である場合には、……破産宣告後に停止条件が成就したときにも」相殺をすることができると判示する。

(注35) 岡正晶「倒産手続開始時に停止条件未成就の債務を受働債権とする相殺——倒産実体法改正に向けての事例研究」田原古稀(下)164頁は、（譲渡担保権を実行した結果生じる）清算金返還債務について、そもそも停止条件付債務の現実化ではなく、まさに「倒産手続開始後に新たに負担された債務」であるため、相殺が禁止されると整理している。

(注36) 平成17年判例は、（同様に手続開始後に条件が成就した停止条件付債務を受働債権とする相殺の効力について判示した）上記昭和47年判例に関し、「事案を異にし本件に適切でない」として従前の立場を変更したものではないことを示唆する。

する規律が設けられている（民再93条1項1号、会更49条1項1号）ため、同様の問題が生じる[注40]が、破産手続において相殺の効力が否定されるのであれば、破産手続と同様の帰結になろう。

(注37) 大別すると、①破産手続においては、破産法67条2項後段により、停止条件付債権を受働債権とする相殺に対する合理的期待が認められるため、その相殺は原則として許容されているのに対し、会社整理手続においては、破産法67条2項後段に相当する規定が設けられていない（準用されていない）ため、結論が異なるとする見解（パネルディスカッション「倒産と相殺」事業再生と債権管理136号〔2012年〕28頁〔鹿子木康・中本敏嗣発言〕）、②破産法67条2項後段の趣旨は、「相殺の合理的な期待の尊重・保護」にあり、（同段の見えざる要件として）「合理的な期待」が認められない場合には、同段による保護は及ばず、破産法71条1項1号による相殺制限の対象となるが、昭和47年判例の事案は、このような「合理的な期待」が認められないと整理する見解（倒産法概説2版252頁〔沖野眞己〕）が存在する。

(注38) 岡・前掲（注35）論文164頁。

(注39) 前掲（注37）①および②いずれの見解に立ったとしても、停止条件付債務を受働債権とする相殺に一定の限界を認めるため、昭和47年判例の結論が是認されている。すなわち、①の見解からは、平成17年判例の指摘する「特段の事情」または相殺権の濫用事例に相殺権行使の外延を認め（すなわち、これらの場合には例外的に相殺権行使が禁止され）、仮に譲渡担保権者に清算金返還債務を受働債権とする相殺を認めるとすれば、実質上、包括根担保を設定するに等しい結果となるため、「特段の事情」または相殺権の濫用事例に該当し、相殺が禁止されるものとする（前掲（注37）29頁〔浅田隆・水元宏典発言〕）。また、②の見解からは、（清算金返還）債務の発生のみならず債務額もその上限すら不確定な債務の事案であり、相殺の「合理的な期待」がないため、相殺が禁止されるものとする（倒産法概説2版252頁〔沖野〕）。

(注40) 再生手続および更生手続において、停止条件付債務を受働債権とする相殺が認められるかという点については議論がある。否定説は、前掲（注37）①の見解と同様、再生・更生手続においては、破産法67条2項後段に相当する規定がないことを主たる根拠にするものである（条解民事再生法3版478頁〔山本克己〕、条解会社更生法(中)892頁、伊藤・会社更生法346頁等）。これに対し、前掲（注37）②の見解と同様、合理的な相殺期待の保護を根拠とする肯定説も有力であるが（倒産法概説2版252頁〔沖野〕、新注釈民事再生法(上)2版504頁・514頁〔中西正〕等）、昭和47年判例を前提とする限り（前掲（注36）参照）、再生手続および更生手続においても譲渡担保権者による清算金返還債務を受働債権とする相殺の効力は否定されることになろう。

8 特別清算における処遇

　特別清算における「担保権」とは、他の倒産手続と同様、清算株式会社の財産の上に存する特別の先取特権、質権、抵当権または留置権（民事留置権を除く）をいうが、譲渡担保権も「担保権」と同様の規律に服するものと解される[注41]。

　譲渡担保権自体は、協定による権利変更の対象とはならないが（会社571条2項）、譲渡担保権者は、譲渡担保権の行使によって弁済を受けることのできない債権について協定債権者として権利を行使することができる（会社548条4項・564条1項）。

　また、清算株式会社は、協定案の作成に当たり必要があると認めるときは、譲渡担保権者に参加を求めることができるが（会社566条1号）、担保権者は、その意に反して協定に拘束されることはない[注42]。

　なお、特別清算手続においても、破産手続と同様、担保目的物の民事執行手続による換価（会社538条2項）、処分期間の指定（会社539条）の規定が設けられているが、譲渡担保権への類推適用の可否についても、それぞれ破産手続の場合と同様に解される[注43]（前者につき前記5、後者につき前記4参照）。

（注41）東京弁護士会編『入門新特別清算手続──新しい特別清算手続の理論と運用』（ぎょうせい、2006年）269頁〔池田靖〕。

（注42）旧商法下の事案ではあるが、債権譲渡担保付債権について別除権付債権とは異なる取扱いをする協定案が認可され、担保債権の取立てを禁止されたことから、当該債権の存在確認を求めた事案において、債権譲渡担保契約付債権を有する債権者は別除権付債権者というべきであって、典型担保を有する別除権者と取扱いを異にすべき根拠は見当たらず、別除権付債権者を、その意思を無視して協定対象債権者として扱ったり、別除権を失わしめるような協定内容に拘束することはできないと判示した裁判例が存在する（東京地判平9・1・28金判1038号11頁）。

（注43）籠池信宏「非典型担保(2)譲渡担保、所有権留保」倒産手続と担保権176頁。

9 譲渡担保権者の倒産

　平成16年改正前破産法88条は、譲渡担保権設定者は、譲渡担保権者が破産したときに、当該担保権者（破産者）への所有権移転が担保目的のものであるとの理由で目的物を取り戻し得ないと規定しており、この規定は、再生・更生手続にも準用されていた（民再52条2項、会更64条2項）。このような規定が設けられていたのは、（譲渡担保権に関する所有権的構成を前提として）所有権の移転が担保目的のものにすぎないとの主張を設定者に許し、設定者に残る実質的所有権を理由として目的物の受戻しを認めることが取引の安全を害するためと説明されていた(注44)。

　しかし、かかる帰結は、設定者の受戻権（Ⅲ－1 **3**(4)オ参照）を不当に制約するものであり、そのため、旧破産法88条については、実質的にこれを無効化する解釈（すなわち、設定者が被担保債権の弁済をすることなく単に譲渡が担保目的であったことを理由としては取戻しができないことを定めたにとどまるとする解釈）がなされていた(注45)。

　現在は、上記を踏まえ、旧破産法88条は削除されている。したがって、譲渡担保権者が倒産した場合であっても、譲渡担保権設定者は、当然のことではあるが、平時と同一の条件で、被担保債権を弁済して、目的物を取り戻すことができる。他方、譲渡担保権とその被担保債権については、破産管財人、再生債務者または管人がその管理処分権を行使することになる。

10 譲渡担保権の実行手続とその終了時期

(1) 帰属清算方式、処分清算方式

　譲渡担保権の実行方法は、目的財産の所有権を譲渡担保権者が取得する帰属清算方式と、目的財産を第三者に処分する処分清算方式とがあり、譲渡担保権者は原則としていずれの方式も選択し得る(注46)。いずれの方式でも、譲渡担保

(注44) 伊藤・破産法民事再生法2版350頁。
(注45) 一問一答新破産法105頁。

権者は譲渡担保権設定者に対する清算義務を負う[注47]。

(2) 清算通知

譲渡担保権の実行に際し、譲渡担保権者は譲渡担保権設定者に対する清算通知を行う必要がある。清算通知には、帰属清算、処分清算の別や、目的物価額（帰属清算方式であれば、評価方法、評価額の記載も必要と解する）、被担保債権、清算金の有無を記載すべきと考える[注48]。

また、清算に関し、判例は目的財産の評価が「適正」であることを前提としている。したがって、目的財産の評価が適正に行われず低廉な評価額となっている場合、譲渡担保権設定者としては、譲渡担保の目的物を適正に評価した場合の清算金を算出した上、実際に支払われた清算金との差額の支払を求めて、目的財産の引渡しを拒絶することになると考えられる[注49]。

(3) 実行手続の終了時期

譲渡担保権の実行手続が終了すると、譲渡担保権設定者は被担保債権を弁済して担保目的物の所有権を取り戻す（いわゆる受戻し）ことができなくなる[注50]。また、法的倒産手続では、譲渡担保権の実行手続が終了すれば、担保権の存在を前提とする担保権消滅請求や担保権実行中止命令の申立てができなくなる。

(注46) 最判平6・2・22民集48巻2号414頁。

(注47) 最判昭43・3・25民集25巻2号208頁。

(注48) 最判解民事篇昭和62年度（1990年）46頁〔魚住庸夫〕は、「清算金の支払若しくは提供又は目的不動産の適正評価額が債務額を上回らない旨の通知は、清算金の額の算定根拠すなわち目的不動産の評価額と債務額及び評価に要した費用等の債務者の負担に帰すべき費用の額とを具体的に示してすることを要する」とする。小林・前掲（注8）論文194頁も「担保権実行手続終了といえる清算通知には、担保権実行手続の終了にふさわしい内容が記載されていることが必要であり、原則として、清算金がない旨の記載だけでは足りず、その合理的根拠、たとえば担保目的財産価額と被担保債権額をも記載する（仮登記担保契約に関する法律2条2項参照）必要があると解するべきである」とする。

(注49) 道垣内3版323頁は、「いうまでもないが、清算金の額は譲渡担保権者が自由に決め得るのではない。最終的には、たとえば目的物引渡請求訴訟において、裁判所により決定されることになる」とする。

したがって、譲渡担保権の実行手続の終了時期がいつかは重要な問題となる。譲渡担保権の実行手続の終了時期については、以下のように解されている[注51]。

ア　帰属清算方式

　帰属清算方式では、清算金の有無により実行手続終了時期が異なる。清算金が認められない場合には、その旨の清算通知がなされたときに実行手続が終了する。清算金が認められる場合には、譲渡担保権者による清算金の支払（またはその弁済提供）によって実行手続が終了する。

イ　処分清算方式

　処分清算方式では、清算金の有無にかかわらず、第三者への処分時に実行手続が終了する[注52]。

　すなわち、清算金が認められる場合にも、第三者への処分時に担保実行手続は終了し、清算金の支払関係のみが残ることとなる。したがって、譲渡担保権設定者は、当該清算金の支払がなされるまで清算金支払請求権を被担保債権とする留置権を主張して目的財産の引渡しを拒み得ることは格別[注53]、被担保債権の弁済をして目的物を受け戻すことはできなくなる。

(4)　通知後期間の要否

　上述のとおり、譲渡担保権の実行手続の終了時期は判例の集積によりほぼ確立した基準が設けられているが、この基準によれば、例えば帰属清算方式で清算金のない場合には、その旨の清算通知のみで担保権実行が完了するため、債

(注50)　なお、15のとおり、譲渡担保権設定者は、譲渡担保権者が清算金の支払または提供をせず、清算金がない旨の通知もしない間に、譲渡担保の目的物の受戻権を放棄しても、譲渡担保権者に対して清算金の支払を請求することはできない（最判平8・11・22民集50巻10号2702頁）。

(注51)　ただし、小林・前掲（注8）論文227頁は、「債権譲渡担保につき動産・債権譲渡特例法4条1項に従い債権譲渡登記によって第三者対抗要件が具備された場合、譲渡担保権の実行手続が終了したといえるためには、第三債務者に対する債務者対抗要件（動産・債権譲渡特例法4条2項、民法467条1項）を備える必要があると解される」とする。

(注52)　最判昭57・4・23金法1007号43頁、最判昭62・2・12民集41巻1号67頁。

(注53)　最判平9・4・11集民183号241頁。

務者による受戻しや倒産法上の担保権消滅請求等の行使が困難であるという指摘がなされている。このような問題に対応するために、帰属清算方式の実行手続の完了には清算通知後一定期間（以下、「通知後期間」という）の経過を必要とするべきではないか（その期間はなお受戻しが可能となる）との議論がある[注54]。

　この点、債務者が事業継続に必要な資産に譲渡担保権を設定している場合に、受戻し等の機会を実質的に確保するためには、通知後期間を設けることは有益である。ただし、譲渡担保権の実行終了時期に関する判例の基準とは異なる考え方であるため[注55]、ただちにこれを一般的な基準とすることは難しいと思われる。したがって、実務上は、例えば譲渡担保権設定契約において通知後期間に関する合意をするなど[注56]、個別事情に応じた交渉によって対応せざるを得ないものと思われる。

(注54) 仮登記担保契約に関する法律2条1項は「債権者が次条に規定する清算金の見積額（清算金がないと認めるときは、その旨）をその契約の相手方である債務者又は第三者（以下「債務者等」という。）に通知し、かつ、その通知が債務者等に到達した日から2月を経過しなければ、その所有権の移転の効力は、生じない」と定めており、譲渡担保権についてもこれを類推適用すべきといった主張がなされている。
(注55) 魚住・前掲（注48）論文の41頁は、譲渡担保における受戻権と仮登記担保法11条に基づく受戻権の性質を比較した上、両者は性質を異にするとし、「受戻権の消滅時期、清算金支払義務の確定時期に関する限り、仮登記担保法の譲渡担保への類推適用は、消極に解すべきものと考えられる」とする。
(注56) 帰属清算方式において清算金がないということは、担保実行により被担保債権全額の満足を得られないことを意味するから、譲渡担保権設定者が受戻し（被担保債権全額の弁済）を望むのであれば、その方が譲渡担保権者にとっても経済的に有利となる。そのような経済的得失を考えれば、清算金のない場合に通知後期間を設けるという合意が成立し得る場合もあるように思われる。ただし、かかる合意が倒産手続においてどのように取り扱われるかは別問題である。（例えば、倒産時の別除権協定における目的物受戻しは、あくまで当該目的物の時価を前提として交渉されるべきものであって、被担保債権全額の弁済を前提とする平時の受戻しとは異なってくる。）したがって、譲渡担保権実行方法に関し通知後期間の合意等がある場合に、倒産手続でどのような影響が生じるかは、なお検討が必要と考える。

11　手形の譲渡担保

　金融機関の融資形態の1つとして、債務者の保有する第三者振出しに係る手形に譲渡担保権の設定を受けて融資を行う際に、当該手形を債務者から金融機関に対し裏書譲渡させる場合がある。かかる手形の譲渡担保につき、動産等の他の財産を目的とする譲渡担保権同様の処遇をするか、そうではなく手形割引（売買）と同視するかによって、倒産手続における取扱いが異なってくる。

　まず、他の財産を目的とする譲渡担保権と同様に処遇する場合、破産手続では、当該債権者が譲渡担保権を別除権として行使（手形の取立てと取立代金による弁済充当）し、かかる担保実行後の残債権額について破産配当に参加することとなる（破108条1項本文）。会社更生手続では、譲渡担保権の実行は許されず（会更50条1項）、当該担保評価額を更生担保権とし、担保不足額は更生債権として、更生計画に基づく権利変更・弁済を受けることとなる。

　以上に対し、手形割引（売買）の場合には、当該債権者は、割引手形買戻請求権全額について破産債権としての破産配当または更生債権としての権利変更・弁済を受け、かつ、倒産手続外で当該手形を取り立てることができる。

　このように、手形の譲渡担保の取扱いによって債権者の地位に大きな影響があるところ、この点に関しては学説にも争いがあるが、手形割引と同視せずに別除権・更生担保権として扱う考え方が多数説であるとされる。なお、名古屋高判昭53・5・29（金法877号33頁）、東京地判昭56・11・16（判時1024号109頁）は、いずれも手形の譲渡担保を別除権・更生担保権として取り扱っている。

12　資産流動化取引と真正譲渡性

　資産流動化取引とは、企業自体の収益性ないし信用ではなく、当該企業（以下、「オリジネーター」又は「原保有者」という）の保有する特定の資産の収益性のみに着目し、これを特定目的会社（以下、「SPC」という）に（信託）譲渡するなどの方法で流動化することによって資金調達を行う取引である。

　しかしながら、オリジネーターについて倒産手続が開始した場合に、資産流動化取引の真正譲渡性が否定されると、当該取引行為は譲渡担保権設定行為と

同視され、目的資産は倒産財団に帰属し、SPCは当該資産を目的とする譲渡担保権者の地位にとどまることとなるから、資産流動化取引の目的が達せられないこととなる（ことに、手続外での担保実行が禁じられる更生手続では、その影響がきわめて大きい）。

したがって、資産流動化取引においては、真正譲渡性に関する判断がきわめて重要となる。問題は、真正譲渡性の判断要素であるが、この点論者によりさまざまであって、統一的基準があるとはいえないものの、例えば以下のような要素が挙げられている[注57]。

① 原保有者その他の契約当事者の意図
② アセットの譲渡価格の相当性・適正性
③ 原保有者の、アセットに関する権限の有無およびその内容またはアセットに対する支配権の有無またはその程度
④ 原保有者の、アセットの買戻権または買戻義務の有無およびその内容
⑤ 原保有者の、アセットの価値代替物（金銭債権における回収金等）およびその運用益についての権利の有無およびその内容
⑥ 原保有者の、アセットの価値または信用力についての担保責任の有無またはその程度（信用補完比率）
⑦ アセットの移転についての対抗要件具備の有無
⑧ アセットが特定されているか、原保有者側からの交換が許容されているか
⑨ アセットのオフバランス化の有無

資産流動化取引のオリジネーターの倒産手続では、以上のような諸要素を総合的に考慮し、当該取引が真正譲渡といえるか譲渡担保権設定行為にとどまるかを判断することが必要となる。

[注57] 西村総合法律事務所編『ファイナンス法大全(下)』（商事法務、2003年）37頁。なお、西村ときわ法律事務所編『ファイナンス法大全アップデート』（商事法務、2006年）336頁以下も参照されたい。

13 倒産解除特約（集合債権譲渡の債権回収権限）

(1) 倒産解除特約

　倒産手続の開始やその申立等を契約の解除事由または解除権発生事由とする特約の効力について、所有権留保契約について最判昭57・3・30（民集36巻3号484頁。以下、「昭和57年判例」という）、フルペイアウト式のファイナンス・リース契約について最判平20・12・16（民集62巻10号2561頁。以下、「平成20年判例」という）が否定し、「担保権実行の手段として位置づけられる場合の効力については、判例法理が確立されているといってよい」と解されている[注58]。ただし、昭和57年判例は更生手続、平成20年判例は再生手続の事案であり、破産手続における同旨特約の効力については有効とする見解もある[注59]。

(2) 集合債権譲渡の債権回収権限

ア　回収権限の付与

　最判平13・11・22（民集55巻6号1056頁。以下、「平成13年判例」という）は、「負担する一切の債務及びこれに付帯する一切の債務の担保として、担保提供者が末尾記載の目的債権を貴社に譲渡しました。」、「次に定める事由（期限の利益喪失等）が1つでも生じたときは、貴社は第三債務者に譲渡担保の実行通知をして、第三債務者から担保債権を直接取り立てることができるものとします。」、「前条の場合を除いて、担保提供者は担保提供者の計算において、第三債務者から担保債権の弁済を受けることができるものとします。」と合意した場合について、「いわゆる集合債権を対象とした譲渡担保契約といわれるものの1つと解される。この場合は、既に生じ、又は将来生ずべき債権は、甲

（注58）伊藤眞「集合債権譲渡担保と事業再生型倒産処理手続再考——会社更生手続きを中心として」曹時61巻9号（2009年）24頁。

（注59）伊藤・破産法民事再生法2版274頁も有効説を紹介する。ただし、平成20年判例に関する森富義明「判解」最高裁判解民事篇平成20年度（2009年）597頁は、「本判決の理が、再生解除特約の効力にとどまらず、リース契約のユーザーについて法的倒産手続（破産、特別清算、民事再生、会社更生）開始の申立てがあったことを理由とする倒産解除特約の効力につき広く妥当するものと考えているように思われる」とする。

（注：設定者）から乙（注：譲渡担保権者）に確定的に譲渡されており、ただ、甲、乙間において、乙に帰属した債権の一部について、甲に取立権限[注60]を付与し、取り立てた金銭の乙への引渡しを要しないとの合意が付加されているものと解すべきである」と判示する。そして、本事案で定められた合意について、「債権譲渡の法形式を使用するものの、一定の危機事由が発生して担保権を実行するまではその担保の利用権を担保設定者にとどめるという集合債権譲渡担保の本質的合意内容」であると解されている[注61]。

　回収権限を付与する意義は、在庫商品や売掛債権のように設定者の事業活動によって生み出される財産を担保目的物として事業資金を調達する場合、設定者は担保目的物である商品の売却や売掛債権を取り立てるなどして得た資金を次の事業活動のために用いる必要があること[注62]、担保権者としても、設定者に目的債権の管理および取立てをさせることで、担保権者が煩雑な事務処理およびその費用負担から解放されること、および包括的な債権譲渡担保について公序良俗違反となる余地が減少すること[注63]などである。

　イ　回収権限が付与された場合の法律関係

　回収権限が付与された場合の法律関係について、平成13年判例は、「債権の帰属と債権の取立権限は必ず一致するものではないから、このような内部的合意があることが、契約時に確定的に債権を移転させる債権譲渡契約であること

（注60）　平成13年判例は「取立権限」との文言を用いており、伊藤・前掲（注58）論文も同じだが、「回収権限」との文言を用いる文献も多数であり、本書はこれに従う。なお、具体的合意内容としては、①設定者に対して単に回収権限のみ定めるもの、これに加えて②債権譲渡担保権者に対して回収した金員の引渡しを要しない旨、③設定者において費消してよい旨、④設定者は回収した金員を譲渡担保権者に引き渡す旨を定めるものがあり得るが、類型ごとの法律関係の分析は紙面の都合で割愛し、本書においては、①ないし③をまとめて、「回収権限の付与」とする。

（注61）　三村晶子「判解」最判解民事篇平成13年度（下）（2002年）693頁。

（注62）　三村・前掲（注61）論文688頁参照、角紀代恵「判批」ジュリ195号（1960年）200頁（その裏返しとして、設定者が新たに取得する在庫商品や発生する売掛債権が担保目的物に組み入れられることによって、担保目的物の価値が維持される必要があるとも論じる）。

（注63）　千葉恵美子「判批」ジュリ1223号（2002年）78頁、藤井徳展「判批」民商130巻3号（2004年）517頁など。

と矛盾するものでない」^(注64)としており、債権は譲渡担保権者に移転し、債権的合意によって、設定者に回収権限が付与されると解される^(注65)。かように、譲渡担保権者に債権は帰属していると解したとしても、倒産手続においては、前述のとおり、手続開始に先立ち担保権の実行が終了している場合は格別、別除権または更生担保権と解されている^(注66)。

(3) 債権回収権限に倒産解除特約が付された場合

ア 倒産解除特約の効力

債権譲渡担保契約において、設定者に回収権限を付与しつつ、倒産手続開始申立等によって当該権限が喪失する条項^(注67)が定められている場合の効力について、否定的に解されている^(注68)。

イ 倒産解除特約の効力を否定した場合の法律関係

倒産手続開始申立等をもって、回収権限の喪失事由とする条項の効力は否定されたとしても、再生手続においては、手続開始後は別除権として権利行使が可能である。債権譲渡担保権者としては、倒産手続開始申立等をもって期限の利益喪失事由とする失期条項^(注69)などに基づき弁済期が到来した被担保債権

(注64) 三村・前掲（注61）論文693頁。

(注65) 角紀代恵「判批」ジュリ1224号（2002年）77頁、小野秀誠「判批」金判1142号（2002年）62頁。

(注66) 伊藤・会社更生法210頁、伊藤・破産法民事再生法2版351頁。

(注67) 当該条項の具体的内容としては、①倒産手続開始申立等をもってただちに回収権限が喪失する条項と、②倒産手続開始申立等により期限の利益が喪失し第三債務者に実行通知を送ることにより回収権限が喪失する条項が考えられるが、本書では①を前提とする。

(注68) 昭和57年判例の趣旨に照らして否定する見解として、会社更生の実務(上)267頁〔真鍋美穂子〕（ただし、特約の具体的内容については、前掲（注67）の①を想定していると思料するが、更生手続においては、失期条項についても効力が否定され得る）、破産・民事再生の実務(下)新版163頁〔松井洋〕、小林・前掲（注8）論文225頁、伊藤達哉「倒産手続における将来債権・集合動産譲渡担保権の取扱い——担保権の効力が及ばなくなる事由および担保権の価値評価の考察を中心として」金法1862号（2009年）9頁。このほか、伊藤・前掲（注58）論文26頁注31は、昭和57年判例の趣旨からではなく、集合債権譲渡担保の特質が存続していることから、回収権限の存続を導く。

について、担保権の実行として、第三債務者に対して通知し、再生債務者の回収権限を剥奪し、自ら譲渡担保対象債権を回収し得る(注70)。再生債務者としては、担保権実行手続の中止命令（民再31条1項）をもって、譲渡担保権の実行を止めた上で、別除権協定の締結を目指し、これが合意できない場合には担保権消滅請求（民再148条1項）の申立てを検討することになろう(注71)。

これに対して、更生手続においては、更生担保権として実行が禁止されるため(注72)、保全管理人または管財人の回収権限はただちには剥奪されないと解されるが、譲渡担保設定者（保全管理人・管財人）による既存債権回収については、Ⅲ−4 **3** を参照のこと。

14 個別権利行使を禁止する保全処分（会更28条1項）の可否

会更法28条1項は、「裁判所は、更生手続開始の申立てがあった場合には、利害関係人の申立てにより又は職権で、更生手続開始の申立てにつき決定があるまでの間、開始前会社の業務及び財産に関し、開始前会社の財産の処分禁止の仮処分その他の必要な保全処分を命ずることができる」と定める。

開始前会社の財産に関する保全措置として、更生担保権者等による強制執行や担保権実行に対しては、中止命令および取消命令（会更24条）ならびに包括的禁止命令（会更25条）があるが、これら以外の形態による開始前会社の財産の散逸を防止する保全処分である(注73)。

債権譲渡担保権者が設定者に代わって第三者に対して通知（民467条1項）するなどして債権譲渡担保を実行する場合、これを禁止するには、中止命令または包括的禁止命令では対処できないとして(注74)、同条が開始前会社以外の第三

(注69) 再生手続における失期条項の効力について、肯定的に解する見解として、最判平20・12・16民集62巻10号2561頁における田原判事補足意見、伊藤・前掲（注58）論文31頁など。
(注70) 伊藤・前掲（注58）論文31頁。
(注71) 非典型担保に対する中止命令、消滅請求の類推適用の可否については **3** 参照。
(注72) 伊藤・前掲（注58）論文34頁は、更生手続における失期条項の効力を否定的に解している。
(注73) 会社更生の実務(上)104頁〔池下朗〕、伊藤・会社更生法71頁。

者を名宛人とした保全処分を認めるものであるか解釈上議論はあるものの、実務上は肯定されている[注75]。

15 譲渡担保権実行前の清算金請求

(1) 最判平8・11・22（民集50巻10号2702頁）

譲渡担保権の実行手続の終了時期は、10のとおりであるが、譲渡担保権者による実行に先立ち、設定者の側で受戻権を放棄して清算金を請求できるかについて、最判平8・11・22（民集50巻10号2702頁。以下、「平成8年判例」という）は、譲渡担保権設定者の清算金支払請求権と受戻権とは発生原因を異にする別個の権利であり、これを認めると、本来譲渡担保権者が有している譲渡担保権の実行の時期を自ら決定する自由を制約し得ることを根拠に否定する。

(2) 平成8年判例に対する批判

平成8年判例は、土地に対して譲渡担保権が設定された事案であるが、①抵当権の場合、設定者は目的物件を第三者に譲渡し抵当権消滅請求（民379条。平成8年判例当時は滌除または増加競売）を介して担保権実行を促し、また後順位の担保を設定して余剰価値を回収できるが、譲渡担保において当該事情は認められがたい、②譲渡担保権者は、被担保債権の利率が高く、目的物の価額が被担保債権額を上回る場合や、地価の騰貴または目的物の価格が被担保債権額をはるかに上回るため清算金を調達し得ない場合には積極的に権利行使しないこともある[注76]、③この場合、設定者には、被担保債権の利息・損害金が累積し、または目的物の価値が下落するリスクが生じる、④設定者が担保権の実行

(注74) 伊藤・会社更生法71頁。

(注75) 西岡清一郎「会社更生法の運用の実情と今後の課題」事業再生と債権管理109号（2005年）75頁、会社更生の実務(上)109頁〔池下〕・83頁〔永野厚郎〕、三村藤明ほか「会社更生手続における集合債権譲渡担保とABL(1)」NBL820号（2005年）37頁。なお、債権譲渡担保権者による通知など非典型担保に対して開始決定前の担保権実行に対する中止命令（会更24条1項2号）の類推適用が肯定される場合には、会更法28条1項をもってする対応は、変更が検討されよう。

を促し、目的物の交換価値を実現してその余剰価値の利用を図る手段が認められないのは、酷であるとの批判がある(注77)。

(3) 不都合性の回避

以上の問題意識は担保権者側にも認識されているところであり(注78)、その不都合性は倒産手続においても同じといえるが、破産法184条・185条や担保権消滅請求が譲渡担保権にも類推適用されることにより、一定程度回避し得る。上記制度を非典型担保に類推適用する可否は前述のとおりであるが、その意義は、当該観点からも論じられ得よう。

16 集合動産譲渡担保

(1) 集合動産譲渡担保の有効性・法的性質

集合動産譲渡担保（通常の類型は、構成部分の変動（入れ替わり）が予定されている。）の有効性・法的性格については議論があるが、判例(注79)・通説は集合物論に立ってその有効性を認めているとされている。

(2) 設定者による構成動産の処分等

集合動産譲渡担保の法的性格を理解する上で、以下の判例は重要である。すなわち、設定者による構成動産の処分について、最判平成18・7・20民集60

(注76) 平成8年判例の事案は、第1審である大阪地判平4・3・30金判1014号16頁の判示によれば、土地譲渡担保権者は担保権実行を引き延ばしながら目的物件を利用して駐車場を経営し、1320万円の利益を上げている。

(注77) 生熊長幸「判批」判時1303号（2009年）172頁、大西武士「判批」判タ944号（1997年）75頁、甲斐道太郎「判批」銀法544号（1998年）9頁。

(注78) 中原利明「判批」銀法560号（1999年）29頁は、担保不動産の価額が被担保債権の額を上回っているケースにおいて、債務の弁済期到来後にかかわらず譲渡担保権者が担保権の実行を故意に引き延ばしている場合に、譲渡担保権設定者をどのように保護すべきかが問題であると指摘する。

(注79) 最判昭和62・11・10民集41巻8号1559頁は、構成部分の変動する集合動産につき、目的物の範囲の特定を条件に、1個の集合物として譲渡担保の効力を認めている。

巻6号2499頁は、構成部分の変動する集合動産を目的とする対抗要件を備えた譲渡担保の設定者が、その目的物である動産につき通常の営業の範囲を超える売却処分をした場合、当該譲渡担保の目的である集合物から離脱したと認められない限り、当該処分の相手方は目的物の所有権を承継取得することはできない（逆に通常の営業の範囲内の処分であれば、設定者に処分権限が付与されているから、この権限内でされた処分の相手方は譲渡担保の拘束を受けることなく確定的に所有権を取得できる。）と判示する。また、構成動産が滅失した場合について、最決平成22・12・2民集64巻8号1990頁は、構成部分の変動する集合動産を目的とする集合物譲渡担保権の効力は、滅失による損害をてん補するために譲渡担保権設定者に対して支払われる損害保険金に係る請求権に及ぶとしつつ、「譲渡担保権設定者が通常の営業を継続している場合には、目的動産の滅失により上記請求権が発生したとしても、これに対して直ちに物上代位権を行使することができる旨が合意されているなどの特段の事情がない限り、譲渡担保権者が当該請求権に対して物上代位権を行使することは許されない」と判示し、担保権者の利益と設定者の営業活動に関する利益とを調整している。

(3) 集合動産譲渡担保の固定化

集合動産譲渡担保の固定化については議論があるが[注80]、いずれにしても集合動産譲渡担保の実行場面においては目的財産の流動性を消失する必要があると思われる。これに派生して、倒産手続開始決定により当然に集合動産譲渡担保が固定化するか否かが議論されているが[注81]、事業活動が停止し、基本的に通常の営業の範囲内での動産の処分や搬入が想定されない破産手続は格別、再建型倒産手続においては当然には固定しないとの見解が近時では有力であろうか[注82]。

(注80) 田原睦夫「集合動産譲渡担保の再検討」『実務から見た担保法の諸問題』275頁以下（有斐閣、2014年。初出1989年）、道垣内3版339頁、森田宏樹「集合物の『固定化』概念は必要か」金判1283号1頁、山野目章夫「流動動産譲渡担保の法律構成」法時65巻9号26頁等。
(注81) 田原・前掲（注80）論文281頁、伊藤・破産法民事再生法2版705頁、籠池・前掲（注43）論文178頁。
(注82) 小林・前掲（注8）論文215頁。

第3章 譲渡担保・所有権留保・ファイナンス・リース・その他の非典型担保

Ⅲ－5　集合債権譲渡担保をめぐる民法および倒産法上の議論

日本大学法学部准教授　杉本　純子

1　はじめに

　近時、在庫担保や売掛債権などの債務者の事業活動の成果として生み出される財産を担保の目的物として事業資金を調達する手法として、ABL（Asset Based Lending）が活用され始めている。より具体的には、債務者の在庫や売掛債権について譲渡担保権を設定すると同時に、債務者の事業の状況を細かくモニタリングし、必要に応じて債務者との協議を行い、事業の円滑な遂行と発展とともに担保価値の維持を図っていくという融資手法である[注1]。本稿では、その中でも特に、債務者の現在ならびに将来の売掛債権に譲渡担保権を設定する集合債権譲渡担保[注2]に焦点をあてる。集合債権譲渡担保をめぐる議論は、民法上および倒産法上の双方において、近時特に活発に行われており、その論点は多岐にわたる。そこで本稿では、集合債権条担保における民法および倒産法上の論点を改めて整理し、現在までの議論を俯瞰することとする。

(注1)　中村廉平「再建型倒産手続におけるABLの取扱いに関する考察―いわゆる「固定化」問題を中心として」NBL908号29頁（2009年）。

(注2)　「集合債権譲渡担保」という用語について、伊藤眞教授は、伝統的にはこの用語が広く使われてきたが、最高裁判決では「将来発生すべき債権を目的とする譲渡担保契約」という表現にとどまっており、集合債権という用語は使われていないが、ABLにみられるように、将来発生すべき債権の集合体の内容が、流入、離脱、流入という循環を繰り返すような流動性を持ったものであるときには、個別債権とは区別された集合債権概念を維持すべき実質的な理由があるとして「集合債権譲渡担保」の用語を使用しておられる（伊藤眞「倒産処理手続と担保権―集合債権譲渡担保を中心として」NBL872号62頁（2008年））。本稿も、これに倣い「集合債権譲渡担保」との用語を用いることとする。

2 集合債権譲渡担保の意義

　集合債権譲渡担保とは、一定の範囲から発生する債権群（現在債権ならびに将来債権）を一括して担保目的で譲渡するものである(注3)。債権に担保権を設定する方法としては、必ずしも債権者が目的物の占有を取り上げる必要のない権利質が用意されており、個別の債権については譲渡担保を認めなければならないという強い理由は存在しない。しかし、集合債権を担保目的物とする場合には、実行のときまでは債務者に第三債務者に対する債権の取立て等を認める必要があるところ、債権質の場合、質権の設定によって債務者は第三債務者に対する債権の弁済受領権を失ってしまう（民366条）ため、債権譲渡担保の法形式が必要となる。

　集合債権譲渡担保は、ABLの典型として理解されているような、設定者にすでに発生している債権についての処分権を与え、処分がなされることによって当該債権が譲渡担保の効力範囲から流出し、また新たに発生する債権が譲渡担保によって捕捉される類型（循環型）と、設定者には処分権を与えず、発生する将来債権は譲渡担保の目的物として累積していく類型（累積型）とに大きく分類される(注4)。一般的には、集合債権譲渡担保契約は、担保設定者が正常な経営を続けている限りは、担保設定者が目的債権を自由に取り立てて満足することが当初から予定されており、一定の信用上の問題が発生して初めて、担保設定者の取立権が消滅し、担保設定者が現実に存する未決済の債権を取り立てて自己の債権に充当するという形態をとるのが通例となっている(注5)。ただ、そのような形態の中にも、担保設定時から譲渡担保権者に目的債権の取立て・弁済充当権を与えるタイプのものと、譲渡担保実行に至るまで債務者に債権回収および回収金の自己使用を認めるタイプのものに分類される(注6)。さらに、第三債務者に担保の設定を知られないまま、かつ倒産法上の否認の問題を

（注3）角紀代恵「債権非典型担保」別冊NBL31号76頁（1995年）、潮見佳男『債権総論Ⅱ〔第3版〕』（信山社、2008年）619頁。
（注4）伊藤・前掲（注2）64頁。
（注5）加賀山茂『債権担保法講義』（日本評論社、2011年）551頁。
（注6）道垣内弘人『担保物権法〔第3版〕』（有斐閣、2009年）346頁。

解決するために、かつては実務において、債権譲渡の予約契約を行い、債務者（譲渡人）の支払の停止等その財産状況が悪化されてから予約完結権を行使し、その段階で対抗要件を具備する方法（予約型）や財産状況が悪化する時点まで債権譲渡通知（民467条）を行わない方法（通知留保型）、債権譲渡自体を停止条件付きとする方法（停止条件型）などが行われていたが、これらの方法は実質的には、債務者に支払停止等の危機時期が到来した後に行われた債権譲渡と同視できるものとであるとして、現在では倒産法上の否認権の対象になるとされている（詳細は後述）[注7]。

③ 集合債権譲渡担保における民法上の議論

(1) 将来債権の譲渡可能性

集合債権譲渡担保では、譲渡担保権者と設定者との間で、設定者の継続的取引から生ずる現在ならびに将来の不特定多数の債権を被担保債権とすること（根譲渡担保）が多い。そうすると問題となってくるのは、そもそも将来債権は譲渡することができるのかである。

将来債権の譲渡については、当初、譲渡時から１年分に限っては有効である、とする下級審裁判例が積み重なっていた[注8]。その背景には、学説において、将来債権の譲渡が有効になるためには、「債権の発生が確実であること」を必要とし、かつそれをもって十分とする見解があったことがある[注9]。最高裁の判決の中にも、発生が「確実に期待される」債権について、「右債権は、将来生じるものであっても、それほど遠い将来のものでなければ、特段の事情のない限り、現在すでに債権発生の原因が確定し、その発生を確実に予測しうるものであるから、始期と終期を特定してその権利の範囲を確定することによって、これを有効に譲渡することができる」としたものがある（最判昭和53

（注7）道垣内・前掲（注4）351頁、山本和彦ほか『倒産法概説〔第2版〕』（弘文堂、2010年）。
（注8）池田真朗「将来債権譲渡の効力(上)」NBL665号6頁（1999年）参照。
（注9）於保不二雄『財産管理権論序説』（有信堂高文社、1954年）314頁。

年12月15日判時916号25頁）。一方で、債権発生の原因たる法律関係が現時点で存在しない場合であっても、「譲渡対象たる債権を確定できるだけの規準」が明確であれば譲渡性を承認してもよいとし、「債権発生の可能性」すら譲渡契約の有効要件としない立場も有力に主張されていた(注10)。

この点に関する現在の最高裁の基本的立場は、最判平成11年1月29日民集53巻1号151頁において明示されている。これは、昭和57年11月16日に締結された同年12月1日から平成3年2月28日まで8年3か月の間に医師が支払を受けるべき保険診療報酬債権の包括的譲渡と、その後にされた国によるそのうちの一部の債権についての差押えの優劣が問題となった事例である。当該最高裁平成11年判決によれば、「将来発生すべき債権を目的とする債権譲渡契約にあっては、契約当事者は、譲渡の目的とされる債権の発生の基礎を成す事情をしんしゃくし、右事情の下における債権発生の可能性の程度を考慮した上、右債権が見込みどおり発生しなかった場合に譲受人に生ずる不利益については譲渡人の契約上の責任の追及により清算することとして契約を締結するものとみるべきであるから、右契約の締結時において右債権発生の可能性が低かったことは、右契約の効力を当然に左右するものとではない」。この判示部分は、次の点を明らかにしていると解されている(注11)。すなわち、①「債権発生の可能性」、「債権発生の確実性」、「債権の特定性」などの規準ではなく、「将来債権を取引対象とすることに伴うリスクを契約当事者間でどのように考慮したのか」を規準として将来債権の譲渡可能性を捉えるべきである。②将来債権の譲渡契約が締結された場合において、将来において債権を取得できないことのリスクは譲受人が負担すべきであり、将来において債権を取得できないことを理由に契約が無効とされるものではない(注12)。

(注10) 高木多喜男『民法Ⅳ（債権総論）』（日本評論社、1991年）176頁。
(注11) 潮見・前掲（注2）615頁。
(注12) 前掲最判昭和53年12月15日において、傍論的に将来債権の現在譲渡が有効となるための規準であるかのように述べた「それほど遠い将来のものでないこと」や「始期と終期を特定してその権利の範囲を確定することができること」が、平成11年最高裁判決では、譲渡契約が有効であるための要件とされていない点が重要であると指摘されている（潮見・前掲（注2）615頁）。

もっとも、上記最高裁平成11年判決によれば、「契約締結時における譲渡人の資産状況、右当時における譲渡人の営業等の推移に関する見込み、契約内容、契約が締結された経緯等を総合的に考慮し、将来の一定期間内に発生すべき債権を目的とする債権譲渡契約について、右期間の長さ等の契約内容が譲渡人の営業活動等に対して社会通念にてらし相当とされる範囲を著しく逸脱する制限を加え、又は他の債権者に不当な不利益を与えるものであると見られるなどの特段の事情の認められる場合には、右契約は公序良俗に反するなどとして、その効力の全部又は一部が否定されることがある」。すなわち、原則的に将来債権譲渡の効力は認められるが、例外的に「特段の事情」や「公序良俗」が認められる場合にはその効力が否定されることがあるとしている。そのうえで判例は、公序良俗違反に該当する例として、①「譲渡人の営業活動・取引活動の自由を不当に拘束することになる場合[注13]」と、②「譲受人が譲渡人に対する債権者である場合に、担保目的で将来債権の（包括的）譲渡がされることで、譲受人に対する他の債権者の引当てとなるべき財産から譲受人が過剰な優先的回収可能性を獲得する場合[注14]」を挙げる[注15]。

現在の学説は、ほぼ上記最高裁平成11年判決の見解に賛成している[注16]。

(2) 集合債権の範囲の特定性

集合債権譲渡担保を有効に設定するためには、担保目的物となる債権の範囲を特定しなければならないと解されている。ただし、集合債権譲渡担保契約における特定は、第三債務者、債権発生原因、債権発生時期、金額、弁済期などの債権の特性要素の全部または一部を用いることにより、設定当事者間で、あ

(注13) 潮見・前掲（注2）615頁。
(注14) 潮見・前掲（注2）616頁。
(注15) これら平成11年最高裁判決における公序良俗概念は、最高裁判例の中では異色と指摘されている。というのも、当該判例において挙げられた例では、国家秩序違反も社会倫理違反も問題となっておらず、もっぱら個々の私人の個人的権利・利益の保護が公序良俗の目的としてされているからである（潮見・前掲（注2）616頁）。
(注16) 道垣内弘人「将来債権の包括的譲渡の有効性と対抗要件」ジュリ1165号66頁以下（1999年）参照。

る債権が目的債権にあたるか否かが明確になっていれば特定性は満たされるとされており（注17）、どの要素も必須とはいえない（注18）。それゆえ、例えば、第三債務者の確定がなく、「設定者が現在および将来有する一切の金銭債権」とした場合でも特定性はあるとされる（注19）。対第三者関係における特定は、次に述べる対抗要件具備に際しての特定の問題であり、これとは区別されなければならない。

(3) 集合債権譲渡担保の対抗要件

　債権譲渡担保の設定を第三債務者や他の第三者に対抗するためには、債権譲渡の対抗要件を備える必要がある（動産・債権譲渡特例法による対抗要件については後述。）。すなわち、民467条2項に基づく第三債務者への確定日付のある通知、または第三債務者からの確定日付のある承諾である。この対抗要件を備えるためには、通知の相手方・承諾の主体たる第三債務者が確定することが必要となる。その上で、第三債務者に、どの債務が譲渡担保の目的となっているか明確に判断できる程度に特定した通知を行い、または第三債務者が自ら判断できる程度の承諾を行う（注20）。このような程度の第三債務者に対する通知または第三債務者の承諾があれば、現在および将来の複数の集合債権について一つの包括的通知ないし承諾を行っても、対抗要件として有効であり、かつ、その時点で将来債権についても対効力が生じると解されている（注21）。もっとも、包括的な通知は権利行使要件として有効であるが、権利行使要件の効力は将来において債権が現実に発生した時点で生じるとする見解もある（注22）。

(注17) 最判平成12年4月21日民集54巻4号1562頁。この判例は、債権譲渡予約に関する判例であるが、「譲渡の目的となるべき債権を譲渡人が有する他の債権から識別することができる程度に特定されていれば足りる」としている。

(注18) 道垣内・前掲（注4）348頁。

(注19) 高木多喜男『金融取引の法理(1)』（成文堂、1996年）113頁、角紀代恵「集合債権の譲渡担保」加藤一郎＝米倉明編『民法の争点1』（有斐閣、1985年）189頁。

(注20) 道垣内・前掲（注4）349頁。

(注21) 道垣内・前掲（注4）349頁。

(注22) 潮見・前掲（注2）624頁。

この点において、判例も同様の立場であり、最判平成13年11月22日民集55巻6号1056頁では以下のように述べられている(注23)。すなわち、「甲が乙に対する金銭債務の担保として、発生原因となる取引の種類、発生期間等で特定される甲の丙に対する既に生じ、又は将来生ずべき債権は、甲から乙に確定的に譲渡されており、ただ、甲、乙間において、乙に帰属した債権の一部について、甲に取立権限を付与し、取り立てた金銭の乙への引渡しを要しないとの合意が付加されているものと解すべきである。したがって、上記債権譲渡について第三者対抗要件を具備するためには、指名債権譲渡の対抗要件（民467条2項）の方法によることができるのであり、その際に、丙に対し、甲に付与された取立権限の行使への協力を依頼したとしても、第三者対抗要件の効果を妨げるものではない」。さらにこの判例は、集合債権譲渡担保における担保設定者の取立権限に関する最高裁の見解を理解する上でも重要である。すなわち、集合債権譲渡担保の担保設定者が、譲渡後も債権の取立てをなし得るのは、譲渡担保設定当事者間の債権的合意によるものであり、したがって、担保目的物である債権の内容が流出流入によって変動することは、担保権の属性ではなく、設定当事者の合意の効力にすぎないとしたのである(注24)。設定者に対する取立権限の付与をこのように解することによって、担保権実行まで設定者に取立権限を認める場合であっても、譲渡担保設定契約時になされた指名債権譲渡の対抗要件の方法による第三者対抗要件の効力を認めたと理解することができる。

　他方、債権譲渡予約がなされた場合には、上記とは異なった見解が妥当する。最判平成13年11月27日民集55巻6号1090頁は、「指名債権譲渡の予約につき確定日付ある証書により債務者に対する通知又はその承諾がされても、債務者は、これによって予約完結権の行使により当該債権の帰属が将来変更される可能性を了知するに止まり、当該債権の帰属に変更が生じた事実を認識するものではないから、上記予約の完結による債権譲渡の効力は、当該予約についてされた

(注23) 同判決に関する評釈等として、角紀代恵・ジュリ1222号77頁（2002年）、千葉恵美子・ジュリ1223号72頁（2002年）、池田真朗・私法判例リマークス25号30頁（2002年）など多数。
(注24) 伊藤眞「集合債権譲渡担保と事業再生型倒産処理手続　再考——会社更生手続との関係を中心として——」曹時61巻9号2765頁（2009年）、小山泰史『流動財産担保論』（成文堂、2009年）273頁。

上記の通知又は承諾をもって、第三者に対抗することはできない」とする。したがって、予約型の集合債権譲渡担保が設定される場合は、設定契約時に確定日付ある通知又は承諾をしても第三者対抗要件の効力は認められない(注25)。

(4) 集合債権譲渡担保と国税債権の優劣

集合債権譲渡担保の第三者対抗要件に関して、上記最高裁平成13年判決の後、最高裁の立場を明確に位置付けたものとして重要な判決が、最判平成19年2月15日民集61巻1号243頁である(注26)。これは、将来債権を目的とする譲渡担保契約の締結がなされ第三者対抗要件も具備された後に譲渡担保設定者の国税法定納期限が到来し、それに続いて譲渡担保に供されていた債権が発生したという状況下で、譲渡担保権者と国税局のどちらが優先するかが争われた事案である。原審(東京高判平成16年7月21日金法1723号43頁(注27))は、「いわゆる集合債権譲渡担保契約を締結し、その旨を被担保債権の債務者に対し確定日付のある内容証明郵便により通知して対抗要件を具備し、その後、滞納者について滞納国税の法定納期限等が到来し、その後上記譲渡担保契約に係る債権が発生した場合、国税徴収法第24条第6項の『譲渡財産になったとき』とは、当該債権が発生したときと解すべき」であるとして、集合債権譲渡担保権者の物的納税責任に関して国税債権を優先させた。これに対し、最高裁は、上記最高裁平成13年判決を引用した上で、「将来発生すべき債権に係る譲渡担保権者の法的地位にかんがみれば、国税徴収法24条6項の解釈においては、国税の法定納期限等以前に、将来発生すべき債権を目的として、債権譲渡の効果の発生

(注25) 予約型の場合、譲渡担保権設定者は、自己の名で、自己に帰属する財産として第三債務者から代金を受領することになる。
(注26) 本判決に関する様々な視点からの評釈として、池田真朗ほか「決着！将来債権譲渡担保と国税債権の優劣—最一判平成19・2・15を読んで」NBL854号10頁(2007年)。
(注27) 原審に関する論稿としては、池田真朗「将来債権譲渡担保における債権移転時期と、譲渡担保権者の国税徴収法24条による物的納税責任—東京高判平16・7・3・21の検討」金法1736号8頁(2005年)、道垣内弘人「将来債権譲渡担保における債権移転時期と、国税徴収法24条による譲渡担保権者の物的納税責任」金法1748号30頁(2005年)など多数あり、その多くが原審の判決に異論を唱えていた。

を留保する特段の付款のない譲渡担保契約が締結され、その債権譲渡につき第三者に対する対抗要件が具備されていた場合には、譲渡担保の目的とされた債権が国税の法定納期限等の到来後に発生したとしても、当該債権は『国税の法定納期限等以前に譲渡担保財産となっている』ものに該当すると解するのが相当である」と判示した。

原審は、本件を集合債権譲渡担保における債権移転時期の問題だと強調し、かつその時期を対象債権の発生時であると構成して国税債権を優先させる判決を下した(注28)。一方で最高裁は、将来債権の移転時期について明示的に表現はしていないものの、上記で紹介してきた従来の最高裁判決に従い、将来債権譲渡の第三者対抗要件の効力発生時が対抗要件具備時期であることを明確に示したのである。これをもって、集合債権譲渡担保の第三者対抗要件に関する議論に終止符が打たれたと評価されている。

4 集合債権譲渡担保における倒産法上の議論

(1) 倒産手続開始決定後の集合債権譲渡担保の効力

集合債権譲渡担保と倒産手続との関係で特に問題となるのは、倒産手続開始決定後に、集合債権譲渡担保の効力が手続開始後に発生する売掛債権などにも及ぶのかという点である。これはいわゆる倒産手続の開始と「固定化」の問題と関連する。

ABLにおける集合動産譲渡担保や集合債権譲渡担保は、担保設定者が正常に経営を続けている限りは、担保目的物の内容が日々入れ替わっていくことが想定されているところ、例えば倒産手続の申立てや開始など譲渡担保契約における債務者が、被担保債務について期限の利益を喪失した場合には、担保権が実行される前提として、それまで循環・流動していた担保目的物が、具体的な特定の動産・債権として確定されることになる。これを「固定化」という。固定化が生じた後は、個別の動産や債権が担保目的物の範囲から流出することも、担保目的物の範囲に新たに流入することもなくなり、かつ、集合動産や集

(注28) 池田・前掲（注24）14頁。

合債権についての債務者による管理処分権をはく奪して、担保目的物の流出を食い止めることができるとされる[注29]。この「固定化」は、集合動産譲渡担保の場合には固定化によって集合物たる動産の範囲を固定するという意味でなじみやすいが、集合債権譲渡担保の場合は、その目的物には必然的に未発生の将来債権が含まれるため、倒産手続開始決定後、集合債権譲渡担保の効力が、手続開始後に発生する債権にも及ぶのか否かをめぐって活発な議論がなされている。なお、倒産手続としては、破産手続、民事再生手続ないし会社更生手続が用意されているが、清算型である破産手続においては、手続開始後に新たに債権が発生する蓋然性は低いと考えられるため、これが問題となるのは、専ら再建型倒産手続である民事再生手続ないし会社更生手続が開始された場合となる。

　従来の学説は、集合債権譲渡担保の効力は手続開始後に発生した債権には及ばないとする説（否定説）が有力であった。その根拠としては、手続開始前に設定された譲渡担保の効力を手続開始後に発生する債権に及ぼすと、再生のための事業資金の多くが譲渡担保によって捕捉される結果となり、事業再生が困難または不可能になるという実質論を基礎とし、理論的には再生債務者や管財人は、手続開始前の債務者とは区別された第三者性を有する手続機関であるから、その活動の成果として発生する売掛債権等に譲渡担保の効力を及ぼすべき理由に欠けるとする、あるいは対象債権は将来発生するものであるから、譲渡担保権者が手続開始時において有する権利は、期待権の一種にすぎないなどと主張されていた[注30]。

　これに対し、近時は譲渡担保の効力が手続開始後の債権にも及ぶとする説（肯定説）が有力となっている。その根拠としては、前掲最判平成11年1月29日や前掲最判平成13年11月22日などの判例法理の発展により、将来債権を広く譲渡担保の対象とすることが認められ、それについて民法や特例法の規定に

(注29)　中村・前掲（注1）31頁。

(注30)　否定説をとるものとして、伊藤眞『債務者更生手続の研究』（西神田編集室、1984年）348頁、田原睦夫「倒産手続と非典型担保権の処遇」別冊NBL69号79頁、事業再生研究機構編『更生計画の実務と理論』（商事法務、2004年）125頁、蓑毛良和「会社更生手続・民事再生手続開始後に発生する将来債権の譲渡担保の効力」法律実務研究22号23頁（2007年）など。

よる対抗要件が具備されている以上、倒産手続が開始されたためにその効力を制限する理由に乏しいことなどが挙げられている[注31]。また実質的理由として、融資する側としても、せっかく将来債権を含めて譲渡担保にとったにもかかわらず、途中で設定者に倒産手続が開始されたために、譲渡担保の効力がその時点で切断されてしまうのではABLとしての機能が損なわれるとの指摘もある[注32]。さらに、前掲最判平成19年2月15日が譲渡担保設定時に将来債権が譲渡担保権者に確定的に譲渡されると判示したことにより、否定説には終止符が打たれたと解する見解もある[注33]。

(2) 再建型倒産手続開始後の取立金の使用権限の可否

倒産手続開始決定後も集合債権譲渡担保の効力が肯定され、担保権実行がなされるまで債務者（会社更生手続の場合は保全管理人または更生管財人、民事再生手続の場合は再生債務者または管財人）が取立権限を保有する場合、次に問題となるのは、実際に回収した取立金を事業のために使用することができるのかである。会社更生手続と民事再生手続では担保権の取扱いが異なるため、個別に検討する。

① 会社更生手続における取立金の使用の可否

会社更生手続では、更生手続開始決定後は担保権の実行が禁止されるが（会更50条1項）、更生担保権額は担保目的財産の更生手続開始時における時

(注31) 山本和彦「倒産手続における集合債権譲渡担保の扱い」NBL854号64頁（2007年）、小林信明「非典型担保権の倒産手続における処遇—譲渡担保権を中心として—」佐藤歳二ほか編『新担保・執行法講座第4巻』（民事法研究会、2009年）229頁、事業再生研究機構財産評定委員会編『新しい会社更生手続の「時価」マニュアル』（商事法務、2003年）181頁、鹿子木康「東京地裁における会社更生事件の実情と課題」NBL800号141頁（2005年）など。
(注32) 伊藤・前掲（注2）64頁。
(注33) 山本・前掲（注31）65頁。ただ、山本教授の見解について、伊藤教授は本判決が否定説を採ることに対する障害となるとは思えないと疑問を呈しておられる（伊藤・前掲（注2）64頁）。また、循環型集合債権譲渡担保と累積型集合債権譲渡担保の違いに着目し、一部の譲渡取引について、譲渡契約の合理的な意思解釈などを根拠として、譲渡の効力を制限する制限的肯定説もある（小林信明「倒産法における将来債権譲渡に関する規定の創設」東京弁護士会倒産法部編『倒産法改正展望』（商事法務、2012年）312頁）。

価に基づくことから(同2条10号)、更生手続開始後にたとえ担保目的財産が減少していたとしても更生手続が遂行していれば特段の不利益はないことになる[注34](更生手続が廃止されて牽連破産となった場合には、破産手続開始時で担保価値が減少していれば不利益を被る結果となる)。そうすると、更生手続における保全管理人または更生管財人は、更生会社の財産につき管理処分権を有することから(会更32条1項・72条1項)、担保権の実行が禁止されている以上、担保目的債権の取立金についてもこれを使用することができる。ただし、管財人は財産の管理処分権を有しているものの、その権限の行使は、譲渡担保権者が不当な不利益を被らないように考慮して、慎重な判断を行う必要があるとされる[注35]。

もっとも、取立金の使用の可否は、管財人の財産の管理処分権の問題であるため、事業資金として使用する必要性があり、そのことが事業の維持更生にとって有用であり、それによって譲渡担保権者の把握している担保価値を維持することができる蓋然性が高い場合には、取立金を使用することは許されると解されている[注36]。

② 民事再生手続における取立金の使用の可否

民事再生手続では、担保権は別除権として扱われるため(民再53条)、再生債務者または管財人が手続開始決定後も集合債権譲渡担保契約で付与された取立権限を保有し続けることができるのは、担保権実行中止命令(民再31条)が発令された場合となる。ただし、集合債権譲渡担保について中止命令を発令する場合には、譲渡担保権者に不当な損害を及ぼすおそれを認めた裁判例(東京地判平成16年2月27日金法1722号92頁)を考慮したうえで、「ⓐ相当期間にわたって再生債務者の事業が継続した再生債務者の事業が継続して、

(注34) 小林・前掲(注31)227頁。

(注35) このような観点から、実務では、更生会社の維持更生のために取り立てた金員を運転資金として使用する場合には、譲渡担保権者と合意のうえ、取立金のうち、一部は預金して譲渡担保権者のために質権を設定するとともに、残部について事業資金として使用する処理がされることがあるとのことである(小林・前掲(注31)228頁)。

(注36) 小林・前掲(注31)228頁、三村藤明ほか「会社更生手続における集合債権譲渡担保とABL(1)」NBL820号43頁(2005年)。

担保目的である将来債権が発生することについての高度の蓋然性が認められること、ⓑ前記ⓐが認められない場合には、担保目的である債権について再生債務者が回収することができないとするか、または回収金について新たな担保権を設定すること、ⓒ中止の期間を短期間とするとともに、その期間中においても、再生債務者と譲渡担保権者の交渉がまとまらない状況となれば、速やかに中止命令を取り消す（民再31条3項）こと」を要件とするべきであるとの見解がある[注37]。このような立場を鑑みると、中止命令の効力が生じている間に担保権消滅請求などにより担保権が消滅することが確実である場合を除き、取立金の使用は再生債務者の管理処分権に属する（民再38条1項）とはいえ、使用は控えるべきであり、譲渡担保権者のために質権の設定（担保変換）も考慮すべきであろうとされている[注38]。

ただ、集合債権譲渡担保の実行を許した場合には、再生債務者の事業継続が困難になり、その結果、担保目的物たる将来債権の発生が実現できず、譲渡担保権者にとっても利益とならない事態を生じさせることも考えられるため、集合債権譲渡担保の中止命令の発令は、再生債務者と譲渡担保権者との交渉の機会を与える意味において実務的意味は大きい[注39]。

(3) 集合債権譲渡担保の更生担保権評価

上記のとおり、会社更生手続では担保権の実行が禁止されるため、担保権者は更生担保権を有することになり、更生担保権額は担保目的財産の更生手続開始時における時価で評価される（会更2条10項）。したがって、集合債権譲渡担保権者の更生担保権額は、更生手続開始時において当該担保権の目的となっている現在債権および将来債権の時価ということになる。集合債権譲渡担保の担保目的物の評価については、①全体価値把握説、②費用控除価値把握説、③開始時残高限定説の3つの見解がありうるとされている[注40]。①は、開始時すで

(注37) 伊藤眞「集合債権譲渡担保と民事再生手続上の中止命令」谷口安平先生古希祝賀『現代民事司法の諸相』（成文堂、2005年）459頁。

(注38) 小林・前掲（注31）235頁。

(注39) 小林・前掲（注31）206頁。ABLの担保権者と債務者との間で別除権協定を締結する場合の問題点について、中村・前掲（注1）34頁。

に発生している債権の額（「A」とする。）に、将来発生が見込まれる債権の価値を割引現在価値に引き直したもの（「B」とする）を加えた額が評価額になるとするものである。②は、AにBから将来債権を生み出すために必要とある合理的事業活動の費用を控除した額を加えた額が評価額となる。そして③は、Aが評価額になるとするものである。有力説は③の開始時残高限定説であるとされているが[注41]、その理由としては、更生手続の本質を開始時における観念的清算として捉えれば、将来債権のように、開始決定時には現存しない担保目的資産の価値は、更生計画による権利再配分の対象とならないことが挙げられる[注42]。しかし、集合債権譲渡担保の効力は手続開始決定後に発生する債権にも及ぶとする肯定説に拠るのであれば、更生担保権額の評価が開始時における目的債権の額に基づいてなされるという見解には疑問を覚える。伊藤教授もこの点を指摘されており、肯定説に立つのであれば、「開始決定時を基準時として、想定される事業の再生過程を踏まえて、譲渡担保の目的物となる債権の額を予測して、更生担保権額の評価を定める以外にない」と主張される[注43]。

(4) 集合債権譲渡担保の否認

集合債権譲渡担保を設定する場合、当初は債権譲渡を経営状況の悪化に結び付けて考えられがちであったため、第三債務者に債権譲渡の事実を知られるのを嫌がる傾向があり、第三債務者が多数であるときは膨大となる通知コストを削減するという事情もあった[注44]。しかし、一定の財産状況悪化事由があった時点で第三債務者に対する通知等を行うと、その時点ですでに原因行為である契約の時点から15日を経過しているのが通常であったため、対抗要件の否認（会更88条、民再129条、破164条）を回避するために、上記❷で述べたような予

(注40) 伊藤・前掲（注24）19頁、鹿子木・前掲（注31）142頁、真鍋美穂子「更生手続と債権譲渡担保」東京地裁会社更生実務研究会編『会社更生の実務(上)』（きんざい、2005年）227頁など。

(注41) 須藤正彦「ABLの二方面での役割と法的扱い」NBL879号35頁（2008年）。

(注42) 伊藤・前掲（注24）20頁。

(注43) 伊藤・前掲（注24）21頁。

(注44) 山本和彦ほか『倒産法概説〈第2版〉』（弘文堂、2011年）、小林・前掲（注31）223頁。

約型や通知留保型、停止条件型などの方法を用いて譲渡担保契約を締結していた。しかし、このような方法は対抗要件の否認の潜脱に他ならない。停止条件型の集合債権譲渡担保の否認が争われた最判平成16年7月16日民集58巻5号1744頁においても、「危機時期に至るまで債務者の責任財産に属していた債権を債務者の危機時期が到来するや直ちに当該債権者に帰属させることによって、これを責任財産から逸出させることをあらかじめ意図し、これを目的と」するものであり、その内容、目的等に鑑みると「この契約にかかる債権譲渡は、債務者に支払停止等の危機時期が到来した後に行われた債権譲渡と同視すべきものであり」、否認権行使の対象となると判示している。同様に、予約型の集合債権譲渡担保の否認が争われた東京地判平成22年11月12日判時2109号70頁においても、上記平成16年最高裁判決を引用した上で、否認権の行使を認めている。

したがって、現在では予約型や停止条件型などの方法を用いた譲渡担保契約の締結は、否認権行使の対象となってしまう。ただ、近時における集合債権譲渡の必要性を受け、第三債務者への債権譲渡の事実が不必要に開示されてしまうことへの懸念に対しては、平成10年に債権譲渡登記制度（債権譲渡の対抗要件に関する民法の特例等に関する法律）が導入され、さらに同制度は平成16年に改正され、現在では「動産及び債権の譲渡の対抗要件に関する民法の特例等に関する法律」として定められている。同法では、債権譲渡の対抗要件を目的債権の債務者に対する対抗要件と、他の第三者に対する対抗要件とに分離し、後者に関しては、債権譲渡登記ファイルに登記することによって具備できるようにした（動産債権譲渡特4条1項）。第三債務者は、譲渡の対抗を受けていないため弁済を継続すればよく、その後譲渡担保の実行時に、譲渡担保権者が第三債務者に登記事項証明書を交付して通知を行えば、それ以降は、第三債務者に対しても債権譲渡の効力を対抗できるようにして対応している（同条2項）。

5 おわりに

集合債権譲渡担保をめぐる議論は、民法上においても倒産法上においても、様々な論点にわたって活発に行われてきた。こうした学説や判例法理の蓄積、

資金調達手段としてのABLの必要性を受け、現在佳境に入ってきた債権法改正においては、将来債権譲渡に関する規定が新設される予定である^(注45)。そして、債権法改正の流れを受け、倒産法においても将来債権譲渡に関する規定の新設が提言されている^(注46)。日本弁護士連合会の「倒産法改正に関する提言」によれば、将来債権譲渡に関する倒産時の予測可能性を確保するために、破産法、民事再生法、会社更生法において、「将来債権の譲受人と、譲渡人倒産の場合の倒産管財人、倒産債務者等の利害関係人との間の権利関係を適切に調整する規定を新設すべきである」と主張されている^(注47)。中小企業の資金調達手段としての有用性が期待されるABLが今後活発に利用されるためにも、その前提となる集合債権譲渡担保の理論および実務の整備が早急に求められよう^(注48)。

(注45)『民法（債権関係）の改正に関する中間試案（概要付き）』別冊NBL 143号（商事法務、2013年）。

(注46) 小林・前掲（注33）308頁。

(注47) http://www.nichibenren.or.jp/library/ja/opinion/report/data/2014/opinion_140220_4.pdf（2014年2月26日確認）。

(注48) ABLの普及にともない今後新たに生じ得る問題点として、ABLと他の担保権の競合が考えられると思われる。すなわち、ABLの活用により金融機関が債務者の在庫や売掛債権に対して譲渡担保権を有する状況下において、同一の目的物に対して、取引債権者らが商事留置権や動産先取特権を主張した場合の問題である。特に、倒産手続開始決定後の担保権者の権利行使との関係において問題となると考えている。この検討については、別稿を期したい。

Ⅲ－6　所有権留保
（概説および倒産法上の論点）

弁護士　岩崎　通也
弁護士　權田　修一

1　はじめに

　所有権留保とは、売買代金の完済前に目的物の占有を売主より買主に移転する売買において、代金債権の担保のために、目的物の所有権を売主が留保する担保方法であり、買主が残代金の支払を遅滞すると、売主（以下、「留保売主」または「留保所有権者」という）は所有権（以下、「留保所有権」という）に基づいて売買の目的物を取り戻し、これを代金債権に充当することによって担保の目的を達しようとするものである(注1)。

　所有権留保は、譲渡担保と同じように民法が規定する担保物権ではない非典型担保物権の一種であり、民事執行法が定める担保権実行手続によらずに、私的実行の方法により担保の実行がなされる点に特徴がある。

　本稿では、まず平時における所有権留保の法律構成等について概観した上で、法的倒産手続における諸問題について論ずることとしたい。

（注1）高木4版378頁。一般に所有権留保については、このような説明がなされるが、所有権留保には、目的物の売主が所有権を留保する類型のほか、売主以外の第三者（信販契約に基づき売買代金の立替払をした信販会社など）が所有権を留保する類型がある（印藤弘二「所有権留保と倒産手続」金法1951号〔2012年〕62頁）。立替払方式の場合において信販会社が留保所有権を取得する法的根拠については、印藤弘二「倒産手続における所有権留保の取扱い──最二小判平22・6・4の検討」金法1928号（2011年）80頁参照。

2 所有権留保の概要

(1) 法律構成

所有権留保は、動産売買契約において、売買物件の所有権移転時期を買主の代金完済まで遅らせるとの特約を付することによって行われる。この点については、特約どおりに権利関係を構成し、目的物の所有権は留保売主が有するという考え方（所有権的構成）と、留保売主が所有権を留保する目的が残代金債権の担保であり、債権者が担保目的のために所有権を有していることを重視して留保売主の権利を所有権ではなく担保権として構成する考え方（担保権的構成）がある。学説は担保権的構成が有力であるが、判例（最判昭49・7・18民集28巻5号743頁）は所有権的構成の立場であるといわれている[注2]。

(2) 設定方法

所有権留保は譲渡担保と異なり、特別の担保設定契約が存在するわけではない。目的物の所有権が買主に移転する時期を買主の代金完済時とするという特約が動産売買契約に挿入されることにより成立する。また、割賦販売法の適用がある場合には、所有権留保が推定されることになる（割賦販売法7条）[注3]。

(3) 目的物

不動産および動産のいずれについても利用することができるが、不動産取引での利用例は多くないといわれており（宅地建物取引業法43条は、宅地建物取引業者が売主として割賦販売する場合について所有権留保を禁止している）、家電製品、自動車などの動産の取引について利用されることが一般的である[注4]。

（注2）本稿では紙幅の関係上これ以上の議論は割愛する。学説の整理については、矢吹徹雄「所有権留保と倒産手続」判タ514号（1984年）115頁参照。
（注3）道垣内3版362頁。
（注4）内田Ⅲ3版554頁、道垣内3版359頁。

(4) 被担保債権

所有権留保の被担保債権は通常は売買代金債権であるが、買主が売主に対して負担する修理代金その他の債務一切を支払うまで所有権が留保される例もある。包括根所有権留保や、それに近い場合には民法90条違反として、無効とされる可能性がある[注5]。

(5) 実行方法

担保権としての所有権留保の実行方法は、基本的には売買契約を解除して、目的物を引き揚げるということであり、譲渡担保の実行と同様である[注6]。ただし、売買契約の解除が必要かどうかについては争いがあり、契約の解除は不要であるという考え方も有力である[注7]。

(6) 清算義務

留保売主は、清算義務を負う。留保売主が留保所有権に基づいて目的物を引き揚げる際に清算金があるときは、目的物の返還と清算金の支払とは同時履行の関係にある[注8]。実際上は、目的物の価額と債権額が当初から均衡し、また目的物が動産であるため時の経過による減価が著しいため、清算義務が生ずることは少ない[注9]。

(注5) 道垣内3版362頁。
(注6) 内田Ⅲ3版555頁。
(注7) 道垣内3版365頁は、担保権の実行であることを理由として、解除は不要であるとしている。また、高木4版381頁・382頁は、留保所有権を担保権と構成すると、契約の解除は担保権実行の意思表示と構成するのが正当であるとしつつ、売買契約の解除、担保権の私的実行のいずれの構成をとっても、実質関係には変わりはない、としている。
(注8) 内田Ⅲ3版556頁。
(注9) 道垣内3版365頁。

3 所有権留保の目的物をめぐる第三者との競合

(1) 買主の差押債権者との優劣

　買主の債権者が買主に対する債務名義に基づき、所有権留保の目的物を差し押えることがある。

　このような事案について、前掲最判昭49・7・18は、「代金完済に至るまでの間に買主の債権者が目的物に対して強制執行に及んだとしても、売主あるいは右売主から目的物を買い受けた第三者は、所有権に基づいて第三者異議の訴を提起し、その執行の排除を求めることができる」と判示した。つまり、留保所有権者のほうが差押債権者に優先する。

(2) 集合動産譲渡担保権者との優劣

　買主の債権者が集合動産譲渡担保権を設定している倉庫等に、所有権留保の目的物が搬入されることがある。この場合、留保所有権者と集合動産譲渡担保権者のどちらが優先するか。

　まず、集合動産譲渡担保権の効力は、第三者の所有物には及ばないと考えられる。集合動産譲渡担保権の目的物が固定化するまでは、個々の動産は集合動産譲渡担保権の直接の目的物ではないと考えられるし、固定化後であっても、判例法理(注10)によれば、占有改定による即時取得は認められないからである。この論理からすれば、第三者の所有権留保の目的物についても、集合動産譲渡担保権の効力は及ばないことになる(注11)。つまり、留保所有権者のほうが集合動産譲渡担保権者に優先する(注12)。

　なお、所有権留保の目的物を個別動産譲渡担保の目的とした事案についてであるが、最判昭58・3・18（判時1095号104頁）も、留保所有権者のほうが個別

(注10) 最判昭32・12・27民集11巻14号2485頁。
(注11) 道垣内3版334～335頁。
(注12) 内田Ⅲ3版544頁も、集合動産譲渡担保権（X）と動産売買先取特権（Y）の優劣が争点となった最判昭62・11・10民集41巻8号1559頁に関して、「Yのような債権者としては、所有権留保で自衛するしかない。Xは占有改定によっては即時取得できないから（判例）、Yは所有権留保を対抗できる」とする。

動産譲渡担保権者に優先することを前提とした判示をしている。

(3) **所有権留保の目的物の転得者との優劣**

買主が所有権留保の目的物を第三者に転売した場合の、留保所有権者と転得者との優劣は、基本的には転得者が所有権留保の目的物の所有権を即時取得（民192条）するか否かによる。

例えば、所有権留保の目的物が自動車等の登録等を対抗要件としている場合には、登録名義が留保所有権者になっている限り、買主からの転得者は即時取得できない。

この点に関し、自動車のディーラーがサブディーラーに対し、所有権留保売買により自動車を販売し、当該自動車をサブディーラーがユーザーに転売した場合に、ユーザーがサブディーラーに対して代金を全額支払ったにもかかわらず、サブディーラーがディーラーに代金を支払わないまま倒産したとき、ディーラーがユーザーに対して当該自動車の引渡しを請求できるか否かが裁判で争われた事例がいくつかある。判例の多くは、このような場合、ディーラーが目的物を引き揚げることは権利の濫用として許されないとしている[注13]。ただし、権利濫用法理によると、所有権が依然としてディーラーにあることになり、ユーザーが登録の移転を請求することができなくなるなど、判例の理論構成に対しては批判が強い[注14]。

4 法的倒産手続における所有権留保の取扱い

(1) **論 点**

買主に破産手続または再生手続が開始されたときの留保売主の権利に関しては、留保所有権を理由として取戻権を認める考え方と、代金完済を停止条件とする所有権を買主が取得している以上、留保所有権は代金債権担保のための担保権であるとして別除権を認める考え方がある[注15]。また、買主に更生手続が

(注13) 最判昭50・2・28民集29巻2号193頁、最判昭52・3・31金法835号33頁、最判昭57・12・17判時1070号26頁など。

開始された時の留保売主の権利に関しても同様に、取戻権を認める考え方と更生担保権となるという考え方がある。

　更生手続において、留保所有権が取戻権ではなく更生担保権とされる場合には、留保売主は権利の実行ができなくなるから、取戻権となる場合と比べて、更生会社の事業の維持更生に与える効果は大きい。他方、破産、民事再生の場合における取戻権と別除権との差異については、破産法および民再法上、別除権の行使は原則として制限されないから、別除権の実行方法として目的物の引渡しおよび留保売主による換価が認められれば、取戻権とされる場合との差異は生じない。ただし、破産の場合については換価への介入権限や担保権消滅許可が認められる点（破78条2項14号・154条・184条2項・185条1項・2項・186条以下）(注16)、また民事再生の場合には、その目的物が事業再生に必要な場合に担保権実行中止命令（民再31条）や担保権消滅手続（民再148条以下）の制約を受けるという点で違いがある(注17)。

(注14) ユーザーが確定的に所有権を取得し、登録名義の移転も請求できるとの結論を導くため、判例の理論構成を批判する論者は、種々の理論構成を提唱している。例えば、内田Ⅲ3版558頁は、「X（筆者注：ディーラー）は自社の車を売るためAをサブディーラーとして用い、AはXの販路拡張のために、その営業として車を販売している。したがって、AはXから、有効な転売を行なうための授権を得ている、と構成するのである（Y〔筆者注：ユーザー〕に対する売主はAであるから代理権とは違う）。つまり、転得者が代金を完済すれば、これに有効に所有権を移すことができる権限をAはXから得ている、という構成である。」と論じている。また、道垣内3版363頁・364頁は、「留保買主が目的物を他へ転売することが予定されているときには、……留保売主から転売についての黙示の委任があるといえ、当該転売が、委任の範囲内であると信じ、かつ、信じたことに過失のなかった第三者は、民法192条により目的物の所有権を有効に取得すると解すべきである。」と理論構成した上、ディーラー・サブディーラー・ユーザーの関係についても、このように解すべきである旨論じている。

(注15) 伊藤・破産法民事再生法2版346頁。

(注16) 伊藤・破産法民事再生法2版346頁。

(注17) 印藤・前掲（注1）論文（金法1951号）70頁。もっとも非典型担保である所有権留保に中止命令や担保権消滅手続の規定を適用できるかどうかについては議論がある。

(2) 判例と実務

最判平22・6・4（民集64巻4号1107頁）は、民事再生における所有権留保は別除権として扱われることを前提に判断を示している。なお、従来より、所有権留保については、破産および民事再生においては別除権、会社更生においては更生担保権として取り扱う実務が定着しており、上記最高裁判例は実務の取扱いを確認するものとなった[注18・19]。

5 倒産解除特約の有効性

(1) 論点

所有権留保特約付売買契約における解除事由として、破産、民事再生および会社更生の申立ての原因となるべき事実が生じたこと、申立てがあったことまたは開始決定があったことが定められていることがある。留保所有権者において、上記各倒産手続の申立てにより所有権留保特約付売買契約を解除することができるとすれば、所有権留保が別除権（破産、民事再生の場合）、更生担保権（会社更生の場合）として扱われるとしても、当該所有権留保特約付売買契約を解除して、目的物の返還を求めることができることから、倒産解除特約の効力が問題となる[注20]。

(注18) 破産・民事再生の実務3版（破産編）347頁、破産・民事再生の実務3版（再生編）170頁、会社更生の実務(上)261頁〔佐々木宗啓〕。
(注19) ただし、破産管財の手引増補版205頁によれば、「実際は、別除権を受け戻して任意売却しても費用がかかるのみで、破産財団にとってプラスとならないことの方が通常であろうと考えられます。このような場合には、実務上、破産管財人が取戻権（破62条）を承認して目的物を引き渡し、目的物の価値と被担保債権額との差額の清算を受けるという方法も採り得ます」とされており、東京地裁では柔軟な法律構成を採ることを認めることを明らかにしている。
(注20) 開始決定前に留保売主が解除権を取得している場合には開始後に有効に契約を解除し得るとする見解（竹下守夫『担保権と民事執行・倒産手続』〔有斐閣、1990年〕310頁・331頁・336頁）に立った上で、倒産解除特約を有効とすると、別除権、更生担保権として取り扱われる場合は限定されることになる。

(2) 会社更生および民事再生の場合

　会社更生および民事再生の場合には、このような倒産解除特約の有効性を認めないのが通説的な立場であり、実務的にもそのように理解されている[注21]。

　所有権留保特約付売買契約について、更生手続開始の申立ての原因となるべき事実が生じたことを解約の原因とする特約の有効性が問題となった事案について、判例は、かかる特約は「債権者、株主その他の利害関係人の利害を調整しつつ窮境にある株式会社の事業の維持更生を図ろうとする会社更生手続の趣旨、目的（会社更生法1条参照）を害する」として、その効力を否定している（最判昭57・3・30民集36巻3号484頁）。

　再生手続について所有権留保特約付売買契約の倒産解除特約の有効性について判示した公刊された裁判例は見当たらないが、前掲最判昭57・3・30および再生手続においてフルペイアウト式のファイナンスリース契約の倒産解除特約を無効とした最判平20・12・16（民集62巻10号2561頁）にかんがみれば、同様に再生手続開始の申立ての原因事実が発生したことのみを理由とする解除の効力は否定されることになると考えられよう[注22]。

(3) 破産の場合

　清算型倒産手続である破産における所有権留保特約付売買契約の倒産解除特約の有効性については、前掲最判昭57・3・30の射程外であるとして倒産解除特約を認める見解と、倒産手続の開始に至るまでに必ず発生する事由を解除事由としてその解除によって取戻権を発生させて特定債権者だけが完全な満足を受ける事態を防止する必要があるという観点などから倒産解除特約を認めない見解があった[注23]。

　この点については、前掲最判平20・12・16の射程との関係が問題になるが、同判決の法理は破産を含む法的倒産手続開始の申立てがあったことを理由とする倒産解除特約の効力につき広く妥当すると考えられるとの指摘があるもの

（注21）会社更生の実務(上)264頁、破産・民事再生の実務3版（再生編）168〜169頁。
（注22）破産・民事再生の実務3版（再生編）168〜169頁。
（注23）大コンメ216頁〔松下淳一〕。

6 双方未履行双務契約の規定の適用の有無

(1) 論点

所有権留保特約付売買契約の買主に倒産手続が開始した場合、形式的には、留保売主においては所有権移転義務が未履行であり、買主の側では残代金の支払義務が未履行であるから、所有権留保特約付売買契約が双方未履行双務契約とみなされて、各倒産法上定められた双方未履行双務契約に関する規定（破53条、民再49条、会更61条）の適用があるかどうかが問題となる[注25]。

双方未履行双務契約に関する規定の適用がある場合には、管財人（または再生債務者）が履行を選択すれば、その場合の留保売主による残代金請求権は共益債権（民再49条4項、会更61条4項）または財団債権となり（破148条1項7号）、留保売主は管財人等からの履行の請求を受けて登記・登録の移転または目的物の引渡しを行うべきこととなる。他方、管財人等が解除を選択した場合には、留保売主に対し、すでに引渡しを受けている目的物を返還し（破54条1項、会更61条5項）、既払分の代金の返還を求めることになる。他方、適用否定

(注24) 最高裁調査官（森冨義明）による前掲最判平20・12・16の解説は、「清算型倒産手続開始の申立てがあったことを契約解除特約の事由とする特約の効力については、なお残された問題というほかない」としつつも、「本判決の理が、再生解除特約の効力にとどまらず、リース契約のユーザーについて法的倒産手続（破産、特別清算、民事再生、会社更生）開始の申立てがあったことを理由とする倒産解除特約の効力につき広く妥当するものと考えているように思われる」としている（曹時63巻5号〔2011年〕1250〜1251頁）。なお、破産・民事再生の実務3版（破産編）349頁は、「破産手続においても、担保目的物を当面利用する必要がある場合は存在し、破産管財人にその必要性に応じた対応をする機会を失わせることは相当でないことから、倒産解除特約の効力は否定すべきであろう。」としている。

(注25) 双方未履行双務契約ルール適用の有無が問題となるのは売主が所有権を留保している類型であり、売買代金の立替払をした信販会社が所有権を留保している場合など売主以外の第三者が所有権を留保している場合には、売買代金は与信第三者の立替払等により完済されているから、双方未履行双務契約ルール適用の有無は問題にならない（印藤・前掲（注1）論文〔金法1951号〕69頁）。

説によれば、更生手続では目的物の時価部分が更生担保権となり、再生手続および破産手続では別除権となる。

(2) 登記・登録を要しない場合

登記・登録を対抗要件としない物の所有権留保特約付売買契約の場合には、留保売主はもはや積極的になすべき債務を負っていないとして、双方未履行双務契約に関する規定の適用がないと解するのが通説である[注26]。

裁判例としては、更生手続において、引渡し済みの機械の所有権留保特約付売買契約について「売主は契約に基づく債務をすべて履行しており、ただ、売買目的物の所有権移転を留保しているものの、買主の売買代金完済という条件にかかわらせており、右条件成就により留保された所有権移転の効果が生じ、改めて所有権留保売主の所有権移転行為を必要とするものではない」として、双方未履行双務契約の規定の適用はないと判断したものがある（大阪高判昭59・9・27判タ542号214頁）。

倒産実務上は、一般に適用否定説によっているものと思われる[注27]。

(3) 登記・登録を要する場合

登記・登録を要する物の所有権留保特約付売買契約の場合に双方未履行双務契約の規定の適用があるか否かは、見解が分かれる。留保売主には登記・登録を移転する義務が残っており、双方未履行双務契約に関する規定の適用があるとする見解[注28]と譲渡担保との均衡、留保売主による登記・登録の留保は所有権を一度買主に移転した後に再度担保目的で留保売主に移転しているに等しく売買契約の債務内容としての対抗要件移転は終了している等の理由から、双方未履行双務契約に関する規定の適用を否定する見解[注29]がある。

(注26) 道垣内3版366頁。
(注27) 破産・民事再生の実務3版（破産編）347頁、破産・民事再生の実務3版（再生編）170頁、会社更生の実務(上)261頁〔佐々木〕。
(注28) 伊藤・破産法民事再生法2版347頁、伊藤・会社更生法206頁、大コンメ282頁〔野村秀敏〕、条解破産法490頁等。
(注29) 道垣内3版366〜367頁。

裁判例としては、所有権留保特約付売買契約の対象である自動車の引渡後、代金完済および所有権移転登録経由前に買主につき更生手続が開始された場合には、旧会更法103条（現行法の61条に相当）の適用があり、管財人が履行選択したときは、留保売主は共益債権として残代金の請求をすることができるとしたものがある（東京高判昭52・7・19判時865号52頁）。他方、民事再生で自動車の所有権留保特約付売買契約の双方未履行双務契約の規定の適用が問題となった事案において、民事再生法49条1項は、「双務契約の当事者間で相互にけん連関係に立つ双方の債務がいずれも履行されていない場合について規定するもの」であるとした上で、所有権留保特約付売買契約の形式を採っているものの実質的には自動車に非典型の担保権を設定したものと認められること、自動車の代金債務だけでなく、自動車に関する部品代金、修理代金、立替金その他の支払債務を担保していること、清算義務が課されていることなどから、当該売買契約において自動車について所有権移転登録手続をする債務は残代金債務と牽連関係に立つとはいえないとして、双方未履行双務契約の規定の適用を排除した裁判例（東京地判平18・3・28判タ1230号342頁）がある(注30・31)。

以上に述べたとおり、この点について、確立した学説、裁判例はなく、実務的には、登記・登録が対抗要件である場合には、双方未履行双務契約に関する規定の適用があるとして取り扱われることもある、とされているように思われる(注32)。

（注30）この裁判例の結論を支持するものとして、村田典子「所有権留保特約付自動車売買契約への民再法49条適用の可否」ジュリ1389号（2009年）100頁、吉田光碩「自動車の所有権留保売買と買主の倒産」金法1786号（2006年）4頁がある。
（注31）もっとも、理由中では、「本件各自動車が、その代金債務だけでなく、本件各自動車に関する部品代金、修理代金、立替金その他の支払債務を担保していること」を挙げて、単に売買債権が担保されているのではないことが双方未履行双務契約の規定を適用しない理由の1つとしており、被担保債権が売買債権のみである場合には、双方未履行双務契約ルールの適用があるという結論とした可能性もあり得る（吉田・前掲（注30）論文参照）。
（注32）破産・民事再生の実務3版（破産編）347頁、会社更生の実務(上)261頁〔佐々木〕。

7 倒産手続における所有権留保の権利行使の方法

(1) 破産、民事再生の場合

　留保所有権を有する者は、別除権者として、管財人等から約定に基づいて目的物の引渡しを受ける。留保所有権者は、目的物の引渡後にこれを評価し、任意に換価した上で換価代金を残債権に充当することができ（破185条参照）、剰余があればこれを管財人等に引き渡す必要がある。ただし、通常は、目的物の価額と債権額と当初から均衡しており、さらに目的物が動産である場合には、時間の経過に伴う減価が著しいため、清算義務が生ずることは少ない。別除権の行使によっても満足を受けることができない部分については、破産債権者ないし再生債権者として、権利を行使することになる。

(2) 会社更生の場合

　更生会社である買主は、留保売主に対して代金を支払って目的物の所有権を取得することになるが、その代金支払債務は更生担保権と解されるから、留保売主は、開始決定時における目的物の時価を基準として、更生手続に参加し、更生計画により支払を受けることになる[注33]。

8 対抗要件の要否[注34]

(1) 民法における通説と倒産手続における近時の裁判例

　所有権留保は、売買契約時に留保売主から買主に所有権が移転していないのであるから物権変動は生じておらず、したがって留保所有権者は対抗要件を要せずに留保所有権を行使することができるという見解が民法の世界では通説であったと思われる[注35]。しかし、後述するとおり、近時、法的倒産手続の場面において留保所有権者が留保所有権を行使するためには、対抗要件を必要とす

（注33）伊藤・会社更生法207頁。
（注34）倒産手続における対抗要件の要否、裁判例を踏まえた実務対応についてはⅢ－7に解説があるので本稿では概要を述べるにとどめ詳細は上記論稿を参照されたい。

ると判示した裁判例が出されており、これを前提とした実務対応が求められている(注36)。

(2) 再生手続における自動車の留保所有権に係る最高裁判決

再生手続において、自動車の買主（再生債務者）が販売会社から自動車を購入する際に信販会社から代金の立替払を受けて当該自動車の所有権を信販会社に留保する旨の契約を締結していた事案において、最高裁は、留保所有権者である信販会社が別除権を行使するためには、再生手続開始時点で信販会社を所有者とする登録を具備していることが必要であると明確に判示した（最判平22・6・4民集64巻4号1107頁）(注37)。

(3) 転売が予定されている動産の所有権留保の対抗要件

再生手続において、所有権留保特約付売買契約により再生債務者に対して家庭用雑貨等の商品を販売した留保売主の別除権行使の可否が問題となった事案において、東京高等裁判所は、別除権の行使のためには留保売主は対抗要件（引渡し）を具備していることが必要であるとし、また、留保売主が占有改定の方法により引渡しを受けたとの主張に対しては、所有権留保特約に占有改定についての約定がないことや転売目的の商品について占有改定による引渡しを留保売主に認めることは取引の実態と乖離しているなどとして占有改定による引渡しを否定した（東京高判平23・6・7公刊物未登載）(注38)。

(注35) 道垣内3版362頁。動産債権譲渡特例法の立案担当者による書籍によれば「所有権留保やリースは、取引当事者間において、所有権の移転等の物権変動を伴わないため、基本的に物権変動を公示させることによって当該物権変動に対抗力を付与するという仕組を採っている我が国の公示制度になじみません」とされている（植垣勝裕＝小川秀樹『一問一答動産・債権譲渡特例法〔3訂版増補〕』〔商事法務、2010年〕15頁）。

(注36) 具体的な実務対応の例としては、権田修一「債権管理・回収に関わる判例考察」事業再生と債権管理140号（2013年）96〜99頁。

(注37) もっとも、登録が対抗要件か権利保護要件かについては明確にはなっていない。

9 留保所有権者に対する明渡請求・損害賠償請求の可否

(1) 留保所有権者に対する第三者からの明渡請求・損害賠償請求に関する最高裁判決

所有権留保の対象となっている物（自動車など）が第三者の所有する土地等に放置されている場合に第三者が留保所有権者に対して明渡請求や不法行為に基づく損害賠償請求をすることができるかが問題になる。

この点について、最高裁判所は、「留保所有権者は、残債務弁済期が到来するまでは、当該動産が第三者の土地上に存在して第三者の土地所有権の行使を妨害しているとしても、特段の事情がない限り、当該動産の撤去義務や不法行為責任を負うことはないが、残債務弁済期が経過した後は、留保所有権が担保権の性質を有するからといって上記撤去義務や不法行為責任を免れることはない」と判示し、期限の利益喪失による残債務弁済期の経過後は、留保所有権者は所有権留保の目的物の撤去義務、不法行為責任を免れることはない、という判断を示した（最判平21・3・10民集63巻3号385頁）。

この判決を前提とすると、留保所有権者は、買主（立替金債務者）において所有権留保の目的物が第三者の所有する駐車場等を占有していることを知った場合、当該第三者に対する賠償リスクを回避するために、ただちに担保権を実行することを検討する必要がある(注39)。

(2) 倒産時における問題点

破産、民事再生の場合、別除権（または取戻権）の行使が可能であるときには、上記最高裁判決で示されたとおり、別除権の行使が可能となった時点以降

(注38) この裁判例については、遠藤元一「所有権留保はどこまで活用できるのか——東京高判平成23・6・7判例誌未登載の紹介と分析」NBL998号（2013年）40頁に詳しい。

(注39) 「留保所有権者が妨害の事実を知っても債務者が引揚げに応じなければ自力救済は許されず、不法行為責任を免れるには、当該動産につき仮処分手続（断行もしくは半断行）を執るか本案訴訟を提起して民事執行により引渡しを受けなければならない」との指摘がある（印藤弘二「動産の留保所有権者がその撤去義務や不法行為責任を負う場合を示した最高裁判決」金法1873号〔2009年〕5頁）。

は所有権留保の目的物の撤去義務を負い、また妨害の事実を告げられれば不法行為責任を負うものと考えられる。もっとも、上記のとおり、倒産解除特約の有効性、双方未履行双務契約の適用の有無、対抗要件の要否についての考え方によって結論が変わる可能性があることに留意する必要がある。

会社更生の場合には、所有権留保は更生担保権と解されるから、留保所有権者は所有権留保の目的物を処分することはできず、したがって、通常、当該動産の撤去義務や不法行為責任を負うことはないものと考えられる。

10　動産売買先取特権との関係

所有権留保特約付動産売買の留保売主については、所有権留保特約上の権利を別除権または更生担保権として行使できるが、それと並んで選択的に動産売買先取特権（民311条5号・321条）を行使することが考えられる[注40・41]。とりわけ留保売主において、所有権留保特約以外の約定担保の設定をすることが困難で、かつ所有権留保特約についても対抗要件の存否が争いになるなど所有権留保の担保としての実効性に問題が生ずる場合には、留保所有権行使の代替手段として、所有権留保に代えて動産売買先取特権の行使を検討することには大きな意味がある。

破産、民事再生の場合には、動産売買先取特権は別除権である（破2条9項、民再53条1項）が、動産売買先取特権と所有権留保とを選択的に行使することができるものと解され[注42]、その場合、留保所有権者は、別除権者として、その選択に従い、先取特権に基づいて目的物の競売を求めることもできるし、所有権留保に基づいて評価額に従い清算金の支払と引換えに目的物の引渡

（注40）もっとも、所有権留保と動産売買先取特権とは同時に成立しないという見解もある（森田修『債権回収法講義〔第2版〕』〔有斐閣、2011年〕182頁）。
（注41）売買契約を解除した場合には動産売買先取特権を行使できなくなるため、所有権留保を行使するに当たっては、解除すべきでないとの指摘がある（堂島法律事務所編著『実践！債権保全・回収の実務対応』〔商事法務、2008年〕187頁）。
（注42）「売主は、更に動産売買先取特権を有することが多く、その権利行使をすることも可能である」とされている（破産・民事再生の実務3版（破産編）348頁）。

しを請求することもできるということになる[注43]。

　会社更生の場合にも、同様に留保所有権者が動産売買先取特権者となることがあり、動産売買先取特権は会更法上更生担保権として扱われるから（会更2条10項）、この点でも、更生担保権者となり得る[注44]。

(注43) 竹下・前掲（注20）論文297頁。
(注44) 「留保売主は、売買の目的物が動産であれば動産売買の先取特権（民法311条6号、322条）を、……買主に対して有するから、この点においても更生担保権者となる（法2条10項）」とされている（会社更生の実務(上)262頁・263頁〔佐々木〕）。

III-7　所有権留保に関する最新論点

弁護士　遠藤　元一

1　はじめに

　比較的最近、登録を対抗要件とする自動車を対象とする立替払契約（三者契約）の事案で、倒産手続における所有権留保の行使要件として手続開始時の登録を要すると判断した最高裁判決が現れ、次いで通常の動産を対象とする二者間の（転売を予定する）所有権留保売買の事案に上記判例を踏襲しつつ占有改定による引渡しは認められないとした裁判例が登場した。しかし最高裁の判断枠組みは必ずしも明確とはいえないため、判旨の意義を整理・分析して明確化を試み、射程を見極めることは有用と思われる。以下では上記の判決・裁判例の事案と判旨を紹介・整理し、判旨の射程を検討した上で、実務対応にも言及する。

2　最判平22・6・4（民集64巻4号1107頁、判時2092号93頁）の事案・判旨

(1)　事　案

　A（販売会社）、X（信販会社）およびY（買主・再生債務者）の三者は、YがAから本件自動車を購入するに際して、売買代金から下取車の価格を控除した残額を自己に代わってAに立替払することをXに委託すること、本件自動車の所有権がYに対する債権の担保を目的として留保されることなどを内容とする三者契約を締結し、同契約で、YはXに対し、①残代金相当額に手数料等を加算した金員を分割して支払う（立替金等債務）、②Yは本件自動車の登録名義のいかんを問わず（登録名義がAとなっている場合を含む）、Aに留保されている本件自動車の所有権が、XがAに本件残代金を立替払することによりXに移転

し、Yが立替金等債務を完済するまでXに留保されることを承諾すること等を合意した。所有者をA、使用者をYとして新規登録がなされ、本件三者契約に基づき、Xは残代金を立替払したが、その後、立替金債務の支払が停止し、Yにおいて小規模個人再生手続開始決定が開始された。そこでXは、Yに対し、留保した所有権に基づき、別除権の行使としてその引渡しを求めたところ、Yは所有者登録していないXの別除権の行使は許されないなどとして争った。

(2) 判決の要旨

最高裁は、(1)「本件三者契約は、Aにおいて留保していた所有権が代位によりXに移転することを確認したものではなく、Xが、本件立替金等債権を担保するために、Aから本件自動車の所有権の移転を受け、これを留保することを合意したものと解するのが相当であり、Xが別除権として行使し得るのは、本件立替金等債権を担保するために留保された上記所有権であると解すべきである。」本件三者契約の合意内容によれば、「XがAから移転を受けて留保する所有権が、本件立替金等債権を担保するためのものであることは明らかである。立替払の結果、Aが留保していた所有権が代位によりXに移転するというのみでは、本件残代金相当額の限度で債権が担保されるにすぎないことになり、本件三者契約における当事者の合理的な意思に反するものといわざるを得ない。」(以下、「判旨(1)」という)、(2)「そして、再生手続が開始した場合において再生債務者の財産について特定の担保権を有する者が別除権の行使が認められるためには、個別の権利行使が禁止される一般債権者と再生手続によらないで別除権を行使することができる債権者との衡平を図るなどの趣旨から、原則として再生手続開始の時点で当該特定の担保権につき登記、登録等を具備している必要があるのであって(民事再生法45条参照)、本件自動車につき、再生手続開始の時点でXを所有者とする登録がされていない限り、Aを所有者とする登録がされていても、Xが、本件立替金等債権を担保するために本件三者契約に基づき留保した所有権を別除権として行使することは許されない。」(以下、「判旨(2)」という)と判示した。

3 本判決の意義・射程等

(1) 本判決の３つの意義

本判決は、信販会社が売買代金を立替払するタイプの個別信用購入あっせん（割賦２条４項）のうちの三者間の複合取引の事案で、買主の倒産時に登録名義を有しない信販会社の所有権留保の実行を否定したものであり、次の３点で重要な意義を有する。

(2) 別除権としての取扱い

第１に、本判決では、再生手続において所有権留保が別除権として取り扱われることを前提とした検討が行われている。取戻権、別除権ともに手続外で権利が実行される破産手続の場合と異なり(注1)、再生手続では担保権実行の中止命令・担保権消滅請求許可の適用の有無が、更生手続では担保権の実行の原則禁止・停止、更生担保権の被担保債権は更生計画の定めに従って弁済することが要求されるなど別除権・更生担保権の行使は大幅な制約が課されるため、取戻権か、別除権・更生担保権かは権利行使に大きな相違をもたらす。

本件では当事者双方が別除権を前提として主張・立証を行い、かつ結論として別除権行使が否定されたため、最高裁の立場が明示されたとはいえない(注2)。しかし、留保所有権が担保権の性質を有することを示す判例（最判平21・３・10民集63巻３号385頁）がすでに出ていること、倒産手続における所有権留保を別除権・更生担保権として処遇するのが下級審裁判例・通説であること(注3)、

(注1) ただし細かいながらも差異がある。伊藤・破産法民事再生法２版346頁、佐藤鉄男「判批」民商143巻４＝５号（2011年）494頁注４。

(注2) 加毛明「判解」百選５版118頁、杉本和士「判批」法学研究86巻10号（2013年）94頁、和田勝行「判批」法学論叢170巻１号（2012年）136頁注５。もっとも山本和彦「判批」金法1361号（1993年）71頁は所有権留保が別除権になり得ない権利であれば最高裁が別除権との前提で判断することはあり得ないとする。

(注3) 札幌高決昭61・３・26判タ601号74頁（破産）、大阪地判昭54・10・30判時957号103頁（会社更生）等。最高裁判所事務総局編『破産事件執務資料』（法曹会、1991年）43頁［47］も別除権とする。伊藤・破産法民事再生法２版346頁、倒産法概説２版129頁〔沖野眞已〕。

所有権留保を売主から買主に対し物権的権利を移転・設定し、かつ売主自らにも所有権の一部喪失という担保設定行為を行うものと捉える調査官解説があること等からすると(注4)、今後は別除権としての取扱いが定着すると予測される。

(3) 双方未履行双務契約の規律との関係

なお本判決は触れていないが、双方未履行双務契約の規律（破53条1項、民再49条1項、会更59条1項）が適用されるかも問題となる(注5)。信販会社の立替払により売買代金債務がすでに弁済されていることに焦点を当てると(注6)、双方未履行双務契約の規律は適用される余地はないが、買主と信販会社を当事者として買主の立替金等債務と信販会社の登録移転義務が未履行状態にあることに焦点を当てると双方未履行双務契約の規律の適用を認めることにつながる。適用を認める見解の中でも、債務弁済による所有権留保という担保権の抹消と公示の消滅にすぎないこと、肯定説では破産管財人・再生債務者は目的物の価値と債務の既履行額等を考慮して解除か履行かを選択できるため、債権者の利益が害される場合があること等を論拠として否定する見解がある(注7)。

しかし債権者を害するような解除権等の行使を制約する判例法理があり(注8)、否定説が懸念するような支障には同法理で対処し得る。売主に登記・登録移転義務が残っている所有権留保付売買には双方未履行双務契約性を認めるのが裁判例・通説であり(注9)、本判決の事案では信販会社と買主を当事者とみて立替金等債務と登録移転義務が未履行状態にあるとして双方未履行双務契約性を認

(注4) 判時2092号94頁匿名コメント、柴田義明「判解」最判解民事篇平成21年度2078頁注7、高木4版381頁。もっとも、杜下弘記「倒産手続における別除権をめぐる裁判例と問題点」判タ1344号（2011年）29頁の二者間の留保所有権を想定した「売主が売買契約に基づき買主に所有権を移転し、引渡債務の履行を完了し、改めて担保目的で所有権留保をする」との説明と比較すると曖昧な説明にとどまる。

(注5) 登記・登録が必要な目的物であり、登記・登録が売主に留保されている場合の議論である。詳細はⅢ−5を参照。

(注6) 印藤弘二「所有権留保と倒産手続」金判1951号（2013年）69頁。

(注7) 印藤・前掲（注6）論文70頁、加毛・前掲（注2）論文119頁。大阪高判昭59・9・27（登録不要な機械の売買契約で引渡完了）は適用を否定する。

(注8) 最判平12・2・29民集54巻2号553頁。

めるべきである(注10・11)。

肯定説の立場からは、再生債務者・買主は、自動車の利用を継続したい場合、履行を選択し、信販会社の債権は共益債権になる。

(4) 行使要件としての登記、登録等の具備

第2に、本判決は判旨(2)で、別除権の行使要件として、原則として再生手続開始の時点で担保権につき登記、登録等を具備していることが必要であることを最高裁として初めて判断した。

倒産手続で別除権として処遇されるとはいえ、所有権留保は、実体法では、担保権の設定ではなく、売買契約における所有権の移転時期に関する特約と捉える所有権的構成が現在でも有力な状況で(注12・13)、倒産手続開始時での登記、登録等が必要であるとの説示は大きな意味を持つが、本判決が論拠とする「民事再生法45条参照」および「一般債権者との衡平を図るなどの趣旨」をどう捉えるかについて理解が分かれている(注14)。

民再法45条について、多数説は再生債務者に第三者性を肯定し、対抗問題

(注9) 伊藤・破産法民事再生法2版347頁、条解民事再生法3版270頁〔原強〕、東京高判昭52・7・19判時865号52頁（会社更生における自動車所有権留保）は適用を認める。なお東京地判平成18・3・28判タ1230号342頁（民事再生における自動車所有権留保）は適用を否定した。

(注10) 田頭章一「判批」リマークス2011年(下)135頁、田髙寛貴「判批」金法1950号（2012年）58頁。

(注11) 山本・前掲（注2）論文70頁は別除権と双方未履行双務契約が両立するか慎重な検討が必要とし、杉本・前掲（注2）論文94頁は両立を疑問視する。

(注12) 道垣内3版362頁、高橋眞『担保物権法〔第2版〕』（成文堂、2010年）317頁、司法研修所編『改訂 紛争類型別の要件事実』（法曹会、2006年）55頁、小山泰史「判批」金法1929号（2011年）58頁等。

(注13) 植垣勝裕ほか『一問一答動産・債権譲渡特例法〔3訂版〕』（商事法務、2010年）15頁も所有権留保が所有権の移転等の物権変動を伴わないことから公示制度になじまないため登記の対象としないとする。

(注14) 所有権留保の法的性質を所有権的構成と捉えると物権変動が生じないため、対抗要件としての登録は観念できず（印藤「判批」金法1928号〔2011年〕84～85頁）、登録の趣旨をどう理解するかも問題が生じる［詳細はⅢ－6参照］。

の発生を認めるが^(注15・16)、判旨(2)が再生債務者の第三者性を前面に出さず、「衡平」を掲げるのはどちらを勝たせるかの二者択一の判断ではなく^(注17)、再生手続開始決定により個別の権利行使が禁止される一般債権者との均衡から別除権者の権利行使を制限する趣旨と解される^(注18)。担保権が公示されないまま再生手続において拘束力を受けずに優先弁済が受けることで再生債務者財産が侵食され、減少する状況を抑制するという倒産手続における合目的的な観点から再生債務者財産に重大な利害関係を有する再生債務者との関係で別除権の行使に手続的な要件を要求する趣旨と捉えることもできる^(注19)。

以上の趣旨から別除権にも手続開始決定時での対抗要件の具備が要求されると解される^(注20)。

判旨(2)をこのように解すると再生債務者の第三者性を肯定する見解と親和的であり、また、民再法45条が規定する登記、登録のある財産に限らず、債権譲渡の対抗要件である確定日付ある通知承諾、動産・債権譲渡特例法の登記にも及び、差押債権者一般について対抗要件の具備が必要であるとすることにつながる^(注21)。

(注15) 伊藤・破産法民事再生法2版673頁、松下51頁、沖野・前掲（注3）論文138頁等。

(注16) これに対し、債務者に対する財産の処分制限効が及ばないため対抗問題が生じないとする見解（条解民事再生法3版195頁〔河野正憲〕）、民再法45条は権利関係の一律的処理の要請に基づき権利保護要件を定めたものと捉える見解（甲斐哲彦「対抗要件を具備していない担保権の破産・民事再生手続上の地位」司法研修所論集116号〔2006年〕126頁）がある。

(注17) 田頭・前掲（注10）論文137頁は、再生債務者の財産管理処分権は債権者全体のために行使しなければならないとする大阪高判平21・5・29公刊物未登載の趣旨をより進めたものとする。

(注18) 山本・前掲（注2）論文71頁、田頭・前掲（注10）論文137頁、直井義典「判批」香川法学31巻1・2号〔2012年〕13頁。これに対し、中井康之「担保権付債権の代位弁済と対抗要件」ジュリ1444号〔2012年〕79頁は手続開始後でも登録の移転を受ければ留保所有権を行使できると解する余地があるとする。

(注19) 杉本・前掲（注2）論文101頁参照。

(注20) 倒産手続開始後に対抗要件を具備した場合でも権利行使を認める指針（最高裁判所事務総局編・前掲（注3）論文43頁［47］）をあらためる意図もあろう。遠藤元一「所有権留保はどこまで活用できるのか」NBL998号（2013年）44頁。

以上の一般論に基づき、判旨(2)は、対抗要件として自動車の登録を要求していると解される。

(5) 信販会社の所有権留保の法的構成

第3に、本判決は判旨(1)で、信販会社の所有権留保の法律構成に言及する。判旨(2)で別除権行使は否定されたものの、最高裁が多数当事者間での所有権留保をどう捉えるかを示すものとして重要な意味を持つ。ただし、判旨(1)が示す、信販会社が取得した留保所有権の権利内容や取得経路には必ずしも明確でない部分が残されている。

学説は取得経路に着目し、①買主が一旦完全な所有権を取得して、信販会社に譲渡担保に供されるという見解（譲渡担保構成）[注22]、②売買代金の立替払を受けた販売会社が留保所有権を被担保債権とともに信販会社に譲渡し、買主と信販会社との合意により被担保債権を立替払債権に変更するという見解（「特別の合意説」ないし「合意移転構成」）[注23]、③売買代金が立替払されると弁済による代位の効果として販売会社の留保所有権が代金債権とともに信販会社に移転するという見解（法定代位構成）[注24]などに分かれる。③説によれば、法律上当然に権利移転が生じるため、販売会社の登録が存在する限り、信販会社は自ら登録を具備する必要はないとの帰結を導き得る[注25]。原審はこの考え方に

(注21) 山本・前掲（注2）論文71頁、和田・前掲（注2）論文136頁、田頭・前掲（注10）論文137頁。これとは異なる見解として有住淑子「再生債務者の法的地位」櫻井孝一先生古希記念『倒産法額の軌跡と展望』（成文堂、2001年）12頁。

(注22) 佐藤昌義「クレジット会社の所有権留保」NBL463号〔1990年〕38頁。

(注23) 安永正昭「所有権留保の内容、効力」高木ほか『担保法大系Ⅳ』（金融財政事情研究会、1984年）386頁、新版注民⑼911頁〔安永正昭〕。両者の説明はニュアンスの差がある。直井・前掲（注18）論文115頁注15。

(注24) 千葉恵美子「割賦購入あっせん」福永有利編著『新種・特殊契約と倒産法』（商事法務研究会、1988年）42頁。

(注25) 法定代位につき対抗要件を不要とするのが通説であり、実務の取扱いも同様とされるが、対抗要件が当然不要とまではいえず（判例も明言していない。直井・前掲（注18）論文117頁）、別途検討する余地があるとの指摘もある。小山・前掲（注12）論文59頁、山本・前掲（注2）論文69頁。

基づき信販会社の別除権行使を認めた。

　ところが判旨(1)は、③説を明確に否定し、販売会社から信販会社への権利移転を前提とするため①説とも異なる構成を採る。また、1審判決の「販売会社が販売して失い、同時に信販会社が取得して留保するとの法律関係を販売会社、買主、信販会社の三者契約で発生させ」るとの法律構成も採用していない(注26)。とすると、判旨(1)は、②説、つまり信販会社は、販売会社から所有権を譲り受ける（「移転」とは合意による移転＝承継取得を指す）とする見解に立つと解することになるが(注27)、その場合に所有権留保の法的性質と被担保債権が残代金債権ではなく立替金等債権となることをどう整合的に説明するかが議論されている(注28)。②説と異なり、信販会社が新たな留保所有権を取得するとの法的構成を示唆する見解(注29)もある。

　この点、担保権的構成の下では、残代金債権を担保する留保所有権を信販会社に譲渡しても、被担保債権を立替金等債権を担保するものに変更することについて説明に窮するが、所有権的構成では、販売会社は完全な所有権を信販会社に譲渡し、信販会社と買主間で新たに、被担保債権を立替金債権として所有権留保を設定するとの三者間合意と構成することを容易に説明できると考えられているようである(注30)。担保権的構成を採りつつ、立替払いによる残代金債権の消滅とともに、買主が販売会社との所有権留保に基づく物権的地位を一旦放棄し、販売会社が完全な所有権を信販会社に譲渡して、信販会社と買主間で新たに所有権留保を設定するとの三者間合意と構成するとの見解も(注31)、所有

(注26)　「合意創設構成」。関武志「民事再生手続におけるクレジット会社の法的地位(上)──最判平22・6・4民集64巻4号1107頁の事件を素材として」判時2173号〔2013年〕13頁。

(注27)　本判決は②説に立つとする評釈が多い。

(注28)　直井・前掲（注18）論文117頁、加毛・前掲（注2）論文119頁。田髙・前掲（注10）論文54頁も参照。（注29）の調査官解説が立替金等債権を被担保債権とする新たな担保設定と捉えるのも同じ問題意識に立つためと推測される。

(注29)　山田真紀「判批」曹時65巻10号〔2013年〕2599頁。このような見解をも含めると「第三者所有権留保」という問題の捉え方は的確とはいえない。

(注30)　直井・前掲（注18）論文117〜118頁、加毛・前掲（注2）論文119頁。和田・前掲（注2）論文143頁注52も参照。明言はないが、同様の理解を前提としている評釈もあるように理解される。

権的構成と同じ結論を導くための論理操作を行うものであろう。

しかし本件が三者契約であることからすれば、担保権的構成を採りつつ信販会社と買主間であらためて被担保債権を立替金等債権に変更することを特別の支障なく説明できると考えることもできよう[注32]。

本件は以上の一般論と異なる説明も可能である。登録を対抗要件とする自動車は、買主が販売会社から物権的権利の移転・設定を受けても、中間省略登録が認められない以上[注33]、販売会社の登録名義を変更しない限り、現実の引渡しを受けたところで買主は物権的権利の取得につき対抗要件を備えたことにはならず、販売会社は完全な所有権を信販会社に譲渡できるから、担保権的構成を採る立場でも、結果的には所有権的構成と等しい結論となるからである。

判旨(1)は、通常の動産と異なり登録を対抗要件とする自動車を対象とし、別除権行使が否定された場合の判示であり、本件三者契約には権利関係が不明瞭な点が含まれる条項が定められているとの事情もあるため[注34]、判旨(1)の射程は限られており、三者契約一般における所有権留保の法的性質、留保所有権の取得経路については及ばないと解される。

4 法定代位する旨の約定の有効性

判旨(1)が当事者の合理的な意思を理由として法定代位の効果を排斥したこと

(注31) 加毛・前掲（注2）論文119頁。
(注32) さらに、担保権的構成を徹底する見解を採り、販売会社は残売買代金を、信販会社は立替払等債権の事前求償権を被担保債権とする担保権を同時に取得し、信販会社が立替払すると、販売会社の所有権留保は消滅し信販会社のみが事後求償権に変わった立替金等債権を被担保債権とする所有権留保を取得するとの構成もあり得よう。
(注33) 小林明彦「判批」金法1910号（2010年）2頁も参照。
(注34) 本判決の事案に係る契約書は、モデル約款（全国信販協会編『個品割賦購入あっせんモデル約款解説書』〔全国信販協会、2004年〕101頁以下の約定とは異なり、①立替等債務を完済しても販売会社に修理代金等の未払債務があると販売会社に留保所有権がとどまるとする条項、②信販会社・買主間の立替払契約に基づく立替金等債務を販売会社が代位弁済した場合、販売会社の求償権を担保するため留保所有権が販売会社に移転する等の条項がある。

には学説では批判的な見解が多い[注35]。では当事者間の契約で、立替払により残代金債権を被担保債権とする留保所有権が販売会社から信販会社に移転することを明記する条項を定めることで、法定代位の効果を確保することができるか。

これを肯定する見解も多くみられる（この場合、手数料等の上乗せ部分は担保されないが、弁済を手数料等部分から優先充当する約定があり得る）[注36]。確かに判旨(1)が、一般論として、法定代位（あるいは法定代位構成）を認めない趣旨とは思えない。しかし信販会社と買主との間で新たな所有権留保を設定することと、販売会社の留保所有権が信販会社に法定代位により移転することとは両立しがたいように思われる[注37]。「当事者の合理的な意思」が留保所有権の取得経路も想定したものと考えられるのであれば、法定代位を排斥したことには合理性があり、代位による留保所有権を行使できる旨の明文の約定を設けても、もともとの約定とは二者択一関係に立ち、効力が否定されるとの解釈になると思われる。換言すれば、もともとの約定の定め方次第では、代位による留保所有権を行使できる旨の明文の約定は有効性をもち得る[注38]。

5 別除権行使が認められない場合の留保買主の地位

別除権行使を認めない本判決の帰結として、自動車の所有権が再生債務者財産に含まれ、買主は販売会社に対し、登録名義の移転を請求できるという見解がある[注39]。しかし、それまで買主が一度も完全所有権を取得していないにも

(注35) 小林・前掲（注33）論文13頁、佐藤・前掲（注1）論文495頁、田髙・前掲（注10）論文55〜56頁。
(注36) 小林・前掲（注33）論文13頁、田髙・前掲（注10）論文55〜56頁、野村秀樹「判批」金法1353号（1993年）17頁。
(注37) 関・前掲（注26）論文19頁注16、加毛・前掲（注2）論文119頁。
(注38) 加毛・前掲（注2）論文119頁、杉本・前掲（注2）論文100頁。なお山田・前掲（注29）論文2599頁参照。
(注39) 福田修久「破産手続・民事再生手続における否認権等の法律問題(1)」曹時64巻6号（2012年）1294頁、上江州純子「判批」平成22年度重判（2011年）176頁等。

かかわらず、再生手続開始を契機に、自動車を再生債務者財産に帰属させ、立替金債権を再生債権と取り扱うことは信販会社の債権確保の途を一方的に奪うに等しく、明らかに行きすぎである(注40)。法律上経済上相互の関連性をもち原則として担保視しあっている債務の取扱いを定める双方未履行双務契約の規律(注41)の適用を認め、信販会社には立替金等債権の支払を確保する途が確保されるべきである。したがって再生債務者である買主は信販会社に対する立替金等債務の履行と引換えに初めて販売会社に登録移転義務の履行を求め得ると解する(注42)。

6 東京地判平22・9・8(判タ1350号246頁)、東京高判平23・6・7(判例誌未登載)の事案・判旨(注43)

(1) 事案と争点

XがY₁(Y₂の完全子会社でY₂の仕入部門を担う)に対し、基本契約に基づき継続的に家庭用雑貨等を売却した。Y₁、Y₂が再生手続開始を申し立て、手続開始決定に至ったため、Xは、所有権留保特約により本件商品の所有権に基づきY₁および一部の転売を受けていたY₂に対し、その占有する商品の引渡しを求めた。

当事者間で①所有権留保の法的性質(取戻権か、別除権か)、②対抗要件具備の必要性、③占有改定による引渡しの有無等が争われた。

(注40) 小林・前掲(注33)論文13頁、佐藤・前掲(注1)論文497頁、田頭・前掲(注10)論文137頁、田髙・前掲(注10)論文56頁。杉本・前掲(注2)論文102頁は立替金等債権につき権利変更の上で再生計画により割合弁済がなされることと引換えに登録名義を移転するとの販売会社および信販会社側の抗弁権を認めればよいとする(残代金債権の範囲で法定代位構成により別除権行使も認める)が、割合弁済では信販会社の保護が十分とはいえないのではなかろうか。

(注41) 最判昭和62・11・26民集41巻8号1585頁(旧破59条)参照。

(注42) 田髙・前掲(注10)論文58頁。買主への登録名義を移転するか否かにつき信販会社が承諾権をもつと捉えれば、販売会社が買主から登録名義の移転請求を受ける場合でも、販売会社は買主の登録名義の移転請求を拒否できる。

(注43) 最判平24・2・2に最高裁が上告棄却・上告不受理決定をして確定した。

(2) 1審判決の要旨

1審判決は、(1)「所有権留保特約は、Y₁に所有権を移転した上で、Xが売却した商品について担保権を取得する趣旨のものであると解するのが相当である。そして、……担保権の実質を有するものであるから、同権利はYらについて開始された再生手続との関係において、別除権（民事再生法53条）として扱われるべきであると解される」(2)「再生手続が開始された場合において再生債務者の財産について特定の担保権を有する者が別除権を行使するためには、個別の権利行使が禁止される一般債権者と個別手続によらないで別除権を行使できる債権者との衡平を図るなどの趣旨から、原則として再生手続開始の時点で当該特定の担保権につき登記、登録等の対抗要件を具備している必要があると解される（民事再生法45条参照）。」(3)「本件商品についてのXの留保所有権の対抗要件は、引渡しであると解される（民法178条）ところ、本件商品は、すべてY₁に引渡されているから、Xが対抗要件を具備していたと認めることはできない。」(4)「なお、本件商品については、Xは、占有改定の方法によって占有を取得し、対抗要件を具備する余地もあると考えられるが、本件商品を代金支払の有無にかかわらずY₂や他の取引先に転売し引渡すことが予定され、Xもこれを許容していたことや、他の仕入先から仕入れた商品と分別して保管されておらず、判別することができない状態にあったことからすれば、本件商品の売却に際し、占有改定がされたと認めることはできない。」としてXの請求を棄却した。

(3) 控訴審判決の要旨

控訴審判決は、要旨1審判決の(1)～(3)を援用した上で、控訴審における当事者の主張に対して、(5)「単に所有権を留保するだけではなく、商品の占有自体もXにあるとする契約当事者間にとって極めて重要な意味を有する」占有改定の合意による占有が「基本契約に全くその旨の定めがされていないのは不自然、不合理」であり、「所有権留保特約が……表面上は新たな物権変動が予定されていないとしても、占有改定の合意があったのであればその旨を所有権留保特約とともに定めておくことは何らの支障がないにもかかわらず、その旨の約定がないということは、売主であるXに対し本件商品を占有改定により引

渡すとの合意がなかったとみるのが相当である。」(6)「本件のように元々転売を目的とし、対象とする商品が流通することを前提とした取引にあっては、Y₁が商品の引渡しを受けて、Y₁ないし転売を受けたY₂が転売目的で保管しているのに、占有改定の方法により売主であるXに商品を引き渡して、その占有もXに留保されていると解するのは、取引の実態とのかい離が余りにも大きいといわざるを得ず、買受後のYらの商品の取扱い状況に徴しても、本件基本契約において、XとY₁との間で売買する商品について占有改定の方法によりXに占有を留めるという合意があったとは到底認められないというべきである。」等と判示し（以下「判旨(1)～(6)」という）、控訴人の主張を排斥した[注44]。

7　本判決の意義、射程等

(1)　担保権的構成の採用

　第1に、本判決は、判旨(2)で、別除権の権利行使には原則として再生手続開始の時点で担保権につき登記、登録等を具備していることが必要であるとして最判平22・6・4の枠組みを踏襲したが、その前提として、判旨(1)で、①民再法における所有権留保の取扱いを別除権であると明言し、かつ②「買主への所有権移転と買主による売主のための担保権の設定」として担保権的構成をとることをより明確化した。さらに③判旨(3)で、登記、登録等は「対抗要件」としての具備であることを明示した。これらの点に本判決の意義がある。

(2)　占有改定による引渡しの合意の認定

　第2に、本判決は、判旨(4)から(6)で、引渡しとしての占有改定（民183条）の有無につき、占有改定による引渡しの合意を認定できないとしており、この点に重要な意義がある。

　通常の売買では、売主は、現実に目的物を占有していないとはいえ、占有改定により動産の対抗要件である引渡しを充たすことができ[注45]、所有権留保特約付きで売買契約を締結し、買主に商品を現実に引き渡した場合にも、当該所

（注44）控訴審の判決理由の詳細は遠藤・前掲（注20）論文42～43頁。

有権留保の約定の中に当然に占有改定による引渡しの合意が含まれると考えられていた(注46)。学説では、占有改定が否定されることはあり得ず、目的物の特定性の欠落を理由とすべきであるとの指摘があるが(注47)、特定性は、ある物が担保の目的物となっているかを定めることに一義的な意味があり(注48)、本件の所有権留保（設定）時に特定性が欠けているとは考えられず、焦点は占有改定による引渡しの有無に求められる。

本判決が占有改定による引渡しを否定する論拠は、①代金支払の有無にかかわらず買主であるY₁がY₂や他の取引先に転売し引き渡すことが予定されXも許容していたこと、②他の仕入先から仕入れた商品と分別して保管されておらず、判別することができない状態にあったこと、③基本契約に占有改定による引渡しの条項が定められていないこと、④転売目的で商品が流通することを前提とした取引で占有改定による引渡しを売主に認めることは取引の実態と乖離していることを買受後の商品の取扱状況を考慮しつつ占有改定による引渡しの合意は認認できないことの4つに整理できる（①②は1審、③④は控訴審）。

理由②は分別管理ができるかという実務対応いかんである。理由③は、今後、売買等契約書に所有権留保特約および留保目的物を占有改定により引き渡した旨の規定を定めれば対処できる。

検討を要するのは理由④であり、この論旨を貫くと「流通過程における所有権留保」には、占有改定による引渡しについての売主・買主間の合意は有効とは認められず、たとえ売買契約書に所有権留保特約だけではなく、占有改定による引渡しを行った旨の規定を定めたとしても、第三者に権利行使を主張でき

（注45）最判昭30・6・2民集9巻7号855頁は、譲渡担保についてであるが、譲渡担保契約を締結し引き続き設定者が目的物を占有していれば、それだけで占有改定があるとする。

（注46）田髙・前掲（注10）論文57頁注23。同「所有権留保の対抗要件に関する一考察」清水元ほか編『平井一雄先生喜寿記念・財産法の新動向』（信山社、2012年）241〜242頁。高木4版381頁も買主から売主への占有改定が存するとみればよいとする。

（注47）田髙・前掲（注10）論文57頁注23、野村剛司「判批」TKCライブラリー・2011年倒産法11号4頁。

（注48）角紀代恵「判批」法協107巻1号（1990年）140頁、笠原武郎「判批」ジュリ1329号（2007年）113頁。

る有効な所有権留保が認定されない可能性が生じる[注49]。

　担保権が公示されずその設定・存在が外部から認識されないまま、再生手続に拘束されずに当事者の合意で定められた範囲の被担保債権の優先弁済を受け得る状況は無制限に認められるべきではないと考えるならば[注50]、占有改定による引渡しを厳格に判断した判断枠組みを転売を予定している事例以外の一般的な事例にも適用すべきだということになろう。これに対し本判決は具体的な特約に関する事例判断を示したものと考えると、本判決の判断枠組みは限定的に捉えるべきことになる。

　この点、引渡しの類型のうち占有改定による引渡しのみを厳格に認定しなければならない合理性が必ずしも十分に示されているとはいえず、本判決の判断枠組みは事例判断について示されたものと捉えるべきである。

　このような理解に立ち、本判決の「買受後の商品の取扱い状況に徴しても」という文言を「転売目的で商品が流通することを前提とした取引」のうち占有改定による引渡しの合意を認めない範囲を画定するための条件と捉え、その具体的な意味を探求すると、理由①、②がこれに該当するのではないか思われる。

　このように考えると、転売目的で商品の流通を前提とする取引で、理由①および②の事情が認められる場合は、売買契約書において占有改定による引渡しの規定を定めても、占有改定による引渡しの合意は有効とは認めがたく、所有権留保の対抗要件としての効力が認められない可能性が高い。また、理由①、②を充たさなくとも、転売目的で商品の流通を前提とする取引の場合は、占有改定による引渡しの合意が否定される可能性がある[注51]。

8　転得者その他の権利者との競合・優劣関係

　所有権留保が別除権として処遇されると、転得者・集合動産譲渡担保権者等、他の権利者と権利関係が競合する場合の優劣関係が所有権的構成の場合と

（注49）遠藤・前掲（注20）論文45頁。
（注50）杉本・前掲（注２）論文103頁参照。
（注51）以上につき遠藤・前掲（注20）論文45〜46頁。

異なって取り扱われる可能性が生じる。

　すなわち、所有権的構成では、所有権留保の目的物を買主が第三者に転売しても、買主は無権利者であるゆえに転得者が即時取得しない限り、留保所有権者は目的物を取り戻すことができ、また、所有権留保の目的物が集合動産譲渡担保権を設定した範囲に搬入されても、目的物が固定化するまでは個々の動産は目的物ではなく、固定化しても即時取得が成立しない限り、譲渡担保の効力は及ばず、留保所有権者は目的物を取り戻すことができる。占有改定では即時取得が認められない以上、所有権留保の効力が圧倒的に有利であった。

　しかし担保権的構成では、所有権を取得する買主は留保目的物を第三者に転売し、譲渡担保に供することができ、転得者や固定化された集合動産譲渡担保権者が留保所有権の存在につき善意・無過失のときは留保所有権の負担のない所有権を取得できる（ただし、占有改定では即時取得は成立しない）ため[注52]、動産の現実の占有を設定者にとどめる譲渡担保とパラレルに処遇されることとなる。

　もっとも担保権を実行する場合、譲渡担保は実行通知により集合物の範囲内にある目的物を固定化すれば被担保債権の限度で固定化時の目的物を把握できるのに比べ、所有権留保は被担保債権が弁済されていない目的物を既払ずみのものと区別し、特定しなければならないため、煩雑でコスト等もかさむ。したがって転得者・集合動産譲渡担保権者等の権利者との競合・優先関係が考えられる場合は所有権留保は避けることが望ましい[注53]。

9　実務対応

(1)　登録を要件とする自動車等のクレジット契約

　買主が立替金等債務を完済するまで自動車の所有権は信販会社が留保するが登録名義は販売会社の名義に残すという実務の取扱いは自動車取引を円滑かつ迅速に実現する上で合理性がある[注54]。信販会社は買主が債務の弁済を滞らせ

（注52）高木4版383～384頁、高橋・前掲（注12）論文318頁。
（注53）遠藤・前掲（注20）論文48頁。

たら直ちに信販会社への登録名義を移転すべきであり、自動車の販売後立替払が速やかになされる場合は最初から信販会社名義にすべきとの見解もあるが[注55]、この方法はそのメリットを減殺し、最終的にはコストは買主の負担に転嫁され、買主の利益とならない[注56]。

そこで現時点では代位による留保所有権を行使できる旨の明文の約定を定める対応が無難と思われる[注57]。この場合、①クレジット契約書に留保所有権が販売会社から信販会社に移転することと論理的に両立しがたいような約定が契約条項に入っていないかをあらかじめ確認し、懸念される約定は修正しておくこと、②被担保債権を立替金等債権とする約定を定め、併せて、万が一、手数料等の上乗せ部分は担保されないことになることを想定して、弁済充当に当たり手数料等部分から優先充当するとの約定を定めておくことが有用であろう。

自動車以外の登記、登録の対象となる動産を対象とする売買等の場合も、買主に対する最終的な債権者となり、留保所有権者となる留保所有権者が自らの名義で登記、登録手続を履践することが必要であり、所有権留保の活用は留保所有権者が速やかに対抗要件を具備できる場面に限定される。

(2) 対象適格性の検証

上記以外の商品の所有権留保特約について、実効性確保のため次の諸点に留意する必要がある。

第1に、目的物が所有権留保に適するかを検証するべきである。①買主が売主から買い受ける商品の第三者への転売を予定する取引は、占有改定による引渡しの効力が否定されるリスクがないとはいえない。慎重を期するならば、転

(注54) 田髙・前掲（注10）論文55〜56頁、大畠重遠「自動車の所有権留保に関する判決と実務上の課題」事業再生と債権管理137号（2012年）200頁。

(注55) 野村・前掲（注36）論文17頁、佐藤・前掲（注1）論文498頁、権田修一「債権管理・回収に関わる判例考察」事業再生と債権管理140号（2013年）98頁。

(注56) 佐藤・前掲（注1）論文40頁、田髙・前掲（注10）論文55頁。車検証の所有者登録名義人が販売会社となるのは仕方ないとしても、信販会社となることには買主の抵抗が強いという事情もあるようである。

(注57) 小林・前掲（注33）論文13頁。なお（注25）にも留意。

売目的での売買取引には所有権留保特約は避けるか、少なくとも転売を予定する取引のうち商品の物流が売主あるいはその仕入先から買主の転売先に直接納入される場合、売り渡した商品の保管・管理状況につき売主がコントロールを及ぼすことができない場合は、他の動産担保の手法を選択することが望ましい。②個別の識別・特定が性質上困難な商品を対象とする取引では、転売を目的としなくても保管状況により代金既払の商品と未払の商品との判別が困難な状態が生じる[注58]。また③原材料等は、識別・特定が困難ではなく占有改定による引渡しを充たす場合でも、納入後、加工等により所有権が消滅し、加工した動産に帰属することが考えられるから、所有権留保には適しない。これらについては、集合（流動）動産譲渡担保や、転売を予定する場合は買主の第三者に対する売買代金等に対する債権譲渡担保の設定等を検討すべきである。

(3) 所有権留保条項の見直し・改訂

第2に、所有権留保特約の見直し、必要な改訂を行うべきである。①被担保債権を売買代金に限定する（売買代金債権以外の債権や対価的牽連性を有する動産以外の他の動産をも対象とする特約や[注59]、被担保債権の範囲を限定しない包括根所有権留保の特約[注60]は避ける）、②占有改定による引渡しの約定を明記する、③占有改定による引渡しの効力が否定されることをなるべく防止するため、買主による商品の分別管理の義務付けの約定を定める、④個別の識別・特定が性質上の困難な商品を対象とする場合は、代金既払の商品と未払の商品との識別が可能なような保管状態を確保する必要があること等に留意が必要であ

[注58] ロット番号等で管理しても、梱包を解いて商品を陳列すると代金未払分・既払分の商品の区別は困難となる。遠藤・前掲（注20）論文48頁注27。

[注59] 被担保債権の範囲を拡大する、いわゆる「拡大された所有権留保」の有効性につき、下級審裁判例であるが、有効と認める東京地判昭46・6・25判タ267号246頁と民法90条の趣旨に反して無効とする東京地判平18・3・28判タ1230号342頁に分かれている。遠藤・前掲（注20）論文46～47頁。

[注60] 東京地判平16・4・13金法1727号108頁は民法90条の趣旨に反して無効とするが、前注の裁判例も含め、有効性に関する明確な基準は確立していない。遠藤・前掲（注20）論文47頁。

る。以上を踏まると末尾記載のような条項が考えられよう[注61]。

(4) 動産売買先取特権の行使等

第3に、所有権留保特約以外の担保の設定が難しく、所有権留保も担保としての実効性が期待できない場合は、売買代金のサイトを短縮するか、動産売買先取特権で対処すべきである。所有権留保特約付売買契約において、売主は通常、動産売買先取特権（あるいは物上代位）を行使できるからである[注62]。

1　甲が納入した商品の所有権は、甲が乙から当該商品の売買代金の支払を受けたとき（手形小切手による支払の場合は、当該手形・小切手が支払期日に決済されたとき）に甲から乙に移転する。【ただし、乙は、期限の利益喪失事由、解除事由その他本契約を継続することが困難と認められる事由に該当するまでは、通常の営業の範囲内で、第三者に商品を売り渡すことができる。】

2　乙は、商品が甲の留保所有権の対象であることを承認し、甲から商品の納入を受けた時点で占有改定により甲への引渡を完了したものとする。

3　乙は、商品を善良なる管理者の注意義務をもって保管するものとし、他の商品と分別し、かつ【1項但書の限度を除き】、甲から納入を受けた状態で維持・管理する。

注・【　】部分は買主による転売を許す場合に加える規定。占有改定の認定が困難になるリスクが高まることに注意。

（注61）遠藤・前掲（注20）論文49頁。権田・前掲（注54）論文99頁も参照。
（注62）破産・民事再生の実務3版（破産編）348頁。森田修『債権回収法〔第2版〕』（有斐閣、2011年）182頁は否定説を採るが、同時に成立しないと解する合理的な理由はないと思われる。遠藤・前掲（注20）論文49頁。

Ⅲ－8　ファイナンス・リース（総論）

弁護士　俣野　紘平
弁護士　桑田　寛史

1 ファイナンスリースとは何か

(1) 定　義

　ファイナンスリース^(注1)とは、1960年代以後わが国に導入された、比較的新しい取引形態であり、目的物件をその事業活動のために使用しようとする者（ユーザー）が、リース会社に対してリースの申込みをなし、リース会社は、目的物の所有者（サプライヤー）から目的物を買い受けて、これをユーザーに使用させ、その対価としてリース料の支払を受けて、サプライヤーからの買受資金を回収した上で、一定の利潤を上げようとするものである^(注2)。

　ファイナンスリースは、長期分割での設備投資を可能とする設備投資金融としての機能を有する。同様な機能を果たし得る法的スキームはほかにも考えられるが、設備機器を購入して法定耐用年数で減価償却するよりもリース料を損金計上するほうが税務上有利であること等の節税メリットが大きいことから、現在広く普及している^(注3)。

　典型的なファイナンスリース^(注4)は、①リース期間はリース物件の耐用年数と見合う期間とされ、②リース期間中に支払うべきリース料の総額は、リース物件の購入に必要な代金、費用、金利、手数料の合計額に相当するものとし

（注1）　なお、「リース契約」の名でくくられる契約は多様であり、金融機能に重点を置いたファイナンスリースの他にも、ユーザーの使用収益に重点を置いたオペレーティングリース、リース業者がリース物件の保守・管理等を行うメンテナンスリース、節税効果を利用した投資スキームとしてのレバレッジドリース等の「非典型リース」と呼ばれる契約類型が存在している。非典型リースの詳細については、Ⅲ－10を参照されたい。

（注2）　伊藤・破産法民事再生法2版283頁、伊藤・会社更生法287頁。

て設定され、③リース期間中におけるユーザーの中途解約は認められず、④ユーザーに契約違反や約定の信用喪失事由が生じた場合、リース業者はリース料債権の全額を一括請求できるものとされている、という特色を備えており、フルペイアウト方式のファイナンスリース[注5]と呼ばれている[注6]。

(2) ファイナンスリースの法的性質──賃貸借説と金融説

　ファイナンスリースについて、目的物の所有者たるリース会社が、それをユーザーに使用させて、リース料の支払を受けることに着目すれば、賃貸借契約に類似するといえる（以下、「賃貸借説」という）。しかし、その経済的実質としては、リース会社の所有権はユーザーに使用権原を与え、かつ、リース料の支払を確保するための手段にすぎず、目的物がもつ使用価値はユーザーによって使い尽くされることが通常である。したがって、経済的実質に着目すれば、リース会社がユーザーに対してサプライヤーからの買受資金を融資し、それをリース料の支払の形で回収し、その担保のために目的物の所有権を自らに留保するものといえる[注7]（以下、「金融説」という）。法律構成に着目した賃貸借説

（注3）ファイナンスリースに関しては、主に租税政策的な関心の対象とされており、租税法・企業会計法規に関して若干の規定（所税67条の2第3項、法税64条の2第3項、会社計算2条3項53号・108条）があるが、リース関係等を規律する規定はない。現在、債権法改正の議論において、ファイナンスリースを典型契約として規定するか否かが議論されているところである。債権法改正と事業再生341頁。

（注4）所得税法、法人税法、会社計算規則においては、ファイナンスリース取引を「リース契約に基づく期間の中途において当該リース契約を解除することができないリース取引又はこれに準ずるリース取引で、リース物件の借主が、当該リース物件からもたらされる経済的利益を実質的に享受することができ、かつ、当該リース物件の使用に伴って生じる費用等を実質的に負担することとなるものをいう」と定義しているが、これはフルペイアウト方式のファイナンスリースを指しているものと考えられる。

（注5）なお、リース物件の取得費などリース会社による資本投下全額をリース契約期間中のリース料で賄うことが予定されていない方式のファイナンスリースは、ノンフルペイアウト方式のファイナンスリースと呼ばれる。永石一郎「判批」金判1319号（2009年）10頁。

（注6）石井教文「ファイナンス・リース契約を典型契約に追加するべきか」荒木新五『民法改正を考える（法律時報増刊）』（日本評論社、2008年）309頁。

（注7）伊藤・破産法民事再生法2版283頁。

と経済的実質に着目した金融説との間にこのような着眼点の違いが存在しているところ、**2**(1)で後述するとおり、いずれの立場に立つかによって、倒産法制におけるリース料債権の取扱いが異なることから、主に倒産の局面においてファイナンスリースの法的性質が議論されてきた。

(3) ファイナンスリースをめぐる従来の議論

ファイナンスリースをめぐっては、法的性質に関する議論のほか、従前、以下のような議論がされてきた[注8]。

ア 清算時における早期処分利益の取扱い

ユーザーがリース料債務を履行しなかった場合、リース会社としては、リース契約を解除してリース期間満了前に目的物をユーザーから引き揚げ、残リース料全額および遅延損害金の即時支払を請求することになる。この場合において、リース会社が、本来ならば期間満了まで処分できなかった目的物を早期に処分する利益を得ることになるが、清算の際に当該利益分を考慮すべきかどうかについての議論がある。

この点について、判例は、その清算の対象になる額は「リース物件が返還時において有した価値と本来のリース期間満了において有すべき残存価値との差額と解すべきである」として、当該利益分を考慮すべき旨判示している（最判昭57・10・19金法1011号44頁）。

イ 瑕疵担保責任の取扱い

リース物件に隠れた瑕疵がある場合、ユーザーは、誰に対して瑕疵担保責任を追及できるかという議論がある。なお、リース契約の法的性質とも関連するが、仮にリース契約が賃貸借契約であると解されると、リース会社は瑕疵担保責任（民559条）を負うことになる。そこで、これを避けるため、リース会社は瑕疵担保免責特約によってこれを排除しているのが通常である。このような特約も、ファイナンスリースが金融の性質を有していることを理由に有効と解されてきた。

（注8）後藤紀一「ファイナンス・リースをめぐる諸問題」武井康年ほか『最新金融取引と電子記録債権の法務』（金融財政事情研究会、2010年）219頁。

他方、ユーザーがサプライヤーに瑕疵担保責任を追及できるかというと、両者の間には契約関係がないため、理論的には困難である。しかし、実質的には両者の間に売買契約関係を認めることができる。そこで、ユーザーがサプライヤーに瑕疵担保責任を追及できるような解釈が検討されてきた。

この点について判例は、コンピュータのファイナンスリースにおいて、コンピュータの瑕疵によって契約の目的を達することができなかったので、ユーザーがサプライヤーにその引取りを要求した事案につき、両者の間に損害担保契約の存在を認定し、損害額は、リース料の総額からユーザーにおいて当該目的物の引取りを要求してその使用を中止するまでの間の使用可能期間のリース料を控除した金額であると判示している（最判昭56・4・9判時1003号89頁）。

2 ファイナンスリースに係るリース料債権の倒産手続における取扱い[注9]

(1) 賃貸借説と金融説からの帰結

1(2)で前述したように、ファイナンスリースに関して倒産手続との関係で生じた紛争においては、その法的性質について賃貸借説と金融説のいずれの立場に立つかによって当該倒産手続におけるリース料債権の取扱いに決定的に大きな差が生じると考えられていたため、その法的性質の解釈をめぐって大きな争いが生じていた。

まず、ファイナンスリースが法律的には賃貸借契約に類似しているという法律構成の側面に着目した場合（賃貸借説）、リース会社のユーザーに目的物を使用させる義務と、ユーザーのリース料支払義務が対価関係にあると考えることになる[注10]。したがって、ユーザーが倒産した場合、倒産法における双方未履行双務契約の規定の適用を受け、ユーザーが履行または解除の選択権を有することになる。ユーザーが履行を選択した場合、ユーザーは、未払リース料のうち、手続開始決定前の分は破産債権（破産の場合）・再生債権（民事再生の場合）・更生債権（会社更生の場合）として取り扱い、手続開始決定後の分は財団

（注9）永石・前掲（注5）論文11頁。
（注10）すなわち、リース料は目的物の使用の対価であると考えることになる。

債権（破産の場合）・共益債権（民事再生・会社更生の場合）として支払う必要がある一方[注11]、その対価として、リース契約に基づき目的物を使用することができる。ユーザーが解除を選択した場合、ユーザーは目的物をリース会社に返還し、未払のリース料債権はおのおの、破産債権、再生債権、更生債権になる。

これに対して、ファイナンスリースがリース会社のユーザーに対する目的物の購入代金の融資に類似しているという経済的実質の側面に着目した場合（金融説）、リース会社の義務は目的物の引渡義務につき、引渡義務の履行後には義務（例えば目的物の修繕義務など）は存しないこととなる[注12]。したがって、ユーザーが倒産した場合、双方未履行双務契約の規定は適用されず、残リース料債権は破産債権、再生債権、更生債権になるが、それぞれにはリース契約に基づく担保権が存すると解するのである。この担保権は、非典型担保の一類型と解されており、破産手続と再生手続の場合は別除権、更生手続の場合はその被担保債権を更生担保権として認められることになる。破産手続と再生手続の場合は、リース会社は別除権者として担保権を実行し、目的物を取り戻してリース料の回収を行うことになる。

(2) 金融説による判例の確立

以上の問題について最判平5・11・25は、リース料は目的物の利用の対価ではないと判示し、さらに最判平7・4・14は、ユーザーに更生手続が開始された事案において、フルペイアウト方式によるファイナンスリースは「リース期間満了時にリース物件に残存価値はないものとみて、リース業者がリース物件の取得費その他の投下資本の全額を回収できるようにリース料が算定されているものであって、その実質はユーザーに対して金融上の便宜を付与するものであるから、右リース契約においては、リース料債権は契約の成立と同時にその全額について発生し、リース料の支払いが毎月一定額によることと約定さ

(注11) 破産法56条2項によって財団債権化される債権の範囲の解釈において、通説は手続開始決定前の分は財団債権化されず破産債権となると解するが、手続開始前の分も含めて財団債権に該当するとの見解も有力である。条解破産法417頁、大コンメ234頁〔三木浩一〕。

(注12) すなわち、リース料は金融債務の分割弁済であって、目的物の使用の対価ではないと考えることになる。

れていても、それはユーザーに対して期限の利益を与えているものに過ぎず、各月のリース料の支払いとは対価関係に立つものではない。したがって、会社更生手続の開始決定の時点において、未払いのリース料債権は、期限未到来のものも含めてその全額が会社更生法102条〔筆者注：現行会更2条8項〕にいう会社更生手続開始前の原因に基づいて生じた財産上の請求権（更生債権）に当たるというべきである」と判示した。

いずれの判例も、金融説に立って経済的実質を重視し、更生手続の局面において、ファイナンスリースは双方未履行双務契約に該当しないことを明らかにしたのである。これにより、更生手続の局面においては、リース料債権は共益債権ではなく更生担保権として取り扱われることが明らかになった。

このような更生手続の局面における考え方が再生手続の局面にもそのまま適用されるかについては明らかでなかったが、**3**(3)で後述するように、最判平20・12・16は、金融説に立つことを前提として、再生手続の局面においてもリース料債権は双方未履行双務契約にあたらない、すなわち別除権付債権となることを明言し、更生手続の局面と同じ扱いがされる旨を判示した。

このようにして、少なくとも再生型の法的整理手続の局面においては、ファイナンスリースの法的性質は金融説に立つという判例が確立した。そして、これにより、ファイナンスリース契約に基づくリース料債権は、更生手続においては更生担保権となり、再生手続においては別除権付債権となること、すなわち、ファイナンスリースに基づくリース料債権は担保権付債権と解されることとなったのである。

(3) 担保目的物は何か──物件説と利用権説

このように、金融説に立つ判例によれば、ファイナンスリースに基づくリース料債権は担保権付債権と解されることになるが、これを前提としてファイナンスリースを非典型担保と解したとしても、その担保目的物に関しては、リース物件自体を担保目的物とする所有権留保類似の担保権と解する見解（以下、「物件説」という）と、リース物件を一定の内容にて利用する権利を担保目的物とし、その利用権に質権または譲渡担保権が設定されているとする見解（以下、「利用権説」という）が対立している。担保目的物をどう捉えるかによっ

て、更生担保権評価や、担保権消滅制度あるいは中止命令の時的限界に影響が生じ得るとされる。

　すなわち、フルペイアウト方式のファイナンスリースにおける具体的な評価基準について、物件説によれば物件の処分を前提とした交換価値、利用権説によれば利用権を体現した市場におけるリース価値と考えるのが論理的ということになる(注13)。しかし、ファイナンスリースの担保機能は、リース物件を現実に引き揚げることによって得られるその物件の価値を残リース料に充てるところにあり、その場合にリース物件の交換価値＝所有権に着目して物件説と呼ぶのか、利用権が回復されることにより完全なる所有権が復活し交換価値が増大する点を捉えて利用権説と呼ぶのかの違いにすぎず、極論すれば着眼点の違いにすぎない、ということができる(注14)。

　また、担保権消滅請求制度および中止命令の時的限界について、利用権説によれば、リース契約の解除により、観念的に利用権が回復されることをもって、担保権実行が終了することになる。そうだとすれば、その後は担保権消滅請求制度（民再148条以下、会更104条以下）および中止命令（民再31条、会更24条）の概念を入れることができないと考えるのが論理的である。しかし、再生型法的整理手続においてリース物件の継続使用が不可欠な場合でも、リース会社がリース契約を解除さえすれば担保権消滅請求制度や中止命令が利用できなくなってしまうというのは結論として妥当ではないため、解除権の行使を一定程度制限する方向の議論などがなされている。しかし、この点について物件説に立ったとしても、リース契約を解除することにより観念的に（利用権ではなく）所有権が回復されると考えれば、同様の問題が生じることになる。このように、担保権消滅請求制度及び中止命令の時的限界に関する問題の本質は、リース契約の解除により担保権の実行が終了したと考えるのかそうでないのかという点にあって、物件説か利用権説かという点にはないものと考えられる(注15)。

(注13) ファイナンスリースの目的物の担保価値評価の詳細については、Ⅲ－9の**2**以下を参照されたい。
(注14) 南賢一＝浅沼雅人「ファイナンス・リース」倒産法改正展望288頁。
(注15) 南＝浅沼・前掲（注14）論文289頁。

この点に関し判例は、いずれの見解によるものであるか立場を明らかにはしていないものと思料される^(注16)。

(4) 担保権の実行方法

利用権説に立ちつつ、その担保権の実行方法について触れた下級審裁判例として東京地判平15・12・22（判タ1141号279頁）がある。当該裁判例は、リース会社が有する担保権は、ユーザーの有するリース物件の利用権を目的とするものであり、上記担保権の実行（別除権の行使）は担保目的物である利用権をユーザーからリース会社に移転させることによって行うものと考えることが相当であると判示し、まず、ファイナンスリースの担保目的物について利用権説に立つことを明らかにした。その上で、担保権の実行方法については、リース会社がユーザーの信用状態の悪化を理由にリース期間満了前のリース物件の引渡しを求める前提としてリース契約を解除する場合^(注17)には、その解除権の行使をもってその実行と評価することができ、これとは異なり、特約により、解除を前提としないでリース物件の返還を請求することができる（これによってユーザーの利用権は喪失する）こととされている場合には、上記特約の行使をもってその実行と評価することができる、と判示している。

すなわち、利用権説に立てば、担保権の実行はユーザーからリース会社に利用権を移転させることと捉えることができる。その具体的な担保権実行の方法は、解除特約がある場合には解除権の行使であり、特約を前提としないリース物件の返還請求が認められている場合にはその権利の行使である。これら権利の行使により利用権はリース会社に移転して混同により消滅し、リース会社は制限のない所有権を有することになって、担保権実行手続は終了することになる^(注18)。なお、非典型担保権に対する担保権消滅請求制度、中止命令等についての議論の詳細は、Ⅲ－4・6を参照されたい。

(注16) 永石・前掲（注5）論文13頁は、判例は物件説に立つものと解している。他方、進士肇「判批」金判1314号（2009年）8頁は、判例は利用権説に立つものと解している。

(注17) なお、**3**(3)で後述するように、倒産解除特約は、再生手続の趣旨、目的に反し無効であることが最判平20・12・16において判示されている。

(注18) 永石・前掲（注5）論文14頁。

第3節　ファイナンス・リース

(5) リース物件の使用を継続する方法

　リース会社から担保権の実行としてファイナンスリース契約を解除されてしまった場合、ユーザーは、リース会社からのリース物件の引揚げ要請に応じ、リース会社に対してリース物件を返還しなければならないのが原則である。

　しかし、ユーザーが、再生手続の開始決定を受けており、その事業を継続するためにリース物件を継続して使用することが不可欠な場合は、リース会社による担保権の実行に関わらず、当該リース物件の使用を継続できるようにしておかなければならない。そこで、このような場合、ユーザーは、リース会社との間で別除権協定[注19]の締結を目指して交渉をすることになる。なお、リース会社の有するリース料債権のうち、再生手続開始決定時における別除権の対象である目的担保物の「評価額」部分については、再生手続によらずに権利行使が可能となるが（民再53条2項）、「評価額」を超える部分については、再生手続開始決定の効力を受けることになる（民再88条・85条1項）ので、別除権協定は、この「評価額」を対象とすることになる[注20]。

　また、ユーザーが、更生手続の開始決定を受けており、その事業を継続するためにリース物件を継続して使用することが不可欠であるにもかかわらず、更

(注19) 東京地方裁判所破産再生部では、ファイナンスリースの取扱いについて一律の基準が設けられていないため、リース会社による別除権の実行としてのリース物件の返還請求を防ぐために、別除権協定の中で、再生債務者がリース会社と交渉してある程度減額したリース料を支払うことで継続使用の合意をするなどの取扱いがされる事例も少なくない（破産・民事再生の実務3版（再生編）153頁）。ただし、ここから一歩進んで、別除権協定が締結できない場合において、暫定的にリース会社に対してリース料相当額を支払うことについては、契約解除を避ける便法として考えられないではないが、仮に支払ったリース料相当額が「評価額」の範囲内にとどまっていたとしても、この支払は別除権協定に基づくものではなく、民再法41条1項9号違反となり、また、「評価額」を超過した場合には、同法85条1項違反となり、いずれにしても好ましい処理方法ではない、という指摘がある。通常再生の実務Q&A120問196頁。

(注20) (3)で前述したとおり、ファイナンスリースの担保目的物について物件説に立てば「評価額」はリース物件の交換価値の評価額とされ、利用権説に立てば「評価額」は利用権自体の評価額とされる。ファイナンスリースの目的物の担保価値評価の詳細については、Ⅲ-9の❷以下を参照されたい。

生手続の期間中にリース契約の期間が満了し、リース物件をリース会社に返却しなければならない場合にも、当該リース物件の使用を継続できるようにしておく必要がある。そこで、このような場合、ユーザーは、リース会社の同意を得て、①リース物件の使用期間の延長をする、②再リース契約を締結する、または③ユーザーがリース物件の所有権を取得する、という規定を更生計画中に設けることになる。また、リース物件の使用継続についてリース会社の同意が得られない場合でも、ファイナンスリース契約の担保権の実行手続はリース物件のユーザーからの返還と換価・清算であり、その返還を認めることは更生手続外での担保権の実行を認めることとなり、また更生担保権を空洞化させることになってしまう一方で、リース期間は更生計画の定める権利の変更によって変更されると解すべきであるから(注21)、更生計画において①リース物件の使用期間の延長、または②再リース契約の締結の規定を置くことは認められる余地がある(注22・23)。

3 ファイナンスリースと倒産解除特約

(1) 問題の所在

次に、ファイナンスリースの倒産手続における取扱上問題となる点として、

(注21) 中村清「更生手続・再生手続とリース契約」清水直編著『企業再建の真髄』(商事法務、2005年) 304頁参照。

(注22) もっとも、リース会社の同意なくして③ユーザーがリース物件の所有権を取得する規定を置くことまでは認められないとの指摘がある。更生計画の実務と理論162頁以下。

(注23) ②に関連して、フルペイアウト方式のファイナンスリース契約の事案について、リース期間満了時には、リース物件の取得費その他の投下資本の全額が回収され、基本的にはリース貸主の目的は達成されているのであるから、その時点では、リース物件の所有権が形式的にはリース貸主にあるが、実質的にはユーザーにあるともみることができ、ユーザーが再リースを求めた場合、リース貸主がこれを拒むことは、リース料の支払遅滞など契約上の義務懈怠があるなど特段の事情がない限り許されないとして、ユーザーの再リース請求権を肯定した裁判例(名古屋高判平11・7・22金判1078号23頁)がある(会社更生の実務(上)243頁)。更生手続の期間中にリース契約期間が満了した場合における再リース契約締結の可否についての議論の詳細は、Ⅲ-10を参照されたい。

倒産解除特約の倒産手続上の効力が挙げられる。

ここで、倒産解除特約とは、ユーザーについて法的整理手続開始の申立てがあったときは、リース会社において契約を解除してリース物件を引き揚げることができるなどとする特約のことをいう(注24)。リース会社との間で締結するリース契約書には、通常かかる倒産解除特約が定められているが、リース物件の継続利用がユーザーの事業継続のために必要であることも少なくなく、無制限に倒産解除特約の効力を認めるとユーザーの事業の再生が困難となり不都合が生じることから、倒産手続における当該特約の有効性が問題となる。

(2) 昭和57年最判とその射程を巡る議論

かかる倒産解除特約の効力に関するリーディングケースとして、最判昭57・3・30（民集36巻3号484頁。以下、「昭和57年最判」という）がある。昭和57年最判は、所有権留保特約付売買契約の買主に更生手続開始申立ての原因となるべき事実が生じたことを契約解除の事由とする倒産解除特約につき、「債権者、株主その他の利害関係人の利害を調整しつつ窮境にある株式会社の事業の維持更生を図ろうとする会社更生手続の趣旨、目的（会社更生法1条(注25)参照）を害するものであるから、その効力を肯認しえない」と判示し、更生手続との関係では、倒産解除特約は効力が認められないことを明らかにした(注26)。

もっとも、昭和57年最判が対象としていたのは、担保権が手続的制約に服する更生手続であったため、昭和57年最判の射程（特に、担保権の行使が手続上制約されない再生手続にも射程が及ぶか否か）を巡って、有効説と無効説が対立することとなる。

(注24) 森富義明「判解」ジュリ1384号（2009年）128頁。

(注25) 平成14年改正前の旧会更法1条を指す。

(注26) なお、厳密には、昭和57年最判は所有権留保売買に関する判例であるため、昭和57年最判の射程がファイナンスリースに及ぶか否かは別途問題となり得るが、一般に昭和57年最判の射程はファイナンスリースの場合にも及ぶものと考えられている（本間靖規「各種約款の倒産解除特約の効力」河野正憲＝中島弘雅編『倒産法体系』〔弘文堂、2001年〕565頁、田原睦夫「倒産手続と非典型担保の処遇——譲渡担保権を中心に」福永有利ほか『倒産実体法（別冊NBL69号）』〔2002年〕75頁など）。

有効説（再生手続における倒産解除特約の効力を認める見解）は、更生手続において担保権の行使が禁じられるのとは異なり、再生手続においては担保権は別除権として扱われ、手続によらず行使することができることを根拠としている(注27)。

他方、無効説（再生手続においても倒産解除特約の効力を否定すべきとする見解）については、効力を否定する根拠を異にする見解がいくつか存在しており、債務者とその債権者との間の権利調整および債務者の事業または経済活動の再生という民事再生法の目的を害することを根拠とする見解(注28)や、倒産手続の開始に至るまでに必ず発生する事由を解除事由とし、これにより取戻権を発生させ、特定の債権者だけが完全な満足を受けるという事態を防止する必要があることを根拠とする見解(注29)、双方未履行双務契約について管財人等に履行または解除の選択権を与えた法の趣旨に反することを根拠とする見解(注30)などがある。

(注27) 条解民事再生法2版227頁〔原強〕ほか。

(注28) 田原・前掲（注26）論文74頁ほか。当該見解によると、清算型法的整理手続である破産手続においては、債務者の事業または経済活動の再生を考慮する必要がないため、破産手続において倒産解除特約の効力を否定する必要がないこととなり、結論として、倒産解除特約の効力は認められるという結論になる（田原・前掲（注26）論文74頁、富永浩明「各種の契約の整理(Ⅱ)——賃貸借契約(2)」新裁判実務大系㉘210頁ほか）。

(注29) 竹下守夫『担保権と民事執行・倒産手続』（有斐閣、1990年）311頁ほか。当該見解によると、清算型法的整理手続である破産手続においても、特定の債権者のみが完全な満足を受けるという事態を防止する必要があるため、破産手続における倒産解除特約の効力は再生手続の場合と同様に否定されることとなる。

(注30) 伊藤・破産法民事再生法2版274頁ほか。当該見解によると、清算型法的整理手続である破産手続においても、管財人に双方未履行双務契約の解除または履行について選択権がある以上、かかる選択権を認める法の趣旨に反する倒産解除特約の効力を否定すべきとの結論になる。なお、かかる見解に対しては、ファイナンスリースの性質決定の場面では双方未履行双務契約の適用を否定しておきながら、倒産解除特約の有効性の判断の場面で双方未履行双務契約の規定の趣旨を考慮することは理論的一貫性を欠くとの批判がある（遠藤元一「リース契約における倒産解除特約と民事再生手続(下)」NBL894号〔2008年〕40頁）。

(3) 平成20年最判の登場

このような中、ファイナンスリース中に定められた倒産解除特約の再生手続上の効力を取り扱った判例として最判平20・12・16（民集62巻10号2561頁。以下、「平成20年最判」という）が登場し、フルペイアウト方式によるファイナンスリース契約中の、ユーザーについて再生手続開始申立てがあったことを契約の解除事由とする旨の特約は、再生手続の趣旨、目的に反し無効であると判示した。平成20年最判は、その理由につき、「担保としての意義を有するにとどまるリース物件を、一債権者と債務者との間の事前の合意により、民事再生手続開始前に債務者の責任財産から逸出させ、民事再生手続の中で債務者の事業等におけるリース物件の必要性に応じた対応をする機会を失わせることを認めることにほかならないから、民事再生手続の趣旨、目的に反することは明らかというべきである」と述べており、再生手続との関係で倒産解除特約の効力を否定する根拠を、リース物件の責任財産からの逸失および再生手続内での対応の機会の喪失に求めている。

平成20年最判の調査官解説は、その原審（東京高判平19・3・14判タ1246号337頁）が倒産解除特約の効力を否定する根拠を「再生債務者の事業又は経済生活の再生が困難となる」ことに求めたのと異なり、上述のとおりリース物件の責任財産からの逸失および再生手続内での対応の機会の喪失に求めていることに鑑み、平成20年最判の射程は再生手続のみならず破産や特別清算を含めた法的整理手続一般に広く及ぶと指摘している[注31]。もっとも、これに対しては、破産手続において担保権実行を制約する制度がないことに照らし、平成20年最判の射程は破産手続には及ばないとする見解も主張されているところである[注32]。

(4) 残された問題

このように、平成20年最判の登場により、ファイナンスリース中に定められた倒産解除特約は再生手続との関係でもその効力が否定されることが明らか

(注31) 森富義明「判解」最判解民事篇平成20年度（2011年）597頁。
(注32) 松下淳一「判批」金判1361号（2011年）107頁。

になったが、なお検討が必要な事項として、以下のような問題点が残されている。

ア　倒産解除特約以外を根拠とする解除の制限

平成20年最判により、ファイナンスリースにおいて倒産解除特約の存在のみを根拠とする解除は無効と解されることが明らかになったが、他方で、リース会社がユーザーのリース料不払を理由にリース契約を解除できるのであれば、リース会社は早晩リース契約を解除することでリース物件を引き揚げることができることになってしまい、結局「リース物件の必要性に応じた対応をする機会」が失われてしまうこととなる。そこで、ユーザーの法的整理の局面において、リース会社が倒産解除特約以外を根拠としてリース契約を解除することが制限されるかが問題となる。

この点について、平成20年最判の田原判事補足意見は、概要、①ユーザーが倒産手続開始申立てをしたことを条件とする期限の利益喪失条項の効力は倒産手続上否定されないので、ユーザーが再生手続開始申立てをした場合には、リース会社は期限の利益を喪失させ、リース料金の債務不履行を理由にリース契約を解除することができる、②ただし、ユーザーが弁済禁止の保全処分を受けた場合には、その反射的効果として、リース料金の不払を理由としてリース契約を解除することは禁止される（昭和57年最判参照）、③他方、再生手続が開始された場合には、弁済禁止の保全処分は開始決定と同時に失効するので、それ以降、リース会社は別除権者としてリース契約の解除手続等を行うことができる、と述べている。

もっとも、かかる見解には異論も強く、再生手続開始決定により再生債権に対する弁済が禁じられるのであるから、弁済禁止の保全処分中に契約解除ができないのであれば手続開始後の契約解除もできないと解さないと一貫しないという批判[注33]や、担保権実行であるところのリース契約解除の条件としてユーザーの帰責事由を要求するのは妥当ではないとの批判[注34]がなされてい

（注33）進士・前掲（注16）論文9頁。
（注34）小林信明「ファイナンス・リースの倒産手続における取扱い」ジュリ1457号（2013年）85頁。

る。他方で、再生手続における保全期間が１週間程度と短いこと、再生手続開始の申立ての取下げは制限されていること（民再32条）から、リース会社の担保権行使に対する制限として合理的であると田原補足意見を支持する見解も主張されている[注35]。

　イ　担保権実行中止命令による担保権実行阻止の実効性確保

　前述の田原補足意見は、リース物件がユーザーの事業継続に不可欠である場合には、担保権の実行手続の中止命令（民再31条1項）を得ることによって、リース会社の担保権実行に対抗することができるとも述べている。

　しかしながら、倒産解除特約以外を根拠とした解除権の行使により、ファイナンスリースにおける担保権実行手続が完了するとすれば、リース会社は意見聴取手続（民再31条2項）により担保権実行中止命令が申し立てられたことを察知した後直ちに解除通知をユーザーに発送することにより、中止命令の発令や担保権消滅の許可を回避することができてしまうように思われる[注36]。そこで、リース会社の担保権実行を有効に阻止するためには、ファイナンスリースに対する担保権実行中止命令のあり方についてさらに検討をする必要があるが、この点に関する議論の詳細は、第1章を参照されたい。

（注35）岡正晶「判批」金法1876号（2009年）47頁。
（注36）進士・前掲（注16）論文10頁、倉部真由美「判批」リマークス40号（2010年）141頁。

III−9　ファイナンス・リースの目的物の評価

公認会計士　大西　倫雄

1　ファイナンス・リースの企業会計上の取扱い

(1)　総　論

　更生手続や再生手続におけるファイナンス・リースに係る目的物の評価方法を検討するにあたり、まず債務者企業側、すなわちユーザー側でのリース取引に係る企業会計上の取扱いを概観する。

　企業会計上、従来は所有権移転外ファイナンス・リース取引について、通常の賃貸借取引に準じた会計処理が例外処理ながら容認されていたところ、大半の企業が当該例外処理を適用してオフバランス処理を行っていた。そこで、金融取引としての経済実態に会計処理を合わせるため、平成19年3月に企業会計基準第13号「リース取引に関する会計基準」[注1](以下、「リース会計基準」という)が改正され、所有権移転外ファイナンス・リースに係る当該例外処理が廃止され、原則的処理である通常の売買取引に準じた会計処理とすることとされた。これにより所有権移転外ファイナンス・リース取引はオンバランス処理することが強制されることとなった[注2]。

(2)　リース取引の分類

　ファイナンス・リース取引とは、解約不能[注3]かつフルペイアウトの基準を満たしているリース取引であり、ファイナンス・リース取引以外のリース取

(注1) 同時に企業会計基準適用指針第16号「リース取引に関する会計基準の適用指針」(以下、「リース適用指針」という)も改正されている。

(注2) 少額なリース取引および短期のリース取引（リース適用指針34項・35項）や「中小企業の会計に関する指針」が適用されるような中小企業では、通常の賃貸借取引に準じた会計処理も引続き容認される。

引はオペレーティング・リース取引とされる。

　具体的には、以下の基準のいずれかに該当する場合には、ファイナンス・リース取引と判定されることになる[注4]。なお、最判平7・4・14（民集49巻4号1063頁）や最判平20・12・16（民集62巻10号2561頁）では、「リース期間満了時におけるリース物件に残存価値はないものとみて、リース期間中にリース物件の取得費、金利及びその他の経費等を全額回収できるようにリース料の総額が算定されているいわゆるフルペイアウト方式のファイナンス・リース」といった旨の表現が用いられているが、下記に示すとおり、会計基準上のファイナンス・リース取引の範囲とは、必ずしも一致しないように思われる[注5]。

---

①　現在価値基準（90％基準）
　解約不能のリース期間中のリース料総額[注6]の現在価値が、当該リース物件を借手が現金で購入するものと仮定した場合の合理的見積金額の概ね90％以上であること
②　経済的耐用年数基準（75％基準）
　解約不能のリース期間が、当該リース物件の経済的耐用年数のおおむね75％以上であること[注7]

　また、ファイナンス・リース取引のうち、リース契約上の諸条件に照らしてリース物件の所有権が借手に移転すると認められるものは、所有権移転ファイ

（注3）法的形式上は解約可能であるとしても、解約に際し未経過リース期間に係るリース料のおおむね全額を規定損害金として支払うこととされているリース取引など、事実上解約不能と認められるリース取引を含む（リース会計基準36項、リース適用指針6項）。
（注4）リース適用指針9項。
（注5）もっとも、「企業会計上の基準と法的な性質の決定は、必ずしも一致しなければならないものではない」との意見もある（小林信明「ファイナンス・リースの倒産手続における取扱い」ジュリ1457号〔2013年〕83頁）。
（注6）リース契約上に残価保証の取決めがある場合は、残価保証額をリース料総額に含める（リース適用指針15項）。
（注7）ただし、リース物件の特性、経済的耐用年数の長さ、リース物件の中古市場の存在等を勘案すると、上記①の判定結果が90％を大きく下回ることが明らかな場合を除く。

第3章 譲渡担保・所有権留保・ファイナンス・リース・その他の非典型担保

ナンス・リース取引に分類され、それ以外は所有権移転外ファイナンス・リース取引とされる。「所有権が借手に移転すると認められる」契約条件の中には、例えば、借手に割安購入選択権が付与されており、その行使が確実に予想されるリース取引や、リース物件が借手の用途等に合わせて特別の仕様により製作または建設されたものであって、当該リース物件の返還後、貸手が第三者に再びリースまたは売却することが困難であるため、その使用可能期間を通じて借手によってのみ使用されることが明らかなリース取引も含まれる[注8]。

```
               ┌ ファイナンス・リース ┬ 所有権移転ファイナンス・リース
リース取引 ─┤                              └ 所有権移転外ファイナンス・リース
               └ オペレーティング・リース
```

(3) 借手側のファイナンス・リース取引の会計処理

ファイナンス・リース取引については、リース取引開始時に、通常の売買処理に準じた会計処理により、リース物件とこれに係る債務をリース資産およびリース負債としてオンバランス処理を行う。その上で、所有権移転ファイナンス・リースに係るリース資産の減価償却費は、自己所有の固定資産に適用する減価償却方法と同一の方法により算定する。

これに対し、所有権移転外ファイナンス・リースに係るリース資産の減価償却費は、原則として、リース期間を耐用年数とし、残存価額をゼロ[注9]として算定し、償却方法は、定額法、級数法、生産高比例法等の中から企業の実態に応じたものを選択適用する[注10]。なお、自己所有の固定資産について定率法を採用する企業が、所有権移転外ファイナンス・リースに係るリース資産について、自己所有の固定資産の償却方法と近似する償却方法を選択したい場合には、級数法を採用すること以外に、定率法を採用することも認められると考えられる[注11]。

(注8) リース適用指針10項。
(注9) リース契約上に残価保証の取決めがある場合は、原則として、当該残価保証額を残存価額とする（リース適用指針27項）。
(注10) リース会計基準12項。リース適用指針28項。

所有権移転ファイナンス・リースに係るリース資産が自己所有の固定資産と同一の償却方法により減価償却されるのに対し、所有権移転外ファイナンス・リースの場合はリース期間を耐用年数として残存価額を原則ゼロとして償却を行うこととされているのは、所有権移転外ファイナンス・リースは経済的にはリース物件の取得および取得のための資金調達と類似の性格を有する一方で、リース物件の返還が行われることから、物件そのものの売買というよりは、使用する権利の取得の性格を有することなどが考慮されたものである[注12・13]。

　なお、税務上は所有権移転外ファイナンス・リースに係るリース資産の減価償却方法は、リース期間定額法[注14]のみが認められている関係上、実務では多くの会社が会計上も残存価額をゼロとする定額法を採用しているのが実状である。

2　ファイナンス・リースの目的物の評価

(1)　ファイナンス・リースの目的物と担保権の内容

　ファイナンス・リースの法的性質は、Ⅲ－8で述べたとおり金融説に立つ判

(注11) あずさ監査法人＝KPMG税理士法人『Q&A　リース会計・税務の実務ガイド〔第2版〕』（中央経済社、2009年）90頁。またリース適用指針112項では、平成19年税制改正前の旧定率法適用資産を想定して、「残存価額を10％として計算した定率法による減価償却費相当額に簡便的に9分の10を乗じた額を各期の減価償却費相当額とする方法」が認められている。

(注12) リース適用指針101項。

(注13) リース会計基準およびリース適用指針の公開草案に対して、日本公認会計士協会は平成19年1月29日付けで、「所有権移転外ファイナンス・リース取引に係るリース資産の減価償却費は、自己所有の固定資産に適用する減価償却方法と同一の方法により算定すべきである」との意見を企業会計基準委員会に対して提出している。この意見の理由として、所有権移転外ファイナンス・リース取引と所有権移転ファイナンス・リース取引で経済的便益の発現において異なるものではなく、両者で異なる減価償却方法を適用しなければならない理由は認められない点が挙げられている。

(注14) 平成20年4月1日以後に締結された所有権移転外リース取引に適用される（法人税法施行令48条の2第1項6号）。償却限度額＝（リース資産の取得価額－残価保証額）／リース期間の月数×当該事業年度におけるリース期間の月数。

例が確立している。すなわち、ファイナンス・リースは実質的にユーザーに対して金融上の便宜を供与するものであり、リース料債務は契約の成立と同時にその全額について発生し、ユーザーに倒産手続の開始決定があったときは、未払のリース料債権はその全額が倒産債権となるとされる(注15)。このため、更生手続や再生手続における開始決定時の財産評定においては、もともと帳簿上オンバランス処理されているファイナンス・リース取引のみならず、オフバランス処理されていたファイナンス・リース取引に係る未払リース料債権も全額を負債に計上するとともに、対応するリース資産を資産として計上した上で、当該リース資産の評定を行うことになる(注16)。

ここで、リース資産はリース債権者の担保権の目的として扱われる。すなわち、ファイナンス・リース契約におけるリース物件は、リース料が支払われない場合には、リース業者においてリース契約を解除してリース物件の返還を求め、その交換価値によって未払リース料や規定損害金の弁済を受けるという担保としての意義を有するとされる(注17)。

この場合における担保目的物については、所有権説と利用権説の対立があるが、近時は利用権説が通説的見解とされ、下級審の判例や東京地裁における更生手続でもそのような運用がなされている(注18)。担保目的物の評価として、所有権説による場合にはリース物件本体の価値を評価することになるのに対し、利用権説による場合にはリース契約期間中にリース物件を利用する権利の評価を行うことになる。本項では、利用権説に基づき記載する。

(2) 更生担保権の評価と財産評定

ア 評価の基準

更生担保権の意義は、会更法2条10項において、「担保権の目的である財産

(注15) 前掲最判平7・4・14。中井康之「民事再生手続開始申立てを解除事由とするファイナンスリース契約の特約が無効である等とされた事例」金法1844号（2008年）54頁。
(注16) 再生手続における財産評定額は、帳簿価額と連動するものではない。
(注17) 前掲最判平20・12・16。
(注18) 東京高判平19・3・14判タ1246号337頁、東京地判平15・12・22判タ1141号279頁など。最新実務会社更生208頁。

の価額が更生手続開始の時における時価であるとした場合における……」と定義されている。また、同法83条2項により、財産評定は「更生手続開始の時における時価によるものとする」とされている。したがって、更生担保権の評価の前提となる担保目的物の評価と財産評定の基準はともに「開始決定時の時価」で同一であり、両者の価額は原則として同額とすべきと考えられている。

もっとも、ファイナンス・リースの目的物について、当該「開始決定時の時価」を測る確固たる評価方法は定着しておらず、実務上は、リース物件の汎用性、特殊性、更生会社の事業にとっての重要性、リース債権者間の公平性等を総合的に勘案しながら、事案に応じた評価方法が採用されている。

なお、ファイナンス・リースは、借入れにより自己資産を取得する場合や割賦契約により購入する場合と、経済的には類似の効果をもっている。自己取得資産や割賦資産（以下、「自己取得資産等」という）の場合には、更生担保権の弁済後も更生会社に所有権が残るのに対し、ファイナンス・リースの場合は更生会社は所有権を有しないため、リース期間満了時点においても引続き当該リース資産の使用を継続したい場合には、再リースや買取り、もしくは市場から同等品の調達などを行う必要がある。自己取得資産等と比較した場合のこのような将来に要するコストの違いは、担保目的物の評価に当って考慮されるべきと考えられる。

　イ　具体的な評価方法例

現在のわが国の会計基準では、時価の概念として、正味売却価額、再調達原価、使用価値[注19]などが用いられている[注20]。

財産の価額の評定等に関するガイドライン[注21]では、リース資産の83条時価による評価は「その他償却資産」に準ずることとされ（126項）、その他償却資産の時価は「観察可能な市場価格によるか、市場が存在しない場合には、再調達価額を求めた上で当該資産の取得時から評定時点までの物理的、機能的、経済的減価を適切に修正した価額、又は償却資産から獲得されるキャッシュ・フローに基づいた収益還元価額によることができる」（121項）としている。実

（注19）資産の継続的使用と使用後の処分によって生ずると見込まれる将来キャッシュフローの現在価値。

務上も、中古市場価格、収益還元価額、減価償却後残高等を基準として、それらの折衷方式も含め、事案ごとに評定方針が定められていると考えられる。以下では、これらの評価方法の特徴や適用する場合の留意点について検討を行う。なお、すでに事業に使用していないリース物件や、更生会社の今後の継続事業に必要とされないリース物件については、更生会社にとっての利用価値がない以上、一般的には利用権の時価はゼロも含めた低廉な価額にならざるを得ないと考えられる。

　㋐　中古市場価格

　専門業者による鑑定を含め、信頼性のある市場価格が得られる場合には、リース債権者（更生担保権者）からも理解を得やすい評価となる。ただし、当該価格がリース物件本体の価値を測定したものである場合には、利用権価値への調整が必要となる。具体的には、上記市場価格より、リース期間満了時点における合理的な予想市場価格や、それが得られない場合には代替的に、リース期間満了後の合理的に予測される再リース期間に対応する再リース料相当額、もしくはリース物件を適正にリース期間満了時点まで減価償却した場合の未償却残高相当額、などを控除することが考えられる。

（注20）企業会計基準第9号「棚卸資産の評価に関する会計基準」、企業会計基準適用指針第6号「固定資産の減損に係る会計基準の適用指針」など。

　なお、国際的な会計基準の動向に合わせ、平成22年7月に企業会計基準委員会より、公正価値（時価と同義である）の測定に関する会計基準の公開草案として、企業会計基準公開草案第43号「公正価値測定及びその開示に関する会計基準（案）」及び企業会計基準適用指針公開草案第38号「公正価値測定及びその開示に関する会計基準の適用指針（案）」が公表されている。当該公開草案では、公正価値の評価技法として、マーケット・アプローチ、インカム・アプローチ、コスト・アプローチが規定されており、このうちコスト・アプローチについては、「市場参加者は、ある資産について、その資産の用役能力を再調達し得る金額より多くの金額を支払うことはなく、当該アプローチは、他の資産と組み合わせて使用されている固定資産の公正価値を算定する際に一般的に適切な評価技法である」とされている（適用指針12項）。

（注21）日本公認会計士協会経営研究調査会研究報告第23号（最終改正平成19年5月16日、中間報告）。

(イ) 収益還元価額

　当該評価方法は、リース期間中におけるリース物件の利用により稼得される将来キャッシュフローの現在価値をもって評価する点で、更生会社がリース物件を継続利用する際の時価として理論的には最も優れた評価方法であると考えられるが、実務上は、将来キャッシュフローの見積りが困難であったり、恣意性が介入しやすく、また採用する割引率によっても算定結果が異なるという問題があり、当該評価方法が採用できるケースは限られるであろう。

　例えば、リース物件を転貸に供しており、当該リース物件から得られるキャッシュフローが明確に把握できるケースや、工場をリース物件を含む生産設備等も含めて収益還元方式による鑑定評価を行い、当該鑑定評価額を土地建物のほか、リース物件を含む生産設備等にも割り付けて評価するケースなどで、適用することが想定し得る。後者のようなケースでは、利用権として評価する上で、リース物件への価値の配分方法について、検討を要する。

(ウ) 減価償却後残高

　開始決定時の適正な減価償却後残高[注22]をベースとした評価方法としては、例えば、以下のような方法が考えられる。

① リース物件を、リース期間を耐用年数とし、残存価額をゼロ[注23]として減価償却を行った場合における、開始決定時の償却後残高により評価する方法

② 耐用年数にリース物件の経済的耐用年数[注24]を使用して減価償却を行った場合における、開始決定時の償却後残高とリース期間満了時点での償却後残高の差額相当額をもって評価する方法

①の評価方法は、前述のリース会計基準における所有権移転外ファイナン

(注22) 償却の基礎となる取得価額相当額としては、リース物件と同等品の再調達価額、もしくは当該リース物件本体の価額（通常はリース契約締結時に販売業者より見積書等を取得することから、更生会社において本体価額を把握しているケースが多い）とすることが考えられる。

(注23) リース契約上に残価保証の取決めがある場合は、原則として、当該残価保証額を残存価額とする。

(注24) 実務上は税法上の耐用年数を使用することが多いと思われる。

ス・リースに係るリース資産の減価償却方法に準じたものである。なお、わが国では、税務上は所有権移転外ファイナンス・リースに係るリース資産の減価償却方法として、リース期間定額法しか認められていないことから、オンバランス処理をしたリース資産について会計帳簿上も定額法で償却をしている企業が多い^(注25)が、財産評定の場面においては、必ずしも定額法を採用する必要性はなく、むしろ自己取得資産等に適用している償却方法や、それら償却資産の財産評定方針に整合した償却方法によって評定を行うべきと考えられる。

②の評価方法は、リース物件を自己取得資産等と同様に耐用年数および償却方法を決定した上で減価償却を行い、開始決定時とリース期間満了時点における償却後残高の差額相当額をもって、リース資産の利用権の評価を行うものである。なお、当該評価方法では、リース期間満了時点でリース物件に償却後残高相当額の価値が残る前提となるが、この分は更生担保権とはならず、更生債権として更生計画において権利変更の対象となる。もっとも、事案によってはリース期間満了時などに当該価値相当額をもって再リースもしくは買取りをすることも想定し得る。

以上の減価償却後残高に基づく評価方法は、評価過程が明確かつ客観的であることから、複数のリース物件について一律に当該評価方法で評価する場合には、リース債権者（更生担保権者）間の公平性の確保に資すると考えられる。もっとも、例えば償却方法のうちの定率法については、税務上は、近年、租税政策上の観点より頻繁に税制改正が繰り返され、現在はいわゆる旧定率法、250％定率法、200％定率法が存在している^(注26)。さらに、これら税

(注25) 企業の中には、会計上も、所有権移転外ファイナンス・リース取引に係るリース資産（有形固定資産）について、リース期間を耐用年数としリース期間満了時点で実質残存価額となる定率法や、実質残存価額がゼロの場合は、リース適用指針112項が定めるような、リース期間満了時点で残存価額が10％となる定率法による減価償却費相当額に9分の10を乗じる方法によっている旨の開示例も見受けられる。

(注26) 平成19年4月1日以降取得資産について、旧定率法からいわゆる250％定率法に改正が行われ、さらに平成24年4月1日以降取得資産について、いわゆる200％定率法に改正が行われている。

務上の定率法よりも、より合理的と考えられる定率法の償却方法があれば、当該定率法により評定を行うことも考えられる[注27]。いずれの償却方法を採用するかによっても評定結果が変動するところ、リース債権者間の公平性の観点からは、リース契約の締結時期(もしくはリース資産を事業の用に供した時期)に応じて償却方法を選定するのがよいのか、もしくは一律に同一の償却方法を採用すべきか、という問題もある。

(3) 再生手続における財産評定

民再法124条1項は、再生手続開始後遅滞なく、再生債務者に属する一切の財産につき再生手続開始の時における価額を評定することを義務付けている。そして、当該評価は原則として処分価額によるとされている[注28]。民再法における財産評定の目的は、債務者の破産を想定した場合の資産および負債の清算価値の把握を行って、予想破産配当率を算出し、再生計画案における弁済率が清算価値保障原則を充足しているかを確認することにある[注29]。したがって、評価すべき処分価額は、破産を想定したものであり、通常は早期処分価格を付すことになる。

破産手続においても、ファイナンス・リースに係るリース料債権は別除権債権として取り扱われることから、民再法124条1項における財産評定では、理論上は担保目的物たるリース利用権の処分価額による評価を行うことになる。もっとも、破産管財人はリース物件の所有権を有していないことから、自らリース物件を処分するのではなく、営業譲渡などを行う場合を除いて、通常はリース業者にリース物件を返還し、物件価値と残リース料の清算を行った後の残債権を破産債権として扱うことが多い。

かかる破産手続上の流れが想定される場合には、民再法124条1項における財産評定で付すべき価額は、結局、リース債権者がリース物件の返却を受けた後に早期に換価処分するなどして、リース債権の回収に充当し得る価格とする

(注27) 参考までに前掲(注25)参照。
(注28) 民再規56条1項本文。
(注29) 民再174条2項4号。

ことが妥当と考えられる。したがって、市場での換価処分が困難と想定されるリース物件の財産評定額は、ゼロ、もしくはゼロに近い評価額とならざるを得ない。なお、本来のリース期間の満了時における交換価値が見込まれるリース物件である場合には、当該交換価値を控除した上で評定額とすることになると考えられる(注30)。

(4) 担保権消滅許可制度における評価

　民再法および会更法では、担保権消滅許可制度が設けられている（民再148条以下、会更104条以下）。非典型担保であるファイナンス・リースについても、これらの担保権消滅許可の対象となり得るとされている(注31)。

　担保権消滅請求を行うには、担保権の目的物の価額に相当する金銭を裁判所に納付する必要がある。この場合の価額は、「処分価額」により評価することとされている（民再規79条1項、会更規27条）。当該処分価額の内容については、①競売での売却により実現するであろう価額（競売価格）とする説、②早期売却市場性減価を伴う任意売却価額（早期処分価格）とする説、③通常の市場価額（通常価格）とする説、に整理できるところ、②の早期処分価格説が通説・裁判例であるが、担保権者が本来把握している価値は債務者の協力なしに実現できる競売の場合の適正な換価価額であることから①も有力とされる(注32)。

　利用権説を前提として、ファイナンス・リースに関して担保権消滅許可請求を行う場合、上記の裁判所への納付価額は、あくまでも利用権の価額となる。リース物件の汎用性が高く、容易に新たなリース契約の締結先を確保することができる場合などであれば、市場において早期処分的に当該2次リースを行った際の想定リース料を基に利用権の処分価額の評価を行うことも考えられるが、一般的には、利用権自体の処分価額を直接的に算出することには困難が伴

(注30)　最判昭57・10・19民集36巻10号2130頁。

(注31)　新注釈民事再生法(上)2版854頁〔木内道祥〕、池上哲朗「再生手続における担保権の実行手続の中止命令、担保権消滅許可請求、価額決定請求」倒産と訴訟381頁・390頁、小林・前掲（注5）論文85頁、片山英二＝中村閑「倒産手続における非典型担保(1)ファイナンス・リース」金法1765号（2006年）33頁。

(注32)　新注釈民事再生法(上)2版868頁〔木内〕、池上・前掲（注31）論文394頁。

う。そこで、リース物件本体の処分価額を上述の議論を踏まえて早期処分市場等における価額として算出した上で、これを利用権の価値に調整することが考えられる。リース物件と同種の自己取得資産等について担保権消滅許可請求を行う場合と比較して考えると、リース物件の場合は担保権消滅後も所有権はリース会社に残ることから、リース期間満了後に再リースや買取等により要する経済的コスト相当分だけ、担保権消滅許可請求における担保目的物の財産の価値が異なると考えることができる。

　すなわち、リース期間満了後に再リースや買取等により要するコスト相当額として、リース期間満了時点において予想される「処分価額」や、リース期間満了後の合理的に予測される再リース期間に対応する再リース料相当額を算出し、これを上記で算出したリース物件本体の処分価額から控除することで、ファイナンス・リースに係る担保権消滅請求における担保目的物の価額を算定することなどが考えられる。

(5) 再リースと財産評定

　当初のリース期間の満了後も、借手が当該リース物件の使用収益を希望する場合、再リース契約が締結されることがある。わが国では、再リース期間は1年以内とするのが通常であり、再リース料も当初リース契約に係る年額基本リース料の12分の1程度など、少額であるのが一般的である。また、再リース期間の開始当初に再リース料を一括支払することが多い。このような再リース契約は、金融取引ではなく賃貸借取引と考えられることから、更生手続や再生手続などの倒産手続の局面においてもリース資産は認識されず[注33]、上述のような財産評定を行う必要もない。

　もっとも、再リース契約の中にもファイナンス・リースとして金融取引と認められるものもあり[注34]、そのような再リース契約の場合には、担保目的物たるリース資産は財産評定の対象となる。

第3章 譲渡担保・所有権留保・ファイナンス・リース・その他の非典型担保

(注33) 会計基準上も、当初のリース契約時から借手が再リースを行う意思が明らかな場合を除き、再リース料は、原則として発生時の費用として処理することとされている（リース適用指針29項・114項）。
(注34) 例えば、残価設定型自動車リースにおいて、当初のリース期間満了時に、残価を車輛代とし、これに金利および諸費用を加えた額を再リース料として分割支払すべく、再度、期間1年から2年程度の再リース（2次リース）契約を締結することがあるが、これらの中には金融取引と認められるものもあると考えられる。

Ⅲ-10　倒産手続におけるファイナンス・リース以外のリースの取扱い

弁護士　森　　倫洋
弁護士　桜田　雄紀

1　総論

　ファイナンスリース以外のリースは、一般にオペレーティング・リースと総称される(注1)。オペレーティング・リースには、さまざまな類型の取引が含まれるが、その典型的な取引形態は、自動車、コンピュータ、複写機、建設機械などの汎用品のレンタルを行う取引である。ファイナンスリースの場合と異なり、一定の予告期間をおいて解約できるか、仮に解約が制限される期間が定められている場合でも、経済耐用年数に比べてかなり短く設けられている。

　オペレーティング・リースについては、倒産法との関係では、ファイナンスリースの場合と同様、もっぱら、双方未履行の双務契約に関する規定（会更61条、民再49条、破53条）の適用いかんが問題となるので、本稿ではこの点をまず論じ、次に、オペレーティング・リースの範疇に含まれるリースのうち、ファイナンスリースとの区別が問題となるリース、および転リースや再リースなど、倒産法上の取扱いについて特に留意すべきと考えられるリースの類型について論じる。なお、倒産解除特約の有効性、担保権消滅請求、及び担保権実行中止命令の適用上の問題点については、第1章およびⅣ-6を、フルペイア

（注1）リース会計基準上は、「ファイナンス・リース取引」とは、「リース契約に基づくリース期間の中途において当該契約を解除することができないリース取引又はこれに準ずるリース取引で、借手が、当該契約に基づき使用する物件（以下、「リース物件」という）からもたらされる経済的利益を実質的に享受することができ、かつ、当該リース物件の使用に伴って生じるコストを実質的に負担することとなるリース取引をいう」とされ「オペレーティング・リース取引」とは、ファイナンス・リース取引以外のリース取引をいうとされている（企業会計基準第13号　リース取引に関する会計基準5項・6項）。

ウト方式ではないファイナンスリースの倒産手続における取扱いについては、Ⅳ－9を参照されたい(注2)。

2 オペレーティング・リースの倒産手続における取扱い

(1) ユーザーの倒産

　オペレーティング・リースといっても、さまざまな形態があることから個別具体的な検討が必要となるが、一般的なオペレーティング・リースは、法的には賃貸借であるといえる。したがって、リース会社（またはレンタル会社。レッサー）(注3)がリース対象物件を引き渡した後でも、ユーザー（レッシー）に対してリース料の支払債務と対価関係に立つ債務として、目的物を使用・収益させるという未履行の債務を負担していると解されるから、倒産手続においては、双方未履行の双務契約として処理することになると考えられる。すなわち、オペレーティング・リースのユーザーが倒産した場合は、ユーザーは、リース契約を解除するか、または、リース料を支払ってリース契約の履行をリース会社に対して請求するかの選択権を有することになる。そして、ユーザーが、履行を請求した場合は、リース料債権は、共益債権または財団債権として取り扱われる（会更61条4項、民再49条4項、破148条1項7号）。また、リース契約の解除によって、リース会社に損害が生じた場合は、ユーザーは、損害賠償請求権を更生債権、再生債権または破産債権として行使することができる（会更61条5項、民再49条5項、破54条1項）。

(注2) なお、本項では、フルペイアウト方式ではないファイナンスリースについては、フルペイアウト方式と同様に、倒産債権として処理するとの立場を前提に論じている（Ⅲ－8参照。なお、小林信明「ファイナンス・リースの倒産手続における取扱い」ジュリ1457号（2013年）83頁、生田治郎「判解」平成7年度主要民事判例解説（判タ913号）（1996年）279頁、八木良一「判解」最判解平成7年度(上)民事篇〔1998年〕412頁参照）。
(注3) SPCを利用したリース取引のストラクチャーにおいては、レッサーは必ずしもリース会社とは限らないが、本項では議論の単純化のため、レッサーがリース会社であることを念頭に論ずることにする。

(2) リース会社の倒産

　一般的なオペレーティング・リースは、賃貸借であることから、リース会社が倒産した場合においても、双方未履行の双務契約として処理することになると考えられる。もっとも、この場合に、ユーザー側で、リース物件を使用する権利について、登録その他の第三者に対抗することができる要件を備えている場合には、リース会社側に双方未履行双務契約についての解約権は認められないことになる（会更63条、民再51条、破56条1項適用または準用）。

③　各種リースの倒産手続における取扱い

　以下では、オペレーティング・リースのうち、ファイナンスリースの要素を含むリース、および転リースや再リースなど、倒産手続との関係で、特に留意すべきと考えられるリースについて論ずる。なお、以下では、紙幅の関係から、リース会社の倒産の場合は割愛し、ユーザーの倒産の場合に限定して述べることとする。

(1) メンテナンス・リース
ア　メンテナンス・リースの概要

　リース契約にリース会社によるリース物件の修繕、整備その他の保守業務が定められているリースを、メンテナンス・リースと分類することがある。

　メンテナンス・リースに分類されるリースには、メンテナンス・サービスの提供が契約の内容として、通常想定されている自動車や建設機械のレンタルのようなものもあれば、購入代金相当額についての与信契約としての実質を有するファイナンスリース契約に、メンテナンスの特約を付加したものと評価し得るもの（自動車リースの場合は通常この形態と考えられる）もある。後者のリースについては、単純な賃貸借といいがたい面があるため、別途の考察が必要となる。

イ　実務上の取扱い

　ファイナンス・リースにメンテナンス特約が付されている場合は、ユーザーの倒産時には、賃貸借構成を前提に、メンテナンス料とリース料債権が一体と

して債権届出されることがある。しかし、リース対象物件を引き続き使用する必要がある場合は、メンテナンス部分について履行請求をできるようにしないと、後日メンテナンスを拒絶される可能性がある。そこで、このような契約について、ファイナンスリース部分とメンテナンス部分とが可分なものであると見ることのできる場合には、前者については、リース料債権を被担保債権とする担保権付債権として取扱い、後者のメンテナンス部分について、双方未履行双務契約として扱い、履行請求をした上で共益債権として支払うことが考えられる[注4]。具体的には、以下のような事情が存在する場合には、メンテナンス部分が可分なものとして、当該部分のみの解除または履行選択が可能なのではないかと思料される[注5]。

① メンテナンス特約を付した場合に、リース料が上乗せされる場合であって、当該上乗せ分について契約において明示的に定められていること
② 一体として賃貸借と見られるものでないこと、すなわち、両当事者ともにリース取引に基づく実質的な融資およびリース物件の使用権限の設定を本質的目的としており、メンテナンス・サービスの提供はあくまでも付加的なものとして認識されていること

また、上記①および②の要件の双方を満たさない場合は、メンテナンス特約付きのファイナンスリース全体を1つの契約として考えることとなるところ、契約について一体的にファイナンスリースと見得る場合は、リース料債権を被担保権とする担保権付債権として扱い、ファイナンスリースと解し得ない場合は、賃貸借構成を前提に双方未履行双務契約として取り扱うこととなると考えられる。

───────

（注4） 山本和彦「判解」百選5版151頁。
（注5） 西村ときわ法律事務所編『ファイナンス法大全アップデート』（商事法務、2006年）421頁も基本的に同様の結論をとっているものと思われる。福森亮二「更生手続開始とリース取引」新会社更生法の理論と実務110頁は、カーリース契約について、「ファイナンス・リース契約とメンテナンス契約（双方未履行契約）の混合契約と考えるべきであり、しかも2つの契約は分離可能である。前者については更生担保権として、後者については双方未履行双務契約として処理することが適切」とする。また、会社更生の実務(上)244頁〔真鍋美穂子〕も同旨。

(2) ソフトウェア・リース
　ア　ソフトウェア・リースの概要
　ソフトウェア・リースは、一般にコンピュータ・プログラム製品を対象とするリース契約である。ソフトウェア・リースは、著作権その他の知的財産権をめぐる権利関係が交錯するため、他のリース契約とは異なる側面を有している。
　ソフトウェア・リースの内容は、具体的な事案に応じてさまざまであるが、一般的なものとしては、①リース会社が対象プログラム製品の著作権者（または、著作権者より対象プログラム製品に関し第三者に対し使用許諾を行う権限を与えられた者）より対象プログラム製品につき使用許諾を受け、さらにリース会社がユーザーに対し再使用許諾を行うという構成のもの（典型的には、特定のユーザーが開発業者に委託を行い、委託を受けたソフトウェアベンダがオーダーメイドで開発する対象プログラムを作成するに際して、ファイナンスリースでリース会社を介在させる場合がこれに該当する）[注6]か、②対象プログラム製品の著作権者から直接ユーザーに対し、プログラムの使用許諾が行われ、リース業者とユーザーとの間のリース契約は、当該ソフトウェア・リース取引の対象プログラム製品のパッケージ（プログラムの複製が記録されたCD-ROM等の記録媒体、取扱説明書等の付属文書等を格納したもの）[注7]を対象とする有体物のリース契約という構成のものなどがある[注8]。
　イ　実務上の取扱い
　個別の契約ごとに、上記①および②の構成のいずれかの構成をとっている場

(注6)　「開発委託契約において開発成果たるプログラムの著作権が、ソフトウェアベンダから発注者たるユーザーに移転する旨の規定が置かれている場合が、少数ながら存在している。」との指摘もあるが（岡本久道＝尾原秀紀「プログラム・リースをめぐる法律問題」リース研究2号〔社団法人リース事業協会、2006年〕39頁以下）、まれなケースであり、本項では検討の対象外としている。
(注7)　インターネット等を通じてダウンロード販売されるソフトウェアを、ユーザーがリースによって導入するというケースも考えられる。もっとも、この場合は、リースされることとなるソフトウェアが、一般にかなり低廉な価格である。そのため、このようなケースでリースを利用するメリットは大きくはなく、実例は少ないと考えられるため、本稿では検討の対象外としている。

合が多いと考えられるが、いずれかの構成であることによりただちに双方未履行契約として処理を行うという帰結になるものではない。例えば、①の構成によるからといってただちに賃貸借契約に類似することを根拠に双方未履行契約として処理すべきとは限らない。すなわち、経済的な実体としては、ユーザーがソフト業者に支払うべき使用許諾の対価全額を支払うことができないために、リース会社が形式的に著作権者から使用許諾を受ける場合が多いと考えられ、その場合は金融としての実質が強く、ファイナンスリースと見るべき場合もあると考えられる。そのため、個別の契約ごとにリース会社がユーザーに金融の便宜を与えるものか（フルペイアウト方式か否かを問わずファイナンスリースの要件を満たしているのか）、リース料の支払債務と牽連関係に立つ未履行債務を負担しているかどうかを検討し、ファイナンスリースの場合には、リース会社がユーザーに対し担保権付債権を有しているものとして扱い、それ以外の場合には双方未履行双務契約としての処理を行うことになると考えられる。

(3) 購入選択権付ファイナンスリース
ア　購入選択権付ファイナンスリースの概要

購入選択権付ファイナンスリースとは、リース期間満了時（またはリース期間の中途）において、①ユーザーがリース物件を残価で買い取るか、②再リースによりリース契約を継続するのかを選択できるリース取引である[注9]。ユーザー側からすると、当初のリース期間中のリース料が通常のファイナンスリー

（注8）社団法人リース事業協会のプログラム・リース標準契約書を含め、伝統的には、ソフトウェア・リースは、①の構成のように再使用許諾の構成として理解する見解が多い。しかし、近時では、「個別具体的な事案において再使用許諾構成を採用しているものと解釈できるソフトウェア・リース契約が存在することまでは否定できないが、全てのソフトウェア・リース契約を再使用許諾構成により説明することは困難」との指摘がなされるなど、一律にすべて再使用許諾構成と考えるのではなく、契約ごとに類型を整理する見解が有力であるように思われる（寺本振透＝齋藤崇「知的財産に関するリースの法的側面」リース研究1号〔社団法人リース事業協会、2005年〕37頁以下）。

（注9）ユーザーに（ユーザーが紹介する）第三者に売却するかについての選択権が付与されることもある。

スのリース料に比べ安いため、設備導入後の投資効果が現れるまで経費を抑えることができるというメリットがある。

　　イ　実務上の取扱い
　リース期間終了後またはリース期間の中途で、名目的価額または市場価額に比して著しく有利な価額でリース物件を買い取る権利が借手に付され、その行使が確実に予想されるリース取引（割安購入選択権付リース）は、リース会計基準上、中途解約禁止等のファイナンスリースの要件[注10]を満たす場合には、所有権移転ファイナンスリースとして分類される。[注11]そのような購入選択権付リースは、名目的な対価での買取りを認める場合には、よりファイナンス色の強いリース取引であり、フルペイアウト方式のファイナンスリースと同様、倒産手続との関係では担保権として取り扱うべきと考えられる[注12]。

(4)　転リースと倒産法上の取扱い
　　ア　転リースの概要
　転リースとは、リース物件の所有者（以下、「元受会社」という）から当該物件のリースを受けた会社が、さらに同一物件を第三者（リース物件の使用者。以下、「エンドユーザー」という）にリースする取引をいう。

　　イ　実務上の取扱い
　転リースが、双方未履行の双務契約に該当するか否かについては、個別具体的な検討が必要となるものの、基本的には、エンドユーザーが倒産した場合

（注10）　リース会計基準上のファイナンスリースの要件については、Ⅲ－9 **1**(2)を参照されたい。

（注11）　リース会計基準上、割安購入選択権付リースは、所有権移転ファイナンスリース（リース契約上の諸条件に照らしてリース物件の所有権が借手に移転すると認められるもの）と分類され、フルペイアウト方式のファイナンスリースは、所有権移転外ファイナンスリース（ファイナンス・リース取引のうち、所有権移転ファイナンスリース以外の取引）と分類される（リース適用指針9項・10項）。現行のリース会計基準上は、所有権移転外ファイナンスリースも所有権移転ファイナンスリースの場合のいずれについても、通常の売買取引に準じた処理を行うこととされ、リース取引開始日に、リース物件とこれに係る債務を、リース資産およびリース債務として計上することとなる（リース適用指針21項・36項）。

（注12）　同様の見解を採るものとして、福森・前掲（注6）論文110頁。

は、転リースにおいても、元リース契約の場合と同様、転リース契約の内容が、ファイナンスリースに該当する場合は、担保付債権として取り扱い、それ以外の場合については、前記のとおり、賃貸借契約に類似するものとして、双方未履行の双務契約として処理することになると考えられる(注13)。なお、ファイナンスリースについて、リース料債権を担保権付債権として取り扱う場合の担保権の目的物の内容については、争いがあり、①リース物件の利用権を対象とする担保とする見解(注14)、および、②リース物件に対するユーザーの実質的な所有権が帰属すると構成した上で、ユーザーのリース物件に係る実質的所有権に対して担保権的権利を有するとの見解がある(注15)。そして、②については、さらに、所有権留保ないしこれに類似するものとする見解(注16)や、譲渡担保として構成する見解(注17)がある。東京地裁商事部の現在の運用では、リース物件の使用収益権に対する担保権を有するものとして扱っており、①の

(注13) 東京高判平18・3・8金判1256号38頁は、自動車リースの転リースがなされ、原リース契約におけるユーザーにつき再生手続が、転リースのユーザーにつき破産手続がそれぞれ開始されたケースで、原リース契約のレッサーが転リース先の破産管財人に民法613条1項前段に基づいてリース料と規定損害金の支払を求めた事案において、原リースおよび転リース契約においてリース料の支払義務と目的物の使用収益が対価関係に立たない点で賃貸借契約とは異なることなどを理由に、同項前段の適用および類推適用を否定している。このケースでは、リースの実体が金融的なものであることに着目して、ファイナンスリースとして扱い、双方未履行双務契約でなく担保付債権と見ているといえる。

(注14) 福永有利「ファイナンス・リース契約と倒産法」判タ507号(1983年)11頁、山本和彦「ファイナンス・リース契約と会社更生手続」判タ507号(1983年)11頁、裁判例としては、いずれも民事再生の事例であるが、大阪地判平13・7・19判時1762号148頁、および東京地判平15・12・22判タ1141号279頁がある。

(注15) 藤田耕三「東京地方裁判所における会社更生事件の現状と問題点」民訴30号(1984年)86頁。

(注16) 竹下守夫「目的物引渡しずみのファイナンス・リース契約と会社更生法103条の適用の有無」金判813号(1989年)47頁、田原睦夫「ファイナンス・リース契約と会社更生手続」金法1425号(1995年)14頁。

(注17) 山内八郎「ファイナンス・リース契約と破産・会社更生——ユーザー倒産における破産法59条、会社更生法103条適用の可否を中心として」青山善充ほか編『三ヶ月章先生古稀祝賀 民事手続法学の革新(下)』(有斐閣、2001年)387頁。

立場をとっている[注18]。転リースの場合も、原リースの場合と区別する特段の理由はないと考えられるから、東京地裁商事部の運用に従うと、原リースの内容がファイナンスリースに該当する場合で、かつ、転リースの内容が、ファイナンスリースに該当する場合には[注19]、原リースのリース物件の使用収益権を対象とする転担保と解する扱いとなると思料される。

(5) 再リースと倒産法上の取扱い
ア　再リースの概要

再リースとは、リース期間終了後において無償と変わらない名目的な再リース料によってリースをすることがリース契約において定められている場合の、かかる約定に基づく当初リース期間満了後に再度なされるリース取引を指す。現在行われているリース取引の多くは、フルペイアウト方式のファイナンスリースを基本リースとして、再リースをする場合の月額再リース料を基本リース期間に係る月額リース料の12分の1程度を下限としているようである[注20]。

なお、このような再リースの約定がない場合に、更生手続中にファイナンスリースのリース期間が満了したとき、リース会社がリース目的物の返還を求め

(注18) 会社更生の実務(上)241頁〔佐々木宗啓〕および最新実務会社更生208頁参照。なお、両説については、フルペイアウトのファイナンスリース契約における具体的な評価基準については、所有権説によれば物件の処分を前提とした交換価値、利用権説によれば、利用権を体現した市場におけるリース価額と考えることを前提に、「そもそも、リース契約の担保的機能は、つまるところ、リース物件を現実に引き上げることによって得られるその物件の価値を残リース料に充てるところにあり、その場合にリース物件の交換価値＝所有権に着目して所有権説と呼ぶのか、利用権が回復されることにより完全なる所有権が復活し交換価値が増大する点を捉まえて利用権説と呼ぶのかは、極論すれば着眼点の違いにすぎない」とした上で、「そもそも担保権消滅の局面においては、当該物件の利用が再生債務者の事業継続に不可欠であることが要求されているのだから（民事再生法148条1項）、『処分価値』を算出する際に、再生債務者に新たにリースする価額を基準にした価値を念頭におけば足りるものと思われる」との指摘もある（南賢一＝浅沼雅人「ファイナンス・リース」倒産法改正展望288頁以下）。

(注19) 原リースがファイナンスリースに該当しない場合で、転リースがファイナンスリースとなる事例は想定しにくい。

ることができるかが問題となる。この点に関し、東京高判平2・10・25（前掲最判平7・4・14の原審）においては、リース契約上、リース物件の所有権がユーザーに移転する旨の条項もしくは移転を予想した条項は存在しないことなどから、リース会社はリース物件の所有権を失わないことを理由に、リース会社の取戻権を認め、ユーザーによる継続使用を認めていない[注21]。

しかし、ファイナンス・リース契約の担保権の実行手続は、リース物件のユーザーからの引揚げであり、更生手続中にリース目的物の返還を認めることは、更生手続外で更生計画によらずに担保権の実行を認めることにほかならず、許容されるものではないと解することも可能である[注22]。

イ　実務上の取扱い

フルペイアウト方式のファイナンスリースが原リースの場合は、リース会社は、原リースのリース期間中に原リースによって供与した信用を回収済みであることから、再リースは、金融としての性質を有しておらず、賃貸借としての性質のみを有していると考えられる[注23]。したがって、手続開始時点で、再リースのリース料が支払われていない場合は、再リースは、双方未履行双務契約として処理することになり[注24]、履行選択した場合の再リース料は、共益債権または財団債権として取り扱われることになると考えられる（会更61条4項、民再49条4項、破148条1項7号）[注25]。一方、手続開始時点で、再リースの

(注20)　国税庁「平成19年12月7日付課法2-17ほか1課共同「法人税基本通達等の一部改正について」（法令解釈通達）の趣旨説明について」（http://www.nta.go.jp/shiraberu/zeiho-kaishaku/joho-zeikaishaku/hojin/7081/05.htm）。後掲名古屋高判平11・7・22金判1078号23頁においても、「フルペイアウト方式のファイナンスリースにおいては、再リース料は従来のリース料の10分の1ないし12分の1とし、年間一括払いで1年ごとに更新するとする取引慣行がほぼ確立していることが認められる」としている。

(注21)　管財人側がこの目的物の返還の点について上告しなかったために、前掲最判平7・4・14においてはこの点についての判断は示されていない。なお、本文の判断については、「この結論に従うときは、リース物件が更生会社再建のために必要不可欠である場合において、期間満了後の取戻権行使の危険を回避するためには、更生担保権説に固執するわけにはいかず、リース会社との間でリース期間満了前に何らかの和解に到達していなければならないことになろう」との指摘がある（高木新二郎「更生手続開始とリース取引」判タ866号〔1995年〕142頁以下）。

リース料がすでに全額支払済みとなっている場合（実務上はこちらのほうが多いと思われる）は、双務契約の一方の債務が既履行となるため、ユーザーは倒産してもリース契約を解除する選択権を有しないこととなる。

なお、フルペイアウト方式のファイナンスリースを原リースとする場合、原リースに再リースに関する条項が含まれていることも多いと考えられるが、再

（注22）中村清「更生手続・再生手続とリース契約」清水直編著『企業再建の真髄』（商事法務、2005年）304頁、田原・前掲（注17）14頁参照。また、松嶋英機「リース料債権と倒産法上の取扱い」ジュリ1036号（1993年）33頁も、「そもそも会社更生においては申立て前の契約に基づく更生会社の債務の履行は棚上げされるのが原則である。更生計画において更生担保権として目的物の価値の全額を支払う以上は目的物件の返還義務を認める必要はないのではないか」としており、基本的に同旨の見解に立つものと思われる。なお、リース期間経過後も更生会社においてリース物件の使用を希望する場合に、再リース請求権が認められるかに関し、名古屋高判平11・7・22金判1078号23頁は、「リース期間満了時には、リース物件の取得費その他の投下資本の全額が回収され、基本的にはリース貸主の目的は達成されているのであるから、その時点では、リース物件の所有権が形式的にはリース貸主にあるものの、実質的にはユーザーにあるともみることができ、ユーザーが再リースを求めた場合、リース貸主がこれを拒むことは特段の事情がない限り許されないと解するのが相当である。」とし、具体的な事情を考慮して当事者間で「再リース料を十二分の一とする再リース契約が成立」したことを前提に、リース貸主側のリース物件の返還請求を否定している。この点については、「仮に、リース業者に対する再リース請求権が認められないとしても、なお、事情によっては、リース業者の再リースの拒絶が権利濫用となることはあり得る。」との指摘がある（会社更生の実務(上)243頁〔佐々木宗啓〕）。

（注23）フルペイアウト方式のファイナンスリースではないリースを、原リースとする再リースについては、個別にファイナンスリースとしての性質を有するかを検討する必要がある（詳細については、中野芳彦「再リースをめぐる諸問題」加藤一郎＝椿寿夫編『リース取引法講座(下)』〔金融財政事情研究会、1986年〕197頁以下および、中川潤「再リースについて」山岸憲治ほか『リース取引』〔商事法務、1985年〕373頁以下参照）。

（注24）この点、上記のとおり、再リースのリース料は、原リース期間に係る月額リース料よりも低額となっているのが通常であるが、原リースの期間経過後は、経済耐用年数を超過した物件がリースの対象となることから、その使用料である再リース料が低廉に設定されたとしても、リース物件を使用収益させる債務と再リース料を支払債務との間の対価性が否定されることにはならないと考えられる。

（注25）破産手続においては、リース物件を返還することが多く、履行選択が行われることは実際上は少ないと考えられる。

リースに関する条項が存在しない場合には、リース目的物がユーザーの事業に必要な場合は、リース会社と交渉の上、リース期間満了時においてあらためて再リース契約を締結することになる。もっとも、リース会社が再リースに合意しない場合は、リース物件をリース会社に返還するほかないと考えられる。

Ⅲ-11 ファイナンス・リースおよび その類似契約と倒産法的再構成

弁護士　上野　保

1 はじめに

　契約の条項または当事者間の外形的な合意内容に従って生じると考えられる権利義務関係（法律効果）とは異なる権利義務関係（法律効果）を生じさせる解釈を、法律的再構成[注1]と呼ぶことがある。例えば、譲渡担保は、担保目的物の所有権が形式的には債権者（担保権者）へ移転することとなるが、所有権的な構成によっては導くことが困難な債権者（担保権者）側の清算義務や債務者（担保権設定者）の受戻権を認めるために、担保権構成で理解することが一般的であり、これは法律的再構成の例であるといえる。

　そして、法律的再構成の1つとして、債務者について倒産処理手続が開始した場合に、倒産処理手続の目的の実現や倒産時における利害関係人間の公平を回復するという要請の下で、倒産法的再構成というべき解釈がなされる場合がある。具体的には、Ⅲ-8で詳しく論じられているとおり、ファイナンス・リース契約の法的性質についていえば、形式的には賃貸借契約に類似するものの、ユーザーについて倒産処理手続が開始された場合には、ファイナンス・リース契約をリース物件の買受資金の融資と担保権設定の契約として取り扱うことおよび倒産手続開始時の未払リース料債権は倒産債権となること（金融説[注2]）が判例[注3]において確立しており、実務においても一般的に倒産処理手続開

（注1）「法律的再構成」「倒産法的再構成」の用語は、伊藤眞「証券化と倒産法理(上)」金法1657号（2002年）6頁で論じられる内容に基づく。同論文では、法律的再構成は、当事者の合意にもかかわらず権利義務の内容が異なったものとされる可能性を指し、もっぱら条理に基づく解釈論として、その可能性が認められるものであるとする。
（注2）金融説を採らず、ファイナンス・リース契約について双方未履行双務契約の規律の適用を認める見解としては、伊藤・破産法民事再生法2版286頁、伊藤・会社更生法290頁。

始時に残存するリース料債権は、別除権付破産債権・再生債権または更生担保権として扱われているが、これは倒産法的再構成の一例であるといえる[注4]。

本項では、ファイナンス・リース契約およびそれに類似[注5]する契約に関して、倒産法的再構成により解釈することの可否およびその根拠について論じることとしたい[注6]。

2 ノンフルペイアウト方式のファイナンス・リース契約と倒産法的再構成

(1) ノンフルペイアウト方式のファイナンス・リース契約とは

フルペイアウト方式[注7]のファイナンス・リース契約については、前述のとおり金融説に基づき、ユーザーについて倒産処理手続が開始した場面において、リース債権者を担保権付きの倒産債権を有する者として扱うことが実務上も確立している。ここでいうフルペイアウト方式によるファイナンス・リース

(注3) 最判平7・4・14民集49巻4号1063頁（会社更生の事案）、最判平20・12・16民集62巻10号2561頁（民事再生の事案）。

(注4) 伊藤眞「証券化と倒産法理(下)」金法1658号（2002年）82頁。

(注5) ここで「類似」と表現しているのは、法的に権利義務の内容が類似しているという意味ではなく、広い意味で別の法形式を利用した金融取引の性格をもっているといる点で似ているという趣旨である。

(注6) 伊藤・前掲(注4)論文では、倒産法的再構成の例として、ファイナンス・リース契約の倒産処理手続上の取扱いと、破産条項（一方当事者に手形不渡り、破産申立て、あるいは支払停止など、資力喪失を象徴する事由が生じたときに、一方当事者がその義務の履行についての期限の利益をもっているときであっても、請求に基づいて、または当然に相手方当事者がその利益を喪失させ、契約の解除権を行使できる、契約が当然解除されたものとみなす、あるいはそれを前提としてすでに一方当事者に引き渡されている契約の目的物を取り戻すことができるなどの条項）の倒産処理手続上の効力の否定を挙げているが、本稿では、前者の例、すなわち倒産法的再構成による契約の相手方の有する権利を担保権付倒産債権として扱う解釈の可否およびその根拠について論ずる。

(注7) 前掲最判平7・4・14や前掲最判平20・12・16では、「いわゆるフルペイアウト方式」という表現をしているが、本稿では単に「フルペイアウト方式」といい、フルペイアウト方式によらないファイナンス・リースを、「ノンフルペイアウト方式によるファイナンス・リース」と呼ぶこととする。

契約とは、リース料が、リース期間満了時において物件に計算上の残存価値はないものとみて、リース会社がリース期間中に物件の取得費その他の投下資本全額を回収できるように算定されているものをいい、そのようなリース料の算定がされていないものがノンフルペイアウト方式のファイナンス・リースということになる。

ノンフルペイアウト方式のファイナンス・リース契約が利用されるのは、中古自動車の市場が成熟している自動車がリース物件となる場合のように、リース物件の将来における残価の設定が可能な場合であり、この場合リース物件の取得費用等からリース期間の満了時における残価見込額を控除した残額を基礎としてリース料を算定することにより、リース期間中のリース料をフルペイアウト方式に比べて低く抑えることが可能となる。実際にも、自動車のリースについては、リース期間満了時の残価設定がされていること一般的であるとされている[注8]。

(2) ノンフルペイアウト方式のファイナンス・リース契約と最判平7・4・14の射程範囲

最判平7・4・14（民集49巻4号1063頁）は、ファイナンスリース・リース契約について金融説を採用することを明確にしたが、同最判の判示内容はフルペイアウト方式のものに限られるのか、それともノンフルペイアウト方式によるファイナンス・リース契約についても同最判の射程が及んで、金融説が適用されるのかが問題となる。

この点、前掲最判平7・4・14は、その判決理由の中で、「右の方式によるファイナンス・リース契約は、リース期間満了時にリース物件による残存価値はないものとみて、リース業者がリース物件の取得費その他の投下資本の全額を回収できるようにリース料が算定されているものであって、その実質はユー

（注8）一般社団法人日本自動車リース協会連合会のホームページ（http://www.jala.or.jp）によれば、リース契約の際にユーザーの使用状況を把握した上で、リース期間満了時の残存価額を設定することが一般的であるとしている。リース期間満了時（またはリース期間の中途）においてリース物件の残価で買い取るか、再リースをするかをユーザー側で選択できる購入選択権付ファイナンス・リースについては、**Ⅲ−10**を参照。

ザーに対して金融上の便宜を付与するものである」とファイナンス・リース契約の内容について限定的に述べていることから、同最判の射程範囲はノンフルペイアウト方式による場合には及ばないとの見解もある[注9]。

　しかし、ファイナンス・リース契約を賃貸借契約とは異なる金融取引であるとする立場の根拠は、リース料支払債務について、ユーザーは各履行期のリース料支払という方式による期限の利益を得ているにすぎず、各期のリース物件の使用とリース料の支払とは対価関係に立たないことにある。この点、前掲最判平7・4・14も前記した判決理由に続けて「右リース契約においては、リース料債務は契約の成立と同時にその全額について発生し、リース料の支払いが毎月一定額によることと約定されていても、それはユーザーに対して期限の利益を与えるものに過ぎず、各月のリース物件の使用と各月のリース料の支払いと対価関係に立つものではない。」[注10]と述べた上で、更生手続開始決定の時点での未払リース料債権が更生債権であるとの結論を導いていることからすれば、同最判の結論に至る論理の中に、リース物件の取得費用その他の「投資資本の全額の回収」ができることが必須の要件であるとする理由は見出せない[注11]。

　また、金融説に立ち、担保権構成によってファイナンス・リース契約を理解する場合に、担保の目的物が何であるかという点に関しては、①ユーザーの有するリース物件の利用権に債権質権類似または譲渡担保類似の担保権が設定されているという見解（利用権説[注12]）と、②ユーザーにリース物件の実質的所

―――――――――

(注9) 山本和彦「判解」百選5版150頁。

(注10) 最判平5・11・25金法1395号49頁も同旨。

(注11) 法制審議会民法（債権関係）部会が平成25年2月に決定した「民法（債権関係）の改正に関する中間試案」において、ファイナンス・リース契約は、賃貸借契約に類似する契約の一つとして、ユーザーがリース提供者に支払う金銭が使用収益の対価とは評価されない点を中心的な要件として、定義されている。

(注12) 福永有利「ファイナンス・リース契約と倒産法」判タ507号（1983年）4頁、山本和彦「倒産手続におけるリース契約の処遇」金法1680号（2003年）8頁、中島弘雅「判批」法学研究（慶応大）84巻7号（2011年）75頁、小林信明「ファイナンス・リースの倒産手続における取扱い」ジュリ1457号（2013年）81頁。

有権が移転しているとした上でユーザーの実質的所有権の上に担保権が設定されているという見解（所有権説^(注13)）があるところ、下級審判例^(注14)には利用権説を採用したものがあり、東京地方裁判所における会社更生事件の実務においても利用権説を採用している^(注15)。この利用権説に立つとすれば、被担保債権たるリース料債権の総額は、担保目的物であるリース物件の「リース期間中の利用権の価値」^(注16)により回収可能な額の範囲内であればよいのであるから、必ずしもリース物件の取得費用その他の投下資本の全額がリース料債権となる必要はないことになる^(注17)。

　以上のようにファイナンス・リース契約について、金融説、かつ、担保権の目的物に関して利用権説の立場に立てば、フルペイアウト方式であることはファイナンス・リースの本質的な特徴であるとはいえず、ノンフルペイアウト方式であっても、リース期間中の利用権の価値の範囲内でリース契約締結時にリース料債権全額を発生させ、当該リース料の支払について、リース期間中のリース物件の使用の対価としてではなく、リース期間中の各履行期の支払という期限の利益を与える内容の契約^(注18)であれば、前掲最判平7・4・14の射程が及ぶと解すべきである^(注19)。

　これに対して、ファイナンス・リース契約について金融説を採りつつ、担保

(注13) 藤田耕三「東京地方裁判所における会社更生事件の現状と問題点」民訴30号（1984年）86頁、西澤宗英「判批」法学研究（慶応大）69巻6号（1996年）152頁、田原睦夫「ファイナンス・リース契約と会社更生手続」金法1425号（1995年）14頁。
(注14) 大阪地判平13・7・19判時1762号148頁、東京地判平15・12・22判タ1141号279頁。
(注15) 最新実務会社更生208頁。
(注16) 実務的には「リース期間中の利用権の価値」が具体的にいくらであるかを評価し算定することは容易ではないことが多い。ファイナンス・リースの評価についてはⅢ－9を参照。
(注17) 利用権説からすれば、ユーザーがリース物件の実質的価値を使い尽くすことになっているかどうかは、契約の目的にとって本質的なことではないと考えられる。
(注18) 定期賃貸借契約において、賃貸借期間中の解約を禁じ、仮に賃貸借契約期間中に契約解除の効果が発生したとしても、違約金として残期間の賃料相当額を請求できるとしていた場合にも、特に土地の賃貸借においては、賃貸人の瑕疵担保責任や修繕義務がほとんど生じないケースも考えられるため、ノンフルペイアウト方式のファイナンス・リースと同様の議論になる余地があるのではなかろうか。

権の目的物に関して所有権説に立つ場合は、実質的な所有権がユーザーに移転するため、担保の目的物である所有権が全体ではなく部分的であるといわざるを得ないノンフルペイアウト方式のファイナンス・リース契約は、フルペイアウト方式によるファイナンス・リース契約とは前提を大きく異にするため、前掲最判平7・4・14の射程は及ばないと解することになると思われる。

(3) ファイナンス・リース契約について倒産法的再構成を行うことの意義

　ファイナンス・リース契約は、金融説の立場ではユーザーへの融資および担保権取得行為であるとされるが、ユーザーがリース物件を利用する権利（利用権）は、担保権設定契約であるところのファイナンス・リース契約自体に基づいて発生する権利である。このようなファイナンス・リース契約の構造は、不動産への抵当権の設定や債権への質権の設定などの一般的な担保権設定の構造とは大きく異なるというべきである。すなわち、一般的な担保権の設定は、担保設定契約と離れて独立して存在する財産（他の債権者のための責任財産となり得る財産）を担保権の目的物とするのに対して、ファイナンス・リース契約におけるリース物件の利用権は他の債権者への弁済の引当てになるべき性質の財産ではない[注20]。リース物件の利用権は、リース会社でなければ換価・金銭化できない性格の財産であり、他の債権者にとってはリース物件の利用権は責任財産たる財産とはなり得ず、債務者が事業継続をする場合には債務者にとってリース物件の利用が必要であるという位置付けにとどまるものである。したがって、リース会社にとっては、リース物件の利用権は、当然に排他的にその換価価値を把握している関係（優先弁済効ともいい得る）にある。

　そうであれば、ファイナンス・リース契約について倒産法的再構成をすることの中核的な意義は、リース会社の権利を担保権として理解することにあるというよりも、リース会社の有する残リース料債権全部を倒産債権として扱うと

(注19)　八木良一「判解」最判解民事篇平成7年度401頁、大コンメ210頁〔松下淳一〕、小林・前掲（注12）論文83頁。

(注20)　リース物件の利用権をユーザーの他の債権者が差し押えることはできない。また、リース物件の利用者および利用場所は、一般的にはリース契約によって限定されており、ユーザーがリース会社の同意なく変更することはできない。

いう点にあるというべきである。すなわち、リース会社は、リース契約締結時においてリース料債権の全額を発生させることによって、支払能力のあるユーザーからリース物件の利用状況にかかわらずリース料の支払を受けることになるので、ユーザーによるリース物件の不使用を理由とする利用料債権の不発生や、リース物件の陳腐化による（本来的な）利用価値の下落といった、賃貸借契約に基づく賃料債権であれば発生するであろう負担や危険[注21]を回避しており、このようにリース会社が、本来的な賃貸借契約の賃貸人と異なって負担の回避をすることが可能となるのは、リース会社が、ユーザーに信用を供与してリース料債権全額をリース契約締結時に発生させているからであると分析できる。このようにリース会社は、リース契約締結時に、ユーザーに対して信用を供与したことになるところ、ユーザーである債務者に信用を供与していた者は、ユーザーについて倒産処理手続が開始された際には、平等にその信用リスクの負担をすべき（債権者平等を実現すべき）であるから、リース会社が有するリース料債権も倒産債権として扱い、リース会社にその信用リスクを負担させなければならないのである[注22]。

したがって、ファイナンス・リース契約における倒産法的再構成は、リース物件の利用権に担保権が設定されるということに主眼があるわけではなく、倒産手続開始時の未払リース料が、賃貸借契約に基づく将来の賃料債権とは異なり、すべて倒産債権になることに中核的な意義があるというべきである。

このことは、次項でファイナンス・リース契約に類似する契約についての倒産法的再構成の可否を論じる際にも、倒産法的再構成がなされるべき理由として、契約の相手方（債務者）に対して何らかの信用の供与があったといえるかどうかが1つの基準になることを示唆していると考える。

(注21) リース会社は、賃貸人であれば負うはずのリース物件の瑕疵担保義務・修繕義務の負担も免れている。

(注22) 八木・前掲（注19）論文412頁は、判例がリース業者に賃貸人とは異なる権利義務を認めたのは、おおむね金融取引的な側面を重視するリース業者自身の主張に沿った判断であったといえるにもかかわらず、金融取引たる性質を認められる根拠となったリース料債権について、その回収の究極的な場面であるユーザーの倒産の場合には一転してリース業者に賃貸人と同等の地位を認めることは、はなはだ疑問であると考えられると指摘する。

3 ファイナンス・リース契約に類似する契約と倒産法的再構成

(1) 資産の流動化と倒産法的再構成

ア 「真正譲渡」と倒産法的再構成について

　資産の流動化（証券化）は、現代において企業の資金調達のために広く活用されている金融の手法である。資産の流動化そのものは、資産を「真正譲渡」した対価として資金を調達するものであり、融資および担保権設定という資金調達の手法とは、区別されるものである。そして、資産の流動化によって「真正譲渡」された資産は、その資産を元所有していた企業が倒産をした場合であっても、当該資産や当該資産に係る取引は当該倒産処理手続による影響や制約を受けることがなく、倒産から隔離される。したがって、資産の流動化に際しては、このような倒産隔離の効果が生ずるように取引内容の設計がなされることになる。

　しかし、資産の流動化として行われた取引の内容によっては、「真正譲渡」性が疑われる場合があり得る。すなわち、資産の流動化と称していたとしても、当該取引の結果、なお資産の譲渡人である債務者に、純粋な資産譲渡では説明ができない負担が残ること（譲渡人側に、具体的な債務が残存する場合や、信用取引でない当事者間での契約では考えられないような契約上の不利益な条件がある場合など）があり得る。そのような「真正譲渡」性を欠く取引については、詐害性があることを理由に否認権行使の可能性が生ずるほか、当該取引によって債務者財産から離脱したはずの資産が、実質的には債務者財産に帰属しており、取引の相手方は当該資産に担保権の設定を受けていたのと同様であるとの解釈が可能になる場合がある。これは、いわば資産の流動化としてなされた取引についても、倒産法的再構成を行うことが可能である場合があることを意味しているといえる。

イ マイカルの不動産証券化スキームに関する議論

　そして、不動産の証券化に関して、具体的な事案として、倒産隔離の効果の有無が活発に議論されたのが、更生手続の対象となった株式会社マイカルが、更生手続開始前に発行した商業用不動産上の担保権を裏付けとする証券（CMBS）に関する議論である[注23]。

マイカルのCMBSの概要は、以下のとおりである。
① マイカルは所有する不動産（店舗）を信託銀行に信託譲渡した。
② 信託銀行とマイカルは、当該店舗（10店舗）について長期一括賃貸借契約を締結した。
③ マイカルは、当該店舗の信託に基づく信託受益権をSPCへ譲渡して、譲渡代金を取得した。
④ SPCは当該信託受益権を裏付けとして証券を発行し、資本市場から資金を調達した。

このようなマイカルのCMBSについて、マイカルの更生管財人団は、倒産隔離スキームに不十分な点があるとして、マイカルが信託銀行へ支払う賃料の支払は、実質的には、SPCが調達した資金の返済にあたるのではないかとの疑問を呈した。すなわち、このような倒産隔離が不十分なCMBSの賃料債権は、店舗不動産を主たる目的物とする譲渡担保権の被担保債権であり、更生手続においては更生担保権となるとの主張であり、これに沿う学者の意見が出された[注24]。これに対して、マイカルのCMBSにおいては、契約上、オリジネーターであるマイカルは長期一括賃貸借契約について中途解約が可能であるから、マイカルの賃料債務の負担額の総額は確定しておらず、また、店舗不動産の受戻権もマイカルにはなく、SPCが店舗不動産を第三者へ売却することも可

（注23）マイカルのCMBSの議論についてはさまざまな立場からの意見書や論文が公表されている。山本克己京都大学教授の意見書の概要を紹介するものとして「『マイカル・グループの不動産証券化についての意見書』の概要」金法1646号（2002年）32頁、新堂幸司東京大学名誉教授の見解書の骨子を紹介するものとして「マイカル・グループ証券化に関する『山本意見書に対する見解書』の概要」金法1649号（2002年）17頁。三國仁司「マイカルの不動産証券化を巡る法律家の混乱に対する私的見解」NBL742号（2002年）4頁、「マイカル証券化スキームに関する山本和彦教授意見書の全文」金法1653号（2002年）44頁、マイカル法律家管財人団加藤愼＝上田裕康「なぜわれわれはマイカルCMBSを問題にするのか」NBL746号（2002年）31頁、伊藤・前掲（注4）論文88頁、小林秀之「マイカル証券化と倒産隔離」NBL768号（2003年）33頁、更生計画の実務と理論152頁、瀬戸英雄「事例研究　マイカル」更生計画の実務と理論479頁。
（注24）前掲（注23）の山本克己教授の意見書。同意見書では、賃料の設定がファイナンス・リース契約のリース料に類似した方式によっていると指摘する。

能であるから、マイカルの資産の上に担保権の設定がされているとみることはできないとの反論がなされた[注25]。また、資産の流動化に対して安易に倒産法的再構成を認めるべきではないとしつつ、倒産法的再構成がなされるためには、買戻権などの形でオリジネーターが所有権を回復することを予定しているか、またはそのような仕組みが採られていないときにもオリジネーターが対象不動産の価値を自らの利益のために費消することが認められていることが必要であるとの指摘がなされた[注26]。

　しかし、マイカルのCMBSに基づく賃料債権を更生担保権と解すべきかどうかは、マイカルのCMBSについて倒産法的再構成が可能かどうかという議論であるというべきであり、そうであれば、まずはマイカルのCMBSが「真正譲渡」であったかどうかが問題なのであって、仮に「真正譲渡」であるとなれば、そもそも倒産法的再構成をすべき理由はないし、倒産法的再構成をすることは許されないことになる。仮に、マイカルのCMBSが「真正譲渡」とは認められないものであることが明らかとなったときに、はじめて、倒産法的再構成の可否の議論として、形式的には担保権の設定としての合意がされていない契約関係について、倒産処理手続の目的の実現や利害関係人間の公平のために、担保権としての取扱いをすべきであるか、することが許されるかが議論されなければならない。また、倒産法的再構成は、契約に記載された具体的な条項や文言などの外形から離れて検討されるべきものであるので、担保権構成が認められるかどうかも、契約の内容として明らかに受戻権または買戻権の定めがあるかどうかや、譲受人側がオリジネーターである譲渡人に対して具体的かつ確定的な債権を有するかどうかだけで判断されるべきものではないというべきである[注27]。

　そして、まず検討されるべき「真正譲渡」であるかどうかの重要な基準は、流動化の対象である資産の譲渡価格やリースバックの際の賃貸条件（賃料額の設定など）が、市場の相場と大きな隔たりがないかどうかである[注28]。この点、マイカルの管財人団によって、マイカルのCMBSにおける目的不動産の譲

(注25) 前掲（注23）の新堂幸司名誉教授の見解書、山本和彦教授の意見書。
(注26) 伊藤・前掲（注4）論文89頁。

第3節　ファイナンス・リース

渡価格がオリジネーターであるマイカルの営業実績に基づいて負担可能な賃料額を基礎として算定されている一方で、実際の賃料額の定めはSPCが調達する資金の負債コストと運営コストに基づいて算定されており、結果として賃料額が資産譲渡価格に比べて低い水準となっていたことや、SPCがリファイナンスできなかったときにはマイカルが負担する賃料額が当初賃料額の1.5倍に増額されること、マイカルの差入保証金が信託財産に取り込まれており、その返還請求権が受益権よりも劣後化されていること、そのほか長期一括賃貸借契約においても、通常の第三者間の賃貸借契約では考えられない条項（賃貸物件の差替条項、賃借人による隣接建物の所有制限、賃借人による近隣での営業禁止義務）があること等、が指摘されている[注29]。これらの契約実態からすれば、少なくともマイカルのCMBSが「真正譲渡」ではなかったことを疑う理由は十分にあったと思われる。したがって、マイカルのCMBSについて、倒産法的再構成の観点から、契約の解釈や権利義務内容の検討を行うべきであろう。

　本稿では、マイカルのCMBSの取引内容の詳細を知る立場にないことや紙幅の関係もあり、倒産法的再構成の結果として、具体的にマイカルCMBSについてどのような解決をすべきであったか論じることはできない。マイカルのCMBSについての公表された契約条項や取引価格の設定状況等からすると、確かにマイカルのCMBSにおいては、対象となっている店舗不動産を、オリジネーターであるマイカルが確実に取得（受け戻すまたは買い戻す）する手段があったとは認められないのであり、その意味で目的不動産または信託受益権

（注27）小林・前掲（注23）論文は、「被担保債権の存在をマイカル三意見書とも基準として重視するが、債権流動化の場合には被担保債権を発見するのが困難なのであり、これを強調すればするほど、ほとんどのケースが『真正売買』になってしまうだろう。また、同様に基準とされる受戻権も、むしろ要件というよりは、『担保取引』とされた場合の効果と見るべきであろう。」「市場価格に見合った譲渡価格でなければ『売買』とはいえず、むしろ『担保』ということになろう。差額清算が必要になるはずであり、差額清算をする以上『担保』でなければならないからである。」「『担保』であるならば最終的には被担保債権はいくらかという問題を決定する必要がある。通常は、譲渡価格が市場価格に見合っていなければ、譲渡価格が被担保債権ということになろう。」と述べる。

（注28）小林・前掲（注23）論文37頁。

（注29）加藤＝上田・前掲（注23）論文34頁以下。

が、実質的に債務者であるマイカルに帰属するという解釈は、実態を表していないように思われる。しかし、目的不動産（信託受益権）の譲渡価格が市場価格ではなく、他方でマイカルの賃借条件が、第三者間でなされる通常の賃貸借条件よりもマイカルにとって負担が大きいものであったとすれば（すなわち、「真正譲渡」でなかったとすれば）、マイカルのCMBSは、目的不動産の譲渡およびそのリースバックのいずれにおいても、マイカルという特定の債務者の信用を基盤にしてなされた取引であり、当該取引が実現し、当該取引の相手方が契約の想定する利益を実現できるのは、マイカルという特定の債務者が倒産状態になっておらず支払能力があることが前提とされていると解すべきである（逆に言えば、マイカルのCMBSの取引の相手方は、マイカル以外の第三者との間では、同様の譲渡価格や賃貸条件を実現することはできない）。このようにマイカルのCMBSの取引が、マイカルの固有の信用を基盤とした取引であったのなら、マイカルについて倒産処理手続が開始した場合には、マイカルのCMBSに係る取引の相手方の有する権利が、マイカルに対して倒産債権を有する他の債権者の権利よりも有利に扱われることは利害関係人間の公平を害するというべきである。仮に、マイカルのCMBSについて、目的不動産（信託受益権）がマイカルに帰属しないため担保権構成を観念することが困難であったとしても、少なくともマイカルが目的不動産について締結した賃貸借契約において、通常の賃貸借契約に比べてマイカルがより大きな負担をしている義務（高額な賃料や、隣接物件に関する義務、競業避止義務など）については、このような義務に係る請求権[注30]は倒産債権として扱われるべきであるという解釈は可能であると思われ、それも倒産法的再構成の一種であろう。

　マイカルのCMBSについては、結局、マイカルの管財人団は、SPCや資産管理会社等と契約上の問題点について協議を重ね、マイカルのCMBSの不都合を是正し契約内容を変更することで解決を図ったとされている[注31]が、この是正内容が、賃貸借契約の内容を通常の賃貸借契約の内容に近づける方向のものであるならば、前述した倒産法的再構成の考え方とも整合性を有する解決方法

（注30）非金銭債権となるものがあり得る。
（注31）瀬戸・前掲（注23）論文480頁。

であったと考えられる。

(2) 約定解除権の行使による原状回復請求権と倒産法的再構成
　ア　約定解除権の行使による原状回復請求権について倒産法的再構成が問題となる場面

　不動産の売買契約において、買主側に約定解除権が認められ、その約定解除権が行使された場合には、原状回復として、買主は売主に目的物たる不動産を返還し、売主は売買代金や売買契約に係る費用等を買主に返還することになるケースがある。このような契約内容自体は、売買契約として特異なものとはいえず、一般的には、かかる売買契約および契約解除時の原状回復請求権について倒産法的再構成を論ずる必要性はない。

　しかし、上記の不動産売買契約の最終目的が、対象不動産について売主側が将来に行う都市開発のために行われるものであり、一定期間内に当該都市開発が実現しなかったときには、買主から売主に対して売戻しの請求ができるとなっていた場合に、売主について倒産処理手続が開始したときに、買主の約定解除権の行使に基づく原状回復請求権（代金返還請求権・買戻代金請求権）は倒産債権となるのではないか、買主に対象不動産の形式上の所有権が帰属していることは売渡担保類似の性質をもつことになるのではないかが問題となると思われる。つまり、約定解除権に基づく原状回復請求権としての代金返還請求権についても、倒産法的再構成を論ずる余地があると考えられ、倒産法的再構成がなされるのであれば、かかる買主の代金返還債権は、売主の倒産処理手続の中では、別除権付破産債権・再生債権または更生担保権として扱われるべきこととなる。

　なお、上記の法律関係と似た例としては、買戻特約付売買契約がある。買戻特約付売買契約について、再売買の一方の予約とともにする売買契約と並んで、売渡担保であるとして機能するが、大判昭8・4・26（民集12巻767頁）によって譲渡担保と売渡担保が区別され、前者は被担保債権がある非典型契約であるのに対し、後者は被担保債権のない典型契約（民579条以下）であるとして区別する議論があった。しかし、その後、判例および学説においても、両社について担保権としての処遇に差を設けない見解が主流となり、譲渡担保につい

て認められる当事者間の権利義務は、売渡担保においても、買戻しや売買の予約についての民法の規律の適用を排除すべきであるとされている[注32]。

　約定解除権の行使による原状回復請求権としての代金返還請求権は、売主側の買戻権に基づくものではないが、債権担保を目的とする買戻特約付売買契約と同様に、担保権構成を採るべき場合があるのではないかというのが、本稿の問題意識である。

　　イ　裁判例

　財団法人民間都市開発推進機構（甲）と株式会社そごう（乙）との間で、「甲が乙に当該土地の買戻しを請求したときは、当該土地を乙に売り戻すことができるものとする。」旨の特約が付された土地売買契約に基づき、乙についての再生手続開始後に甲が行った買戻代金の請求権を共益債権であるとした裁判例がある[注33]。事案の概要は以下のとおりである。

　甲は、民間都市開発事業の計画、実施につき、その資金、情報、実施手法等の面で多様な支援業務を行うとともに、これに必要な都市開発分野における調査研究を行うことを目的として設立された財団法人である。甲は、乙がその所有する土地（本件土地）において計画している事業が公共性の高いものであるとして本件土地の取得を決定し、甲が買主、乙が売主となって、甲乙間で本件土地を117億6000万円で売買をする契約（本件契約）を締結したが、本件契約には「甲は、本件土地につき、本件契約の締結日から10年以内の間に民間都市開発事業の用に供されず、かつ、国、地方公共団体等に譲渡されない場合において、

（注32）最判平18・2・7民集60巻2号480頁は、買戻特約付売買契約の形式が採られていても、目的不動産の占有の移転を伴わない契約は、特段の事情のない限り、債権担保の目的で締結されたものと推認され、その性質は譲渡担保契約と解するのが相当であると判示した。その結果、真正な買戻特約付売買契約においては、売主は、買戻しの期間内に買主が支払った代金および契約の費用を返還することができなければ、目的不動産を取り戻すことができなくなり、目的不動産の価額（目的不動産を適正に評価した金額）が買主の支払った代金および契約の費用を上回る場合も、買主は清算金の支払義務を負わないが、債権担保目的との買戻特約付売買契約であれば、譲渡担保契約と同様に清算金の支払義務が生ずることになるとする。

（注33）東京地判平17・8・29判時1916号51頁。

本件土地における都市開発事業の実施が見込まれなくなった場合等やむを得ない事情によって甲が乙に本件土地の買い戻しを請求したときは、本件土地を乙に売り戻すことができる。」との特約（本件特約）があった。また、本件契約と同時に甲乙間で締結された合意書等には、本件契約の趣旨は、乙が本件土地において行う予定の都市開発事業を促進させるためのものである旨の定め[注34]や、乙の買戻しの金額については、乙の甲への売却金額に甲の取得および保有のための金利と税金等諸経費を加算した金額を基本とする旨の約定記載があった。

甲は、乙に対して本件契約に基づいて売買代金117億6000万円を支払ったが、その後、乙は再生手続開始の申立てを行い、再生手続開始決定を受けた。乙の再生手続開始後に、乙が本件土地において行う予定であった都市開発事業の実施が断念されることが明らかとなり、甲は、国等へ本件土地の買取りの意向を確認したが、買取りの意向がある旨の回答はなかった。そこで、甲は乙に対して、本件契約の解除を通知し、本件特約に基づく売戻しの請求を行った。売戻しの金額は、売買代金に、取得のための費用、保有のための費用ならびに売買代金および諸費用を借入れにより調達したことに伴う借入金利息を加算し、本件契約締結後乙が本件土地を暫定利用したことにより甲が得た収入額を控除した残額であり、差引後は合計131億3826万1348円であったが、甲は、本件契約の解除に基づく原状回復請求権は共益債権（民再119条5号・6号）であるとして、乙に対して同額を請求した。

甲の主張に対して、乙は、本件特約は再売買の予約であって、当該特約のみを双方未履行双務契約を理由に解除できる、本件契約の解除に基づく甲の原状回復請求権は再生手続開始前の原因に基づくものであり再生債権に当たる、原状回復の対象となるのは甲が乙の再生手続開始前に乙に対して支払った売買代金であるから再生手続開始後の不当利得にはならない等と主張した。

判決では、本件特約は、再売買の予約ではなく約定解除権を留保したもので

（注34）前掲（注32）の判決の理由中には、甲の事務局は、乙が甲の土地取得・譲渡業務制度を利用する理由につき、「土地の含み益を一回資金化して建設資金に充て、リニューアルをやって、事業再開後に買い戻すというものであり、益出し、資金化、事業再開までの当初負担の軽減を図ることにあるものと思われる。」旨を説明したと認定している。

あると認定した。その理由として、甲の土地取得・譲渡事業の実質は、民間都市開発事業の事業施行者が元の土地所有者である場合には、この者に対して譲渡担保類似の形で金融を与えるものであるということができるが、譲渡担保が土地の所有権を取得することによって債権回収不能のリスクを回避するのに対し、甲の土地取得・譲渡業務においては契約を解除して土地を売り戻すことによって、土地保有のリスクを回避しているのであるから、本件特約を再売買の予約と解して、本件特約のみを双方未履行双務契約を理由に解除できるとすることは、土地保有リスクの回避という選択肢を甲から奪うことになり、容認できないとした。

さらに、判決は、本件特約による解除権の発生事由は、乙に対する債務の履行請求の可否とは無関係な事情であるので、乙の再生手続開始後であっても、甲が本件特約による約定解除権を行使することは妨げられないというべきであるとし、乙が双方未履行双務契約を理由に履行または解除を選択するとしても、履行を選択すれば本件土地の開発事業を実施して、事業実施後に本件土地を買い戻すことになり、本件契約の解除を選択すれば、乙は、原状回復として、甲から本件土地の返還請求権および所有権移転登記請求権を取得し、売買代金および取得費用を返還することになるので、双方未履行双務契約による規律と約定解除権の行使を認めた場合の規律は実質的に何ら異なるところはなく、民再法の趣旨に反しないとした。そして、乙が本件土地における開発事業を実施する意思がないことを明らかにしたのは、乙の再生手続開始後であるから、甲の原状回復請求権は、再生手続開始後に再生債務者の行為により生じた請求権（民再119条5号）であるとして共益債権に当たると判断した。

ウ　倒産法的再構成の観点からの検討

この裁判例では、本件特約を双方未履行双務契約の規律に基づいて解除できるか否かが中心的な争点となっているが、判決自体が指摘するとおり、本件土地に関して甲と乙の間で締結された本件契約およびそれに付随する合意は、乙が資金調達をするための譲渡担保と類似の機能をしているのであり、倒産法的再構成の観点からは、双方未履行双務契約であるか否かという点よりも、担保権構成を採ることができるかどうかということが論じられるべきであったというべきである。

そして、判決は、甲はその公共的な目的を達するために、本件土地を確定的に取得するのではなく、売主である乙に買い取らせることによって土地保有のリスクを回避していると述べるが、売主である乙が本件土地を買い取るというスキームは、当然のことながら乙が本件土地の買取代金を支払えるだけの支払能力を有することが前提となっているのであって、甲が乙の支払能力に対して信用を供与していることにほかならない(注35)。判決は、一般の譲渡担保は担保権者に目的物の所有権を確定的に帰属させることを想定しているので、事業見込地を確定的に所有することを想定していない甲の土地取得・譲渡業務とは異なると述べるが、譲渡担保権者も担保目的物の所有権を取得するのは、当該担保目的物の処分価値の把握が目的であり、所有すること自体が最終的な目的ではないのであるから、甲が本件契約において本件土地を継続保有することを目的としていないという点は、譲渡担保と解したとしても本質的な矛盾はないというべきである。

　この事案では、甲は、本件特約に基づく原状回復請求として、本件土地の取得のために必要な資金調達の金利も含めて、乙に請求しているのであり(注36)、まさに甲は乙に対して売買代金名下に資金を貸し付けたというべきである。そして、甲の買戻請求権（売買代金の返還請求権）は本件契約の締結という乙の再生手続開始前に原因に基づく請求権であり、再生債権に当たるというべきであるから、乙が倒産したときに、なお甲が乙の他の倒産債権に優先して回収できるとすることは、乙の利害関係人間の公平に反すると考える。

（注35）前掲（注32）の判決は、甲においては本件土地が値上がりしても、値下りしても、それによって損得の利害を受けることが予定されていないと指摘するが、このことは甲が本件土地の価格変動のリスクをとっていないということはいえても、乙に対する信用リスクをとっていないとはいえず、むしろ、本件土地の価格変動のリスクを乙に対する信用でヘッジしているとみるべきである。

（注36）前掲（注32）の判決は、甲の土地取得・譲渡業務の目的は、金融によって経済的な利益を得ることにあるのではなく、民間都市開発事業を推進するという公益にあると指摘するが、本文で述べたとおり、甲は本件土地の取得および諸費用のための借入金利息相当額を乙に対して請求しているのであるから、甲が金融による利益を得ていないという指摘には疑問がある。

甲は、乙がその支払能力を欠く場合には、本件土地を第三者に売却して資金回収をせざるを得ないのであって、本件土地は譲渡担保権の担保物権とまったく位置付けは異ならないというべきである[注37]。つまり、甲は、乙に対して、再生債権である買戻請求権を被担保債権とし、本件土地を担保目的物とする譲渡担保の担保権者という立場であり、再生手続における別除権に係る制約や規律を受けることになるべきであった。

以上のとおり、この裁判例の事案における甲乙間の契約は、少なくとも乙の倒産処理手続においては、担保権的に構成すべきであり、倒産法的再構成がなされるべき事案であったというべきであろう。

4 まとめ

本稿では、ノンフルペイアウト方式によるファイナンス・リース契約、不動産の証券化、約定解除権の行使による原状回復請求権に関し、倒産法的再構成の可否を論じてきたが、契約内容の外形にかかわらず、担保権構成が採られるべきか否かは、取引の当事者の一方が、相手方（債務者）に対して何らかの信用の供与をしたといえるかどうかが重要な基準になるというべきである。そして、この信用の供与の有無の判断においては、外形的な被担保債権の存否ではなく、実質的に相手方（債務者）の支払能力への依存があるか否か、相手方（債務者）への権利行使を認めることが倒産状態にある相手方（債務者）の他の債権者との間での公平を害することにならないかが、最も中核的な判断基準となるべきと考えられる。信用の供与がある場合は、その債権者の有する請求権は倒産債権となるべきであり、その請求権の優先的な行使に役立つ権利は担保権として位置付けられるべきであると考える。

（注37）前掲（注32）の判決の事案は、乙が再建型の倒産処理手続となっていたので、乙による買戻しの可能性があったが、乙が破産して破産財団もまったくなかったとしたならば、甲は本件土地を保有し、第三者に処分せざるを得ないであろう。

Ⅲ-12　その他の非典型担保

弁護士　永井　和明
弁護士　石井　渉

1　はじめに

　本章で取り上げてきた譲渡担保や所有権留保のほかにも、債務者の信用を補完する手段として、さまざまな手法が利用されている。倒産手続におけるこれらのすべての手法の取扱いについて網羅的に言及することは困難であるため、以下では、代表的なものとして、①相殺予約、②代理受領および振込指定、③荷為替およびトラスト・レシート、④企業担保権、⑤特別法に基づく一般担保権、⑥ファクタリング取引、⑦信託契約、⑧保険を担保目的とする担保権ならびに⑨交互計算の倒産手続における取扱いについて検討する[注1]。

2　倒産手続における各種の非典型担保の取扱い

(1)　相殺予約

　相殺予約とは、互いに債権債務を有する者の間で、①将来一定の事由が生じた場合にいずれか一方当事者の意思表示によって相殺の効力が発生する旨や、②将来一定の事由が生じた場合に一方当事者が期限の利益を失う旨の合意をすることをいう[注2]。このような合意により、一方当事者の信用状態が悪化した場合であっても、他方当事者は、相殺により自らが有する債権の全部または一

(注1)　倒産手続における被典型担保の取扱いについて論じたものとして、例えば田原睦夫「倒産手続と被典型担保権の処遇」福永有利ほか『倒産実体法――改正のあり方を探る（NBL別冊69号）』（商事法務、2002年）63頁等がある。
(注2)　相殺予約の概要については、例えば我妻Ⅳ357頁を参照。

部を回収することができるため、事実上、受働債権について担保権を有するかのような地位に置かれる。したがって、倒産手続におけるこのような合意の取扱いについて、例えば、会更法48条1項は、債権届出期間の満了前に相殺適状になった場合に更生債権者等による更生計画外での相殺を認めているところ、更生債権者等が、いわゆる期限の利益喪失約款に基づき自働債権の弁済期を到来させ、更生計画外で相殺を行うことができるかどうかといった点が問題となる（なお、民再法92条1項にも同様の規定が置かれているため、再生手続との関係でも同様の問題がある）。

この問題は、債権者の相殺の期待がどの程度まで保護されるべきかという大きな問題の一部をなすものでもあると思われるところ、多数説は、差押えと相殺についていわゆる無制限説を採用したとして著名な最大判昭45・6・24（民集24巻6号587頁）等を根拠として、期限の利益喪失約款に基づく自働債権の到来をもって債権届出期間の満了前に相殺適状になった場合にも更生債権者等（再生手続においては再生債権者）による相殺を認める[注3]。もっとも、かかる場合に期限の利益喪失約款を根拠とする相殺適状を否定しつつ、更生計画または再生計画において、更生債権者等または再生債権者に優先的な地位を認める余地があることを示唆する見解も示されている[注4]。多数説を前提にした場合、倒産手続において問題になるのは（相殺予約そのものの効力ではなく）相殺の効力であると思われるため、いかなる場合に相殺が認められるか等の問題の検討は、第1章第2節に譲る[注5]。

(注3) 伊藤・会社更生法343頁。
(注4) 伊藤眞「倒産法と非典型担保」米倉明ほか編『金融担保法講座Ⅲ巻　非典型担保』（筑摩書房、1986年）237頁および森田修『債権回収法講義〔第2版〕』（有斐閣、2011年）131頁では、かかる場合に更生債権者等の債権を更生担保権として取り扱うべきであるとの見解が示されているが、伊藤・前掲（注3）書343頁注39および伊藤・破産法民事再生法2版708頁注28では、更生計画または再生計画において優先的地位を認めることが許されるかどうかにつき「断定を避ける」とされている。
(注5) なお、破産手続においては相殺適状の時点が限定されていない（破67条1項）ため、更生手続または再生手続と同様の問題が生じない。

(2) 代理受領および振込指定

ア 代理受領とは

一般に、代理受領とは、債権者が、債務者に対する債権を確保するために、債務者の第三債務者に対する債権について取立ての委任を受け、第三債務者から受領した金銭を当該債務者に対する債権の弁済に充てるという取引形態であり、債権者は、第三債務者から受領した金銭を債務者に対する債権の弁済に充当することができることから、一種の担保として利用されている。債権者と債務者の間では委任契約の形式がとられる[注6]。

イ 振込指定とは

一般に、振込指定とは、債権者である銀行と債務者の間で、債務者の第三債務者に対する債権を、債務者が当該銀行に開設した預金口座への振込みの方法により回収することを約することをいう。第三債務者が当該預金口座に振込みを行った場合、債権者である銀行は、債務者に対する貸出債権等を自働債権、当該預金口座にかかる預金債権を受働債権とする相殺により、債務者に対する債権を回収することができることから、一種の担保として利用されている。

ウ 倒産手続における取扱い

代理受領については、債務者について倒産手続が開始された場合における債権者の代理受領権限の帰趨が問題になるところ、債務者について破産手続が開始された場合には、当該取立ての委任が終了する（民653条2号）ことから、債権者は、当該代理受領権限に基づき、第三債務者に対して債権者への支払を求めることができない[注7]。また、債務者について再生手続または更生手続が開始された場合には、破産手続の場合とは異なり、債権者の代理受領権限が当然には消滅しないものの、再生債務者（再生手続の場合）もしくは管財人（更生手続の場合）が民法651条1項に基づき当該取立ての委任を解除したときまたは債務者について破産手続が開始した場合（この場合、民法653条2号により委任が終了する）には、債権者は、当該代理受領権限に基づき、第三債務者に対して債権者への支払を求めることができなくなる[注8・9]。

（注6）伊藤・前掲（注4）書299頁。
（注7）伊藤・前掲（注4）書299頁。

債権者が、債務者に関する破産手続、再生手続または更生手続の開始前に第三債務者から金銭を取り立てた場合であっても、当該金銭の取立てが、債務者がいわゆる危機時期に入った後に行われた場合には、相殺の有効性が問題となるところ、債務者が危機時期に入る前に債権者および債務者間で第三債務者の債務者に対する債務につき債権者に代理受領権限を付与し、かつ第三債務者が債務者に対する債務を債権者に対して支払うことに同意している等の場合には、当該金銭の返還債務にかかる債権を受働債権とする相殺を行うことができると考えられている（破72条2項2号、民再93条2項2号、会更49条2項2号）(注10)。

また、振込指定については、債務者について倒産手続が開始された場合、債権者である銀行が債務者に対する貸出債権等を自働債権、当該預金口座にかかる預金債権を受働債権とする相殺をすることができるかどうかが問題になるが、債務者が危機時期に入る前に債権者および債務者間で第三債務者をして債務者に対する債務の弁済として債務者が債権者に開設した口座に振込入金させる旨を合意し、かつ第三債務者が債務者に対する債務を当該振込みの方法で支払うことに同意している等の場合には、当該金銭の返還債務に係る債権を受働債権とする相殺を行うことができると考えられている(注11)。

(3) 荷為替およびトラスト・レシート

ア　荷為替

(ア)　荷為替とは

荷為替とは、隔地者間売買における売主が、自己を振出人、買主を支払人

(注8)　伊藤・前掲（注3）書302頁。
(注9)　なお、取立権限の委任に係る契約に債務者の解除権を制限する規定が置かれることもあり得るが、更生手続との関係では、その趣旨や目的を考え、管財人に対して当該規定の効力を認めるべきではないと考えられている（伊藤・前掲（注3）書302頁）。
(注10)　再生手続について、実務解説一問一答民事再生法275頁〔河野玄逸〕。なお、相殺の可否に関する詳細については、第1章第2節における検討を参照されたい。
(注11)　再生手続について、実務解説一問一答民事再生法275頁〔河野〕。更生手続について、伊藤・前掲（注3）書354頁。なお、相殺の可否に関する詳細については、第1章第2節における検討を参照されたい。

として振り出す為替手形であり、売買の目的である商品について発行された運送証券によって、その支払または引受けが担保されたものをいう[注12]。より具体的には、以下のプロセスで取引が行われる。

① 売主は、商品の運送を依頼した運送人から運送証券の発行を受ける。
② 売主は、自ら振り出した買主を支払人とする為替手形に運送証券を添えて、取引銀行に買取りまたは取立ての委任をする。
③ 当該取引銀行は、受領した為替手形および運送証券を買主の取引銀行に送付する。
④ 当該売主の取引銀行から為替手形および運送証券を受領した銀行は、買主に当該為替手形を呈示する。
⑤ 買主は、当該為替手形の支払または引受けを行うことにより、運送証券の交付を受けることができ、当該運送証券と引換えに、運送人から商品を受け取ることができる。
⑥ 買主が支払った金銭は、売主の取引銀行に送金され、売主への支払または当該取引銀行による買取代金の回収に充てられる。

荷為替を使って取引を行うことにより、商品の引渡しと代金の支払の同時履行を確保することができるだけでなく、売主は荷為替を取引銀行に買い取ってもらうことにより、商品販売代金を速やかに回収することができるという利点があることから、特に海外との商品売買において、荷為替が広く使われている。

(イ) 売主が倒産した場合の対応

荷為替取引に係る売主と取引銀行の間の法律関係を定めるものとして全国銀行協会連合会により外国向為替手形取引約定書のひな型（以下、「約定書ひな型」という）が作成されているところ、約定書ひな型15条1項1号では、売主について銀行取引約定書に規定されるいわゆる期限の利益当然喪失事由が生じた場合、取引銀行が買い取った為替手形につき売主に当然に買取義務

[注12] 荷為替の仕組みを説明した文献として、江頭憲治郎『商取引法〔第7版〕』（弘文堂、2013年）72頁および小島孝「荷為替担保」加藤一郎ほか編『担保法大系(4)』（金融財政事情研究会、1985年）707頁等がある。

が生じる旨が規定されている。したがって、売主について倒産手続が開始された場合において、当該買い取られた為替手形について買主からの支払がなされなかった場合には(注13)、取引銀行は、為替手形の買戻請求権を有する債権者として当該倒産手続に関与することになる。約定書ひな型3条では、売主の取引銀行による為替手形の買取りによって売主が取引銀行に負担する債務の担保として、商品および運送書類等の書類について譲渡担保権が設定される旨が規定されている(注14)。したがって、取引銀行は、当該為替手形を買い取った場合には、①破産手続または再生手続においては当該譲渡担保権を別除権として行使することができ、②更生手続においては更生担保権者として取り扱われることになる(注15)。

イ トラスト・レシート

(ア) トラスト・レシートとは

信用状を使って輸入取引が行われる場合、輸入者は、信用状を発行した銀行に対し、当該銀行が信用状の受益者またはその指図人に対して行った支払に係る金額を償還しない限り、輸入した物品(以下、「輸入物品」という)について譲渡担保権を有する取引銀行から、当該輸入物品に係る所有権を譲り受けることができない(注16)。しかし、これでは輸入者が当該物品の売却代金を銀行への支払に充てることができないという不都合が生じることから、銀行が輸入者から当該金額の償還を受けないまま、すなわち、輸入者に信用を供与したまま、輸入者に対して船積書類を引き渡すという取引が行われる場

(注13) なお、約定書ひな型15条2項1号では、為替手形の取立て、再買取りが拒絶された場合において、売主の取引銀行が請求した場合にも、売主が当該為替手形の買戻債務を負担する旨が規定されている。

(注14) 経済法令研究会編『外国向為替手形取引約定書ひな型の解説』(経済法令研究会、1983年) 12頁。

(注15) 破産手続、再生手続および更生手続における譲渡担保権の取扱いについては、第3章第1節を参照されたい。

(注16) 一般社団法人全国銀行協会が制定した信用状取引約定書の雛型では、3条および11条に関連する規定が置かれているようである(鎌田薫編『債権・動産・知財担保利用の実務』〔新日本法規、2008年〕295頁、江頭・前掲(注12)書202頁。)。

合がある。このような取引が、実務上トラスト・レシート（trust receipt）と呼ばれている[注17]。

　トラスト・レシートにおける輸入者と取引銀行の間の法律関係については、銀行が輸入者との契約上有していた船積書類および当該船積書類に係る輸入物品上の譲渡担保権を保有したまま、輸入者に対して輸入物品の処分権限を付与する関係であると解されている[注18]。そして、銀行が輸入者に付与する処分権限が、①自己（＝輸入者）の名による処分権限であるか、または②銀行の代理人としての処分権限であるかという点は、船積書類の貸渡しに係る契約の内容次第であると考えられている[注19]。

　(イ)　倒産手続における銀行による権利行使

　上記(ア)のとおり、信用状を発行した銀行は輸入者に対して譲渡担保権を有すると解されているため、輸入者が輸入物品を売却する前に当該輸入者に係る倒産手続が開始された場合、銀行は譲渡担保権者として扱われることになると考えられる[注20]。したがって、銀行は、かかる場合には、輸入者に付与した輸入物品の処分権限を取り消し、当該輸入物品を処分し、当該処分に係る代金を輸入者に対する債権に充当することができる。

　これに対し、輸入者が倒産手続開始前に輸入物品を売却していた場合には、銀行が輸入者に付与した処分権限の内容により法律関係が異なると考えられる。まず、銀行が輸入者に付与した処分権限が銀行の代理人としての処分権限であった場合、銀行は、輸入者による輸入物品の処分にかかる契約（以下、「処分契約」という）の当事者として、当該輸入物品を取得した第三者（以下、「輸入物品取得者」という）に対し、売買代金等の支払を求めればよい（ただし、輸入物品取得者が輸入者に対して売買代金等を支払済みである場合は、

(注17)　トラスト・レシートの詳細につき、例えば江頭・前掲（注12）書202頁。

(注18)　江頭・前掲（注12）書202頁。

(注19)　江頭・前掲（注12）書202頁。なお、当該文献では「ふつう前者と推定すべき」として、原則として自己の名による処分権限が付与されたと見るべきであるという見解が示されている。

(注20)　倒産手続における譲渡担保権者の扱いについては、本章第1節における詳細な検討を参照されたい。

当該請求をすることができない)。次に、銀行が輸入者に付与した処分権限が自己の名による処分権限であった場合、銀行は処分契約の当事者ではないため、輸入物品取得者に対し売買代金等の支払を求めることができない[注21]。この場合、銀行は、当該売買代金等が回収前であれば、輸入者の輸入物品取得者に対する代金債権等に対し、譲渡担保権に基づく物上代位権を行使することが考えられ、当該売買代金等が回収済である場合には、当該倒産法令に従って債権の回収を図ることになるものと考えられる[注22]。

(4) 企業担保権

企業担保権とは、社債を担保するため、当該社債を発行する株式会社の総財産を目的として設定される企業担保法に基づく担保権である。企業担保権者については、「他の債権者に先だつて、債権の弁済を受ける」ことが認められている（企業担保2条1項。ただし、一般の先取特権には劣後する〔企業担保7条〕）ことから、企業担保権者は、当該社債に係る債権につき、①当該株式会社の破産手続においては優先的破産債権として行使することができ（破98条1項）[注23]、②当該株式会社の再生手続においては一般優先債権とされるため、原則として再生手続外で随時弁済を受けることができ（民再122条1項・2項）[注24]、③当

(注21) なお、銀行は、倒産手続開始前に輸入者の輸入物品取得者に対する売買代金債権等に担保権を設定し、かつ当該担保権の設定につき債務者対抗要件および第三者対抗要件を具備していた場合には、当該倒産手続において当該担保権に係る担保権者として扱われることになると思われる。

(注22) 銀行が、輸入業者に対し輸入代金決済資金相当額を貸し付けるとともに、担保として輸入商品に譲渡担保権の設定を受けた上、当該輸入業者に当該輸入商品の貸渡しを行ってその処分権限を与えた後、当該輸入業者について破産手続が開始されたという事案において、銀行による動産譲渡担保権に基づく物上代位権の行使が認められた事例として、最決平11・5・27民集53巻5号863頁がある。当該決定の担当調査官は、当該決定が事例判断であるとの見解を示している（河邉義典「判解」『最高裁判所判例解説民事篇平成11年度』〔法曹会、1999年〕440頁）ものの、当該決定は、信用状を発行した銀行による動産譲渡担保権に基づく物上代位権の行使の可否を検討するに際し、参考になり得る裁判例であろう。

(注23) 伊藤・前掲（注4）書207頁、大コンメ408頁〔堂薗幹一郎〕。

(注24) 伊藤・前掲（注4）書661頁、条解民事再生法3版635頁〔坂井秀行＝渡部香菜子〕。

該株式会社の更生手続においてはいわゆる優先的更生債権として行使することができる（会更168条1項2号）[注25]。

(5) 特別法に基づく一般担保権

一般担保権とは、設立に関する特別法を有する一定の者が発行する社債の社債権者に対し、当該社債の発行者の総財産の上に認められる、一般の債権者に優先する優先権をいう。例えば、一般電気事業者である会社が発行する社債の社債権者には、一般の先取特権が認められている（電気37条1項・2項）[注26]。電気事業法その他の特別法に基づき優先権を認められた社債権者は、保有する社債にかかる債権につき、①当該株式会社の破産手続においては優先的破産債権として行使することができ（破98条1項）、②当該株式会社の再生手続においては一般優先債権とされるため、原則として再生手続外で随時弁済を受けることができ（民再122条1項・2項）、③当該株式会社の更生手続においてはいわゆる優先的更生債権として行使することができる（会更168条1項2号）[注27]。

(6) ファクタリング取引

ファクタリングとは、ファクターとクライアントの間の契約に基づき、クライアントがファクターに対し、クライアントの取引先の信用調査、債権回収、信用の危険負担、債権の期日前資金化等を委ねる取引をいう[注28]。ファクタリングは、一般的に、ファクターとクライアントの間の基本契約としてのファク

(注25) 伊藤・前掲（注3）書189頁、大コンメ408頁〔堂蘭〕。
(注26) 電気事業法のほかにも、資産の流動化に関する法律128条1項・2項、株式会社日本政策金融公庫法52条1項・2項、株式会社国際協力銀行法34条1項・2項等のいくつかの法律において同様の規定が置かれている。また、やや古いものの、特別法上の先取特権をまとめたものとして、注民(8)167頁〔甲斐道太郎〕がある。
(注27) （注23）から（注25）の各文献を参照。
(注28) ファクタリング取引の概要を解説する文献として、池田真朗「ファクタリング契約」加藤雅信ほか編『野村豊弘先生還暦記念論文集・21世紀判例契約法の最前線』（判例タイムズ社、2006年）313頁、福永有利編著『新種・特殊担保契約と倒産法』（商事法務研究会、1988年）90頁、田辺光政「ファクタリング」加藤一郎ほか編『担保法大系第5巻』（金融財政事情研究会、1984年）672頁等がある。

タリング契約と、個々の債権の譲渡に関する個別契約からなる[注29]が、第三債務者の信用リスクをいずれが負担するか等により、さまざまな種類の取引が行われているようである[注30]。

ファクタリング契約または個別契約において、第三債務者が債務を履行しない場合にクライアントが当該第三債務者に対する債権を買い戻すべき旨が規定されている場合には、当該債権の支払が、クライアントによって担保されていることになる。したがって、ファクターは、第三債務者について倒産手続が開始された場合のように第三債務者からの回収を図ることができない場合には、クライアントに対して当該債権の買戻しを請求することにより、当該債権の回収を図ることができる（この場合においてクライアントについても倒産手続が開始された場合には、当該倒産法令に従って債権の回収を図ることになる）。

(7) 信託契約

ア　セキュリティ・トラスト

倒産手続と信託契約の関係が問題になる場面の1つとして、被担保債権と切り離して担保権を信託財産とする信託を設定する取引であるセキュリティ・トラスト[注31]がある。旧信託法下ではセキュリティ・トラストの有効性についてさまざまな議論があったが、現行法の下では、①信託法3条1号・2号において、委託者が受託者に担保権を設定して信託を成立させることができることとされていること、および②信託法55条において、担保権が信託財産である信託において、信託行為において受益者が被担保債権の債権者とされている場合には、受託者は、信託事務として、担保権の実行の申立てをすることができ、売却代金の配当または弁済金の交付を受けることができることとされていることから、セキュリティ・トラストが有効に成立し得ることが認められることとなった[注32]。セキュリティ・トラストについては、倒産手続における取扱

（注29）福永・前掲（注29）書95頁。
（注30）池田・前掲（注29）論文316頁では、主要な種類として6種類の取引が掲げられている。
（注31）セキュリティ・トラストの概要を説明する文献として、例えば、山田誠一「セキュリティ・トラスト」金法1811号（2007年）16頁等がある。
（注32）かつての議論および現行法の下での解釈につき、山田・前掲（注32）論文18頁以下。

いその他の論点（注33）が少なくないが、ここでは取り上げないこととする。

イ　セキュリティ・トラスト以外の担保としての信託

　信託をある債権者に対する優先弁済権を確保するためのスキームとして用いることについては、従前より議論がなされてきた（注34）が、信託法（平成18年法律第108号。以下、「新信託法」という）の施行後も、活発な検討がなされているようである（注35）。例えば、①被担保債権が存在し、一定の事由が発生するまでは、当該被担保債権に対する弁済は、債務者の資産（債務者が受託者を兼ねるときは、債務者の固定資産）からなされること、および、②一定の事由が発生したときは、債務者への給付が信託財産によって行われ、それにより被担保債権が消滅することという２点を含む信託契約は、担保目的で利用されていると解する余地があると思われるところ、このような信託契約を倒産手続においてどのように取り扱うべきかという点については、明文規定がないため、裁判例や当該事案の具体的な事情も考慮しながら判断することが求められると思われる（注36）。

　信託と倒産については、いわゆる双方未履行双務契約であるとして信託契約を解除することの可否および解除する場合の要件、受託者について倒産手続が開始された場合における受託者の任務の帰趨および受託者の任務終了時における破産管財人の責務等、さまざまな点が問題となるが、それらについては、ここでは取り上げないこととする（注37）。

(8)　保　険

　保険が債権担保の目的で利用される場合がある。例えば、①抵当権その他の物的担保を補完する目的で保険が利用される場合として、被保険者が抵当権の目的財産について有する所有権利益を被保険利益として締結された損害保険契

（注33）例えば、倒産手続におけるセキュリティ・トラストの取扱い等がある。

（注34）例えば、今村和夫「信託と担保」星野英一ほか編『担保法の現代的諸問題』（別冊NBL10号）（1983年）224頁、武藤達「信託の担保的利用の現状」米倉明ほか編『金融担保法講座Ⅰ』（1985年）79頁等がある。

（注35）例えば道垣内弘人「担保としての信託」金法1811号（2007年）26頁（以下「道垣内論文」という。）、新井誠『信託法〔第３版〕』（有斐閣、2008年）454頁以下等がある。

第3章　譲渡担保・所有権留保・ファイナンス・リース・その他の非典型担保

(注36) 道垣内論文では、本文で言及した2点を含む信託契約を、①受託者が信託財産の完全な所有権を有しているが、受益権の内容が、信託財産全体には対応せず、担保目的となっている場合（道垣内・前掲（注35）論文28頁では、委託者Sが、Gに対して債務を負っており、受託者をTとする信託を設定する場合について、「Sが、Tに対して不動産の所有権を移転し、Tは、その不動産を賃貸して賃料収入を上げるが、その収入は信託財産としてそのままTが保持する。しかし、『一定の事由』が発生したときは、受益者であるGに『一定額』を給付する。賃貸を継続し、受益者Gに徐々に給付するという定めも、その時点で、その不動産を処分するという定めも考えられる。そして、この『一定の事由』が発生しないときは、『一定の期間』経過により信託は終了し、残余財産受益者または帰属権利者である委託者Sに全額が給付される。受益者Gに給付をした結果、余剰がある場合も、Sに残余が給付される。」という場合が示されている。そして、「このとき、右にいう『一定の事由』を、SがGに対して負担する債務の不履行等があったときとし、『一定の期間』を債務不履行がなければ右債務の弁済が終了する期間にし、さらに、『一定額』を、その時点における残債務額にしておけば、右の信託スキームは、担保として機能するわけである。」という例が示されている。）、②受益者は信託財産に対応した内容の受益権を有しているが、受託者が有している権利が譲渡担保権である場合（道垣内・前掲（注35）論文29頁では、委託者Sが、Gに対して債務を負っており、受託者をTとする信託を設定する場合における典型的な仕組みとして、「SがTに対して、不動産の所有権を移転するが、その占有はSにとどまっており、そのまま使用収益を継続できるという仕組み」が示されている）、および③当初受益者である委託者から現在の受益者が受益権の譲渡を受けたが、その譲渡が譲渡担保目的のものである場合（道垣内・前掲（注35）論文29頁では、委託者Sが、Gに対して債務を負っており、受託者をTとする信託を設定する場合における例として、「Gへの受益権譲渡にもかかわらず、実際の受益はSが行うというものが考えられる。」とされている）の3つの場合に分類した上で、更生手続において、①の場合には、管財人が⒤Gの有している受益権の内容が、担保目的のものにすぎないこと、および⒤信託財産について、Gの有する担保目的の利益を除いた利益は、Sが受益者ないし帰属権利者として保持していることを明らかにすれば、受益者が更生担保権者として扱われ、「一定の事由」の発生によって受益者への給付、信託財産の処分または受益者の変更等が行われるものとされている場合、当該「一定の事由」が発生してもそれらの効果が生じないとされており、②については、管財人が⒤Tの有している権利が譲渡担保権にすぎないこと、および⒤Sは、譲渡担保設定者として、信託設定時にSからTに譲渡された財産について、担保目的の利益を除いた利益を有し続けていることを明らかにすれば、セキュリティ・トラストの一般論が妥当するものとされ、③については、管財人が受益権譲渡が担保目的にものにすぎないことを明らかにすれば、受益権の譲渡担保として扱われるだけであるとされている。

(注37) 信託契約と倒産手続が交錯する場面ついて詳細かつ具体的な検討がなされている文献として、「信託と倒産」実務研究会編『信託と倒産』（商事法務、2008年）がある。

約に基づく保険金請求権の上に、債権者が質権を設定する場合があり、②保証その他の人的担保を補完する目的で利用される保険として、入札保証保険や履行保証保険等が挙げられる(注38)。

①の場合について、保険契約者について倒産手続が開始された場合における保険金請求権について設定された担保権や保険契約の取扱いが問題となるが、前者については、質権や譲渡担保権等、当該担保権の類型に従って取り扱われるものと考えられる。また、後者については、いわゆる双方未履行双務契約に該当する場合には履行または解除を選択すればよく、該当しない場合、すなわち保険会社に対する保険料の支払等が完了している場合には、原則として保険契約が存続する(注39)と考えられる。

②の場合については、保険契約者たる債務者の債務不履行によって債権者たる被保険者が損害を被ったときに保険事故が生じ、保険会社から債権者に対する保険金の支払が行われるとともに、保険会社から債務者への求償が行われる。したがって、保険契約者である債務者がある保険期間にかかる保険金を前払で支払済みである場合において、当該保険期間中に債務者について倒産手続が開始され、債務者による債務不履行が生じたケースを前提にすると、保険会社から債権者に対して保険金が支払われるとともに、保険会社が倒産法令に従って債務者に対する求償権を行使することになると考えられる。

(9) 交互計算(注40)

交互計算とは、商人間または商人と非商人との間で平常取引をする場合にお

(注38) 棚田良平「損害保険・保証保険」加藤ほか編・前掲（注28）書636頁。保険の担保的利用に関する他の文献として、草刈耕造「保険の担保的利用の現状」米倉明ほか編『金融担保法講座Ⅰ巻　担保制度一般・抵当権』（1985年、筑摩書房）131頁等がある。

(注39) 保険約款等で保険契約者の解約により解約返戻金を取得することが認められている場合には、管財人が当該保険契約を解約し、解約返戻金を取得することもできるものと考えられる。

(注40) 金融機関等が行うデリバティブ取引等に係る交互計算については、金融機関等が行う特定金融取引の一括清算に関する法律の適用も問題になり得る。同法に基づく一括清算と倒産手続の関係については、第1章第2節（特にⅠ-17）における検討を参照されたい。

いて、一定の期間内の取引から生ずる債権および債務の総額について相殺をし、その残額の支払をすることを約する取引である（商529条）。交互計算に組み入れられた債権は、期間中、個別に譲渡、質入等の処分をすることができず（交互計算不可分の原則）、善意の第三者が当該債権を差し押えることもできないと考えられている^(注41・42)。

相殺と同様、このような合意により、一方当事者の信用状態が悪化した場合であっても、他方当事者は、当該合意に基づき自らが有する債権の全部または一部を回収することができるため、事実上、相手方当事者が有する債権について担保権を有するかのような地位に置かれる。

交互計算の一方当事者のいずれかについて破産手続、再生手続または更生手続が開始された場合、交互計算は当然に終了し、他方当事者が残額に係る債権を有する場合、当該債権は破産債権、再生債権または更生債権となる（破59条1項、民再51条、会更63条）^(注43)。なお、交互計算の終了に伴う計算の閉鎖としてなされる相殺については、破産法71条1項2号ないし4号および72条2項2号ないし4号との関係が問題になり得るが、交互計算にかかる合意の存在が破産法71条2項2号または72条2項2号にいう「前の原因」に該当するため、相殺が許容されると考えられている^(注44)。

（注41）江頭・前掲（注12）書36頁。また、善意の第三者による差押えを否定した裁判例として、大判昭11・3・11民集15巻320頁がある。

（注42）なお、交互計算につき、交互計算期間中に生じる債権債務を交互計算に組み入れ、計算期間経過後に一方の当事者に生じる残額のみを請求可能な債権として取り扱う考え方（いわゆる古典的交互計算）と、交互計算期間中に生じる債権債務が個々の取引が行われるごとに決済され、その時々に残高債権が発生し、当該残高債権につき、譲渡、質入等の処分または差押えが許容されるものとする考え方（いわゆる段階的交互計算）等があることにつき、例えば、江頭・前掲（注12）書36頁がある。

（注43）破産者が残額にかかる債権を有する場合、当該債権は破産財団に属する（破59条2項）。

（注44）大コンメ252頁〔松下淳一〕、条解破産法438頁〔坂井秀行＝渡部香菜子〕。

第4章
倒産と保証

Ⅳ-1　主債務者の倒産手続における権利変更の保証債務への効力

弁護士　廣瀬　正剛

1　民法の原則

　保証債務は主債務に対し附従性を有するから（民448条）、主債務が同一性を保ちつつ変更する場合は、その限度で保証債務もその内容を変更する。したがって、債権者が主債務者に対し債務免除等をした場合は、その効力は保証債務にも及ぶことになる。

2　主債務者に法的倒産手続が開始された場合

(1)　破産の場合

ア　主債務者が個人の場合

　個人が破産した場合、その後免責許可決定が下されても、その効力は保証人や物上保証人には及ばない（破253条2項）。保証債務の附従性の原則からすれば、主債務が免責されれば保証債務もそれに応じて免責されるべきであるが、保証や物上保証は、債務者の無資力に備えて、その弁済の確保のためのものとして設定されるものであるといえるので、当該債務者が破産するに至ったときに、免責の効力を及ぼさないのは、当然のことと考えられている[注1]。

　その理論上の根拠については、免責の効果につき、責任を消滅させるだけで、債務自体は消滅せず自然債務として存続すると解するのが判例[注2]・多数説[注3]であり、また、主債務に関する責任の縮減は保証債務の責任の縮減を

（注1）　大コンメ1088頁〔花村良一〕。
（注2）　最判平9・2・25判時1607号51頁。
（注3）　我妻Ⅳ70頁など。

もたらさない（「責任縮減に関する附従性」を認めない）とするのが通説[注4]であるので、これによれば破産法253条2項は附従性の例外規定ではないことになる。

これに対し、近時の有力説[注5]は免責により主債務も消滅すると考え、破産法253条2項は消滅における附従性の例外を定めたものと解する。

いずれの理論も結論に異なるところはないが、後述する私的整理において、破産法253条2項等の倒産諸規定の類推の可否の論点に影響が及んでくる。

イ 主債務者が法人の場合

主債務者が法人の場合は、破産手続の終了時に破産法人の法人格も原則として消滅し、法人の負担していた債務も消滅する（最判平15・3・14民集57巻3号286頁）。この場合、明文の規定はないものの、保証制度の趣旨および破産法253条2項の趣旨から、主債務消滅の効果は保証人や物上保証人に及ばないことは判例（大判大11・7・17民集1巻460頁）・学説とも異論はない。

なお、多くの場合に破産者の経営者やその親族、友人らが保証人となっており、法人の破綻が連鎖的に保証人等に及ぶことにつき、立法的な手当ての必要性が主張されており[注6]、現在行われている債権法改正の検討作業において、保証制度の抜本的見直しが議論されているほか[注7]、中小企業における個人保証のあり方についても議論[注8]されているところである。

(2) 民事再生の場合

ア 原 則

主債務者に再生手続が開始され、その後再生計画について認可決定が確定したとしても、再生計画の効力は保証人や物上保証人には及ばない（民再177条

(注4) 森田修「主債務者の免責と倒産手続・私的整理」法教297号（2005年）108頁。
(注5) 伊藤・破産法民事再生法2版552頁。
(注6) 伊藤・破産法民事再生法2版557頁。
(注7) 法務省「民法（債権関係）の改正に関する中間試案」。
(注8) 中小企業における個人保証等の在り方研究会「中小企業における個人保証等の在り方研究会報告書」及びこれを受け策定された経営者保証に関するガイドライン研究会「経営者保証に関するガイドライン」など。

2項)。破産法253条2項と同じ趣旨による規定である。

したがって、再生計画により再生債権が減免されても保証債務や物上保証には影響を及ぼさない[注9]。

　イ　住宅資金特別条項を定めた再生計画の場合

民再法177条2項の規定は、認可決定が確定した再生計画が住宅資金特別条項を定めたものであるときは、住宅資金特別条項によって権利の変更を受けた者が保証人に対して有する権利には適用されない（民再203条1項）。これは、仮に再生計画の効力が保証人に及ばないとすれば、保証人は再生計画における期限の利益の回復や弁済の猶予にかかわらず、自らはただちに住宅ローン全額の弁済をせざるを得ず、弁済をした保証人は求償権の行使として抵当権を実行する（民500条）にいたる結果、債務者の住居を保護するという住宅資金特別条項の目的が達成できなくなってしまうからである。そこで、民再法177条2項の例外として、保証人にも再生計画の効力を拡張して、期限の利益の回復や弁済期限の猶予等の効力を援用できることとした。また、かかる趣旨からすれば、同様に求償権の問題が発生する物上保証の場合にも本規定が類推される余地がある[注10]。

このように、主債務者の倒産手続における権利変更が保証債務へ及ばないことは（住宅資金特別条項を定めた再生計画の場合を除き）再生手続も破産手続と同様であるが、再生手続特有の問題として以下の議論がある（更生手続にも同様の議論がある）。

　ウ　再生債権が失権した場合

1点目は、再生計画の認可決定が確定すると、再生債権者が債権の届出をしないで、かつ、再生債務者が存在を知らないで自認せず、あるいは異議に対して債権者が査定の申立てをしなかった場合は、当該再生債権は失権する（民再178条）が、その場合でも民再法177条2項は適用されると解されている点であ

(注9)　これに対し、保証人が保証債務履行後に債権者に代位して再生債権者の債権を行使する場合の代位債権や保証人が主債務者に対して有する求償権（事前求償であれ、事後求償であれ）は再生債権であるので、再生計画に従って減免される。新注釈民事再生法(下)2版120頁〔矢吹徹雄〕。

(注10)　条解民事再生法3版1069頁〔山本和彦〕。

る(注11)。

　再生債権者が再生手続に参加するかどうかは再生債権者の自由であるところ、再生手続に参加した場合にはかなりの時間や手間を要するから、再生債権者がこれを避けてただちに保証債務を追求することは自然な行動であり、再生手続に参加しなかったことを理由として再生債権者に不利益を与えるべきではなく、また、適用を認めたところで再生債務者の財産を減少させたり、再生を困難にしたりすることもないからである(注12)。

　したがって、再生債権が失権した場合であっても、保証人は保証債務を履行しなければならない(注13)。

　　エ　デット・エクイティ・スワップ（DES）との関係

　2点目は、再生債務者が株式会社であって再生計画でデット・エクイティ・スワップ（DES）が行われたときに、これが保証債務にどのような影響を与えるか、すなわち株式の発行それ自体を代物弁済とみて、再生債務者の株式を取得した再生債権者の再生債権がただちに消滅するかという問題である。この点、株式の取得だけでは保証債務は消滅せず、再生債権者が配当や株式の譲渡により現実の満足を得たときに、その限度で保証債務が消滅するとする見解(注14)もあるが、このような見解は保証人の地位を著しく不安定にするおそれがある。民再法177条2項の趣旨は、再生計画の定めに基づく権利の変更自体によって再生債権者の保証人に対する権利に不利益を生じさせないところにあり、再生債権者が株式の取得という形で権利の満足を得た以上、それが現金化されるまで保証人の債務を存続させる理由に乏しい。したがって、再生債権者が再生債務者の株式を取得した段階で、保証債務も消滅すると解すべきであり(注15)、

（注11）　一問一答民事再生法237頁。

（注12）　条解民事再生法3版939頁〔三木浩一〕。

（注13）　民再法177条2項の適用を前提に、民法504条を類推して、主たる債権者たる再生債権者が故意または過失によってその権利の届出をせずに失権したことは、保証人の法定代位の機会を失わせるものとして、保証人は、再生債権の届出により回収し得た限度で、再生債権者に対して免責を主張し得る余地があるとする見解もある。更生手続について、伊藤・会社更生法654頁。

（注14）　条解民事再生法3版939頁〔三木〕。

デット・エクイティ・スワップ（DES）に満足しない債権者は計画の認可決定前に保証債務を回収する必要がある[注16]。

(3) 会社更生の場合

更生手続においても、更生計画の効力は保証人や物上保証には及ばず、更生計画により更生債権が減免されても保証債務や物上保証には影響を及ぼさないことは再生手続と同様である（会更203条2項）。

また、更生債権が失権した場合や更生計画でデット・エクイティ・スワップ（DES）が定められたときの考え方も再生手続と同様である[注17]。

(4) 特別清算の場合

ア 協定型の場合

特別清算手続においても、協定の効力は保証人や物上保証には及ばず、協定により協定債権が減免されても保証債務や物上保証には影響を及ぼさないことは破産手続、再生手続、更生手続と同様である（会社571条2項）。

イ 個別和解型の場合

これに対し、協定によらないで、債権者との個別和解により特別清算を進める場合には、附従性の理論により、個別和解によって生じる清算株式会社に対する主たる債務の減免、返済猶予の効力が、保証債務等にも効力を生ずると解される余地がある[注18]。そこで、個別和解型の特別清算の場合、債権者は、保証人から、清算株式会社が負担する主たる債務の減免等があっても、保証債務には影響を及ぼさず、従前の債務額を履行する旨の確約書を取得しておく必要がある[注19]。東京地裁においては、保証人等に個別和解の効力が及ばないようにするために、個別和解型においても便宜上協定を作成し、債権者集会におけ

(注15) 新注釈民事再生法(下) 2 版122頁〔矢吹〕。
(注16) 更生手続について、伊藤・会社更生法653頁。
(注17) 前者について、旧会更法240条2項に関し、東京高判昭47・4・27下民集23－1巻4号197頁、後者について伊藤・会社更生法653頁。
(注18) 江頭憲治郎＝中村直人編『論点体系会社法(4)』（第一法規、2012年）349頁〔松村正哲〕。
(注19) 特別清算手続の実務135頁。

る協定可決および裁判所の認可の決定をする運用がされている[注20]。

なお、個別和解型の特別清算手続における主債務の免除について附従性を否定した裁判例がある（東京地判平18・6・27金法1769号59頁）。

3 主債務者に私的整理手続が開始された場合

　主債務者に私的整理手続が開始された場合において、主債務の減免がされた場合の保証人・物上保証への影響については、附従性を否定する裁判例（東京地判昭51・8・26判タ348号239頁、名古屋高判昭59・11・28判時1148号123頁）と、保証債務の附従性を根拠に保証債務も減免されるとする裁判例（東京地判平8・6・21金判1019号41頁）が存在し、下級審の判断は分かれている。

　この点を直接判断した最高裁判決は存在しないが、最判昭46・10・26（民集25巻7号1019頁）は、「債権者が、主たる債務者に対しては債務の一部を免除したが、連帯保証人に対しては債務全額を取り立てる旨の意思表示をなし、連帯保証人がこれを承諾したときは、連帯保証人は、債権者に対し右免除部分については付従性を有しない独立の債務を負担するに至ったものというべきである。」と判示し、保証人の承諾を根拠に、債務免除部分につき、保証人の独立の債務負担を認めたもので、保証債務の附従性を前提とするものといえる[注21]。

　学説上は、破産法253条2項等の主債務者免責等における保証人の責任に関する倒産法諸規定の類推の可否について類推肯定説・否定説両論があり、いずれも通説には至っていない[注22]。

　保証債務の附従性が民法の原則であることからすれば、これに対する例外は、当事者間の合意または明文の法規によってはじめて認められるというべきであり、私的整理の場合に当然に上記の例外を認めるべき根拠は見出しがたい。また、附従性に伴う債権者の不利益は、保証人との個別合意によって十分

（注20）特別清算の理論と実務283頁。
（注21）貝阿彌亮「債務者の破産と保証人の責任」金判1211号（2005年）104頁。
（注22）有力説のように、破産法253条2項等の諸規定を消滅における附従性の例外を明文にて定めたものとみれば、そのような明文がない私的整理にまで類推することには消極的になろう。

回避できることから、債権者保護のために特に設けられた保証債務の附従性の例外規定が当然に私的整理の場合にも準用されるとの見解は適切ではない。

また、附従性を否定した場合には、減免部分を履行した保証人等は債務者に対して求償権を有することになるが、法的倒産手続と異なり、私的整理手続には求償権の行使につき開始時現存額主義（破104条）の制約がないことから、保証人等は減免部分についても求償権を行使することができることとなってしまう。

したがって、私的整理の場合には、保証債務の附従性により、計画案の成立に伴う主債務の権利変更の効力は保証債務にも及ぶことを前提に考えられるべきであり、事業再生ADR等の私的整理の実務においても、かかる理解を前提に、債権者は計画案に対する同意および保証人への対応を判断しているものと思われる。

Ⅳ-2　近時の実務の現状と経営者保証に関するガイドライン

弁護士　鈴木　学(注1)

1　近時の私的整理(事業再生ADR手続等)における主債務者の債務免除の際の保証人・物上保証人(経営者)への履行請求のあり方・実情

(1)　問題の所在──2つのモラルハザード問題

　中小企業・小規模事業者（以下、「中小企業」という）が間接金融による資金調達、特に日本の金融機関から資金を調達するに際しては、ほとんどの場合(注2)、代表取締役社長など経営者による個人保証が条件とされている。中小企業経営者が個人保証を提供することは、わが国の長年の慣行であり、中小企業の経営への規律付けという意味において中小企業の資金調達の円滑化に寄与した面は無視できない。数多くの中小企業においては、所有と経営が分離しておらず、経営者以外の第三者からの経営監視による資金管理の規律が望めない。ともすると、金融機関が融資した資金を目的外に使用し、あるいはそこまで悪意がなくとも、リスク・リターンが均衡していない投資を安易に行う、そのようなモラルハザード(注3)の危険がつきまとう。その危険を回避するには、債務者企

(注1)　本稿のうち意見にわたる部分については筆者の個人的なものであり、筆者が所属する組織の見解を表すものではない。

(注2)　平成25年5月2日に公表された「中小企業における個人保証等の在り方研究会報告書」（以下、「研究会報告書」という）1頁注2に、中小企業庁が平成24年度に実施したアンケート調査では、金融機関から借入れを行った中小企業の86.7%は、経営者が個人保証の提供を行っているという実態が報告されている。

(注3)　経済学においてモラルハザードは、経済学のプリンシパル（依頼人）－エージェント（代理人）理論に基づく概念である。すなわち、プリンシパル（本件の場面では投資家＝債権者）の利益の実現をエージェント（企業経営者）に委ねる際、プリンシパルが知り得ない情報（情報の非対称性）がある場合、エージェントの行動が、プリンシパル本位のものでなくなり、資源配分が非効率になる現象である。ここではこの意味で用いている。

業からの適示適切な情報開示が必須となるが、債権者にすぎない金融機関には、法制度上、中小企業経営者が適切な情報開示を常に行うということに対する期待が十分にもてない。そこで、経営者に対する一定の規律付けを行う手段として個人保証が有用とされ、もって中小企業に対する金融が円滑に行われてきたと評価されるのである。

　他方、当該中小企業の経営が窮境に陥った場合には、モラルハザードが逆に働く場合が多い。もし窮境の度合いが小さな時点で経営者が抜本的な再建策を打てば、再生可能性が高まることは経験則上明らかである。ただし、抜本的な再建策（例えば金融支援を伴う再建案）をとることは、経営責任の名のもとに自らは経営から排除される「可能性」があり、かつ自らが負っている保証責任が将来どのように取り扱われるかが「不透明」であると、経営者は保守的に最悪のシナリオを想定する。すなわち、自らの資力で到底賄うことができない保証責任を負っている場合には、企業から排除され、保証責任を問われる事態は、まさに経営者にとって社会的な死を意味すると考えるであろう。いま確実な死を選択するぐらいであれば、いかに可能性が低くとも、将来的な何らかの僥倖を期待し、自ら抜本的な再建策に着手しないことも、経営者にとっては十分に合理的な選択肢となる。期待した僥倖なく、いわば必然的に訪れる将来の死よりも、いま自らの手で引き寄せる死のほうが経営者にとっての効用が低い（「ゼロかもしれない」と「今確定的にゼロにする」では後者のほうが効用が低い）からである。かくて、この意味でのモラルハザード[注4]が、経営者が早期の事業再生プロセスに着手することの障害となるわけである[注5]。

　わが国の経済の活性化のためには、中小企業の事業再生への取組みを阻害する要因を可能な限り排除しなければならない。経営者の個人保証における上記問題を解決するためには、私的整理局面において経営責任・保証責任のあり方に予測可能性を与える必要がある。具体的には、経営責任（経営者の交代）の

（注4）中小企業では経営者のトップダウンでの意思決定形態をとることが多く、早期事業再生の効用を内部から経営者に働きかけるガバナンスは期待できない。他方、債権者たる金融機関も、タイムリーな経営情報に触れることが困難で、かつ経営者の保証責任等につき最初から明快な態度をとることは困難なため、経営者の意思決定を適切に導く決め手をもてずにいるケースが多いと思われる。

基準、保証責任の履行基準（残存資産の範囲）を明確化し、法人債務との一体処理のプロセスを整備することが必要である。

　現在検討されている民法改正の議論、あるいは政府の成長戦略に伴う議論において、この問題が正面から議論され、近時「経営者保証に関するガイドライン」(注6)という形でその議論の成果が形となって表れた。ガイドラインおよび民法改正の議論状況については、**2**において後述する。ここでは、その前提として、実務上、経営者の個人保証責任がどのように取り扱われてきたのか、また最近行われている各種私的整理における取組みを紹介する。

(2) 私的整理実務においてとり得る保証債務処理方法

　中小企業の私的整理手続において、経営者が金融債務に個人保証を差し入れている場合、おおむね次のような処理パターンがみられる。

① 私的整理手続においては債務者企業の債務のみと対象とし、経営者個人保証は特段の処理を行わない。個人保証債務の処理は各保証債権者と個別に交渉する(注7)。

② 私的整理手続とは別に、経営者の個人保証債務は経営者の破産手続および免責手続において処理する。

③ 私的整理手続とは別に、経営者の個人保証債務は経営者の民事再生手続

（注5）研究会報告書1頁には、「個人保証の弊害」として本文記載の点以外に大要次のような点が指摘されている。
　①安易な個人保証契約の締結への依存は、借り手、貸し手の双方において、本来期待されるべき ⅰ）中小企業による健全な事業経営および ⅱ）金融機関による健全な融資慣行の構築をしていく意欲を阻害しているおそれがある。②個人保証が慣行化の下、貸手側の中小企業に対する説明不足、資産に比して過大な債務負担の要求などの対応と相まって、貸手と借手の間における信頼関係構築の意欲を阻害しているおそれがある。
（注6）経営者保証に関するガイドライン研究会公表に係る平成25年12月5日付「経営者保証に関するガイドライン」（以下、「ガイドライン」という）は、一般社団法人全国銀行協会のホームページ上（http://www.zenginkyo.or.jp/news/2013/12/05140000.html）で閲覧可能である（平成25年12月現在）。
（注7）例えば、保証人が金融機関（保証債権者）との間で保証債務の長期分割弁済に関する交渉をし、合意を成立させる方法などが考えられる。

679

において処理する。

④　私的整理手続の中で、債務者企業が金融支援を求めるのと同時に、経営者の保証責任も解除を求める。

①の場合は経営者の個人保証の処理が私的整理手続とまったく連動せずに進むことになるが、仮に経営者が一部でも保証履行をした場合、その保証履行に伴う求償権をどう取り扱うべきかが問題[注8]となってしまう。また、保証責任の問題処理をいわば放置された経営者としては、企業再建に対して積極的に協力するインセンティブを失い、まったく協力が望めなくなる事態も考えられる。さらに、金融機関としても、債務者企業の金融支援の検討とは別個に保証履行の追及を検討しなければならなくなるが、経営者が保証責任の履行に積極的でない場合には、その追及も容易ではなく、金融機関にとっては非効率な活動を強いられるかもしれない。さらに重要な点として、取引企業に対して債権放棄を行う金融機関としては、その放棄額を無税償却する強いニーズがある一方、保証人にある程度の資力が認められる場合には、保証人の処理を置き去りにして無税償却のメリットをとることが困難ということが挙げられる。その意味で①は必ずしも適切な処理方法とはいえない。

経営者の個人債務の処理につき透明性を確保しながら行うとすると、②または③が考えられ、また実際に行われているところである。しかしながら②は、経営者の個人資産が破産法上の自由財産の限りで手元に残るにすぎない[注9]。将来一定の収入を得る期待値が高い、あるいは破産法上認められた免責の効果を得る効用が高い場合には別論、そうでない場合には経営者が私的整理手続に協力するインセンティブがさほど高いとはいえない。③の民事再生の場合にも、ほぼ同様のことがいえる。

すると、私的整理において経営者からの積極的な協力を得るためには、状

(注8)　債務者企業が苦労の末金融機関から債務免除を得たとしても、後日、保証履行をした経営者から求償請求を受けることになるのであれば、債務免除のメリットは減殺されるからである。

(注9)　例えば、現金資産であれば、自由財産の範囲は原則として99万円となる（破34条3項1号、民執131条3号、民執令1条）。ただし、一定の条件の下自由財産の範囲の拡張は可能である（破34条4項）。

況に応じ比較的柔軟に対応できる④が適切な手段ということができるであろう(注10)。この方式によれば、私財調査の上、一定の私財を保証債務に充当し、経営者の生活に必要な残余の財産を経営者の手元に残したまま保証解除を実行する、ということになる。しかしながら、④の方法をとるに当たって、保証解除を要請する金融機関との間で必ず問題になる点は、経営者の保有する私財が適正に開示されているか、あるいは私財提供として保証履行に充てられる資産の範囲が適正かという問題である。

(3) 近時の私的整理制度における取組み

上述のような問題意識から、企業の私的整理手続に関与する公的な枠組みが、経営者の個人保証の処理についてさまざまな試みを実施している。本稿では、そのうち①中小企業再生支援協議会（以下、「支援協」という）、②株式会社地域経済活性化支援機構（以下、「REVIC」という）、③事業再生実務家協会が主催する事業再生ADR手続（以下、「事業再生ADR」という）の各再生支援手続、および④株式会社東日本大震災事業者再生支援機構（以下、「震災機構」という）における取組みに触れる。

ア 支援協における取組みについて

支援協は、全国の各都道府県に設置されており、数多くの中小企業の再生案件を手がけているが、そのうち金融機関に金融支援（債権放棄など）を求めるタイプの再生計画の場合、経営者保証の履行問題が生じる。この点、支援協案件では、経営者保証人の自己破産が求められることは少なく、資力のある保証人の場合には一定の私財提供をさせ求償権の放棄を行わせた(注11)後に、また

(注10) 一般論としては本文のとおりと考えるが、例えば、①保証人に対象債権者以外の債権者からの借入があり、私的整理では解決困難であると見込まれる場合や、②不誠実な経営を長期間行っていたなど、単純に保証解除をしても経営者の経済的再生に資さない場合や、金融機関から保証解除を求めることが道義上困難な場合は、破産手続などの手段をとらざるを得ないものと考える。

(注11) 対象事業者に係る保証債務について保証履行（私財提供）を行った場合には、保証人が対象事業者に対して求償権を有することとなるため、事業再生計画には、保証人責任履行の内容と、保証を履行した場合の対象事業者に対する求償権の放棄を定める必要がある。

は資力のない保証人の場合には主債務の債権放棄と同時に、保証解除をさせるような取扱いを目指している(注12)。もちろん、案件により窮境原因（経営者保証人の有責性の程度）、経営者保証人の債務状況（保証債務以外に多額の債務を負っている場合）あるいは誠実性（資産隠しが強く疑われる場合）、または経営者保証人の意向（自己破産を希望しているなど）はさまざまであり、すべての案件を一律に扱っているわけではないことに留意する必要がある。

　　イ　REVICおよび事業再生ADRにおける取組みについて

　この点はREVICの事業再生手続も同様である。経営者保証人の保証責任の処理につき、上記のような要素によって取扱いがさまざまではあるが、特に近時は私的整理手続の中で保証責任の解除を求める方向で再生計画を組み立てる傾向にある。具体的には、保証人の私財調査結果を関係金融機関等に対して開示し、調査の結果明らかとなった財産から生活に必要かつ相当な資産を控除し、残りの資産を関係金融機関等に弁済し、その上で関係金融機関等より保証解除を受ける。保証人については、個別に代理人弁護士が私的整理手続を受任することが多いが、併用して、特定調停手続が利用される場合もある。また、生活に必要であることが疎明され関係金融機関等の同意が得られれば、破産手続で認められる現金（99万円）を超える額の現金の保有も認めている。

　上記のような取扱いは、再生スキームとして同様な構造をとる事業再生ADRでも可能であり、実際にも債務者企業の再生計画の中で保証解除を求めたケースが存在する。

　　ウ　震災機構における取組みについて

　震災機構による再生手続は、REVICによる手続に類似するが、経営者保証の処理に関しては、現在までの再生実務上、若干異なった取扱いがなされている。震災機構が、ある債務者企業につき支援決定（震災機構法19条4項）を行い、さらに当該企業に対する債権の買取決定（同法20条1項1号）を行った場合、震災機構は、実務上ほとんどのケースが、メインバンクの債権を含めすべての金融債権を買い取った上で、震災機構自らが再生計画に基づく金融支援

（注12）例えば、藤原敬三『実践的中小企業再生論〔改訂版〕』（金融財政事情研究会、2013年）139頁。

（債権放棄など）を行うこととなる[注13]。例えば、対象となる金融債権が額面100として、計画上の債権放棄額が70であるとすると、震災機構は額面100の債権を金融機関から譲り受け、自ら70の債権放棄を行う。すると保証債務の附従性により、従来経営者が負っていた保証債務も100から70に減額される。

震災機構の案件の多くは、経営者が続投するものであり、また原則としてこの段階で経営者からの私財提供を受けることはないため、経営者の保証はこの時点で解除されず、引き続き減額された30の保証債務を負うことになる。経営者の保証が解除されない点で、支援協やREVICの手続と異なる点はあるが、原則として金融支援の時点で私財提供など保証責任を問われないという点で、経営者保証人に有利な取扱いがなされているともいえる。このような取扱いは東日本大震災により窮境に陥った中小企業を支援するという震災機構の政策的存在意義に基づく配慮であり、その意味で妥当な処理といえるであろう。

(4) 私的整理手続における保証解除に伴うポイント

上述のとおり、震災機構の手続を除き、企業の私的整理手続において、経営者の個人保証債務の解除を求める実務が確立しつつある状況である。以下、個人保証債務の解除を求めるに当たり、共通する重要項目について触れる。

ア 求償権放棄書面の取得

保証人が保証債務を履行した場合、保証人は対象事業者に対して、求償権を取得する。債務者企業が私的整理手続において取引金融機関から金融支援を受けたとしても、金融機関が保証債権者として保証人から一部債権回収をした後、保証人が債務者企業に対して求償権を行使するとなれば、金融支援の実効性がなくなってしまう。したがって、私的整理手続における事業再生計画においては、保証人の対象事業者に対する求償権放棄が前提条件となる。

イ 保証人とのコミュニケーション

中小企業の私的整理において、保証人たる経営者の理解と積極的な協力は必要不可欠である。他方、金融支援を受ける以上、公正性かつ透明性が確保され

(注13) 宮崎信太郎＝平子真介「事業者再生支援機構における金融支援の実際」金融財政事情3016号（2013年）26頁。

ていなければ金融機関の納得が得られないということが十分理解されていないと、後のトラブルにつながる可能性がある。その意味において、私的整理のアドバイザーは、私的整理手続に入る前段階において、経営者に対し次の事項を丁寧に説明しておくべきである。
① 事業再生計画に、保証解除の依頼について明記する予定であること。
② 事業再生計画に記載されたとおり、保証人の保証債務の処理が行われているかどうかが厳格にモニタリングされること。
③ 保証解除は私財開示が適正になされていることが大前提であるため、私財調査に最大限協力する必要があること。仮に、私財開示が不完全である場合には保証責任が復活する可能性があること。

　ウ　私財調査について

　私的整理手続において個人保証の解除を求めるためには、私財の誠実な開示と、一部私財提供が重要な要素となる。その前提として、保証人の私財につき適正な調査が実施されることが重要である。調査を担当するのは、現実的には保証人（経営者）個人の代理人弁護士になることが多いであろう。したがって、いかにその調査結果の適正さを担保するかが課題となる。例えば、支援協やREVICの再建スキームでは、その実施主体が中立的な観点から調査結果をレビューしているということが金融債権者にとって重要になる。

　エ　解除する保証責任の範囲

　私的整理における事業再生計画において、経営者個人の保証責任の解除を求める場合、その範囲をいかに設定するかが問題となる。換言すれば、経営者の個人資産のうちどの範囲を保証履行の部分に充て（私財提供）、どの範囲を経営者の手元に残すかという問題である。この問題についてはさまざまな考え方があり得るところ、比較的穏当な概念は「保証人の生活に必要な資産」を基準に考えるというものであろう。

　この保証人の生活に必要な資産の意義であるが、私的整理手続であることから、現預金を破産手続よりも多く保有することは、相応の理由があれば許容されるべきである（高齢、病気、仕事がない、資金名目が明確である〔葬式代〕等）。また、生活の本拠として居住している住居についても、その資産価値が状況に鑑みて不相当に高額でない限り、売却を強制するのではなく、居住し続けられ

るよう配慮すべきと考える。なお、保証人の生活に必要な資産の範囲の考え方については、今後、後述する経営者保証に関するガイドラインの基準が主要な判断基準として用いられることが予想される。

他方、債務者企業が窮境に陥る前後に、経営者がその所有する資産を不当に第三者に移転しているような場合には、その価値を実質的に取り戻し、保証責任の履行のために充てることができない限り、原則として保証解除を認めるべきではないであろう。

2 経営者保証に関するガイドラインについて

(1) ガイドラインの意義

上述の通り、既存の私的整理の枠組みにおいて経営者保証人の責任の減免（保証解除）の試みがなされている。そのような中、近時、「経営者保証に関するガイドライン研究会」[注14]が、経営者保証に関する中小企業、経営者および金融機関による対応についての自主的自律的な準則である「経営者保証に関するガイドライン」[注15]を公表した。

このガイドラインは概ね2つの指針を示している。1つは、「保証契約時等の対応」として、一定の経営状況にある中小企業向けの融資に当たっては経営者保証をとらない、あるいは保証をとる場合にもその責任が発生する場合や責任範囲を限定するためのルール[注16]である。もう1つは、「保証債務の整理の際の対応」として、①経営者の経営責任のあり方、②保証人の手元に残す資産

(注14) 研究会の構成員はガイドラインに添付されている研究会名簿に記載されている。研究会の事務局は、日本商工会議所および全国銀行協会である。

(注15) このガイドラインは、私的整理に関するガイドラインと同様、「法的拘束力はないものの、主たる債務者、保証人及び対象債権者によって、自発的に尊重され遵守されることが期待されている」ものと位置付けられている（ガイドライン2(1)）。ガイドラインが、全国銀行協会を事務局として、中小企業団体および金融機関団体の関係者、学識経験者、専門家等の議論を踏まえ策定された経緯に鑑み、実際に自発的に遵守されることが想定されるところである。なお、ガイドラインは、平成26年2月1日から適用されるものとされている（ガイドライン8(1)）。

の範囲についての考え方、③保証債務の一部履行後に残った保証債務の取扱いに関する考え方等について規定している(注17)。

　ガイドラインは、企業の債務整理手続に当たり、経営者の保証責任に一定の限界を示そうとする点において、既存の私的整理の枠組みで行われてきた取組みと軌を一にするものである。さらに、いくつかの点においては、既存の枠組みを超えた概念を取り入れているという特色をもっている。以下、それらの特色を中心に、ガイドラインの内容を俯瞰することとする(注18)。

(2) ガイドラインの適用範囲（ガイドライン3項）

　ガイドラインの適用対象は、①主債務者が中小企業であり、②原則として保証人が経営者であることとされている。経営者自身でなくとも、例外として、⒤実質的経営者、営業許可名義人または事業従事配偶者、ⅱ経営者の健康上の理由のため、事業承継予定者が保証人である場合も適用対象とされている。さらに、ガイドライン適用の条件として、③主債務者・保証人双方が弁済について誠実であり、債権者の請求に応じ、財産状況等を適時開示していること、④主債務者・保証人双方が反社会的勢力でなく、そのおそれもないことが挙げられている。

　ここで1つ問題になるのが、適用対象が中小企業基本法に定義される中小企業に限定されるのかという点である。例えば、製造業であれば資本金3億円超かつ従業員300人超のいわゆる中堅企業の経営者が保証人となっている場合にはまったく適用外になるのか、という問題である。この点、ガイドラインの目的(注19)は、中小企業金融の実務の円滑化を通じて中小企業の活力を引き出す

(注16) 具体的には、①中小企業が経営者保証を提供することなく資金調達を希望する場合に必要な経営状況、②やむを得ず保証契約を締結する際の保証の必要性の説明や適切な保証金額の設定に関する債権者の努力義務、③事業承継時等における既存の保証契約の適切な見直し等を内容としている。
(注17) 本項では、このうち主に「保証債務の整理の際の対応」の内容につき触れることとする。
(注18) ガイドライン全体に対する解説は、小林信明「経営者保証に関するガイドラインの概要(上)(下)」NBL1018号14頁、1019号68頁（2014年）、同「『経営者保証ガイドライン』の概要」金法1986号（2014年）44頁参照。

こと、とされており、中小企業が意識されていることは間違いない。しかし、究極の目的である日本経済の活性化という観点からは、地域の中堅企業等の再生または再編を円滑化させることも重要である。かつ、そもそもガイドラインが法的拘束力を有しない準則であり柔軟性を持ちうる規範であることを考えれば、適用対象を中小企業に厳格に制限すべきという積極的理由が見当たらない以上、金融機関および事業再生実務家には、中堅企業等の経営者保証の問題についても柔軟な対応を期待したい。

　さらにもう1つの問題は、第三者保証の取扱いである。ガイドラインの文言上は、適用対象は原則として経営者たる保証人であり、例外はかなり限定されている（上記②ⅰⅱ）ようにも読める。ガイドライン脚注5[注20]は、確かに第三者保証もガイドラインの適用から除外するものではない旨明記しているが、そもそも第三者保証を経営者保証と完全に同列に論じるべきかどうか、実務的には悩ましい問題といえるであろう。周知のとおり、金融庁は従前からその金融監督指針等において、原則として第三者保証は取るべきでないと指導してきている。また、第三者保証人が経営にまったく関与せず、ゆえにまったく経営責任を負っていないものである場合、その者に過大な保証責任を負わせる結果となるのであれば、経営者としても抜本的な再生・再編に踏み切れないであろうし、そうであるならば、ガイドラインが目指す効果が減殺されてしまうことにもなる。第三者保証についても、ガイドラインの趣旨・精神が適用されるべきであるが、そのルールに厳格に縛られない運用が求められる場合もあるので

(注19)「経営者保証の課題に対する適切な対応を通じてその弊害を解消し、もって主たる債務者、保証人及び対象債権者の継続的かつ良好な信頼関係の構築・強化とともに、中小企業の各ライフステージ（創業、成長・発展、早期の事業再生や事業清算への着手、円滑な事業承継、新たな事業の開始等をいう。以下同じ。）における中小企業の取組意欲の増進を図り、ひいては中小企業金融の実務の円滑化を通じて中小企業の活力が一層引き出され、日本経済の活性化に資することを目的とする。」（ガイドライン1項）。

(注20)「このガイドラインは中小企業の経営者（及びこれに準ずる者）による保証を主たる対象としているが、財務内容その他の経営の状況を総合的に判断して、通常考えられるリスク許容額を超える融資の依頼がある場合であって、当該事業の協力者や支援者からそのような融資に対して積極的に保証の申し出があった場合等、いわゆる第三者による保証について除外するものではない。」とする。

はないかと思われる。

(3) **ガイドライン適用の要件・手続**

　ア　ガイドライン適用の要件

　ガイドラインでは、保証債務の整理を申し出ることできる保証人の要件として次の4つの要件が設定されている（ガイドライン7項(1)）。

① 保証契約が3項のすべての要件（筆者注：上記(2)の4要件）の充足
② 主債務者が法的整理、準則型私的整理手続[注21]の申立てを行っていること
③ 主債務者および保証人の破産手続の配当よりも多くの回収が期待できること（経済合理性）
④ 保証人に免責不許可事由（のおそれ）がないこと

　イ　ガイドラインを適用するための手続

　具体的な保証債務の整理手続については、①主たる債務との一体整理の場合、主債務につき準則型私的整理手続を使う場合は原則保証債務の整理もその手続によるべきものとされ、②主たる債務について法的整理手続が申し立てられた場合など、主たる債務との一体整理が困難な場合には、当該整理にとって適切な準則型私的整理手続を利用すべきものとされている（ガイドライン7項(2)）。②にいう、「当該整理にとって適切な準則型私的整理手続」は、現時点において、個人債務のみを処理する一般的な裁判外の私的整理スキームは存在しないため、特定調停手続が想定されるところである。

　ウ　ガイドライン手続の開始（一時停止等の要請）

　経営者保証人が、ガイドラインに基づく保証債務の整理を図る場合には、まず当該手続において対象金融機関に対して、以下の要件を充足する一時停止等の要請を行うことになる。

① 原則、一時停止の要請が主債務者、保証人、支援専門家が連名した書面によること

（注21）利害関係のない中立かつ公正な第三者が関与する私的整理手続およびこれに準ずる手続（支援協スキーム、事業再生ADR、私的整理ガイドライン、特定調停等）。

② すべての対象債権者に対して同時に行われること
③ 主債務者および保証人が手続申立前から弁済等について誠実に対応し、対象債権者との間で良好な取引関係が構築されてきたと対象債権者により判断され得ること

一時停止等の要請が行われた場合、対象金融機関は、その要請に対して誠実かつ柔軟に対応するよう努めなければならない（ガイドライン7項(3)①）。一時停止の要請に連名する支援専門家がどのような者であるべきかという点は、経営者保証人が利用する準則型私的整理手続によって考え方が異なり得る。ただし、ガイドラインのQ&Aでは、保証人の代理人弁護士や顧問税理士も支援専門家に含まれ得るとされており（ガイドラインQ&A　Q5-8）、実際には代理人弁護士がその役割を担うことが多くなるものと想定される。

(4) 経営者の経営責任のあり方

ガイドラインでは、経営者の保証責任の限定のみならず、経営者の続投の問題も扱っている。すなわち、私的整理の事実のみをもって一律かつ形式的に経営者の交代を求めず、以下のような点を総合的に勘案し、一定の経済的合理性が認められれば経営者の続投を許容することとしている（ガイドライン7項(3)②）。

① 主債務者の窮境原因および窮境原因に対する経営者の帰責性
② 経営者および後継予定者の経営資質、信頼性
③ 経営者の交代が主債務者の事業の再生計画等に与える影響
④ 準則型私的整理手続における対象債権者による金融支援の内容

なお、経営者が引続き経営に関わる場合の経営責任については、上記帰責性等を踏まえた総合判断の中で、保証債務の全部または一部の履行、役員報酬の減額、株主権の全部または一部の放棄、代表者からの退任等により明確化を図るものとされている。

(5) 保証人の手元に残す資産の範囲についての考え方

ガイドラインの1つの大きな特色は、経営者保証人の手元に残す残存資産の範囲についてルール作りをしたところである。まず残存資産の範囲は、以下の

ような点を総合的に勘案し決定されるものとしている(注22)(ガイドライン7項(3)③)。

① 保証人の保証履行能力や保証債務の従前の履行状況
② 主債務が不履行にいたった経緯等に対する保証人の帰責性
③ 保証人の経営資質、信頼性
④ 保証人が事業再生・清算に着手した時期等が再生計画等に与える影響
⑤ 破産手続の自由財産、民事執行法の標準世帯の必要生活費の考え方との整合性

ガイドラインが画期的であると思われる点は、上記④である。この点、ガイドラインは、経営者保証人が早期事業再生等に着手し、対象債権者に一定の経済的合理性が認められる場合には、自由財産の考え方を踏まえつつ、経営者の事業継続、事業清算後の新たな事業開始等のため、一定期間(注23)の生活費(注24)に相当する額や華美でない自宅(注25)等を経営者保証人の残存資産に含めることを検討する、と明記する。そして、これらの残存資産の上限額を画する概念として、「回収見込額の増加額」、すなわち①主債務者が再生型手続である場合

(注22) 残存範囲を決定する際には、保証人の資力情報の開示および表明保証、支援専門家による表明保証の適正性の確認と対象債権者への報告を前提とし、対象債権者は経済合理性を主債務と保証債務で一体判断する、とされている。

(注23) 雇用保険の給付期間の考え方等を参考とするとされている。その上で、ガイドラインQ&A Q7-14は、参考として保証人の年齢と雇用保険の給付期間を対応させた表(ガイドライン公表日時点での厚生労働省職業安定局ハローワークインターネットサービスホームページを引用元とするもの)を掲載している。例えば、保証人が30歳未満であれば給付期間は90日〜180日、45歳以上60歳未満の場合には給付期間は90日〜330日であることがわかる。

(注24) 1月当たりの標準的な世帯の必要性経費として民事執行法施行令で定める額を参考とする。現時点では33万円である(民執令2条1項1号)。単純に(注21)の記載と考え合わせると、45歳以上60歳未満の経営者保証人の手元に残すことができる最大限の現預金は、破産手続における自由財産たる現金99万円に加え、月額33万円×11ヶ月(330日)の約460万円となる。ただし、個別具体的な案件においてどの程度の現預金を残存資産とすることができるかは、ガイドラインの他の要件との関係で、相対的かつ柔軟に決定されていくものと考える。

には、破産手続等の清算型手続にいたらなかったことによる対象債権者の回収見込額の増加額、または②主債務者の債務整理が清算型手続の場合には、当該手続に早期に着手したことによる保有資産等の劣化防止に伴う回収見込額の増加額、を導入している点が注目に値する。

　ガイドラインが、このような形で経営者保証人に残すべき資産の範囲を明確にルール化することは、中小企業の抜本的な再生を促進させる効果が期待できる。早期に再生に踏み切ることにより「回収見込額の増加額」の全部または一部を経営者保証人の残存資産に充てる（インセンティブを受け取る）ことができることを明らかにすることで、❶(1)で述べたような「見通しのないままぎりぎりまで頑張ってしまう」という意味でのモラルハザードを少しでも緩和することができるであろうからである。さらに、主債務者（会社）が再生する場合だけでなく、（経営者の再チャレンジを前提とした）清算する場合にもインセンティブを受け得ることを認めた点も画期的である。これは、中小企業を再生させるだけではなく、広い意味での再編（事業承継やソフトランディングの廃業も含まれる）を促進させることが、地域経済の活性化につながるという認識の表れであろう。

　なお、経営者保証人にインセンティブを与えることができるのは、主たる債務との一体整理の場合であり、主債務者の整理手続終結後に保証債務整理を開始した場合は適用がないとされていることは注意を要する。この点、さまざまな事情により、必ずしも主債務（会社）の再生・整理手続と保証債務の整理を同時に行うことができない場合も考えられるため、時的な一体性を柔軟に解釈すべきこともあるのではないかと思われる。

（注25）「華美でない自宅」は、一義的に定義することが相当に困難な概念と思われるが、ガイドラインQ&A　Q7-14では、「自宅が店舗を兼ねており資産の分離が困難な場合その他の場合で安定した事業継続等のために必要となるもの」、と解説されている。自宅が店舗を兼ねているケースは限定されているところ、本ガイドラインの効果を最大化させるためには、「その他の場合で安定した事業継続等のために必要」を建設的に解釈する運用が必要となろう。

(6) 債務の弁済計画

保証債務の整理手続において策定される弁済計画は、原則として以下の事項を含んだ内容である必要がある（ガイドライン7項(3)④イ）。

① 保証債務のみを整理する場合には、一体整理が困難な理由および法的整理ではなくガイドラインを利用する理由
② 財産の状況（財産評定は、上記(5)により決定された「残存資産」を除いた資産の処分価額。財産評定の基準時はガイドラインに基づく保証債務の整理を対象債権者に申し出た時点〔一時停止等の要請が行われた場合は一時停止効力発生時〕）
③ 保証債務の弁済期間（原則5年以内）
④ 資産の換価・処分の方針
⑤ 保証債務の減免要請、期限猶予その他の権利変更の内容

なお、弁済計画においては、残存資産以外の資産は原則として換価され、その弁済原資は各対象債権者へプロラタで原則されるべきとされている（ただし原則として20万円未満の債権者は少額除外される）。ただし、すべての資産を処分して弁済する案だけでなく、資産を公正な価額に評価して、その価額に相当する金額を5年以内に分割弁済する案もあり得るとされている〔ガイドライン7項(3)④ロ〕。

(7) 保証債務の一部履行後に残った保証債務の取扱いに関する考え方

経営者保証人の保証責任は、上記(6)の弁済計画により弁済されることが定められた金額を除き、免除（解除）されることが経営者保証人のフレッシュスタートに資する。そこでガイドラインでは、以下の要件を充足する場合には、保証債務の一部履行後の残存債務の免除要請に誠実に対応すべきものとされている（ガイドライン7項(3)⑤）。

① 資力の誠実開示、開示内容の正確性の表明保証、支援専門家による表明保証の適正性に関する確認とその報告
② 資力証明のために必要な資料の提出
③ 本項(2)の手続に基づく弁済計画に経済合理性があること
④ 開示し、表明保証した資力の状況が事実と異なることが判明した場合委

は、追加弁済を行う旨の合意書面を締結すること

(8) その他

ガイドラインによる債務整理を行った保証人について、対象金融機関は、当該保証人が債務整理を行った事実その他の債務整理に関連する情報（代位弁済に関する情報を含む）を、信用情報登録機関に報告、登録しないこととする、とされている（ガイドライン8項(5)）。いわゆる金融機関の「ブラックリスト」に登録されてしまうと、当該経営者保証人の再チャレンジ・フレッシュスタートの阻害要因になり得るので、それを避けるという趣旨である[注26]。

3 民法改正における議論について

民法改正の中間試案には、保証人保護の方策として、経営者保証以外の個人保証を禁止するほかに、許された経営者保証については、次のような提案がある[注27]。中間試案では、「保証人が個人である場合におけるその責任制限の方策として、次のような制度を設けるかどうかについて引き続き検討する。」として、次のような案が検討されている[注28]。

① 裁判所は、主たる債務の内容、保証契約の締結にいたる経緯やその後の経過、保証期間、保証人の支払能力その他一切の事情を考慮して、保証債務の額を減免することができるものとする（いわゆる減免制度の創設）。

② 保証契約を締結した当時における保証債務の内容がその当時における保

(注26) なお、ガイドライン公表後に、中小企業庁及び金融庁において、「経営者保証に関するガイドライン」に基づく保証債務の整理について国税庁に対する確認が行われた。その結果が、一般社団法人全国銀行協会のホームページ（http://www.zenginkyo.or.jp/news/2014/01/16130000.html）に公表されている。

(注27) 法制審議会民法（債権関係）部会の部会資料58「民法（債権関係）の改正に関する中間試案のたたき台(1)(2)(3)」第17の(4)「その他の方策」。

(注28) 民法改正については、本稿脱稿時点においても、法制審議会民法（債権関係）部会において慎重に審議されているところであり、その推移を見守る必要がある。保証関係についての議論は第80回会議（平成25年11月19日）になされている。

証人の財産・収入に照らして過大であったときは、債権者は、保証債務の履行を請求する時点におけるその内容がその時点における保証人の財産・収入に照らして過大でないときを除き、保証人に対し、保証債務の［過大な部分の］履行を請求することができないものとする（いわゆる比例原則の導入）。

上記減免制度および比例原則は、経営者保証人への過度な責任負担を回避し、もって経営者保証人の一定の生活環境の維持が図れるという点で、企業が窮境に陥った際に経営者が抜本的な再生に踏み切れないモラルハザードを克服する効果が期待できるということはガイドラインに期待される効果と同様である。具体的な案件処理の場面で生じる問題は、減免や過大性を巡り争いになった場合に用いられるべき基準であろう。この点については、幸いにも、ガイドラインが平成26年2月1日より先行適用され、具体的事例が積み重ねられることが想定されるため、今後は、具体的事例を踏まえた保証責任制限の基準が形成されていくことが求められるであろう[注29]。

（注29）事業再生の場面において主債務者たる企業および保証人の状況は個別案件によりさまざまであり、一般的基準が定められることは、個別具体的案件における柔軟かつ妥当な解決を阻害する懸念もあるかもしれない。しかしながら、数多くの経営者に早期の抜本的再生・再編の道を踏み切らせるためには、保証責任の帰趨について、ある程度明確な予測可能性をもたせることが必要である。そのような意味で、ある程度の柔軟性は維持しつつも、最低限予測可能性をもち得る程度の基準は存在することが必要と考える。

Ⅳ-3 倒産手続開始後に代位弁済した場合における保証人・物上保証人の手続参加

弁護士　長沢美智子

1 保証人の主債務者に対する求償権（民法の原則）

(1) 事後求償権の成立と性質

　保証人は、債権者との関係では保証契約を締結し、自己の債務として保証債務を履行する関係にある。しかし、保証人は主債務者が負う債務の最終的な負担者ではなく、あくまで、人的担保として、他人の債務を負担する立場にあるものであるから、主債務者に代わって弁済をしその他自己の財産をもって債務を消滅させるべき行為をした場合(注1)（以下、「弁済等」という）には、主債務者に対しその調整をする必要が出てくる。そのための手段として求償が認められ、保証人は主債務者に対して求償権を取得する（民459条1項）。

　この場合、保証人となったことが主債務者の意思によるのかどうかにより、事後求償権の範囲に違いがある。事後求償権の性質については、委託を受けた保証人の場合は委任事務処理費用（民650条）の償還の、また、委託を受けない保証人の場合は事務管理費用（民702条）の償還の実質をもつものとして説明されている。しかし、民法は、保証における内部関係の特殊性に着目して、民法459条以下に保証人の求償権に関する特別規定設けており、委任または事務管理の規定は保証には適用されない(注2)。

(注1) 保証人が「免除」を受けたのでは求償権は発生しない（遠藤浩編『基本法コンメンタール債権総論〔第4版 新条文対照補訂版〕』〔日本評論社、2005年〕129頁〔石川利夫＝山田創一〕）。また、主たる債務者に事前・事後の通知をしないで弁済をしたときは、求償権の制限を受ける（民463条）。

(注2) 遠藤編・前掲（注1）書129頁〔石川＝山田〕。

(2) 事後求償権の範囲

民法は、上記主債務者からの委託の有無により、各々の場合について次の規定を置いている。

ア 委託を受けた保証人の場合

委託を受けた保証人が主債務者に代わって弁済等をしたときは、委任事務処理費用償還請求権の実質を有し、民法650条1項・3項と同趣旨の規定が設けられている。

求償し得る範囲は、「弁済その他免責があった日以後の法定利息及び避けることができなかった費用その他の損害の賠償を包含する」（民459条2項・442条2項準用）。したがって、保証人は、債権者に対する弁済額に加え、主債務者に免責を得させた日以後の法定利息、不可避的に発生した費用のほか、損害があればそれも請求できる。

しかし、この規定は、任意規定である。保証人と債務者間で法定利率と異なる約定利率による代位弁済の日の翌日以後の遅延損害金を支払う旨の特約をすることを禁ずるものではない（最判昭59・5・29民集38巻7号885頁）。実務では、法定利息以上の利率による約定を結んでいる場合が多いと思われる。

イ 委託を受けない保証人の場合

保証人が主債務者の委託を受けず保証債務を引き受け、債権者に代位弁済をし主債務者の債務を免れさせたときは、その弁済の当時、主債務者が利益を受けた限度においてしか求償できない（民462条1項）。この場合の保証人の行為の実質は事務管理であり、民法702条1項と同範囲での求償が認められる。したがって、委託を受けた保証人の場合とは異なり、債権者に弁済をした出捐額は求償できるが、主債務者に免責を得させた日以後の利息や費用、損害賠償は含まれない。

ウ 主債務者の意思に反して保証人になった場合

保証人が主債務者の委託を受けないで保証債務を引き受けた場合、それが主債務者の意思に反する場合には、求償の範囲はさらに限定され、求償時点で主債務者が現に利益を受けている限度においてしか求償できない（民462条2項前段）。これは本人の意思に反する事務管理人の費用償還請求権の範囲と同一である（民702条3項）。

したがって、保証人が主債務者に求償する場合、その求償の日以前に、主債務者が債権者に対する債権を取得していれば、主債務者は債権者に対し相殺が可能であったことになり、保証人からの求償に対しては、これをもって対抗できる（民462条2項後段）。主債務者が対抗した場合には、その債権は保証人に移転し、保証人が債権者に対し、その相殺によって消滅すべきであった債務の履行を請求することできる（同項）。

(3) 委託を受けた保証人の事前求償権

委託を受けた保証人の場合には、次の場合に、事前求償権が認められている。①過失なく債権者に弁済をすべき旨の裁判の言渡しを受けた場合（民459条1項前段）、②主債務者が破産手続開始決定を受け、かつ、債権者がその破産財団に配当加入しないとき（民460条1号）、③債務が弁済期にあるとき（ただし、保証契約の後に債権者が主債務者に許与した期限は保証人に対抗することができない。同条2号）。④債務の弁済期が不確定で、かつその最長期をも確定できない場合において保証契約の後10年を経過したとき（同条3号）、である。

この事前求償権の性質については、通説はこれを委任事務処理費用の前払規定（民649条）を排除または制限する特別規定と解しているが、人的担保としての保証債務からの解放を認める特別の権利（解放請求権）と解する見解[注3]、将来の事後求償権を暫定的に保全するためのものと解する見解などがある。

信用保証協会の保証等、保証人が求償権を担保するために主債務者から担保の設定を受けている場合は、保証人は十分保護されているので、求償権の事前行使はできないと解されている[注4]。

物上保証人については、特約がない場合に、受託保証人の事前求償権に関する民法459条・460条の規定の類推適用肯定説もある。しかし、判例は、「物上保証の委託は、物権設定行為の委任にすぎず、債務負担行為の委任ではない」こと、物上保証人が、「抵当権を設定したとしても、受託者は抵当不動産の価額の限度で責任を負担するものにすぎず、抵当不動産の売却代金による被担保

（注3）潮見4版635頁。
（注4）内田Ⅲ3版356頁。

債権の消滅の有無及びその範囲は、抵当不動産の売却代金の配当等によって確定するものであるから、求償権の範囲はもちろんその存在すらあらかじめ確定することはでき」ないこと、「抵当不動産の売却代金の配当等による被担保債権の消滅又は受託者のする被担保債権の弁済をもって委任事務の処理と解することもできない」こと（最判平2・12・18民集44巻9号1686頁）等の違いから類推適用否定説をとっている。

(4) 事前求償権に対する主債務者の対抗手段

委託を受けた保証人の事前求償権に対する主債務者の対抗手段として、まだ債権者が全部の弁済を受けない間は、求償に応ずる代わりに、①保証人に担保を供させ、または自己に免責を得させることを請求することができる（民461条1項）。また、②求償に応じずに、保証人に支払うべき金額を供託をし、または担保を供し、あるいは保証人に免責を得させ（同条）ることによって、その償還の義務を免れさせることができる（同条2項）。

(5) 事前求償権と事後求償権の関係

事前求償権と事後求償権は「委託を受けて保証人となった者に生ずる不利益の解消」[注5]を目的とした権利であるという点では共通する。判例は、「事前求償権は事後求償権とその発生要件を異にするもの」「事前求償権については、事後求償権については認められない抗弁が付着し、また、消滅原因が規定されている（民461条参照）こと」から、法的性質を異にする別個の権利として解している（最判昭和60・2・12民集39巻1号89号9頁）。したがって、消滅時効も別個に進行する。事後求償権の消滅時効は、事前求償権の行使が可能な時からではなく、免責行為をした時から進行する（同判例）。

（注5）潮見4版636頁。

2 倒産手続における保証人の手続参加

(1) 手続開始時現存額主義（破104条1項）の規律

　数人が各自全部の履行をする義務を負う場合において、その全員またはそのうちの数人もしくは1人について破産手続開始の決定があったときは、債権者は、破産手続開始の時において有する債権の全額について、それぞれの破産手続に参加することができる（破104条1項）。手続開始時現存額主義（以下、「現存額主義」という）である。これにより、主債務者と保証人の関係において、主債務者について破産手続が開始すれば、債権者は主債務者の破産手続開始時における債権の現存額全額について破産手続に参加することができる。主債務者と並んで、保証人についても破産手続開始の決定があったときは、債権者は、保証人の破産手続にも債権の現存額で参加することができる。

　また、債権者は主債務者の破産手続開始時の現存額を主債務者の破産手続に債権届出をすれば、破産手続開始後に保証人から弁済を受けても、その弁済が債権の全額を消滅させるものでなければ、届出債権額に変更はない（破104条2項）。したがって、保証人からの弁済が債権の一部の弁済にとどまるときは、破産手続開始時の現存額のまま、主債務者の破産手続からの配当を受けることができる。

　現存額主義には、上記のとおり2つの意味があり、1つには、各全部義務者の破産手続の開始時の現存額が破産債権になること、2つには、一旦現存額で届出をすれば、その後に他の義務者からの弁済がなされても、破産債権額に影響はないことを意味する[注6]。また、現存額主義は、実体法上の債権額と手続法上の破産債権額との乖離を認め、倒産手続において複数の全部義務者を設けることが責任財産を集積して債権の目的である給付の実現をより確実にするという機能を有するもの（最判平22・3・16民集64巻2号523頁）と解されている。連帯債務者について規定する民法441条と比較すると、破産手続開始時という基準時を明確にしたこと、適用を全部義務者一般につき定めたこと、手続開始後に他の全部義務者の財産による債権の消滅の場合の法律関係を明確にしてい

(注6) 伊藤・破産法民事再生法2版215頁。

ることの点に相違がある^(注7)。

(2) 保証人による代位と求償権行使

ア　保証人による弁済と代位の制度

　主債務者破産の場合に、保証人が債権者に弁済をすれば、求償権を取得するとともに弁済による代位を生じ、これにより原債権も取得する（民500条・501条）。

　弁済による代位の制度は、判例によれば、「代位弁済者が債務者に対して取得する求償権を確保するために、法の規定により弁済によって消滅すべきはずの原債権及びその担保権を代位弁済者に移転させ、代位弁済者がその求償権の範囲内で原債権及びその担保権を行使することを認める制度」（最判昭59・5・29民集38巻7号885頁、最判昭61・2・20民集40巻1号43頁参照）と解されている。

　主債務者破産の場合には現存額主義との関係も出てくるので後述する。

イ　原債権と求償権の関係、保証人（求償債権者）と債権者の優劣

　平時においては、保証人が、債権者に弁済等を行えば求償権を取得する（民459条1項）。一部か全部かその弁済内容のいかんにより（民法500条・502条）、その求償権確保のための弁済による代位を生じる範囲を異にする。債権全部について弁済を行ったときは全部について代位を生じ、原債権の全部について法定移転を受けるので、保証人は求償権と原債権の両者を有することになり、債権の効力および担保としてその債権者が有していた一切の権利を行使することができる（民501条柱書一文）。

　債権の一部について弁済を行えば、一部代位を生じ、債権者と原債権の準共有状態を生じる。さらに判例では、一部代位の場合は、民法502条の文言にかかわらず、債権の満足の局面について債権者が優先することとされている（最判昭和60・5・23民集39巻4号940頁）。

　さらに、複数債権のうちの1個についての保証人が、その保証した債権について全部弁済をした場合については、他に弁済されていない残りの債権があっても、民法502条の一部代位の射程ではなく、複数債権の1個について全部弁

（注7）倒産法概説2版162頁〔沖野眞已〕。

済をした保証人は、全部弁済した債権について代位し、債権者が複数債権について有する担保権があればその担保権を債権者と準共有する（最判平17・1・27民集59巻1号200頁。以下、「平17年判決」という）。

　原債権と求償権との関係は、多くの最高裁判例が出ているが、Ⅳ－10に詳細な解説があるのでそちらをご参照いただきたい。

(3) 弁済による代位の制度と現存額主義との関係

　主債務者破産の場合に、破産手続開始後、保証人が債権者に全額弁済をした場合には、現存額主義は働かない（破104条2項）ので、この場合、保証人は全額の満足を債権者に与えたことにより求償権を取得するとともに、弁済による代位により原債権を取得する。保証人が一部弁済した場合には、現存額主義の適用となる。

　破産手続開始後現存額主義は問題となるが、民法502条1項で規定される一部弁済をした場合の債権者・保証人の関係と似ているが同一ではなく、現存額主義は、「債権者を優先的に保護すべきという実体法的な要請のみならず、手続運営の煩雑さを極力避け、円滑かつ迅速な手続進行を確保しなければならないという破産手続に固有の根拠を有している」[注8]とされる。民法502条の一部代位の制度に近いが、倒産法独自の立場から認められたものであろう。

(4) 主債務者の破産手続開始後の保証人による全額弁済の場合

　保証人がその債権の全額を債権者に弁済をし、債権者との関係においてその債権の全額が消滅した場合には、債権全額の弁済がなされた以上、債権者にそれ以上の保護を厚くする理由はなくなり、現存額主義は働かない（破104条2項）。

　その場合には、保証人は弁済等をした場合[注9]として、求償権と、弁済に

(注8) 杉本和士「連帯保証人の破産手続において、根抵当権が複数口の債権を担保し、そのうちの一部の債権についてのみ抵当不動産である主債務者所有建物並びに主債務者および物上保証人共有土地の任意売却によって全額弁済された場合の現存額主義の適用範囲」金判1305号（2009年）26頁。

(注9) 債務を消滅させるべき行為に免除を含むとする見解もある（条解破産法722頁）。

よる代位により原債権を取得し（民500条）、主債務者に対し、求償権と原債権のいずれも行使することができるようになり、どちらかで満足を受ければ他方は消滅する関係にある。保証人は、上記❶のとおり主債務者の委託の有無により、主債務者に対し事前ないし事後の求償権を有するが、主債務者についての破産手続において、事前求償権および事後求償権はいずれも将来の請求権（破103条4項）となり、破産債権として権利行使が可能である（破104条3項本文。委託保証人については破2条5項、無委託保証人の事後求償権に関し最判平24・5・28民集66巻7号3123頁）。債権者が、すでに主債務者の破産手続に債権届出を行っているときは、届出名義の変更を受けることになる（破104条4項）。事後求償権については、配当について制限がある（破198条2項）。

原債権についてはその性質により破産債権あるいは財団債権として、求償権の範囲内において行使することができる。原債権が財団債権（公租公課、労働債権等）の場合における権利行使、弁済による代位については積極説・消極説のさまざまな議論があるが、論点の詳細についてはⅣ−10を参照いただきたい。

(5) 主債務者の破産手続開始後の保証人による債権の一部弁済の場合

主債務者の破産手続開始後、保証人が債権の一部につき弁済を行っても、債権者が主債務者の破産手続に債権届出を行い破産手続に参加しているときは、現存額主義から、債権者の債権額は影響を受けず、債権者は主債務者の破産財団から開始時の現存額で、配当を受けることができる（破104条2項）。保証人の求償権行使は制約される（同条3項ただし書）。例えば、1000万円の債権について、委託を受けた保証人が破産手続開始後に債権者に600万円を弁済した場合、保証人は、1000万円の事前求償権と、600万円の事後求償権を破産債権として届出を行うことはできる（同項本文）。しかし、この場合、債権者が同じ1000万円について破産債権として届出を行っている場合には、同じ債権について、債権者と保証人とから、それぞれ同一の債権について債権届出があったことになり、二重に権利行使を認めることになるので、破産管財人としては、保証人の届出に異議を出すことになる（同項ただし書）。

(6) 物上保証人による弁済

物上保証人は全部義務者ではないが、負担する担保物により債権者に弁済をすれば求償権が発生し、保証人等の求償権と同様の状況を呈するので、破産法104条5項が設けられ、将来行うことがある求償権を有する場合に、現存額主義の適用を認め、同法104条1項・2項の準用が認められる。

3 複数の債権が存在する場合の破産法104条4項の「全額」の意義

(1) 破産法104条2項の「その債権」の意義

債権者が主債務者に対し複数債権を有する場合、主債務者の破産手続開始決定後に、物上保証人が複数の被担保債権のうちの一部の債権につきその全額を弁済した場合に破産法104条2項は適用されるか。最判平22・3・16（民集64巻2号523頁）（以下、「A判決」という。）は、複数の被担保債権の全部が消滅していなくても、物上保証人が提供した担保不動産により複数債権のうちの1つの債権について完全な弁済がされれば、弁済された債権を破産法104条5項により準用される同条2項にいう「その債権」と解し、同条の「その債権の全額が消滅した場合」に該当し、現存額主義の適用がないことを判示した。

(2) 2つの高裁判決とその各々の最高裁判決

前掲A判決の原判決の事案は、大阪高判平20・4・17（金判1339号33頁）（以下、「A判決の原判決」という。）である。同判決は、民法502条の射程を争った平17年判決を破産法の現存額主義との関係で問題にした。平17年判決は、複数口の債権の1口のみの保証人が被保証債権を全額弁済した事案であるが、A判決の原判決の事案は、複数口の債権の複数口すべての全部義務者（主債務者・物上保証人）が一部債権のみ全部弁済した事案である[注10]。A判決の原判決は、主債務者の破産手続において、債権が複数口に分かれているときは破産法104条2項の「その債権」とは、「総債権額」を意味するとし、物上保証人

(注10) 印藤弘二「開始時現存額主義の適用範囲を示した最高裁判決に関する一考」争点倒産実務の諸問題227頁。

からの弁済額は総債権のすべてを満足させるものではないとして、破産法104条5項・2項・4項の適用を認め、物上保証人からの弁済を考慮することなく、債権者に主債務者の破産手続において破産開始時の破産債権額での権利行使を認めた。

また、A判決と事案としては同一であるが、最判平22・3・16（集民233号205頁）（以下、「B判決」という。）は現存額主義については直接は取り上げず、弁済充当指定権の行使時期を問題とした。その原審大阪高判平20・5・30（金判1298号28頁）（以下、「B判決の原判決」という。）は、同じ債権関係をめぐる連帯保証人の破産の事案を扱ったものである。A判決の原判決と同様に、平17年判決を取り上げながらも破産法104条5項準用による同条2項・4項の解釈に関し、「その債権」とは、複数口に分かれている債権の場合は、口ごとの債権を意味するとして、現存額主義の適用を認めず、担保権者である破産債権者は、物上保証人の財産の任意売却によって複数口の債権のうち一部の債権について完全な満足を得ていて、かつ物上保証人が当該債権に代位して不利益を受けるといえないとした。

(3) 口単位説

(1)記載のA判決は、同一の事実関係のもと、主債務者と連帯保証人の各破産手続につき高裁段階で判断の分かれた事案につき、破産法104条1項および2項の趣旨につき、「複数の全部義務者を設けることが責任財産を集積して当該債権の目的である給付の実現をより確実にするという機能を有すること」から、この機能を破産手続において重視し、「債権額を基準に破産債権者に対する配当額を算定することとしたもの」との理解を示した。しかし、当該事案についての同条1項および2項の適用については、「上記の趣旨に照らせば、飽くまで弁済等に係る当該破産債権について、破産債権額と実体法上の債権額とのかい離を認めるものであって、同項にいう『その債権の全額』も、特に『破産債権者の有する総債権』などと規定されていない以上、弁済等に係る当該破産債権の全額を意味すると解するのが相当である。」とした。「その債権」の解釈につき、口単位か債権総額かという点に関し、口単位説を採ったものとされている。

(4) 残された課題

上記2つの高裁判例および最高裁判例については、すでに多数の文献がある[注11]。上記「その債権」の解釈について口単位数で見ることについては最高裁による決着を見た。残された課題としては、①複数口の債権について、債権者が全部義務者との間であらかじめ弁済充当合意をした場合に、現存額主義の適用を作出するような、いわば現存額主義の濫用ともいった場合まで適用を認めるかどうかの問題が残る。この場合、主債務者破産の場合には、現存額主義を適用させるかどうかは、債権者と全部義務者（保証人・物上保証人）との利害関係に関するものであるが、保証人破産の場合に主債務者からの破産手続開始後の一部弁済について、現存額主義を認めることは、主債務者には求償権がないので、一部弁済を受けた債権者と保証人破産をめぐる他の一般債権者との利益の衝突の問題になる。②債権者が現存額主義の適用により、全部義務者から過剰配当を受けた場合の処理等の問題がある。これらについては、本書Ⅴの各論考をご参照いただきたい。

4 限度保証の場合

主たる債務（500万円）に関する保証について限度額（300万円）を設けていた場合に、主債務者が300万円を弁済した場合、保証人にとっては、限度額300万円の弁済はされているので、保証人の責任から解放されると解釈できるのか。

この場合について、既に保証人の限度額300万円は弁済されているとする見解と主債務の残額がある限り保証人は300万円について責任を負うとする見解

（注11）石井教文ほか「〈特別座談会〉開始時現存額主義の適用範囲をめぐる最高裁判決の射程と実務対応」金法1902号（2010年）18頁以下、印藤・前掲（注10）論文、松下満俊「破産手続における開始時現存額主義をめぐる諸問題」最新論点ソリューション112頁、加々美博久「開始時現存額主義の適用範囲」金法1843号（2008年）10頁、潮見佳男「複数債権のうちの一部債権の全額弁済と破産債権査定──部債権の全額弁済と破産手続における手続開始時現存額主義の適用」NBL891号（2008年）12頁、石井教文「開始時現存額主義の適用範囲」金法1846号（2008年）21頁、杉本・前掲（注8）論文21頁等。

（通説）がある[注12]。

東京高判平18・10・31（判タ1240号336頁）は、30億円を限度として一部につき保証をしていた事案について旧破産法下の現存額主義の適用が争われた。保証人は「限度額全額での本件弁済をしその全部義務を履行した場合に当たるとしても、本件では委託者債権の一部の弁済にとどまるのであるから、債務の全額について債権届出をした委託者債権者は破産宣告時に存する債権全額につき満足を得るまでその権利行使が認められ、控訴人（保証人）は事前求償権はもとより事後求償権あるいは弁済による代位に基づく権利行使もできない」として、上記通説的な理解に立ち、旧法下の現存額主義を適用し保証人の権利行使を認めなかった。一部保証・限度保証は、限度が何を意味するのかは個々の保証契約の意思解釈によるので、一律な理解は難しいが、現存額主義との関係では、その保証されている部分を対象として、全部保証に関する規律が妥当するとされる[注13]。

5　破産法104条が準用されていない特別清算の場合または私的整理の場合

特別清算の場合または私的整理の場合に破産法104条の現存額主義の準用ないし類推適用を認めるべきか。

(1) 特別清算の場合

特別清算は、実際的には簡易破産といわれており、特に債務超過のおそれがある会社が特別清算手続を開始した場合には破産と同様に会社債権者の公平的処理が求められる[注14]。また、特別清算における「協定」は、その効力として清算株式会社およびすべての協定債権者のために、かつ、それらのものに対して効力を有する（会社570条・571条）とされ、このすべての協定債権者の中に

（注12）内田Ⅲ3版348頁。
（注13）倒産法概説2版167頁〔沖野〕。
（注14）奥島孝康＝落合誠一＝浜田道代編『新基本法コンメンタール会社法(2)』（日本評論社、2010年）536頁〔大塚英明〕。

は、協定に反対した債権者や議決権を行使できなかった債権者[注15]や将来の求償債権者も含まれる[注16]と解されているので、現存額主義も準用ないしは類推適用すべきか問題になる。第1に、現存額主義は、債権者に対し全部義務を負う者の倒産手続において、債権者を保護するために、保証人など全部義務者に対する権利行使を厚く保護することを認めたものであるが、倒産手続と実体法の乖離を認める制度である。実体的には、既に債権者でなくなっているものを保護する面を有しているところから、その場合の不合理な点も指摘されており、拡大解釈すべきではないこと[注17]。第2に、会社法制定の際、破産法と比較すると否認権等特別清算では認められないものについては規定が設けられておらず、同様に現存額主義の規定がないのはこれを適用することを前提としなかったと解されること、第3に、将来の求償債権者が特別清算手続で議決権を行使できるかどうかにかかわらず協定の効力を受けるのは、会社法571条の解釈の問題であり、破産法104条3項の準用の問題ではないこと等を検討すると、準用ないしは類推適用を否定すべきではなかろうか。なお、特別清算は、「協定債権者が清算株式会社の保証人その他清算株式会社と共に債務を負担するものに対して有する権利及び清算株式会社以外のものが協定債権者のために提供した担保に影響を及ぼさない」（会社570条2項）ので、債権者は、協定で権利変更を受けても保証人に請求することができる。

(2) 私的整理の場合

事業再生ADR等、私的整理の準則があるような場合の私的整理に現存額主義の準用ないし類推適用は認めるべきか。これについても、第1に実体との乖離を認めるものなので拡大解釈すべきではないこと、第2に、全員同意を原則とするので、実体を反映せずに一部債権者が優遇されるのでは、他の債権者の同意を得にくいと考えられる。同意を得にくい事項を抱えると、私的整理の手

（注15）奥島＝落合＝浜田編・前掲（注14）書536頁〔大塚〕。
（注16）江頭憲治郎＝中村直人編『論点体系会社法(4)』（第一法規、2012年）349頁〔松村正哲〕。
（注17）伊藤・破産法民事再生法2版216頁は、根抵当権により担保する数口の債権についての説明で、趣旨の拡張をすることは他の破産債権者との公平を害するおそれがあるとする。

続そのものが使い勝手の悪いものとなるので、支障となる事項は極力減らすべきであること、第3に、私的整理は法定手続ではなく原則としては金融機関を対象債権者とする手続であることから、保証人が手続開始後に弁済しても保証人の手続参加が保障されておらず、また求償権行使も確保されていないこと等を検討すると、否定すべきではなかろうか。したがって、保証人からの弁済があれば、主債務者の私的整理手続に対する債権者の権利行使はその実態にあわせて減縮されるのが相当と思料する。

Ⅳ-4 倒産手続開始前に一部代位弁済した場合における保証人の手続参加

弁護士 吉田 勉

1 倒産手続の開始前に保証人が一部代位弁済した場合の債権届出方法

(1) 原債権者の債権届出方法

　保証人が倒産手続開始前に一部代位弁済を行った場合、一部代位弁済がなされた金額だけ原債権の額は減少するところ、原債権者は倒産手続開始の時において有する債権の全額について倒産手続に参加することができるのみであり、開始前に一部代位弁済を受けた部分については倒産手続に参加することはできない（現存額主義[注1]〔破104条1項〕。民再法86条2項、会更法135条2項においてそれぞれ破産法104条を準用している）。

　したがって、原債権者は、一部代位弁済を受けた金額を控除した倒産手続開始時の残額について倒産債権（破産債権、再生債権または更生債権をいう。以下同じ）として届け出ることになる。

(2) 保証人の債権届出方法

　保証人が一部代位弁済を行った場合、保証人は主債務者に対する求償権を取得し（民459条等）、その求償権の範囲内で債権者が有していた権利を行使することができる（民502条1項）。

　主債務者の倒産手続開始前に保証人が一部代位弁済により取得した求償権は、倒産債権に該当する（破2条5項、民再84条1項、会更2条8項）。また、上記(1)で述べたとおり原債権者は倒産手続開始前に一部代位弁済を受けた部分については倒産手続に参加することができないため、一部代位弁済がなされた範囲において原債権と求償権が二重に行使されることを制限する破産法104条3

（注1） 伊藤・破産法民事再生法2版215頁。

項ただし書は当該求償権者には適用されず、また、倒産手続開始後の代位弁済に関する求償権者の手続参加を規律する同条4項も適用されない(注2)。

したがって、保証人は、取得した求償権を倒産債権として届け出ることにより倒産手続に参加することができ(注3)、また求償権の範囲内において原債権者が有していた権利を行使することができる。

2 原債権と求償権の優劣関係

(1) 問題の所在

最判昭60・5・23（民集39巻4号940頁）は、一部代位弁済につき規定した民法502条1項に関し、担保権実行時の配当につき原債権者が一部代位者に優先することを認めている(注4)。

かかる裁判例を前提として、倒産手続開始前に一部代位弁済を行った求償権者の立場はもっぱら民法502条の規定するところであり、前掲最判昭60・5・23において求償権が原債権者の残債権に劣後すると解されていることから、原債権者が届け出た残債権の弁済を受けるまで求償権者の権利行使が劣後するものとして取り扱うべきであり、具体的には原債権者と求償権者の届出債権とを実質的には1つの倒産債権とみて、これに対する配当額を決定し、その配当額の範囲でまず原債権者の残債権に配当し、次にその余剰があれば求償権者に配当するのが理論的であると思われるとの見解が示されている(注5)。

(注2) 条解破産法723～724頁参照。

(注3) 大阪地方裁判所・大阪弁護士会破産管財運用検討プロジェクトチーム編『破産管財手続の運用と書式〔新版〕』（新日本法規、2009年）253頁、破産管財の手引増補版255頁参照。

(注4) 具体的には、「債権者が物上保証人の設定にかかる抵当権の実行によって債権の一部の満足を得た場合、物上保証人は、民法502条1項の規定により、債権者と共に債権者の有する抵当権を行使することができるが、この抵当権が実行されたときには、その代金の配当については債権者に優先されると解するのが相当である。けだし、弁済による代位は代位弁済者が債務者に対して取得する求償権を確保するための制度であり、そのために債権者が不利益を被ることを予定するものではなく、この担保権が実行された場合における競落代金の配当について債権者の利益を害するいわれはないからである。」と判示している。

かかる見解は、現存額主義を前提としつつ、前掲最判昭60・5・23の示した担保権実行時の配当に関する債権者優先主義を原債権と求償権との一般的な優劣関係にまで及ぼし、倒産手続の配当段階においてかかる優劣関係を考慮することを企図したものと理解できる。

(2) 上記見解の当否

まず、前掲最判昭60・5・23は、一部代位弁済につき規定した民法502条1項を挙げた上で、抵当権が実行されたときにその代金の配当については求償権者である物上保証人よりも原債権者が優先されると解するのが相当であると判示し、「原債権の担保権からの配当」の場面（すなわち「弁済による代位」の局面）における求償権者と原債権者の優劣関係について述べるのみであり、原債権と求償権との一般的な優劣関係についてまで述べているものではない[注6]。したがって、前掲最判昭60・5・23の判示をもって、一般論として原債権が求償権に優先すると解することは困難であろう[注7]。

また、立法論として現存額主義そのものの当否を議論するのであればいざ知らず[注8]、現存額主義を前提としつつ前掲最判昭60・5・23と整合させるために債権届出段階（**1**）ではなく配当段階で調整することとし、実質的に倒産手

(注5) 滝澤孝臣「担保不動産の第三取得者による被担保債権の一部弁済と当該弁済を受けた後の破産債権者の権利行使の範囲」金法1622号（2001年）23頁・29頁注14。ただし、同見解においても、実務的な取扱いは詳らかでないと述べられている。なお、勅使川原和彦＝杉本和士「多数債務者関係──全部義務者の破産と破産債権」新破産法の理論と実務371頁参照、勅使川原和彦＝杉本和士「多数債務者関係──主債務者の破産と保証人・物上保証人」新破産法の理論と実務372～373頁参照。

(注6) 「原債権者の原債権行使」と「求償権者の固有の求償権行使」について、民法上は優劣がないとの指摘がなされている（印藤弘二「開始時現存額主義の適用範囲を示した最高裁判決に関する一考」争点倒産実務の諸問題236頁参照）。

(注7) 前掲最判昭60・5・23などにより、一部代位者は債権の満足については原債権者が満足を受けた後の残余に与れるだけであるとのルールが採用されることが明らかにされた（潮見4版380頁）などと述べられることがあるが、かかる論述は、「代位」という文言が使用されていることから、「弁済による代位」すなわち「原債権の担保権からの配当」の局面に限定した論述であると考えられる点には留意が必要である。

続開始決定よりも前の時点における原債権額の権利行使を認めようとするのは、倒産手続において現存額主義を採用したことと背理であり採用することはできない(注9)。そもそも、倒産手続において現存額主義を採用し、実体法上の債権額と倒産債権額に乖離が生じることを認めた理由については、他の一般債権者の利益が害されないことを前提として、倒産手続開始決定時を基準として一部弁済をなした他の全部義務者（求償権者）の利益よりも人的担保をもつ原債権者の利益を優先させたものと理解すべきとの考え方が示されている(注10)。このように人的担保の機能を強調すると、倒産手続開始時の全額ではなく、本来の債権全額を倒産債権として、倒産手続開始決定前の弁済等による減額をも否定するべきとも考えられるが、そのようにすると実体権の主体と債権の行使主体との乖離が拡大し、弁済によって原債権の一部を取得した求償権者との均衡を失するとの判断から、現行法は倒産手続開始決定時を基準時とすることとしたものと考えられる(注11)。以上のように、倒産手続において現存額主義が採用されたのはもっぱら倒産手続独自の観点からの判断によるものであり、配当の基準となる債権額が実体法上の債権額と乖離することがない民法502条1項

（注8）立法論として倒産手続開始時における現存額に制限せずに、本来の債権額のまま倒産債権者の地位を認める考え方も主張されている（我妻Ⅳ410頁、中野貞一郎＝道下徹編『基本法コンメンタール破産法〔第2版〕』〔日本評論社、1997年〕57頁〔上田徹一郎〕参照、伊藤・破産法民事再生法2版217頁参照、伊藤眞「現存額主義再考——物上保証人による弁済への適用可能性」河野正憲＝中島弘雅編『倒産法大系——倒産法と市民保護の法理』〔弘文堂、2001年〕50頁参照）。

（注9）清水正憲「主債務者の破産と物上保証人の一部弁済」『河合伸一判事退官・古稀記念会社法・金融取引法の理論と実務』（商事法務、2002年）314頁も「この考え方は、実質的には、成立時の債権全額での破産債権の行使を認めるのと同様の結果になるもので、……破産法24条の宣告時現存額主義には明らかに反するため、当然、解釈論の域を超えるものとの批判もあろう。」と述べている（ただし、同論文は、結論として滝澤・前掲（注5）論文の見解を支持する）。

（注10）伊藤・前掲（注8）論文53頁。ただし、同伊藤論文に対しては、現存額主義を単に人的担保を有する原債権者と求償権者間の内部問題と捉えるだけでは説明できない場面が存在する等の批判もなされている（沖野眞已「主債務者破産後の物上保証人による一部弁済と破産債権の行使——議論の整理のために」曹時54巻9号〔2002年〕49頁（2395頁））。

（注11）伊藤・前掲（注8）論文54頁注12。

の一部弁済による代位とは場面が大きく異なるのであるから、前掲最判昭60・5・23が示した債権者優先主義を倒産手続に適用させ、現存額主義を実質的に否定するようなことは相当ではない(注12)。

　以上のように、前掲最判昭60・5・23の射程範囲や倒産手続において現存額主義が採用されている意義などを考慮すると、前掲滝澤論文が提唱するような取扱いを採用することは困難であると思われる。

　なお、筆者の知り得る範囲において、現在の倒産手続実務においても、上記(1)で述べたような配当段階における特段の取扱いは行われていないと思われる。

3　代位権不行使特約の効力

　近時の裁判事例（例えば最判平22・3・16民集64巻2号523頁）において見られる代位権不行使特約とは、原債権者と求償権者との間で、求償権者が債務の一部を弁済して原債権者に代位する場合には、①原債権者の承認を受けた場合を除き、その代位により取得すべき一切の権利を行使せず（特約①）、②原債権者の請求により、その権利または順位を原債権者に無償で譲渡する（特約②）という点を内容としている。以下ではかかる特約①および②の内容を前提とし、破産手続において当該特約の効力を主張することができるか検討する。

　特約①についてみると、原債権者の債権届出について規定する破産法104条1項（現存額主義）の効力は求償権者の権利行使の有無により左右されるものではない以上(注13)、特約①の効果として、原債権者は一部代位弁済により求償権者に移転した権利を行使することはできないと解される。また、求償権者の権利行使の有無により破産法104条3項ただし書や同条4項が適用されないことを左右するものではないことから、前記1で述べたような求償権者による債権届出に何ら効力を及ぼすものでもない。なお、特約①に違反する求償権者による原債権の権利行使もそれ自体は有効であり、原債権者との間で債務不履行

（注12）松下満俊「破産手続における開始時現存額主義をめぐる諸問題」最新論点ソリューション117頁注11参照。

（注13）印藤・前掲（注6）論文237頁参照。

を構成するものにすぎないと解される。

　次に特約②についてみると、倒産手続開始前に保証人が一部代位弁済を行った場合、前記**1**で述べたように保証人は求償権の範囲内で原債権者が有していた権利を行使することができるところ、原債権者が保証人から当該債権の譲渡を受ければ、原債権者による当該譲受けに係る債権の倒産手続における権利行使を否定する理由はないものと思われる[注14]。したがって、特約②の効果として、原債権者は保証人から譲り受けた権利を倒産手続において行使することができるものと解される[注15]。なお、特約②はあくまで原債権者と求償権者との間の合意にすぎないため、譲渡の効力を破産管財人に対抗するためには当該譲渡について第三者対抗要件を具備することが必要である。

（注14）印藤・前掲（注6）論文238頁参照。
（注15）原債権者が保証人から譲り受けた権利に関して倒産手続に参加したときは、二重の権利行使を回避するため、保証人は倒産手続に参加することができないと取り扱うことになるのではないかと思われる（破104条3項ただし書参照）。

IV-5 開始時現存額主義の結果、本来の債権額を超える配当等がされた場合の当該超過部分の取扱い

弁護士　廣瀬　正剛

1 問題の所在

　開始時現存額主義（破104条1項。民再86条2項、会更135条2項において準用される）により、保証付債権に対し、保証人から手続開始後に債権の一部につき弁済がされた場合でも、債権者は開始時の債権全額につき、手続参加することができる。その結果、主債務者の倒産手続における配当等によって、実体上の残債権額を超える配当等がされることがあるが、この場合、超過部分をどのように取り扱うべきか種々の考え方があり、議論が錯綜している[注1]。
　そこで、以下のような例[注2]を基に検討する。

　A：債権者（手続開始時の債権額100）　B：主債務者　C：連帯保証人
　事実の発生の順序
　(1) B破産、(2) C 80弁済、(3) B破産手続で30％の中間配当

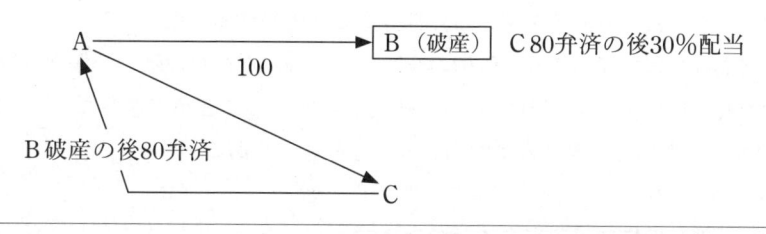

```
A ─────────────→ B（破産）   C 80弁済の後30％配当
 ↑ \        100
 |  \
B破産の後80弁済  \
 |               ↘
 └─────────────── C
```

　この場合、開始時現存額主義の適用の結果、Aの届出債権100に対して、名目上は30が配当されることになる。このうち、Aの債権額を超える10部分の

（注1）詳細は条解破産法725頁以下、新破産法の基本構造と実務364頁以下。
（注2）新破産法の基本構造と実務365頁。

取扱いについて、以下の3説が唱えられている。

2 超過部分の帰趨

(1) 債権者が受領資格を有し、超過部分は保証人に対する不当利得となるとの考え方

債権者は残債権額を超える超過部分も受領でき、超過部分は求償権者である保証人に対する不当利得となるとの見解がある(注3)。上記の例によれば、Aは配当額30そのままを受けることでき、Aの債権額を超える10部分についてCに対する不当利得となる。

この見解は開始時現存額主義を徹底し、債権者は開始時の債権全額につき手続参加することができる結果、超過部分も含めて受領できるとし、ただ債権の全額につき満足を受けた以上、超過部分への配当等には権利行使することができずに、求償権者に対する不当利得として処理すればよいとする考えである。

(2) 保証人に配当するとの考え方

保証人の一部弁済により、実体上は弁済による代位が生じ、原債権の一部は保証人に移転し、その意味で保証人は破産債権者であるとして、保証人に超過部分を配当するとの見解がある(注4)。上記の例によれば、Bの管財人は配当額30のうち、Aの債権額を超える10部分をCに配当することになる。

債権者が配当等によって債権の全額につき満足を得た段階で、保証人は求償権の範囲内で債権者が有していた権利を行使することができるため（破104条4項）、超過部分は保証人に配当されるとの考えである。

(3) 他の債権者へ配当するとの考え方

超過部分は他の債権者との関係で不当利得となるから、主債務者の倒産手続では債権者に配当せず、または配当した後でも返還させて他の債権者に対する

（注3）大コンメ442頁〔堂薗幹一郎〕、新破産法の基本構造と実務368頁〔田原睦夫発言〕。
（注4）新破産法の基本構造と実務369頁以下〔沖野眞已発言・山本和彦発言〕。

配当財源とすべきとする見解がある[注5]。上記の例によれば、Bの管財人は、Aの債権額を超える10部分をA、Cに配当せず他の破産債権者に対して配当することになる。

　求償権者は、手続開始後に保証債務を一部弁済しただけでは、破産法104条4項により、主債務者の倒産手続に参加することはできないから、超過部分は保証人に帰属せず、また、債権者が債権の全額の満足を得ている以上、超過部分は他の債権者に対する配当原資となるとする考えである。

　開始時現存額主義は、債権が全額弁済されない限り、開始時の債権額を基準に配当表や弁済計画を作成し、それに基づき配当等を行うというものであり、配当表や弁済計画の作成時点では現実の配当等はされておらず、実体的な権利の消長は発生していないから、その配当等がされたことによりはじめて債権の全額が弁済されたというだけでは、破産法104条4項に定める「債権の全額が消滅した場合」には該当せず、一部弁済したにとどまる保証人が当該配当等において超過部分を受領できるとの考えは妥当ではない。また、債権者に、債権額以上の配当を実施することは他の債権者の利益を害することになるから、債権者に受領資格を認める見解も妥当ではない。

　したがって、債権者の債権の全額に満つるまで配当等を実施した段階で、債務者において超過部分は留保し、新たな配当原資として他の債権者に再配当等を実施すべきであり、本見解が妥当である。

3　具体的処理方法

　上記(3)の考え方を採用する場合、超過部分をどのように他の債権者に配当するかが問題となる。

(1)　破産手続の場合

　破産手続の場合、最後配当（簡易配当を含む。以下同じ）を実施し、超過部分

（注5）新破産法の基本構造と実務369頁以下〔松下淳一発言・伊藤眞発言〕、伊藤・破産法民事再生法2版216頁、谷口安平『倒産処理法〔第2版〕』（筑摩書房、1980年）168頁。

が発生した後に、追加配当（破215条）の形で当該超過部分を他の債権者に配当することができることは当然であるが、当該最後配当において超過部分を本来の配当額に加えて配当することが可能か問題となる。

確かに、現実の配当がされる前に、超過部分が発生することを踏まえて、配当額を計算すると、実際の配当がされるまでの間に、何らかの理由で配当財源が減少し、配当表どおりの弁済の全部をすることができなくなった場合には、開始時現存額主義の適用を受けるべき債権者がその債権の満足を受ける前に、他の債権者が超過部分を原資として、その債権に対する配当を受ける事態が生じる可能性がある。したがって、当該最後配当手続の中で、超過部分を他の債権者へ配当することを前提に配当額を計算するに当たっては、超過部分が生じ得る当該債権者の同意が必要になると解すべきである。

そして、保証人による弁済が配当表作成までに行われ、超過部分が生じ得る当該債権者の同意が得られた場合には、管財人は超過部分を他の債権者に割り付けた配当表を作成することになる。その後、配当額の通知まで（簡易配当においては配当表に対する異議期間満了まで。以下同じ）に財団債権の発見により、実際の配当財源が減少することとなった場合には、管財人は配当表の更正(注6)によって対応することとなる。

また、配当表作成後配当額の通知までに保証人が弁済した場合に、超過部分が生じ得る当該債権者の同意が得られた場合には、管財人は超過部分の割付けにつき配当表の更正で対応することになる。

これに対し、保証人の弁済が配当額の通知後であった場合や超過部分が生じ得る当該債権者の同意が得られない場合には、管財人は最後配当実施後に実際に生じた超過部分を追加配当によって配当することとなる。

(2) 再建型法的手続の場合

再建型法的手続の場合も、同じように開始時現存額主義の適用を受けるべき債権者がその債権の満足を受ける前に、他の債権者が超過部分を原資として、

(注6) 財団債権の発見による配当財源の減少も解釈上更正が認められている（破産管財の手引増補版327頁）。

その債権に対する弁済を受ける事態が生じ得るから、債務者が、超過部分が生じ得る当該債権者の同意なくして、現実の弁済がされる前に超過部分が発生することを踏まえて、弁済額を計算することはできないと考えるべきである。

　この点、再生手続に関し、保証人の一部弁済により、計画弁済と合わせると超過部分が発生する場合に、同一の計画弁済の中で超過部分を他の債権者への弁済に充てることを前提として、超過部分が生じ得る債権者の同意なく各債権者への弁済額を算出した再生債務者の計算方法について、「再生計画に明文の規定がなく、関係する法令にも定められていない方法を再生債務者の判断により採用することはできず、超過部分を同一の計画弁済においてただちに他の債権者に対する弁済に充てることはできない」とした裁判例が存在する（東京地判平24・11・28金法1971号97頁）[注7]。

　そこで、いわゆる処分連動型や清算型のように固定された弁済率ではなく一定金額以上の弁済を定めたキャッシュ・スイープ（余剰資金強制弁済条項）型の再生計画案を定めた場合で、保証人による弁済等を合わせると超過部分が発生する事案において、当該超過部分の処理方法が計画上で定められていなかった場合には、配分方法の定まらない弁済原資が残ることとなってしまい、計画変更の措置が必要になってしまう。

　したがって、計画立案に当たっては、保証人による弁済状況にも留意しつつ、超過部分が生じた際の処理方法（追加弁済方式が通常であろう）を計画にあらかじめ規定しておく必要がある。

　これに対し、弁済率を固定した再生計画において、保証人による弁済と実際の計画弁済により超過部分が生じた場合は、債務者が計画弁済を履行している限り、当該超過部分は債権者への弁済原資にならず債務者が保持できることになる。

（注7）同事案では、再生計画において複数回の計画弁済が予定されていることに照らし、超過部分についてはその後の計画弁済の弁済原資とするべきであると判示されている。

IV-6　保証人間の求償

弁護士　吉田　和雅

1　保証人による求償権の取得

　保証人が複数存在する場合、保証債務は分割債務の原則（民427条）により頭数に応じて等分に分割され、各保証人はその分割された範囲でのみ保証債務を負う。そのため、保証人が自己の負担部分を超える弁済を行った場合に、委託を受けない保証人の主債務者に対する求償権に関する規定である民法462条が準用され（民465条2項）、他の保証人がその当時利益を受けた限度において、または、現に利益を受けている限度においてのみ、求償権を取得することになる。

　連帯保証の場合、民法442条が準用され（民465条1項）、弁済した連帯保証人は、各連帯保証人の負担部分の割合に応じて他の連帯保証人に対して求償することができる。なお、連帯保証の場合も、自己の負担部分を超える部分についてのみ求償権を行使できるにとどまり、自己の弁済した全額について各連帯保証人の負担部分の割合に応じて求償することはできないと解されている（最判昭46・3・16民集25巻2号173頁。我妻IV506頁）。

　このように、保証人ないし連帯保証人は他の保証人ないし連帯保証人に対して求償権を取得し得るが、倒産手続との関係において、その権利行使が一定の制約を受ける場合がある。以下では、どのような場合に、いかなる制約を受けるのかを整理してみたい。

2 倒産手続開始決定前に保証人が代位弁済した場合

(1) 破産手続の場合

　破産手続開始決定前に保証人が代位弁済した場合には、上記**1**のとおり求償権を取得した保証人ないし連帯保証人は、その求償権について債権届出を行い(注1)、他の保証人の破産手続に参加することができる(注2)。

　なお、この点については、保証人ないし連帯保証人が債権の全額ではなく一部のみ代位弁済した場合について、最判昭60・5・23（民集39巻4号940頁）において、物上保証人が一部代位弁済した場合の原債権者と求償権者間の優先関係について定めた民法502条1項の解釈につき、原債権者を優先する見解が採られていることから、倒産手続開始前の一部弁済であっても、債権者がその届け出た残債権の満足を得るまで連帯保証人等の権利行使は劣後するものとして取り扱う必要があるとする見解もある(注3)。

(2) 再生手続・更生手続の場合

　再生手続・更生手続開始決定前に保証人または連帯保証人が代位弁済した場合の処理については、上記(1)の破産手続と異なるところはなく、求償権を取得した保証人ないし連帯保証人は、その求償権について債権届出を行い、他の保証人ないし連帯保証人の再生手続・更生手続に参加することができる。

(注1) 判例（最判昭61・2・20民集40巻1号43頁）の論理、すなわち、代位弁済者が取得する原債権と求償権は発生原因を異にする別個の債権であり、代位弁済者に移転した原債権は、求償権の確保を目的として存在する付従的な性質を有し、その行使は求償権の存する限度で制約されるという考え方によれば、原債権のほうを届け出ることも可能であると考えられる。〔荒木隆男「判解」平成7年度重判〔ジュリ1091号、1996年〕119頁〕。

(注2) 委託を受けた保証人には事前求償権が認められるため（民460条）、それを破産債権として届け出ることが可能であるが、かかる事前求償権と債権者の破産債権とが二重に行使された場合には、他の破産債権者の利益を害することになる。そのため、民法460条1号は、債権者が破産債権を行使しない場合に限って事前求償権の権利行使を認めている。

(注3) 滝澤孝臣「担保不動産の第三取得者による被担保債権の一部弁済と当該弁済を受けた後の破産債権者の権利行使の範囲」金法1622号（2001年）23頁。Ⅳ-4参照。

3 倒産手続開始決定後に保証人が代位弁済した場合

(1) 破産手続の場合
ア 単純保証の場合

　単純保証の保証人が複数存在する場合、各保証人は、保証人相互間の関係においては、それぞれの負担分の範囲内でのみ保証債務を負っている者同士にすぎず、同一内容の給付について数人の債務者が各自全部の履行をなす義務を負っているわけではないので（民457条・427条）、破産法104条1項の「数人が各自全部の履行をする義務を負う場合」には当たらず、後述の同条3項の規律は及ばないと考えられる。自己の負担部分を超えて債権者に弁済をして求償権を取得した場合には、破産法特有の制約を受けることなく、その権利を行使することができることになろう。

イ 連帯保証の場合

　連帯保証の保証人が複数存在する場合、各保証人は、保証人相互間においても同一内容の給付について数人の債務者が各自全部の履行をなす義務を負っており、破産法104条1項の「数人が各自全部の履行をする義務を負う場合」として、同条3項の規律が及ぶことになる。すなわち、一部の連帯保証人につき破産手続が開始した場合、手続開始後に債権者に対して弁済したか否かにかかわらず、他の連帯保証人は、破産した連帯保証人に対して求償権を行使して破産手続に参加することができる。これは、求償権が事後求償権であっても破産債権として扱われることを明確にし、その行使を容易にしたものと解されている(注4)。

　もっとも、債権者が破産した連帯保証人の破産手続に参加した場合にも他の連帯保証人の手続参加を認めた場合、法的には原債権と求償権が別個の権利であるとしてそれぞれの権利行使を認めてしまうと、経済的には実質的に同一の

（注4）条解破産法723頁。破産法104条3項の趣旨の解釈として、将来の事後求償権は同法103条4項に規定する「将来の請求権」に該当し、破産債権として扱われることを確認したものであるという見解のほか、同条項は委託を受けた保証人以外の全部義務者の事後求償権を事前求償権と同様に扱うものであるという見解がある（大コンメ443頁〔堂薗幹一郎〕、澤野芳夫「近時における破産・和議の諸問題」金法1507号〔1998年〕12頁）。

権利について二重の権利行使を認めることになり、他の破産債権者の利益を害することになる。そのため、債権者が破産手続開始の時において有する債権について破産手続に参加したときは、求償権を破産債権として行使することはできないとされている（破104条3項ただし書）[注5]。

連帯保証人が、破産手続開始決定後に弁済を行った場合、民法上の原則によれば、その弁済を行った範囲で法定代位（民502条）の効力が生じるはずである。しかしながら、破産法104条4項は、求償権者である他の保証人が、破産手続開始後に債権者に対して弁済等をしても、債権者が債権全額の満足を得ない限り、その弁済等は、債権者の権利行使に影響を及ぼさないと定め、債権全額の満足を得てはじめて求償権の行使が可能であるとした。これは、旧破産法26条2項が、「前項ノ求償権ヲ有スルモノガ弁済ヲ為シタルトキハ其ノ弁済ノ割合ニ応ジテ債権者ノ権利ヲ取得ス」と規定し、求償権者が一部弁済をしたときであっても、その割合において債権者の破産債権を行使可能であるかのように解する余地があり、争いとなっていた点について、手続開始時現存額主義（旧破24条。現行破104条1項・2項）の下、求償権者は全額の弁済をしない限り債権者の破産債権を行使できないと解していた通説判例の解釈を立法化したものである[注6]。

他の連帯保証人が弁済等によって債権者の債権全額の満足を得た場合には、当該連帯保証人は、求償権の範囲内で、債権者が有した権利を破産債権として行使することができる。当該連帯保証人は債権者の債権を代位行使するのであり、破産した連帯保証人の手続に参加する場合には、新たに債権届出を行う必要はなく、届出名義の変更により参加することになる（破113条1項）[注7]。

（注5）大コンメ446頁〔堂薗幹一郎〕は、仮に求償権を行使して債権届出が行われた場合、その届出が、本条1項に規定する債権者が破産債権の届出を取り下げ、またはその債権の全額につき満足を受けたことを条件とする届出であることを明らかにしない限り、裁判所はその届出を却下すべきとする。

（注6）一問一答新破産法151頁、新破産法の基本構造と実務364頁〔小川秀樹発言〕。

（注7）事後求償権を有する全部義務者は弁済によって当然に債権者に代位するから（民500条）、債権者の協力が得られない場合であっても、単独での名義変更が可能であると解されている（大コンメ446頁〔堂薗〕、澤野・前掲（注4）論文12頁）。

なお、複数の他の連帯保証人がそれぞれ債権者に対して一部弁済を行い、合計で債権全額の満足を得るにいたった場合には、一部弁済をした各保証人はそれぞれの弁済の割合に応じて権利行使することができると考えることができよう(注8)。

さて、すでに述べたように、破産法104条4項により、他の連帯保証人が弁済等によって債権者の債権全額の満足を得た場合には、当該連帯保証人は、求償権の範囲内で、債権者が有した権利（原債権）を代位行使することができるが、かかる債権の代位行使のほか、事後求償権自体を別個に行使することができるのか。この点については見解が分かれているものの(注9)、原債権と求償権の関係が問題となった近時の判例（最判平23・11・22民集65巻8号3165頁、最判平23・11・24民集65巻8号3213頁。これらの内容や分析、求償権と原債権の関係の詳細についてはⅣ-10を参照）における田原元最高裁判事の補足意見（前者の判例）が整理するとおり、原債権と求償権の関係について両者は別個の権利であり、原債権は求償権確保のために譲渡担保の目的として求償権者に移転したのと同様の関係に立つと理解できる以上、求償権者は求償権と原債権の双方の債権につき倒産手続に参加（債権届出）することができ、両債権が重複する限度ではその一方の行使しか認められないが、求償権の額が原債権の額を上回るときには、その上回る範囲で求償権を行使することができると考えるのが妥当であろう。

(2) 再生手続・更生手続の場合

民再法86条2項および会更法135条2項は破産法104条3項を準用しているため、上記(1)の破産手続と異なるところはなく、一部の連帯保証人につき再生

（注8）旧破産法26条2項「前項ノ求償権ヲ有スルモノガ弁済ヲ為シタルトキハ其ノ弁済ノ割合ニ応ジテ債権者ノ権利ヲ取得ス」の規定について、将来の求償権を有する複数の全部義務者による一部弁済等により債権者の届出債権全部を満足させてなお破産配当に余剰が生じた場合の規定であると解し、この場合、各全部義務者はそれぞれの弁済額の割合に応じて債権者の権利を取得するとした最判昭62・6・2民集41巻4号769頁およびこれを引用した最判平7・1・20民集49巻1号1頁の最高裁判例解説（八木良一「判解」最判解民事篇平成7年度(上)〔1998年〕1頁）を参照されたい。

手続・更生手続が開始した場合、手続開始後に債権者に対して弁済したか否かにかかわらず、他の連帯保証人は、再生債務者・更生債務者である連帯保証人に対して求償権を行使して再生手続・更生手続に参加することができる。もっとも、破産手続におけるのと同様に、債権者が手続開始の時において有する債権について再生手続・更生手続に参加したときは、求償権を再生・更生債権として行使することはできない（民再86条2項、会更135条2項、破104条3項ただし書）。

また、求償権者である他の連帯保証人が、再生手続・更生手続開始後に債権者に対して全額を弁済しない限り、求償権を行使できないとする点も破産手続と同様である（民再86条2項、会更135条2項、破104条4項）。

他の連帯保証人が債権者の債権全額を弁済した場合には、当該連帯保証人

（注9）原債権の代位行使のみ可能であると解した場合には、連帯保証人は原債権の元本、約定利息および遅延損害金について権利行使することになるが、事後求償権自体を別個に行使することができると解した場合には、原債権の元本、約定利息および遅延損害金の合計を元本とし、これに遅延損害金を加えた額について事後求償権を行使することになり、他の債権者の利益を害するのではないかという問題意識があり、見解が分かれているようである。学説としては、破産手続における権利行使機会の確保と手続の円滑・迅速な進行との調整から、1つの債権の行使で一本化する手続上の要請があるとして、事後求償権自体を別個に行使することはできないと解する見解（沖野眞已「主債務者破産後の物上保証人による一部弁済と破産債権の行使——議論の整理のために」曹時54巻9号（2002年）30頁、勅使河原和彦・杉本和士「多数債務者関係——全部義務者の破産と破産債権」新破産法の理論と実務371頁）、同見解に対して、破産法104条3項本文の場合に認められる将来の求償権の行使を同条4項の場面でのみ制約する根拠や、他の停止条件付債権とは異なり、将来の事後求償権に限って権利行使の範囲を限定する根拠を合理的に説明できるのかという疑問を呈し、将来の求償権について破産法99条1項2号等の規定を類推適用して破産手続開始後の中間利息に相当する部分を劣後的債権として取り扱うことを前提として、原債権の代位行使と事後求償権の単独行使を認める見解がある（大コンメ448頁〔堂薗幹一郎〕）。なお、過去の判例としては、複数の連帯保証人が存する場合における、そのうち1人の連帯保証人の和議の事案において、「弁済による代位によって取得する和議債権（和議条件により変更されたもの）の限度で、右求償権を行使し得るにすぎない」と述べたものがあるが（最判平7・1・20民集49巻1号1頁）、同判例が求償権と原債権の関係をどのように理解しているかは明確ではない。

は、求償権の範囲内で、債権者が有した権利を再生・更生債権として行使することができる。この場合、新たに債権届出を行う必要はなく、届出名義の変更により参加することができる（民再96条、会更141条）。

Ⅳ-7　保証人の倒産手続（総論）

　　　　　　　　　　　　　　　　　　　　　弁護士　吉田　和雅

1　保証人

　保証とは、主たる債務者の債務を担保するために、保証人と債権者との間の契約により生じる法律関係であり、これによって生じる保証債務を負う者が保証人である。

　保証人は、債権者のための人的担保として機能するものであり、保証債務は担保ゆえの性質、すなわち、従たる債務として附従性、随伴性および補充性を有している。なお、補充性に関しては、その現れとして催告の抗弁権（民452条）と検索の抗弁権（民453条）が認められているが、実務上は合意でこれらを排除した連帯保証（民458条）のほうが多く用いられている。

　さて、上記のとおり、保証は、債権者のための人的担保として機能するものであるが、現実的には、担保たる保証人が倒産してしまう場合もある。以下では、そのような場合についての倒産法上の規律について述べる。

2　保証人が倒産した場合における倒産法上の規律

(1)　破産法上の規律

　保証人について破産手続開始決定がなされたときは、債権者は破産手続開始時において有する債権の全額について破産手続に参加することができる（破105条）。

　この点、保証人も主債務者とともに主債務の履行について義務を負っているので破産法104条1項が適用されるはずであり（破104条の詳細については本書Ⅴ－3参照）、同法105条は同法104条1項の当然の帰結にも見えるが、同法105条の意義は、破産という局面においては、保証という人的担保制度を有効に機能

させて債権者の権利行使の機会を確保すべく、保証債務の補充性が働かないこと、すなわち、催告の抗弁および検索の抗弁（民452条・453条）が許されないことを定めたところにある。

もっとも、主債務者についても破産手続開始決定がされた場合には、催告の抗弁および検索の抗弁はそもそも認められず（民452条ただし書・453条）、破産法105条によるまでもなく、同法104条１項の規律によることになる。また、そもそも実務上は通常の保証ではなく連帯保証が利用されることが一般的であるところ、この場合にも同様の規律によることになる。すなわち、全部義務者の全員またはその一部について破産手続開始決定があった場合には、債権者は、破産手続開始時において有する債権の全額について、それぞれの破産手続に参加することができる（開始時現存額主義）。

(2) 民再法および会更法上の規律

民再法・会更法においては、破産法105条が民再法86条２項・会更法135条２項で準用されており、保証人について再生手続・更生手続が開始した場合、債権者は手続開始時において有する債権の全額について再生手続・更生手続に参加することができ、催告の抗弁権および検索の抗弁権は働かないとされ、破産法におけるのと同様の規律がなされている。

そして、手続開始後に他の保証人から弁済等がなされた場合についても、破産法におけるのと同様の規律が及び、その債権の全額が消滅しない限り、手続開始時に現存する再生・更生債権額について権利行使できる（民再86条２項、会更135条２項、破104条１項）。

なお、可能性としては、ある保証人について破産手続、他の保証人について再生手続が開始するなど、複数の保証人について異なる種類の倒産手続が開始する場合も考えられるところ、この場合についての規定は存在しない。しかしながら、複数の全部義務者に対する債権者の権利行使の機会を保障するという破産法104条１項の趣旨は上記の場合にも妥当する以上、同条項を類推適用すべきと考えられる[注1]。

3 債権者による保証人の倒産手続への参加

(1) 破産手続への参加
ア 債権者による権利行使

　保証人について破産手続が開始すると、債権者の保証人に対する保証債務履行請求権は、破産手続開始の効力として、弁済期が到来したものとみなされる（破103条3項）。なお、かかる効力は破産者および破産手続との関係でのみ生じる相対的なものであると解されている[注2]。

　そして、債権者は、保証人の催告の抗弁権および検索の抗弁権にかかわらず（破105条）、破産手続開始時における債権の現存額全額について破産債権として届出を行うことができ、一定の破産財団が形成され配当可能な場合には、配当を受け取ることになる。

　この点、保証人だけでなく、主債務者についても破産手続が開始した場合でも、これらの者は債権者との関係では全部義務者に当たると解されるため、破産法104条の規律によることになる。すなわち、債権者は、いずれの破産手続においても、手続開始時現存額全額について破産債権として届出を行い、一定の破産財団が形成され配当可能な場合には配当を受けることができ、配当を受けた場合であっても、債権全額の満足を得ない限り、その後も各破産手続において配当を受けることができると考えられる。

　それでは、複数の保証人がいる場合において、それらの保証人について同時に破産手続が開始した場合にはどうなるか。保証人が複数存在する場合、保証人には分別の利益が認められ、保証債務は分割債務の原則（民427条）により頭数に応じて等分に分割され、各保証人はその分割された範囲でのみ保証債務を負う。主たる債務全額については、各保証人は全部を履行する義務を負っているわけではないが、各保証人が負担する保証債務の限度で主債務者と各保証債務は併存する関係にある。そのため、その併存する範囲で破産法104条1項

(注1)　斎藤秀夫ほか編『注解破産法(上)〔第3版〕』（青林書院、1998年）149頁〔加藤哲夫〕、大コンメ441頁〔堂薗幹一郎〕。

(注2)　条解破産法712頁。

が適用されることになる。また、債権者の権利行使の機会を確保する見地から、催告の抗弁権および検索の抗弁権は認められるべきでなく、破産法105条が適用される^(注3)。複数の連帯保証人が存在する場合には、各連帯保証人は主たる債務全額について連帯して債務を負っていることから、数人の債務者が各自全部の履行をなす義務を負っているとして破産法104条1項が適用され、同法105条も適用される。

なお、アの冒頭で述べたとおり債権者は破産手続開始時における債権の現存額全額について破産債権として届出を行うことができるとなると、債権者が破産債権全額を届け出た後、主債務者から一部弁済がなされた場合に、その一部弁済額と破産手続において受け得る配当の合計額が債権者の本来の債権額を超える場合が生じ得ることになり、この場合の超過分の処理が問題となるが、この点についてはⅣ－5を参照されたい。

　イ　債権者による権利行使後の保証人――主債務者の関係

上記アのとおり、債権者は保証人にかかる破産手続において配当を受け取ることができるが、この場合には、保証人と主債務者との関係において以下の問題が生じ得る。

すなわち、保証人破産の場合には、破産管財人により債権者への配当がなされることによって、保証人は債権者に対して一部弁済を行ったことになるが、これにより①保証人にかかる破産財団が主債務者に対する求償権を取得するのではないか。②求償権を取得するとしても、どのタイミングで主債務者に対して求償権を行使することができるのか（本来は主債務について期限の利益を有している主債務者に対してただちに求償権を行使することができるのか）。また、③通常、破産手続においては、破産管財人は破産財団に属する財産について換価手続を完了した上で配当可能な場合に配当を実施することになるところ、求償権を取得する場合には、破産管財人は換価手続を完了して債権者に対して配当を実施したにもかかわらず、あらためて主債務者に対する求償権を行使して換価手続を行わざるを得ないのではないか。破産法上、保証人破産の場合に保証人に対する債権者の権利行使は認められているものの、債権者により同権利行

───────

（注3）　伊藤・破産法民事再生法2版213頁。

使がされた場合の求償関係については特に規定が設けられておらず、その処理が明らかでないため、これらの問題が生じ得る。

　㋐　保証人の破産財団の求償権の取得

　これらの問題点についてはあまり論じられていないが(注4)、まず、①保証人の破産財団が求償権を取得し得るかという点については、主債務者から委託を受けて保証人となったか否かにかかわらず、その保証が主債務者の意思に反するものでない限り、民法462条1項により、保証人の弁済時に主債務者が受けた利益の限度、すなわち、配当実施時に債権者が受けた配当相当額の限度で保証人に係る破産財団は求償権を取得すると考えられる(注5・6)。もっとも、民法上、保証人が弁済をしたときには主債務者へ通知することが要求されており、これを怠って主債務者が債権者に善意で弁済を行った場合には、主債務者は自己の弁済を有効なものとみなすことができることから（民463条1項・443条2項）、破産管財人は、取得する求償権を確実に行使できるように、配当を実施する際に主債務者に通知をしておく必要があると考えられる(注7)。

（注4）これらの問題点について論じたものとして、川村英二「保証人破産における配当と金融機関の事後処理」金法1957号（2012年）60頁。

（注5）川村・前掲（注4）論文62頁は、仮に主債務者の委託を受けて保証人になった場合でも、保証人について破産手続が開始された場合には、主債務者と保証人の委託関係は当然に終了し（民653条）、委託を受けない保証として扱われることになると考えられる、とする。

（注6）実務上そのような事例は少ないと思われるが、仮に、保証が主債務者の意思に反するものであった場合には、主債務者が現に利益を受ける限度において求償権を取得することになろう。

（注7）破産した保証人の破産管財人が債権者への配当実施の際に主債務者への通知を怠り、その後、主債務者が債権者に対して主債務の全部を弁済した場合、破産管財人は主債務者に対して求償権は行使できなくなる一方で、債権者と破産した保証人との関係においては、配当金相当額は不当利得として、破産管財人は債権者に対してその返還を求めることができると考えられる。この点、配当金の受領は破産法に基づくものであり法律上の原因がないとはいえないと思われるが、主債務者が全額弁済したことにより、結果的に当事者間における財貨的価値の移転（即ち配当金の受領）を正当化するほどの実質的理由はなくなったとして、不当利得になると考えることは可能であろう（川村・前掲（注4）論文64頁）。

(イ) 主債務者に対する求償権行使の可能時期

次に、②どのタイミングで主債務者に対して求償権を行使することができるのかという問題については、主債務者の弁済期が到来していない場合には、主債務者の期限の利益を害することはできないため、その弁済期が到来するまで保証人は求償権を行使することができないと解されているところ（大判大3・6・15民録20輯476頁）、主債務者の期限の利益を害することはできないという理は保証人破産の場合にも妥当する以上[注8]、主債務の弁済期が到来してはじめて破産管財人は求償権を行使することができると解すべきであろう。なお、主債務者の期限の利益を害することはできないという見地からすれば、主債務が分割弁済を内容とするものである場合には、最終の弁済期から遡って、各弁済期の弁済額の合計が債権者の受けた配当額に満つる弁済期を最初の求償可能時期として、それ以後到来する各弁済期に順次求償権を行使することができると考えることになろう。

(ウ) 求償権の換価および配当

さらに、③破産管財人は換価業務を完了して債権者に対して配当を実施したにもかかわらず、あらためて主債務者に対する求償権を行使して換価業務を行わざるを得ないのではないか、との問題点については、破産財団に換価可能な財産があり、これを破産債権への配当に充てないとする合理的理由はない以上、新たに破産財団に属する財産が見つかった場合と同じように考えて、換価業務を行って、配当を行うべきであろう。この点、破産管財人による求償権の行使が可能となる時期を上記(イ)のように考えた場合には、主債務の弁済期にならないと破産管財人は求償権が行使できず[注9]、それまで保証人の破産手続における換価業務が終了しないことになるため、求償権を取得するがゆえに破産手続がいたずらに長期化してしまい、不都合な結果となる。しかしながら、換価業務を含め、破産管財業務の早期遂行が求められる

(注8) 破産手続においては破産管財人の換価業務の迅速な遂行が要求されるため、できるだけ早い求償権行使を認めるべきとも思われるが、主債務者の関知しない保証人破産という事情によって、主債務者が本来享受できるはずの期限の利益を享受できなくなるという帰結は妥当でない（川村・前掲（注4）論文63頁）。

のは、迅速な破産管財業務の遂行によって破産財団の毀損・流出を防止し、破産債権者への配当の最大化を図るところにあると考えられるところ、配当の最大化に資する換価可能な財産（求償権）が存在する以上は、筋としては、破産管財業務が長期化してしまっても、主債務者に対する求償権の行使によって得られた金額を配当するまで、保証人の破産手続は終了しないと考えざるを得ないであろう。もっとも、実際の処理としては、求償権の行使によって得られる金額がわずかであり、その一方で求償可能時期までの求償権の管理業務にかかるコスト（破産管財人による求償権に係る債権管理業務に対する破産管財人への報酬など）がかさんでしまうような、費用対効果が悪いといえるような案件では求償権を放棄したり、そうでない事案であっても、主債務者との合意により前倒しで求償可能額またはそれを一定程度減額した額を支払ってもらったり、求償権をサービサーへ譲渡するなど、破産手続をできるだけ早く終結できるような現実的な処理を検討することになるのではなかろうか。

(2) 再生手続・更生手続への参加

保証人について再生手続・更生手続が開始した場合、破産手続と異なり手続開始の効力として保証債務履行請求権の弁済期が到来することはないが、民再法86条2項・会更法135条2項が破産法105条を準用しており、保証人の催告の抗弁権および検索の抗弁権にかかわらず、手続開始時における債権の現存額全額について再生・更生債権として届出を行うことができる。

そして、届出を行った再生・更生債権者は、その現存額を基準とした議決権を行使することができ、また、再生・更生計画に基づく弁済を受けることができる。

もっとも、破産手続と異なり、再生手続・更生手続では債権の現在化の規定

（注9）主債務が分割弁済を内容とする債務の場合はどうか。この点、保証人の破産手続において債権者は僅少な配当しか受領できない場合が多く、その場合には、最終の弁済期から遡って各弁済期の弁済額の合計が債権者の受けた配当額に満つることになる弁済期は最終弁済期に極めて近い時期となるであろうから、破産した保証人の破産管財人は主債務の最終弁済期間近になるまで主債務者に対して求償することができないのが一般的であろう。

はなく(両法は破産法103条3項を準用していない)、主債務者が期限の利益を失っていない場合には、保証人もまた期限の利益を失っていないため[注10]、債権者は期限付債権として保証人に対する再生・更生債権を行使することになる[注11]。そこで、再生・更生計画に基づく弁済については、期限付債権という権利の性質に照らして、再生・更生計画案策定時に主債務が不履行に陥っていない場合には、これらの計画案において、保証債権者への弁済はひとまず留保し、将来主債務者が弁済を怠り、期限の利益を失った時に、開始時の債権を基準に権利変更した金額を保証債権者へ弁済する(期限の利益を喪失した時点の残債権額が、再生手続開始時点の債権額を基準として権利変更した金額を下回っている場合は、残債権額を弁済する)ことを内容とする定めを設けることになろう[注12・13]。なお、実務上は、主債務者が期限の利益を失った時点の債権額を基準に権利変更した金額を弁済する旨を定めるケースもあるようである[注14]。

保証人だけでなく、主債務者についても再生手続・更生手続が開始した場合には、主債務者と保証人は債権者との関係で全部義務者に当たると考えられるため、民再法86条2項・会更法135条2項により、債権者は、いずれの手続に

(注10) 保証契約において、手続開始決定が保証債務の期限の利益喪失事由とされている場合を除く。

(注11) 民事再生の手引293頁〔鹿子木康〕、条解民事再生法3版449頁〔杉本和士〕。

(注12) 民事再生の手引293頁〔鹿子木〕は、再生手続において、事業譲渡代金による一括弁済を行い、残余財産の換価代金による追加弁済を行った後再生債務者は解散することを定める清算型再生計画案を策定する場合には、追加弁済の時点において、権利変更後の弁済額または残債権額のいずれか少ない金額を弁済する旨を規定しておく必要があるとする。また、早期に弁済を終了して手続を終結することが事業再生の観点から相当と認められる事案においては、他の債権と同じ時期に弁済を行うことを定めることも許容され得るとする。

(注13) 個人再生の再生計画案作成の場面において、主たる債務者が滞りなく支払を継続している場合、最低弁済額をなるべく低くするべく、連帯保証債務の額を基準債権の総額から控除することができるかが問題となるが、住宅資金貸付債権の額等については控除できると定められている一方で(民再231条2項2号)、債権者が保証債務の履行を求めているかどうかという債権者側の事情について定めはないことから、かかる事情を考慮することを民事再生法は予定しておらず、連帯保証債務の額を基準債権の総額から控除することはできないと解されている(鹿子木康=島岡大雄編『個人再生の手引』〔判例タイムズ社、2011年〕283頁)。

(注14) 例えば、新版再生計画事例集370頁。

おいても、手続開始時現存額全額を基準とした議決権を行使することができ、再生・更生計画に基づく弁済を受けることができる。もっとも、実務上は、主債務の再生・更生計画による権利変更（債務の一部免除、免除後の残債務の分割弁済など）に合わせて、保証債務の内容も主債務のそれと同程度に縮減し、主債務者と保証債務者が連帯してその債務を弁済するという内容の特別の定めを設ける例もあるようである。

4　求償権者(他の保証人)による保証人の倒産手続への参加

上記1で述べたように、保証人が複数存在する場合には、別段特約がない場合には、各保証人の負担割合は等分であり、その負担割合を超えて弁済をした場合には、超過部分について他の保証人に求償することができ、他の保証人が倒産した場合には、かかる求償権に基づきその倒産手続に参加し得るが、この点についてはⅣ−6を参照されたい。

IV-8　保証人兼物上保証人

弁護士　**富岡　武彦**

1　はじめに

　金融取引においては、債権回収方法の多様化を図る等の目的から、主債務に保証人兼物上保証人が付されていることが多く存する。倒産手続において、主債務者に保証人兼物上保証人が付されている場合、債権届出、債権調査、配当・弁済を行う上で、主債務者や保証人兼物上保証人に対する債権について、不足額責任主義・手続開始時現存額主義の適用が問題となる。以下、主債務者およびその保証人兼物上保証人の各倒産手続における、債権届出、債権調査、配当・弁済手続につき検討する。

　なお、以下の検討は、①保証人兼物上保証人の被担保債権が、債権者の主債務者に対する債権であること、②主債務者や保証人兼物上保証人が、倒産手続開始後に債権者に対して弁済その他の債務を消滅させる行為をしたものの、債権者の主債務者に対する債権の全額が消滅していないこと、③保証人が連帯保証人であることを前提とするものとする。

2　破産手続の場合

(1)　総　論

ア　不足額責任主義

　別除権者が同時に破産債権者である場合（別除権付破産債権者である場合）においても、担保権が被担保債権の優先弁済を得るための手段にすぎないことからすれば、1個の債権の満足を得るために別除権と破産債権双方の行使によって満足を受けることを認めるのは、他の破産債権者との公平を欠く。

　そこで、別除権付破産債権については、別除権の行使によって弁済を受ける

ことができない債権額（不足額）についてのみ、破産債権者として権利を行使することが可能であるとされている（破108条1項本文）。これを不足額責任主義と呼ぶ。

不足額責任主義が適用されるためには、破産債権が別除権付債権であることが前提となり（破108条1項本文）、破産債権が別除権付債権となるためには、①破産手続開始時において破産財団に属する財産に破産法2条9項所定の担保権が設定されていること、②その被担保債権が破産債権であることが必要であると解されている(注1)。

イ　開始時現存額主義

数人が各自全部の履行をする義務を負う場合(注2)において、数人の全部義務者の全員または一部の者が破産手続開始決定を受けた場合、債権者は、破産手続開始時に有する債権の全額について、それぞれの債務者の破産手続において破産債権者として権利を行使できる（破104条1項）。

また、他の全部義務者や、破産者の債務を担保するため自己の財産を担保に供した第三者（物上保証人）が、破産手続開始後に債権者に対して弁済その他の債務を消滅させる行為をしたときであっても、その債権の全額が消滅した場合を除き、その債権者は、破産手続開始時に有する債権の全額について権利を行使することができる（破104条2項・5項）。

保証人について破産手続開始決定があったときは、債権者は、破産手続開始時において有する債権の全額について破産手続に参加することができる（破105条）。

破産手続開始時を基準として、債権の全額を破産債権として行使できることから、これらは、手続開始時現存額主義（以下、「開始時現存額主義」という）と呼ばれている。開始時現存額主義は、責任財産の集積により、1つの責任財産の不足による危険の分散を保障するという実体法の趣旨を破産手続において

（注1）条解破産法469頁・734頁、大コンメ275頁〔野村秀敏〕・456頁〔菅家忠行〕、破産管財の手引増補版251頁、破産・民事再生の実務3版（破産編）340頁。
（注2）数人の者がそれぞれ同一給付の全部について履行の義務を負う場合をいい、具体的には、不可分債務、連帯債務、不真正連帯債務、保証債務、連帯保証債務、手形・小切手等による合同債務などをいう。

も貫徹させるために認められている。

(2) 主債務者の破産手続
ア 不足額責任主義適用の有無
債権者が、破産者以外の第三者である連帯保証人兼物上保証人の財産につき、破産債権を被担保債権とする担保権を有していても、当該担保権は、破産者たる主債務者ではなく、物上保証人が設定しているため、別除権とはならない（破2条9項）。したがって、当該破産債権は、別除権付債権に該当しない。

よって、破産手続開始後、連帯保証人兼物上保証人が物上保証債務を履行し、債権者に対して一部弁済を行った場合、当該破産債権につき、不足額責任主義は適用されない[注3]。

イ 開始時現存額主義適用の有無
全部義務者である連帯保証人兼物上保証人が破産手続開始後に債権者に対して弁済その他の債務を消滅させる行為をしたときであっても、債権者の主債務者に対する破産債権の全額が消滅した場合を除き、当該破産債権につき、開始時現存額主義が適用される（破104条2項・5項）[注4]。

ウ 債権届出・債権調査・配当
よって、債権者は、別除権のない破産債権として、破産手続開始時に有する主債務者に対する債権の全額について、債権の届出を行うことが可能であり、破産管財人は、当該債権の全額を対象として、配当を行うこととなる[注5]。な

（注3）条解破産法469頁・734頁、大コンメ275頁〔野村〕・456頁〔菅家〕、破産管財の手引増補版251頁。

（注4）全部義務者が、破産手続開始後、破産債権者の有する債権を受働債権として相殺する意思表示をし、かつ、破産手続開始前に相殺適状にあった場合には、相殺による債権消滅の効力が相殺適状時に遡及する（民506条2項）ため、破産管財人は、破産債権が、破産手続開始前に相殺された額が減少していたことを前提に認否することとなる（条解破産法721頁、大コンメ442頁〔堂薗幹一郎〕、破産管財の手引増補版256頁）。

（注5）別除権のない破産債権が別除権付債権として届け出られている場合、実務上、破産管財人は、届出債権者に対し、別除権のない破産債権として届け出るよう補正を促し、届出債権者が補正に応じない場合には、別除権のない破産債権として認否することとなる。

お、不足額責任主義は適用されないことから、主債務者に対する破産債権者は、最後配当の手続に参加するため、最後配当に関する除斥期間内に、破産管財人に対し、別除権によって担保される債権が破産手続開始後に担保されないこととなったこと、または当該担保権の行使によって弁済を受けることができない債権の額を証明する必要はない（破198条3項参照）。

(3) 連帯保証人兼物上保証人の破産手続

ア 不足額責任主義適用の有無

破産者が連帯保証人兼物上保証人である場合、担保権者は、当該担保権の被担保債権が破産債権ではない場合であっても、別除権者となるが、破産者は、主債務者の債務を物上保証しているにすぎず、破産者自身の保証債務について担保権を設定しているわけではないことから、別除権の被担保債権とはなっていない破産債権（連帯保証債務履行請求権）は、別除権付債権には該当しないと解されている[注6・7]。

よって、破産手続開始後、破産者が物上保証債務を履行し、債権者に対して一部弁済を行った場合、債権者が別除権を行使したことになるが、当該破産債権につき、不足額責任主義は適用されないと解される。

イ 開始時現存額主義適用の有無

他方、破産者が連帯保証人兼物上保証人である場合に、破産手続開始後、破産管財人が物上保証の目的物となっている物件を任意売却した場合等、破産者が物上保証債務を履行し、債権者に対して弁済を行った場合、実体法上は、主債務が減少し、附従性により、連帯保証債務履行請求権も減少するが、この場合も、債権者の主債務者に対する破産債権の全額が消滅した場合を除き、当該破産債権につき、開始時現存額主義が適用されると解されている（破105条・104条）[注8・9]。

（注6） 東京地方裁判所破産再生部も、同様に解した上で運用を行っている（破産・民事再生の実務(中)新版27頁。
（注7） 条解破産法469頁・734頁、大コンメ275頁〔野村〕・456頁〔菅家〕、破産管財の手引増補版251頁・321頁、破産・民事再生の実務3版（破産編）342頁。
（注8） 破産管財の手引増補版257頁・321頁。

また、破産手続開始後、主債務者の破産手続における配当や主債務者による一部弁済などがなされた場合、主債務者が一部弁済を行ったとしても、破産者である保証人に対し求償権を有せず、弁済による代位により権利を取得しないため、破産法104条が想定する他の全部義務者による一部弁済の場面とは異なるが、この場合にも開始時現存額主義の適用が認められると解されている[注10]。

ウ 債権届出・債権調査・配当

よって、債権者は、別除権のない破産債権として、破産手続開始時に有する連帯保証人兼物上保証人に対する債権（連帯保証債務履行請求権）の全額について、債権の届出を行うことが可能であり[注11]、破産管財人は、当該債権の全額を対象として、配当を行うこととなる。なお、不足額責任主義は適用されないことから、連帯保証人兼物上保証人に対する破産債権者は、配当手続において不足額を証明する必要はない。

3 再生手続の場合

(1) 総 論

ア 不足額責任主義

破産手続同様、再生手続においても、不足額責任主義が適用される（民再88条）。

(注9) 破産者が保証人兼物上保証人である場合に、破産管財人が物上保証の目的物となっている物件を任意売却した場合において、実務上、売買代金から別除権（担保権）の受戻代金が支払われることを考慮して、他の破産債権者に対する配当原資を確保する等の観点から、当該債権者が破産債権のうち受戻金額に相当する額を任意に取り下げることがある。しかし、債権者から任意の取下げがされない場合は、開始時現存額主義（破105条）が適用され、受戻金額相当額につき、異議を述べることができないことに、破産管財人としては、注意が必要である（破産管財の手引増補版257頁）。

(注10) 条解破産法729頁、条解民事再生法3版449頁〔杉本和士〕。

(注11) 破産債権の現在化（破103条3項）の効果として、主債務の弁済期が未到来で、したがって、保証債務の弁済期も未到来の場合でも、保証人に対する破産債権は弁済期が到来したものとみなされる（条解破産法729頁）。

イ　開始時現存額主義

　破産手続同様、再生手続においても、開始時現存額主義が適用される（民再86条2項、破104条・105条）。

(2)　主債務者の再生手続

　　ア　不足額責任主義および開始時現存額主義適用の有無

　破産手続同様、再生手続においても、不足額責任主義は適用されず、他方、開始時現存額主義は適用される（民再86条2項、破104条2項・5項）。

　　イ　債権届出・債権調査・再生計画・弁済

　よって、債権者は、別除権のない再生債権として、再生手続開始時に有する主債務者に対する債権の全額について、債権の届出を行うことが可能であり、再生債務者は、当該債権の全額を対象として、再生計画に基づき、弁済を行うこととなる。

(3)　連帯保証人兼物上保証人の再生手続

　　ア　不足額責任主義および開始時現存額主義適用の有無

　破産手続同様、再生手続においても、不足額責任主義は適用されず、他方、開始時現存額主義は適用されると解される（民再86条2項、破105条・104条）[注12]。

　　イ　債権届出・債権調査・再生計画・弁済

　よって、債権者は、別除権のない再生債権として、再生手続開始時に有する連帯保証人兼物上保証人に対する債権の全額について、債権の届出を行うことが可能であり、再生債務者は、当該債権の全額を対象として、再生計画に基づき、弁済を行うこととなる。

　しかし、破産手続と異なり、再生手続においては、債権の現在化の規定がないため[注13]、主債務者が約定弁済を継続しており、期限の利益を喪失していない場合、債権者は期限付債権を有するにとどまる[注14]。

　そこで、保証債務履行請求権については、権利の性質からして、再生計画案

(注12)　条解民事再生法3版449頁〔杉本〕、新注釈民事再生法(上)2版462頁〔中井康之〕。
(注13)　民再法86条2項は、破産法103条3項を準用していない。

において、主債務者が弁済を怠り、期限の利益を喪失した時に、再生手続開始時点の債権額を基準として権利変更した金額を弁済する旨を定めることになる[注15]。主債務者が弁済を継続したことにより、期限の利益を喪失した時点の残債権額が、再生手続開始時点の債権額を基準として権利変更した金額を下回っている場合は、残債権額の範囲で弁済すれば足りる。

もっとも、事業譲渡代金による一括弁済を行い、残余財産の換価代金による追加弁済を行った後、再生債務者は解散することを定める清算型の再生計画案については、追加弁済の時点において、権利変更後の弁済額または残債権額のいずれか少ない金額を弁済する旨を規定しておく必要がある[注16]。

4 更生手続の場合

(1) 総論

ア 更生手続における被担保債権の法的性質

被担保債権のうち、当該担保権の目的である財産の価額が更生手続開始時における時価であるとした場合における、当該担保権によって担保された範囲のものが更生担保権となり（会更2条10項）、更生担保権とならない部分については、更生債権となる（同条8項）。

被担保債権が更生担保権となるためには、当該債権が、更生手続開始当時、更生会社の財産につき存する担保権により担保されているものである必要がある（会更2条10項本文）。

更生担保権として取り扱われるのは、被担保債権が更生債権である場合に限られず、更生会社以外の第三者に対する債権であっても、当該債権が更生会社

(注14) 保証契約において、保証人が再生手続開始決定を受けたときはただちに履行請求ができるとされている場合を除く。

(注15) 早期に弁済を終了して手続を終結することが事業再生の観点から相当な事案においては、他の債権と同じ時期に弁済を行うことを定めることも許容されよう（民事再生の手引292頁〔鹿子木康〕）。

(注16) 民事再生の手引159頁〔西林崇之〕・292頁〔鹿子木康〕、新注釈民事再生法(上)2版462頁〔中井〕、条解民事再生法3版449頁〔杉本〕。

の財産につき存する担保権によって担保されている場合、すなわち、更生会社が物上保証をしている場合も含まれる[注17]。

　他方、債権者が、更生会社以外の第三者の財産につき、更生会社に対する債権を被担保債権とする担保権を有していても、当該債権は、更生担保権とはならないから、当該債権者は、被担保債権の全額について、更生債権者として、更生手続に参加することととなる[注18]。

　　イ　開始時現存額主義

　破産手続・再生手続同様、更生手続においても、開始時現存額主義が適用される（会更135条2項、破104条・105条）。

(2)　主債務者の更生手続
　　ア　被担保債権の法的性質および開始時現存額主義適用の有無

　物上保証人の財産につき、更生会社に対する債権を被担保債権とする担保権を有していても、物上保証人は更生会社ではないので、当該債権は、更生担保権とはならず、更生債権となる（会更2条8項・10項）[注19]。

　そして、破産手続・再生手続同様、更生手続においても、開始時現存額主義が適用されると解される（会更135条2項、破104条2項・5項）[注20]。

　　イ　債権届出・債権調査・更生計画・弁済

　よって、債権者は、更生債権として、更生手続開始時に有する主債務者に対する債権の全額について、債権の届出を行うことが可能であり、更生会社の管財人は、当該債権の全額を対象として、更生計画に基づき、弁済を行うこととなる。

(注17)　条解会社更生法㈲511頁。
(注18)　会社更生の実務(下)127頁〔今玲子〕。
(注19)　会社更生の実務(下)127頁〔今〕。
(注20)　条解会社更生法㈲354頁。

(3) 連帯保証人兼物上保証人の更生手続

ア 被担保債権の法的性質および開始時現存額主義適用の有無

更生会社である連帯保証人兼物上保証人の財産につき存する担保権の被担保債権者は、更生会社に債権を有していなくても、更生担保権者となる[注21]。

そして、破産手続・再生手続同様、更生手続においても、開始時現存額主義が適用されると解される（会更135条2項、破105条）[注22・23]。

イ 債権届出・債権調査・更生計画・弁済

よって、債権者は、更生手続開始時に有する連帯保証人兼物上保証人に対する債権のうち、更生担保権に相当する債権については、更生担保権として、その余の債権については、更生債権として、それぞれ債権の届出を行うことが可能であり、更生会社の管財人は、これらの債権の全額を対象として、更生計画に基づき、弁済を行うこととなる。

しかるところ、破産手続と異なり、再生手続同様、更生手続においても、債権の現在化の規定がないため[注24]、主債務者が約定弁済を継続しており、期限の利益を喪失していない場合、債権者は期限付債権を有するにとどまる[注25]。この場合の更生計画案の内容[注26]については、再生手続の項で述べたとおりである。

(注21) 条解会社更生法(中)511頁、会社更生の実務(上)260頁〔佐々木宗啓〕。

(注22) 連帯保証人ではない、物上保証人の破産や再生においては、担保権者は、その担保権実行時における被担保債権額をもって別除権を行使するが、担保権者が更生担保権として手続に参加する更生手続においては、開始時現存額主義が妥当し、手続開始後に主債務者から一部弁済がなされた場合であっても、更生手続開始時の目的物の時価を基準とする更生担保権額が影響を受けないかどうかが問題となる（伊藤・会社更生法230頁、新破産法の基本構造と実務371頁、松下淳一「『破産法等の見直しに関する要綱』の概要──金融機関に関わる点を中心に」金法1696号〔2004年〕26頁、沖野眞已「保証・物上保証と更生手続における権利行使」新会社更生法の理論と実務119頁）。

(注23) 条解会社更生法(中)357頁、伊藤・会社更生法230頁。

(注24) 会更法135条2項は、破産法103条3項を準用していない。

(注25) 条解会社更生法(中)358頁。なお、保証契約において、保証人が更生手続開始決定を受けたときはただちに履行請求ができるとされている場合を除く。

(注26) 更生計画案の記載例については、更生計画の実務と理論265頁以下を参照。

IV-9　保証の無償否認

弁護士　**福岡真之介**

1　総論

　支払停止等があった後、またはその前6か月以内に破産者等がなした無償行為またはこれと同視すべき有償行為は否認の対象となる（無償否認〔破160条3項、民再127条3項、会更86条3項〕）。無償否認は詐害行為否認の特殊類型とされている。なお、破産、民事再生、会社更生において問題状況は同じであることから、以下では破産の場合を取り上げる。

　無償否認では、破産者の詐害意思や支払停止等についての受益者の認識など主観的要素は必要とされない。その理由として、①危機時期において無償でその財産を減少させる破産者等の行為がきわめて有害性の強いこと、②受益者の側でも無償で利益を得ているのであるから緩やかに否認を認めても公平に反しないことが挙げられている。

　無償否認の対象となる「無償行為」とは、破産者が対価を得ないで財産を減少させ、または債務を負担する行為であり、具体的には、贈与、債務免除、権利の放棄などである(注1)。

　この点、保証については無償行為として無償否認できるかについては議論がある。例えば、A会社がB銀行から借り入れる際に、A会社の社長XがA会社の借入金について保証し、その後にXが破産した場合、Xの破産管財人がXのした保証を無償行為として無償否認できるかが問題となる。

　保証人が保証料などの対価を得て保証していれば、その債務保証は無償行為ではないとされている(注2)。しかし、保証人が保証料などの直接の対価を受領せずに保証した場合には、かかる保証が無償行為として無償否認できるかが問

(注1)　伊藤・破産法民事再生法2版396頁。

題となる（そこで、以下の議論は、保証料なしの保証を前提とする）[注3]。

　特に、経営者が会社の債務を保証する場合には、貸し手としては経営者の保証や担保提供行為（以下、単に「保証」という）がされるからこそ融資を行うことがあり、その場合には融資と破産者による保証が同時交換「的」になされることになる。ところが、そのような経営者保証は保証料が支払われないことが一般的であることから、無償否認の該当性が問題となる。本論点の背景には、このような同時交換的な融資について無償否認という強力な否認権を認めると融資をした債権者（受益者）に酷ではないか、救済融資を委縮させることになるのではないか、経営者も会社が融資を受けることで利益を享受しているのではないか、という問題意識があると思われる。

　以下、判例及び学説を俯瞰した上で、それらについて検討する。

2　判例および学説

(1)　無償否認否定説

　本論点を分析的に見れば、①誰を基準として無償行為性を判断するかという点と、②保証人は経済的利益を受けているか否かという点に分けることができる。

　かつての有力説には、保証の無償行為性を否定するものがあり、その理由として、受益者である債権者は保証人により保証がされることと引換えに主債務者に融資を行っているから、受益者の側からみれば無償で保証の利益を得たこ

（注2）　伊藤・破産法民事再生法2版397頁。条解破産法1024頁。なお、保証料が著しく低い場合などは「無償行為と同視すべき有償行為」といえよう。保証料の適正さの基準については、信用保証協会や保証会社の保証料が一応の基準となるとする見解がある（田原睦夫「連帯保証と無償否認」金判1060号〔1999年〕121頁）。

（注3）　保証には、主債務者の既存債務について保証する場合と、主債務者への新規融資と同時に保証する場合があり、前者については無償否認の対象とすることにほとんど異論は見られず、議論の対象となるのはもっぱら後者の主債務者への新規融資と同時に保証する場合である（伊藤眞「保証又は担保の供与と破産法72条5号にいう無償行為」判時1273号〔1988年〕207頁）。

とにならないことや、保証人は主債務者に対する求償権を取得することなどを挙げていた[注4]。換言すれば、この有力説は、上記の論点①については、無償行為性の判断は受益者も考慮して判断すべきであるという立場に立ち、上記の論点②については、求償権には経済的利益があるという立場に立っていたといえる。

(2) 判　例

もっとも、判例（大判昭11・8・10民集15巻1680頁、最判昭62・7・3民集41巻5号1068頁）は一貫して保証行為の無償行為性を肯定している。

最判昭62・7・3（以下、「昭和62年最判」という）は、経営者が会社債務を保証した事案であるが、多数意見は当該保証の無償行為性を肯定した。しかし、2人の裁判官による反対意見が付されている点が注目される。

まず、多数意見は、論点①の「誰を基準として無償性を判断するか」について、もっぱら破産者について決すれば足りるとした。その理由として、「無償行為として否認される根拠は、その対象たる破産者の行為が対価を伴わないものであって破産債権者の利益を害する危険性が特に顕著であるため、破産者及び受益者の主観を顧慮することなく、専ら行為の内容及び時期に着目して特殊な否認類型を認めたことにあるから、その無償性は、専ら破産者について決すれば足り、受益者の立場において無償であるか否かは問われない」とした。

次に、論点②に係る「求償権の無償性」については、「破産者が取得することのあるべき求償権も当然には右行為の対価としての経済的利益に当たるとはいえない」とした。

経営者が会社債務を保証していることについては、「いわゆる同族会社の代表者で実質的経営者でもある破産者が会社のため右行為をした場合であっても、当該破産手続きは会社とは別個の破産者個人に対する総債権者の満足のためその総財産の管理換価を目的として行われるものであることに鑑みると、そ

（注4）中西正「無償否認の根拠と限界」法と政治41巻2＝3号（1990年）44頁、加藤正治『破産法研究(10)』（有斐閣、1943年）67頁、中田淳一『破産法・和議法』（有斐閣、1959年）164頁。

の一事をもって、叙上の点を別異に解すべき合理的根拠とすることはできない」とした。

これに対し、島谷六郎裁判官の反対意見は、先ほど述べた有力説とほぼ同様の見解であり、債権者が保証人の保証があるため貸付等をした場合には、保証等が無償否認されるとその立場が著しく害されること、貸付けと保証等は相互に密接に関連しており一体のものであり別々に切り離して評価することは許されないこと、保証人は実質的対価である求償権を取得することを理由として、当該保証は無償行為ではないとする。

他方、林藤之輔裁判官の反対意見は、同族会社における経営者保証においては経営者も経済的利益を受けていることを根拠に無償行為性を否定している。すなわち、「主たる債務者が破産者及びその一族の所有かつ経営にかかるいわゆる同族会社であり、破産者がその代表者で名実ともにこれを支配する経営者であるような関係にあって、債権者が破産者の保証若しくは担保の供与があればこそ会社に対して出損をしたものであり、かつ、会社が右出損を得られないことになれば、その営業の遂行維持に重大な支障を来すため、破産者自らこれに代わる措置を講ずることを余儀なくされたなどの事情があって、実質的に、破産者が会社に対する善管注意義務ないし忠実義務を履行するとともに自己の出資の維持ないし増殖を図るため保証等をしたものといえるときには、破産者自ら直接ないし間接に経済的利益を受け破産財団の保全に資したものとして、右行為は無償行為には当たらない」としている。

(3) 昭和62年最判についての学説

昭和62年最判については以下のような見解が示されている。

まず、田原睦夫弁護士（元最高裁判事）は、このような保証料を支払わない保証は原則として無償行為として否認の対象となるが、例外的に否認されない場合があり、そのような例として、①保証人が実質上の債務者である場合、②保証人に対して受益者から実質的な対価が支払われている場合、③債務者と保証人との関係が法人格否認の法理が適用され、あるいは親子会社や実質上の債務者の一事業部門というべき場合、④保証による債務者への融資により保証人の債務者に対する出資や債権の回収可能性が高まる場合を挙げている[注5]。

伊藤眞教授は、原則として林裁判官の反対意見に賛成するとした上で、保証には無償否認が成立し得るが、ⓘ保証が主債務者に対する債権者の出捐と引換えになされ、ⓘⓘその出捐によって保証人が経済的利益を受けたことを債権者の側で主張・立証すれば、無償否認の成立は否定されるとする。そして、「経済的利益」が認められる場合としては、㋐主債務者と保証人の間に法人格否認の法理が適用されるような場合、㋑保証人の財産の中で主債務者の株式が大きな比重を占め、主債務者の倒産によって保証人の資産状態に顕著な悪影響が生じるような場合などに、主債務者に対する出捐が救済的融資としての意味をもち、その結果、少なくとも行為の時点を基準として考えれば、保証人の財産保全に役立ったと認められる事案であれば、行為の無償性は否定されるべきであるとする(注6)。

山本和彦教授は、多数意見に賛成し、「基本的には判例の見解が相当と考えられるが、単に同族会社というだけではなく、実際に受益者の側が保証人の経済的利得の実存を証明できた場合には、無償性を否定することができると解される（前記最判もそのような可能性までを否定する趣旨とは解されない。……）。ただ、そのためには、単に保証人が主債務者の役員や主要株主であると言うだけでは不十分であり、保証人が得ていた役員報酬、株主としての出資比率・配当額、当該融資の主債務者（会社）存続のための不可欠性などの要素を考慮して、保証人の一般債権者の立場から見ても当該融資が保証人にとって現実的な経済価値を有する（少なくとも経済的なマイナスを防止する意義を有する）ものであったことが積極的に認定できる必要があろう。」とする(注7)。

上記見解はいずれも保証の無償否認を原則として肯定するが、一定の場合には無償否認を否定する。もっとも、いかなる場合に無償否認が否定されるかは論者によって異なる。田原弁護士と伊藤教授は、主債務者と保証人の一体性や融資の救済融資としての性格を重視し、主債務者と保証人との間に法人格否認が適用されるような場合や保証人の主債務者に対する出資や債権が保全される

(注5) 田原・前掲（注2）論文122頁。

(注6) 伊藤・前掲（注3）論文209頁。

(注7) 大コンメ633頁〔山本和彦〕。

場合を挙げるのに対し、山本和彦教授は総合的に判断するというアプローチをとり、保証人が現実的な経済的利益を得ているか否かを重視しているように見受けられる。

(4) 平成22年大阪高裁判決

ところで、近時、大阪高裁において、昭和62年最判の判例変更の可否が争われたが、大阪高裁は昭和62年最判の判断を踏襲した（大阪高判平22・2・18判時1273号209頁）。

すなわち、大阪高判平22・2・18（以下、「平成22年大阪高判」という）は、誰を基準として無償性を判断するかについて、昭和62年最判と同様の理由を挙げ、無償性はもっぱら破産者について決すれば足り、受益者の立場において無償であるか否かは問わないとし、金融機関の与信が破産者による保証と同時交換的にされた場合であっても、保証は無償否認の対象となるとした。

当該事件の控訴人は、本件が、①主債務者と保証人との関係は法人格否認の法理が適用されるのと同程度に密接な場合であること、②保証人は主債務者の既存の債務のほとんどを保証しており、主債務者の破産が即保証人の倒産に連なる場合であること、③保証による主債務者への融資により、保証人の主債務者に対する出資や債権の回収可能性が高まった場合であることから、保証等が債務者を基準としても無償ではないと主張した。

かかる控訴人の主張に対して、平成22年大阪高判は、①③について、事実認定の問題として処理し、控訴人の主張の事実が認められないとして、その主張を排除した。②については、保証人が、金融機関の会社に対する融資について同時交換的に物上保証することによって会社が倒産を免れ、保証債務の履行を一時的に回避するという経済的利益を受けたとしても、当該利益は間接的ないし事実上のものにすぎず、担保設定の対価というべき直接的な利益とは評価できないから、主債務者の倒産が即保証人に連なる場合であるというだけでは、担保提供の無償性を否定するものではないという理由で控訴人の主張を排除した。

3 検　討

(1) 無償行為性の判断の対象者

無償行為性を受益者と債務者のいずれを基準として判断するかについては見解が分かれうる。確かに、受益者である金融機関等による融資が、保証人による保証を当てにして行われた場合には、かかる保証を無償否認することは受益者にとって酷なようにも思われる。しかし、判例は一貫して、無償行為性の判断は債務者を基準とすべきだとする。学説も債務者を基準とすべきとする説が多数である。その理由としては、否認権は破産手続開始前になされた破産財団を減少させる行為を原状回復することを目的とする権利であることから、その要件の解釈においては、破産財団の価値の減少を中心に考えざるを得ないことなどが挙げられている(注8)。判例および近時の有力説は、債務者を基準とすることでほぼ固まったといえる。

(2) 保証人が対価を得ているか否か

無償否認の対象となる「無償行為」とは、破産者等が対価をえないで財産を減少させ、または債務を負担する行為であるから、保証人が保証により何らかの対価（＝経済的利益）を得ているか否かが問題となる。特に、中小企業における経営者保証の場合には、会社と経営者の一体性が強いので会社が融資を受けることによって、経営者も経済的利益を受けているのではないかということが問題となる。

この点、無償性を否定する見解の中には、保証により保証人が求償権を取得することを根拠として挙げるものがある。しかし、保証債務の履行が請求される場面では主債務者は無資力であり、求償権には経済的価値はないことが通常である。また、実体法上も保証は無償行為であるとされていることからすると(注9)、保証人が求償権を取得したことをもって経済的利益を得たとすること

(注8) 松下淳一「判解」百選5版65頁。
(注9) 松岡久和「保証の成立と効力」加藤一郎ほか編『担保法大系(2)』（金融財政事情研究会、1985年）14頁。

は困難であろう。

　次に、主債務者に融資がされることによって、保証人が有する株式・出資金・貸付金が維持されたことを根拠に無償性を否定する主張があるが、この主張は、本質的には、求償権における議論と同じことが当てはまる。すなわち、救済融資を受けなければならない企業（特に中小企業）においては株式・出資金は換価可能性がなく、貸付金も、融資後に実際に返済されたのであれば別であるが、回収可能性が低いことが通常であるから、それらを保持することに経済的価値があるという主張は現実的ではない。

　さらに、法人格否認を根拠に無償性を否定する主張がある。しかし、法人格否認が認められるほど主債務者と保証人が一体であるのであれば、両者の財団財産を一体的に取り扱うべきであり、主債務者の債権者が保証人の財団に配当加入することを認めるだけではなく、保証人の債権者も主債務者の財団に配当加入することも認めるのが論理的である。したがって、主債務者の債権者が保証人の財団に配当加入することのみを認める主張は一方的であるという批判を免れないように思われる。

　この点、諸要素を考慮して、当該融資が保証人にとって現実的な経済価値を有することが積極的に証明できた場合に無償性を否定するという山本和彦教授の上記見解は、経済的利益があることを理由として無償性を否定するものであるから論理的な問題は生じない。

　しかし、問題は、どの要素を考慮して、どの程度の寄与度があれば現実的な経済的価値があったといえるのかである。

　考慮すべき要素についてはケースバイケースとならざるを得ない。山本和彦教授が挙げる役員報酬、出資比率・配当額、当該融資の不可欠性といった要素は、考慮すべき要素としては然るべきものであるが、それらを考慮することにより現実的な経済的価値があったと認定できる場合は、実際の事例では少ないのではないかと考えられる(注10)。

　また、寄与度については、保証料を受領していれば無償否認とされないこととのバランスからすれば、保証料程度の経済的利益を受けていれば無償性を否定するという考え方も成り立ち得る。保証料程度の経済的利益で無償否認が否定されてしまうと、無償否認が認められにくくなるという反論も考えられる

が、後述するとおり、無償否認が否定されたとしても、管財人は詐害行為否認の主張ができるのであって、否認自体ができなくなるわけではない。

さらに、融資と保証人が受けた現実的な経済的価値との因果関係の有無も問題となる。

(3) 金融実務への影響

昭和62年最判に対しては、保証の無償否認が認められると、中小企業に対する救済融資が委縮し、ひいては中小企業に対する円滑な資金供給という金融実務に支障を生じるという批判もなされた。この点、平成22年大阪高判は、かかる不都合が生じるとしても、破産財団の保全を図るという無償否認の目的に照らしてやむを得ないとしている。しかし、実際には、昭和62年最判によって中小企業への円滑な金融が困難になったという事態は生じていないように思われる。また、中小企業における経営者保証について、平成25年12月5日に「経営者保証に関するガイドライン」が公表され、経営者保証に依存しない融資の促進が唱えられ、中小企業経営者に対する保証の設定や保証履行請求が制約される方向となっている。中小企業への資金供給に対する悪影響を理由とした批判は、今後より一層説得力を失うことになろう。

４ 無償否認の効果

最後に、保証について無償否認が否定された場合と肯定された場合の結果について触れてみたい。

保証の無償否認が否定された場合には、破産管財人は、破産法160条1項に基づく詐害行為否認をすることも可能である。詐害行為否認をするためには、

(注10) 融資により会社の破産を回避できた場合には、その後に会社から破産者が受領した役員報酬は、破産者の財団形成に寄与した可能性があるが、役員報酬の大部分は生活費として費消されていることが想定される。このような性質のものをただちに「現実的な経済的価値」があるとしてよいのかという問題はあろう。融資の結果、役員報酬が増額されたような特殊な場合でなければ、積極的に「現実的な経済的価値」があったと認定するまでにはいたらないように思われる。

破産者の詐害意思と受益者の悪意という主観的要件を満たすことが必要となり、否認権行使のハードルは上がるが、否認権の行使自体が禁止されるわけではない。

他方、保証について無償否認が肯定された場合には、破産者である保証人が主債務者の債務を保証している場合には、債権者が破産者に対して保証履行請求権を有しているか否かが争われることになる。破産管財人は、無償否認を主張する場合には、保証履行請求権に係る債権届出についてまずは異議を出し、場合によっては、債権確定手続に移行して債権の存否を争うことになる。破産者が担保提供行為をしている場合には、破産管財人は、否認権に基づく抵当権抹消登記請求、目的物引渡請求、目的物返還請求に代わる価格償還請求、抵当権不存在確認請求などの訴訟を担保権者に対して提起することになる。

もっとも、無償否認が認められたとしても、相手方は、行為の当時、支払停止等があったことおよび破産債権者を害する事実を知らなかったときは、現存利益を返還すれば足りるとされている（破167条2項）。そして、この現存利益とは、保証が無償否認された場合には、保証料相当額であるとされている[注11]。このように、保証が無償否認されたとしても、一定程度は相手方の保護が図られている。

保証についての無償否認の可否について検討するに当たり、かかる無償否認の効果も視野に入れることも考えられる。

5 結 び

以上の検討を踏まえると、昭和62年最判及び平成22年大阪高判の立場は基本的に妥当なものであると考える。今後は、いかなる場合に保証の無償否認が認められないかについてのより詳細な検討が必要であろう。

（注11）条解破産法1082頁。なお、この点について、担保権を取得する際に融資をしているのであるから現存利益はゼロであるとする見解もある（岡正晶「結合企業・グループ企業による物上保証と無償否認」清水直編著『企業再建の真髄』〔2005〕576頁〜580頁）。

Ⅳ-10　倒産手続における求償権者の立場

弁護士　髙木　裕康

1　本稿の目的

　求償権者が倒産手続において権利を行使する場合の問題点に関し、近時概要次の趣旨の3つの最高裁判決が出た。本稿は、この3つの最高裁判決が判示した事項およびその前提となっている事項を基に、周辺論点を含め、倒産手続における求償権の行使に関する論点を整理・検討しようとするものである。

(1)　**最判平23・11・22**（民集65巻8号3165頁。以下「①判決」という）

　破産会社の従業員らの破産手続開始前の給料債権を、第三者（求償権者）が同社のために弁済した事例において、求償権者は、従業員らに代位して、同社の破産管財人に対し、破産手続によらないで、財団債権として給料債権の支払を求めることができると判示した。

(2)　**最判平23・11・24**（民集65巻8号3213頁。以下「②判決」という）

　双方未履行契約である請負契約を再生管財人が解除したため、同契約に基づき再生会社が受領していた前渡金の返還請求権が共益債権となっていたところ、この返還請求権に係る保証人（金融機関）がこれを注文主に代位弁済した事例において、保証人は、弁済による代位により、再生管財人に対し、再生手続によらないで共益債権を行使することができると判示した。

(3)　**最判平24・5・28**（民集66巻7号3123号。以下、「③判決」という）

　保証人が主たる債務者の破産手続開始前にその委託を受けないで締結した保証契約に基づき手続開始後に弁済をした場合、保証人が主たる債務者である破産者に対して取得する求償権は破産債権であるが、保証人が取得する求償権を

自働債権とし、主たる債務者である破産者が保証人に対して有する債権を受働債権とする相殺は、破産法72条1項1号の類推適用により許されないと判示した。

2 求償権の発生原因

前提として、求償権が発生する場合を整理しておく。債務者以外の者が債務者の債務を消滅させた場合、通常弁済者に求償権が発生する。例えば、以下のような場合である。

① 連帯債務者の1人が弁済等の債務消滅行為（以下、「弁済等」という）をした場合（民442条）
② 不可分債務の債務者の1人が弁済等をした場合（民430条）
③ 委託を受けた保証人が弁済等をした場合（民459条）
④ 委託を受けて保証をした場合において、主債務者に破産等の一定の事由が発生したとき（事前求償権。民460条）
⑤ 委託を受けない保証人が弁済等をした場合（民462条）
⑥ 共同保証人が負担部分を超える弁済等をした場合（民465条）
⑦ 物上保証人が弁済等をした場合（民351条・372条）

そのほか、事前に債権者と弁済者との間に合意等の法的関係がなくても、債務者以外の者が債務者の債務を消滅させた場合には、事務管理に基づく有益費償還請求権（民702条）、不当利得返還請求権（民703条）などの形でも求償権は発生する。

3 弁済による代位

(1) 弁済による代位の要件

債務者以外の者が債務者の債務を消滅させた場合、債務者のために弁済をした者は、債権者に代位することができる。弁済による代位には、以下の任意代位と法定代位がある。

ア　任意代位

　債務者以外の者が債務者の債務を消滅させた場合、債務者のために弁済をした者は、その弁済と同時に債権者の承諾を得て、債権者に代位することができる（民499条）。この場合には、民法467条が準用されるので、代位するには、対抗要件を具備する必要がある。

　　イ　法定代位

　弁済をするについて正当な利益を有する者は、弁済によって当然に債権者に代位する（民500条）。弁済をするについて正当な利益を有する者には、上記の連帯債務者、保証人等が該当する。

(2) 代位の効果およびその法的性質

　弁済による代位によって、弁済者は、債権者が債務者に対して有していた債権（以下、「原債権」という）およびこれに付随する担保権を行使することができる。

　この法的性質に関し、②判決は、従前の最高裁判決（最判昭59・5・29民集38巻7号885頁、最判昭61・2・20民集40巻1号43頁）をも踏まえ、次のとおり判示している。

　「弁済による代位の制度は、代位弁済者が債務者に対して取得する求償権を確保するために、法の規定により弁済によって消滅すべきはずの原債権及びその担保権を代位弁済者に移転させ、代位弁済者がその求償権の範囲内で原債権及びその担保権を行使することを認める制度であり、原債権を求償権を確保するための一種の担保として機能させることをその趣旨とするものである。」

4　求償権と原債権の関係

　最高裁の判例によれば、求償権と原債権とがそれぞれ存在することになる。そこで、この両債権の関係が問題となるが、①判決における田原睦夫裁判官の補足意見で、従前の最高裁判決も踏まえ、以下のとおり整理されている。正確で簡明な整理と考えるので、そのまま引用させていただく。

「ア　求償権と原債権とは別個の債権である。それゆえ、求償権と原債権とは以下のような関係になる。
　　① 　原債権自体が求償権者に移転するのであるから、原債権それ自体の有する性質は、求償権者に移転することによって変化することはない。すなわち、原債権が一般の先取特権等優先権のある債権や、他の債権に後れてのみ行使が認められる劣後債権であるときは、原債権が求償権者に移転しても、その債権の性質が変化することはなく、求償権者は原債権の性質に従って原債権を行使することになる（なお、租税債権のごとく、弁済による代位自体がその債権の性質上生じない場合は別である）。
　　②　求償権と原債権とは、それぞれ別個に時効が進行する。
　　③　求償権者が原債権を行使する場合、債務者は原債権に対する抗弁を主張することができる。
　イ　原債権は、求償権の確保のために移転するのであるから、求償権者が原債権を行使する場合において、債務者は、求償権に対する抗弁を主張することができる。
　ウ　原債権の保証人は、原債権が担保目的とはいえ求償権者に移転するのであるから、求償権者が原債権を行使し得る限り、保証責任を追及される関係に立つ。
　エ　原債権のために設定された担保権は、原債権が担保目的とはいえ求償権者に移転するのであるから、その随伴性により当然に求償権者に移転する。求償権者は、担保権設定者に対して、その移転に伴う対抗要件の具備を請求することができる。
　　　また、求償権者は、原債権を行使することができる場合には、原債権のために設定された担保権を実行することができる。」
さらに田原裁判官は、原債権が「附従的性質」を有するとの意義について、以下のように整理しておられる。
「①　求償権が消滅すれば、当然に原債権も消滅する。
　②　求償権につき、期限の猶予が与えられるなど、その弁済期が未到来の場合は、原債権の弁済期が到来していても、原債権を行使することはできない。

③　債務者との関係で、求償権不行使特約や他の債権に劣後して行使する旨の劣後特約が締結されている場合などには、原債権それ自体に何らの制約が課されていなくても原債権を行使することができない。」

5　倒産手続における求償権と原債権との関係について

　以上のような求償権と原債権との関係を前提として、倒産手続の場合、原債権は倒産手続の制約を受けるかが問題となる。この点については両説があったが、①判決および②判決は、原債権が財団債権・共益債権である場合には、求償権者は、破産手続・再生手続によらないで、財団債権・共益債権として原債権を行使できることを認め、この争いに決着をつけた(注1)。この点について、両判決は以下のとおり述べている。
　①判決は、「……この制度趣旨に鑑みれば、求償権を実体法上行使し得る限り、これを確保するために原債権を行使することができ、求償権の行使が倒産手続による制約を受けるとしても、当該手続における原債権の行使自体が制約されていない以上、原債権の行使が求償権と同様の制約を受けるものではないと解するのが相当である。そうであれば、弁済による代位により財団債権を取得した者は、同人が破産者に対して取得した求償権が破産債権にすぎない場合であっても、破産手続によらないで上記財団債権を行使することができるというべきである。このように解したとしても、他の破産債権者は、もともと原債権者による上記財団債権の行使を甘受せざるを得ない立場にあったのであるから、不当に不利益を被るということはできない。以上のことは、上記財団債権が労働債権であるとしても何ら異なるものではない。」と判示した。
　また②判決は、「……原債権を求償権を確保するための一種の担保として機能させることをその趣旨とするものである。この制度趣旨に鑑みれば、弁済に

――――――――――
（注1）両判決の評釈や従前の両説の状況等については、髙部眞規子「求償権が破産債権である場合において財団債権である原債権を破産手続きによらないで行使することの可否」金法1947号（2012年）41頁、榎本光宏「判解」ジュリ1444号（2012年）92頁、山本和彦「求償債権が破産債権（再生債権）である場合において財団債権（共益債権）である原債権を手続外で行使することの可否（積極）」金法1953号（2012年）52頁等。

よる代位により民事再生法上の共益債権を取得した者は、同人が再生債務者に対して取得した求償権が再生債権にすぎない場合であっても、再生手続によらないで上記共益債権を行使することができるというべきであり、再生計画によって上記求償権の額や弁済期が変更されることがあるとしても、上記共益債権を行使する限度では再生計画による上記求償権の権利の変更の効力は及ばないと解される（民事再生法177条2項参照）。以上のように解したとしても、他の再生債権者は、もともと原債権者による上記共益債権の行使を甘受せざるを得ない立場にあったのであるから、不当に不利益を被るということはできない。」と判示した。

6 倒産手続における求償権者による原債権の行使について、その他の場面の取扱い

(1) 原債権も破産債権等[注2]の場合

例えば、金融機関の主債務者に対する貸付けについて保証人がいた場合に、保証人が当該貸付けの全部について保証履行した場合である。

この場合、求償権者（保証人）は、求償権と原債権の双方の債権につき倒産手続に参加（債権届出）することができる。その場合、両債権が重複する限度ではその一方の行使しか認められないが、求償権の額が原債権の額を上回るとき（多くの場合、遅延損害金の利率は求償権の方が原債権よりも高い）には、その上回る範囲で求償権を行使することができる。求償権者が債権届出をしていなくても、原債権の債権届出がなされているときは、求償権者が破産法104条（および民再法、会更法で準用する場合）の要件を満たす限り、求償権者は原債権の届出名義の変更（破113条1項、民再96条、会更141条）をすることができる[注3]。

しかし、求償権の額が原債権の額を下回るときは（例えば、原債権たる貸付金の遅延損害金が年29.2％で、求償権の遅延損害金について合意がなく、年5％の割合による場合）、原債権を届け出ても求償権の額の範囲でしか債権は認められないと考えられる[注4]。

（注2）破産債権、再生債権および更生債権をいうものとする。以下同じ。
（注3）①判決の田原裁判官の補足意見参照。

(2) 代位弁済の時期が手続開始の前である場合と後である場合で結論が異なるか

①判決は、代位弁済が破産手続開始前になされた事例であり、②判決は、再生手続開始後になされた事例である。

両判決が判示の理由として挙げる点、すなわち、①原債権は求償権を確保するためのものであるという制度趣旨、②他の破産債権者はもともと原債権者による財団債権・共益債権の行使を甘受せざるを得ない立場にあったことは、同様なのであるから、代位弁済の時期が手続開始の前であるか後であるかによって、結論は左右されないと考えられる。

ただし、②判決の前渡金返還請求権は双方未履行契約の解除による原状回復請求権に当たるところ（民再49条5項、破54条2項）、これは、手続開始後に破産管財人・再生債務者等の側から解除が行われた場合にはじめて財団債権・共益債権となるものである。したがって、前渡金の代位弁済が手続開始前に行われた場合は、そもそも前渡金の返還請求権は財団債権・共益債権にならない場合であると考えられ、求償権者が財団債権・共益債権を行使することはできないと考えられる。

(3) 原債権が優先債権の場合

原債権が実体法上優先権のある債権である場合においても、他の債権者が破産手続、再生手続等において、もともと原債権者による優先権のある債権の行使を甘受せざるを得ない立場にあったのであるから、上記各最判の場合と同様、求償権者は原債権を優先権のある債権として行使できると考えられる。①判決の田原裁判官の補足説明もそのように述べている。

もっとも、例えば、破産手続開始の1年前から破産会社の経営陣が使用人に対する給料を代位弁済し続けていたような事例を想定してみると、代位弁済による優先権の行使を無制限に認めてよいか疑問が湧く。開始前3か月分の給料請求権は財団債権となり（破149条）、それ以前の分は優先的破産債権（破98条）だと規定されている。上記の場合において代位による優先的破産債権の行

（注4） 最判昭61・2・20民集40巻1号43頁参照。

使を認めると、破産会社は、結果的に、優先的破産債権となるべき負債を積み上げながら、いいかえれば、他の債権者の配当原資となるべき資産を潜在的に食いつぶしながら、事業を継続していたことになる。もし、給料の代位弁済が行われなければ、当該会社はもっと早い時期に事業停止にいたっていたはずであり、その分将来の配当原資が食いつぶされることもなかったはずである。このような場合に求償権者に代位による優先的破産債権の行使を認めると、他の破産債権者は「不当に不利益を被る」ものとも評価できる。したがって、上記各最判の判示を前提としても、このような場合にまで優先的破産債権の行使を認めるのは行きすぎではないかと考える。

(4) 原債権が公租公課の場合

　破産や民事再生において、債権者は公租公課が財団債権または優先権のある債権として行使されるのを甘受すべき立場にあるのであるから、上記各最判の理屈に従えば、第三者が公租公課を納付した場合にも、納付した者は財団債権者または優先権のある債権者として公租公課の請求権を行使できそうにみえる。

　しかし、国税通則法41条2項では、国税を第三者納付した者が国に代位できる場合として、国税を担保するための抵当権の代位のみを規定しており（地税20条の6第2項も同旨）、その趣旨は、「国税の効力として国が有していた権利（例えば優先権や滞納処分の執行権）につき一般私人が代位することを認めるわけにはいかないし、人的担保についても、その執行方法が滞納処分による等特異な内容を含むから、同様に代位が認められない。そこでそのような障害のない抵当権に限り代位を認めることとしたものである。」とされている[注5]。すなわち、法は、租税債権の第三者納付があった場合に、国税通則法41条2項で定める場合を除き、納付した者が租税債権を代位行使することを予定していない。この点、租税と同様に優先権や滞納処分の執行権のある公課についても同様と考える。したがって、公租公課を第三者納付により納付した者は、同項で定める場合を除き、倒産手続において原債権を行使することはできないと

(注5) 志場喜徳＝荒井勇ほか編『国税通則法精解〔第14版〕』（大蔵財務協会）492頁。武田昌輔監修『DHCコンメンタール国税通則法(1)』（第一法規、1982年）2166頁も同旨。

考える(注6)。田原裁判官の補足説明も「租税債権のごとく、弁済による代位自体がその債権の性質上生じない場合は別である」としている。

7　手続開始後に代位弁済が行われた場合、求償権は破産債権等か

(1)　検討すべき点

　破産債権とは、破産者に対し破産手続開始前の原因に基づいて生じた財産上の請求権である（破2条5項）。再生債権（民再84条1項）および更生債権（会更2条8項）も同様の考え方で定義されている。すなわち、債権の発生の原因が手続開始前にあるのかどうかが破産債権等を画する基準となっている。そうすると、原債権が手続開始前に発生している場合において、代位弁済が手続開始後になされた場合、原債権が破産債権等であることは明らかであるが、求償権は破産債権等か否かが問題となる。

　この問題は、求償権者が破産者等に債務を負担している場合に、求償権を自働債権として相殺ができるか否かに影響する。なお、原債権は手続開始後に取得した「他人の破産債権」に該当するから、これを自働債権とする相殺が認められないことは明らかである（破72条1項1号、民再93条の2第1項1号、会更49条の2第1項1号）。

(2)　③判決の判示

　③判決は、破産手続開始前に無委託保証がなされていた事例であるが、以下のとおり判示している(注7)。

　「保証人は、弁済をした場合、民法の規定に従って主たる債務者に対する求償権を取得するのであり（民法459条、462条）、このことは、保証が主たる債

(注6)　東京地判平17・3・9金法1747号84頁、東京高判17・6・30金法1220号2頁、東京地判平17・4・15金法1754号85頁は同様の結論。
(注7)　③判決の評釈として、岡正晶「無委託保証人の事後求償権による相殺を破産法72条1項1号の類推適用により相殺不可とした最二小判平24.5.28」金法1954号（2012年）65頁、渡邊博己＝遠藤元一＝吉元利行「無委託保証の事後求償権と破産手続での相殺」銀法747号（2012年）11頁。

務者の委託を受けてされた場合と受けないでされた場合とで異なるところはない（以下、主たる債務者の委託を受けないで保証契約を締結した保証人を「無委託保証人」という。）。

このように、委託を受けた保証人も無委託保証人も弁済をすれば、法律の規定に従って求償権が発生する以上、保証人の弁済が破産手続開始後にされても、保証契約が主たる債務者の破産手続開始前に締結されていれば、当該求償権の発生の基礎となる保証関係は、その破産手続開始前に発生しているということができるから、当該求償権は、「破産手続開始前の原因に基づいて生じた財産上の請求権」（破産法2条5項）に当たるものというべきである。したがって、保証人が主たる債務者の破産手続開始前に締結した保証契約に基づき同手続開始後に弁済をした場合において、保証人が主たる債務者である破産者に対して取得する求償権は、破産債権である。」

要するに、破産手続開始前に保証契約がなされ、保証人が破産手続開始後に弁済をした場合には、それが委託に基づくものであっても、委託に基づかないものであっても、保証人の求償権は破産債権であるとするものである。この理は、民事再生・会社更生でも同様と考えられる。

(3) 他の求償権の発生事例の検討

上記の保証人の主債務者に対する求償権に関する判示は、「保証契約が主たる債務者の破産手続開始前に締結されていれば、当該求償権の発生の基礎となる保証関係は、その破産手続開始前に発生しているということができる」ということを理由としている。この判示からすると、求償権の発生原因が下記の場合にも、債権者と求償権者との間の債務発生の基礎となる債務負担関係（債権者に対する債務負担の合意や債務の発生事実）が手続開始前に生じているときには、弁済が手続開始後であっても、求償権は破産債権等になると考えられる[注8]。

① 連帯債務者の1人が弁済等をした場合（民442条）
② 不可分債務の債務者の1人が弁済等をした場合（民430条）
③ 共同保証人が負担部分を超える弁済等をした場合（民465条）
④ 物上保証人が弁済等をした場合（民351条・372条）

それでは、手続開始前に債権者と求償権者との間に求償権発生の基礎となる

債務負担関係がない場合、例えば手続開始後に第三者が任意に破産債権を代位弁済する場合はどうであろうか。この場合は、手続開始前に債権者と求償権者との間に求償権発生の基礎となる債務負担関係がないのであるから、③判決の反対解釈からしても、求償権は破産債権等には該当しないように思える（③判決の第1審も同様に判示している）(注9)。しかし、そうだとすると、事務管理（民702条）に基づく請求権であり、破産管財人等の意思に反するものとして、本人が現に利益を受けている限度（原債権に対する弁済見込額分の利得）で、財団債権（破148条1項5号）または共益債権（民再119条6号、会更127条6号）となるか(注10)、民事再生・会社更生における開始後債権（民再123条、会更134条。破産では該当する概念がない）に該当することになる。それでは手続上非常に煩瑣なこととなる。今後の検討が必要な課題である。

(注8)　もっとも最判平7・1・20民集49巻1号1頁は、連帯保証人の1人について和議認可決定が確定した場合に、和議開始決定後の弁済により上記連帯保証人に対して求償権を取得した他の連帯保証人は、債権者が債権全部の弁済を受けたときに限り、弁済による代位によって取得する債権者の和議債権（和議条件により変更されたもの）の限度で求償権を行使し得るにすぎない旨判示している。また、最判平10・4・14民集52巻3号813頁は「連帯債務者の1人について和議認可決定が確定した場合において、和議開始決定後の弁済により右連帯債務者に対して求償権を取得した他の連帯債務者は、債権者が全額の弁済を受けたときに限り、右弁済によって取得する債務者の和議債権（和議条件により変更されたもの）の限度で右求償権を行使することができると解される」としている。いずれの最高裁判決も、求償権が和議債権であるかどうか明示していない（これらの判決の読み方については増市徹「保証人の事後求償権と相殺」銀法689号〔2008年〕24頁参照）。しかし、③判決の判示からすると、最高裁はこのような求償権も倒産債権とすることで考え方を統一した見るべきではなかろうか。
(注9)　岡・前掲（注7）論文67頁は、「破産債権でないとすると、破産手続で行使できないことになるし、免責対象にならないことになり、妥当ではない」としている。
(注10)　中西正「委託を受けない保証人の求償権と破産財団に対する債務との相殺の可否」銀法689号（2008年）37頁では、「委託を受けない保証人の弁済は事務管理であるとするなら、破産手続き開始後の弁済に基づく求償権は、破産法148条1項5号の財団債権となるのであろう」としており、筆者としても自然な考え方であると思える。手続開始後に第三者が任意に破産債権を代位弁済する場合も同様の結論となりそうに思える。

8 求償権を自働債権とする相殺の可否

(1) 委託に基づく保証の場合

破産の場合であれば、破産債権者は、破産手続開始の時において破産者に対して債務を負担するときは、破産手続によらないで、相殺をすることができる（破67条）。したがって、**6**での検討からすれば、保証契約が主たる債務者の破産手続開始前に締結されている場合など、債権者と求償権者との間の債務発生の基礎となる債務負担関係（債権者に対する債務負担の合意や債務の発生事実）が手続開始前に生じているときには、求償権は破産債権となるため、求償権を自働債権として、求償権者が開始時に破産者に負担している債務と相殺することができるはずである。

この理は、保証契約が委託に基づく場合には、問題なく当てはまる（③判決も同旨）。

(2) 無委託保証の場合

しかし、保証が無委託保証である場合には、破産者の意思や法定の原因とは無関係に破産手続において優先的に取り扱われる債権が作出される結果となることから、同様に扱ってよいか疑問が湧く。この点、③判決は、以下の理由で、破産法72条1項1号の類推適用により相殺は許されないとした[注11]。

「無委託保証人が破産者の破産手続開始前に締結した保証契約に基づき同手続開始後に弁済をして求償権を取得した場合についてみると、この求償権を自働債権とする相殺を認めることは、破産者の意思や法定の原因とは無関係に破産手続において優先的に取り扱われる債権が作出されることを認めるに等しいものということができ、この場合における相殺に対する期待を、委託を受けて保証契約を締結した場合と同様に解することは困難というべきである。

(注11) この判決に対しては、「条文の文言を重視する従前の実務運用に変容をもたらし、法71、72条の各項各号にかかる相殺の有効性が争われる事例が増加しないとも限ら」ない（渡邊ほか・前掲（注7）論文22頁）、「無委託保証に至った詳細な経緯・事情、動機、期待を取引慣行とともに総合的に考慮して濫用的相殺目的でないことが確認できれば、無委託保証人による相殺の制限は認めるべきではない」（同29頁）といった批判的見解がある。

そして、無委託保証人が上記の求償権を自働債権としてする相殺は、破産手続開始後に、破産者の意思に基づくことなく破産手続上破産債権を行使する者が入れ替わった結果相殺適状が生ずる点において、破産者に対して債務を負担する者が、破産手続開始後に他人の債権を譲り受けて相殺適状を作出した上同債権を自働債権としてする相殺に類似し、破産債権についての債権者の公平・平等な扱いを基本原則とする破産手続上許容し難い点において、破産法72条1項1号が禁ずる相殺と異なるところはない。」

もっとも③判決は、無委託保証による代位弁済が破産手続開始後になされた事例である。無委託保証による代位弁済が破産手続開始前に行われた場合には、破産手続開始前に求償権発生のための要件事実はすべて発生しているのであるから、破産法72条1項1号の類推適用の余地はないと考える。③判決の須藤正彦裁判官の補足意見でも、この場合には、以下のとおり述べ、相殺を認めている。

「無委託保証人の破産手続開始前の弁済に基づく求償権による相殺においては、破産手続開始時に前記の同種の債権の対立状態という前提が備わっているから、同人の相殺の期待は合理的とみられ、したがって、当然同条が適用されて相殺の効力が認められるわけである。」

(3) その他の場合

物上保証人の主債務者に対する求償権の行使は、上記の保証の場合と同様、主債務者からの委託の有無で相殺の可否が分かれると考えられる。

③判決の理屈からすると、相殺を認めるかは、求償権の発生が破産者の意思に基づくかどうかが基準ということになる。そうすると、以下の場合はどうなるのであろうか。

① 連帯債務者の1人が弁済等をした場合（民442条）
② 不可分債務の債務者の1人が弁済等をした場合（民430条）
③ 共同保証人が負担部分を超える弁済等をした場合（民465条）

①または②の場合で、債権者と各連帯債務者との間または債権者と不可分債務の各債務者との間での1つの債務負担契約で連帯債務または不可分債務が成立した場合において、1人の債務者が破産し、他の1人の債務者がすべての債

務を弁済したときは、どうか。この場合は、求償権の発生は破産者の意思に基づいているといえるので、弁済した者（求償権者）が求償権を被担保債権として、破産者に対し負担する債務と相殺することは許されると考える^(注12)。

　共同保証人間の求償権の場合も同様であろう。仮に保証人のいずれかが無委託保証人であったとしても、それは主債務者と保証人間の問題である。共同保証人間の求償権は、各保証人が債権者との間で保証契約をしたことに基づくのであるから、主債務者から委託があったかどうかは関係がないと考えられる。

　では、例えば連帯債務の発生原因が共同不法行為であり、その後連帯債務者の1人が破産し、他の1人が債務の全額を賠償したときは、どうか。共同不法行為の場合、各連帯債務者（不真正連帯）の債務の発生は必ずしもその意思に基づくわけではない。しかし、賠償債務の成立は破産者の不法行為に基づいているのであり、また賠償債務を支払った者には債務を負わない選択をできる余地がなく、破産手続開始後に他人の債権を譲り受けて相殺適状を作出したのと同視することもできないから、破産法72条1項1号の類推適用は考えられない。

（注12）もっとも前掲最判平10・4・14は「連帯債務者の1人について和議認可決定が確定した場合において、和議開始決定後の弁済により右連帯債務者に対して求償権を取得した他の連帯債務者は、債権者が全額の弁済を受けたときに限り、右弁済によって取得する債務者の和議債権（和議条件により変更されたもの）の限度で右求償権を行使することができると解される。そして、右にいう求償権の行使には、和議債務者に対する履行の請求のみならず、求償権を自働債権として和議債務者の債権と相殺することも含まれるというべきであり、右の限度で相殺を認めることは、和議開始決定後に取得した和議債権による相殺を禁じた和議法5条、破産法104条3号の規定に反するものではない。」としている。すなわち、求償権を自働債権とする相殺を認めるものの、和議条件により変更された限度でこれを認めるとしている。しかし、③判決の判示からすると、このような求償権は権利変更の影響を受けることなく、相殺に供することができると考えるのが自然であろう（岡・前掲（注7）論文68頁注8は、前掲最判平10・4・14は③判決と抵触しないとしている）。

Ⅳ-11　主債務者が破産した場合における保証人の時効援用

弁護士　佐長　　功

1　問題の所在

　主債務者が破産した場合、通常は破産手続での債権の回収に多くを期待することはできない。主債務者が個人の場合、同時廃止（破216条1項）や異時廃止（破217条1項）で手続が終了する場合が大半であるし、法人の場合でも異時廃止で終了する場合が多い。また、配当に至った場合でも配当に多くを期待することはできない。このような場合にこそ、保証（連帯保証）や物上保証が意味をもつ。

　しかしながら、保証人が十分な資力を有しない場合や物上保証の担保物の価値が債権額に満たない場合には、一時に十分な債権回収を図ることは困難である。また、強制執行や担保権実行によって保証人や物上保証人の生活自体が困難になるケースもある。このため、債権者と保証人または物上保証人との協議により長期にわたった分割弁済を行うことが多く、主債務者について破産手続が終了した後も分割弁済が継続しているというケースも多数存在する。

　ところで、裁判例では、保証人や物上保証人が主債務の消滅時効を援用できるか否かが争われてきた。保証人の時効援用の可否に関する最判平7・9・8（金法1441号29頁）は、保証人が主債務の時効完成後に弁済を続けても、それだけでは主債務の時効消滅にかかわらず債務を弁済する意思を表明したものとはいえず、消滅時効を援用することができるとした原審判決を維持した。また、物上保証人の時効援用の可否に関する最判昭62・9・3（判時1316号91頁）は、物上保証人が債権者に対し当該物上保証および被担保債権の存在を承認しても、その承認は、被担保債権の消滅時効について、民法147条3号にいう承認に当たるとはいえず、当該物上保証人に対する関係においても、時効中断の効力を生じる余地はないと判示した。

第4章　倒産と保証

　これらの最高裁判決が示すところによれば、保証人（連帯保証人）や物上保証人は、主債務について消滅時効が完成した場合には分割弁済中等であっても主債務の消滅時効の完成を援用し得ることとなるが、主債務者が破産し手続が終了した場合(注1)でも、なお、同様に主債務の消滅時効の完成を援用できるか否かが問題となる。これを債権者から見た場合、主債務者が破産し手続が終結した場合の保証債権や物上保証について、どのように時効を管理すればよいのかという問題でもある。

2　破産者が個人の場合の保証人・物上保証人による時効の援用の可否

　破産者の経済的再生は、破産手続の終了に引き続いて破産債権の全部または一部について破産者の責任を免れさせる手続によって実現される(注2)。しかしながら、破産手続においては、当然に免責の効果が生じるものとはしておらず、破産者は手続終了後もなお債権者に対する弁済をなすべき責任を負うのが原則である。そこで、個人の破産者が責任を免れようとする場合には、免責許可の申立てを行わなければならない（破248条1項）。破産者は、免責許可の決定（破252条1項）が確定してはじめて、破産債権についてその責任を免れることとなる（破253条1項）が、免責許可の決定は保証人や物上保証人に対する権利には影響を及ぼさない（同条2項）から、免責許可決定の有無にかかわらず、保証人や物上保証人はその責任を果たさなければならない。
　それでは、免責許可決定を受けた主債務者の主債務について消滅時効が完成した場合において、保証人や物上保証人は、消滅時効を援用することができるのかが、ここでの問題である。

―――――――――

（注1）これに対して、破産手続終結前については、破産債権届出によって時効中断の効果が生じ（民152条）、その中断の効果は破産手続終結の時まで続く（最判平7・3・23民集49巻3号984頁）とされているので、消滅時効完成前に破産債権の届出をなしている限り、主債務の消滅時効は完成しない。
（注2）伊藤・破産法民事再生法2版532頁。

(1) 保証人による時効援用の可否

最判平11・11・9（民集53巻8号1403頁）は、保証人による主債務の消滅時効の援用に関して、以下のとおり述べて否定した。すなわち同判決は、「免責決定の効力を受ける債権は、債権者において訴えをもって履行を請求しその強制的実現を図ることができなくなり、右債権については、もはや民法166条1項に定める『権利ヲ行使スルコトヲ得ル時』を起算点とする消滅時効の進行を観念することができないというべきであるから、破産者が免責決定を受けた場合には、右免責決定の効力の及ぶ債務の保証人は、その債権についての消滅時効を援用することはできないと解するのが相当である」と判示した。

免責の法的性質については、旧法以来、見解の対立がある。責任が消滅するのであって債務は消滅せず自然債務として存在するする説（自然債務説）[注3]と、債務そのものが消滅するとする説（債務消滅説）[注4]とがあるが、自然債務説が通説である[注5]。消滅時効との関係では、債務消滅説によれば保証債務のみが残ることになるので、主債務の時効を考える余地はなく、保証債務の時効中断をしておけばよいこととなる[注6]。これに対して自然債務説による場合には、2つの説がある。1つは、存続する債務について消滅時効が進行するので債権者は主債務者との関係で時効を中断する必要があるとする説である（時効適用説）[注7]。もう1つは、免責された主債務については、消滅時効制度の適用の前提が失われ消滅時効の進行を観念できなくなるから、その中断も問題とならなくなるので、保証債務の時効中断さえすればよいとする説である（時効適用否定説）[注8]。上記の最高裁判決は、免責後の債務の性質について「自然債務」という言葉は使っていないが、結論としては自然債務説のうち時効適

(注3) 我妻Ⅳ70頁、山木戸克己『破産法〔現代法律学全集24〕』（青林書院、1974年）300頁。

(注4) 兼子一『新版強制執行・破産法』（弘文堂、1964年）267頁、伊藤・破産法民事再生法2版531頁。

(注5) 条解破産法1604頁。

(注6) 吉原省三「判批」金法851号（1978年）3頁。

(注7) 小澤征行ほか「主債務者が法的整理に入った場合の保証債務の消滅時効」金法996号（1996年）16頁。

(注8) 酒井廣幸「主債務破産免責後の保証債務の時効管理」銀法547号（1998年）45頁。

用否定説に近い立場を採用したものと理解することができる。

　上記最高裁判決以前の実務では、時効進行を前提として、保証人に対して保証債務自体の時効中断手続のほかに、主債務の消滅時効の中断のために主債務の存在確認訴訟の提起などの手段を講じていたとされるが[注9]、上記最高裁判決によって主債務の消滅時効中断のための手続は不要となった。

(2)　物上保証人による時効援用の可否

　物上保証人による時効援用の可否については、見るべき裁判例はない。しかしながら、主債務について破産免責があった場合、主債務について前記最判平11・11・19に述べられているように「もはや民法166条1項に定める『権利ヲ行使スルコトヲ得ル時』を起算点とする消滅時効の進行を観念することができない」という点においては、物上保証の場合も同様であるから、同じ結論となることが予想される。ただし、物上保証の場合に同様の結論を採った場合には、抵当権設定者である物上保証人は、免責以降、抵当権の消滅時効（民396条）の利益を享受できなくなり、抵当権自体が20年の時効により消滅するのを待つほかなくなるという不都合が指摘されている[注10]。また、本来、免責許可の決定は、物上保証人には影響を及ぼさない（破253条2項）とされていることから、これを有利にも不利にも影響がないと解釈するとすれば、同条項に反することになるとする見解もある[注11]。

③　破産者が法人の場合の保証人・物上保証人による時効の援用の可否

　法人について破産手続が開始した場合には当該法人は解散し（会社471条5号・641条6号、一般法人148条6号・202条1項5号）、破産手続の終了をもって法人格が消滅するのが原則である（破35条参照）。しかしながら、破産手続終了後

(注9)　牧山市治「破産免責の効力の及ぶ債務の保証人とその債権の消滅時効の援用」金法1585号（2000年）15頁。

(注10)　中田裕康「破産免責の効力の及ぶ債務の保証人による当該債権の消滅時効の援用」金法1588号（2000年）31頁。

(注11)　中田・前掲（注10）論文32頁。

であっても法人に清算すべき財産が残存する場合には、その清算の目的の範囲内で法人格はなお存続し、清算の結了によって消滅する(注12)。法人格が消滅すると、当該法人に対する債務も消滅することになるが(注13・14)、保証債務については消滅することなく存続する(注15)。

それでは、主債務者である法人が破産手続の終了または清算の結了によって消滅した場合において、保証人や物上保証人は、なお、主債務の消滅時効の完成を援用できるのかが、ここでの問題である。

(1) 保証人による時効援用の可否

最判平15・3・14（民集57巻3号286頁）は、以下のように述べて保証人による主債務の消滅時効の援用を否定した。すなわち同判決は「会社が破産宣告を受けた後破産終結決定がされて会社の法人格が消滅した場合には、これにより会社の負担していた債務も消滅するものと解すべきであり、この場合、もはや存在しない債務について時効による消滅を観念する余地はない。この理は、同債務について保証人のある場合においても変わらない。したがって、破産終結決定がされて消滅した会社を主債務者とする保証人は、主債務についての消滅時効が会社の法人格の消滅後に完成したことを主張して時効の援用をすることはできないものと解するのが相当である」と判示した。

会社の破産手続が終了した場合における主債務と保証債務の関係については、大きく分けて、2つの見解の対立がある(注16)。1つは、主債務者たる会社の破産手続が終了した場合には、会社の法人格は消滅し主債務も消滅すると解する見解である（債務消滅説）(注17)。もう1つは、破産手続が終了しても、会

(注12) 伊藤・破産法民事再生法2版524頁。
(注13) 田髙寛貴「担保」判タ1009号（1999年）66頁。
(注14) 上原敏夫「主たる債務者の破産と保証人・物上保証人の消滅時効の援用等」「判解」平成11年度重判（ジュリ1179号、2000年）137頁。
(注15) 大判大11・7・17民集1巻460頁。
(注16) 債務消滅説、債務存続説のほかにも、破産終了事由によって消滅時効の適用の有無を区別する折衷説（酒井廣幸「主債務者会社の破産手続が終了した場合と物上保証人提供物件の上の根抵当権の消滅時効期間」金判1060号〔1999年〕96頁）があるが、説明を割愛する。

社は残債務の主体たる範囲において権利能力を持続し、保証される債務の存続を維持すると解する見解である（債務存続説）[注18]。債務消滅説によれば、保証人は主債務の消滅時効を援用できないこととなり、主債務の消滅後は保証債務が独立して存続することになる。他方、債務存続によれば、保証人は主債務の消滅時効を援用できることになる。上記の最高裁判決は、債務消滅説の立場に立つものといえる。

債権者による時効管理の観点から言えば、破産免責に関する前述の最判平11・11・9と相まって、保証債権者は破産手続が終了した（個人の場合には免責許可の決定があった）場合には、原則として主債務の消滅時効については管理する必要がなく、保証債務の消滅時効のみを管理の対象とすればよいことになる。

(2) **物上保証人による時効援用の可否**

東京高判平11・3・17は、主債務者が会社の場合において根抵当権設定者である物上保証人による主債務の消滅時効の援用の可否が争われた事案に関するものである。この事案において、同判決は、「法人について破産手続が開始された後破産終結決定が行われた場合、当該法人に対する債権は消滅するが、破産法366条の13の趣旨を類推して、右債権を担保するために設定された根抵当権の効力には影響を及ぼさず、その場合、独立して存続することになった根抵当権については、被担保債権ないしその消滅時効を観念する余地はないから民法167条2項の原則に従い20年の時効によって消滅すると解するのが相当である。」と判示して、物上保証人による時効の援用を否定した原審判決[注19]を維持し、控訴を棄却した。本判決も、前掲最判平15・3・14と同様に債務消滅説の立場によったものと解されるが、平成16年改正前破産法366条の13（現行破253条2項と同趣旨）の趣旨を類推するのであれば、物上保証人に不利な影

（注17）中野貞一郎＝道下徹編『基本法コンメンタール破産法〔第2版〕』（日本評論社、1997年）303頁〔伊藤新一郎〕。
（注18）我妻Ⅳ485頁。
（注19）東京地判平10・4・20判タ1013号146頁。

響（消滅時効の期間が被担保債務の消滅時効の期間よりはるかに伸長されるという不利な影響）も及ぼさないように解すべきであり、疑問を感じる。

(3) 実務における問題点

上述のとおり、これまでの裁判例では、破産手続の終了により法人格が消滅している場合には、保証人も物上保証人も主債務の消滅時効を援用できないとされている。しかし、破産手続が終了した場合であっても、清算すべき財産がある場合には、その限りにおいて法人格は消滅せず主債務も消滅しないこととなるので、保証人や物上保証人による主債務の消滅時効の援用の余地が残ることになる。

法人破産の場合、異時廃止（破217条１項）となることや[注20]、同時廃止（破216条１項）となることもある[注21]。同時廃止の場合には、管財人による財産の換価処分を経ないし、異時廃止の場合であっても特に調査型の事件の場合には財団の換価を経ずに手続が終了することが多いから、清算すべき何らかの財産が残ることがある[注22]。破産手続が配当によって終結（破220条１項）した場合でも、裁判所の許可（破78条２項12号）を得て[注23]管財人が資産を財団から放棄することがある[注24]。これらの場合、法人格は消滅していないと考えられる

(注20) いわゆる、調査型の法人破産の場合には、異時廃止となることが通常である。
(注21) 破産実務Q&A200問29頁。
(注22) 前掲最判平成15・3・14に関する最高裁判所判例解説の執筆者である松並重雄判事（当時最高裁調査官）は、「異時廃止の場合には、配当すべき財産が存在しないことは明らかであるが、清算すべき財産が存在しないことまでは明らかとはいえない。訴訟においては、破産手続終結の場合とは逆に、清算すべき財産が存在しないことが主張立証されない限り、清算すべき財産が存在し、清算の目的の範囲内で法人格は存続するものとして判決されるべきである」と述べている（最判解民事篇平成15年度〔上〕〔2006年〕184頁）。
(注23) 破産法78条３項、破産規則25条により、価額が100万円以下の財団帰属財産の放棄については、裁判所の許可を要しない。
(注24) 前掲（注22）で、松並重雄判事は、「責任財産の換価を完了した場合とされる『配当を経て終結した場合』や『換価を完了した異時廃止の場合』であっても、破産財団からの放棄等によって会社に換価未了の財産が残ることは実務上しばしば見られるところである」と述べている（松並・前掲（注22）論文185頁）。

ため、保証人や物上保証人による主債務の消滅時効の援用の可能性があることになる。

しかしながら、通常破産手続が終了すれば法人の実態はなくなり、これに対する時効中断措置をとることが現実的ではない場合も多いと考えられるところであり、残余財産があって法人格が消滅していない場合に保証人等の時効援用を認めると、債権者の時効管理が不安定なものになってしまう。前掲平成15年最判の理論構成を見直す必要がないか、あるいはその理論構成に従うとして、残余財産がある場合の時効援用が無条件に認められるかについては、今後さらに検討すべきであろう[注25]。

（注25）山野目章夫教授は「保証人が財産を隠匿していたときは時効援用が信義に反すると考えられるし、法人が完全に活動実態を失っているなどの事情が認められるときは、そもそも時効制度適用の基礎を欠くものと考えるべきである」と述べている（山野目章夫「判解」平成15年度重判〔ジュリ1269号、2004年〕70頁）。松並重雄「判批」ジュリ1254号（2003）224頁、小磯武男「破産終結決定により法人格が消滅した会社を主債務者とする保証人が主債務の消滅時効を援用することの可否」金法1692号（2003年）43頁も同様の考え方を紹介している。

Ⅳ-12 再生・更生計画により主債務が一部免除された場合における保証人の時効援用

弁護士 吉田 和雅

1 はじめに

　主債務者が破産し、その破産手続が終了した場合における保証人・物上保証人による主債務の消滅時効の援用の可否、債権者側から言い換えれば、主債務者が破産した場合の保証債権や物上保証についての時効の管理の要否についてはⅤ-11で述べられている。

　それでは、主債務者が破産したのではなく、主債務者の再生手続または更生手続において、再生・更生計画により主債務の一部について免除の効果が生じた場合、その免除部分について保証人・物上保証人は主債務の消滅時効を援用できるのか[注1・2]、債権者側からいいかえれば、免除部分の債権について時効を管理する必要はあるのであろうか。

(注1) 主債務の消滅時効中断の効力は、保証人に対しても及ぶ（民457条1項）。再生債権の届出がなされた場合にはその届出債権について時効中断効が生じるので（民152条参照）、主債務について届出がされた場合には、保証債務についても時効中断効が生じる。そして、主債務の時効中断効は、再生計画認可決定確定まで継続するため、保証債務の時効中断効もそれまで継続すると解されている（酒井廣幸『続時効の管理〔増補改訂版〕』〔新日本法規、2001年〕395頁）。なお、保証債務については再生債権の届出翌日から時効が進行すると解するものとして鵜沢晉『金融法務の諸問題』（有斐閣、1981年）217頁。
(注2) 時効期間については、再生債務である主債務が債権調査手続を経て確定し、その時効期間が10年となった場合には、附従性により保証債務の時効期間も同様となると解される（酒井・前掲（注1）書395頁）。なお、更生手続の場合につき反対に解するものとして鵜沢・前掲（注1）書219頁。

② 再生計画認可決定による主債務の一部免除後の保証人・物上保証人による時効の援用の可否

　民再法177条2項は、再生計画は、再生債権者が再生債務者の保証人に対して有する権利および再生債務者以外の者が再生債権者のために提供した担保に影響を及ぼさない旨を定めており、再生計画による権利変更により主債務が一部免除されたり、期限が猶予され分割弁済とされた場合であっても、その権利変更の効果は保証人・物上保証人には影響を及ぼさない。すなわち、保証債務の一部が免除され、または、分割弁済になるものではない(注3)。保証人・物上保証人は従前のとおりの保証債務を負担し(注4)、または、被担保債務に係る担保権を負担したままとなる。

　では、保証人・物上保証人は別途主債務の消滅時効を援用して、自らの債務、または担保権の負担を免れることができるであろうか。債権者側からすると、保証人・物上保証人との関係において、主たる債権について時効中断のための措置を講じなければならないのであろうか。

　この点、判例(注5)は、破産手続後に連帯保証人が主債務の消滅時効を援用した事案において、免責された債権は、債権者において訴えをもって履行を請求しその強制的実現を図ることができなくなり、もはや民法166条1項に定める「権利ヲ行使スルコトヲ得ル時」を起算点とする消滅時効の進行を観念することができないというべきであるから、破産者が免責決定を受けた場合には、

（注3）主債務について再生計画で分割弁済とされた場合、各弁済期についても同計画中で定めるが、弁済期に関する定めは保証債務に影響を及ぼさないため、保証債務の消滅時効は計画中に定められた各弁済期から進行するものではないと解されている（酒井・前掲（注1）書396頁）。なお、会社更生の場合につき、反対の見解として、小澤征行ほか「主債者が法的整理に入った場合の保証債務の消滅時効」金法996号（1982年）23頁。

（注4）主債務の一部免除を定めた再生計画の認可決定が確定した場合の保証人自身の保証債務の消滅時効については、届出により生じた保証債務の時効中断（（注1）参照）は免除部分につき認可決定確定時に消滅し、その時から時効期間が再進行すると解される（最新実務解説一問一答民事再生法386頁、最判昭53・11・20民集32巻8号1551頁参照）。

（注5）最判平11・11・9民集53巻8号1403頁。

かかる免責決定の効力の及ぶ債務の保証人は、その債権についての消滅時効を援用することはできないと解するのが相当であると判示した[注6]。破産手続における免責の効果と再生計画認可決定確定によるそれは、免責の効力が及ぶ債権につきもはや強制的実現が叶わないという点で異なるところはない以上、再生計画認可決定確定による一部免除の場合にも、免除された債権について消滅時効の進行を観念することができないと考えられる[注7・8]。

したがって、判例の考え方を前提とすれば、保証人・物上保証人は主債務の時効を援用できず、債権者は保証人・物上保証人との関係で保証債権の時効を管理すれば足り、別途主債務（主たる債権）について時効を管理する必要はないことになる。

もっとも、このような考え方に対しては、物上保証について一部免除を受けた部分につき消滅時効の進行を観念できないとすると、物上保証人においては、免除前は主債務の10年（またはそれより短期）の時効消滅により担保権が消滅する可能性があったのに、免除後は担保権自体が20年の消滅時効にかかって消滅しない限り（民167条2項）、その負担を甘受し続けねばならず不利益が大きいことが問題点として指摘されている[注9]。

―――――――

（注6）判例を批判的に分析し、その問題点を指摘するものとして、西村宏一ほか「破産免責の効力の及ぶ債務の保証人とその債権の消滅時効の援用」金法1585号12頁。
（注7）再生計画認可決定確定による主債務の一部免除の効力については、免除の対象となった債務自体が消滅するという考え方といわゆる自然債務として存続するという考え方がありうるが、いずれに見解に立つとしても、判例の論理によれば特に結論は異ならないと思われる。なお、免責の法的性質については、Ⅳ－11参照。
（注8）最新実務解説一問一答民事再生法386頁。中田裕康「破産免責の効力の及ぶ債務の保証人による当該債権の消滅時効の援用」金法1588号（2000年）32頁も、民事再生の場合にも前掲判例の考え方が基本的には及び得ると解している。
（注9）この問題点の解決を試みるものとして中田・前掲（注8）論文32頁。

3 更生計画認可決定による主債務の一部免除後の保証人・物上保証人による時効の援用の可否

　民再法と同様、会更法も、更生計画は、更生債権者が更生会社の保証人に対して有する権利および再生債務者以外の者が更生債権者のために提供した担保に影響を及ぼさない旨を定めており、更生計画による権利変更により主債務が一部免除されたり、期限が猶予され分割弁済とされた場合であっても、その権利変更の効果は保証人・物上保証人には影響を及ぼさない（会更203条2項）。

　そして、保証人・物上保証人は別途主債務の消滅時効を援用して、自らの債務、または担保権の負担を免れることができるかという点についても、再生計画認可決定確定による主債務の一部免除であっても、更生計画認可決定による主債務の一部免除であっても、債務免除の効果の点、すなわち、債務の強制的実現が叶わなくなるという点で異なるところはない以上、上記 2 と同様に考えることができよう[注10]。

4 再生計画の取消し、再生手続廃止の場合の処理

　再生計画認可決定の確定により、主債務の一部が免除された場合、免除された部分の主債務についてはもはや消滅時効の進行を観念できず、保証人・物上保証人による主債務の消滅時効の援用は不可能であるとしても、再生計画が取り消された場合（民再189条）、または、廃止された場合（民再191条・192条1項・193条1項・194条）の処理はどうなるのであろうか。

(1) 再生計画の取消しの場合

　再生計画が取り消され、それが確定した場合には、計画により変更された権利は変更前の原状に復し（民再189条7項）、主債務の一部免除の効果も消滅することになる。

（注10）中田・前掲（注8）論文32頁も、会社更生の場合にも前掲最判平11・11・9の考え方が基本的には及び得ると解している。

第 5 節　主債務者倒産の場合における保証人の時効援用

したがって、保証人・物上保証人は、主債務の時効期間(注11)が満了すれば(注12)その消滅時効を援用して責任を免れることができることになる。

(2) **再生手続の廃止の場合**

再生手続の廃止（民再191条・192条1項・193条1項・194条）の場合、再生手続はその目的を達しないまま、将来に向かって終了する。

主債務の一部免除と時効管理の関係で問題となるのは、計画認可決定確定後の廃止の場合（民再194条）であるが（計画認可決定確定前の場合には、そもそも一部免除の効果がまだ生じていないので）、この場合、手続の廃止は民再法の規定によって生じた効力に影響を及ぼさないとされているため（民再195条6項）、計画認可決定確定による一部免除や弁済期の猶予の効果は消滅しない。

したがって、上記 **2** で述べたのと同様に、免除された部分の主債務についてはもはや消滅時効の進行を観念できず、保証人・物上保証人による消滅時効の

(注11) 計画取消決定が確定した場合の主債務＝再生債権の時効期間については次のように考えられよう。その再生債権が届出債権または自認債権であるときは、それが債権調査手続を経て確定され、再生債権者表に記載されれば、再生債務者に対して確定判決と同様の効力を有することになるため（民再189条8項による同法185条の準用）、時効期間は10年となる（最新実務解説一問一答民事再生法388頁参照）。一方、そのような効力を有するに至らなかった場合には、もともとの当該債権の時効期間のままとなる。

(注12) いつから時効期間が再度進行すると考えるかについては問題がある。すなわち、取り消された計画が期限を猶予する内容のものであった場合、（届出債権については届出により時効が中断しているから問題は生じないが）未届債権、とりわけ再生債務者が認識していながら認否書に記載しなかった未届債権は、計画の認可によりその行使が制限されながら、計画取消決定の確定により期限の猶予が取り消された結果（民再189条7項）、当該債権がもともとの時効期間の満了により消滅時効にかかってしまうという事態が生じかねない。しかし、不誠実な行為をした再生債務者への制裁という再生計画取消しの制度の趣旨からは、かかる事態は許容されるべきでない。そこで、民再法189条7項ただし書を類推適用し、期限を猶予する内容の再生計画が取り消された場合には、届出の有無にかかわらず、取消決定までに再生計画に定める弁済期が到来している債権についてはその弁済期から、その余の債権については取消決定確定の時から消滅時効が再進行すると考えるべきとの見解が唱えられている（田原睦夫「和議債権と消滅時効」金判885号〔1992年〕112頁、最新実務解説一問一答民事再生法389頁参照）。

援用は不可能であるとの結論になる。

5 更生計画認可決定の取消し、更生手続廃止の場合の処理

(1) 更生計画認可決定取消しの場合

　更生計画はその認可決定の時から効力を生じるが（会更201条）、認可決定に対して即時抗告がなされ（会更202条1項）、抗告審によって原審の認可決定が取り消されると[注13]、その効力は遡及的に消滅する[注14]。そのため、更生計画による主債務の一部免除や期限の猶予などの権利変更の効果もはじめから生じなかったことになる。なお、抗告審において不認可決定の自判がなされ、これが確定した場合には、更生手続は終了する（会更234条3号）。

　したがって、かかる不認可決定が覆されてあらためて認可決定がされたような場合は別として、保証人・物上保証人は、主債務の時効期間が満了すればその消滅時効を援用して責任を免れることができることになる。

(2) 更生手続廃止の場合

　更生手続の廃止（会更236条−238条・241条）の場合、更生手続はその目的を達しないまま、将来に向かって終了する。

　主債務の一部免除と時効管理の関係で問題となるのは、計画認可決定後の廃止の場合（会更241条）であるが、この場合、手続の廃止は会更法の規定によって生じた効力に影響を及ぼさないとされているため（同条3項）、更生計画認可決定による一部免除や弁済期の猶予の効果は消滅しない。

　したがって、上記 2 および 4 (2)で述べたのと同様に、免除された部分の主債務についてはもはや消滅時効の進行を観念できず、保証人・物上保証人による消滅時効の援用は不可能であるとの結論になる。

(注13) 正確には、抗告審による認可決定取消しの裁判についても、許可抗告による取消しの可能性がある。

(注14) もっとも、遡及的消滅により第三者の権利を害することはできないと考えられている（伊藤・会社更生法637頁、条解会社更生法(下)686頁）。

事項索引

英字

ABL ················53,172,496,520,546
DIPファイナンス ·················112
ISDAマスター契約 ················148

あ行

意見聴取手続····················179
委託を受けた保証人············696,764
委託を受けない保証人···········696,764
一時停止·······················688
一時停止の通知··············113,144
一括清算条項····················148
一般担保······················518
一般担保権····················663
一般の先取特権···········5,14,263,445
一般優先債権·····················5
売掛債権担保····················512
売得金························222
受戻権························486
売渡担保······················479
運河財団······················298
運河法························298
営業質屋······················351
オペレーティングリース······269,613,625

か行

外国向為替手形取引約定書············659
開始時残高限定説·················558
開始時現存額主義
 ············676,699,709,715,723,728,736
回収権限······················541
回収見込額の増加額················690
買受申出················36,40,206,225
買戻代金に対する物上代位··········288
買戻特約··················480,649
価額決定···········58,83,210,236,276
火災保険金請求権に対する物上代位···288
火災保険請求権··················356
果実収取権····················366
価値権性························2
株式会社地域経済活性化支援機構·····681
株式会社東日本大震災事業者再生支援機構
 ·····························681
仮登記担保
 ········3,44,53,64,100,231,269,479,489
仮払に関する定め·················47
簡易充当···················15,46
簡易の引渡し····················344
観光施設財団····················298
観光施設財団抵当法················298
元本確定··················324,334
企業担保権············14,101,263,655
期限の利益喪失··················151
期限の利益喪失約款················656
帰属清算型··············478,484,523
帰属清算方式····················506
寄託請求······················293
軌道財団······················298
軌道ノ抵当ニ関スル法律············298
キャッシュ・スイープ
 （余剰資金強制弁済条項）··········719
求償権··········695,709,716,720,731,755
求償権者················717,723,755
求償権の発生原因·················756
共益債権························45
強制換価権······················4

強制競売・・・・・・・・・・・・・・・・・・・・・・18	更生担保権の確定手続・・・・・・・・・・・・・・314
強制的処分時価格・・・・・・・・・・・・・・・・500	更生担保権の査定手続・・・・・・・・・・・・・・73
協定案・・・・・・・・・・・・・・・・・・・・・・・101	更生担保権の届出・・・・・・・・・・・・・・・・470
協定型・・・・・・・・・・・・・・・・・・・・・・・674	更生手続・・・・62,77,86,124,139,164,211,273
漁業財団・・・・・・・・・・・・・・・・・・・・・298	購入選択権付ファイナンス・リース・・・630
漁業財団抵当法・・・・・・・・・・・・・・・・・298	合理的期間内処分価格・・・・・・・・・・・・・500
極度額・・・・・・・・・・・・・・・・・・・・・・・323	港湾運送事業財団・・・・・・・・・・・・・・・・298
銀行取引約定書・・・・・・・・・・・397,425	港湾運送事業法・・・・・・・・・・・・・・・・・298
金融検査マニュアル・・・・・・・・・・・・・・518	個人保証・・・・・・・・・・・・・・・・・・・・・677
金融説・・・・・・・・・・・・・・・・・・598,637	個別和解型・・・・・・・・・・・・・・・・・・・674
組入金・・・・・・・・・・・・・・・・・・・・・・・92	コベナンツ規定・・・・・・・・・・・・・・・・・120
クレジット契約・・・・・・・・・・・・・・・・・593	
経営者保証・・・・・・・・・・・・・・・・・・・748	さ　行
経営者保証に関するガイドライン	
・・・・・・・・・・・・・・・・・・・・・・・677,753	債権額を超える配当・・・・・・・・・・・・・・715
経営責任・・・・・・・・・・・・・・・・・・・・・678	債権先取特権・・・・・・・・・・・・・・・・・・445
形式的競売・・・・・・・・・・・・・・・364,431	債権質・・・・・・・・・・・・・・・・・・・・・・547
競売・・・・・・・・・・・・・・・・・・15,35,46	債権執行・・・・・・・・・・・・・・・・・・・・・46
競売権・・・・・・・・・・・・・・・・・・200,364	債権者優先主義・・・・・・・・・・・・・・・・・711
原債権・・・・・・・・・・・・700,710,724,757	債権譲渡担保・・・・・・・・・・・・・・・・・・53
検索の抗弁権・・・・・・・・・・・・・・・・・・727	債権譲渡登記・・・・・・・・・・・482,514,560
現存利益の返還・・・・・・・・・・・・・・・・754	債権の現在化・・・・・・・・・・・・・・733,741
限度保証・・・・・・・・・・・・・・・・・・・・・705	債権法改正・・・・・・・・・・・・・・・・494,693
権利行使に関する適確な措置・・・・・・・331	催告権・・・・・・・・・・・・・・・・・・・・・・137
権利質・・・・・・・・・・・・・・・・・・・・・・349	催告の抗弁権・・・・・・・・・・・・・・・・・・727
権利保護条項・・・・・・・・・・・・・・・・・・98	再生計画・・・・・・・・・・・・・・・・・・・・・778
鉱業財団・・・・・・・・・・・・・・・・・・・・・298	再生計画の取消し、再生手続廃止・・・・・780
鉱業抵当法・・・・・・・・・・・・・・・・・・・298	再生債務者の第三者性・・・・・・・・・・・5,583
交互計算・・・・・・・・・・・・・・・・・・・・・655	再生手続・・・・・2,44,52,124,139,164,188,194,
工場財団抵当・・・・・・・・・・・・・・・・・・298	208,231,245,262
工場財団登記簿・・・・・・・・・・・・・・・・302	財団組入金・・・・・・・・・・・・・・・17,39,220
工場抵当・・・・・・・・・・・・・・・・・・・・・298	債務者区分・・・・・・・・・・・・・・・・・・・518
更新義務・・・・・・・・・・・・・・・・・・・・・360	再リース・・・・・・・・・・・・・・・・・623,633
公正・衡平の原則・・・・・・・・・・・・・10,87	詐害的賃借権・・・・・・・・・・・・・・・・・・40
更生計画・・・・・・・・・・・・・・65,86,277,780	先取特権・・・・・・・・・・・・・・・・・・2,444
更生計画認可決定の取消し、更生手続廃止	先取特権の存在を証する文書・・・・・・・450
・・・・・・・・・・・・・・・・・・・・・・・・・・782	差押え・・・・・・・・・・・・・・・288,357,474
公正市場価格・・・・・・・・・・・・・・・・・・500	指図による占有移転・・・・・・・・・・・・・344
更生担保権・・・・・・・・・・・・・・・2,62,273	査定異議の訴え・・・・・・・・・・・・・・・・74
更生担保権者委員会・・・・・・・・・・・・・・67	時価・・・・・・・・・・・・・・・・・・・・・75,89

事項索引

事業継続不可欠性要件‥‥7,56,233,245,246
事業再生ADR‥‥‥‥‥‥‥‥116,144,677
事業譲渡‥‥‥‥‥‥‥‥‥‥233,260,274
時効管理‥‥‥‥‥‥‥‥‥‥‥‥‥‥774
時効中断‥‥‥‥‥‥‥‥‥‥‥‥769,778
事後求償権‥‥‥‥‥‥‥‥‥‥‥‥‥695
私財開示‥‥‥‥‥‥‥‥‥‥‥‥‥‥684
資産の価額の評定等に関するガイドライン
‥‥‥‥‥‥‥‥‥‥‥‥‥‥‥‥‥617
資産の流動化‥‥‥‥‥‥‥‥‥‥‥‥644
資産流動化取引‥‥‥‥‥‥‥‥‥‥‥538
事前求償権‥‥‥‥‥‥‥‥‥‥‥‥‥698
自然債務‥‥‥‥‥‥‥‥‥‥‥‥‥‥771
質権‥‥‥‥2,14,31,44,53,64,100,204,224,231,
245,262,344,667
私的整理‥‥‥‥‥‥‥‥2,111,139,164,675
私的整理ガイドライン‥‥‥‥‥‥‥‥114
自動車抵当法‥‥‥‥‥‥‥‥‥‥‥‥497
自動車登録ファイル‥‥‥‥‥‥‥‥‥497
支払停止‥‥‥‥‥‥‥‥‥‥‥‥‥‥114
支払不能‥‥‥‥‥‥‥‥‥‥‥‥‥‥118
収益執行‥‥‥‥‥‥‥‥‥‥‥‥‥‥46
収益的効力‥‥‥‥‥‥‥‥‥‥‥‥‥2
集合債権譲渡担保‥‥‥171,266,544,546,565
集合動産譲渡担保権に基づく物上代位
‥‥‥‥‥‥‥‥‥‥‥‥‥‥‥‥‥509
集合動産譲渡担保融資‥‥‥‥‥‥‥‥496
自由財産‥‥‥‥‥‥‥‥‥‥‥‥‥‥690
住宅資金特別条項‥‥‥‥‥‥‥‥‥‥672
循環型‥‥‥‥‥‥‥‥‥‥‥‥‥‥‥547
準別除権者‥‥‥‥‥‥‥‥‥‥‥‥‥14
商事質権‥‥‥‥‥‥‥‥‥‥‥‥‥‥351
消除主義‥‥‥‥‥‥‥‥‥‥40,365,431
商事留置権‥‥2,14,31,44,53,64,100,199,204,
224,231,245,262,362,383,394,410,429
商事留置権消滅請求
‥‥‥‥‥‥‥‥4,36,63,84,206,214,376,441
譲渡禁止特約‥‥‥‥‥‥‥‥‥‥‥‥512
譲渡担保‥‥‥3,15,44,53,64,100,224,232,265,
478,521,546,562,655,667

消滅時効の援用‥‥‥‥‥‥‥‥‥769,777
将来債権譲渡担保‥‥‥‥‥‥‥‥266,513
処分清算型‥‥‥‥‥‥‥‥‥‥‥484,523
処分清算方式‥‥‥‥‥‥‥‥‥‥‥‥506
処分連動方式‥‥‥‥‥‥‥‥‥‥‥‥89
所有権移転外ファイナンス・リース‥‥614
所有権移転ファイナンス・リース‥‥‥613
所有権説‥‥‥‥‥‥‥‥‥‥‥‥‥‥616
所有権的構成‥‥‥‥‥‥‥479,521,563,585
所有権留保‥‥‥‥3,15,44,64,224,232,266,479,
562,578,584,655
真正譲渡‥‥‥‥‥‥‥‥‥‥‥‥538,644
信託契約‥‥‥‥‥‥‥‥‥‥‥‥‥‥655
信託法‥‥‥‥‥‥‥‥‥‥‥‥‥‥‥664
随伴性‥‥‥‥‥‥‥‥‥‥‥‥‥‥‥321
スワップ取引‥‥‥‥‥‥‥‥‥‥‥‥148
清算型の再生計画案‥‥‥‥‥‥‥‥‥742
清算価値保障原則‥‥‥‥‥‥‥‥‥‥87
清算義務‥‥‥‥‥‥‥‥‥‥‥‥485,564
清算金‥‥‥‥‥‥‥‥‥‥‥‥‥485,523
清算通知‥‥‥‥‥‥‥‥‥‥‥‥‥‥534
セキュリティ・トラスト‥‥‥‥‥‥‥664
善管注意義務‥‥‥‥‥‥‥‥‥‥‥‥25
全体価値把握説‥‥‥‥‥‥‥‥‥‥‥558
占有改定‥‥‥‥‥‥‥‥344,481,497,574,590
相殺‥‥‥‥‥‥‥‥‥‥‥122,132,139,655
相殺禁止‥‥‥‥‥‥‥‥‥‥‥126,140,159
相殺予約‥‥‥‥‥‥‥‥‥‥‥‥‥‥655
双方未履行双務契約
‥‥‥‥‥‥‥‥‥570,581,600,626,652,665
即時取得‥‥‥‥‥‥‥‥‥‥‥‥487,566
ソフトウェア・リース‥‥‥‥‥‥‥‥629

た　行

代位権不行使特約‥‥‥‥‥‥‥‥‥‥713
代位弁済‥‥‥‥‥‥‥‥‥‥332,695,709,721
対抗要件‥‥‥‥‥15,112,282,345,496,514,551
第三者異議の訴え‥‥‥‥‥‥‥‥‥‥488
代物弁済‥‥‥‥‥‥‥‥‥‥‥‥‥‥464

785

代物弁済予約・・・・・・・・・・・・・・・・・・・489
耐用期間・・・・・・・・・・・・・・・・・・・・・・・・96
代理受領・・・・・・・・・・・・・・・・・・269,655
立替払契約・・・・・・・・・・・・・・・・・・・・578
短期賃貸借・・・・・・・・・・・・・・・・・・・・493
担保価値維持義務・・・・・・・・・・・・4,23,48
担保権実行禁止・・・・・・・・・・・・・・・・・80
担保権実行中止手続・・・・・・・・・・・・・77
担保権実行中止命令
・・・・・・6,31,46,52,102,162,171,188,194,199
担保権証明文書・・・・・・・・・・・・・459,469
担保権消滅許可
・・・・・・・・・・・34,39,46,55,203,231,262,273
担保権的構成・・・・・・・・・・・・・・・479,563,585
担保権抹消許可・・・・・・・・・・・・・・2,17,82
担保制限条項・・・・・・・・・・・・・・・・・・120
担保的構成・・・・・・・・・・・・・・・・・・・・521
担保目的物の価額決定手続・・・・・・・・73
地域経済活性化支援機構・・・・・・・・・117
中止命令・・・・・・・・・・・・・・・・・・・・62,77
中小企業再生支援協議会・・・・・・117,681
調停前の措置・・・・・・・・・・・・・・・・・・107
直接取立・・・・・・・・・・・・・・・・・・・・・・46
直接取立権・・・・・・・・・・・・・・・・・・・・16
賃貸借説・・・・・・・・・・・・・・・・・・・・・598
賃料債権に対する物上代位・・・・・・・・289
停止条件付代物弁済契約・・・・・・・・・489
抵当権・・・・・・2,14,31,44,53,64,100,204,224,
231,245,262,282
手形の譲渡担保・・・・・・・・・・・・・・・・537
デット・エクイティ・スワップ（DES）
・・・・・・・・・・・・・・・・・・・・・・・・・・・・673
鉄道財団・・・・・・・・・・・・・・・・・・・・・298
鉄道抵当法・・・・・・・・・・・・・・・・・・・298
デリバティブ取引・・・・・・・・・・・・・・・148
電気事業法・・・・・・・・・・・・・・・・・・・663
典型担保・・・・・・・・・・・・・・・・・・・・・・・3
電子記録債権・・・・・・・・・・・・・・・・・426
転質権・・・・・・・・・・・・・・・・・・・・・・・347
転抵当・・・・・・・・・・・・・・・・・・・・・・・339

転根抵当権・・・・・・・・・・・・・・・・・・・338
転リース・・・・・・・・・・・・・・・・・・・・・631
登記留保・・・・・・・・・・・・・・・・・・・・・112
倒産解除特約・・・・・・・・・516,539,568,607
動産競売・・・・・・・・・・・・・・・・・・・15,46
動産・債権譲渡特例法・・・・・・・・172,496
動産先取特権・・・・・・・・・・・・・・・・・445
動産質・・・・・・・・・・・・・・・・・・・・・・・344
動産譲渡担保・・・・・・・・・・・・・・265,496
動産譲渡登記・・・・・・・・・・・・・・・・・481
動産売買先取特権
・・・・・・・・・・・27,300,455,464,469,576,596
同時履行の抗弁権・・・・・・・・・・・・・・485
道路交通事業財団・・・・・・・・・・・・・・298
道路交通事業抵当法・・・・・・・・・・・・298
特定金融取引・・・・・・・・・・・・・・・・・160
特定調停・・・・・・・・・・・・・・・・3,106,164
特別清算・・・・・・・・・・・・2,99,124,132,164
特別の先取特権
・・・14,31,44,53,64,100,204,223,231,245,262
独立性・・・・・・・・・・・・・・・・・・・・・・・322
届出名義の変更・・・・・・・・・・・・・726,760
トラスト・レシート・・・・・・・・・・・・・・655
取消命令・・・・・・・・・・・・・・・・・・・・・・63
取立委任・・・・・・・・・・・・・・・・・・・・・657
取立委任手形・・・・・・・・・・・・・・・・・402
取戻権・・・・・・・・・・・・・・・・・・・・・・・566

な　行

荷為替・・・・・・・・・・・・・・・・・・・・・・・655
入札保証保険・・・・・・・・・・・・・・・・・667
任意処分権・・・・・・・・・・・・・・・・16,352
任意売却・・・・・・・・・・・・・・・・17,39,221
ネガティブ・プレッジ条項・・・・・・・・・120
根抵当権・・・・・・・・・・・・・・・・・・・・・320
根抵当権設定契約・・・・・・・・・・・・・322
ノンフルペイアウト・ファイナンス・
リース・・・・・・・・・・・・・・・・・・・・・・638

事項索引

は 行

配当表の更生・・・・・・・・・・・・・・・・・・・・・・・718
破産管財人・・・・・・・・・・・・・・・・・・・・23,137,220
破産手続 2,14,31,39,124,132,153,164,203,220
判子代・・・・・・・・・・・・・・・・・・・・・・・・・・・・ 17,39
引受主義・・・・・・・・・・・・・・ 365,383,430,431
引渡し・・・・・・・・・・・・・・・・・・・・・・・・・344,481
被担保債権・・・・・・・・・・・・・・・・・283,322,345
被担保債権額の縮減についての変更登記
・・・・・・・・・・・・・・・・・・・・・・・・・・・・・・・・・・308
非典型担保・・・・・・・・・ 3,15,44,53,64,79,171,
　　　　　　　204,224,264,275,478,562,655
否認・・・・・・・・・・・・・・・・・・・・・・・・・・・・・・・118
非保全債権・・・・・・・・・・・・・・・・・・・・・・・・・111
評価・・・・・・・・・・・・・・・・・・・・・・・・・・・・・・・238
評価人・・・・・・・・・・・・・・・・・・・・・・・58,83,276
評価命令・・・・・・・・・・・・・・・・・・・・・・・・・・・238
費用控除価値把握説・・・・・・・・・・・・・・・・・558
費用償還請求権・・・・・・・・・・・・・・・・・・・・・366
平等原則・・・・・・・・・・・・・・・・・・・・・・・・・・・・87
非典型担保・・・・・・・・・・・・・・・・・・・・・・・・・232
ファイナンス・リース
　　　　　　　・・・・15,53,64,267,597,612,637
ファクタリング取引・・・・・・・・・・・・・・・・・655
不可分性・・・・・・・・・・・・・・・・・・・・・・・・2,363
附従性・・・・・・・・・・・・・・・・・・・・・・・・2,321,670
不足額責任主義・・・・5,20,47,285,307,406,736
物件説・・・・・・・・・・・・・・・・・・・・・・・・・・・・・602
物上代位
　　　　・・・・・16,188,283,288,357,446,455,467,469
物上代位性・・・・・・・・・・・・・・・・・・・・・・・・・・・2
物上保証人・・・・・・・・・・・・・・・・・・・・・・・・・194
不動産先取特権・・・・・・・・・・・・・・・・・・・・・445
不動産質・・・・・・・・・・・・・・・・・・・・・・・・・・・347
不動産譲渡担保・・・・・・・・・・・・・・・・・・・・・265
振替証券・・・・・・・・・・・・・・・・・・・・・・・・・・・410
振替投信・・・・・・・・・・・・・・・・・・・・・・・・・・・411
振込指定・・・・・・・・・・・・・・・・・・・・・・・270,655
フルペイアウト・ファイナンス・リース
　　　　　　・・・・・・・・・・・・44,95,232,267,598
プレDIPファイナンス・・・・・・・・・・・・・・・・116
分割債務の原則・・・・・・・・・・・・・・・・・720,729
別除権・・・・・・・ 2,14,26,31,44,52,100,165,188,
　　　　　　　　　203,224,245,262,566
別除権協定・・・・・・・・・・・ 6,46,250,307,508,605
別除権者の手続参加・・・・・・・・・・・・・・・・・307
別除権不足額・・・・・・・・・・・・・・・・・・・・・・・329
別除権目的物の受戻し・・・・・・・・・・・・4,17,46
弁済による代位・・・・・・・・・・・・・・・・・・・・・756
包括的禁止命令・・・・・・・・・・・・・・・・・・10,63,79
法定代位・・・・・・・・・・・・・・・・・・・332,586,723
法定担保物権・・・・・・・・・・・・・・・・・・・・・・・・26
法定地上権・・・・・・・・・・・・・・・・・・・・・・・・・493
保険・・・・・・・・・・・・・・・・・・・・・・・・・・・・・・・665
保証債務の附従性・・・・・・・・・・・・・・・・・・・670
保証債務の補充性・・・・・・・・・・・・・・・・・・・728
保証責任・・・・・・・・・・・・・・・・・・・・・・・・・・・679
保証人間の求償・・・・・・・・・・・・・・・・・・・・・720
保証人兼物上保証人・・・・・・・・・・・・・・・・・736
保証人の手続参加・・・・・・・・・・・・・・・・・・・699
保証人の倒産・・・・・・・・・・・・・・・・・・・・・・・727
保証の無償否認・・・・・・・・・・・・・・・・・・・・・745
保証料・・・・・・・・・・・・・・・・・・・・・・・・・・・・・745
保全債権・・・・・・・・・・・・・・・・・・・・・・・・・・・111

ま 行

回り手形・・・・・・・・・・・・・・・・・・・・・・・・・・・333
未確定更生担保権・・・・・・・・・・・・・・・・・・・・97
民事執行停止命令・・・・・・・・・・・・・・・・・・・109
民事留置権・・・・・・・ 2,14,45,199,263,362,429
民法改正・・・・・・・・・・・・・・・・・・・・・・・494,693
無償行為・・・・・・・・・・・・・・・・・・・・・・・・・・・745
無償否認・・・・・・・・・・・・・・・・・・・・・・・・・・・745
免責・・・・・・・・・・・・・・・・・・・・・・・・・・・670,770
メンテナンス・リース・・・・・・・・・・・269,627
モニタリング・・・・・・・・・・・・・・・・・・・503,515

や　行

約定解除権・・・・・・・・・・・・・・・・・・・・・・・・・649
約定担保物権・・・・・・・・・・・・・・・・・・・・・・・26
優先的破産債権・・・・・・・・・・・・・・・・・・・・・14
優先弁済権・・・・283,346,362,383,395,440,446
優先弁済的効力・・・・・・・・・・・・・・・・・・2,199
用益権・・・・・・・・・・・・・・・・・40,224,232,270
要物契約・・・・・・・・・・・・・・・・・・・・・・・・・344

ら　行

リース会計基準・・・・・・・・・・・・・・・・・・・・・612
履行保証保険・・・・・・・・・・・・・・・・・・・・・・667
流質契約・・・・・・・・・・・・・・・・・・・・・・・・・346
留置権・・・・・・・・・・・・・・・・・・・・・2,199,362
留置権消滅請求・・・・・・・・・・・・・・・・・・・366
留置的効力・・・・・・2,45,200,346,363,395,430
利用権・・・・・・・・・・・・・・・・・・・・・・・96,483
利用権説・・・・・・・・・・・・・・・・・・602,616,640
累積型・・・・・・・・・・・・・・・・・・・・・・・・・・547

判 例 索 引

大　　判	明42・11・8	民録15輯867頁	348
大　　判	大3・6・15	民録20輯476頁	732
大　　判	大5・12・25	民録22輯2509頁	345
大　　判	大11・7・17	民集1巻460頁	671,773
大　　判	大15・6・29	民集5巻602頁	15,283
大　　判	昭3・8・1	民集7巻671頁	30
大　　判	昭6・3・23	民集10巻116頁	304
大　　決	昭7・8・29	民集11巻1729頁	340
大　　判	昭8・4・26	民集12巻767頁	649
大　　判	昭10・5・13	民集14巻876頁	363
大　　決	昭10・11・20	民集14巻1927頁	340
大　　判	昭10・12・24	新聞3939号17頁	363
大　　判	昭11・3・11	民集15巻320頁	668
大　　判	昭11・8・10	民集15巻1680頁	747
大　　判	昭14・8・24	民集18巻889頁	367
最　　判	昭18・10・20	民集60巻8号3098頁	489
福岡高判	昭28・7・22	高民集6巻7号388頁	301
最　　判	昭29・1・14	民集8巻1号16頁	368
最　　判	昭32・12・27	民集11巻14号2485頁	565
最　　判	昭32・12・27	民集11巻14号2524頁	300
最　　判	昭34・2・26	集民35号549頁	465
最　　判	昭36・9・15	民集15巻8号2172頁	302
最　　決	昭38・2・19	民集64号473頁	386
最　　判	昭39・1・24	判時365号26頁	405
最　　判	昭40・11・2	民集19巻8号1927頁	129
最　　判	昭41・4・14	民集20巻4号611頁	465
最　　判	昭41・4・28	民集20巻4号900頁	265,521
最　　判	昭41・11・17	集民85号127頁	465
最　　判	昭42・8・25	判時503号33頁	15,120
最　　判	昭43・3・7	民集22巻3号509頁	484,485
最　　判	昭43・3・15	民集22巻3号625頁	19
最　　判	昭43・3・25	民集25巻2号208頁	534
最　　判	昭43・11・21	民集22巻12号2765頁	369
最　　判	昭44・7・17	民集23巻8号1610頁	293,295
最大判	昭45・6・24	民集24巻6号587頁	143,656

789

最　　判	昭46・3・16	民集25巻2号173頁	720
最　　判	昭46・3・25	民集25巻2号208頁	485
東京地判	昭46・6・25	判タ267号246頁	595
最　　判	昭46・7・16	民集25巻5号749頁	370
最　　判	昭46・10・21	民集25巻7号969頁	447
最　　判	昭46・10・26	民集25巻7号1019頁	675
新潟地長岡支判	昭46・11・15	判時681号72頁	384
最　　判	昭47・5・1	金法651号24頁	121
最　　判	昭47・7・13	民集26巻6号1151頁	128,142,529
最　　判	昭47・11・16	民集26巻9号1619頁	368
最　　判	昭48・10・4	判時723号42頁	324
最　　判	昭49・9・2	民集28巻6号1152頁	368
最　　判	昭49・10・23	民集28巻7号1473頁	488
最　　判	昭50・7・25	民集29巻6号1147頁	485
東京地判	昭51・8・26	判タ348号239頁	675
最　　判	昭52・2・17	民集31巻1号67頁	271
東京高判	昭52・7・19	判時865号52頁	572
最　　判	昭53・5・25	金法867号46頁	465
名古屋高判	昭53・5・29	金法877号33頁	537
最　　判	昭53・11・20	民集32巻8号1551頁	778
最　　判	昭53・12・15	判時916号25頁	548
最　　判	昭54・2・15	民集33巻1号51頁	498
大阪地判	昭54・10・30	判時957号103頁	580
東京地判	昭55・10・9	判時997号133頁	486
東京地判	昭55・11・14	判時1002号108頁	456
最　　判	昭56・4・9	判時1003号89頁	600
横浜地判	昭56・5・18	金判632号46頁	315
東京高判	昭56・6・25	金判695号6頁	456
最　　判	昭56・7・17	民集35巻5号950頁	493
東京地判	昭56・11・16	判時1024号109頁	537
最　　判	昭56・12・17	民集35巻9号1328号	487
最　　判	昭57・1・22	民集36巻1号92頁	485,527
最　　判	昭57・3・30	民集36巻3号484頁	516,539,607
最　　判	昭57・4・23	金法1007号43頁	535
東京地判	昭57・7・13	下民集33巻5～8号930頁	338
最　　判	昭57・9・28	判時1062号81頁	489,521
最　　判	昭57・10・19	民集36巻10号2130頁	599,622
最　　判	昭58・3・18	判時1095号104頁	565
最　　判	昭58・3・31	民集37巻2号152頁	480,486,492
最　　判	昭59・2・2	民集38巻3号431頁	289,446,452,456,473

最　　判	昭59・5・29	民集38巻7号885頁	696,700,757
福岡高判	昭59・6・11	判時1137号80頁	270
大阪高判	昭59・9・27	判タ542号214頁	571
東京高決	昭59・10・2	判時1137号57頁	459
名古屋高判	昭59・11・28	判時1148号123頁	675
最　　判	昭60・2・12	民集39巻1号89号9頁	698
最　　判	昭60・5・23	民集39巻4号940頁	700,710,721
最　　判	昭60・7・19	民集39巻5号1326頁	58
最　　判	昭61・2・20	民集40巻1号43頁	700,721,757,761
札幌高決	昭61・3・26	判タ601号74頁	580
最　　判	昭61・4・11	民集40巻3号584頁	492,493
広島高決	昭61・6・10	判時1200号82頁	459
名古屋地判	昭61・11・17	判タ627号210頁	290
最　　判	昭62・2・12	民集41巻1号67頁	485,486,488,535
最　　判	昭62・6・2	民集41巻4号769頁	724
最　　判	昭62・7・3	民集41巻5号1068頁	747
最　　判	昭62・7・15	判時1209号23頁	483
最　　判	昭62・9・3	判時1316号91頁	769
最　　判	昭62・11・10	民集41巻8号1559頁	544,565
最　　判	昭62・11・12	判時1261号71頁	488,521
最　　判	昭62・11・26	民集41巻8号1585頁	588
大阪高決	昭63・4・7	判タ675号227頁	448
最　　判	昭63・10・18	民集42巻8号575頁	128,425
最　　判	平元・6・5	民集43巻6号355頁	270
最　　判	平元・10・27	民集43巻9号1070頁	288
最　　判	平2・12・18	民集44巻9号1686頁	698
大阪地判	平4・3・30	金判1014号16頁	545
最　　判	平5・2・26	民集47巻2号1653頁	485,521
最　　判	平5・11・25	金法1395号49頁	640
東京高決	平6・2・7	判タ875号281頁	384
最　　判	平6・2・22	民集48巻2号414頁	488,534
大阪地判	平6・2・24	金法1382号42頁	396,397
最　　判	平6・7・14	民集48巻5号1126頁	300
大阪高判	平6・9・16	判時1521号148頁	397
最　　判	平7・1・20	民集49巻1号1頁	724,725,765
京都地判	平7・2・28	判タ938号279頁	397
京都地判	平7・2・28	金判1020号44頁	397
最　　判	平7・3・23	民集49巻3号984頁	770
最　　判	平7・4・14	民集49巻4号1063頁	45,613,616,638,639
最　　判	平7・9・8	金法1441号29頁	769

最　　判	平 7・11・10	民集49巻 9 号2953頁	521
東京高決	平 8・ 5・28	判時1570号118頁	385
東京地判	平 8・ 6・21	金判1019号41頁	675
最　　判	平 8・ 7・12	民集50巻 7 号1918頁	482
最　　判	平 8・11・22	民集50巻10号2702頁	486,535,543
東京地判	平 9・ 1・28	金判1038号11頁	102,532
最　　判	平 9・ 2・25	判時1607号51頁	670
大阪高判	平 9・ 3・25	判時1623号146頁	397
最　　判	平 9・ 4・11	集民183号241頁	535
福岡地判	平 9・ 6・11	金法1497号35頁	389
東京高判	平 9・11・13	金判1042号32頁	473
最　　判	平 9・12・18	民集51巻10号4210頁	466
最　　判	平10・ 1・30	民集52巻 1 号 1 頁	288,290,446,473,459
最　　判	平10・ 3・26	民集52巻 2 号483頁	289
最　　判	平10・ 4・14	民集52巻 3 号813頁	765
東京高決	平10・ 6・12	金法1540号65頁	388
東京高判	平10・ 6・19	判タ1039号273頁	473
最　　判	平10・ 7・14	民集52巻 5 号1261頁	31,375,425,433,434,394
最　　判	平10・ 7・14	金法1527号 6 頁	394
東京高決	平10・11・27	判時1666号143頁	375,384,389
東京高決	平10・12・11	金法1540号61頁	388
最　　判	平10・12・18	民集52巻 9 号2024頁	446,470
最　　判	平11・ 1・29	民集53巻 1 号151頁	172,266,513,549
最　　決	平11・ 5・17	民集53巻 5 号863頁	482,509,662
東京高決	平11・ 7・19	金判1074号 3 頁	189
名古屋高判	平11・ 7・22	金判1078号23頁	606,635
東京高決	平11・ 7・23	金法1559号36頁	388
最　　判	平11・11・ 9	民集53巻 8 号1403頁	771,778
最 大 判	平11・11・24	民集53巻 8 号1899頁	48
最　　判	平11・11・30	民集53巻 8 号1965頁	288
最　　判	平12・ 2・29	民集54巻 2 号553頁	581
東京高決	平12・ 3・17	判時1715号31頁	448
最　　判	平12・ 4・21	民集54巻 4 号1562頁	266,513,551
最　　決	平12・ 4・28	集民198号193頁	19
最　　判	平13・ 3・13	民集55巻 2 号363頁	293
京都地決	平13・ 5・28	判タ1067号274頁	89
東京地判	平13・ 7・11	判時1764号123頁	316
大阪地判	平13・ 7・19	判時1762号148頁	232,268,632,641
最　　判	平13・10・25	民集55巻 6 号975頁	289,446
最　　判	平13・11・22	民集55巻 6 号1056頁	172,539,552

判例索引

最　　判	平13・11・27	民集55巻6号1090頁	552
最　　判	平14・3・12	民集56巻3号555頁	289
東京地判	平14・3・14	金法1655号45頁	143
最　　判	平14・3・28	民集56巻3号689頁	293
最　　判	平15・3・14	民集57巻3号286頁	671,773
東京高決	平15・6・19	金法1695号105頁	448
東京地判	平15・12・22	判タ1141号279頁	232,268,604,616,632,641
東京地判	平16・2・27	金法1722号92頁	177,557
東京地判	平16・4・13	金法1727号108頁	595
東京地判	平16・6・8	金法1725号50頁	143
東京地判	平16・6・10	判タ1185号315頁	232,268
最　　判	平16・7・16	民集58巻5号1744頁	560
東京高判	平16・7・21	金法1723号43頁	553
名古屋高決	平16・8・10	判時1884号49頁	7,57,209,234,250
札幌高決	平16・9・28	金法1757号42頁	56,262
最　　決	平16・10・1	判時1877号70頁	19
大阪高決	平16・12・10	金法1750号58頁	189,191
最　　判	平17・1・17	民集59巻1号1頁	128,135,530
最　　判	平17・1・27	民集59巻1号200頁	701
最　　判	平17・2・22	民集59巻2号314頁	446,457,461
東京地判	平17・3・9	金法1747号84頁	763
東京地判	平17・4・15	金法1754号85頁	763
東京地判	平17・6・10	判タ1212号127頁	5,45,200,264,266,372
東京高判	平17・6・30	金法1220号2頁	763
東京地判	平17・8・29	判時1916号51頁	650
東京高判	平17・10・5	判タ1226号342頁	131
最　　判	平18・2・7	民集60巻2号480頁	650
福岡高決	平18・2・13	判時1940号128頁	195
福岡高決	平18・2・13	判タ1220号260頁	53
東京高判	平18・3・8	金判1256号38頁	632
福岡高決	平18・3・28	判タ1222号310頁	40,53,197,231
東京地判	平18・3・28	判タ1230号342頁	572,595
東京地判	平18・6・27	金法1769号59頁	675
最　　判	平18・7・20	民集60巻6号2499頁	31,487,508,544
東京高判	平18・8・30	金判1277号21頁	53,177,193
東京高判	平18・10・31	判タ1240号336頁	706
最　　判	平18・12・21	民集60巻10号3964頁	4,16,24
最　　判	平18・12・21	判時1961号62頁	24
東京地判	平18・12・22	判タ1238号331頁	18
最　　判	平19・2・15	民集61巻1号243頁	172,513,553

東京高判	平19・3・14	判タ1246号337頁	232,268,609,616
最　決	平19・9・27	金判1277号19頁	177
大阪高判	平20・4・17	金判1339号33頁	703
大阪高判	平20・5・29	金法1845号58頁	131
大阪高判	平20・5・30	金判1298号28頁	704
大阪地判	平20・10・31	判時2039号51頁	45
最　判	平20・12・16	民集62巻10号2561頁	268,516,539,542,609,613,616,638
最　判	平21・3・10	民集63巻3号385頁	580
福岡高判	平21・4・10	判時2075号43頁	129
大阪高決	平21・6・3	金法1886号59頁	6,31,53,177,191,192
東京高決	平21・7・7	判時2054号3頁	7,57,209,233,250
釜京高裁決	平21・7・22	判時2058号65頁	128
福岡高那覇支決	平21・9・7	判タ1321号278頁	6,53,177,191,192
東京地判	平21・11・10	判タ1320号275頁	130
福井地判	平22・1・5	金法1914号44頁	403
大阪高判	平22・2・18	判時1273号209頁	750
大阪地判	平22・3・15	判時2090号60頁	119,130
最　判	平22・3・16	民集64巻2号523頁	699,703,713
最　判	平22・3・16	集民233号205頁	704
大阪高判	平22・4・9	金法1934号98頁	136
最　判	平22・6・4	民集64巻4号1107頁	266,578
東京地判	平22・9・8	判タ1350号246頁	588
東京地判	平22・11・12	判時2109号70頁	560
最　決	平22・12・2	民集64巻8号1990頁	509,545
大阪地判	平23・1・28	金法1923号108頁	130,413
東京高判	平23・6・7	公刊物未登載	588
東京地判	平23・8・8	金法1930号117頁	403
大阪地判	平23・10・7	判時2148号85頁	129
最　判	平23・11・22	民集65巻8号3165頁	724,755
最　判	平23・11・24	民集65巻8号3213頁	724,755
最　判	平23・12・15	民集65巻9号3511頁	31,378,394,423,434
名古屋高判	平24・1・31	判タ1389号358頁	130
東京高決	平24・5・24	判タ1374号239頁	226,393
最　判	平24・5・28	民集66巻7号3123頁	129,702,755
東京地判	平24・11・28	金法1971号97頁	719
仙台高判	平25・2・13	判タ1391号211頁	138

● 本書の執筆者（執筆順）

髙井　章光（たかい・あきみつ）
須藤・髙井法律事務所　第二東京弁護士会所属

松村　昌人（まつむら・まさと）
さくら共同法律事務所　第二東京弁護士会所属

野中　英匡（のなか・ひでまさ）
東京富士法律事務所　第二東京弁護士会所属

岡　伸浩（おか・のぶひろ）
岡綜合法律事務所　第一東京弁護士会所属

清水　豊（しみず・ゆたか）
東京丸の内法律事務所　第二東京弁護士会所属

上床　竜司（うわとこ・りゅうじ）
あさひ法律事務所　第二東京弁護士会所属

三枝　知央（さいぐさ・ともお）
ひいらぎ総合法律事務所　東京弁護士会所属

清水　靖博（しみず・やすひろ）
ひいらぎ総合法律事務所　東京弁護士会所属

内藤　滋（ないとう・しげる）
東京丸の内法律事務所　第二東京弁護士会所属

小畑　英一（おばた・えいいち）
LM法律事務所　第一東京弁護士会所属

山本　正（やまもと・ただし）
岡田・今西・山本法律事務所　第二東京弁護士会所属

小笹　勝章（おざさ・かつあき）
笠井総合法律事務所　第二東京弁護士会所属

山宮慎一郎（やまみや・しんいちろう）
ビンガム・坂井・三村・相澤法律事務所外国法共同事業　東京弁護士会所属

柴田　義人（しばた・よしひと）
ビンガム・坂井・三村・相澤法律事務所外国法共同事業　第二東京弁護士会所属

大場　寿人（おおば・ひさと）
三宅坂総合法律事務所　第二東京弁護士会所属

服部　明人（はっとり・あきと）
服部明人法律事務所　第一東京弁護士会所属

池永　朝昭（いけなが・ともあき）
アンダーソン・毛利・友常法律事務所　第二東京弁護士会所属

濱本　浩平（はまもと・こうへい）
アンダーソン・毛利・友常法律事務所　第二東京弁護士会所属

杉本　和士（すぎもと・かずし）
千葉大学大学院専門法務研究科准教授

大澤　康泰（おおさわ・やすひろ）
霞が関法律会計事務所　東京弁護士会所属

小田切　豪（おだぎり・ごう）
三宅・今井・池田法律事務所　東京弁護士会所属

石原　康人（いしはら・やすと）
望月・石原法律事務所　第二東京弁護士会所属

平出　晋一（ひらいで・しんいち）
平出・髙橋法律事務所　第二東京弁護士会所属

八束　美樹（やつか・みき）
佐藤総合法律事務所　第二東京弁護士会所属

村田　典子（むらた・のりこ）
成蹊大学法学部准教授

辺見　紀男（へんみ・のりお）
成和明哲法律事務所　第一東京弁護士会所属

縣　俊介（あがた・しゅんすけ）
みなと協和法律事務所　東京弁護士会所属

片上　誠之（かたかみ・さとし）
石井法律事務所　第二東京弁護士会所属

上野　保（うえの・たもつ）
元木・上野法律会計事務所　第二東京弁護士会所属

深山　雅也（みやま・まさや）
深山・小金丸法律会計事務所　第二東京弁護士会所属

神原　千郷（かんばら・ちさと）
光和総合法律事務所　第一東京弁護士会所属

佐々木英人（ささき・ひでと）
阿部・井窪・片山法律事務所　第一東京弁護士会所属

上田　慎（うえだ・しん）
梶谷綜合法律事務所　第一東京弁護士会所属

高木　洋平（たかぎ・ようへい）
LM法律事務所　第一東京弁護士会所属

松田　由貴（まつだ・ゆき）
新都総合法律事務所　第一東京弁護士会所属

江尻　琴美（えじり・ことみ）
敬和綜合法律事務所　第一東京弁護士会所属

新保　勇一（しんぼ・ゆういち）
西村あさひ法律事務所　第二東京弁護士会所属

江木　晋（えぎ・すすむ）
角家・江木法律事務所　第二東京弁護士会所属

篠田　憲明（しのだ・のりあき）
三宅坂総合法律事務所　第二東京弁護士会所属

依田　渓一（よだ・けいいち）
三宅坂総合法律事務所　第二東京弁護士会所属

小野塚　格（おのづか・いたる）
ビンガム・坂井・三村・相澤法律事務所外国法共同事業　東京弁護士会所属

金井　暁（かない・さとる）
大知法律事務所　第二東京弁護士会所属

本書の執筆者

髙山　崇彦（たかやま・たかひこ）
TMI総合法律事務所　第一東京弁護士会所属

小島　伸夫（こじま・のぶお）
東京まどか法律事務所　東京弁護士会所属

鎌倉　一輝（かまくら・かずてる）
三宅坂総合法律事務所　第二東京弁護士会所属

古里　健治（ふるさと・けんじ）
東京富士法律事務所　第二東京弁護士会所属

三森　仁（みつもり・さとる）
あさひ法律事務所　第二東京弁護士会所属

野本　彰（のもと・あきら）
フロンティア・マネジメント株式会社　第二東京弁護士会所属

松木　大（まつき・まこと）
株式会社ゴードン・ブラザーズ・ジャパン

内田　敏春（うちだ・としはる）
株式会社日本政策投資銀行

志甫　治宣（しほ・はるのぶ）
三宅・今井・池田法律事務所　東京弁護士会所属

大石健太郎（おおいし・けんたろう）
長島・大野・常松法律事務所　東京弁護士会所属

福原　竜一（ふくはら・りゅういち）
みなと協和法律事務所　東京弁護士会所属

南　勇成（みなみ・よんそん）
西村あさひ法律事務所　東京弁護士会所属

杉本　純子（すぎもと・じゅんこ）
日本大学法学部准教授

岩崎　通也（いわさき・みちや）
楠・岩崎法律事務所　第二東京弁護士会所属

権田　修一（ごんだ・しゅういち）
鳥飼総合法律事務所　第二東京弁護士会所属

遠藤　元一（えんどう・もとかず）
東京霞ヶ関法律事務所　第二東京弁護士会所属

俣野　紘平（またの・こうへい）
西村あさひ法律事務所　第二東京弁護士会所属

桑田　寛史（くわた・ひろし）
西村あさひ法律事務所　第二東京弁護士会所属

大西　倫雄（おおにし・ともお）
大西公認会計士事務所　公認会計士・税理士

森　倫洋（もり・みちひろ）
西村あさひ法律事務所　第一東京弁護士会所属

桜田　雄紀（さくらだ・ゆうき）
西村あさひ法律事務所　第一東京弁護士会所属

永井　和明（ながい・かずあき）
アンダーソン・毛利・友常法律事務所　第二東京弁護士会所属

石井　渉（いしい・わたる）
アンダーソン・毛利・友常法律事務所　第二東京弁護士会所属

廣瀬　正剛（ひろせ・まさたけ）
東京富士法律事務所　第二東京弁護士会所属

鈴木　学（すずき・がく）
西村あさひ法律事務所　第二東京弁護士会所属

長沢美智子（ながさわ・みちこ）
東京丸の内法律事務所　第二東京弁護士会所属

吉田　勉（よしだ・つとむ）
ときわ法律事務所　東京弁護士会所属

吉田　和雅（よしだ・かずまさ）
TMI総合法律事務所　第二東京弁護士会所属

富岡　武彦（とみおか・たけひこ）
富岡総合法律事務所　東京弁護士会所属

福岡真之介（ふくおか・しんのすけ）
西村あさひ法律事務所　第二東京弁護士会所属

髙木　裕康（たかぎ・ひろやす）
東京丸の内法律事務所　第二東京弁護士会所属

佐長　功（さいき・いさお）
阿部・井窪・片山法律事務所　第一東京弁護士会所属

倒産と担保・保証

2014年5月6日　初版第1刷発行

編　　者　「倒産と担保・保証」実務研究会
発 行 者　藤 本 眞 三

発 行 所　㍿ 商 事 法 務
〒103-0025 東京都中央区日本橋茅場町3-9-10
TEL 03-5614-5643・FAX 03-3664-8844〔営業部〕
TEL 03-5614-5649〔書籍出版部〕
http://www.shojihomu.co.jp/

落丁・乱丁本はお取り替えいたします。　印刷／そうめいコミュニケーションプリンティング
©2014「倒産と担保・保証」実務研究会　　　　　　　　　Printed in Japan
Shojihomu Co., Ltd.
ISBN978-4-7857-2182-4
＊定価はカバーに表示してあります。